5·12汶川特大地震四川灾后重建城乡规划实践

四川省住房和城乡建设厅　编著

中国建筑工业出版社

图书在版编目（CIP）数据

5·12汶川特大地震四川灾后重建城乡规划实践 / 四川省住房和城乡建设厅编著.—北京：中国建筑工业出版社，2013.4
ISBN 978-7-112-15350-3

Ⅰ. ① 5… Ⅱ. ①四… Ⅲ. ①地震灾害－灾区－重建－城乡规划－研究－四川省 Ⅳ. ① D632.5

中国版本图书馆 CIP 数据核字（2013）第 076389 号

责任编辑：李　东
责任设计：董建平
责任校对：刘梦然　赵　颖

5·12汶川特大地震四川灾后重建城乡规划实践
四川省住房和城乡建设厅　编著
*
中国建筑工业出版社出版、发行（北京西郊百万庄）
各地新华书店、建筑书店经销
北京科地亚盟排版公司制版
北京画中画印刷有限公司印刷
*
开本：880×1230 毫米　1/16　印张：24 ¼　字数：675 千字
2013 年 4 月第一版　2013 年 4 月第一次印刷
定价：**248.00** 元
ISBN 978-7-112-15350-3
(23273)

5·12汶川特大地震四川灾后重建城乡规划实践

前　言

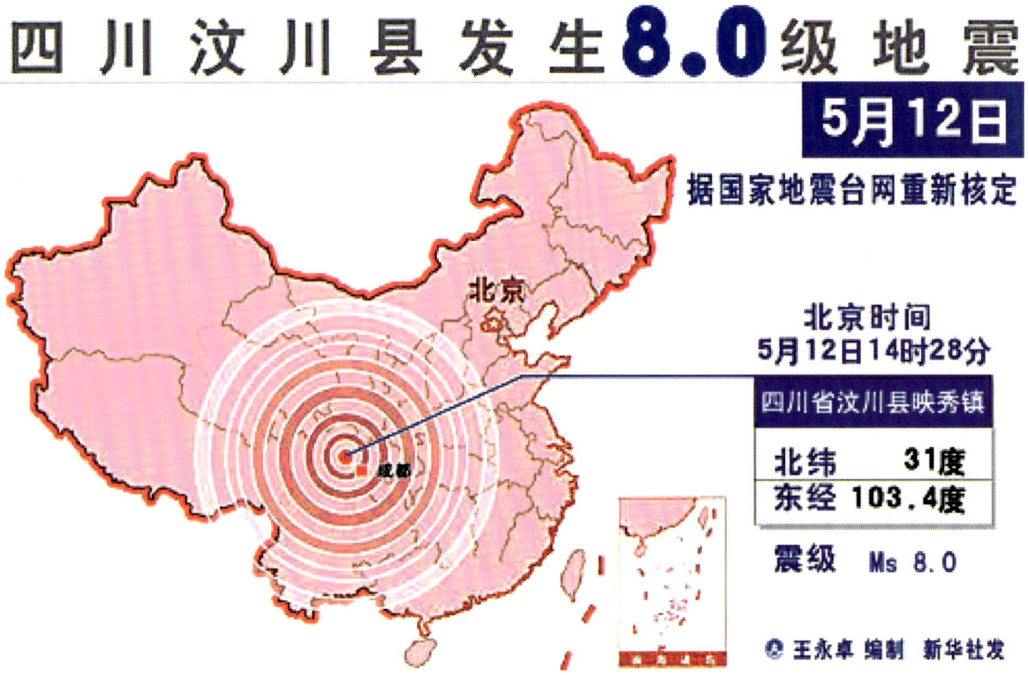

2008年5月12日14时28分，这个令中国及世界震惊而难忘的时刻，历史上罕见的汶川大地震，将灾难突降于川蜀大地。顷刻间，美丽的城镇、迷人的乡村化为了废墟，数万鲜活的生命被狰狞而疯狂的大地吞噬，无数的同胞在砖石瓦砾中挣扎、呻吟……震撼的中国在悲痛中挺起了坚强的脊梁。中国，令我们骄傲！

抗震救灾和恢复重建的伟大实践，气壮山河、波澜壮阔，创造了人类抗灾救灾史的奇迹，书写了砥砺奋进、豪迈崛起的壮美篇章，铸就了党领导人民自强不息、顽强拼搏、不怕牺牲、敢于胜利的又一座历史丰碑，是激励广大干部群众不断开创中国特色社会主义事业新局面的宝贵精神财富。

从悲伤而感动的日日夜夜到科学的规划和辉煌的三年重建工作结束后，编辑此书以记录城乡规划建设者不平凡的事迹，同时也表达对逝者的悼念，表达对党和国家在人民危急之时展现出的伟大形象的礼赞，对战斗在抗震救灾第一线的人民解放军、武警战士、公安干警、医护工作者的赞颂，对亿万中华儿女迸发出的高涨爱国情怀的言行与义举的敬意，并对投身三年恢复重建工作的决策者和参与者所付出的智慧和汗水表示最崇高的敬意。

本书意在记录国家、四川省及各级党委政府和住房城乡建设系统在灾后重建城乡规划中的实践。

本书力求从宏观—中观—微观的各个层面来总结灾后重建城乡规划的技术思路，以期为灾后重建规划作出学术贡献。

2012年7月

目　　录

绪　论

“5·12”汶川特大地震是新中国成立以来破坏性最强、波及范围最广、救灾难度最大的地震。四川省受灾面积达 25.2 万 km^2，造成 6.8 万多人遇难、约 1.8 万人失踪、36 万多人不同程度受伤，城乡大量房屋损毁，1000 多万人因房屋倒塌或严重损坏无家可归，因灾经济损失近万亿元。面对空前的灾难和考验，全省人民在党中央、国务院的坚强领导下，在省委、省政府的正确指挥下，在全国军民和社会各界的大力支持下，万众一心、众志成城，开展了一场气壮山河、艰苦卓绝的抗震救灾斗争，在抢险救人、安置群众和灾后重建等各个方面取得了举世瞩目的巨大成绩。在这场抗击特大自然灾害的斗争中，住房和城乡建设系统紧密团结在一起，按照各级党委、政府的抗震救灾工作统一部署，充分发挥行业优势，快速反应、雷厉风行、攻坚克难，抗震救灾贡献突出、成绩显赫，经受住了严峻的考验，充分展现了住房和城乡建设系统这支队伍对党忠诚、信念坚定的思想境界，心系群众、以人为本的为民情怀，不畏艰险、百折不挠的顽强斗志，众志成城、团结奋斗的协作精神，以及顶天立地、英勇善战的光辉形象，赢得党和政府以及灾区人民群众的高度赞誉。

回顾抗震救灾的艰难历程，四川省抗震救灾工作在全力抓好抢险救人和安置受灾群众的同时，省委、省政府适时将工作重点转移到灾后恢复重建上来，作出了“两个加快”的重要决策，部署“加快建设灾后美好新家园、加快建设西部经济发展高地”，夺取了灾后恢复重建和经济社会发展的双重胜利。“凡事预则立，不预则废”。城乡恢复重建，规划必须先行。作为地震灾后恢复重建的前提条件，规划设计具有先导性、基础性、全局性、科学性等属性，但灾后重建规划设计时间之紧、任务之重、难度之大、内容之广、要求之高，实属史无前例。面对前所未有的巨大挑战，无论是各级政府在运用社会主义制度优越性所进行的政治动员与人员组织，还是在方针政策的制定、指导思想的确立、规划原则的明确、目标体系的建立，以及规划设计人员在规划体系的构建、建筑设计的创新等方面，都积累了丰富的实践经验，形成了丰硕的规划设计理论成果，对尽快安置受灾群众、恢复灾区生产生活、引导城乡科学重建起到决定性作用，为夺取抗震救灾斗争全面胜利奠定了坚实的基础。

一、坚强的组织领导，强大的技术支撑

地震发生后，国家迅速成立了国务院抗震救灾总指挥部灾后恢复重建规划组，在国务院的直接领导下负责灾后恢复重建“1+10 规划”方案的组织、协调与编制工作，组长单位为国家发展和改革委员会，副组长单位有四川省人民政府和住房和城乡建设部，成员单位包括陕西省人民政府、甘肃省人民政府以及教育部、科学技术部、民政部、财政部、国土资源部、环境保护部等 30 多个中央部门。四川省于 2008 年 5 月 19 日在抢险救灾阶段就启动了规划工作，随后于 5 月底在省抗震救灾指挥部成立了由省长任组长的汶川地震灾后重建规划组，全面负责协调灾后恢复重建规划工作；抗震救灾转入恢复重建阶段后，四川省组建了“5·12”地震灾后恢复重建委员会，下设规划实施组、城镇和住房重建组等 7 个工作组，为灾后恢复重建规划工作的顺利开展提供了坚强的组织保障。

艰巨而繁重的灾后恢复重建任务，急需成千上万的相关专业领域技术人员参与，为编制实施灾后重建规划提供多学科、全方位的智力保障。为此，中华民族充分发挥社会主义制度的优越性，一方有难，八方支援，中央政府举全国之力，有效利用各种技术资源，将规划设计纳入对口支援的首要工作内容，

组织动员全国各路规划设计大军，共同参与这项规模浩瀚的重建规划设计“工程”，由中央、省和地方各级政府相关部门工作人员以及各相关专业领域专家组成规划设计工作队伍，国外许多著名规划设计专家和大量规划“志愿者”紧急加盟，形成了历史上规格最高、规模最大的“规划设计事务所”，整合力量，攻坚克难，集中开展地震恢复重建各项规划的编制，为重建总体规划按期完成提供了强大的技术支撑。

四川省住房和城乡建设系统视灾情为命令，全系统总动员，全面投入到地震灾后恢复重建规划设计工作中。省住房和城乡建设厅于地震当天紧急启动了抢险救灾预案，立即组织省内专家赶赴灾区一线进行城镇基础设施和受灾建筑安全性应急评估，并同时开展应急安置和过渡安置规划。住房和城乡建设部在第一时间迅速调集全国规划设计力量汇集灾区，开展地震灾区现场调查、板房过渡安置选址等工作，其调查成果不仅有助于稳定受灾群众情绪，还为房屋鉴定和灾损评估以及灾后恢复重建规划设计提供了宝贵的基础资料。在规划编制阶段，住房和城乡建设部组织的全国城乡规划专家与四川省规划技术人员组成“部省联合规划编制组”，负责灾后重建国家和省级层面重大规划编制工作。与此同时，各援建省市的城乡规划设计精兵强将陆续“成建制”赶赴受援灾区，与灾区地方规划设计专业人员一道形成了空前壮观的规划队伍“大集结”，在各级政府的统一组织下迅速而有条不紊地开展了现场踏勘、资料收集、规划编制等工作。

二、清晰的规划思路，完善的规划体系

国务院及时制定出台《汶川地震灾后恢复重建条例》（以下简称《条例》），确立了“坚持以人为本、科学规划、统筹兼顾、分步实施、自力更生、国家支持、社会帮扶”的重建方针，成为统领整个灾后恢复重建各个环节的总纲。《条例》制订了灾后恢复重建必须处理好受灾地区自救与国家支持和对口支援、政府主导与社会参与、就地恢复重建与异地新建、确保质量与注重效率、立足当前与兼顾长远以及经济社会发展与生态环境资源保护的关系，构建了地震灾后恢复重建1+10规划体系，并制定了一系列的保障政策，使灾后恢复重建很快步入法制化轨道，推进了恢复重建工作有力、有序、有效地开展。

《汶川地震灾后恢复重建总体规划》（以下简称《总体规划》）根据《条例》而编制，确立的地震灾后恢复重建指导思想以科学发展观为统领，坚持以人为本、尊重自然、统筹兼顾、科学重建；优先恢复灾区群众的基本生活条件和公共服务设施；合理调整城镇乡村、基础设施和生产力的空间布局，逐步恢复生态环境；以灾区各级政府为主导、广大干部群众为主体，在国家、各地区和社会各界的大力支持下，精心规划、精心组织、精心实施，又好又快地重建家园。同时，进一步提出了“以人为本，民生优先”、“尊重自然，科学布局”、“统筹兼顾，协调发展”、“创新机制，协作共建”、“安全第一，保证质量”、“厉行节约，保护耕地”、“传承文化，保护生态”和“因地制宜，分步实施”的重建工作原则，确立了“用三年左右时间完成恢复重建的主要任务，基本生活条件和经济社会发展水平达到或超过灾前水平，奠定灾区经济社会可持续发展的坚实基础”的重建总体目标，这些目标被具体为：“家家有房住、户户有就业、人人有保障、设施有提高、经济有发展、生态有改善”。《总体规划》统揽汶川地震灾后恢复重建规划设计全局，为各地和各个专项规划的编制指明了方向，突出了重点，明确了责任。

各个专项规划在《总体规划》的基础上，根据自身特点提出有所侧重的规划原则并分解落实《总体规划》目标，其中《汶川地震灾后恢复重建城镇体系专项规划》侧重于灾后城镇与乡村的空间体系构建，根据资源环境承载能力与工程地质条件评价，充分考虑不同地区的发展基础和条件，统筹城乡与区域的人口安置、产业布局和基础设施建设以及合理确定城镇规模，促进城镇优化布局的要求，提

出了“尊重科学，突出重点”、“因地制宜，分类指导”和“城乡统筹，协调发展”等规划原则，明确了“完成城镇居民住房、主要公共服务设施、基础设施的恢复重建，生态环境得到逐步恢复，完成城镇周边各类重大地质灾害的初步治理，城镇防灾减灾能力得到加强”等目标；《汶川地震灾后恢复重建农村建设规划》提出了“一至两年完成农村住房恢复重建，三年完成村庄基础设施、公共服务设施、农业生产设施恢复建设；农业综合生产能力、农业科技支撑能力、农村公共服务能力基本达到同期全省平均水平”的目标。

三、科学的规划引领，高效的规划实施

城乡规划是指导城乡建设的法定依据，对于灾区城乡建设管理、空间布局调整、人居环境修复、经济社会恢复及其可持续发展具有至关重要的作用。在灾后重建工作中，全省始终坚持以规划为龙头，注重发挥规划引领作用，立足当前、兼顾长远，推进灾区城乡科学重建。住房和城乡建设系统在地震发生后的抗震救灾初期，就按照抗震救灾的一般规律安排力量开展城乡重建规划相关工作，在住房和城乡建设部的大力支持下，四川省精心组织了上百名专家组成抗震救灾规划工作组，分成六个小组冒着余震不断和次生灾害的威胁，奔赴重灾区六市（州）夜以继日地开展工作，制发《地震救灾过渡安置规划导则》、《地震灾区过渡安置房建设技术导则》和《地震灾区农村居民自建过渡房导则》等技术规范，协助地震灾区城镇规划选址了3000多个受灾群众集中安置点和大量农村临时安置点，有效指导了地震灾区过渡安置房建设百日攻坚战的顺利开展，及时妥善解决了受灾群众的临时居住问题，有力地维护了灾区生活秩序和社会稳定。

根据国家汶川地震灾后重建规划工作方案的要求，住房和城乡建设部高质量地组织编制了汶川地震灾后恢复重建城镇体系、农村建设、城乡住房建设以及风景名胜区、市政基础设施等重大专项规划成果，为优化地震灾区城镇体系结构和空间布局，农村生产资料和生活设施的恢复重建，以及城乡住房民生工程优先恢复重建等重大决策提供了规划依据。国家汶川地震灾后恢复重建总体规划和重大专项规划公布后，四川省人民政府立即召开了全省地震灾区城乡规划专题会议，并制发《关于加快地震灾区恢复重建城乡规划编制工作的通知》（川府办发电[2008]173号），对编制灾后恢复重建各城镇和乡村具体建设规划进行部署，城乡规划设计行业再次总动员，积极整合各方规划技术力量，组织协调数百家规划设计单位、上万名规划设计技术人员，按照“政府组织、专家领衔、部门合作、公众参与”的要求，在地震重灾区集中开展了灾后恢复重建城乡规划编制工作，按期完成了地震灾区全部重灾县（市、区）、约700个镇（乡）、2000多个村庄重建规划编制或修编工作，为推进城乡科学重建提供了规划指导和建设依据。

为切实加强对灾区重建城乡规划实施的指导，四川省人民政府印发了《关于进一步加强地震灾后重建城镇规划公众参与工作的通知》，四川省住房和城乡建设厅发出了《关于进一步做好重建城乡规划实施的通知》等指导文件。四川省人民政府还会同住房和城乡建设部共同组织召开了北川新县城灾后重建推进协调会。与此同时，四川省加强了对汶川、青川、映秀、汉旺等极重灾区城镇规划和城市设计的具体指导与协调工作，省委省政府领导、住房和城乡建设厅及相关部门负责人多次深入重点城镇检查规划实施，并协调相关专家和技术人员深入灾区各地为城镇规划设计工作把脉，确保科学规划与科学重建。例如，震中汶川县映秀镇灾后恢复重建工作受到了世界范围的特别关注，针对一个规划区范围仅168.5hm^2、建设用地规模仅74hm^2的小镇规划设计，四川省人民政府专门召开国际研讨会，邀请来自美国、英国、德国、意大利、加拿大、日本和我国台湾、香港等地区以及我国内地的规划、设计、结构、地震、环保、地质等领域专家到灾区充分论证，贡献智慧和力量。美国的贝聿铭、法国的保罗•安德鲁和我国的吴良镛、彭一刚、郑时龄、何镜堂等院士、大师都亲自指导并参与映秀镇的规划和建筑

设计工作。另外，按照国家重建委和四川省人民政府的工作部署，四川省适时组织开展了城乡灾后重建规划实施的中期评估，为深入推进城乡科学重建做好基础性工作。

在科学规划的指导下，住房和城乡建设系统充分发挥城乡重建的生力军作用，按照“以人为本、尊重自然、统筹兼顾、科学重建”的总体要求，遵循“因地制宜、优化布局，传承文化、突出特色，安全第一、保证质量，民生优先、分步实施”等工作原则，将城乡灾后恢复重建与推进工业化、城镇化和新农村建设结合起来，优先恢复重建受灾群众的基本生活和公共服务设施。经过各方三年的艰苦奋斗，城乡恢复重建的主要任务已经基本完成，38 个重建城镇的主体功能已经形成，城镇市政基础设施和公共服务设施功能明显提升，灾区广大农村面貌焕然一新，人居环境质量得到较大改善。与此同时，我们把灾区城乡居民住房作为恢复重建的第一目标，在震后一年内全面完成修复加固 363.8 万户震损城乡住房，震后一年半 148.5 万户农房重建全部完成，震后两年 25.9 万套城镇居民住房基本完成，城乡居民居住水平有了新的提高。随着各地重建规划实施的完成，曾经山河破碎的地震灾区发生了脱胎换骨的巨大变化，城乡建设发展相对灾前普遍实现了跨越性提升，安居乐业、生态文明、安全和谐的新家园正呈现在世人面前。

四、宝贵的实践经验，重要的重建启示

汶川地震灾后恢复重建规划设计方案和实践成果凝聚了各级党委政府和干部群众的心血，汇集了国内外城乡规划和工程设计专家的智慧，彰显了中华民族伟大的抗震救灾精神，其经验弥足珍贵，应及时总结。

第一，尊重自然，科学规划。汶川特大地震自然灾害给人们最大的启示是：自然力量巨大无比、难于抗拒，其规律不可违抗，人们必须本着尊重自然的科学态度来探索、发现其规律，从而按照规律办事，与自然和谐相处，一切违背自然规律的努力都将是徒劳的，都将受到自然的惩罚。汶川地震灾后重建规划设计从指导思想到项目设计，自始至终都体现了与自然和谐相处的基本原则，尊重自然、科学规划，强调按照客观规律推进重建。例如，青川县是极重灾区之一，县城原址用地十分紧张，有三条地震断裂带穿过并且缺乏准确、详细的地震资料，同时还面临地质灾害的潜在威胁，无法承载原有县城的全部功能，发展空间更受限制。灾后恢复重建总体规划采取了三项措施加以应对：一是缩小县城规模，优化县域村庄体系规划，疏解工业和部分教育功能到承载力相对较大的竹园镇；二是先期在综合安全评估较适宜的新区集中建设；三是将老城区作为“待规划用地”。随后地震专家对断裂带作出了明确结论，地质专家制订出地质灾害治理方案并开始进行施工治理，县城老区才依据上述结论，并按照相关断裂带避让标准进行规划，其目的就是尊重自然，确保安全，体现了科学规划的精神。

第二，安全第一，精心设计。地震灾区同胞的生命和财产损失给规划设计人员的启示是：牢记安全第一、精心设计，百年大计、质量为先的原则。对于城乡居民点规划选址和各类房屋建筑项目特别是学校、医院等人员集聚的公共建筑，任何规划、设计、施工安全方面的疏忽都会使人民群众付出生命的代价。灾后恢复重建认真吸取汶川地震的教训，《汶川地震灾后恢复重建城镇体系专项规划》、《汶川地震灾后恢复重建农村建设专项规划》和四川省相关重建技术导则，将城乡灾后恢复重建规划选址与布局安全作为前置条件，坚持避让地震断裂带、避让地质灾害隐患点和避让泄洪通道的“三避让”原则，注重加强城镇综合防灾规划和应急疏散通道及避难场所建设。无论城镇还是乡村都从规划设计开始，严格房屋建筑抗震设防标准，积极应用“四新技术”，把工程质量作为生命线贯穿于重建的全过程，尤其是四川省农房建设第一次有了规范系统的抗震设防要求和标准，彻底改变了量大面广的农村住房建设千百年来没有抗震设防的历史。映秀镇在规划阶段就要求多学科合作，明确映秀中学、映秀小学、映秀幼儿园、中心卫生院、客运中心、映秀市场、地震纪念馆、行政办事中心等每栋公共建筑

拟应用的抗震技术措施。

第三，因地制宜，合理布局。在地震灾后恢复重建城乡规划制定初期就形成了一个共识：将城乡灾后恢复重建与推进新型工业化、城镇化、新农村建设相结合，根据资源环境承载能力和统筹城乡与区域发展要求，优化调整城镇和乡村体系与产业发展空间布局，在搞好城乡恢复重建的同时，为灾区经济社会可持续发展创建良好的城乡环境。四川将城乡灾后重建与全省城乡环境综合整治有机结合，农房重建与社会主义新农村建设相结合，按照“三打破、三提高”的要求组织各村庄规划和建筑设计，即打破“夹皮沟”、提高村庄布局水平，打破“军营式”、提高村落规划水平，打破“火柴盒”、提高民居设计水平；强调与自然和谐、与环境协调、与地域相融，依山就势、错落有致、特色突出，充分体现田园风情；城镇重建结合新型城镇化的推进，在法定规划的指导下，按照“四注重、四提升”的要求组织各类城市设计，即注重塑造风貌、提升城市整体形象，注重个性特色、提升单体建筑设计水平，注重色彩协调、提升建筑立面装饰美感，注重历史传承、提升城市文化品位，坚持因地制宜、优化布局，民生优先、分步实施，使城镇功能得到有效提升，人居环境明显改善。

第四，完善功能，提升发展。城乡灾后恢复重建按照《条例》关于立足当前与兼顾长远的原则，坚持统筹规划、科学重建和可持续发展的指导思想，把恢复重建与优化经济布局结合起来，与转变发展方式结合起来，与充分开放合作结合起来，与改善宏观环境结合起来，使灾后恢复重建的过程成为增强灾区发展后劲和发展能力的过程。恢复重建不是简单复制，而是实现新的发展和提升，这已成为四川省城乡灾后恢复重建普遍认同的基本理念。在重建规划实施过程中突出解决民生和发展问题，加强城乡基础设施和公共设施建设，加快产业恢复发展和产业园区合作建设，积极探索政策、机制、体制等方面的创新，着力完善灾区城镇功能和提升灾区城乡发展环境。经过三年的重建，灾区基础设施和公共设施配套水平有了较大提升，城镇化与工业化良性互动局面逐步形成，新农村建设与农业产业化协同推进，城乡统筹进程明显加快，产业结构得到优化调整和升级，经济发展方式逐步实现转变，重建后的灾区无论群众生活生产条件还是经济社会发展水平都在原有基础上实现了一次质的飞跃，为全面建设小康社会和可持续发展奠定了坚实基础。

第五，传承文明，彰显特色。汶川地震灾区藏、羌、回、汉等多民族聚居，自然风光优美，民族风情浓郁。城乡重建规划遵循“传承文化，保护生态”的规划原则，灾后恢复重建项目规划设计除了满足基本功能之外，充分尊重当地民族的生产、生活方式，继承民族传统，弘扬民族文化，恢复自然环境，重塑精神家园。通过地方材料的应用、民族聚落空间的营造、地方建筑符号的提炼，展现独特民风民俗，彰显民族传统文化底蕴的城镇空间格局得以形成，成为传承民族文化的物质载体。国家级历史文化名城都江堰市，其重建规划坚持以保护世界遗产和传承历史文化为核心的指导思想，继承“山、水、田、林、堰、城”的自然人文遗产，以山为依衬，水为脉络，田为基底，路为骨架，形成“山城共融、五河十岸、两环三轴、一城三片”的总体城市设计框架，突出“显山、亮水、秀城、融绿”的整体景观风貌效果；汶川县是省级历史文化名城，县城重建规划按照原真性、整体性的原则，将姜维城遗迹、布瓦黄泥碉群两处国家级文物和七盘沟老街作为历史文化保护重点，列入了规划强制性内容。

第六，专家领衔，科学决策。灾后重建工作是特定时期、特定背景下在特别地区进行的一项特殊“工程”，灾后恢复重建城乡规划设计具有时间紧、任务重、条件差、要求高等特点，在遵循“政府组织、专家领衔、部门合作、公众参与、科学决策”工作机制的基础上，特别强调专家的领衔作用和民主化的决策程序，既要确保规划设计科学性，又要积极反映和尊重民意。各援建省市派出最优秀的规划设计机构和最强的技术队伍参与地震灾区城乡重建规划设计。对社会广泛关注的北川新县城异地重建，邀请国内外知名规划设计机构和著名专家学者出谋划策、绘制蓝图、论证把关，充分发挥专家决策咨询作用。与此同时，为确保在规划制定和决策过程中反映和尊重民意，各地坚持信息公开，利用各类群众可能接触和接受的信息渠道，如通过报纸、电视、设置公示栏、发放征求意见表、举办规划设计展览等多种方式，将灾后恢复重建规划设计方案向社会公开征求意见，将灾后重建规划设计的成果向社会广泛宣传，形成群众参与重建规划设计和支持规划实施的社会氛围，从而充分调动灾区群众重建美好新家园的主观能动性。

时值汶川地震灾后恢复重建基本完成之际，回眸三年的艰辛历程，中华民族在灾难面前迸发出的强大危机应对能力和各级政府的政治动员能力，集中展现了社会主义制度的优越性。灾区群众不等不靠、自强不息，以主人翁姿态积极参与灾后重建的规划和实施；城乡规划建设战线的广大干部职工不辱使命、顽强拼搏，充分发挥主力军作用，与灾区群众心手相连、患难与共，为使灾区群众早日安居乐业，实现城乡建设达到或超过灾前水平的重建目标作出了巨大贡献。

以科学发展观作指导下的城乡规划，在汶川特大地震四川灾后重建过程中起到了非常重要的引领作用，在顺利完成灾后城乡恢复重建各项任务中起到了决定性作用，在城乡规划历史上书写了崭新而光辉的篇章。其中《汶川地震灾后恢复重建城镇体系规划》被评为了2009年度全国优秀城乡规划设计特等奖，这是唯一一个获此殊荣的城乡规划项目。值得肯定的是，汶川地震灾后重建城乡规划期间所积累的经验和成果，已被广泛应用到随后发生的青海玉树地震抗震救灾和灾后恢复重建中，并发挥了重要作用。

在辉煌的汶川特大地震四川灾后恢复重建工作全面完成之际，编辑此书，实录城乡规划建设者们不平凡和可歌可泣的一幕幕，表达对党和国家在人民危难之际一心为民伟大形象的礼赞，对亿万中华儿女自强不息众志成城的敬意，对投身地震灾后重建工作的领导者和参与者所付出的智慧和汗水致以最崇高的敬礼！

第一章　规划统筹，科学重建

2008 年 5 月 12 日 14 时 28 分 04 秒，四川汶川、北川，8 级强震猝然袭来，大地颤抖，山河移位，满目疮痍，生离死别……西南处，国有殇。这是新中国成立以来破坏性最强、波及范围最大的一次地震。

特大地震重创约 50 万 km^2 的中国大地！山河破碎，损失惨烈，无数房屋瞬间坍塌，数万生命顷刻殒灭，无情地造成了一场人间灾难。为表达全国各族人民对四川 5・12 汶川特大地震遇难同胞的深切哀悼，国务院决定，2008 年 5 月 19 日至 21 日为全国哀悼日。自 2009 年起，每年的 5 月 12 日为全国防灾减灾日。

汉旺广场的塔钟，永远定格在 5 月 12 日 14 时 28 分（图 1-0-1、图 1-0-2）。

图 1-0-1　汉旺广场上的塔钟

图 1-0-2　对 5・12 大地震遇难同胞深切哀悼

北川县城废墟上的挂钟，仍在“嘀嗒嘀嗒”走个不停。

时间没有停滞！

震后灾区处处可见从头再来、重建家园的坚毅身影。

生命大救援，闪耀着生命至上、不屈不挠的人性光辉；灾后大重建，贯穿着以人为本、尊重科学的发展主线。

为了灾区的美好明天，我们万众一心。

第一节　特大地震，损毁严重

汶川地震是 1949 年以来我国遭受的破坏性最强、波及面最广的一次地震。经地震系统的研究、实地观察和各地上报的情况，重灾区范围已超过 10 万 km^2，地震强度、烈度都超过了唐山大地震。

一、特大地震的发生

2008 年 5 月 12 日 14 时 28 分，四川省汶川县（北纬 31°、东经 103.4°）发生 8.0 级特大地震。相当于数百颗原子弹的能量，在 10 万 km^2 的区域瞬间释放，波及甘肃、陕西、重庆等 16 个省区市（图 1-1-1）。

图 1-1-1　汶川 5·12 特大地震灾难瞬间

二、特大地震的成因

汶川是岷江边上著名的羌族聚居区，羌寨大多建在海拔 2000m 的山上，羌族被人们称为“云端上的民族”。汶川地形高低起伏。山高、谷深、河急是这一带典型的地貌特征。该地区最低处漩口镇海拔 780m，最高点四姑娘山高达 6250m，相对高差 5000 多米。

汶川所处的龙门山是地质学家的重要研究对象。龙门山断层是地质学上一个非常重要的“边”，因为它两边的地质材料完全不一样；东南边相对古老，西北边相对年轻。西北边指的是青藏高原及其代表的年轻地质构造，东南边指的是四川盆地及其代表的大陆板块。

汶川大地震是地处印度洋板块与欧亚板块交界处的龙门山断层触动的，该断层属中国南北地震带中的川滇地震带部分（图 1-1-2、图 1-1-3）。这种逆冲断层的特点是，上盘动而下盘不大动，因此位于上盘的汶川、茂县受灾远比位于下盘的成都严重。这次浅源地震比深源地震威力更大，破坏力更强，而且震感能传到十多个省市甚至数个邻国，其强度之大为近 60 年来所罕见。

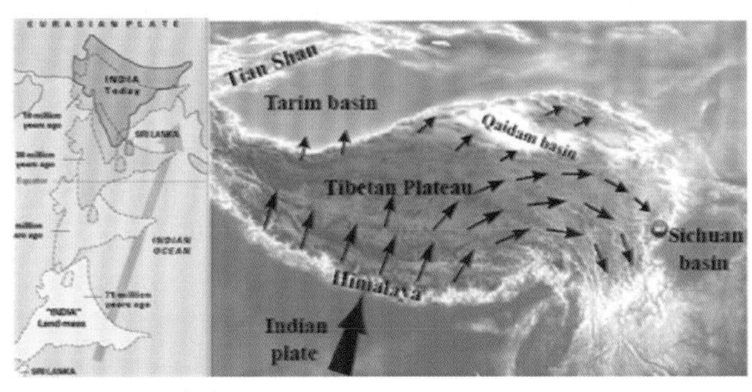

图 1-1-2　印度洋板块挤压青藏高原示意图

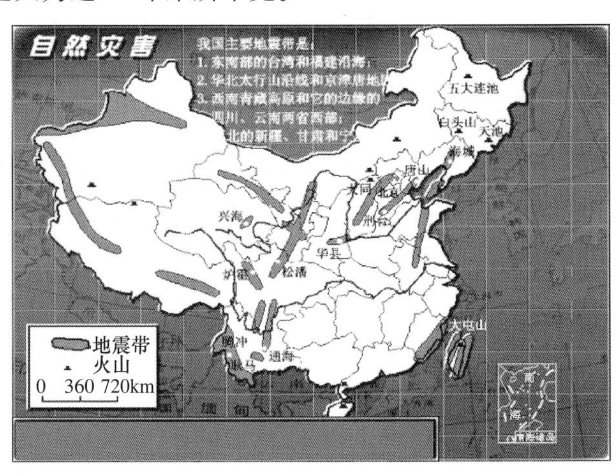

图 1-1-3　汶川处在南北地震带中的龙门山地震带

龙门山断层属于逆断层，因此当地形成了较高一侧凌空突起，悬于较低一侧之上的独特景观。正因为如此，一些中国地质学家不无夸张地将龙门山断层形容为“地学史上的哥德巴赫猜想”。

印度板块向欧亚板块移动，发生喜马拉雅造山运动，但是喜马拉雅山只有印度那么宽，东边和西边多余的部分只能冲到两边的大陆板块下面，板块交界处活动最为频繁。大地内部聚积了大量能量，导致青藏高原不断隆升，又不断向东部扩展，使中国西部地区形成了很多断裂带。海拔从盆地一侧的四五百米急升到高原的4500m左右，峡谷、峭壁比比皆是，显示有强烈的抬升运动。龙门山断层和松潘—甘孜地震带都属于川滇地震带，而川滇地震带又属南北地震带的一部分。南北地震带是一条纵贯中国大陆的地震密集带，从宁夏经甘肃东部、四川西部直至云南，向北可延伸至蒙古，向南可到缅甸（图1-1-4）。其经度范围大约在东经100°～105° 之间，而汶川的经度正是103°。

虽然汶川地震与1999年的台湾南投地震同属逆断层移位，但四川“5•12”地震的破坏力是台湾“9•21”地震的4倍。这次地震大约用了4min才完全裂完，断裂带长约270km，宽30km。这条断裂带和龙门山断层的走向一致，断裂面向西北倾斜30°，意味着是西北方的力量往东南方推，西北方部分叫上盘，东南方部分叫下盘。逆冲断层的一个特点就是，上盘在动，下盘不怎么动。所以，上盘会摇得特别厉害，灾情会比下盘严重很多。这解释了为什么汶川、茂县一带受灾远比成都严重的原因。

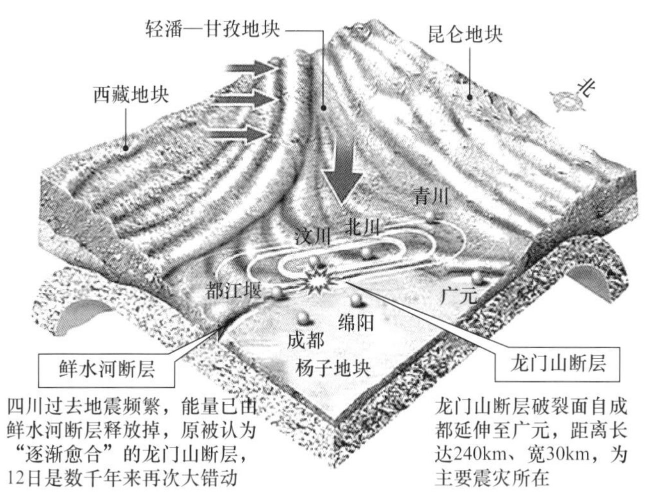

图1-1-4　地质活动示意图

地震波是呈涟漪状向四面八方传播的，传到四川盆地时，由于这里地质相对较软，所以成都等位于下盘的城市也有明显震感。5•12震源位于地下10余千米，属于浅源地震。这种地震与深源地震相比威力更大，破坏力更强，但震波一般传得不如深源地震远。这一次震感却传到中国十多个省市甚至数个邻国，可见其强度之大。

三、特大地震的灾害特点

“5•12”汶川地震能量巨大、烈度超强，发震方式特殊、震动持续时间长，地震震源深度浅、破裂长度大、震害范围广。地震产生的高烈度影响区域：10度区、11度区，5563km^2；9度区，7738km^2；8度区，27786km^2。据初步统计，倒塌的房屋中，有95%的房屋处在影响烈度为8度及以上的强震区。其灾害具有如下特点。

（一）能量大

汶川大地震是浅源地震，震源深度为10～20km，因此破坏性巨大。汶川大地震是中国1949年以来破坏性最强、波及范围最大的一次地震，地震的强度、烈度都超过了1976年的唐山大地震。汶川地震的震级比唐山地震的震级稍微高一点，能量差三倍，地震波及能量越大，地震传得更远，在更远的距离内造成破坏。另外，汶川地震的位置也非常特殊。唐山地震发生在中国东部，因为东部地区延迟线比较薄，东部地震波衰减厉害，而四川的延迟线厚，所以地震波衰减慢。从这两个角度来说，汶川地震造成的影响要比唐山大。

（二）影响范围广

地震的影响波及大半个中国，甚至影响到东南亚国家。中国除吉林、黑龙江、新疆三省外皆有震感，陕西、甘肃、宁夏、天津、青海、北京、山西、山东、河北、河南、安徽、湖北、湖南、重庆、贵州、云南、内蒙古、广西、广东、海南、西藏、江苏、上海、浙江、辽宁、福建等全国多个省（自治区、直辖市）和香港、澳门特别行政区以及台湾地区有明显震感。其中以川陕甘三省震情最为严重。甚至巴基斯坦、泰国首都曼谷、越南首都河内、菲律宾、日本等地也有震感。

（三）极震区地震烈度高

“5・12”汶川地震的震中烈度高达 11 度，以四川省汶川县映秀镇和北川县县城两个中心呈长条状分布，面积约 $2419km^2$。其中，映秀 11 度区沿汶川—都江堰—彭州方向分布，北川 11 度区沿安县—北川—平武方向分布（图 1-1-5 ～图 1-1-7）。

图 1-1-5　5 月 14 日地震后汶川县映秀镇

图 1-1-6　四川北川县在地震前后的对比

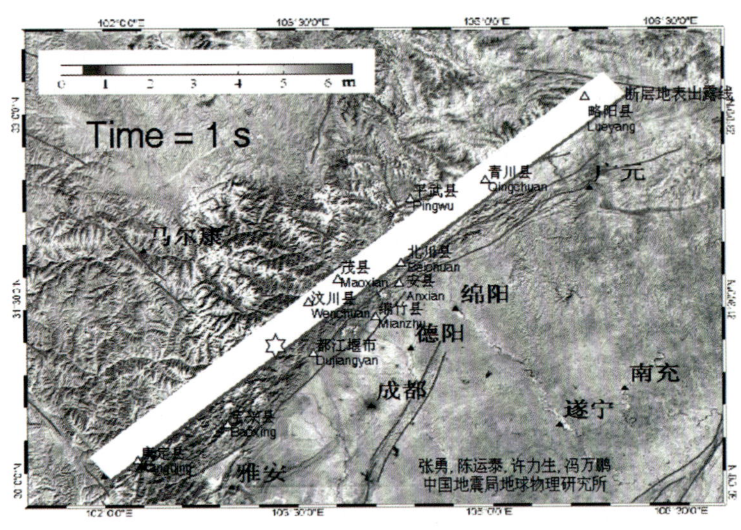

图 1-1-7　5・12 汶川地震受灾区位关系图

汶川地震的 10 度区面积则为约 $3144km^2$，呈北东向狭长展布，东北端达四川省青川县，西南端达汶川县。

9 度区的面积约 $7738km^2$，同样呈北东向狭长展布，东北端达到甘肃省陇南市武都区和陕西省宁强县的交界地带，西南端达到汶川县。

9 度以上地区破坏极其严重，其分布区域紧靠发震断层，沿断层走向成长条形状。其中，10 度和 9 度区的边界受龙门山前山断裂错动的影响，在绵竹市和什邡市山区向盆地方向突出，在都江堰市区也略有突出。

汶川地震的 8 度区面积约 $27786km^2$，西南端至四川省宝兴县与芦山县，东北端达到陕西省略阳县和宁强县；7 度区面积约 84449km²，西南端至四川省天全县，东北端达到甘肃省两当县和陕西省凤县，最东部为陕西省南郑县，最西为四川省小金县，最北为甘肃省天水市麦积区，最南为四川省雅安市雨城区。

6 度区的面积约 314906km²，一直延续到重庆市西部和云南省昭通市北端，其西南端为四川省九龙县、冕宁县和喜得县，东北端为甘肃省镇原县与庆阳市，最东部为陕西省镇安县，最西为四川省道孚县，最北达到宁夏回族自治区固原县，最南为四川省雷波县。

在龙门山山前盆地边缘的过渡带，汶川地震的烈度向东衰减很快，西侧则衰减相对较缓。同时，汶川地震烈度分布的南北也不对称：8 度区和 7 度区范围向四周扩大，呈现为北东向的不规则椭圆形，且相同烈度的区域在北部比南部大，进入甘肃省和陕西省境内，显示出断层破裂向北东方向传播，最大余震发生在断层北部。

（四）各类损失异常惨重

截至 2008 年 7 月 24 日 12 时，“5・12”汶川地震已确认 69197 人遇难，374176 人受伤，18209 人失踪。抢险救灾人员已累计解救和转移 1485697 人。因地震受伤住院治疗累计 96451 人（不包括灾区病员人数），已出院 90846 人，仍有 2946 人住院，其中四川转外省市伤员仍住院 1533 人，共救治伤病员 3207947 人次。

截至 2008 年 9 月 4 日，“5・12”汶川特大地震造成的直接经济损失 8451 亿元人民币。尤以四川省因灾损失最为严重，占到总损失的 91.3%，甘肃占到总损失的 5.8%，陕西占总损失的 2.9%。国家统计局将损失指标分三类，第一类是人员伤亡问题，第二类是财产损失问题，第三类是对自然环境的破坏问题。在财产损失中，房屋的损失很大，民房和城市居民住房的损失占总损失的 27.4%。包括学校、医院和其他非住宅用房的损失占总损失的 20.4%。另外，还有基础设施，道路、桥梁和其他城市基础设施的损失，占到总损失的 21.9%，这三类损失的比例较大，70% 以上的损失是由这三方面造成的。

（五）地震诱发灾害类型多、规模大、持续时间长

汶川地震极重灾区分布于川西高山峡谷地带，处于平原、山区、高原的山地过渡带，地震震级高、能量大，除地震本身造成的巨大破坏外，还诱发了多种破坏性很大的次生灾害，如崩塌、滚石、滑坡、堰塞湖、泥石流、山洪等次生地质、水文灾害。同时，因山体崩塌滑坡，植被破坏，岩石裸露，水土流失加剧，生态破坏十分严重，给灾区带来持续、长远的灾害影响（图 1-1-8）。

图 1-1-8　震后汶川县城

第二节　分析灾损，直面灾情

灾损评估是灾后重建规划的基础资料，直接影响灾后恢复重建城乡规划编制工作组织，准确及时的灾损评估，是灾后城乡恢复重建科学规划的前提之一。“5・12”汶川特大地震灾损评估采取自上而下和自下而上两种方法，最终以统计数据为主要依据，以总体估计数据进行量级校核，及时高效地为

图 1-2-1　都江堰一环路内震后安全性应急评估图

受灾群众安置、灾后重建选址、规划编制等提供了决策依据（图 1-2-1）。

一、建筑安全性应急评估

（一）决策指导

5 月 13 日上午，四川省住房和城乡建设厅根据省领导的指示精神，及时发出了《关于做好地震灾区城乡房屋建筑及市政基础设施安全性及损失评估有关工作的紧急通知》，对应急评估工作的组织实施、有关标准、对口支援和具体措施等提出明确要求。

5 月 14 日，住房和城乡建设部发出《关于请报送供水设施毁损情况的紧急通知》，全面了解灾区供水设施毁损和抢修进展情况，为抗震救灾指挥决策提供依据，及时采取相应保障措施。

5 月 14 日，为指导抢险救灾和应急评估开展，全面、系统部署整个灾区抗震救灾工作，便于房屋建筑和市政基础设施震害调查和经济损失评估，根据已掌握的工程震害情况，四川省住房和城乡建设厅编制了《四川省 5•12 地震破坏指数区划图（第一稿）》。根据江油市 6.0 级余震造成的破坏性情况，5 月 18 日，编制了《四川省 5 • 12 地震破坏指数区划图（第二稿）》。将受灾区从重到轻划分为一类、二类、三类、四类。分城镇（乡）及农村两大类给出了不同受灾区的震害指数。为了加强地震后的震害调查及震后各类住房建筑的损失评估，提高灾害数据的准确性，四川省住房和城乡建设厅抗震应急指挥部办公室及时印发了《建筑地震破坏等级划分标准》5000 册，为灾害评估和数据统计提供了科学依据。

5 月 16 日，住房和城乡建设部发出《关于请报送房屋与供水等市政公用设施灾害损失情况的紧急通知》，要求川、陕、甘、滇、黔、渝六地建设部门迅速报送本地区房屋与供水等市政公用设施灾害损失情况。

5 月 18 日下午，在中国地震局召开国务院抗震救灾总指挥部第九次会议。会议要求加强地震监测预报，做好灾害评估，开展地震科学考察和专题研究，为保护群众生命安全和灾后重建提供科学依据。

5 月 19 日，住房和城乡建设部发出《关于报送房屋、供水等市政公用设施灾害损失情况的紧急通知》，要求川、陕、甘、滇、黔、豫、鄂、渝八地建设部门将本地区供水设施毁损情况、将采取的抢险和保障措施、取得的成效、下一步的措施和需该部帮助解决的问题形成书面材料及时提交。

6 月 2 日，四川省住房和城乡建设厅发出了《关于继续做好地震灾区建筑物安全性评估工作的紧急通知》，明确了评估范围、统计口径、统计报表和上报时间。

（二）查险排危

在住房和城乡建设部的组织指挥下，四川省住房和城乡建设厅会同其他省市住房和城乡建设部门组织抽调建筑类大专院校、科研单位及骨干勘察设计单位的专家和工程技术人员，组成 23 支救灾队伍共计 2000 余人，在建设行政主管部门领导的率领下陆续抵达重灾区，开展房屋建筑和市政基础设施应急评估工作。工作组和专家组的同志深入成都、绵阳、广元、德阳、雅安、阿坝六个重灾区，对重灾区各类房屋和大型公共设施进行评估和鉴定，及时地筛选出了一批可供安全使用的建筑，使灾区一大批单位和人民群众及时住进了没有安全隐患的房屋，促进了人民群众正常生活的恢复。截至 2008 年 6

月底，共完成重灾区城镇房屋安全性应急评估 57998 万 m^2，占受灾城镇房屋总面积的 95.6%；完成了重灾区 2628 座城市桥梁、35 座城市自来水厂、254 个镇（乡）自来水厂、37 座城镇（乡）污水处理厂、37 座城镇垃圾处理场的安全性应急评估，为抗震抢险、适时安置灾民和灾后重建等工作提供了科学依据，使受灾地区一大批单位尤其是医院、学校、党政部门和人民群众及时住进了没有安全隐患的房屋，促进了灾区社会秩序和生产生活秩序的尽快恢复，也大大缓解了临时应急安置和过渡安置供需压力（图 1-2-2 ～图 1-2-4）。

图 1-2-2 城镇住房在地震中支离破碎

图 1-2-3 强烈的地震让住房整体下沉损毁

图 1-2-4 地震中完全损毁的场镇

（三）有序推进

为给抢险救灾提供科学依据，四川省住房和城乡建设厅及时开展了地震灾害损失统计工作。随着对震情的了解、掌握和损失评估的深入、细化，统计工作由粗及细，大致分为四个阶段：第一阶段6个重灾区；第二阶段21个重灾县、254个重灾乡镇；第三阶段6个重灾地区、50个重灾市、县；第四阶段10个极重灾区、29个重灾区、100个一般灾区。分五类工程设施（城镇住房、城镇公共建筑、城镇市政设施、农房、农村公建）逐项统计。其中，公共建筑又进一步细分为城镇居民住宅、教育用房、医疗卫生用房、文体用房、办公用房、商业用房、工业仓储用房七大类。城镇市政设施分为桥梁、污水处理厂、垃圾处理场、自来水厂等类型。教育用房又进一步细分为幼儿园、托儿所、中小学、大中专院校、培训机构等。要求统计各类型不同破坏等级所对应的户数、人口数、建筑面积，以及破坏等级划分、经济损失估算、恢复重建投资估算等。此项工作一直持续到6月底。

从5月13日开始，四川省住房和城乡建设厅充分运用信息化手段提高抗震救灾信息传输效率，加强各地抗震救灾信息收集，在“四川省住房和城乡建设厅”门户网站为全省建设系统抗震救灾办公室开设电子政务邮箱，用于文件传输和信息传递。

5月28日，国家汶川地震专家委员会灾害评估组赴川进行震灾损失评估。四川省住房和城乡建设厅作了《关于汶川地震城乡房屋建筑和市政基础设施灾害损失报告》，就城镇房屋建筑及市政基础设施受损情况、恢复重建投资估算和房屋建筑抗震设防及“5·12”汶川地震震害情况初步分析作了汇报。

二、受灾范围及区域概况

汶川地震波及四川、甘肃、陕西、重庆、云南等10省（区、市）的417个县（市、区），总面积约50万km^2。处于极重灾区和重灾区的范围为四川、甘肃、陕西3省51个县（市、区），总面积132596km^2，乡镇1271个，行政村14565个，2007年年末总人口1986.7万人，地区生产总值2418亿元，城镇居民人均可支配收入和农村居民人均纯收入分别为13050元、3533元（表1-2-1）。

灾区范围表 表1-2-1

所在省	县（市、区）	个数
四川	汶川县、北川县、绵竹市、什邡市、青川县、茂县、安县、都江堰市、平武县、彭州市、理县、江油市、广元市利州区、广元市朝天区、旺苍县、梓潼县、绵阳市游仙区、德阳市旌阳区、小金县、绵阳市涪城区、罗江县、黑水县、崇州市、剑阁县、三台县、阆中市、盐亭县、松潘县、苍溪县、芦山县、中江县、广元市元坝区、大邑县、宝兴县、南江县、广汉市、汉源县、石棉县、九寨沟县	39
甘肃	文县、陇南市武都区、康县、成县、徽县、西和县、两当县、舟曲县	8
陕西	宁强县、略阳县、勉县、宝鸡市陈仓区	4

受灾严重的主体区域地处青藏高原向四川盆地过渡地带，以龙门山山脉为界，西部与东部的地质地貌差别明显，经济社会发展水平差异较大，总体上具有以下特点：第一，地形地貌复杂，平原、丘陵、高原、高山均有分布，部分地区相对高差悬殊，气候垂直变化明显，主体属典型高山峡谷地形。第二，自然灾害频发，高山高原地区地震断裂带纵横交错，发生地震灾害的几率较高；滑坡、崩塌、泥石流等地质灾害隐患点分布多、范围广、威胁大。第三，生态环境脆弱，山高沟深，高山地区耕地零碎、土层瘠薄、水土流失严重。第四，生态功能重要，高山高原地区的动植物资源丰富，生态系统类型多样，属于长江上游生态屏障重要组成部分和我国珍稀濒危野生动物重要栖息地。第五，资源比较富集，世界文化自然遗产和自然保护区比较集中，旅游资源丰富，水能、有色金属和非金属矿等资源蕴藏较多。第六，经济基础薄弱，平原地区工业化程度相对较高，高山高原地区经济规模较小，产业结构单一，贫困人口集中。第七，少数民族聚居，有我国唯一的羌族聚居区，是主要的藏族聚居区之一，多

元文化并存，历史人文资源独特。

汶川大地震是发生在龙门山断裂带上长约350km的地段上的大规模的破裂。龙门山断裂带是一条长达470km、宽100km的地震带，震源深度大多在30km以内，属于浅源地震。本次5·12汶川地震在龙门山地震断裂带形成两个震极：其一是汶川—映秀—都江堰，地震破坏烈度11度。其二是北川—平武，地震破坏烈度11度。地震波的传播形态由东北向西南呈椭圆形圈层分布。如图1-2-5所示：

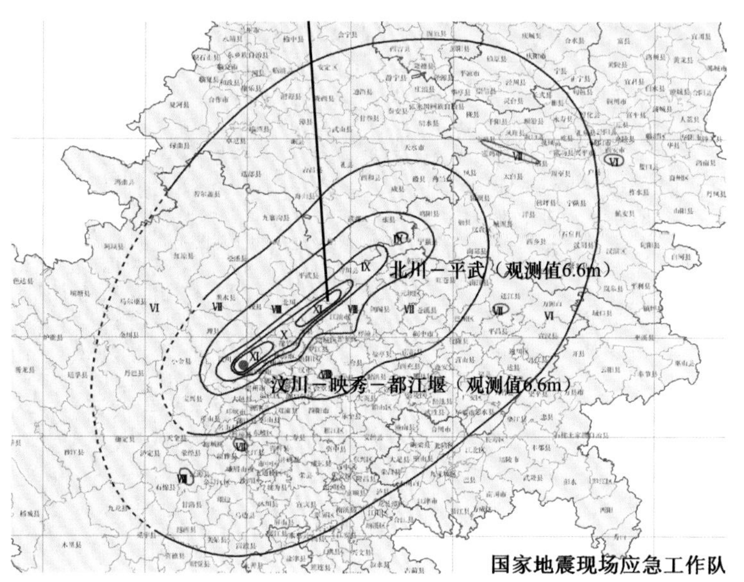

图1-2-5　汶川地震烈度分布图

第一圈层：即为两个震极，地震烈度11度。受灾的有：北川、汶川、青川3个县城，汶川映秀镇等，属于极重灾区。

第二圈层：两个震极外围毗邻圈层，龙门山断裂带沿线山区，地震烈度9度。受灾集镇有平武县南坝镇，彭州市龙门山镇，绵竹市汉旺镇等，属于重灾区。

第三圈层：地震烈度8度。受灾集镇有都江堰市区，广元、绵阳、德阳、成都等龙门山和平原交接的低山地区集镇和农村，属于中度灾区。

第四圈层：地震烈度7度。受灾地区有陕西勉县、略阳县，甘肃文县，四川广元的武都，阿坝州的黑水县、理县、小金县，雅安的宝兴县，成都的邛崃、大邑等西部平原丘区，德阳和绵阳其他区域。属于轻度灾区。

三、受灾程度分区

（一）四川灾区情况

四川省受灾范围波及全省除攀枝花以外的20个市（州）、139个县（市、区），受灾人口3106万人，受灾面积25.2万km^2。其中39个极重、重灾市区县总面积9.8万km^2，2007年年末总人口1760万人，分别占全省的20.2%、19.9%。

在全省城镇体系中，有1个大城市（绵阳）和3个中等城市（广元、德阳、雅安）遭到一定程度的损毁；有1个县城（北川）遭到毁灭性的破坏，已完全丧失城市功能；有9个县城（市）（青川县、汶川县、绵竹市、什邡市、都江堰市、平武县、安县、江油市、彭州市）遭到极为严重的损毁，房屋倒塌，城市道路及市政设施受到一定程度的破坏，严重影响城市功能；有23个县城（市）（茂县、理县、松潘县、小金县、黑水县、九寨沟县、崇州市、大邑县、旺苍县、苍溪县、剑阁县、盐亭县、三台县、梓潼县、中江县、罗江县、广汉市、宝兴县、汉源县、阆中市、芦山县、石棉县、南江县）遭到一定程度的损毁，影响城市正常功能（图 1-2-6）。从广元、青川、江油、北川、绵竹、彭州、崇州至雅安这一川西南北纵线城镇受损非常严重，有 36 个城镇严重损毁，300 多个城镇遭到严重破坏（图 1-2-7）。

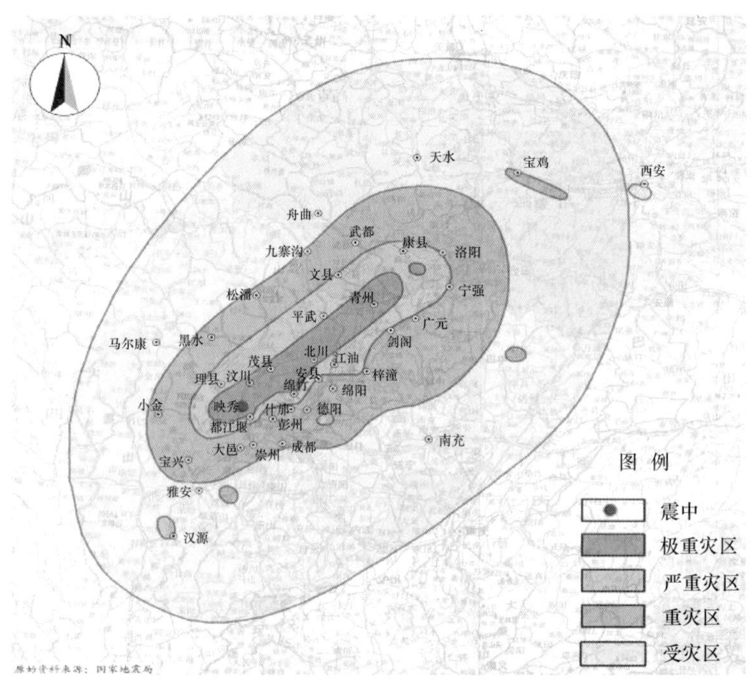

图 1-2-6　灾区受灾情况区划图

图 1-2-7　震中烈度超过 11 度

（二）受灾程度分区

根据民政部、国家发改委、财政部、国土资源部与中国地震局 5 部门印发的《汶川地震灾害范围评估结果》，四川省地震灾区根据受灾程度划分为以下三个区。

1．极重灾区

共 10 个县（市），分别是四川省汶川县、北川县、绵竹市、什邡市、青川县、茂县、安县、都江堰市、平武县、彭州市。

2．重灾区

共 29 个县（市、区）：理县、江油市、广元市利州区、广元市朝天区、旺苍县、梓潼县、绵阳市游仙区、德阳市旌阳区、小金县、绵阳市涪城区、罗江县、黑水县、崇州市、剑阁县、三台县、阆中市、盐亭县、松潘县、苍溪县、芦山县、中江县、广元市元坝区、大邑县、宝兴县、南江县、广汉市、汉源县、石棉县、九寨沟县。

3．一般灾区

共 100 个县（市、区）：郫县、成都市金牛区、成都市青白江区、成都市新都区、成都市成华区、成都市锦江区、成都市青羊区、成都市温江区、成都市武侯区、名山县、邛崃市、金堂县、南部县、蒲江县、成都市龙泉驿区、射洪县、乐山市金口河区、巴中市巴州区、新津县、丹巴县、南充市顺庆区、夹江县、天全县、丹棱县、金川县、通江县、雅安市雨城区、洪雅县、双流县、仁寿县、乐山市沙湾区、峨边彝族自治县、康定县、沐川县、仪陇县、马边彝族自治县、井研县、南充市高坪区、彭山县、犍为县、荥经县、荣县、西充县、泸定县、乐山市五通桥区、峨眉山市、简阳市、马尔康县、青神县、南充市嘉陵区、蓬安县、资阳市雁江区、眉山市东坡区、华蓥市、平昌县、乐山市市中区、营山县、安岳县、达州市通川区、乐至县、大英县、遂宁市船山区、万源市、甘洛县、威远县、遂宁市安居区、红原县、岳池县、达县、武胜县、广安市广安区、自贡市大安区、资中县、越西县、渠县、蓬溪县、自贡市自流井区、自贡市沿滩区、富顺县、内江市东兴区、自贡市贡井区、内江市市中区、隆昌县、屏山县、宜宾县、南溪县、大竹县、宜宾市翠屏区、若尔盖县、宣汉县、美姑县、雷波县、泸县、邻水县、开江县、阿坝县、道孚县、冕宁县、九龙县、高县。

四、受灾地区灾损分类统计

四川汶川地震是新中国成立以来波及范围最广、破坏性最强、灾害损失最大、抢险救援最难的一次特大地震灾害：地震震级达到里氏 8.0 级，最大烈度达到 11 度，并带来大量滑坡、崩塌、泥石流、堰塞湖等严重次生灾害；汶川特大地震发生于龙门山中央断裂带，震中位于北纬 31.021°、东经 103.367°的阿坝州汶川县映秀镇一带，震中烈度超过 11 度，并沿汶川—茂县—北川—平武—青川一线，形成了一个长约 300km 的带状强震区。地震波及四川、甘肃、陕西、重庆、云南等 10 省（区、市）的 417 个县（市、区），总面积约 50 万 km^2。其中，汶川县、北川县、绵竹市、什邡市、青川县、茂县、安县、都江堰市、平武县、彭州市 10 个极重灾区县（市、区）全部在四川境内，主要的重灾区包括理县、江油市、广元市利州区等 29 个县（市、区）也在四川境内，面积约 9.8 万 km^2。汶川地震造成四川 68707 名同胞遇难，17923 名同胞失踪，36 万多人不同程度受伤，1000 多万人因房屋倒塌或受损无家可归，直接经济损失超过 8451 亿元。城乡居民住房大量损毁，北川县城、汶川县映秀镇等部分城镇和大量村庄几乎被夷为平地；基础设施严重损毁，交通、电力、通信、供水、供气等系统大面积瘫痪；学校、医院等公共服务设施严重损毁，大量文化自然遗产遭到严重破坏；产业发展受到严重影响，耕地大面积损毁，主要产业、众多企业遭受重创；生态环境遭到严重破坏，森林大片损毁，野生动物栖息地丧失与破碎，生态功能退化。

（一）城乡住房灾损

1．灾前住房概况

截至 2008 年 6 月 30 日，地震共导致四川灾区 64799.97 万 m^2 城乡住房出现不同程度的受损，受住房损毁直接影响的人口达到了 1812.18 万人、559.15 万户。

2．灾损住房情况

(1) 城镇住房

“5 • 12”汶川特大地震共造成全省除攀枝花市和凉山州之外的 19 个市（州）129 个县（市、区）共 220 万套城镇住房不同程度受灾。其中，受灾严重的区域涉及 8 个市州的 39 个县（市、区）（国定重灾县），160 万套住房损毁严重需重建和修复加固才能保证居住安全和恢复使用功能。

据灾后住房调查统计，地震发生前灾区共有城镇住房 5.8 亿 m^2，地震中城镇住房共受损 22620.29 万 m^2，占城镇住房总量的近 39%，包括倒塌 1933.02 万 m^2 和严重破坏 6876.65 万 m^2，造成的直接经济损失在 1464.11 亿元以上，受住房损毁直接影响的人口达 665.10 万人、211.55 万户。另外，还有 7185 万 m^2（约 70 万套）轻微受损，居住安全和使用功能未受大的影响。

(2) 农村住房

在汶川地震中，四川省农村住房遭受了巨大的损失。地震造成的农村住房受损面积42179.68万m^2，包括倒塌19493.22万m^2和严重破坏22686.45万m^2，造成的农村住房直接经济损失在3374.37亿元以上，受灾住房损毁直接影响的人口达1147.08万人，140个县（市、区）的347.62万户农房不同程度损毁，占灾损住房总数的三分之二。重灾区共损毁农村住房299.48万户，占全省农房损毁户数的86.16%，损毁农村住房面积28911万m^2，占全省地震损毁农村住房面积的86.48%（图1-2-8～图1-2-10）。

图1-2-8 地震中完全垮塌的村庄（一）

图1-2-9 地震中完全垮塌的村庄（二）

图1-2-10 地震中完全垮塌的农房

（二）农村灾损

1．灾前农村建设概况

重灾区除平原地区外，绝大部分农村居民住房较为分散，农户一般按农业生产服务半径数户至数十户聚居，每个行政村一般有10余个自然村落，平均每个自然村落仅100人左右。

重灾区耕地面积1319.9万亩，占全省的22.3%。农业生产设施具有一定规模，拥有农田排灌沟渠1.9万km、蓄水池37.24万口、山平塘9.49万座，机电提灌站23019座、54.25万kW；机耕道10.35万km；农机具121.34万台（套），农机库房228.4万m^2；农业生产大棚20453万m^2；蚕业生产养蚕大棚859.5万m^2；畜禽圈舍12907.67万m^2；水产养殖面积117万亩；农村户用沼气池120.38万口，养殖场大中型沼气工程384处。40个国有农场有土地32.5万亩，房屋31.4万m^2。

该区域拥有6个农业科研院所，市、县、乡三级大部分设有农业、林业、畜牧兽医、水产、农机等技术推广服务机构，县乡两级拥有业务用房217.53万m^2，办公及检验检测仪器设备156.55万台（套）。种养业良繁基地占全省较大比重，拥有农作物良繁基地40.3万亩，占全省的50%左右。

2．农村灾损情况

除农房损失严重外，灾区农村公路损毁严重，主要表现为被山体滑坡掩埋、垮塌等，农村公路损毁43561.64km，路基损毁25900.05km，累计损失291.5亿元。受损的农村客运站419个；有3072个行政村通信中断，其中，近400个行政村的通信设施需要重建。有39个县1143个乡镇广播电视站业务用房及设备受损严重，已建“村村通”工程受损13634个点。受损的乡村供水设施共38.16万处，其中：集中供水工程3394处，分散供水工程378160处，直接经济损失39.58亿元（图1-2-11）。“5•12”

汶川特大地震给四川地震灾区农业生产、基础设施以及农业服务体系造成了重大损失，对农业综合生产能力、农村公共服务能力和农民生产生活造成重大影响。

（三）市政设施灾损

“5·12”汶川特大地震以及山体滑坡等次生灾害给四川省“5·12”地震灾区的城镇市政基础设施造成了严重的损坏。根据灾损情况统计，四川灾区受损水厂供水能力 48 万 m^3/日，受损供水管长 8070km，受损排水管长 1458km，受损燃气管道 3200km；损毁城镇道路 2939km，城镇桥梁 1009 座；以及大量的城镇供电、通信线路及设施均受到不同程度损毁。在极重灾区，包括道路、供水、排水、燃气、供电、通信在内的市政基础设施受损更为严重，人民的生产生活遭受严重影响。例如，汶川、北川、青川、什邡县城供水设施全部毁损，其中汶川、北川县城水厂及供水设施已无法修复而报废，至 2008 年 5 月 19 日 20 时，其他县级以上城市则全部或局部恢复应急供水。

图 1-2-11　城镇供水设施损坏严重

极重灾区受损城市道路约占四川灾区的 40%，受损城市桥梁约占四川灾区的 26%，受损供水能力约占四川灾区的 22%，受损供水管道约占四川灾区的 15%，受损排水管道约占四川灾区的 40%，受损供气管道约占四川灾区的 53%（表 1-2-2）。

极重灾区（四川灾区）市政基础设施灾损统计　　表 1-2-2

	城市道桥		供水设施		排水设施	供气设施
	城市道路（km）	城市桥梁（座）	供水能力（万 m^3/日）	供水管道（km）	排水管道（km）	供气管道（km）
汶川县	47	11	0.9	36	11	17
北川县	103	65	0.5	40	5	88
绵竹市	285	42	1.6	185	56	230
什邡市	288	15	1.3	110	294	360
青川县	103	36	0.3	32	15	28
茂县	19	6	0.5	25	13	59
安县	82	25	0.2	41	74	77
都江堰市	84	10	3.2	480	53	450
平武县	66	31	0.5	62	15	290
彭州市	87	21	1.5	180	41	95
合计	1163	262	10.5	1191	578	1694

（四）风景名胜区灾损

“5·12”汶川特大地震对四川灾区内风景名胜区造成的破坏是全面的，主要是风景名胜区的风景资源、游览条件、各类设施遭到了严重的损毁，居民生产生活受到极大破坏，经济上损失巨大，对风景名胜区的资源保护和旅游发展产生了很大的不利影响（图 1-2-12）。

1. 受灾风景名胜区分级评估

按照风景资源、游览条件、各类设施受损程度与恢复难易程度，将灾区内的 34 处受灾风景名胜区划分为四个等级：极度受灾风景名胜区（6 处）、

图 1-2-12　风景资源与各类设施遭到了严重损毁

重度受灾风景名胜区（14 处）、中度受灾风景名胜区（8 处）、轻度受灾风景名胜区（6 处）（表 1-2-3）。

世界遗产、风景名胜区受灾评估分级表　　表 1-2-3

受灾程度分类	受灾情况	风景名胜区名称
极度受灾风景名胜区（6 处）	核心风景资源、生态环境、游览条件、各类设施等遭受极重破坏，恢复重建十分困难	龙门山、青城山—都江堰、四川大熊猫栖息地（遗产地）、鸡冠山—九龙沟、蓥华山、窦团山—佛爷洞
重度受灾风景名胜区（14 处）	风景资源、生态环境、游览条件、各类设施等损毁严重，具备恢复重建条件	剑门蜀道、西岭雪山、四姑娘山、罗浮山—白水湖、千佛山、阴平古道、李白故里、乾元山、三江、草坡、九鼎山—文镇沟大峡谷、九顶山、米亚罗、天台山
中度受灾风景名胜区（8 处）	核心风景资源、生态环境未受较大破坏，各类设施有一定损毁，但短期内大部分可恢复	光雾山—诺水河、鼓城山—七里峡、叠溪—松坪沟、夹金山、卡龙沟—达古冰川、灵鹫山—大雪峰、云台观、田湾河
轻度受灾风景名胜区（6 处）	风景资源基本保存完好，各类设施损毁较少，短期内可快速恢复开放	白龙湖、黄龙、九寨沟、富乐山、锦屏山、神门

2．风景名胜区内受灾情况分类评估

地震对风景名胜区造成的破坏是多方面的，灾害损失按次生地质灾害、风景名胜资源、游赏与服务设施、农村居民点、景区基础设施、道路交通设施、植被及生态环境七个方面进行统计和评估。

（1）次生地质灾害评估

因地震引发的次生地质灾害包括山体崩塌、滑坡、泥石流、地陷、地裂、雪崩等使风景名胜区的自然景观、原始地貌、森林植被、生态环境等遭到严重破坏。根据灾后重建重点范围内统计的 34 个风景名胜区（含遗产地）的灾损材料，其中 25 个风景名胜区有不同程度的地质灾害，地质灾害中度以上受损的（包括严重和极为严重）风景名胜区为 21 个，占统计风景名胜区总数的 62%，较为严重的地质灾害 500 余处，土石方 170 万 m^3，破坏面积 7200hm^2，直接经济损失约为 4.83 亿元。

以地质灾害极为严重的龙门山国家级风景名胜区为例，地震造成的大规模山体崩塌使整个银厂沟景区几乎彻底被毁，丧失了风景游览的条件；以地质灾害严重的四姑娘山国家级风景名胜区为例，整个风景名胜区内发生的山岩崩塌、泥石流、地裂缝以及雪崩等地质灾害达 79 处，其中四姑娘山主峰发生的雪崩不仅使其核心景观遭破坏，还造成大面积的森林植被损毁。

地质灾害还造成景点、设施损坏以及道路的损坏和交通中断。地震导致很多山石松动，随时有落石的危险，随着雨季到来，对风景名胜区将带来许多新的潜在危险。地震还危害野生动物的栖息与生存环境，据雅安市世界遗产管理办公室报告，该市已发现牛羚、黑熊、羚羊、野猪等野生动物伤亡。从地震次生灾害特点来看，这些地质灾害对风景名胜区的影响将会持续相当长的一段时间。

（2）风景名胜资源受损评估

地震造成风景名胜区的许多重要自然风景资源和文物古迹严重损坏，特别是一些核心风景资源受损，致使受损风景名胜区的整体景观价值下降。统计的 34 个风景名胜区（含遗产地）中，风景资源受损严重和极为严重的风景名胜区的数量为 21 个，占统计风景名胜区总数的 62%。其中，重要景点资源受损总数达 250 余处。灾损金额约为 10.9 亿元。

以国家级风景名胜区青城山－都江堰为例，其国家重点文物保护单位、核心人文风景资源二王庙古建筑群全部损毁，同时其他重要的人文风景建筑如伏龙观、建福宫、天师洞、上清宫等古建筑群也严重受损。另外，剑门蜀道风景名胜区标志性建筑剑门关关楼整体下沉，出现裂缝和塌陷，成为危险建筑；窦团山省级风景名胜区的标志性建筑东岳殿、窦真殿等古建筑全部被毁，使“窦团三峰”失去了昔日的风采，受到类似损坏的风景名胜区的数量较多，导致许多风景名胜区无法开展正常的游览活动。与人文风景资源损毁相比，自然景观的损毁更加严重且难以估量。以龙门山国家级风景名胜区为例，整个风景名胜区的重要的自然景点几乎都受到不同程度损坏。其中大龙潭、小龙潭、鸳鸯池等重要的水体景观资源完全损毁，白龙潭、落红瀑布、百丈瀑布、珠帘瀑布、老鹰岩瀑布、小洞天、幻影岩、破浪石等自然景点也严重破坏。

（3）游赏与服务设施受损评估

地震使风景名胜区游赏、旅游与管理服务设施受损严重，直接影响到风景名胜区灾后游赏安全和旅游接待能力。大部分风景名胜区标识标牌、旅游接待宾馆酒店、风景名胜区管理用房以及管理设备毁坏严重，特别是一些风景名胜区的农家乐设施遭到毁灭性破坏，从事旅游服务的居民经济财产损失惨重。在四川灾区范围内的34个风景名胜区（含遗产地）中，游赏与服务设施受到较重损害的风景名胜区有21个，损毁各类游赏与服务设施80余万平方米，灾损金额约为6.5亿元。其中，游赏与服务设施受到严重损坏的风景名胜区数量有11个，这些受损严重的设施在短时间内都难以恢复。

龙门山风景名胜区银厂沟内88家农家乐倒塌了86家。龙门山镇全镇共有882家客栈，几乎都在这次地震中毁坏，其中70%的房屋倒塌，青城山后山的泰安古镇也是损失惨重，绝大多数建筑已不能使用，严重制约了青城山后山景区的恢复与开放运营。

（4）景区基础设施受损评估

地震导致灾区内风景名胜区基础设施普遍受到损坏。许多风景名胜区的供电、供水、通信设施与管网设施遭到严重破坏，有的风景名胜区的基础设施几乎瘫痪，严重影响了风景名胜区的正常运行。在灾区的34个风景名胜区（含遗产地）中，基础工程设施受到较重损害的风景名胜区有26个，占统计风景名胜区总数的76%，灾损金额约为13.6亿元。其中，受损严重和极重的风景名胜区数量达12个。据不完全统计，共损毁供水管网约200km；电力电信设施约300km；环卫设施130余处。

如四川大熊猫栖息地卧龙区内一座1500t的供水厂完全损毁，两座1000t的供水厂严重损毁，供水管网完全损毁17km，严重损毁8km，一座5000t的污水厂损毁，排水管网完全损毁11km，严重损毁8km，几乎使卧龙区内居民无法正常生活。西岭雪山风景名胜区虽然部分景区仍具备游览条件，但由于基础工程设施的损坏，使其恢复正常运营受到严重制约。

（5）道路交通设施受损评估

受地震破坏，风景名胜区普遍存在着游览道路、桥梁损毁，使风景名胜区无法开展正常的游览活动。同时，许多风景名胜区因对外交通中断，直接影响到风景名胜区的恢复重建工作与对外开放。在灾区的34个风景名胜区（含遗产地）中，道路交通受到损害的风景名胜区有25个，占统计风景名胜区总数的73%。共损毁游览道路1900km，桥梁150座。其中，道路交通受损严重的风景名胜区数量就达14个，灾损金额为34.9亿元。

特别是阿坝州的一些风景名胜区，尽管风景名胜区内部受损相对较轻，但由于对外道路交通干线受到严重破坏导致游览环线瘫痪，短时间内难以恢复，如三江和草坡风景名胜区。再如四姑娘山的主要对外通道成都—都江堰—映秀—卧龙—四姑娘山路段损毁严重，特别是映秀至卧龙段路旁山体大面积坍塌、滑坡，路基被毁，河流改道，交通在短时间内难以恢复，且山坡、路基在较长时间内不能稳固。现从成都到四姑娘山必须绕道翻越夹金山（山口海拔3950m）和巴朗山（山口海拔4520m），使原本2h的车程增加到11h，且雨季极易滑坡，冬季冰雪覆盖，交通危险性很大，致使四姑娘山在短期内无法恢复正常运营。

（6）植被及生态环境受损评估

地震对风景名胜区内的森林植被、生态环境产生了严重的破坏，主要表现在地震引起的滑坡、泥石流对植被的破坏，震后地貌的重塑也会对植被造成破坏（如河道因被滑坡或泥石流堵塞，水位上涨形成堰塞湖淹没周围的植被，导致植物死亡或糜烂），还有地震所引起的森林水文和森林立地条件的变化影响植被生长等。据相关资料统计，灾区风景名胜区因地震破坏山体植被面积减少了5%，植被损毁约200km^2，许多珍稀植物受损破坏，灾损金额达11.9亿元。由于植被恢复和生态环境的治理具有较大的难度，需要较长的时间和较大的投入。

汶川大地震对灾区内风景名胜区造成的破坏是全面的，风景名胜区的风景资源、游览条件、各类设施都遭到了严重破坏，居民生产生活受到极大破坏，经济上损失巨大，对风景名胜区的资源保护和旅游发展影响很大。但是灾区最具代表性的自然和文化遗产资源、最典型的自然景观基本保存完好，各受灾风景名胜区在四川省域旅游产业中的核心资源支撑作用没有改变，特别是四川省作为我国风景名胜资源大省的地位没有动摇。

五、灾区发展条件综合评估

灾损评估是灾区重建规划的基础资料，直接影响当地的重建规模和投资。其评估方法采取了自上而下和自下而上两种，首先根据行政区划、受灾面积、灾区人口、各行政单元历年的统计资料等，自上而下粗略估计各县市的灾损情况；同时，列出相关灾损统计表格，从村组开始统计，再到乡镇、县市、市州，分类分级进行灾损统计，逐层向上统计汇总。以上报统计数据为主要依据，以总体估计数据进行量级校核。

（一）生态承载力与环境容量评估

“5·12”汶川特大地震，对灾区生态系统造成了严重破坏，不仅直接威胁着灾区人民的生命财产安全，还直接危及长江中下游的生态安全。滑坡、崩塌、泥石流等地质灾害增加，河流水系发生变化，灾区水文地质条件的改变，耕地、植被被破坏，人类的生存空间变小。因此，在做灾区重建规划之前，必须对灾区生态承载力与环境容量进行再评估。生态环保、地质地理、水文、动植物学、规划、经济、人文等众多领域的专家学者参与了灾区资源环境承载能力的评价工作。根据对水土资源、生态重要性、生态敏感性、自然灾害危险性、环境容量、经济发展水平等的综合评价，确定可承载的人口总规模，提出适宜人口居住和城乡居民点建设的范围以及产业发展导向。灾后恢复重建城乡规划必须充分考虑地质条件和资源环境承载力，合理确定城镇布局、生产力布局和建设标准。

（二）地质灾害隐患监测和评估

1．尽快完成地质灾害隐患应急排查评估

在灾区各级国土资源管理部门统筹安排和有关省份支持下，利用已有地质灾害普查成果，结合最新遥感资料，加快对灾区新发生和存在隐患的滑坡、崩塌、巨大滚石和泥石流进行应急排查，特别是查明城镇、乡村，受灾群众临时安置点、救援人员驻地，交通干线、主要河流、基础设施周边的地质灾害隐患，开展危险性评估，及时报告同级政府组织防灾避险。应急排查评估以县为单位形成排查评估图、报告和表格，及时提交准确可靠的专业评估意见，为按期完成灾后重建规划编制任务提供依据。

2．恢复和健全地质灾害群测群防体系

依据地质灾害隐患应急排查评估结果，在灾区各级政府的领导下，完善地质灾害气象预警预报机制，立即恢复和健全地质灾害群测群防体系，加强监测点建设，提高对地质灾害的监测和预警能力。对城镇、乡村，受灾群众临时安置点、救援人员驻地，交通干线、主要河流、基础设施周边的重大地质灾害隐患要提出防灾避险初步建议，安排专人昼夜监测，落实责任，实时提供预警和避险信息，最大限度地减少次生地质灾害造成的人员伤亡。

3．加快编制防灾减灾规划

灾区县级以上国土资源管理部门要立即组织力量，充分运用地质灾害隐患应急排查评估成果，补充灾区已有的地质灾害分区、区域活动断裂带、工程地质条件等资料，在确保安全的前提下，划定地质灾害危险区和易发区。同时，开展分区适宜性评价，对临时安置点、重建选址进行危险性评估，与有关部门共同编制本地的《灾后重建防灾减灾规划》。为受灾群众安置、灾后重建选址、规划编制等提供决策依据。灾后重建的城镇村选址，必须切实避让地质灾害危险区，确实无法完全避让的，必须安排防治工程排危除险。对存在地质灾害隐患，未开展工程治理的，不得实施重建。灾后重建规划必须具备地质灾害危险性评估和防治规划的内容，各类重建工程选址要通过地质灾害评估，未经评估的选址不得纳入各类规划，有关项目不得批准用地和使用土地。

（三）生产生活环境条件评估

“5·12”汶川地震对灾区脆弱的山地生态系统产生了重要影响，并直接威胁到区域生态安全，在地震灾区的生态恢复重建过程中，典型生态系统的结构与功能改变、关键物种的响应策略、地表生态过程的变化趋势、植被恢复措施以及灾变过程定位监测等都是特别需要关注的现实问题。

地震使灾区人均拥有耕地减少，资源环境承载力下降，灾害治理、生态修复、环境保护任务十分艰巨，部分地区可供建设的空间狭小，许多地区已不具备通过就地发展工农业解决就业的基本条件。企业损毁严重，部分企业贷款基本条件丧失，项目固定资产投资和流动资金缺口巨大。规划区内企业特别是广大中小企业自救能力有限，就业压力加大，亟须政府加大资金、政策支持力度。采矿业受损严重，重要原材料需要从区外调入，随着恢复重建的全面推进，煤电油气运将更趋紧张，生产要素保障困难。物质文化遗产和非物质文化遗产载体大量损毁，保护和传承羌族文化更加紧迫。依法解决灾区群众当前急迫问题与保持区域长远可持续发展面临十分复杂的矛盾和情况。

第三节　过渡安置，规划引领

一、规划行动

（一）过渡安置，前期规划

5月14日中午，四川省城乡规划设计研究院和成都市规划院最先开始了过渡安置的规划援助行动，承担了都江堰市规划局委托的“地震灾区过渡安置区规划”的应急援助规划任务，在3天的时间内完成了都江堰市区的6处（各负责3个地块）过渡安置区“灾后过渡安置区规划”。设计单位在5月15日完成了都江堰市“灾区过渡安置区规划”初步方案，与都江堰市规划局交换意见之后，又进行了方案的修改和完善，于5月16日提交了都江堰市区的6个地块的“灾区过渡安置区规划”正式方案，随即该试点性的“过渡安置规划”由都江堰市政府上报设在都江堰的现场临时指挥部，为国务院抗震救灾总指挥部快速作出过渡安置决策提供了很好的参谋意见。

（二）过渡安置规划的全面部署

住房和城乡建设部及四川省住房和城乡建设厅在地震后的一周时间内，邀请了国内9家综合实力较强的规划设计单位，成立了共100多人的“规划援助专家团队”，于2008年5月18日抵川与四川的地方规划单位合并组成6个工作组，开始了第一批次的灾后应急规划援助行动。6个工作组分赴成都、绵阳、德阳、广元、雅安、阿坝6个重灾地区，帮助开展过渡安置点规划选址和重建规划工作，短短10来天就规划选址了3000多个意向性的安置点。四川省住房和城乡建设厅提前组织制定了《5·12地震灾后农村自建房保暖技术导则》，指导各地在组织实施中严格执行这一技术规范，确保经改造的农村自建过渡房具备防寒保暖功能，满足受灾群众安全过冬需要。成都市规划管理局制定了《“5·12”地震灾后过渡安置房规划导则》，下发给都江堰市、彭州市、崇州市、大邑县规划局，要求在震后安置和重建工作中结合实际参照执行。

二、规划设计要求

（一）规划设计步骤

首先，依据厂家提供的板房尺寸，画出单间平面；将单间板房组合成板房单元；再将组合单元拼组成组团。其次，将组合单元或板房组团在规划选定的安置区地块的地形测图上进行布局，根据功能分区的划分来详细安排总体布局；随后调整部分单元组合以满足安置与配套的规定要求。最后，复核安置规模，配套基础设施；广泛征求修改完善意见，公示设计方案。对规模很小（3～10户）的过渡安置点可以直接给出板房组合单元图纸，现场指导施工；对那些愿意选择在原宅基地附近就地进行自建过渡安置房或重建永久性住房的农户，由当地建设行政主管部门或援建的设计单位给出自建房的设计图纸，现场指导农户施工。

（二）规划设计特点

选址要求极其严格，安全第一、配套条件好、尽量少占耕地，反复比选是关键。安置区规模应适度集中、便于使用和管理；以邻里或村组为基本单元。事实上，灾区最后建成的过渡安置区规模差异甚大，大的接近5万人的安置规模，小的则只有20～30人。单元组合中的每个板房的开间尺寸一致，每间板房的面积大约为17～22m^2；用14～20间板房组合成一个单元；每个单元配置公共厕所、洗漱间、共用厨房；4～6个单元组成一个组团，每个组团配备商店、物质分发间、医疗室、志愿者办公室、基层管理用房等；3～6个组团组成一个安置小区，每个小区配置政权办公区、治安管理机构、食堂、大小会议室以及变电房、绿地、活动场地等。

安置点分四级布局，按照40～50套为基本单元（安置人口约120～150人），250～300套为一个安置组团（安置人口约750～900人），800～1200套为一个安置小区（安置人口约2400～3600人），2个以上安置小区组成的安置区，宜根据现场情况合理确定其规模，原则上规模不宜过大。所有过渡安置区都必须是供水、排水、供电、通信齐备；其他公共服务设施视规模等级作出相应的配置（图1-3-1）。

图1-3-1　都江堰过渡安置小区之一

（三）规划原则

过渡安置地点原则上应在规划城镇建设用地范围内，宜选择在城镇边缘、场地相对平整、周边现状基础设施条件较好的地区。应尽量避开风口，选择向阳、通风良好的开阔地带，优先选用现有的广场、操场、空地和公园等。

1．过渡安置规划选址的基本要求

一是在过渡性安置中，在保障安全的前提下，强调尊重群众的意愿。二是在活动板房使用方面体现人性化，因为活动板房结构比较好，也比较安全，质量也比较高，在这个方面体现人性化，优先用于重灾区和需要异地安置的受灾群众，特别是要安置遇难者家庭、孕妇、婴幼儿、孤儿、孤老和残疾人员以及学校、医疗点等公共服务设施。三是在保障受灾群众基本生活条件方面，体现人文关怀。比如要求过渡性安置地点应当配套建设水、电、道路等基础设施，配备学校、医疗点、集中供水点、公厕等配套公共服务设施，同时要求做到防火、防风、防雨。四是在现场清理中要求充分尊重当地少数民族的风俗习惯，对于清理出来的财产和物资要详细地登记、妥善保管。五是在农村住宅建设中要尊重村民的意愿，同时政府要为村民提供选址和住宅设计等方面的服务。

2．过渡安置规划选址的原则

应注重对历史文化的保护与传承。安置地点应避开风景名胜区、世界遗产、文物保护单位、历史街区、历史建筑等；避开文物古迹和遗迹、遗址以及未来将划定为地震纪念地的地区。尊重少数民族习俗，传承民族文化，体现民众意愿。

应注重对自然生态环境的保护，防范次生灾害。避开水源保护区、水库泄洪区、病险水库下游地段等生态敏感区。建设施工中应注重保护周边生态环境，同时避免触发次生灾害。

保护水、电、气、环卫、消防等市政基础设施，保障市政公用服务供给。避免占压地下管线，维护公共安全。避开现行规划中划定为紫线、蓝线、黄线保护范围的区域。

选址应考虑灾后重建规划要求，不占用近期建设用地。应尽量避开现状危房影响范围。应优先选择靠近原有居住区和经鉴定后可利用公共设施较多的地段。

安置地点应有便捷的对外交通联系通道，方便物资的运输与居民紧急疏散。选址应靠近供水设施或饮用水源地。

（四）选址及安全性要求

第一，安全首位。安置点选址应避开地质灾害多发地段和次生灾害隐患区，如滑坡、泥石流、崩塌地段、洪水淹没线内、行蓄洪区、低洼地段等，避开高大建筑物、重大污染源、可燃材料堆场、易燃易爆化学物品、放射物品存放处、高压走廊、高压燃气管道及其影响范围。第二，交通通达。应尽量靠近干线公路，有 2 条以上宽度不小于 4m 的通车道路与外部联系。第三，设施配套。应尽可能靠近城镇，必须具有给水、电力接入和雨水自然排放条件，尽量满足污水以重力流方式排放。第四，相对集中。尽可能结合生产和就业相对集中安置，结合灾后城镇重建规划及优化后的城镇体系规划合理布局，有条件的宜结合农村新型社区集中安置。第五，经济适用。建筑要满足自然通风、采光、消防、抗震、疏散和卫生等基本要求。第六，材料安全。应采用不燃或难燃材料，按照统一的标准间规划设计，便于快速批量生产。

（五）规模控制

原则上按每 1000 户、约 4000 人为一个临时居住单元，考虑基本配套设施，特殊情况下各地结合当地条件灵活掌握。标准间面积为 $20m^2$，每个标准间安置 3 ～ 5 人。临时住房建筑面积 $20m^2$/ 户 × 1000 户＝ $20000m^2$（图 1-3-2、图 1-3-3）。

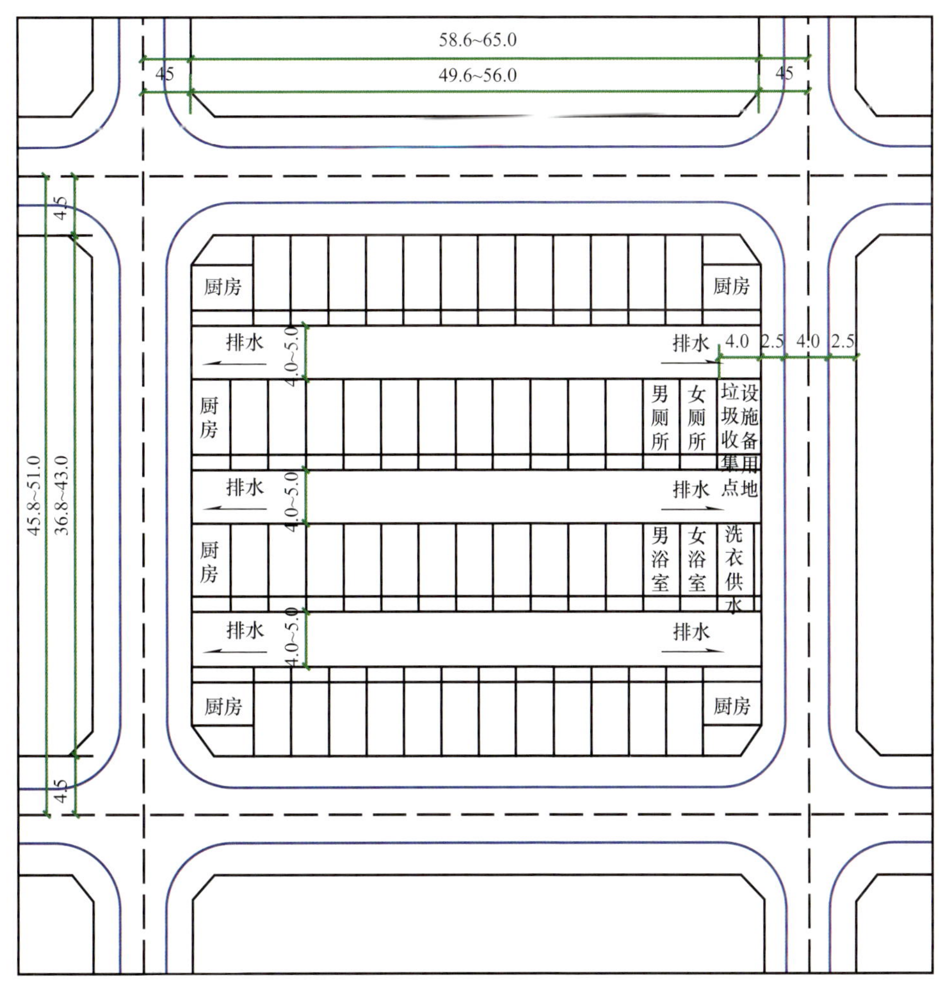

图 1-3-2　组合单元布局示意图

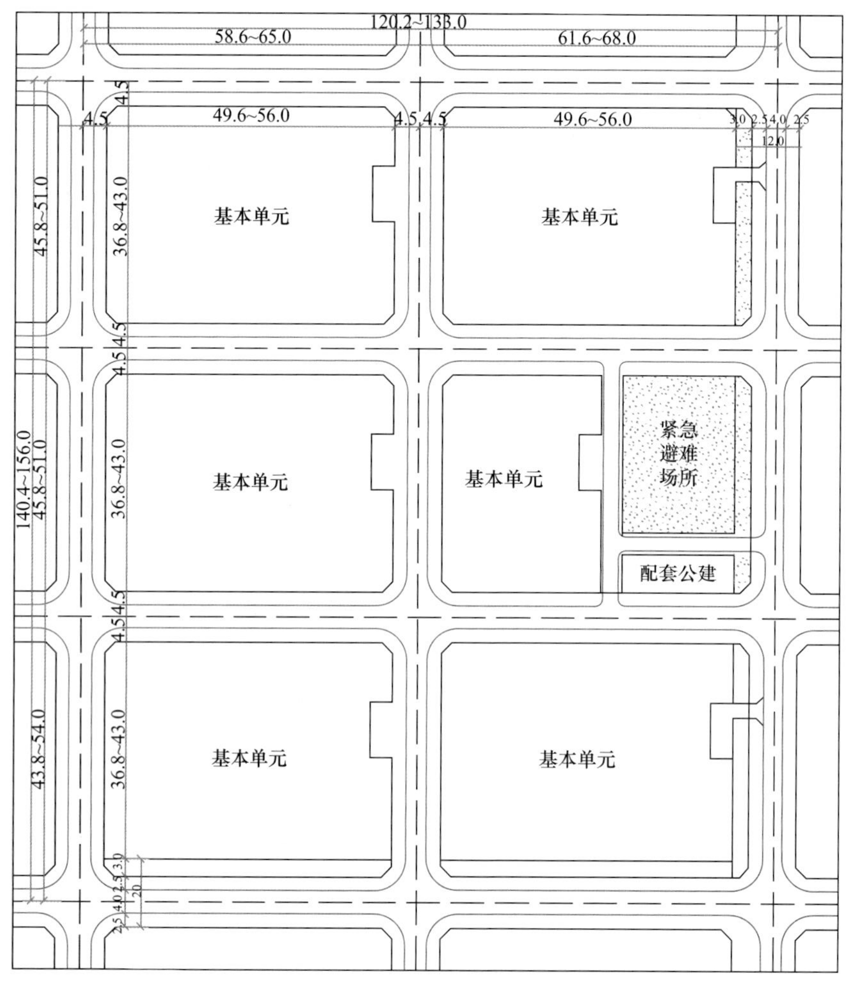

图 1-3-3 安置组团布局示意图

（六）基本配套设施要求

每个临时居住单元基本配套设施建筑面积约 1200m²。生活服务设施中，粮食与商品零售设施的建筑面积 50 ～ 60m²。医疗、救护和防疫的建筑面积 40 ～ 50m²。教育设施，原则上每 2000 户配一所九年一贯制学校，总建筑面积 1800m² 或每 2000 户配一所小学，总建筑面积 1100m²，每 4000 户配一所中学，总建筑面积 1400m²。行政管理、公共活动与公安设施则按每 1000 户配套建筑面积 80m²。公共厕所每 50 户一个，每个约建筑面积 30m²。垃圾收集点每 50 户一个，集中供水点每 50 户一个，灭火器每户一个。给水、供电、通信必须接入安置点，有条件的安置点可使用液化气或天然气。给水干管直径不小于 100mm，污水干管直径不小于 400mm。污水经化粪池处理后，有条件的排入临近城镇污水管道，无条件的应设消毒池，污水消毒后就近排入天然沟渠。应设置室外消火栓，有条件时每个临时居住单元应配置露天消防水池。

（七）规划布局要求

室内外高差不小于 0.3m，房屋底层尽量架空，满足防潮要求。考虑紧急疏散需要，每个居住单元的安全出口不应少于 2 个；居住单元内主要道路宽度不应小于 4m；入户路宽度不应小于 2m；居住单元与居住单元之间的防火间距不应小于 6m；结合主要道路设置环形消防车道，环形消防车道的间距不应大于 160m。中学、小学、医疗等公共设施应注重设置消防照明灯具和疏散指示标志。公共设施和开敞空间宜临路集中布置，消火栓间距不应大于 120m，保护半径不应大于 150m。露天消防水池应居于临时居住单元中部且临主要道路布置并设置安全警示标志。生活污水排入天然水体的建设地点下游 10km 以内不应有饮用水取水口（图 1-3-4）。

三、规划导则及标准

图 1-3-4　过渡安置住房区

四川省《灾后农村自建房保暖技术导则》，是根据省委、省政府的指示与相关要求，由四川省住房和城乡建设厅牵头组织编制的技术性指导意见，完成时间为 2008 年 11 月。从内容上看，《导则》主要是从保暖、防风两个方面提出指导意见和具体施工做法，并选取了四川农村比较常见，且单价不高、施工比较容易的原材料，辅之以详细的施工说明，意在帮助灾区农村充分利用当地材料，以简易适用的方式，以最快捷、最经济的手段强化自建房的保暖效果，达到安全过冬的目的。

保暖方面，《导则》主要提出了两种方法。即使用薄型板材和地方材料，对灾后农村自建房的屋顶、墙面和门窗进行加强和防护。在房屋防风方面，《导则》提出在外墙面和屋面上采用厚型塑料薄膜（彩条布）整体覆盖，以竹（木）条固定，要求薄膜延长铺至排水沟，利于防水、防潮。针对部分自建房主体承重结构承载力不足的情况，《导则》也提出了附加木柱、木梁以加固承重柱和承重梁，并以铁抓钉或钢丝固定的做法，以形成整体受力。总体而言，《导则》在防风方法与保暖方法上采取的指导思想和工程做法基本一致，具有简便易行的特点。

第四节　攻坚克难，全国支援

在完成了灾区一千五百多万受灾群众的避难性安置后，紧接着就必须进行过渡性安置。在过渡性安置阶段，安置群众的规模、数量巨大，必须解决好灾区的住房问题、卫生防疫问题、防次生灾害问题，还有灾区的稳定问题等。

一、迅速部署，及时决策

2008 年 5 月 17 日下午，国务院抗震救灾总指挥部第八次会议，其中一个事项是，着力安排好受灾群众生活，继续抓紧向灾区调运生活物资，解决群众的吃饭、喝水、穿衣和居住问题。国务院决定，在 3 个月内向受灾困难群众每人每天发放 0.5kg 口粮和 10 元生活补助金，再组织生产调运 70 万顶帐篷，建设安装一批活动板房和简易房，解决学校、卫生院等用房。鼓励通过投亲靠友等方式组织社会力量安置群众。

5 月 20 日下午，国务院抗震救灾总指挥部第十一次会议，研究受灾群众生活安排、防范次生灾害等工作。会议议定以下事项：第一，再向灾区紧急调运 4 万顶帐篷，从 5 月 30 日起，每天运抵灾区 3 万顶，一个月内新增 90 万顶，同时，另有 80 万顶简易棚支援灾区。第二，两天内首批 6000 套安置房起运灾区，6 月 30 日前达到 25 万套，三个月内达到 100 万套（图 1-4-1）。

图 1-4-1　应急救灾集中安置帐篷点

5 月 20 日，住房和城乡建设部根据国务院抗震救灾总指挥部决定，下发《关于建设四川地震重灾区受灾群众过渡安置房的通知》（建办电 [2008]42 号），决定在四川地震重灾区建造过渡安置房，帮助受灾群众解决临时住房问题。

5 月 21 日，住房和城乡建设部《关于印发〈地震灾区过渡安置房建设技术导则〉（试行）的通知》，为指导四川汶川地震灾区过渡安置房建设等工作，住房和城乡建设部组织中国建筑设计研究院、中国建筑标准设计研究院编制完成了《地震灾区过渡安置房建设技术导则》（试行）。

5 月 21 日，为了积极与承担援建任务的各省、市建设行政主管部门联系，及时指导和协调各地过渡安置房建设，四川省住房和城乡建设厅抗震应急指挥部建议成立专门工作组，立即着手做好以下工作：①抓好安置房规划用地选址；②落实地方配套工作；③制定安置房建设规划；④明确建设标准和要求；⑤加强组织领导，落实责任。同时，建议以四川省人民政府抗震救灾指挥部名义召开重灾区有关市（州）、县和省级有关部门会议，对过渡安置房建设工作进行部署，明确市（州）、县和省级有关部门的工作任务和责任，确保过渡安置房建设目标任务的完成。

5 月 23 日，四川省“5 • 12”抗震救灾指挥部制发《关于做好地震重灾区受灾群众过渡安置房建设工作的紧急通知》，决定奋战 3 个月在国庆前基本解决地震重灾区群众过渡安置房问题。

5 月 23 日，四川省制发《“5 • 12”地震救灾过渡安置规划导则的紧急通知》（川府办发电 [2008] 67 号）。

5 月 27 日，国务院抗震救灾总指挥部第十四次会议，传达贯彻中共中央政治局会议精神，总结前一阶段抗震救灾工作，研究部署下一阶段任务：①抓紧救治伤病人员；②着力安排好受灾群众生活；③全面加强卫生防疫工作；④妥善做好遇难者善后处理工作；⑤严防次生灾害；⑥组织恢复生产；⑦保持灾区社会稳定；⑧做好灾后重建前期工作。会议指出，目前 90 万顶帐篷、80 万顶简易棚物资和 100 万套活动板房生产运送任务已经落实到相关省、区、市和企业，并启动第二批再生产 50 万套活动板房的工作；要求统筹做好资金支持、原料供应、生产运输、接收发放各个环节的衔接；要抓紧规划选址、制订分配使用方案；对农村特别是山区和边远地区要组织力量抢运，帮助灾区群众搭建过渡用房。

5 月 30 日，住房和城乡建设部下发了《关于地震灾区过渡安置房（活动板房）建设有关问题的通知》，明确过渡房建设应遵循因地制宜，节约土地和资源，节省成本的原则。各援建省市要与受援方密切合作，在保证质量安全，防震、防火、防风、防雨、防寒，满足基本使用功能的前提下灵活执行《导则》。对于无法提供规模用地的山区，可适当缩小建设点规模，布局可采用单层双拼、联排、背靠背等多种形式，也可建两层；每个居民点应考虑建一定比例的 15m^2 左右的小户型，供人口少的家庭使用。15 ～ 20m^2/ 套都符合要求。《通知》要求，建设点的选址、场地平整应从实际出发，要注意防泥石流、防洪涝，尽可能利用废弃、空旷地，要结合实际情况采取灵活多样的方式；各援建省市对过渡房的建设不要攀比，套型、面积等指标要从实际情况出发，只要符合国家要求即可；各省市建设部门要加强协调配合，做好衔接工作，并配合好国家质检总局将于近期组织的对过渡安置房材料质量的专项检查。

6 月 5 日，国务院办公厅下发《关于印发国家汶川地震灾后重建规划工作方案的通知》（国办函 [2008]54 号），部署灾后重建规划编制工作。做好过渡安置房的规划选址及基础与地坪的处理，尽量减少占用耕地，必须占用耕地的，应采取有效措施（如室内采用砖铺地等办法），以方便将来复耕。

二、分类指导，多方安置

2008 年 5 月 23 日四川省“5 • 12”抗震救灾指挥部制发了《关于做好地震重灾区受灾群众过渡安置房建设工作的紧急通知》，明确要求灾区各级政府在各级抗震救灾指挥部的统筹协调下，整合各种力量，采取多种方式开展住房过渡安置工作。针对不同的过渡安置对象及各不相同的过渡安置要求，四川省“5 • 12”抗震救灾指挥部拟定出台了以下分类指导原则：第一，鼓励农村群众自建，按照“农户自建、政府补助、社会帮扶相结合”的原则，发动农村群众自力更生、艰苦奋斗，就地取材自建过渡安置房，就近分散安置；第二，充分发挥省外援建力量，建设活动板房区，安置城镇受灾居民；第三，地方政府统筹安排、统一建设过渡安置房，并想办法调剂安全可靠的直管公房、单位自管房、闲置房等房源安置受灾群众；第四，依靠救援部队的积极参与，帮助建设安置房；第五，引导社会力量捐建安置房，有条件的企业自建安置房，或采取货币补偿政策鼓励受灾职工自主过渡安置；第六，积极鼓励受灾群众外出务工就业或租房，引导镇（乡）居民自建过渡安置房。

三、对口支援，成效斐然

5 月 21 日，四川省住房和城乡建设厅向四川省抗震应急指挥部提交《关于做好地震重灾区过渡安置住房建设工作的紧急报告》，报告指出：根据国务院抗震救灾总指挥部第十一次会议决定，全国 19 个省市对口支援，共同援建过渡安置房。支援省份对口支援的主要任务是：第一，提供受灾群众的临时住所，包括帐篷、活动板房、过渡简易房等，力争尽快实现转移群众每户有一处临时居所；第二，解决灾区群众的基本生活，包括提供灾区急需的棉被、衣物、食品、饮用水以及灶具、床等生活物品；第三，协助灾区恢复重建，包括灾区民房重建、基础设施修复等；第四，协助灾区恢复和发展经济，提供经济合作、技术指导等。按照党中央、国务院的统一部署和安排，过渡安置的对口支援如表 1-4-1 所示。

5・12 地震救灾过渡安置房对口支援表　　表 1-4-1

序　号	受灾县市	对口支援省份	序　号	受灾县市	对口支援省份
1	都江堰市	上　海	12	小金县	江　西
2	江油市	河　南	13	绵竹市	江　苏
3	彭州市	湖　南	14	黑水县	广　西
4	汶川县	广　东	15	什邡市	北　京
5	温江区	黑龙江	16	青川县	浙　江
6	理　县	福　建	17	安　县	辽　宁
7	郫　县	山　西	18	汉源县	湖　北
8	茂　县	天　津	19	北川县	山　东
9	大邑县	内蒙古	20	宝兴县	海　南
10	松潘县	安　徽	21	平武县	吉　林
11	崇州市	河　北	—	—	—

所有的援建省市都在加班加点地进行过渡安置房的建设。6 月 25 日省外援建的第一期过渡安置房（活动板房）圆满完成。第一期的任务是由 19 个省（市）和 4 个计划单列市负责对口援建，计划建成 25 万套，实际累计建成数突破 30 万套，完成计划任务的 121.6%。

至 2008 年 6 月底，除阿坝州因地质、交通等原因未按期实现过渡安置房建设任务的计划目标以外，重灾区的其余 5 市均超额完成计划任务。其中，成都市建成 90545 套，完成计划数的 150.9%；德阳市建成 76591 套，完成计划数的 109.4%；绵阳市建成 93401 套，完成计划数的 133.4%；广元市建成 28681 套，完成计划数的 143.4%；雅安市建成 10687 套，完成计划数的 106.9%，第一期计划任务超额完成。

四川省住房和城乡建设厅驻重灾区的六个工作组在做好安全性应急评估的同时，倾力协调和指导地震灾区过渡安置房建设工作，全力组织地震灾区过渡安置房建设，深入全省灾区 3200 余个过渡安置房建设片点，加强督促检查，切实做好省外援建单位与当地政府部门的衔接、协调、服务工作，有针对性地加强规划建设指导工作，在 8 月 8 日北京奥运会开幕前，提前完成了地震灾区受灾群众的过渡安置房建设任务，完成了上千万人的过渡安置任务，保证了受灾群众顺利入住并过上基本的家庭生活。确保了 9 月 1 日百万灾区学生在板房学校按时开学复课。

四、帮扶指导，自建过渡

（一）鼓励自建过渡，缓解援建压力

为加快解决农村受灾群众的住房安置问题，四川省“5·12”抗震救灾指挥部制发了《关于鼓励农村居民自建过渡期安置房的通知》（川指[2008]104号），四川省人民政府也及时出台了《四川省“5·12”汶川地震灾后农房重建工作方案》（川府发电[2008]96号），明确了政府对自建过渡安置房农户补助2000元，对自建永久性住房农户平均补助2万元的补助政策，大力推进农村受灾群众自建过渡安置房，并鼓励有条件的农民将过渡安置房和永久性住房建设相结合。有力地调动了受灾区群众自建安置住房的积极性和主动性，也缓解了援建省份建设安置板房的压力。

（二）及时有效指导，保障质量安全

四川省住房和城乡建设厅和灾区地方政府结合当地实际，采取多种扶持政策支持农房重建工作：一是为农房重建开辟绿色通道，简化行政审批事项，保障建设用地，减免农房重建物资运输交通等费用，以优惠的政策措施引导受灾群众自救自建。二是保障安置房所需建材供应，一方面采取措施建立稳定的建材供应来源，另一方面尽最大努力扩大生产能力和供应量，制定优惠政策吸引鼓励就地新建建材生产企业，加快建材生产供应。三是加强农房重建力量，组织对农村工匠技能培训，鼓励发动建筑企业和施工人员参与农房重建，编制农房恢复重建设计方案适用图集和派遣技术人员深入农村指导灾区农房重建，有效缓解农房建设施工队伍和技术力量不足等问题。此外，积极发挥基层党组织和村民自治组织的作用，发动群众自力更生、互帮互助，共建家园。

（三）倾心帮扶关怀，确保安全过冬

2008年冬季是“5·12”地震后的第一个冬天，地震重灾区雨多天冷，局部地区可能出现低温雨雪冰冻灾害。汶川地震灾区农村350多万户受灾群众中需采取防寒保暖措施过冬的约有53万户；城镇居民也有受灾群众保暖的问题；灾区群众需过冬棉被360万床、棉衣裤360万件（套）。

（1）四川省委、省政府高度重视灾区群众安全过冬问题，明确提出“四个确保”，即确保过冬住房、确保御寒衣被、确保冬春口粮、确保卫生防疫，让每一位灾区群众吃得饱、穿得暖、不受冻。在灾后的过渡安置阶段，四川省住房和城乡建设厅就把确保上千万受灾群众特别是农村高寒地区群众安全温暖越冬作为重点关注和及时解决的一大问题，从10月初就在灾区高寒农村地区开展受灾群众安全过冬“攻坚月”活动。11月初又组织开展了加强农村自建过渡房保暖措施的专项援助行动。

（2）在实施过程中，四川省住房和城乡建设厅的现场指导小组说服灾区群众克服等、靠、要和松懈麻痹思想及侥幸心理，发动群众自力更生提高御寒防灾能力；充分运用建材特供机制迅速组织建材，同时要鼓励群众因地制宜、就地取材，克服建材供应紧张等制约瓶颈，提高防寒保暖改造实效；对没有力量自行采取防寒保暖措施的农村贫困户，制订专门的帮扶方案，通过与党员干部结对子、一帮一，组织农村受灾群众互帮互助等方式，切实帮助他们解决安全过冬的实际困难，确保农村受灾群众安全过冬。同时，四川省住房和城乡建设厅还督促灾区当地的建设主管部门抓紧时间制订《自建过渡房安全过冬预案》，重点落实防火、防雪灾、防地质灾害等方面的应急抢险措施；做好物资储备，广泛发动社会各界积极参与援助受灾群众安全过冬工作，主动寻求对口支援单位的支持，调动一切可以利用的社会资源，为受灾群众安全过冬提供充足的人力和物力保证。

五、百日攻坚，创造奇迹

为了确保四川灾区1500多万受灾群众能够在北京奥运会召开之前全部实现过渡安置，举全国之力启动了“抗震救灾，百日攻坚”突击行动，要求在8月20日之前的100天内，基本解决上千万受灾群

众的过渡安置住房问题，“百日攻坚”行动创造了人类历史上抗争特大自然灾害的奇迹。

（一）妥善安置，百日攻坚

在党中央、国务院的亲切关怀下，在四川省委、省政府的正确领导下，在全国军民和国内外社会各界的大力支持下，全川人民万众一心、众志成城，在地震发生后的3个多月时间里，解决了上千万受灾群众的过渡安置住房问题。

截至8月6日，四川基本完成全省城乡因地震造成住房损毁的445.4万户家庭共1000多万人的过渡安置，其中农村家庭347.6万户，城镇家庭97.8万户，实现了四川省委、省政府作出的最迟到8月12日前基本解决无房户过渡安置的庄严承诺。在城镇97.8万户受灾居民家庭中，极重灾区和重灾区共39个县（市）的84.3万户城镇居民，通过省外援建的活动板房安置42.86万户，地方政府统建和调剂房源、企业自建或货币化安置19.3万户，集镇居民自建9.4万户，居民租房、异地就业等方式自行安置约11.92万户，另外社会捐建0.82万户（图1-4-2）。

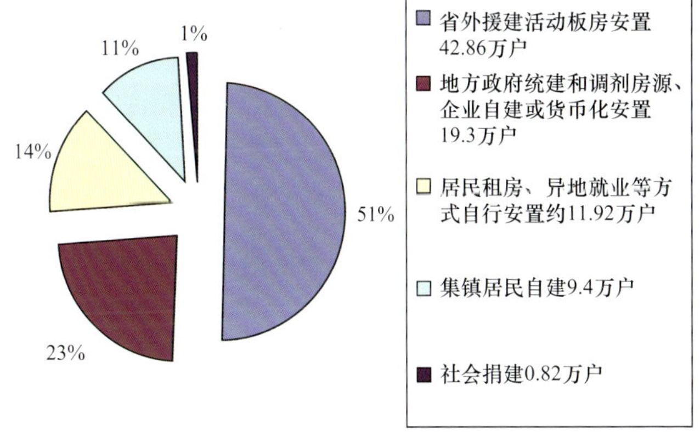

图1-4-2 重灾区城镇住房过渡安置示意图

在灾区农村需要安置的347.6万户受灾家庭中，群众自建过渡安置房安置184.3万户，自建篷布房安置40.1万户，加固修复住房回迁入住76.8万户。其余的家庭，则多住进有关省市援建的活动板房或已初步具备入住条件的永久性住房。四川省人民政府为愿意自建过渡房的受灾群众每户提供了2000元的补助，对自建永久性住房农户在中央户均补助1万元的基础上，再提供户均补助1万元（共2万元）的政策性补助。其他一般灾区13.5万户主要通过居民租房、地方政府调剂房源、企业自建或货币化安置、集镇居民自建等方式完成安置。至此，城乡受灾群众住房过渡安置任务基本完成，这标志着四川省抗震救灾斗争又向前迈进了一步。

（二）“百日攻坚”的成功经验

1．党委、政府领导有力，部门和地方责任明确

四川省委、省政府高度重视受灾群众过渡安置建设工作，按照党中央和国务院的部署，将建设过渡安置住房作为安置受灾群众最基础和最紧迫的任务。省委书记刘奇葆、省长蒋巨峰等省委、省政府主要领导把过渡安置房建设作为安置阶段的重中之重，多次强调全力以赴抓安置，多次召开会议研究部署，并多次深入灾区实地调研，检查受灾群众过渡安置房建设及安置情况。分管副省长多次召集四川省住房和城乡建设厅、民政厅、财政厅、发改委、经委、交通厅、国土资源厅、物价局、质监局、地震局等省直相关部门和重灾区六市（州）政府，专题研究部署地震灾区过渡安置房建设，并适时召开现场会议推进此项工作。省“5·12”抗震救灾指挥部明确了灾区党委、政府是过渡安置房建设工作的实施主体、工作主体和责任主体。灾区各级党委、政府切实加强组织领导，实行了“一把手”负责制。建立机构、明确职责、健全制度，形成一级抓一级、层层抓落实的工作机制，使灾区过渡安置房建设的工作有力、有序、有效地开展。四川省住房和城乡建设厅成立了以厅长为组长的过渡安置房建设领导小组，并组成六个工作组由副厅长带队长期驻扎重灾区六个市（州），帮助和指导地震灾区过渡安置房的建设工作。

2．积极整合各方力量，多方式、多途径建设

按照“援建与自建相结合，统筹协调，多方努力，共同推进，采用多种建设方式搞好群众过渡性安置工作”的基本原则，四川省在统一规划的指导下，统筹协调，积极创新，整合各种力量，通过多种方式开展过渡安置。一是鼓励农村群众自建，发动农村群众就地取材自建过渡房；二是充分发挥省外援建力量，积极做好协调和配套工作，全力建设活动板房；三是地方政府统筹安排、统一建设过渡

安置房，积极设法调剂直管公房、单位自管房、闲置房等房源，安置受灾群众；四是动员和倡导社会力量积极参与安置工作，捐建安置住房；五是鼓励有条件的企业自建安置房或以货币形式安置受灾职工；六是积极鼓励受灾群众租房、外出务工就业。

3．切实加强宣传引导，积极发动群众自建

灾区各级党委政府按照省“5·12”抗震救灾指挥部的部署和要求，多形式、多渠道广泛宣传党和国家灾后重建方针政策，发动群众自立自强、不等不靠、奋起自救。灾区广大农村群众自力更生、艰苦奋斗、互帮互助，共建美好家园，迅速掀起了自建过渡安置房的高潮。农村受灾群众在当地政府和建设主管部门的指导下，绝大部分通过自建房、自行加固损坏房实现了过渡安置。城镇部分受灾居民依靠自己，自寻安置途径，减轻政府安置压力。

4．中央政府大力支持，援建省市对口支援

按照国务院抗震救灾总指挥部第十一次会议的决定：两天内首批6000套安置板房起运灾区，6月30日前达到25万套，3个月内达到100万套。5月27日下午国务院抗震救灾总指挥部第十四次会议，将100万套活动板房生产运送任务已经落实到相关省、区、市和企业，并启动第二批再生产50万套活动板房的工作（图1-4-3）。

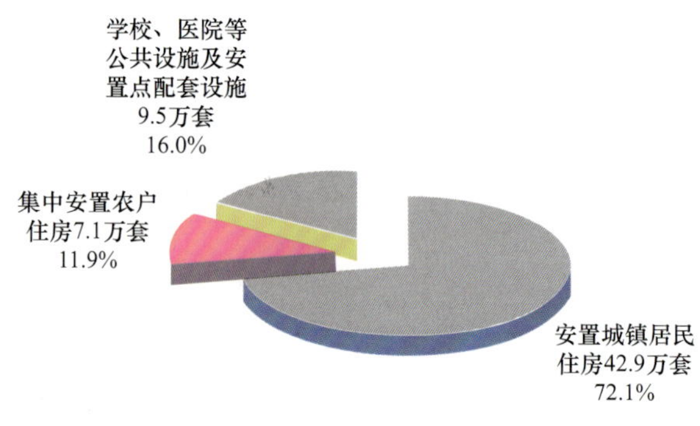

图1-4-3　四川灾区援建活动板房示意图

5月21日，四川省住房和城乡建设厅向四川省抗震应急指挥部提交《关于做好地震重灾区过渡安置住房建设工作的紧急报告》，报告指出，根据国务院抗震救灾总指挥部第十一次会议决定，住房和城乡建设部已指示全国19个省市对口支援，共同援建过渡安置房。

住房和城乡建设部立即牵头组织了总计25个省（市）对口援建四川省的活动板房建设工作，在六个重灾区设立现场工作小组长期驻现场协调指导，及时解决具体困难和问题。

各援建省市克服时间紧、任务重、余震不断等种种困难，在异常艰苦的环境中，全力加快活动板房的建设，参与援建的25个省市均提前完成了援建任务。

5．加强技术指导，确保过渡安置

针对农房建设技术力量薄弱的实际，四川省人民政府出台了《“5·12”汶川地震灾后农房重建技术指导工作的实施意见》，要求各地成立了专门的农房重建技术指导工作机构，落实技术指导人员到村到户进行农房重建技术指导。

四川省住房和城乡建设厅下发了《地震灾区农村居民自建过渡房导则》、《四川省农村居住建筑抗震设计技术导则》、《四川省农村居住建筑抗震构造图集》、《四川省地震灾区农房恢复重建设计方案图集》等技术文件，并派组分片区进行现场指导，促进了建房的质量和速度。

省“5·12”抗震救灾指挥部要求各地建立质量安全流动抽查与定点监督检查制度，各地按天督察，层层上报建设工作进展情况。四川省住房和城乡建设厅通过常驻6个重灾市州的工作组，随时掌握进展情况，协调解决困难问题。7月14日至20日，在安置工作攻坚克难的关键时刻，省“5·12”抗震救灾指挥部抽调10个厅局组成10个督察组深入14个市州灾区一线，全面核实检查、督促安置房工作进展情况，极大地促进了建设进度。

第五节　规划会战，万人攻坚

由于重建规模空前、重建范围广，涉及十多万平方公里的重灾区，共有100个一般受灾县，39个极重和重灾区县。重建工程量大，重建难度空前，最突出的问题是资金筹措难。全省重建的资金需要1万7000亿元，中央补助及各界援（捐）助资金共3300亿元左右，还有1万3000多亿元缺口。把重建项目列入系统化的灾后恢复重建规划，为社会投资、招商引资、银行融资起到了不可或缺的引导和推动作用。要克服重建工作的盲目性和随意性，确保重建的效果，“灾后恢复重建，规划必须先行”成为汶川5•12特大地震后各级政府和各项事业推进科学重建、加快重建的共识。“灾后重建，规划先行，又快又好！”从中央到各对口援建省份，从四川省委、省政府到灾区各镇村，纷纷把因地制宜做好规划作为重建工作的重要抓手。

一、恢复重建，规划先行

1．有规可依的需要

“规划先行”是灾后城乡恢复重建依法运转的需要。城乡规划法规体系经多年实践、不断完善，已较为成熟。城乡规划的综合性、预见性、系统性，规划编制制订、决策审批、实施管理的程序化和法定化，为整合力量、形成共识、展现蓝图、树立信心提供了制度化的解决方案。

成功重建的标志之一，就是尽快让社会恢复到灾前的“依法运转”状态，使灾前的那些法律法规和市场机制配置资源的基础性功能，尽快重新发挥作用。由于重建规划门类众多，规划的编制要求很高，规划的体系非常繁杂，《汶川地震灾后恢复重建条例》规定：“地震灾后恢复重建规划，应当包括地震灾后重建总体规划和城镇体系规划、农村建设规划、城乡住房建设规划、基础设施建设规划、公共服务设施建设规划、生产力布局和产业调整规划、市场服务体系规划、防灾减灾和生态修复规划、土地利用规划等专项规划。”如果再加上城镇公用基础设施规划、风景名胜区恢复重建规划等，总数不下40余种。灾后城乡恢复重建前期的主要任务，是依据《汶川地震灾后恢复重建总体规划》实事求是地抓紧修订原来的城市和镇总体规划，修编县域村镇体系规划。这些规划将直接指导灾后城乡恢复重建项目建设的轻重缓急和城镇空间资源的管制和分配。灾后重建规划是一个庞大的系统工程，比通常的规划内容要丰富，范围更宽广，而且没有先例可循。同时，灾后重建具有国际影响，全世界都在关注。另外，它还是一个很大的民心工程，涉及群众的切身利益。所以，必须在思想上、行动上重视规划，把规划做好了，再采取具体行动。经审查批准的城镇和乡村重建规划，为推进城乡灾后恢复重建提供了规划指导和建设依据。

2．高效协同的需要

“规划先行”是灾后城乡恢复重建高效协同的需要。统筹协调是灾后恢复重建城乡规划的基本路线。坚持统筹兼顾，以重建促发展，处理好恢复与提升的关系，当前与长远的关系，将城乡恢复重建与促进经济社会发展，与推进新型城镇化紧密结合。灾区的恢复重建，不是简单地恢复，而是要有提高。既考虑灾区原有的发展基础、资源禀赋，又充分利用重建提供的发展机遇，高起点、高标准建设；高度重视产业升级、节能环保，努力促进灾区经济社会全面协调可持续发展。在灾区城乡恢复重建中，结合本地资源优势和特色，加快灾区经济结构调整、产业升级和布局优化，为灾区长远发展奠定基础。

灾后城乡恢复重建是一项极其浩大的系统工程，城乡恢复重建规划涉及层次多，宏观层面有灾区城镇体系恢复重建和各市州县城镇体系规划等，中观层面有各市县（区）镇总体规划等，微观层面有详细规划和村庄建设规划等；灾区各项事业恢复重建门类多，农村建设、城乡住房建设、基础设施建设、公共服务设施建设、生产力布局和产业调整、市场服务体系、防灾减灾以及生态修复、土地利用等专题和城镇公用基础设施、风景名胜区恢复重建等，要做到“科学重建、务实重建、和谐重建”，防止重建工作盲目随意、重复低效。这就要求坚持以下三点原则：

一是坚持“规划先行、注重产业、民生优先”原则，确保经得起历史、实践和人民的检验。灾后城乡恢复重建规划具有公共政策属性，具有协调重建各方利益主体合理述求的功能。四川地震灾区灾后城乡恢复重建规划编制工作社会关注、群众关心，为确保反映规划和尊重民意，四川省人民政府为此专门下发了《关于进一步加强地震灾后重建城镇规划公众参与工作的通知》，要求各地制定的灾后恢复重建城乡规划依法向社会公开。各地在制定规划过程中坚持执行《城乡规划法》公众参与和规划公示制度，充分征求受灾群众和社会各界意见，并将本地区经审查批准的城镇和乡村重建规划及时公布，为推进城乡灾后恢复重建提供了规划指导和建设依据。编制的恢复重建城乡规划成果，向社会公众集中展示和宣传，在灾区努力营造群众参与规划制定和支持规划实施的良好社会氛围，调动起灾区群众重建美好家园的积极性。二是在坚持“民生优先”的基础上，把灾后恢复重建与推进新型城镇化、城乡统筹、社会主义新农村建设、产业结构调整优化和城乡环境综合治理等对接整合起来，并贯穿灾后重建始终，形成规划引领、对口支援、立足近期、谋划未来、整合优化、共创共建的重建模式。三是用统筹城乡的思路推进灾后重建，必须规划先行。按照农村恢复重建规划“因地制宜、宜聚则聚、宜散则散”的原则，全面考虑住房重建的布局、景观风貌以及功能配套。规划先行，是“把灾区建成科学重建和科学发展的样板”目标的第一步。灾区村庄都有了属于自己的农房建设规划、基础设施建设规划、公共服务设施建设规划、产业发展规划。一幅城乡和谐相融、历史文化与现代文明交相辉映的新型城乡形态必将在灾区全面展现。

3．科学重建的需要

“规划先行”是灾后城乡恢复重建科学务实的需要。承上启下、引导提升是灾后恢复重建城乡规划的基本职能。以科学规划引领科学重建，规划思路必须合理超前，本着“打基础、利长远”近远期结合的思路，广泛征求意见，科学论证，形成有计划、有重点、分轻重、高效率的科学重建模式。

围绕实现灾区城乡建设达到或超过灾前水平的重建目标，坚持“以人为本、尊重自然，统筹规划、科学重建”的指导思想，遵循“因地制宜、民生优先、分类指导、分步实施、科学重建”的规划原则，按照“政府组织、专家领衔、部门合作、公众参与”的基本要求进行灾后城乡恢复重建规划编制，推进城乡灾后恢复重建有序、有力、有效地开展，从而确保灾后群众安居乐业美好新家园的建设取得最后胜利。灾后城乡恢复重建规划必须以《汶川地震灾后恢复重建条例》等有关法律法规为依据，以灾害损失评估、地质灾害安全性评估、规划建设用地安全性评估、资源环境承载力评价等规划前提条件为基础，按照住房和城乡建设部等部委的相关文件要求，遵循国家有关规划技术规程规定、规范标准，切实把握恢复重建这一工作主题，落实规划编制工作的重点，解决重建规划中的难点，合理安排轻重缓急，满足重建进度要求。规划编制在加快速度的同时，更加注重规划质量，抗震技术的最新成果同时被应用到规划中。

优化提升、可持续发展是灾后城乡恢复重建规划的基本要求。在城乡灾后恢复重建规划中，全面贯彻落实科学发展观和扩大内需的方针政策，将城乡灾后恢复重建与推进新型城镇化和新农村建设结合起来，科学重建。各地根据当地恢复重建的实际情况和发展需要，按照因地制宜、民生优先、分步实施、科学重建的要求，有计划、分步骤地组织实施灾后恢复重建城乡规划，优先安排关系民生的城乡居民住房、基础设施和公共服务设施建设。坚持以人为本，把城乡居民住房、学校、医院重建规划放到优先位置，科学合理地进行空间布局和时序安排。使“家家有房住、户户有就业、人人有保障、设施有提高、经济有发展、生态有改善”的重建目标基本实现，灾后恢复重建取得了决定性胜利。正是由于在农村建设中首次大面积引入规划指导，四川灾区的农房重建从一开始就否定了简单的原样恢复。适度超前建设社会主义新农村，不论是抗震设防标准等硬件设施，还是风貌、品位等软件环境，都较震前有了突飞猛进般的大幅提升。生态逐步修复，环境治理力度加大，防灾减灾能力增强。科学组织综合防灾减灾系统，选定生命线、完善防灾指挥工程、划定防灾分区、明确应急疏散通道，设置综合指挥中心和应急指挥中心以及在开放空间设置综合防灾据点；划分防灾分区，按照服务半径和应急疏散要求，分别设置分区紧急避难场所和疏散通道。

灾后重建城乡规划建设秉持生态、节能、科技、环保的先进理念，坚持统一规划、合理布局、因地制宜、综合开发、配套建设方针，以科学规划引领科学重建。开创人类历史先河，取得了举世公认的成绩（图 1-5-1）。

图 1-5-1 恢复重建后的德阳孝德镇

二、规划决策，详细部署

在党中央、国务院的统一领导下，国务院抗震救灾总指挥部对 5・12 汶川地震灾区的灾后恢复重建工作作出了详细的部署和安排。

2008 年 5 月 23 日晚，国务院抗震救灾总指挥部第十三次会议在列车上举行，会议指出，灾后重建是一项长期而艰巨的任务，首先要做好规划。灾后重建规划组由国家发改委、四川省人民政府、住房和城乡建设部以及其他有关部门负责人组成。要在国家汶川地震专家委员会进行现场调查研究、科学论证、地质地理条件评估和建设项目科学选址的基础上，抓紧制订灾后恢复重建规划的总体方案，争取 3 个月内完成。重建规划总体方案要包括城镇体系规划、农村建设规划、基础设施建设规划、公共服务设施建设规划、生产力布局和产业调整规划、市场服务体系规划和防灾减灾规划等。

2008 年 6 月 6 日，国务院办公厅下发《关于印发国家汶川地震灾后重建规划工作方案的通知》（国办函 [2008]54 号），部署灾后重建规划编制工作。

2008 年 9 月 19 日，国务院下发《关于印发汶川地震灾后恢复重建总体规划的通知》（国发 [2008] 31 号）。作为纲领性的《汶川地震灾后恢复重建总体规划》已经编制完成，它是指导整个灾区所有城镇规划的最主要的直接依据，受灾城镇的重建规划编制也全部进入了方案比选和深化阶段。

2008 年 11 月 6 日，四川省人民政府办公厅转发《汶川地震灾后恢复重建城乡住房建设专项规划》、《汶川地震灾后恢复重建城镇体系专项规划》、《汶川地震灾后恢复重建农村建设专项规划》。该三大专项规划的编制完成，为灾区所有在编规划提供了最直接的依据。

2008 年 11 月 17 日，四川省人民政府召开灾后重建城乡规划编制工作会议，决定在全省地震灾区开展城镇和乡村规划编制大会战。自此规划编制已经深入到了所有的乡村和聚居点，为全面恢复重建奠定了基础。

2008 年 11 月 19 日，四川省人民政府办公厅下发《关于加快地震灾区恢复重建城乡规划编制工作的通知》（川府办发电 [2008]173 号）。经过各方的努力和科学论证之后，灾区 14 个受灾严重、重建条件差的乡镇，在选址上的争议终于在 2008 年 10 月底尘埃落定；富有争议的北川、青川两个县城，在是否搬迁以及往何处搬的问题上，最终在 2008 年 11 月份基本取得了比较一致的意见。

三、国家意志，对口支援

2008 年 6 月 6 日，国务院办公厅下发《关于印发国家汶川地震灾后重建规划工作方案的通知》（国办函 [2008]54 号），部署灾后重建规划编制工作。通知明确灾后恢复重建是一项十分艰巨的任务。为举全国之力，加快地震灾区灾后恢复重建，并使各地的对口支援工作有序开展，经党中央、国务院同意，建立灾后恢复重建对口支援机制。

（一）对口支援的基本原则

第一，坚持一方有难、八方支援，自力更生、艰苦奋斗的方针，承担对口支援任务的有关省市积极为灾区提供人力、物力、财力、智力等各种形式的支援；受援地区树立地方为主的思想，充分发挥干部群众的积极性，互帮互助，苦干实干，生产自救，重建家园。第二，根据各地经济发展水平和区域发展战略，中央统筹协调，组织东部和中部地区省市支援地震受灾地区。第三，按照“一省帮一重灾县”的原则，依据支援方经济能力和受援方灾情程度，合理配置力量，建立对口支援机制。在具体安排时，尽量与安置受灾群众阶段已形成的对口支援关系相衔接。第四，对口支援期限按 3 年安排。在国家的支持下，集各方之力，基本实现灾后恢复重建规划的目标。

（二）对口支援的安排方案

1．支援方

东部和中部地区共 19 个省市，考虑海南省的实际情况不作安排；同时考虑重庆市是直辖市，且与四川的历史联系，西部地区安排重庆市承担对口支援任务。支援省市为 19 个，即广东、江苏、上海、山东、浙江、北京、辽宁、河南、河北、山西、福建、湖南、湖北、安徽、天津、黑龙江、重庆、江西、吉林。

2．受援方

根据国家地震局提供的汶川地震烈度区划和四川省提供的受灾县（市）灾情程度，将四川省北川县、汶川县、青川县、绵竹市、什邡市、都江堰市、平武县、安县、江油市、彭州市、茂县、理县、黑水县、松潘县、小金县、汉源县、崇州市、剑阁县共 18 个县（市），以及甘肃省、陕西省受灾严重地区作为受援方。

3．对口支援安排

考虑支援方的经济实力和受援方的灾情程度，兼顾安置受灾群众阶段已形成的对口支援格局，对口支援安排如表 1-5-1 所示。

对口支援一览表　　表 1-5-1

序号	援建方	受援方	序号	援建方	受援方
1	山东省	四川省北川县	11	山西省	四川省茂县
2	广东省	四川省汶川县	12	湖南省	四川省理县
3	浙江省	四川省青川县	13	吉林省	四川省黑水县
4	江苏省	四川省绵竹市	14	安徽省	四川省松潘县
5	北京市	四川省什邡市	15	江西省	四川省小金县
6	上海市	四川省都江堰市	16	湖北省	四川省汉源县
7	河北省	四川省平武县	17	重庆市	四川省崇州市
8	辽宁省	四川省安县	18	黑龙江省	四川省剑阁县
9	河南省	四川省江油市	19	广东省深圳市	甘肃省受灾严重地区
10	福建省	四川省彭州市	20	天津市	陕西省受灾严重地区

4．未纳入对口支援的受灾县（市、区）由所在省人民政府组织本省范围内的对口支援。

（三）对口支援的内容、方式和任务

坚持“硬件”与“软件”相结合，“输血”与“造血”相结合，当前和长远相结合，调动人力、物力、财力、智力等多种力量，优先解决灾区群众基本生活条件。对口支援的内容和方式有：提供规划编制、建筑设计、专家咨询、工程建设和监理等服务；建设和修复城乡居民住房；建设和修复学校、医院、广播电视、文化体育、社会福利等公共服务设施；建设和修复城乡道路、供（排）水、供气、污水和垃圾处理等基础设施；建设和修复农业、农村等基础设施；提供机械设备、器材工具、建筑材料等支持。选派师资和医务人员，提供人才培训、异地入学入托、劳务输入输出、农业科技等服务；按市场化运作方式，鼓励企业投资建厂、兴建商贸流通等市场服务设施，参与经营性基础设施建设；对口支援双方协商的其他内容。基层政权建设由中央和地方财政为主安排，各级党政机关办公设施不列入对口支援范围。各支援省市每年对口支援实物工作量按不低于本省市上年地方财政收入的1%考虑。具体内容和方式与受援方充分协商后确定。对口支援城乡恢复重建是主要任务，提供规划编制、建筑设计、专家咨询、工程建设和监理等服务又是首当其冲。

四、规划组织，动员部署

1．搭建高效的组织管理机构

在灾区恢复重建规划大会战、大协作的过程中，全国300多个规划设计单位参与，统一协调的作用至关重要，在当时那种时间紧、任务重、参加单位和人员众多、技术力量和重建标准与要求有差异的情况下，为了确保灾后恢复重建规划按期、高标准、优质地编制完成，为了推进规划编制进程，保障灾后重建规划设计的质量，作为灾后恢复重建规划编制工作主管部门的住房和城乡建设部和四川省住房和城乡建设厅，认真扎实地组织规划编制工作，建立了高效的联系、协调和管理机制。在住房和城乡建设部的指导下，四川省住房和城乡建设厅科学制定了“四川省灾后重建规划工作方案”和“四川省灾后重建规划编制要求”，以及指挥系统、目标制订、编制要求、组织形式、行动计划等科学统一的行动纲领。

在住房和城乡建设部的前线指导组的领导下，四川省住房和城乡建设厅精心部署、科学组织、统一调度和指挥着来自全国各地的200多家勘测单位和300多家规划设计单位有条不紊地开展灾后恢复重建规划设计工作；组建了领导、技术、服务和保障小组：一是组织了精干的重建规划领导班子，由住房和城乡建设部和四川省人民政府、四川省住房和城乡建设厅等部门的领导共同组成，以便于沟通、协同和统一指挥。二是组建了由国内规划届最具权威的专家所组成的“灾后重建规划专家组”，负责拟定技术政策和编制标准，并全过程咨询、审查宏观层面的10个专项规划和受灾县市的恢复重建总体规划，指导其余各类各层次规划的编制和成果审查工作。具体成员由住房和城乡建设部特别推荐的专家、四川省住房和城乡建设厅的专家、中国城市规划设计研究院的专家以及四川省内的规划专家所组成。三是组建了现场巡回指导专家组，分批次进入灾区现场，指导援建方的规划编制单位做好灾后重建规划，将灾后重建政策及要求落到实处。四是设立了联系协调服务小组，从省内各规划设计单位抽调专业技术人员组成，专门为来自全国各地的200多家勘测单位和300多家规划设计单位提供服务支撑、资料提供、信息传达、联系协调等服务。五是向灾区市州派出下派挂职干部，保持直接的信息畅通与联系。

2．动员部署

2008年6月3日上午住房和城乡建设部联合四川省住房和城乡建设厅在成都专门召开了灾后重建规划的动员和培训大会，所有援建方的指挥部负责人、规划建设行政主管部门、规划设计单位的领导和受援市州县的分管领导、规划建设行政主管部门以及四川省内的规划设计单位代表参加了会议。动员会议强调，灾后重建规划涉及建设部门的城镇体系规划、县城重建总体规划、农村建设规划和城乡住房建设规划、乡村安置点建设规划等诸多规划的编制，时间紧、任务重。在制定规划时要坚持以人为本，坚持科学发展观，坚持可持续发展，充分尊重当地的民族文化，统筹兼顾城乡的发展。要求在恢复重建时，要注意抓好以下几个方面的工作：一是各级规划建设部门要组织有关规划专家对地震前的市、县总体规划进行重新审视和评估，并及时进行有针对性的规划修编，尽快制定出重建规划。二是城镇重建规划中，要特别重视城镇供水、供气、供电等生命线工程的规划，安排项目，提出方案，提出概算，进一步提高设防标准，进行抗震加固。三是要认真安排农村的重建规划，给予充分的财政、材料和技术人员的支持，组织发动群众自力更生、重建家园。要指导农民建设高质量的防震框架住宅，预留发展空间，提供相关设计图纸，由农民自行逐步修建完善附属性建筑。同时，在恢复重建中要认真研究城镇受灾群众的住房问题和相关政策。四是加强城镇生态基础设施建设。要注重城镇、村庄自然历史文化风貌的保护，重建建筑外形的本地化和节能减排性能。重建中要保留和传承历史风貌、尊重和利用自然地形。五是对城郊结合部道路两旁的建筑，要在重建中进行整治。凡不符合原定风貌的建筑，要认真进行设计、修整，充分体现当地的风貌。六是向灾区市州派出下派挂职干部，保持直接的信息畅通与联系。

五、规划会战，协同高效

（一）积极响应，云集四川

从5月14日开始，中国城市规划设计研究院、清华城市规划设计研究院、上海同济规划设计院、重庆市规划设计研究院和四川省城乡规划设计研究院、成都市规划设计研究院等13家甲级规划设计院就陆续自愿组织精干力量深入灾区开展城乡规划行业的服务行动。

5月18日，住房和城乡建设部和四川省住房和城乡建设厅就召开专门的会议，作出了动员部署，着手开展灾后重建规划的前期准备与编制工作。组织了中国城市规划设计研究院、清华城市规划设计研究院、上海同济规划设计院、重庆市规划院、四川省城乡规划设计研究院、成都市规划设计研究院等17家甲级规划设计院，混编组成6个规划编制项目小组分赴6个重灾市州，开展6个重灾市州的灾后重建体系规划、极重灾区县市的重建总体规划以及农村建设规划。

5月21日之后，先期进入的规划设计单位主动担负起了为重灾城镇选址论证的前期工作，他们分批分组进入19个重灾县市，进行多址、多轮的方案比选，为后续的规划大会战打下了良好的基础。

2008年6月6日，国务院办公厅下发《关于印发国家汶川地震灾后重建规划工作方案的通知》（国办函[2008]54号），部署灾后重建规划编制工作。随着这个通知的下达，国内几百家规划设计单位在期盼已久之后终于迎来了亲自参与规划援建的机会。至此，国内城乡规划行业一场史无前例、声势浩大的灾后重建规划援助行动正式拉开了大幕。

面对极为繁重的灾区重建规划任务，全国各个援建省市的规划设计、勘察单位积极响应，各地规划建设人员迅速赶往四川灾区。北京、上海、天津、重庆、广州等地的一流规划专家云集成都，各援建省市的规划精兵强将赶赴受援灾区一线，数千名国内外著名规划专家和规划“志愿者”紧急加盟，与灾区规划专业人员一道形成了空前的、蔚为壮观的规划力量“大集结”，在政府的统一组织下，历史上规模最大的“规划工作室”在13万多平方千米的灾区大地上迅速而有条不紊地开展了现场踏勘、资料收集、规划编制等工作。随即根据受援方的需求和援建方的安排，陆续开赴灾区的每个城镇和乡村，从基础资料收集、选址比较、地形图测绘、地质勘察一步步入手，井井有条地铺开了灾后恢复重建规划工作。

（二）领导关怀，现场指导

2008 年 5 月 25 日，中国城市规划设计研究院开展北川地震遗址博物馆选址调研。根据温家宝总理 5 月 22 日在北川视察时，提出的将北川老县城作为地震遗址予以保留，修建地震博物馆，为研究地质构造、预防地质灾害提供科学依据，同时纪念亡灵，警示后人的要求，25 日，中国城市规划设计研究院院长带领地质、历史文化遗址、风景名胜规划等方面的专家一行 7 人，深入北川县城进行踏勘，对拟建设的“北川地震遗址博物馆”选址进行科学论证，并与北川县当地政府就地震灾后北川遗址的保护范围以及当前的工作进行了研究。

6 月 3 日，住房和城乡建设部领导和部分专家来川指导对口援建的灾后重建规划；6 月 3 日上午住房和城乡建设部联合四川省住房和城乡建设厅在成都专门召开了灾后重建规划的动员和培训大会，所有援建方的指挥部负责人、规划建设行政主管部门、规划设计单位的领导和受援市州县的分管领导、规划建设行政主管部门以及四川省内的规划设计单位代表都参加了会议。

6 月 4 日至 5 日，住房和城乡建设部领导在四川省住房和城乡建设厅领导的陪同下，先后深入到绵阳市北川县、德阳绵竹市遵道镇、汉旺镇、什邡市洛水镇、都江堰市区和青城山—都江堰风景名胜区察看灾情，指导灾后重建规划。

6 月 10 日，住房和城乡建设部常务会议决定，单独编制汶川地震灾区风景名胜区灾后重建规划、城镇市政基础设施灾后重建规划两个专项规划，纳入国家汶川地震灾后重建规划的总体工作框架中。

6 月 11 日，住房和城乡建设部城市建设司召开司务会议，研究确定风景名胜区灾后重建规划的基本内容和工作方式。中国城市规划设计研究院接受委派开始组织《汶川地震灾区风景名胜区灾后重建规划》的编制工作，当天迅速成立了以中国城市规划设计研究院为主体，北京林业大学和四川省城乡规划设计院参与，包括 19 名规划技术人员的风景名胜区灾后重建规划组。

8 月 11 日，《汶川地震灾区风景名胜区灾后重建指导意见》以住房和城乡建设部文件（建城 [2008] 139 号）的形式下发。

10 月 23 日，四川省住房和城乡建设厅以川建景园发 [2008]413 号文件形式下发了《四川省住房和城乡建设厅关于开展全省风景名胜区灾后重建规划编制工作的通知》，要求国家级风景名胜区和有条件在短期内能尽快恢复游览活动的省级风景名胜区应在 2009 年 2 月底前完成灾后重建规划编制工作，其他景区应在 2009 年 6 月底完成灾后重建规划编制任务。

（三）万人规划，史无前例

1．灾区调研，不畏艰险

5 月 13 日，四川省住房和城乡建设厅立即组成由 6 位厅领导带队的 6 个工作组，协调组织省内外 2800 余名工程质量安全专家、工程技术人员迅速出发，奔赴 6 个地震重灾区一线，对城市房屋和市政设施进行拉网式安全隐患排查。

在住房和城乡建设部的组织指挥下，全国各兄弟省市建设部门组织抽调建筑类大专院校、科研单位及骨干勘察设计单位的专家和工程技术人员，组成救灾队伍共计 23 支、2000 人，在建设行政主管部门领导的率领下陆续抵达重灾区，开展房屋建筑和市政基础设施应急评估工作。

对口援建规划动员大会之后，从 6 月初开始，来自全国各地的 200 多家勘测单位和 300 多家规划设计单位的近万名技术人员陆续开赴受援县市，加上灾区各市县规划勘察设计人员。200 多家勘测单位的几千名测绘和地勘专家积极努力进行地形图测绘、地灾评估、地质勘察工作，配合规划设计人员进行选址比较与论证。他们在重灾区十多万平方千米的土地上展开了一场波澜壮阔的灾后重建规划行动，这一举世无双的壮举，体现了我国城乡规划行业的高素质和所有从业人员强烈的社会责任感和无私的奉献精神，是一支服从指挥、不畏艰险、敢打硬仗、勇于担当的战斗力极强的队伍。

2．规划编制，及时高效

自从2008年6月6日国务院办公厅下发《关于印发国家汶川地震灾后重建规划工作方案的通知》（国办函 [2008]54 号）之后，住房和城乡建设部依据通知的指示精神来全面部署灾后重建规划的编制工作。6月3日各受灾县市的援建方与受援方之间很快就进行了工作对接，初步确定了援助的详细工作内容、勘察设计人员进场时间及后勤保障等详细事宜。先期已经到达的援建方勘察设计队伍次日随受援方人员一起进驻灾区工作。为提前完成恢复重建任务，四川省住房和城乡建设厅组织协调省内外200多家勘测单位和300多家规划设计单位的近万名技术人员，现场参与灾后恢复重建城乡规划的编制，为城镇灾后恢复重建提供了科学的规划指导和依据。

3．资料采集，选址论证

灾后重建规划工作需要大量的地形测图、选址论证、安全性评估、环境容量测算、土地承载力评估、人文地理、自然环境、矿产、历史沿革、交通、国土、水利、经济发展、人口数量和结构、市政基础设施、公共服务设施等多方面的基础资料作支撑。为满足重建规划的资料需求，援建方的勘察与规划设计单位在较短的时间内完成了以下资料的收集工作。

第一，重建点所有可能选择场地的1∶500地形图测绘工作，为后续的规划设计打下了良好的基础。第二，灾损评估工作。灾损评估是整个灾区重建规划的最基础的参考资料，直接影响当地的重建规模和投资。灾损评估这项工作量大面广，各单位和各条块的统计口径不一样，上报的数据差异性很大；因此，必须依托各级行政管理部门统一口径，还要依靠各类专业技术部门进行科学的评估、统计、汇总。汇总之后的资料还需要得到国家认可的权威部门核准，才能作为规划的基础数据。第三，生态承载力与环境容量评估工作。生态环境是人类生存重要的依托和支撑，地震后，重建规划必须以震害调查和对灾区生态环境的综合评估为基础，充分考虑当地的资源条件和环境承载力，合理确定城镇的重建规模，合理安排工农业生产布局和建设标准，从生态环保、地质地理、水文、动植物学、规划、经济、人文等方面对水土资源、生态重要性、生态系统脆弱性、自然灾害危险性、环境容量、经济发展水平等作出综合评价，确定可承载的人口总规模，提出适宜人口居住和城乡居民点建设的范围以及产业发展导向。第四，地质灾害隐患监测和评估。依靠灾区各级国土资源管理部门，在各援建省市专业技术队伍的支持下，利用已有地质灾害普查成果，结合最新遥感资料，加快对灾区进行应急排查，特别是查明待规划区域及其周边的地质灾害隐患，开展危险性评估，形成排查评估报告（含评估图和表格），及时拿出准确可靠的专业评估意见，为灾后重建规划编制任务提供依据。第五，选址论证工作。灾后恢复重建点的选址，必须进行多轮的选址论证，确保建设用地避让地质灾害危险区；确实无法完全避让的，必须安排防治工程排危除险。对存在地质灾害隐患，未开展工程治理的，不得实施重建。灾后重建规划必须具备地质灾害危险性评估和防治规划的内容，各类重建工程选址要通过地质灾害评估，未经评估的选址不得纳入各类规划，有关项目不得批准用地和使用土地。

4．分工合作，共同推进

按照《国家汶川地震灾后重建规划工作方案》的要求，在中国城市规划设计研究院和四川省城乡规划设计研究院已经完成的《四川省城镇灾后重建规划大纲》的基础上，同期启动省域层面的10个专项规划及灾区的6个市州的灾后重建城镇体系规划；重点解决城镇空间布局、产业布局、城镇人口和用地规模、公用设施建设、区域基础设施布局等宏观层面的问题，为下一层次的规划提供指导性参考依据，为政府决策提供决策参谋意见。

省域层面的10个专项规划包含灾后恢复重建城镇体系专项规划、灾后恢复重建城乡住房建设专项规划、灾后恢复重建农村建设专项规划、农村住房恢复重建专项规划、城乡基础设施恢复重建专项规划、风景名胜区恢复重建专项规划、汶川地震灾后恢复重建生态修复专项规划、灾后恢复重建市场服务体系专项规划、灾后恢复重建防灾减灾专项规划、灾后恢复重建土地利用专项规划。其中，灾后恢复重建城镇体系规划和风景名胜区恢复重建专项规划由中国城市规划设计研究院和四川省城乡规划设计研究院等规划设计单位负责编制与汇总；灾后恢复重建城乡住房建设专项规划、灾后恢复重建农村建设专项规划和城乡基础设施恢复重建专项规划由四川省城乡规划设计研究院负责编制与汇总，其余的5个专项规划由四川省各个相关的行政主管部门负责组织编制。

5．规划援助，功不可没

依据2008年6月6日国务院办公厅下发的《关于印发国家汶川地震灾后重建规划工作方案的通知》（国办函[2008]54号）的精神，对口支援的内容、方式和任务包括提供规划编制、建筑设计、专家咨询、工程建设和监理等服务；建设和修复城乡居民住房；建设和修复学校、医院、广播电视、文化体育、社会福利等公共服务设施；建设和修复城乡道路、供（排）水、供气、污水和垃圾处理等基础设施；建设和修复农业、农村等基础设施；提供机械设备、器材工具、建筑材料等支持。选派师资和医务人员，提供人才培训、异地入学入托、劳务输入输出、农业科技等服务；按市场化运作方式，鼓励企业投资建厂、兴建商贸流通等市场服务设施，参与经营性基础设施建设；对口支援双方协商的其他内容。基层政权建设由中央和地方财政为主安排，各级党政机关的办公设施不列入对口支援范围。

在四川省各项宏观层面的规划指导下，灾区恢复重建中的19个受援县（市）的县城（市）城市总体规划、县（市）域城镇体系规划、近期建设规划、重建安置区的控制性详细规划及修建性详细规划、县（市）域范围内的乡镇总体规划、乡镇安置区的控制性详细规划及修建性详细规划、村民安置点的建设性规划、援建项目的施工设计等，由当地政府同援建方共同组织和委托规划设计单位完成。这部分规划设计的项目众多、任务繁杂且协调难度大，为避免出现“两个政府”各自指挥的尴尬局面，各个援建省市都在受援地设立了现场指挥部，该指挥部对外联系衔接四川省人民政府和援建方政府，直接面对受援地的县市政府及其上一级市地政府，紧密配合受援地政府，对内组织指挥援建方的所有援建队伍。在完成受援方的恢复重建总体规划、具体建设规划、援建项目施工设计的全过程中，起到组织协调和管理控制作用。这样既保证了规划设计的延续性、科学合理性，又能将援建项目落到实处，确保援建任务的及时顺利完成。根据初步反馈信息得知，各援建方在勘测、勘察、规划、设计方面的平均投入约在7000～8000万元，平均每个援建方都承接了30个以上县城、乡镇和安置点的规划、设计任务。

六、主要任务，按期完成

根据四川省委、省政府的要求，按期、高质量地完成了汶川地震灾后恢复重建的《城镇体系规划》、《农村建设规划》、《城乡住房建设规划》和《四川省地震灾区市政公用基础设施灾后恢复重建实施规划》、《汶川地震灾区风景名胜区灾后重建规划》等专项规划。在此基础上，依据省域层面的10个专项规划以及6个市州体系规划的设计成果，在2008年8月底，四川省人民政府组织相关部门共同完成了《汶川地震灾区灾后恢复重建总体规划》成果的编制，并于10月份正式上报国务院。

风景名胜区灾后恢复重建规划编制成果：6月13日，完成《〈汶川地震风景名胜区灾后重建规划〉编制提纲》（初稿），送住房和城乡部城建司审阅。6月16日，完成《〈汶川地震风景名胜区灾后重建规划〉编制提纲》（第二稿），送住房和城乡部领导审阅，并获得认可。7月8日完成了《汶川地震灾区风景名胜区灾后重建规划》（初稿）。7月15日完成《汶川地震灾区风景名胜区灾后重建规划》（评审论证稿）。7月16日，住房和城乡建设部城市建设司在北京召开了《汶川地震灾区风景名胜区灾后重建规划》专家论证会。7月21日完成《汶川地震灾区风景名胜区灾后重建规划》（送审稿）。7月25日，住房和城乡建设部召开常务会议，听取了《汶川地震灾区风景名胜区灾后重建规划》的工作汇报，并提出了修改要求。7月28日，最终形成了规划成果。

从 2008 年 10 月四川省城乡规划设计研究院编制完成首个风景名胜区灾后重建规划——剑门蜀道剑门关景区开始，中国城市规划设计研究院编制完成都江堰—青城山风景名胜区，中国城镇建筑设计院编制完成龙门山风景名胜区，成都市规划设计研究院编制完成西岭雪山风景名胜区，四川省城乡规划设计研究院先后编制完成九寨沟、黄龙、四姑娘山、光雾山—诺水河、白龙湖等 9 处国家级风景名胜区灾后重建规划，至 2009 年 6 月 30 日，完成了灾区全部国家级风景名胜区和部分省级风景名胜区灾后重建规划。

四川省住房和城乡建设厅除了要负责组织完成宏观层面的“3+2”规划和 6 个市地的灾后重建城镇体系规划之外，还要组织完成以下工作：

一是对灾区 6 个市州 19 个受援县市的县城总体规划、县级市的城市总体规划、县（市）域城镇体系规划、近期建设规划、重建安置区的控制性详细规划及修建性详细规划，按计划节点进行事前指导、过程检查、方案审查、成果验收。

二是对援建方负责完成的受援县市的县（市）域范围内的乡镇总体规划、安置区控制性详细规划及修建性详细规划、村民安置点建设规划、援建项目施工设计等众多的建设性规划和重建项目设计方案给予技术指导，并委派专家组进行现场巡回事前指导、过程检查、方案审查、成果验收。

三是及时地将国家与省上最新的重建规划要求、建设标准、宏观层面的阶段性规划成果迅速地传达给援建方的指挥部和众多的规划、设计单位。

四是及时协调和解决援建方规划设计单位在援建过程中所遇到的困难和问题，主动为援建规划设计单位做好资料提供、技术支持、技术把关、过程咨询等支撑服务。

因此，在援建方顺利完成灾后重建规划、设计的过程中，四川省住房和城乡建设厅充分发挥组织协调和管理职能，忠于职责、主动服务、技术支撑、积极协调、紧密配合、严格把关，赢得了各援建省市指挥部和规划设计单位的一致好评和赞许。

截至 2008 年 12 月 31 日，基本完成了四川省人民政府确定的“在年底前原址重建的城镇和乡村完成本级灾后恢复重建各项城乡规划制定工作，异址新建的城镇和乡村也要在今年年底前全面完成灾后恢复重建选址和城乡规划制定工作”目标任务。四川 5 • 12 汶川特大地震灾区 39 个重灾县（市、区）、686 个镇乡、2109 个村庄的重建规划编制工作按计划基本完成，为城乡灾后恢复重建提供了科学的规划指导和依据，实现了四川省委、省政府确定的在 2008 年年底前完成灾后恢复重建各项城乡规划工作的目标任务。

截至 2009 年 5 月 13 日，灾后重建最后一个城镇规划，青川县城重建规划经四川省人民政府常务会议通过，四川省地震重灾区 39 个需要编制或修编规划的县（市、区）规划、702 个镇乡规划、2197 个村庄规划及《四川省地震灾区市政公用基础设施灾后恢复重建实施规划》和受灾县（市、区）《市政公用基础设施灾后恢复重建实施方案》已全部编制完成。为灾后城乡恢复重建奠定了坚实的基础。

第二章　构建体系，科学规划

5·12汶川特大地震灾后的恢复重建，大致分为三个阶段：第一阶段是发生地震后一周左右，落实抢险救灾的应急安置，将灾区1500万人从灾难现场抢救转移出来，动员全社会力量为受灾群众提供临时安置的栖身之处。第二阶段是发生地震后的3个月内，通过动员全社会力量，将1500万受灾群众从临时栖身之处安置到具备基本生活功能的简易过渡安置场所，简称为过渡安置的"百日攻坚行动"。第三阶段是整个灾区的3年（后修订为两年基本完成）恢复重建任务。

灾后重建过程中，两大规划体系发挥了重要作用。一是重建政策规划体系。在汶川5·12特大地震灾后，高标准编制了统揽全局的纲领性规划《汶川地震灾后恢复重建总体规划》，以及10个专题规划，发挥了政策的宏观指导作用。二是城乡规划体系，包括震前所编制完成的各区域层面的城镇体系规划、城镇总体规划和详细规划以及乡村、聚居点的建设性规划，和地震发生之后，灾区各级政府依据《汶川地震灾后恢复重建总体规划》，结合灾区当地实际受损情况和恢复重建要求，全面修编的各个城市、县城和镇（乡）的体系规划、总体规划、控制性详细规划、村庄、聚居点的建设规划。这些规划已成为了指导城乡恢复重建实施的法定或直接依据，为组织各项恢复重建工程进入基本建设程序起到了承上启下、落实政策、科学决策、实施落地的保障作用，避免了城乡恢复重建工作的盲目性和随意性，科学地指导了城乡基础设施和住宅重建，确保了城乡恢复重建的实施效果。

第一节　总体规划，纲举目张

灾后恢复重建是一项关系灾区长远发展和灾区群众切身利益的系统性工程，必须坚持规划先行，以科学指导灾后恢复重建工作的顺利进行。四川省在震后7天就启动了规划工作，国家层面集中各方智慧，通过深入调研、科学民主决策，历时3个多月，完成了恢复重建总体规划和城乡住房建设、基础设施建设等10个专项规划。这些规划在充分考虑生态环境承载能力的基础上，注重处理恢复与提升、当前与长远的关系，涵盖了重建工作的各个方面，成为指导恢复重建的纲领性文件，保障了恢复重建工作的有力、有序、有效推进。

一、总规颁布，及时高效

在国务院的直接领导指挥下，灾后重建规划编制迅速展开。由国家发改委牵头，组织编制了指导整个5·12汶川大地震灾区灾后恢复重建的《汶川地震灾后恢复重建总体规划》（以下简称《总体规划》）。该规划的组长单位为国家发改委，副组长单位是四川省人民政府、住房和城乡建设部。成员单位有陕西省人民政府、甘肃省人民政府、教育部、科学技术部、工业和信息化部、国家民族事务委员会、公安部、民政部、财政部、人力资源和社会保障部、国土资源部、环境保护部、交通运输部、铁道部、水利部、农业部、商务部、文化部、卫生部、国家人口和计划生育委员会、中国人民银行、国务院国有资产监督管理委员会、国家税务总局、国家广播电影电视总局、国家新闻出版总署、国家体育总局、国家林业局、国家旅游局、中国科学院、中国工程院、中国地震局、中国气象局、中国银行业监督管理委员会、中国证券监督管理委员会、中国保险监督管理委员会、国家电力监管委员会、国家能源局、国家文物局、国家食品药品监督管理局、国务院扶贫开发领导小组办公室。支持单位是国家汶川地震专家委员会、国家测绘局。

《总体规划》依据《中华人民共和国防震减灾法》、《汶川地震灾后恢复重建条例》（国务院令第 526 号）、《国务院关于做好汶川地震灾后恢复重建工作的指导意见》（国发 [2008]22 号）进行编制，是对整个 5・12 汶川大地震灾区灾后恢复重建工作的国家层面的全局性、纲领性的统筹规划。

二、把握特点，应对挑战

（一）区域特点

受灾地区主要处于青藏高原向四川盆地过渡地带，以龙门山山脉为界，西部与东部的地质地貌差别明显，经济社会发展水平差异较大，总体上具有以下特点：第一，地形地貌复杂，平原、丘陵、高原、高山均有分布，部分地区相对高差悬殊，气候垂直变化明显，属典型高山峡谷地形；第二，自然灾害频发，高山高原地区地震断裂带纵横交错，发生地震灾害的几率较高，滑坡、崩塌、泥石流等地质灾害隐患点分布多、范围广、威胁大；第三，生态环境脆弱，山高谷深，高山地区耕地零碎、土层瘠薄、水土流失严重；第四，生态功能重要，高山高原地区的动植物资源丰富，生态系统类型多样，属于长江上游生态屏障重要组成部分和我国珍稀濒危野生动物重要栖息地；第五，资源比较富集，世界文化自然遗产和自然保护区比较集中，旅游资源丰富，水能、有色金属和非金属矿等资源蕴藏较多；第六，经济基础薄弱，平原地区工业化程度相对较高，高山高原地区经济规模较小，产业结构单一，贫困人口集中；第七，少数民族聚居，有我国唯一的羌族聚居区，也是主要的藏族聚居区之一，多元文化并存，历史人文资源独特。

（二）面临挑战

生态环境恶化，植被、水体、土壤等自然环境被破坏，次生灾害隐患增多，余震频繁，导致生存发展条件变差；资源环境承载能力下降，人均耕地减少，耕地质量下降，保障农民收入稳定增长的难度极大；部分地区可供建设的空间狭小，不少地方失去基本生存条件，异地新建城镇、村庄选址及其人员安置难度很大；企业损毁严重，就业压力大，而许多地区并不具备通过就地发展工业解决就业问题的基本条件；不少灾区群众成为无宅基地、无耕地、无就业的人员，加之灾害造成的恐惧心理，医治灾区群众心理创伤需要较长过程；物质文化遗产和非物质文化遗产载体大量损毁，保护和传承羌族文化更加紧迫；依法解决灾区群众当前急迫问题与保持区域长远可持续发展面临十分复杂的矛盾。

（三）优势条件

科学发展观的指导思想，以人为本的执政理念，为科学重建新家园提供了思想保障；灾区广大干部群众自力更生、艰苦奋斗的精神，自强不息、互助自救和寻求发展的积极性、主动性，是重建新家园的不竭动力；改革开放以来我国积累的强大物质基础和良好市场环境，为恢复重建提供了经济、技术基础和体制环境；各地区的支援，全社会的支持，国际社会的援助，是恢复重建的重要力量；国内外地震灾后恢复重建的经验教训，为科学重建新家园提供了有益借鉴。

三、思路清晰，目标明确

（一）指导思想

深入贯彻落实科学发展观，坚持以人为本、尊重自然、统筹兼顾、科学重建。优先恢复灾区群众的基本生活条件和公共服务设施，尽快恢复生产条件，合理调整城镇乡村、基础设施和生产力的布局，逐步恢复生态环境。坚持自力更生、艰苦奋斗，以灾区各级政府为主导、广大干部群众为主体，在国家、各省市和社会各界的大力支持下，精心规划、精心组织、精心实施，又好又快地重建家园。

（二）基本原则

（1）以人为本，民生优先。要把保障民生作为恢复重建的基本出发点，把修复重建城乡居民住房摆在突出和优先的位置，尽快恢复公共服务设施和基础设施，积极扩大就业，增加居民收入，切实保护灾区群众的合法权益。

（2）尊重自然，科学布局。要根据资源环境承载能力，考虑灾害和潜在灾害威胁，科学确定不同区域的主体功能，优化城乡布局、人口分布、产业结构和生产力布局，促进人与自然和谐。

（3）统筹兼顾，协调发展。要着眼长远，适应未来发展提高需要适度超前考虑，并与实施西部大开发战略、推进新型工业化、城镇化、新农村建设相结合，注重科技创新，推动结构调整和发展方式转变，努力提高灾区自我发展能力。加大对少数民族地区和贫困地区的扶持力度，增进民族团结。

（4）创新机制，协作共建。要坚持市场化改革方向，解放思想、开拓创新，正确区分政府职责与市场作用。充分发挥灾区广大干部群众的积极性、主动性和创造性，自力更生、艰苦奋斗。充分发挥对口支援的重要作用，建立政府、企业、社会组织和个人共同参与、责任明确、公开透明、监督有力、多渠道投资的重建机制。

（5）安全第一，保证质量。要严格执行抗震设防要求，提高学校、医院等人员密集的公共服务设施的抗震设防标准。城乡居民点和重建项目选址，要避开重大灾害隐患点。严格执行国家建设标准及技术规范，严把设计、施工、材料质量关，做到监控有力，确保重建工程质量。

（6）厉行节约，保护耕地。要坚持按标准进行恢复重建，不超标准，不盲目攀比，不铺张浪费。尽量维修加固原有建筑和设施，尽量统建共用设施和用房。规划建设城镇、村庄和产业集聚区，要体现资源节约、环境友好的要求。坚持节约和集约利用土地，严格保护耕地和林地。

（7）传承文化，保护生态。要保护和传承优秀的民族传统文化，保护具有历史价值和少数民族特色的建筑物、构筑物和历史建筑，保持城镇和乡村传统风貌。避开自然保护区、历史文化古迹、水源保护地以及震后形成的有保留价值的新景观。同步规划建设环保设施。

（8）因地制宜，分步实施。要从当地实际情况出发进行恢复重建，充分考虑经济、社会、文化、自然和民族等各方面因素，合理确定重建方式、优先领域和建设时序。要统筹安排、保证重点、兼顾一般，有计划、分步骤地推进恢复重建。

（三）重建目标

用三年左右时间完成恢复重建的主要任务，基本生活条件和经济社会发展水平达到或超过灾前水平，努力建设安居乐业、生态文明、安全和谐的新家园，为经济社会可持续发展奠定坚实基础。家家有房住，基本完成城镇和农村居民点恢复重建，灾区群众住上安全、经济、实用、省地的住房；户户有就业，有劳动人口的家庭至少有一人能稳定就业，城镇居民人均可支配收入和农村居民人均纯收入超过灾前水平；人人有保障，灾区群众普遍享有基本生活保障，享有义务教育、公共卫生和基本医疗、公共文化体育、社会福利等基本公共服务；设施有提高，交通、通信、能源、水利等基础设施的功能全面恢复，保障能力达到或超过灾前水平；经济有发展，特色优势产业发展壮大，产业结构和空间布局优化，科学发展能力增强；生态有改善，生态功能逐步修复，环境质量提高，防灾减灾能力明显增强。

四、总规指导，统筹协调

《总体规划》从空间布局、城乡住房、城镇建设、农村建设、公共服务、基础设施、产业重建、防灾减灾、生态环境、精神家园、政策措施、重建资金和规划实施等13个层面统揽了灾后重建的战略部署。

（一）规划范围

四川、甘肃、陕西3省处于极重灾区和重灾区的51个县（市、区），总面积132596km^2，乡镇1271个，行政村14565个。

（二）规划阶段和期限

规划注重近期与远期相结合，城镇总体规划符合国家城乡规划时限的要求，远期引导提升发展，近期实施3年完成灾后重建的硬性要求。这也是和城乡规划3～5年近期建设的一般要求基本一致的。规划期限为近期3年，远期10～20年。

（三）空间布局

1．分类建设城镇

根据资源环境承载能力综合评价，按照国土开发强度、产业发展方向以及人口集聚和城镇建设的适宜程度，将规划区国土空间划分为适宜重建、适度重建、生态重建三种类型。其中位于适宜重建区的城镇应原地恢复重建，其中条件较好的，与经济发展和吸纳人口规模相适应，可适当扩大用地规模。村庄应就地恢复重建，并相对集中布局；位于适度重建区的城镇应以原地重建为主，其中不宜发展工业的，应调整功能；发展空间有限的，应缩减规模。村庄应以就地重建为主，有条件的可适度相对集中；位于生态重建区且受到极重破坏、通过工程措施无法原地恢复重建的城镇，应异地新建。通过工程措施可以避让灾害风险的村庄，可在控制规模的前提下就地重建；灾害风险大或耕地灭失而且无法恢复的村庄，应异地新建。

规划区的县城（城区）可以分为重点扩大规模重建、适度扩大规模重建、原地调整功能重建、原地缩减规模重建和异地新建等类型。就地重建县城（城区）的重建类型，由灾区省级人民政府决定。需要异地新建县城和市级行政中心异地迁建的选址，应从灾区实际出发，综合考虑地质地理条件、经济社会发展和干部群众意愿等各方面因素，由灾区省级人民政府提出建议报国务院审定。乡镇的重建类型，由灾区省级人民政府决定。村庄的重建类型，由灾区市级或县级人民政府决定。

2．人口安置

受灾群众安置总的原则是，主要在规划区内就地就近安置，不搞大规模外迁。人口安置的对象主要是耕地和宅基地因灾严重损毁、无法在原村民小组范围内生产生活的农村人口。坚持就地就近分散安置为主，尊重本人意愿，按就地原址、村内跨组、乡镇内跨村、县内跨乡镇、市（州）内跨县、省内跨市的顺序在本行政区域内安置，并实行农业安置与务工安置相结合。

适宜重建区在本区域内就地就近安置受灾人口，并适当吸纳生态重建区需要异地安置的受灾人口。适度重建区原则上在本区域内就地就近安置受灾人口。生态重建区的少量受灾人口先考虑在县域内安置，无法安置的可以跨行政区安置。在政府有序组织和政策引导下，遵循市场规律，对少量自愿通过投亲靠友、自主转移等方式到其他地区安家落户的灾区群众，尊重其自主选择。少数民族人口的安置，应尊重其生产生活习俗，原则上在本民族聚居区安置。鼓励规划区长期在外地务工经商的农村人口及其家庭成员，转移到就业地安家落户，就业地应当在就业、居住、教育、医疗、社会保障等方面给予当地居民的同等待遇。

3．用地安排

坚持节约集约用地，保护耕地特别是基本农田，各类重建项目都要尽量不占用或少占用农用地，充分利用原有建设用地和废弃地、空旷地。统筹安排原地重建与异地新建用地，合理安排各重建任务建设用地的规模、结构、布局和时序。适度扩大位于适宜重建区的城镇特别是接纳人口较多城镇的建设用地规模。控制适度重建区和生态重建区的城镇建设用地，结合工业园区撤并和企业外迁，适度压缩工矿用地和农村居民点用地，恢复并逐步扩大生态用地。优先保证异地新建城镇、村庄的建设用地，以及重点重建任务、项目的新增用地。增加循环经济产业集聚区的用地，适度扩大少数国家级和省级开发区的用地。

（四）城乡住房

城乡住房的恢复重建，要针对城乡居民住房建设和消费特点，制定相应的政府补助支持政策。对经修复可确保安全的住房，要尽快查验鉴定，抓紧维修加固，一般不要推倒重建；对需要重建的住房，要科学选址、集约用地，合理确定并严格执行抗震设防标准，尽快组织实施。

1．农村居民住房

农村居民住房的恢复重建，要与新农村建设相结合，充分尊重农民意愿，实行农户自建、政府补助、对口支援、社会帮扶相结合。改进建筑结构，提高建筑质量，符合抗震设防要求，满足现代生活需要，体现地方特色和民族传统风貌，节约用地，保护生态。灾区各级人民政府要组织规划设计力量，为农村居民免费提供多样化的住房设计样式和施工技术指导。

2．城镇居民住房

城镇居民住房的恢复重建，要按照政府引导、市场运作、政策支持的原则，依据城镇总体规划和近期建设规划，实行维修加固、原址重建和异址新建相结合。对一般损坏的住房要进行加固，对倒塌和严重破坏的住房进行新建。做好与现行城镇住房供应体系的衔接，重点组织好廉租住房和经济适用住房建设，合理安排普通商品住房建设。中央直属机关企事业单位职工的住房，纳入所在地城镇居民住房重建规划。恢复并完善原址重建居住区的配套设施，异址新建住房原则上应按居住小区或居住组团配套建设公共服务设施、基础设施、商贸网点和公共绿地等。

（五）城镇建设

城镇的恢复重建，要按照恢复完善功能、统筹安排的要求，优化城镇空间布局，增强防灾能力，改善人居环境，为城镇可持续发展奠定基础。

1．市政公用设施

原地重建城镇应以修复原有设施为主，结合未来发展需要适当提高水平；异地新建城镇要根据功能定位、人口规模、建设标准和技术规范，合理配置市政公用设施。优先恢复城镇道路、桥梁和公共交通系统，统筹考虑生产生活需要和应急救灾需要，改善路网结构。道路的恢复重建要与供水排水、电力、供气供热、通信、广电、消防等市政管线统一规划，一并实施。保障饮用水安全，满足长远需要，修复重建水源地、水厂和供水管网。城镇原则上应设置独立供水系统，供水压力能满足需要的，可以几个城镇共用供水系统，并向周边村庄延伸。根据资源情况，统筹考虑城镇能源结构，推广使用清洁环保能源。以现有城镇供气系统为基础，恢复重建配气站和供气管网。具备供气供热条件的，在恢复重建中要统一规划建设供气供热设施。恢复重建受损污水处理厂和污水管网。没有污水处理设施的城镇，应在恢复重建其他市政设施时同步规划建设污水管网。污水较易汇集的城镇，可共用污水处理系统；县城应按雨污分流进行规划和建设。有条件的地区要按照村收集、乡镇运输、县（市）处理的方式，恢复重建生活垃圾无害化处理、资源化利用设施。按标准设置紧急避灾场所和避灾通道。恢复重建公共绿地。

2．历史文化名城名镇名村

历史文化名城名镇名村的恢复重建，要尽可能保留传统格局和历史风貌，明确严格的保护措施、开发强度和建设控制要求。历史文化街区内受损轻微、格局完整的建筑，应对重点部位进行加固或修缮；确需重建的，其外观要延续传统样式，尽可能利用原有建筑材料或构件。恢复重建历史文化街区内损毁的现代建筑，应与整体风格相协调。对拟申报国家级、省级历史文化名城名镇名村的，应在恢复重建中切实保护其历史文化特色和价值。

（六）公共服务

公共服务设施的恢复重建，要根据城乡布局和人口规模，整合资源，调整布局，推进标准化建设，促进基本公共服务均等化。优先安排学校、医院等公共服务设施的恢复重建，严格执行强制性建设标准规范，将其建成最安全、最牢固、群众最放心的建筑。

（七）基础设施

基础设施的恢复重建，要把恢复功能放在首位，根据地质地理条件和城乡分布合理调整布局，与当地经济社会发展规划、城乡规划、土地利用规划相衔接，远近结合，优化结构，合理确定建设标准，增强安全保障能力。

1．交通

加快公路的恢复重建，充分利用原有公路和设施，以干线公路为重点，兼顾高速公路，打通必要的县际、乡际断头路。适当增加必要的迂回路线，力争每个县拥有两个方向上抗灾能力较强的生命线公路，初步形成生命线公路网。对干线和支线铁路中受损的路段和运营设施设备等进行全面检测、维护和加固，对受损严重的线路和生产运营设施进行改建或重建，提高对外通道能力。区分轻重缓急，修复受损民航设施设备，全面恢复并提高民航运输能力。建立健全交通应急体系，建设应急交通指挥、抢险救助保障系统。适时启动对规划区经济社会发展有重要先导和支撑作用的公路干线、铁路干线的建设。

2．通信

按照资源共享、先进实用、安全可靠的要求，加快公众通信网的恢复重建，加强应急通信能力建设，推进网络化综合信息服务平台建设，提升通信服务水平和灾备应急能力。恢复重建邮政设施，按照城乡分布完善邮政局（所）布局。

3．能源

恢复重建重点输电设施，骨干电源与外送通道，以及城乡中低压配电网络和进户设施，规划建设电力结构与布局调整项目。加强停运水电站设施安全养护，排除隐患，安全度汛。做好水电资源开发的统一规划，根据交通和送出工程等外部条件恢复情况，积极稳妥推进受损水电站的恢复重建。

对电力设施和水电站大坝按照新的设防标准进行设计复核，对不能满足安全运行要求的实施补强加固。支持受损煤矿恢复重建，尽快发挥正常生产能力。对损毁严重、剩余储量小、开采条件复杂、安全条件差的煤矿，不支持恢复重建。修复气井、净化厂、炼油厂、管线及其保护设施、油库和加油站等，恢复受损天然气生产和输送能力、成品油管输送能力。

4．水利

对影响防洪安全的受损堤防、水库进行全面除险加固，疏浚淤堵河道，恢复防洪能力。消除堰塞湖（坝）对防洪的影响。恢复重建水文及预警预报等设施。结合受损水库除险加固和受损灌区重建，对受损供水设施进行全面修复，恢复供水能力。恢复重建农田水利基础设施和水土保持与水资源监测设施。

（八）防灾减灾

防灾减灾体系的恢复重建，要坚持预防为主、合理避让、重点整治、统筹调度的原则，加强防灾减灾体系和综合减灾能力建设，提高灾害预防和紧急救援能力。

1．灾害防治

加强对滑坡、崩塌、泥石流等地质灾害和堰塞湖等次生灾害隐患点的排查和监测，尽快治理险情紧迫、危险性大、危害严重的隐患点。加强地震、地质、气象、洪涝灾害等的专业监测系统、群测群防监测系统、信息传输发布系统和应急指挥调度系统及其配套设施建设，提高监测预测预警能力。建设监测预警示范区。加强基础测绘工作，恢复建设测绘基准点，建设地理信息系统。

2．减灾救灾

加强紧急救援救助能力建设，充实救援救助力量，提高装备水平，健全抢险抢修和应急救援救助专业队伍。加强救灾指挥系统建设，建立健全综合救灾应急指挥、抢险救援和灾情管理系统。结合交通网建设疏散救援通道，建立应急水源、备用电源和应急移动通信系统。健全救灾物资储备体系，提高储备能力。完善各类防灾应急预案，加强城乡避难场所建设，普及防灾减灾知识，提高全民防灾减灾意识。合理确定抗震设防标准，按灾情烈度提高原有设防等级（图 2-1-1）。

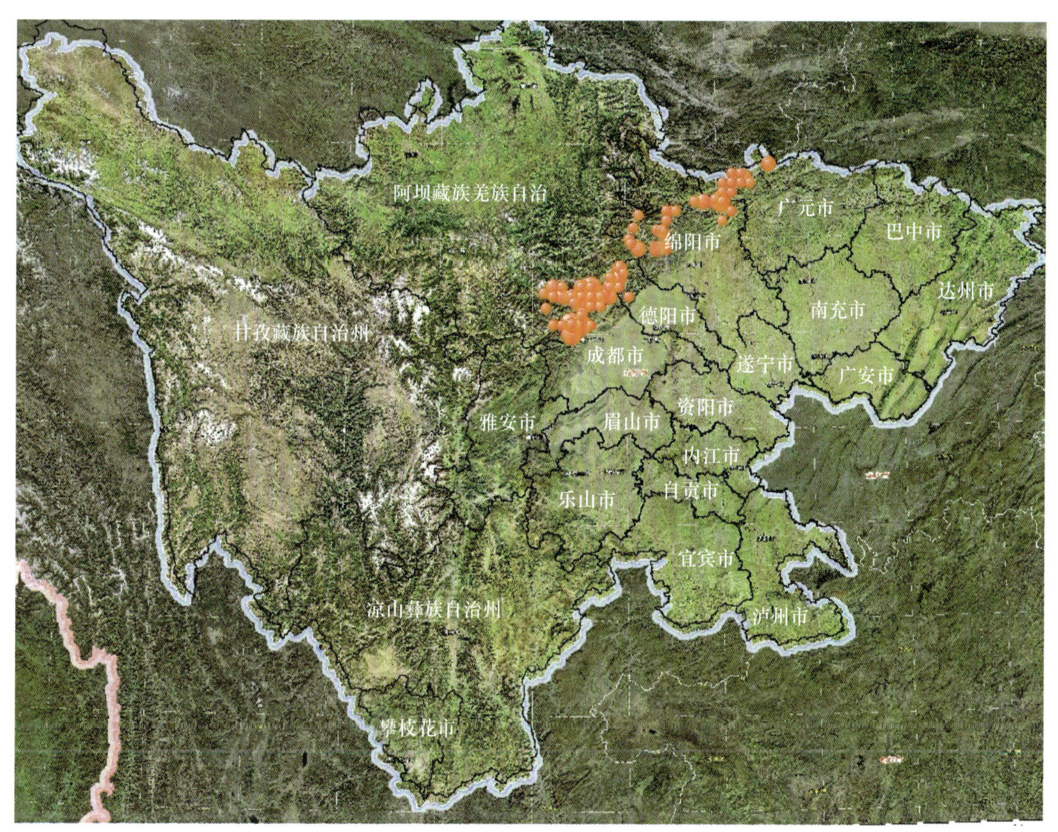

图 2-1-1　5・12 汶川地震后余震分布图

（九）生态环境

生态环境的恢复重建，要尊重自然、尊重规律、尊重科学，加强生态修复和环境治理，促进人口、资源、环境协调发展。

1．生态修复

坚持自然修复与人工治理相结合，以自然修复为主，加快推进林权制度改革。做好天然林保护、退耕还林、退牧还草、封山育林、人工造林和小流域综合治理，恢复受损植被。在岷江、嘉陵江、涪江上游地区和白龙江流域实施生态修复工程，逐步恢复水源涵养、水土保持等生态功能。恢复重建种苗生产基地、森林防火、林业有害生物及生态监测、动植物病害防控设施和林区基础设施。在龙门山断裂带中心区域划定特殊保护区域，以保护珍稀濒危动植物、独特地质地貌和震后新景观为主体功能，兼顾旅游业和其他不影响主体功能的产业发展。加强各级自然保护区、风景名胜区、森林公园和地质公园保护设施的恢复重建。具有较高知名度和较大保护价值，受损严重、安全性差的各类保护区，要以保护为主，影响保护对象的生产设施等原则上不予恢复。恢复重建卧龙、白水江等大熊猫自然保护区，异地新建卧龙大熊猫繁育研究基地，做好大熊猫及其栖息地的监测，建立大熊猫主食竹开花预警监测系统。

2．环境整治

加强对污染源和环境敏感区域的监督管理，做好水源地和土壤污染治理、废墟清理、垃圾无害化处理、危险废弃物和医疗废弃物处理。恢复重建灾区环境监测设施，提升环境监管能力。加强生态环境跟踪监测，建立灾区中长期生态环境影响监测评估预警系统。

（十）政策措施

该规划明确了坚持特事特办，根据恢复重建需要，制订实施针对性强的政策措施。加强协调配合，形成合力，为实现本规划确定的目标和完成重建任务提供政策支撑。制定了与重建相关的政策等。

1．土地政策

调整用地计划。调整灾区土地利用规划和年度用地计划，核定新增建设用地总规模，适当增加适宜重建区新增建设用地规模，扩大城乡建设用地增减挂钩周转指标范围。对恢复重建项目，先行安排使用土地，简化审批程序，边建设边报批，并按照有关规定办理用地手续。实行特殊供地。对恢复重建项目用地，按规定分别采取免收新增建设用地土地有偿使用费和土地出让收入，实行划拨供地、降低地价等特殊政策。节约集约用地。依法保护耕地，支持土地整理复垦。促进工业集中布局，城镇内部紧凑布局，有条件的村庄相对集中，公共服务设施共建共享，大力提高土地利用效率。

2．对口支援政策

19 个支援省（市）按每年不低于本省（市）上年地方财政一般预算收入 1% 的实物工作量，对口支援四川、甘肃、陕西的 24 个县（市、区）。鼓励各界投资。鼓励各地区的企业、社会团体和个人，按照市场化运作方式，到灾区投资办厂、兴建经营性基础设施。提供便利条件。鼓励金融机构向对口支援企业提供优惠贷款。对恢复重建大宗货物运输，铁路部门优先列入运输计划，公路部门开辟“绿色通道”。

（十一）规划实施

建立健全规划实施机制，明确目标任务，把握重建时序，落实工作责任，完善监督考核，有效推进本规划的顺利实施。

1．组织领导

地方各级人民政府和国务院有关部门要充分认识恢复重建任务的艰巨性、复杂性和紧迫性，树立全局意识，切实加强组织领导，全面做好恢复重建的各项工作。灾区各级人民政府要建立健全恢复重建领导机构，省级人民政府对本地区的恢复重建负总责，统一领导、统筹协调、督促检查恢复重建规划的实施，市、县级人民政府具体承担和落实恢复重建的主要任务。国务院有关部门要按照职责分工，做好指导、协调和帮助恢复重建的各项工作。各地区在制订重建任务阶段性目标时，要从实际出发，因地制宜，不搞“一刀切”。依据本规划，建立恢复重建目标考核体系，作为考核灾区各级领导班子和领导干部政绩的重要内容。

2．规划管理

总体规划是制订恢复重建专项规划、政策措施和恢复重建实施规划的基本依据，是开展恢复重建工作的重要依据，任何单位和个人在恢复重建中都要遵守并执行本规划，服从规划管理。国务院有关部门与灾区省级人民政府应依据本规划，尽快编制完成城乡住房、城镇体系、农村建设、基础设施、公共服务设施、生产力布局和产业调整、市场服务体系、防灾减灾、生态修复、土地利用等恢复重建专项规划，并积极组织实施。

灾区省级人民政府要根据总体规划制订恢复重建年度计划，明确重建时序，落实责任主体。灾区市、县级人民政府要在省级人民政府指导下，编制本行政区恢复重建实施规划，具体组织实施。根据需要编制或修改相应的城乡规划。在总体规划实施的中期阶段，由国务院发展改革部门牵头组织对总体规划实施情况进行中期评估，评估报告报国务院。灾区省级人民政府也要对本省实施总体规划的情况进行中期评估。在总体规划实施结束后，由国务院发展改革部门牵头组织有关地区和部门对总体规划实施情况进行全面总结。规划范围以外其他灾区的恢复重建规划由灾区省级人民政府组织编制和实施，国家通过现行体制加大财政转移支付、扶贫开发等方面力度。

3．分类实施

可以分解落实到县级行政区的重建任务，由县级人民政府根据本地实际统筹组织实施。主要是农村住房、城镇住房、城镇建设、农业生产和农村基础设施、公共服务、社会管理、县域工业、商贸以及其他可以分解落实到县的防灾减灾、生态修复、环境整治和土地整理复垦等。交通、通信、能源、水利等基础设施，重点工业和军工项目，以及其他跨行政区的重建任务，主要由省级人民政府或国务院有关部门组织实施。对口支援和非定向社会捐赠资金、捐建项目，要统一纳入恢复重建年度计划和实施规划。

4．物资保障

灾区各级人民政府要积极组织好恢复重建物资的生产和调运。国家对恢复重建物资的货源组织、运输保障等给予必要支持，做好统筹协调。加强对恢复重建物资质量的监督检查。对进口的物资，要依法检验检疫，及时验放。加强对砖瓦、水泥、钢材等恢复重建重要物资的价格监管，防止不合理涨价。

5．监督检查

灾区各级人民政府和国务院有关部门要加强对资金、项目和重要物资的跟踪与管理，自觉接受同级人大、政协以及社会各界的监督。定期公布捐赠款物的接受使用情况、恢复重建资金和物资的来源、数量、分配、拨付及使用情况，主动接受社会监督。发挥城乡社区在恢复重建资金和物资监督检查中的作用。加强对恢复重建资金和物资的筹集、分配、拨付、使用和效果的全过程跟踪审计，定期公布审计结果，确保重建资金专款专用，不被侵占、截留或挪用。

严格实行项目法人责任制、招标投标制、合同管理制和工程监理制。加强对建设工程质量和安全，以及产品安全质量的监管，组织开展对重大建设项目的稽查。严格执行工程竣工验收规定，未经竣工验收不得投入使用。对建设项目以及恢复重建资金和物资的筹集、分配、拨付、使用情况登记造册，建立健全档案，在建设工程竣工验收和恢复重建结束后，及时向建设主管部门或者其他有关部门移交档案。

任何单位和个人对恢复重建中的违法违纪行为，都有权进行举报。接到举报的人民政府或者有关部门，应当立即调查，依法处理，并为举报人保密。实名举报的，应当将处理结果反馈举报人。社会影响较大的违法违纪行为，处理结果应当向社会公布。

构建完整的灾后重建城乡规划体系，是城乡灾后恢复重建规划工作的首要任务之一，是确保有计划、分阶段、高效及时、全面系统地完成规划编制工作，克服城乡灾后重建盲目性、随意性的重要举措。

五、制订方案，落实责任

为有力、有序、有效地组织各方面力量做好灾后重建规划编制工作，国务院抗震救灾总指挥部灾后重建规划组制定了《国家汶川地震灾后重建规划工作方案》（以下简称《工作方案》）。

《工作方案》指出，灾后重建规划的编制要全面贯彻落实科学发展观，坚持以人为本，优先恢复重建受灾群众基本生活和公共服务设施；坚持尊重科学、尊重自然，充分考虑资源环境承载能力，科学民主决策；坚持统筹兼顾，与推进工业化、城镇化和新农村建设及扶贫开发相结合，与主体功能区建设和产业结构优化升级相结合，与保护弘扬中华民族的人文精神相结合；坚持以地方为主体，充分发挥灾区干部群众自力更生、艰苦奋斗的精神，在国家和援建省（区、市）的支持下实现灾后重建和发展目标。

灾后重建规划的编制要坚持统一部署、分工负责，区分缓急、突出重点，相互衔接、上下协调，规范有序、依法推进的原则。在深入论证、科学规划的同时，尽可能加快工作进度；在重建生活家园的同时，注重精神家园建设；在重建生产设施的同时，注重制度建设；在抓好近期重建的同时，注重中长期的发展提高，实现可持续发展。

《工作方案》明确了规划编制的工作任务包括专项评估、规划编制和政策研究，已经分解落实到有关部门和地区，明确了责任主体和时间要求。专项评估工作包括灾害范围评估、灾害损失评估和资源环境承载能力评价三个方面。要求对汶川大地震的灾害范围提出评估报告，明确划分标准，区分严重受灾地区和一般灾区，为确定规划范围提供依据。对城乡住房、基础设施、公共服务设施、农业生态、工商企业等灾害损失进行全面、系统的评估。根据对水土资源、生态重要性、生态系统脆弱性、自然灾害危险性、环境容量、经济发展水平等的综合评价，确定可承载的人口总规模，提出适宜人口居住和城乡居民点建设的范围以及产业发展导向。规划编制工作包括编制总体规划和城镇体系、农村建设、城乡住房、基础设施、公共服务设施、生产力布局、产业调整、市场服务体系、防灾减灾和生态修复和土地利用专项规划。政策研究工作主要是对灾后重建的各项政策进行专题研究，提出支持的建议。包括：财政政策、税费政策、金融政策、土地政策、产业政策，以及对口支援、社会募集等其他措施。

六、专项规划，分类指导

根据国务院《汶川地震灾后恢复重建总体规划》（国发 [2008]31 号）的指示精神，四川省按照国家各相关部委的部署意见，作出了全省恢复重建规划编制工作的统一部署，确定了编制的框架体系，将拟定的专项落实到省内的各相关部门，虽有分工、各有侧重，强调协作、力求实效。在《汶川地震灾后恢复重建总体规划》宏观指导下，又编制了 9 个专项规划作为支撑，具体的专项如下：

（1）《汶川地震灾后恢复重建城镇体系专项规划》（2008 年 10 月 21 日）；

（2）《汶川地震灾后恢复重建城乡住房建设专项规划》（2008 年 9 月 27 日）；

（3）《汶川地震灾后恢复重建农村建设专项规划》（2008 年 10 月 21 日）；

（4）《汶川地震灾后恢复重建生态修复专项规划》（2008 年 10 月 17 日）；

（5）《汶川地震灾后恢复重建防灾减灾专项规划》（2008 年 10 月 21 日）；

（6）《汶川地震灾后恢复重建土地利用专项规划》（2008 年 10 月 9 日）；

（7）《汶川地震灾后恢复重建市场服务体系专项规划》（2008 年 10 月 21 日）；

（8）《汶川地震灾后恢复重建生产力布局与产业调整专项规划》（2009 年）；

（9）《汶川地震灾后恢复重建文化设施专项规划》（2009 年）。

涉及灾后城乡建设领域的指导性和纲领性规划，四川省人民政府将任务落实给了四川省住房和城乡建设厅，由四川省住房和城乡建设厅组织编制了城乡建设领域的“3+2”规划。“3+2”规划中的“3”是指《灾后重建城镇体系规划》、《灾后重建城乡住房规划》、《灾后重建农村建设规划》，“2”是指《灾后重建市政基础设施规划》、《世界遗产地及国家重点风景名胜区灾后重建规划》。“3+2”规划属于专门性、宏观性、协调性的专题规划，构成了灾后重建城乡规划体系中的政策规划体系，起到政策性、纲领性和宏观指导性的作用。这些规划不是严格意义上《城乡规划法》所定义的“法定规划”，而是典型的“目标性规划”，或者也可以理解为有一定时效限制的“应急型的体系层面上的专项规划”。这些规划是在《汶川地震灾后恢复重建总体规划》指导下，对其进行了专题性的深化和细化，发挥了政策导向、承上启下、统筹协调的巨大作用，成为了编制灾后重建实施性规划的直接依据。

第二节　防灾减灾，科学选址

在规划制定和实施中，各级政府始终坚持恢复重建与防灾减灾相结合，灾区居民点、公共设施以及重要基础设施的建设，必须坚持“三避让”原则，科学选址，避开断裂带，避开地质灾害隐患点，避开泄洪通道，工程建设必须高标准、严要求，要能经得起历史的检验。

一、防灾避险，安全第一

（一）地震的发生机理

我国地震活动可划分为8个地震区：台湾地震区，指台湾省及附近海域；青藏高原地震区，主要是指西藏、四川西部和云南中西部；新疆地震区，主要指河西走廊、青海、宁夏、天山；华北地震区，主要指太行山两侧，汾渭河谷，阴山—燕山带，山东中部和渤海湾；华南地震区，主要指福建、广州、广西等地；华北地震区；华中地震区；南海地震区（图2-2-1）。大地震主要分布在前五个地震区。台湾地震区和青藏高原地震区分别位于环太平洋地震带和喜马拉雅—地中海地震带上。

图2-2-1　中国地震分布图

我国地震活动亦呈带状分布，共有25条地震带，其中地震相对活跃的地震带有：郯城—营口地震带、华北平原地震带、汾渭地震带、东南沿海地震带（外带，内带）、天山地震带（北带，南带）、喜马拉雅山地震带、可可西里—金沙江地震带、阿尔金—祁连山地震带、台湾地震带（东带，南带）。

“青藏高原地震区”包括兴都库什山、西昆仑山、阿尔金山、祁连山、贺兰山　六盘山、龙门山、喜马拉雅山及横断山脉东翼诸山系所围成的广大高原地域。涉及青海、西藏、新疆、甘肃、宁夏、四川、云南全部或部分地区，以及原苏联、阿富汗、巴基斯坦、印度、孟加拉、缅甸、老挝等国的部分地区。从青藏高原东南缘向成都跌落，海拔4000～400m，由极高山—高山—中山组成。主要的水系有岷江、大渡河、金沙江，岷江和大渡河系长江支流，金沙江为长江上游。其中：龙门山脉位于四川省四川盆地西北边缘，广元市、都江堰市之间，东北—西南走向，包括龙门、茶坪、九顶等山；形成于中生代和早新生代，东北接摩天岭，西南止岷江边，绵延200多千米，海拔1000～1500m。高程由盆地边缘2000m向西逐渐升高到3000m以上，主峰九顶山海拔高达4984m。龙门山脉地区是四川强烈地震带之一。自1169年以来，共发生破坏性地震26次，其中里氏6级以上地震20次。2008年5月12日，由于印度板块向亚洲板块俯冲，造成青藏高原快速隆升。高原物质向东缓慢流动，在高原东缘沿龙门山构造带向东挤压，遇到四川盆地之下刚性地块的顽强阻挡，造成构造应力和能量的长期积累，最终在龙门山脉北川—映秀地区突然释放，爆发里氏8.0级地震（汶川地震）（图2-2-2）。

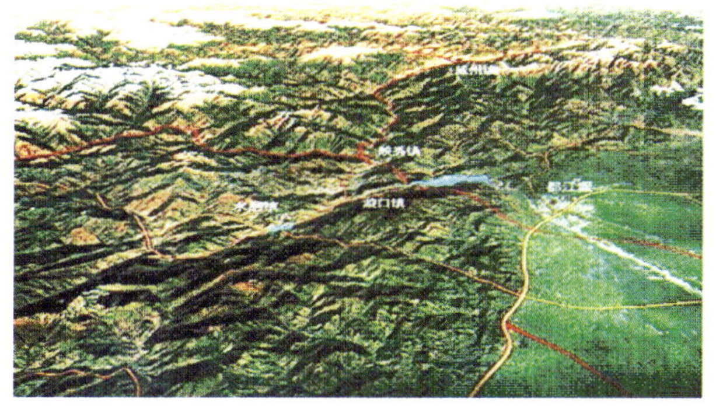

图2-2-2　5・12震中卫星遥感图

地壳运动表现为板块的漂移滑动，同时产生对冲碰撞。喜马拉雅山脉是由欧亚板块和印度板块对冲挤压形成的，青藏高原东部和东南部的龙门山系是这个地壳运动碰撞的边缘效应。龙门山断裂带是一条沿北东—南西方向展布、以北西—南东方向逆冲为主兼具小量右旋走滑分量的断裂带，其逆冲运动的速率约为18～20mm/年。华南块体运动速率只有12～14mm/年，相差为

4～8mm/年，未能完全调整龙门山断裂带北西—南东方向的逆冲运动。应变在龙门山断裂带中的岩石内逐渐长期积累，使得龙门山断裂带成为最具危险性的、发生地震破裂的活动构造。汶川大地震便是发生在这条长达470km的龙门山断裂带上长约350km的地段上的大规模的破裂。龙门山断裂带是一条长达470km、宽100km的地震带，震源深度大多在30km以内，属于浅源地震。在龙门山断裂带附近，历史上及近期都发生过多次7级以上大地震。在西南地区的其他活动构造带上，历史上及近期都发生过多次7级以上大地震。汶川大地震的发生主要是龙门山断裂带三条主干断层的中间一条映秀—北川断裂错动的结果，另外两条主干断裂（西边的龙门山后山断裂即茂县—汶川断裂以及东边的龙门山前主边界断裂即彭县—灌县断裂）的错动的作用也是不可忽视的。汶川大地震成因断层的震源机制由南至北逐渐地变化。在青川，以右旋走滑为主兼具有少量的逆冲分量。在北川，右旋走滑分量增加，变成逆冲—右旋走滑的断层错动。在康定至映秀—都江堰—汶川地段，以逆冲为主兼具有少量的右旋走滑分量（中国科学院，陈运泰院士的专题报告）。形成两个震极：汶川—映秀—都江堰，地震破坏烈度11度；北川—平武，地震破坏烈度11度。表现为：地震断层，地表破裂，滑坡。调查结果表明5·12汶川特大地震有如下特点：地震大（震级高）；震源浅；破裂持续时间长（达90s）；破裂过程很不规则（图2-2-3～图2-2-5）。

图2-2-3　汶川映秀—都江堰之间，地震断层高角度逆冲运动

图2-2-4　汶川映秀北部地震断层处的断错公路

图2-2-5　地震断层、地表破裂、滑坡

（二）地震所引发的次生灾害

1．地质灾害类型及分布

地震引发的次生灾害为：滑坡，崩塌，地表断裂，泥石流（表2-2-1）。

5·12地震诱发灾难性滑坡、崩塌一览表（死亡大于30人，17个）　　表2-2-1

灾害点名称	地质灾害类型	灾害点位置	灾害体规模（万 m^3）	因灾死亡人数	因灾经济损失（万元）
王家岩滑坡	滑坡	北川县曲山镇	1000	1600	1600
樱桃沟滑坡	滑坡	北川县陈家坝乡茶园梁村	188	906	1500
景家山乱石窖滑塌	滑坡	北川县曲山镇景家村	1000	700	1200
陈家坝场镇1号滑坡	滑坡	北川县陈家坝场镇	1200	400	500

续表

灾害点名称	地质灾害类型	灾害点位置	灾害体规模（万 m^3）	因灾死亡人数	因灾经济损失（万元）
东河口滑坡	滑坡	青川县红光乡东河口村	1000	260	5000
陈家坝乡红岩村滑坡	滑坡	北川县陈家坝乡红岩村	480	141	120
黎明村滑坡	滑坡	都江堰市紫坪铺镇黎明村（213 线）	20	120	500
谢家店滑坡	滑坡	彭州市九峰村 7 社	400	100	4000
小龙潭崩塌	崩塌	彭州市银厂沟景区	5.4	100	8000
大龙潭沟口崩塌	崩塌	彭州市银厂沟景区	10	100	8000
陈家坝太洪村 2 号滑坡	滑坡	北川县陈家坝乡太洪村	500	100	110
泰安 9 组崩滑体群	崩塌	都江堰市青城山镇泰安村 9 组	120	62	800
郑家山滑坡群	滑坡	平武县南坝镇新平村	1250	60	5000
韩家山滑坡群	滑坡	北川县桂溪乡杜家坝村 1 社	30	50	130
大岩壳崩塌	崩塌	青川县曲河乡建新村	70	41	200
马鞍石滑坡群	滑坡	平武县水观乡马鞍石村	400	34	8000
连盖坪滑坡	滑坡	彭州市团山村	40	30	800

资料来源：成都理工大学，2009 年。

滑坡和崩塌在北川县城造成了极大的灾难，数千人因滑坡、崩塌被掩埋遇难（表 2-2-2、表 2-2-3、图 2-2-6）。

5·12 地震诱发的特大型滑坡表（>1000 万 m^3，26 个） **表 2-2-2**

灾害点名称	地质灾害类型	灾害点位置	灾害体规模（万 m^3）	因灾损失或危害状况
先锋村滑坡	滑坡	宝兴县陇东镇先锋村	18000	威胁 170 户 1168 人生命财产安全
水磨沟崩塌、滑坡群	崩塌、滑坡群	什邡市红白镇木瓜坪村 5、7 组	5000	矿山、电站
唐包滑坡	滑坡	宝兴县陇东镇清江村 1、2、3、4 组	3060	威胁 63 户 319 人生命财产安全及县道
清泉村滑坡	滑坡	绵竹市九龙镇清泉村 7、8 社	3000	威胁 4650 人
庙坪滑坡	滑坡	南江县桥亭乡落垭村	3000	集镇、道路
直理滑坡	滑坡	理县古尔沟镇沙坝村	3000	威胁 2400 人
银厂坪滑坡	滑坡	宝兴县陇东镇清江村 6、7 社	2880	威胁 30 户 116 人生命财产安全
罗洼滑坡	滑坡	理县蒲溪乡河坝村	2000	威胁 780 人
甲戈滑坡	滑坡	理县蒲溪乡河坝村	2000	威胁 980 人
绵竹市汉旺镇滑坡	滑坡	绵竹市汉旺镇青龙村 4 社、香樟村 1、2 社	2000	威胁 3510 人
干河口崩塌、滑坡群	崩塌、滑坡群	什邡市红白镇木瓜坪村 8 组	2000	铁路
阿威山滑坡	滑坡	宝兴县蜂桶寨乡顺山村九、十社	1620	威胁 52 户 232 人生命财产安全
七村四社冉家沟滑坡	滑坡	万源县河口镇四社冉家沟	1500	32 户 146 人，水渠 5km
金花镇金河磷矿矿部滑坡	滑坡	绵竹市金花镇金河磷矿滑坡	1500	矿山
丰收组滑坡	滑坡	宝兴县硗碛乡嘎日村丰收社	1350	24 户 94 人生命财产安全
张家坡滑坡	滑坡	利州区宝轮镇长溪村 3 ～ 7 组	1200	威胁 120 户 480 人，均已临时安置。另外威胁临时安置点 120 人
龙门山镇九峰村 7 社滑坡	滑坡	彭州市九峰 7 社	1200	县道
灯光组不稳定斜坡	滑坡	宝兴县硗碛乡夹拉村灯光社	1200	威胁省道 210 线及 68 户 320 人
李家湾滑坡	滑坡	溪口镇马鞍坪村 2 社	1108.8	目前未造成损失，威胁 12 户 34 人生命财产安全
刘家湾滑坡	滑坡	达县赵固乡谷黄村 4 社刘家湾（严家坡）	1050	直接威胁 5 户 39 人，堵塞河道后威胁下游居民大于 1000 人，威胁资产大于 1000 万元
岳家山滑坡、崩塌群	崩塌、滑坡群	什邡市红白镇木瓜坪村 4 组	1000	矿山
魏沟滑坡群	崩塌、滑坡群	北川县桂溪乡魏沟村	1000	通过调查为造成过危害，但遇暴雨会形成泥石流物源，威胁沟口居民及堵塞河道

续表

灾害点名称	地质灾害类型	灾害点位置	灾害体规模（万 m^3）	因灾损失或危害状况
马槽滩崩塌（危岩+滑坡）	崩塌、滑坡群	什邡市红白镇木瓜坪村 1、2 组	1000	铁路、电站
擂鼓镇银定坎滑坡群	崩塌、滑坡群	北川县擂鼓镇银定村 1、2 组	1000	有可能堵塞磨坊沟，造成泥石流的发生
大梅子林崩塌、滑坡群	崩塌、滑坡群	什邡市红白镇松林村 6 组	1000	县道、水利设施
石板沟滑坡	滑坡	青川县红光乡东河口村	1000	滑坡形成顺河方向宽 200 ～ 300m，高 30 ～ 50m 的堆石坝和堰塞湖，库容最大达 1200 万 m^3，关庄镇集中安置点曾为此疏散上万人

资料来源：成都理工大学，2009 年。

地震灾区不同类型设施受灾程度一览表　　　　**表 2-2-3**

威胁对象	对象数目（个）	灾害隐患点数目（处）	滑坡（处）	崩塌（处）	泥石流（处）	不稳定斜坡（处）	其他（处）	威胁人口（人）
县城	24	119	45	28	21	25	0	91180
学校	236	238	96	65	28	49	0	141678
集镇	—	303	151	61	49	39	3	230275
聚居点	—	5397	2881	946	586	899	85	549897
工矿企业	—	105	34	24	25	19	3	23236
旅游景区	—	160	34	82	18	26	0	8844
道路	—	1420	413	72	166	79	20	3035
水利水电	—	236	62	119	37	16	2	18080
其他	—	119	51	39	13	4	2	55

图 2-2-6　地震滑坡、崩塌在北川县造成的灾难

（资料来源：成都理工大学，2009 年）

大多数的崩塌、滑坡灾害发育在河谷岸坡的第一个肩坎以下的范围内，也就是由宽谷进入峡谷以下的范围内，在峡谷的中上部滑出，而堆积于中下部。这是由于这一部位的地形坡度较陡，岩体卸荷最为强烈，地震响应最为突出所致。

2．地震触发崩塌、滑坡地质灾害分布与坡度关系

震后地质调查表明：坡度在 15°～ 45° 范围对地震触发地质灾害最为敏感，绝大部分地质灾害分布在这个坡度范围。崩塌和滑坡发生部位往往具有选择性，即通常发生在对地震波有明显放大效应的部位：如河谷中上部坡型转折部位，单薄山脊部位和多面临空的孤立山体部位等（表 2-2-4、图 2-2-7）。所以不应在这些地段选址建设人居聚落。

地震触发崩塌、滑坡地质灾害分布与坡度关系表　　表 2-2-4

坡度分类级（%）	0～5	5～15	15～25	25～35	35～40	45～80
面积（km^2）	11107.14	2847.97	10350.55	16079.43	9501.99	2489.42
灾害点个数	592	591	2072	2383	1209	296
灾害点百分比	8.29	8.27	29.01	33.36	16.93	4.14
敏感性（个 /km^2）	0.05	0.21	0.20	0.15	0.13	0.12

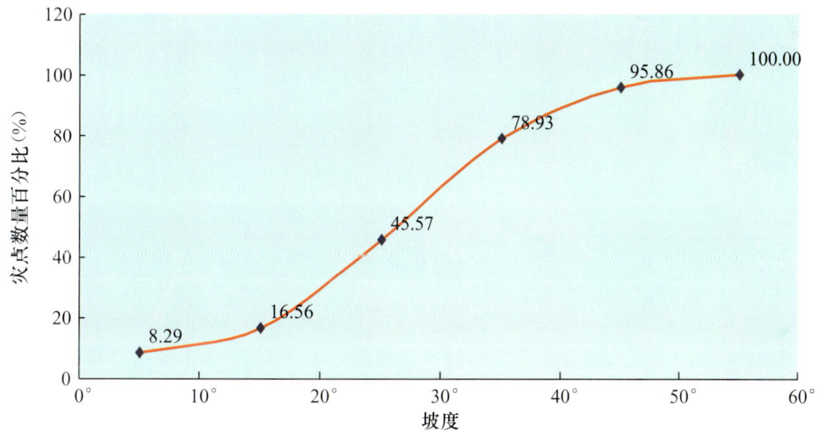

图 2-2-7　坡度与灾害点数量的关系
（资料来源：成都理工大学，2009 年）

3．地震触发崩塌、滑坡地质灾害分布与地质岩层的关系

地震诱发崩塌、滑坡与地质岩性的关系调查表明：土层、砂岩层等结构松软的地质表层，地震诱发崩塌、滑坡的机率小。砂板岩、碳酸盐岩等结构密实的表层，地震诱发崩塌、滑坡的机率大。根据大区域的地质地貌分析得出如下结论：自西向东，自高向低，龙门山区向成都平原，地壳表层由岩石层逐渐变化为松软土层，崩塌、滑坡的灾害点逐渐减少。一方面是距离震源渐远，山区向平原过渡。另一方面地壳表层岩性变弱，也是重要原因。

（三）防灾避灾对灾后重建选址的要求

灾后重建的总体规划中，地震和地质环境的适宜性要作为重建选址的战略性制约因素加以考虑。要在明确避开主要活动性断裂通过部位的基础上，重点抓好地质环境的适宜性评价和地质灾害危险性分析工作。两者结合，构成对重建选址的第一层次控制（战略性）。在此基础上，结合生态环境承载力和社会发展，综合确定重建场址总体上均应坚持以下三原则：

（1）避开活动性断裂。安置点的选择首先应该按照建筑抗震的规范要求，避开活动断裂带一定的距离。这对用地量较大的县级城镇更具有控制意义。

（2）综合防治地质灾害。在综合评价地质灾害危险性和灾害风险的基础上，通过搬迁避让、监测

预警和工程治理等措施，确定场址的适宜性。

（3）场地工程地质条件适宜性。根据场地地形条件、地层结构、水文地质条件等，进一步开展场地适宜性分析，避开那些对地震有不良响应的场地条件，如不利的地基土层结构、不利的微地貌形态和水文地质条件等。

5•12汶川特大地震也让我们更加懂得尊重自然，敬畏自然，按自然规律办事。在规划制定和实施中，各级政府始终坚持恢复重建与防灾减灾相结合，灾区居民点、公共设施以及重要基础设施的建设，坚持“三避让原则”科学选址，避开断裂带，避开地质灾害隐患点，避开泄洪通道，工程建设坚持高标准、严要求，要能经得起历史的检验。2010年8月四川遭受特大山洪泥石流灾害，绝大多数地震灾区经受住了考验。

二、综合评价，指导选址

（一）环境承载力综合评价主因子

灾区全域的生态安全格局评价建立在以上的地质普查的基础上，进行环境承载力分析。该工作从以下五个层面展开：可利用建设用地资源；可利用的水资源；可用耕地资源；灾区生态系统脆弱性；经济社会发展水平评价。

（二）环境适宜性分区

同时重点落实就地安置的环境容量与土地承载力分析。形成了环境适应性分区。根据资源环境承载力要素指标评价结果，进行地震重灾区人居环境适宜性评价并分为5个等级，即：适宜差区，适宜较差区，中等适宜区，较适宜区，适宜区（表2-2-5、图2-2-8）。

重建区地质环境适宜性评价指标及等级标准　　表2-2-5

—		适宜区	基本适宜区	不适宜区
地形坡度（°）		＜15	15～25	＞25
海拔高程（m）		＜1500	1500～2000	＞2000
距发震断裂带距离（m）		＞1500（县级城镇）	1000～1500（县级城镇）	＜1000（县级城镇）
		＞800（乡镇驻地）	500～800（乡镇驻地）	＜500（乡镇驻地）
		＞500（其他区域）	200～500（其他区域）	＜200（其他区域）
地质灾害点距离（m）		＞80	50～80，灾害能有效控制情形，适宜性上调一级	＜50，灾害能有效控制情形，适宜性上调一级

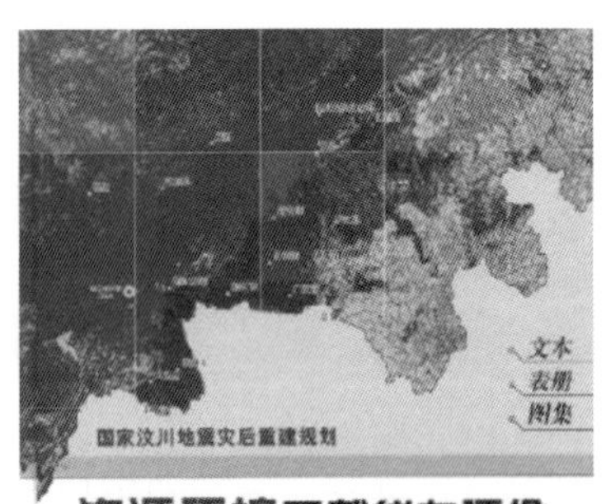

图2-2-8　资源环境承载力评价的理论依据

1．不适宜区

系龙门山的第二类地理单位。是以北川、青川等为代表的中、低山，局部高山地区，地形复杂，但多山间坪坝和局部缓坡，有龙门山中央断裂和后山断裂通过，地质灾害发育。总体来看，考虑避让断层和地质灾害风险后，地质环境适宜区虽然较多，但大多比较零散，单个面积不大，可以满足大多数镇、乡和居民聚居点的选址，但县城的用地范围明显不足，如北川、青川县城，因此，县城和少量中心镇建议考虑异地选址迁建。在资源环境承载力的综合评价中定位适宜差区。

2．适宜较差区

系龙门山的第三类地理单位。是以汶川、理县和茂县为代表的高山峡谷地区，地形地质条件差，可供居住的场地主要是河谷的零星阶地和缓坡，空间极为有限，沿河谷原本地质灾害就发育，地质环境适宜性差。应采取地质灾害综合防治措施，提高地质环境的适宜性。在资源环境承载力的综合评价中定位适宜较差区。

3．中等适宜区

系龙门山的第一类地理单位。第一类是龙门山山前的平原和靠山一侧的低山、丘陵地带。总的来看，这一带地形地质条件较好，地质灾害并不发育，有较大范围的适宜区，在避开前山断裂带一定距离后，这个地区绝大部分城镇、乡村可以考虑在原址重建。在资源环境承载力的综合评价中，中丘地区定位为中等适宜区。

4．较适宜区

系龙门山的第一类地理单位。第一类是龙门山山前的平原和靠山一侧的低山、丘陵地带。总的来看，这一带地形地质条件较好，地质灾害并不发育，有较大范围的适宜区，在避开前山断裂带一定距离后，这个地区绝大部分城镇、乡村可以考虑在原址重建。在资源环境承载力的综合评价中，浅丘带坝地区定位为较适宜区。

5．适宜区

成都平原地区，四川境内从北至南包括广元、绵阳、德阳、成都、雅安、乐山、眉山等城市主城区所在的平原地区，或平坝浅丘地区。在资源环境承载力的综合评价中，浅丘带坝地区定位为适宜区。

（三）人口承载力分析

综合分析的结果是：高山与平原交接的地理环境人均可利用建设用地资源处于丰富或较丰富等级，总量大；有更好的城镇发展条件，适宜接受龙门山区腹地的人口转移，形成更高的聚集度。人口迁移方向总的思路是：萎缩山区—疏解丘陵—壮大平原。

以绵阳为例，规划建议2020年绵阳中心城区人口规模调整为148万人，用地规模调整为145km^2。同时，壮大安县、江油、盐亭、三台等县城，这些较适宜区和适宜区集聚产业和人口，大力接受龙门山区腹地的人口迁徙。用20年的时间逐渐萎缩山区，特别是高山峡谷区的人口和产业，疏解优化低山丘陵区的人口和产业，壮大平原平坝地区的城镇和产业。

（四）基于地质灾害研究形成的龙门山系人居聚落选址要求

中国科学院、国家地震局、四川省地震局、成都理工大学等学术机构的研究成果，主要解析了5•12汶川地震的成因，以及地震灾害和相关次生灾害状况。调查并统计了滑坡、崩塌等次生灾害和山地坡度及岩性的关系。在宏观上把龙门山区划分为三类地质特征区，从其自身学科的角度提出了灾后重建的战略思考。按龙门山区地理地貌特征分为三类：

第一类是龙门山山前的平原和靠山一侧的低山、丘陵地带。总的来看，这一带地形地质条件较好，地质灾害并不发育，有较大范围的适宜区，在避开前山断裂带一定距离后，这个地区绝大部分城镇、乡村可以考虑在原址重建。

第二类是以北川等为代表的中、低山，局部高山地区，地形复杂，但多山间坪坝和局部缓坡，有龙门山中央断裂和后山断裂通过，地质灾害发育。总体来看，考虑避让断层和地质灾害风险后，地质环境适宜区虽然较多，但大多比较零散，单个面积不大，可以满足大多数镇、乡和居民聚居点的选址，但县城的用地范围就显不足，如北川县城和少量中心镇建议考虑异地选址迁建。

第三类是以汶川、理县和茂县为代表的高山峡谷地区，地形地质条件差，可供居住的场地主要是河谷的零星阶地和缓坡，空间极为有限，沿河谷原本地质灾害发育，地质环境适宜性差。应采取地质灾害综合防治措施，提高地质环境的适宜性。

第二类和第三类地区城镇都应该控制人口规模，改变发展模式，调整功能定位，走生态和集约型发展的道路。

通过以上分析，确定了对地震灾区全域的空间规划分区，分别为高山高原区—扶贫与生态涵养地区、中山深谷区—人口与产业疏散优化地区、平坝丘陵区—人口与产业重点集聚地区。

第三节　建构体系，全域覆盖

5・12汶川特大地震灾后恢复重建城乡规划，是按照《国家汶川地震灾后重建规划工作方案》和《汶川地震灾后恢复重建总体规划》，结合新的《城乡规划法》，构建的完整的政策规划和实施规划体系，向上延伸到专项评估，向下深化到城镇修建性详细规划、村庄规划和农村安置点的建设性详细规划等实施性规划。规划体系完整，对重灾区实现了全面覆盖。规划时效性强，各级各类规划几乎同时展开，上下联动，环环相扣，互为依据和佐证；统筹协调、上下对接，保障规划的一致性和合理性，一定程度上丰富和扩展了传统的城乡规划体系。其特点是体系完整、向上延伸、向下深化、类别齐全、依次展开、上下联动、全程规划、全域覆盖。

一、法定规划，突出重点

（一）法定规划体系

从2008年6月11日国务院部署全国对口支援5・12汶川大地震灾区开始，四川省内的规划设计单位、对口援建省市的规划设计单位和自愿援助灾区的规划设计单位立即会聚四川，并于6月中旬在成都开了一次规划动员会，强调了规划编制过程中应该注意的事项。但是，灾区范围广、灾后恢复重建千头万绪，城乡恢复重建规划也面临一系列的问题，诸如：灾后恢复重建规划应该包括哪些层次的规划？援助方该做哪些规划？上位规划的依据问题？规划编制的组织主体是当地政府还是援建方的指挥部？规划的审查和审批程序问题？编制过程中的协调与配合问题？面对这一系列问题，住房和城乡建设部和四川省住房和城乡建设厅依据《中华人民共和国城乡规划法》的规定，并兼顾灾后恢复重建规划的特殊性和应急要求，及时对如下事项予以了明确：

灾区各地市首先要编制恢复重建城镇体系规划，极重灾区的各县（市、区）要编制县城（市、区）的总体规划和全县（市、区）范围的乡村恢复重建总体规划，极重灾区各乡镇都要编制“场镇总体规划和乡镇域村镇体系规划”，突出各项“近期建设（与3年恢复重建期保持一致）规划”和恢复重建实施片区的“控制性详细规划”，受灾风景名胜区需要编制风景名胜区灾后恢复重建总体规划和详细规划。至此，就将灾区的恢复重建规划纳入了城乡规划的法定规划序列，确保了灾后恢复重建规划的法定地位；也适应了灾区快速恢复重建的时限需求。住房和城乡建设部和四川省住房和城乡建设厅还要求所有的灾后恢复重建规划必须遵从《中华人民共和国城乡规划法》所规定的编制审批程序。为保证编制的质量，将规划的审查级别普遍提高一到两级。为发挥援建方现场指挥部的作用，还特别将当地政府与援建方的现场指挥部作为受援规划的共同编制主体，共同参与规划编制的组织与审查。

（二）法定规划的支撑体系

为了支撑灾区各县（市、区）及各镇（乡）的“总体规划（含体系规划）”和“近期建设（与3年恢复重建期保持一致）规划”和满覆盖的“控制性详细规划”，灾区各县（市、区）及各镇（乡）还同期编制了一系列的专项规划，修建性详细规划，重点地段或节点的城市设计，村庄恢复重建修建性详细规划，景区、景点恢复性修建性详细规划，突出近期建设规划和实施项目的落地规划，为下一步援建项目或建设项目的实施做好了衔接（图2-3-1）。

二、系列规划，指导实施

（一）恢复重建城镇体系规划的组织和编制

在灾区恢复重建规划大会战、大协作的过程中，恢复重建规划涉及了全国上百个规划设计院所；

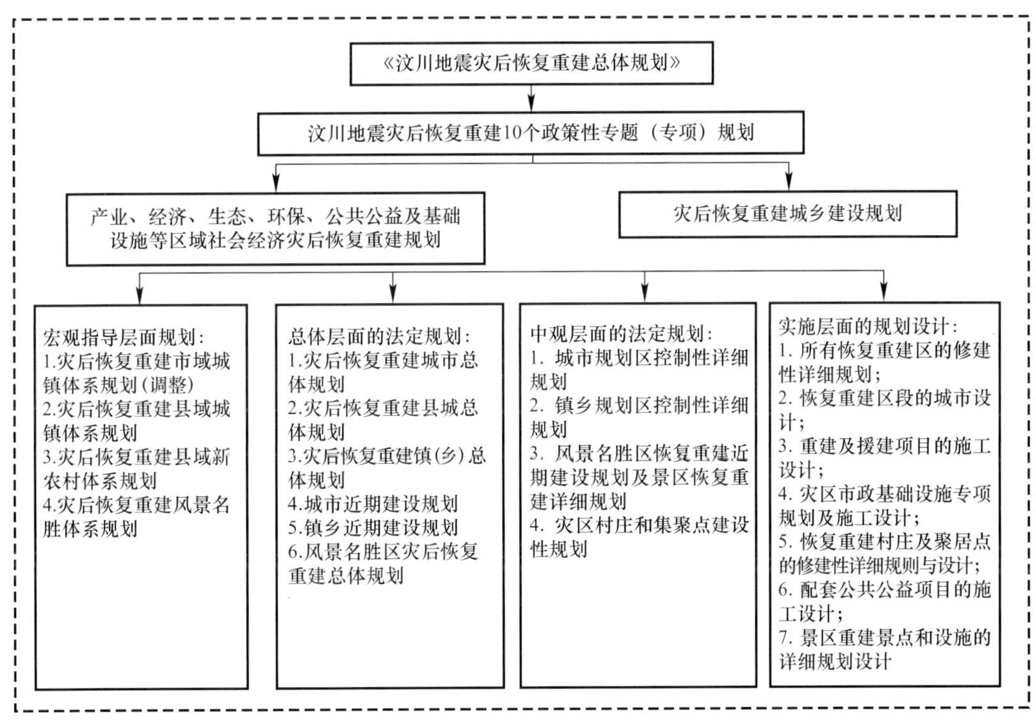

图 2-3-1　规划体系结构图

在时间紧、任务多、参加单位和人员很多的情况下，为了推进规划进程、保障规划质量，四川省科学制订了《四川省灾后重建城镇体系规划工作方案》和《四川省灾后重建城镇体系规划编制要求》两个编制文件，科学制订统一的行动纲领，包括：指挥系统、目标制订、编制要求、组织形式、行动计划等。其主要内容如下。

1．四川省灾后重建城镇体系规划工作方案

（1）工作范围：四川省灾后重建主要涉及六个地市、州，包括：成都市、绵阳市、德阳市、广元市、雅安市和阿坝州。

（2）工作内容：按照《国家汶川地震灾后重建规划工作方案》的要求，根据国家相关的编制技术规范，分别对以上 6 个地市、州的城镇体系规划适时作出调整与完善，重点提出城镇空间布局、人口与用地规模控制、公用与市政基础设施建设方案等内容。

（3）工作目标：通过该规划的编制，能够从灾后重建的需要和可持续发展出发，确定区域近远期发展目标，合理布局人口、用地、产业、公用设施体系等，为城镇建设和社会事业发展提供科学依据；突出灾后重建的特点，在编制方法、规划内容和实施措施等方面一定要有“灾后恢复重建”的针对性和创造性，以利于规划的可操作性；注重经济性分析，包括产业、人口、用地、基础设施、公共服务设施等方面的容量预测和安排，以及投资的分级分类的匡算和时序安排等；通过该规划的编制，能够有效地指导下一步各类专项规划的设计和实施。

（4）工作组织：在四川省灾后重建规划组的领导下，按“规划工作组＋地方政府＋规划设计单位”三方合作的模式开展工作。规划工作组负责组织、协调和技术审查工作，配备 6 名联络员和一个规划专家组；其他工作人员 3 名，从四川省城乡规划设计研究院抽调。6 名联络员由地方政府指定，都是由各地的规划建设局局长担任。规划专家组由参加此次规划任务的规划设计单位各推荐 1 名，再加上省内知名专家和相关部门的代表共同组建；负责整个规划编制过程的技术审查工作。相关各地市、州人民政府相应成立灾后重建规划领导组，负责具体落实该项工作。利用已经全面开展规划工作的分片负责的规划设计单位作为该规划的编制单位，受地方政府委托，具体完成规划编制工作。

具体安排如下：成都市市域城镇体系规划由同济大学规划设计院主编，成都市规划设计院配合；阿坝州州域城镇体系规划由清华大学规划设计院主编，四川省城乡规划设计研究院配合；广元市市域城镇体系规划由四川省城乡规划设计研究院主编，中国城市规划设计研究院配合；德阳市市域城镇体系规划由中国城市规划设计研究院主编，四川省城乡规划设计研究院配合；雅安市市域城镇体系规划由重庆市城市规划院主编，攀枝花市规划院配合；绵阳市市域城镇体系规划由中国城市规划院设计研究主编，四川省城乡规划设计研究院配合。

（5）时间安排和阶段目标

第一阶段：任务组织和下达阶段（6 月 1 ～ 5 日），编制工作方案。组织相关文件和资料并下发，召开第一次工作组会议，进行沟通和部署。由中国城市规划设计研究院代表联合规划组介绍《四川省城镇灾后重建规划大纲》。

第二阶段：规划大纲阶段（6 月 6 ～ 20 日），完成灾区 6 市州的城镇体系规划大纲方案。规划专家组召开大纲方案审查会，形成会议纪要，作为下一步调整修改的依据；与此同时，对开展的其他规划进行对接和协调，针对规划大纲审查反映的问题，工作组安排和配合相关部门予以解决落实。

第三阶段：规划正式方案阶段（6 月 21 ～ 30 日），完成城镇体系规划正式方案。正式规划方案审查会，由国家灾后重建规划专家组审查。形成会议纪要，同步征求各相关部门和领导的意见。

第四阶段：提交成果阶段（7 月 1 ～ 10 日），根据专家组和部门及领导意见修改完善后，提交全部规划设计成果。

（6）编制过程中的几个关键点

第一，尽快完成和发布《四川省城镇灾后重建规划编制标准》，以此作为本规划制定的统一平台。第二，尽快建立服务于整个灾后重建规划和建设的资料库，最好是系统完整，口径统一，数据基本准确或更新及时，并且要具有权威性。第三，人员名单一旦确定，应立即制作通讯录，并严明纪律。第四，鉴于此系列规划是国家决策时所依据的法定规划，其办事程序（审查与报批）可以简化，但法定程序不能省。第五，尽快建立同步开展的 9 个专项规划的联络和沟通机制，这样有利于成果的规范和统一标准，减少错漏。第六，资料问题，由规划工作组在省级层面上列出资料清单，依据清单尽量收集相关资料，统一刻盘后交付设计单位。其他详细资料由地方政府和设计单位具体协商收集。

2．四川省灾后重建城镇体系规划编制要求

针对灾后重建城镇体系规划的特点，提出了相关的规划编制要求，其主要内容如下：①灾后恢复重建的城镇体系规划由 5 • 12 特大地震灾区的 6 个市（州）人民政府负责组织编制。承担灾后重建城镇体系规划任务编制的单位，应具有甲级以上的规划设计资质。②编制灾后重建城镇体系规划应当遵循国家有关的现行法律、法规和技术规定，依据已经批准的原有城镇体系规划，并与相关的规划相协调。③根据灾后重建的特殊要求，灾后重建城镇体系规划的主要任务和工作重点是：地震灾区的城市、县城和镇(乡)灾后重建的建设目标和重点；提出严重受灾地区和有严重地质灾害隐患需要搬迁的城市、县城和镇（乡）的选址方案；提出地震灾区的城镇布局规划，明确城镇发展的人口与用地规模（其中要单列规划受灾安置人口和用地规模），提出公用设施建设方案等；配合制定城镇生态环境恢复、防灾减灾设施建设规划；对自然和历史文化遗产遭受破坏的情况进行评估，研究并提出复建解决方案。根据各受灾市（州）域灾区重建城镇体系规划，按城市、县城、建制镇三个等级分建筑物（住房及公益设施建筑）与基础设施两类进行市（州）域灾区重建投资估算，其估算的标准参照四川省标准定额与四川省住房和城乡建设厅制定的估算标准《四川省 5 • 12 震区灾后重建规划建设用地分类标准和投资匡算导则》。④灾后重建城镇体系规划分为近期 3 年（2008 ～ 2010 年）和后期 5 年（2011 ～ 2015 年）。近期 3 年以恢复重建为主，目标、任务和政策措施要明确具体，具有操作性；后期 5 年要以发展提高为主，要明确发展方向和目标要求，体现战略性。⑤灾后重建城镇体系规划，应当使用地震灾后更新的勘察、测绘、水文、地质、环境等基础资料。⑥灾后重建城镇体系规划应当包括以下内容：在工程地质评价报告的基础上，综合评价灾区城镇灾害的危险性；综合分析灾区工程地质条件、资源环境承载能力、城镇建设条件等因素，划定灾区禁止、限制和适宜建设的地域范围；提出各级城镇恢复重建的目标和任务，明确分阶段灾后重建的工作重点；提出灾区人口迁移与城镇化策略，预测灾区城镇人口和建设用地规模；优化城镇空间布局，明确提出有严重地质灾害隐患需要搬迁的县城、镇（乡）的选址方案；配合提出县域内、城镇市政基础设施和社会公益设施的重建策略、标准与方案；配合制定城镇生态环境恢复、防灾减灾体系规划，明确城镇防灾基础设施建设标准及原则；制定自然与历史文化遗产的修复与保护规划，包括风景名胜区、历史文化名城、名镇、名村、文保单位、历史建筑等；提出实施规划的政策建议，包括土地、户籍、行政区划和社会保障等内容；根据各受灾市（州）域灾区重建城镇体系规划，按城市、县城、镇（乡）三个等级分建筑物（住房及公益设施建筑）与基础设施两类进行市（州）域灾区重建投资估算，其估算的标准参照四川省标准定额与四川省住房和城乡建设厅制定的估算标准《四川省5·12震区灾后重建规划建设用地分类标准和投资匡算导则》。⑦特定要求，规划文本除常规内容外，还应包括以下必要的表格：灾区城镇灾损情况统计、汇总表；灾区城镇人口与建设用地规模规划表；灾区城镇市政基础设施建设规划表；灾区城镇社会服务设施建设规划表；灾区城镇住房建设规划表；灾区城镇灾后重建3年和8年投资匡算表。

3．灾后重建城镇（村镇）体系规划编制

在《四川省灾后重建城镇体系规划工作方案》和《四川省灾后重建城镇体系规划编制要求》两个编制文件的指导下，众多规划设计单位积极参加，及时高效地编制了四川省灾后重建城镇体系规划，以及成都市、绵阳市、德阳市、广元市、雅安市、阿坝州6个市州的灾后重建城镇体系规划。四川的10个极重灾区县（市）也编制了县（市）域灾后重建村镇体系规划,部分重灾区县（市）也编制了县（市）域灾后重建村镇体系规划。

（二）县城总体规划、详细规划和专项规划

5·12汶川特大地震中，地级以上城市损毁均不属于极重灾区之列，需要大量恢复重建的是10个极重灾区县市，这10个极重灾区县市均作了县城恢复重建总体规划。

指导灾区恢复重建行动的规划是各援建省市和当地县市所邀请的规划设计单位所完成的受援县市的县城总体规划、县级市的城市总体规划、近期建设规划、重建安置区的控制性详细规划及修建性详细规划。异地搬迁新选址的北川县城，在北川新县城灾后重建规划指导下，还编制了七个专项规划，分别是：北川新县城道路交通规划与交通工程设计、市政工程与综合防灾规划设计、保障性住房小区规划与安居房设计、园林绿地规划与设计、城市风貌规划和重要公共建筑设计方案、新县城旅游规划、节能减排方案与措施。

（三）乡镇总体规划和详细规划

这次灾后重建规划建设的一个亮点在乡镇和农村，灾区乡镇总体规划和详细规划量大面广，一般是一个对口支援的地市援建一个或多个乡镇，规划力量由援建地市和当地规划设计单位共同参与。对像映秀、汉旺、水磨、龙门山等38个极重灾区城镇的规划审查上升两级，多数由省住房和城乡建设厅直接组织规划方案的审查和审批。仅就重点受灾乡镇的规划设计，吸引了院士、大批专家、知名学者、知名规划设计师的参加，产生了许多精彩的乡镇规划设计方案。

（四）农村建设总体规划和详细规划

四川汶川特大地震灾后重建规划体系的一大特点是统筹城乡规划，注重农村建设规划。从县域和镇（乡）域新农村建设总体规划、行政村的规划、村庄建设规划到农村安置点的建设规划。农村建设总体规划从农村总体住房安置规模、村庄选址、乡村基础设施建设、公共服务设施配套、防灾减灾等方面进行乡村建设全面规划。村庄规划的工作也做得很细致，超过20户以上的农村安置点都纳入了村庄建设规划的范畴，遍布整个极重灾区、重灾区的乡村建设规划，注重地域特色、民族特色，与当地的地形地貌结合，融入自然环境，个性突出，特色鲜明，极大地改善了灾区农村的生产生活条件，促进灾区农村跨越式发展，是四川灾区恢复重建的最大亮点。

（五）风景名胜区灾后重建总体规划和详细规划

5·12 汶川特大地震中，四川省有 32 个风景名胜区（包括 5 个遗产地）处于灾区，四川省旅游受到重创，迫切需要对省域旅游的核心载体——风景名胜区进行灾后恢复和重建工作。

在各级风景名胜区管理机构和国家、对口支援省和省内各规划设计院的努力下，灾区各个风景名胜区依据国家《汶川地震灾区风景名胜区灾后重建指导意见》的要求，完成了遗产地和全部 10 个国家级风景名胜区的灾后重建规划，以及部分省级风景名胜区的灾后重建规划；部分风景名胜区还完成了景区的修建性详细规划，有力地促进了灾区风景名胜区的恢复和旅游业的复苏。

三、全程规划，系统指导

（一）近远结合，引导发展

全程规划具有两层含义：其一是从灾区长远发展考虑，在区域城镇体系规划、县城总体规划、乡镇总体规划和村镇体系规划中应按《中华人民共和国城乡规划法》明确的法定时限进行规划，按照近期、中期、远期的规划时序确定分阶段发展目标，体现长远考虑、时序完整、重视近期的全程规划思路，远期引导提升发展，近期实施三年完成灾后重建的硬性要求；其二是规划实施的全程指导性作用，要求灾后恢复重建项目实施前必须先有规划，项目实施过程中还要对原规划开展实施评估并作适应性调整。

（二）重在近期，突出重建

重灾区特别关注和优先编制的是：能够切实指导近 3 年城乡恢复重建的城镇近期建设规划、恢复重建项目所在地块的详细规划以及乡政府驻地和村庄建设规划等；而后再纳入同步修编之中的城镇总体规划和乡规划；遭受地震极重破坏需原地或异地新建的城镇，应同步编制城镇的总体规划和恢复重建近期建设规划；地震破坏较轻的地方，在充分考虑原有城镇规划和乡村规划的基础上，可通过采取对有关城乡规划进行局部调整的方式指导城乡灾后恢复重建。

无论灾区各县（市、区）及各镇（乡）的灾后恢复重建规划由谁来编，都要求将“三年基本建成”的恢复重建的总体目标落实到法定规划中去；从产业布局（生产自救）、受灾群众的安置（居住）、公共和公益设施的恢复与配套、市政基础设施的恢复与配套等方方面面都要考虑长远发展，满足城乡的功能，更要注重近期的恢复重建与提升。

此外，还针对灾后重建项目的实际需求，对近期建设规划提出具体规定，要求必须落实“近期建设项目库”，明确项目、投资来源、建设时序等相关内容，以切实提高规划的可操作性。灾区各县（市、区）及各镇（乡）的法定规划中将所有的援建项目和近期配套建设项目，统统纳入了“近期建设项目库”，明确工程量、投资估算和资金渠道，使近期建设项目都能够落实到位，这是灾后恢复重建规划最典型的特色。

（三）全域规划，全面覆盖

灾区恢复重建规划，为把握全局、兼顾全面，宏观层面的规划均分层分级实现了全域覆盖。从国务院颁布的《汶川地震灾后恢复重建总体规划》、《灾后重建城镇体系规划》到四川省六个市（州）恢复重建城镇体系规划、极重灾和重灾县（市、区）村镇体系规划、极重灾县（市、区）农村恢复重建总体规划、灾区风景名胜体系规划等不同类别、不同等级的宏观规划，均按其行政管辖的区域范围，实现了全域规划。

依据国务院《汶川地震灾后恢复重建总体规划》和灾区各县（市、区）及各镇（乡）的“总体规划（含体系规划）”和“近期建设（与三年恢复重建期保持一致）规划”和满覆盖的“控制性详细规划”，各援建省市的规划设计单位进一步完成了受援县（市、区）及各镇（乡）的重建安置区修建性详细规划、村民安置点的建设性规划、援建项目及近期建设项目的施工图设计；全面覆盖了三年恢复重建期的所有建设实施项目。

全面覆盖即是要求所有恢复重建需要落地的项目均要有规划，以规划设计为前提。这一大批的落地实施规划与援建（含配套）项目的施工设计，是灾后恢复重建规划的最终落地和建设的直接依据。

至此，就构成了一个完整的 5·12 汶川特大地震灾后城乡恢复重建规划体系。在科学的规划体系指导下编制的系列规划成果，为灾后恢复重建行动提供了法定依据和科学重建的技术支撑，开创了科学重建的良好局面。

四、中期评估，及时调整

为进一步科学严谨地搞好灾后重建，根据工作中实际发生的情况和变化，国家及时地要求灾后重建规划进行中期规划评估，根据评估实事求是地进行必要修订和调整，进一步地体现了规划的科学性、时效性和可操作性。

国家发改委下发《关于做好汶川地震灾后恢复重建规划实施中期评估工作的通知》（发改办西部[2009]1938 号），通知要求：一、灾区省、对口支援省市和参与总体规划及专项规划编制、实施的有关部门认真做好阶段性总结（进展情况数据截至 2009 年 8 月底），主要内容包括规划实施进展情况、政策落实和项目调整情况，规划实施的主要经验、存在的突出困难和问题，对下一阶段规划调整和实施的建议。并将阶段性总结于 9 月底前提交协调小组办公室。二、各省市和有关部门积极支持、配合中咨公司开展评估工作，按要求提供中期评估所需有关材料，协助安排中期评估将进行的现场考察和调研。

2010 年 9 月 7 日四川省人民政府以川府办发电 [2010]65 号发出紧急通知，要求各市（州）人民政府，四川省政府有关部门、直属机构及有关单位，按照温家宝总理最近来川视察重要讲话精神及四川省委、省政府关于进一步做好防灾避灾工作有关要求，四川省决定对汶川地震灾后恢复重建规划项目实施再评估。通知明确了再评估的范围和内容、再评估的范围纳入《国家汶川地震灾后恢复重建总体规划》和《四川省汶川地震灾后恢复重建规划项目实施计划（中期调整本）》（川发改投资 [2009]1225 号），并且受今年特大山洪泥石流灾害影响或建设条件发生重大变化的灾后恢复重建项目。

（1）评估的内容：对再评估范围内项目选址的科学性、安全性和建设条件发生的重大变化进行再次评估论证。

（2）评估的依据：①有权鉴定机构的灾害损失评估、受损房屋鉴定报告，灾害风险评估报告以及国土资源、水利、林业等省直有关部门专项防治规划。②地震灾后重建条例、国家和省有关灾害治理和灾后重建的规范性法律、法规、政策文件。

（3）评估的原则：本次规划项目再评估，必须坚持“三避让”原则，即项目选址必须避让地震断裂带、必须避让地质灾害隐患点和易发生区域、必须避让行洪通道。项目选址和建设条件发生重大变化实施再评估后，需调整的应及时调整，但要坚持中央和省财政地震灾后恢复重建基金地方包干资金总规模不改变。

（4）评估的程序和进度安排：通知强调了灾区市（州）、县级人民政府是地方规划内项目再评估的责任主体，省直有关部门是省直管项目再评估的责任主体。①灾区市（州）、县政府或省直有关部门按照再评估工作要求，组织专业技术力量对需再评估的项目选址等进行逐项复查审核，在此基础上形成再评估的情况汇报及项目选址科学性、安全性审核意见，并于 9 月 25 日前正式报省发改委及省直有关部门。②省发改委委托省工程咨询研究院在地方和省直部门提出复查审核情况报告的基础上，组织专家和有关技术人员开展现场踏勘和评估论证，并于 10 月 20 日前形成《四川省汶川地震灾后恢复重建规划项目再评估报告》（以下简称《再评估报告》），报省发展改革委。③四川省发改委会同国土资源厅、环保厅、省住房和城乡建设厅、水利厅、林业厅以及省地震局等省直有关部门组成汶川地震灾后恢复重建规划项目再评估专家委员会，对《再评估报告》进行专家评审，依据评审意见修改完善，并汇总审核形成《项目调整建议》。修改完善后的《再评估报告》和《项目调整建议》于 10 月 30 日前报四川省人民政府。

第三章　专项规划，突出重点

在国家《汶川地震灾后恢复重建总体规划》指导下，住房和城乡建设部、四川省住房和城乡建设厅组织编制了5·12汶川地震灾后四川城乡恢复重建领域的“3+2”规划。“3+2”规划中的“3”是指：《灾后重建城镇体系规划》、《灾后重建城乡住房规划》、《灾后重建农村建设规划》，“2”是指《灾后重建市政基础设施规划》、《世界遗产地及国家重点风景名胜区灾后重建规划》。前3项是整个四川灾区城乡建设领域的三个宏观层面的规划，后2项是城乡建设领域涉及灾区的两个专项规划。

第一节　灾后重建城镇体系规划

灾后重建城镇体系规划的主要任务包括，优化调整城镇布局，明确恢复重建城镇的分类；提出重建城镇的人口和建设用地规模；提出城镇公共服务设施的建设标准和要求；提出城镇基础设施建设标准和要求；提出历史文化遗产和风景名胜资源保护和修复的原则与措施；提出规划重建保障政策。灾后重建城镇体系规划是对灾区城镇空间布局和城镇发展的统筹安排，是制定灾后城镇化政策和城镇恢复重建的基本依据。

一、规划背景

5月18日，在国务院、住房和城乡建设部的统一领导和部署下，中国城市规划设计研究院、四川省城乡规划设计研究院、北京清华城市规划设计研究院、上海同济城市规划设计研究院等规划设计单位，肩负全国规划人的嘱托，从祖国的四面八方奔赴四川灾区，拉开了灾区恢复重建规划大会战的序幕。5月20日，按照国务院、住房和城乡建设部和四川省人民政府的要求，城镇体系规划编制工作正式展开；5月23日，规划编制工作方案确定，5月底，向四川省住房和城乡建设厅提交规划大纲；6月8日，规划初步纲要内容完成并于两日后向住房和城乡建设部领导进行了汇报；6月20日，各市（州）城镇体系规划初步成果提交至总体组；6月27日，四川汶川灾后重建城镇体系规划初稿完成并向四川省人民政府汇报；7月7日，四川汶川灾后重建城镇体系规划修改稿完成并再次向四川省人民政府汇报；7月9日汶川地震灾后重建城镇体系规划专家审查会在京召开；7月11日，四川汶川灾后重建城镇体系规划送审稿完成。

二、基本思路

（一）灾害影响分析

地震不仅使灾区人民生命财产受到巨大损失，而且使区域资源及环境容量发生变化，对区域经济及社会发展产生深刻影响。

（1）对生态环境的影响。地震造成森林、植被、水体、土壤等自然环境破坏，地质环境稳定性变差，滑坡、崩塌、泥石流、堰塞湖等次生灾害隐患增多，水土流失更加严重，部分重要生态功能退化。生态修复、环境治理任务艰巨。

（2）对城镇发展和人口分布的影响。地震造成部分区域地质地貌状况发生改变，耕地面积减少、质量下降，人地矛盾更加突出，部分城镇发展空间受限，人口容量明显下降，少数区域已不适宜人口居住。

（3）对产业发展的影响。地震使灾区农田、矿山、旅游景点和基础设施损毁严重，部分地区产业发展环境恶化，特别是资源开发型产业发展严重受限，产业发展方向和产业布局需要进行相应调整。

（二）基本认识

（1）地质灾害长期威胁震区社会经济发展。汶川地震发生在青藏高原与四川盆地过渡地带的龙门山地区，该地区山岭重叠，地质断裂带密集分布，且大部分属于活动断裂。区域地质灾害具有点多面广，规模大，成灾快，延续时间长的特点。灾后进行的各种重建活动，如果措施不当仍然会引发新地质灾害，必须引起足够的重视。

（2）长江流域重要的生态屏障。本区是岷江、涪江、大渡河、沱江等河流的水源区，生态地位重要。区内风景名胜资源分布集中，生物多样性丰富，拥有众多的珍稀物种资源，也是国宝大熊猫的集中保护区域，对于整个四川乃至长江流域均具有十分重要的生态价值。

（3）区域发展具有明显的区块特征。灾区自然条件与社会经济条件差异明显，区域发展与城镇建设具有明显的区块特征，自西向东可分为高山高原区、中山深谷区和平坝丘陵区。高山高原区地质条件相对稳定，对外交通联系可靠性不高，区内人口稀少，生态敏感，经济较为贫困，生态保护压力和居民生活贫困是该地区面临的主要问题。中部中山深谷区地质断裂带密集，地质灾害频发，但矿产资源丰富，带动了大量资源加工企业的发展，经济较为发达，产业发展与地质灾害威胁是该地区面临的主要矛盾。东部平坝丘陵区地质条件稳定、交通便利，城镇建设条件好，经济较为发达，人口与城镇密集，但人均耕地占有量小，人地矛盾是该地区面临的长期问题。

（三）指导思想

全面贯彻落实科学发展观，坚持以人为本、科学重建的方针，优先恢复重建灾区关系民生的基本生活和公共服务设施。依据资源环境承载能力，注重将灾后重建、结构调整和重振经济三者相结合，推进工业化、城镇化和新农村建设，引导人口与经济合理布局。统筹兼顾，科学规划，分步实施，努力把灾区建设成为人与自然和谐相处、城乡经济共荣、人民安居乐业的社会主义新家园。

（四）规划原则

（1）尊重科学，突出重点。以工程地质条件评价为前提，资源环境承载力为依据，科学制定灾后重建城镇体系规划，重点解决城镇布局、用地规模和城镇基础设施建设问题。

（2）因地制宜，分区指导。结合灾后重建需要，充分考虑平坝浅丘地区、高山高原地区、中山深谷地区的发展条件，具体城镇具体分析，提出不同地区有针对性的城镇恢复重建策略。

（3）城乡统筹、协调发展。统筹区域与城乡人口安置、产业布局和基础设施建设，推进新型城镇化、新型工业化和新农村建设，促进城乡协调发展，为灾后城镇建设和经济社会发展提供科学依据。

（4）传承文化、突出特色。加强自然和历史文化资源保护，促进地域文化与民族特色的城镇建设。

（5）立足当前，兼顾长远。在恢复重建灾区城镇基本功能的基础上，充分考虑城镇未来长远发展的需要，适当提高基础设施等配套建设要求，统一规划，分步实施。

（五）重建目标

（1）用三年左右时间完成灾后恢复重建的主要任务，使灾区群众的基本生活生产条件达到或超过灾前水平。

（2）完成城镇居民住房、主要公共服务设施、基础设施的恢复重建。生态环境得到逐步恢复，完成城镇周边各类重大地质灾害的初步治理，城镇防灾减灾能力得到加强。

三、技术路线

在汶川地震灾后恢复重建城镇体系规划中，除了传统的城镇体系规划技术路线外，增加了对四川灾区的灾损评估、各类潜在灾害风险评估、地质灾害评估和灾区环境容量综合分析等内容，加强灾区当前面临的主要问题分析，以解决灾区城乡建设面临的主要问题为导向，恢复损毁和遭到破坏的城乡市政基础设施，创新体制机制以解决城乡居民住房问题。

图 3-1-1 所示为灾后重建城镇体系规划的技术路线和内容框架，体现灾后重建城镇体系规划的技术逻辑和主要内容。

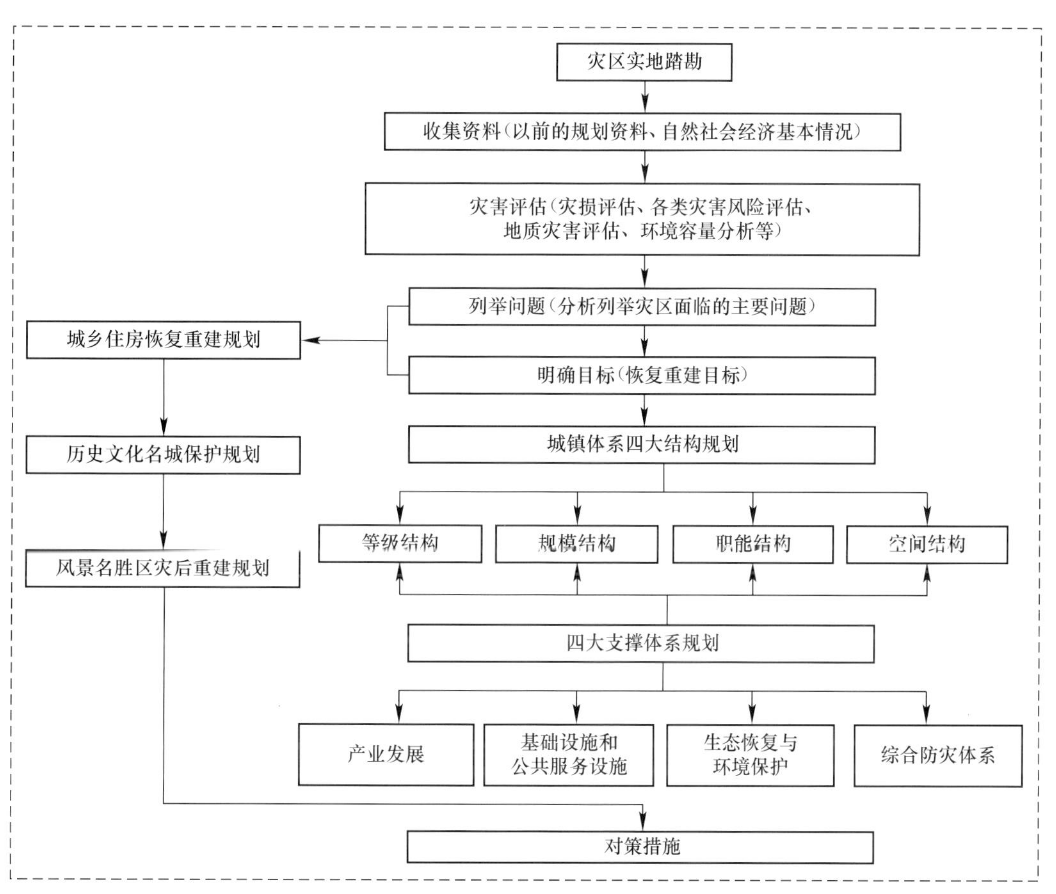

图 3-1-1 灾后重建城镇体系规划技术路线图

四、内容框架

灾后重建城镇体系规划的主要任务包括：第一，优化调整城镇布局，明确恢复重建城镇的分类；第二，提出重建城镇的人口和建设用地规模；第三，提出城镇公共服务设施的建设标准和要求；第四，提出城镇基础设施的建设标准和要求；第五，提出历史文化遗产和风景名胜资源保护和修复的原则与措施；第六，提出规划重建保障政策。灾后重建城镇体系规划是对灾区城镇空间布局和城镇发展的统筹安排，是制定灾后城镇化政策和城镇恢复重建的基本依据，在做灾后重建城镇体系规划之前，技术上还需明确几项内容，如规划依据、规划范围、规划时限。

（一）规划范围

根据汶川 5·12 大地震所造成的灾害损失情况和主要影响范围，四川灾后恢复重建城镇体系规划确定在省域层面，重点规划范围为39个重灾县（市、区），包括：北川县、青川县、汶川县、绵竹市、什邡市、都江堰市、平武县、安县、江油市、彭州市、茂县、理县、松潘县、小金县、黑水县、九寨沟县、崇州市、大邑县、利州区、朝天区、元坝区、旺苍县、苍溪县、剑阁县、涪城区、游仙区、盐亭县、三台县、梓潼县、旌阳区、中江县、罗江县、广汉市、宝兴县、汉源县、阆中市、芦山县、石棉县、南江县。在这一范围进行具体的重建规划布局和指标控制。39个重灾市区县总面积9.8万 km^2，2007年末总人口1760万人。

在省域层面城镇体系规划确定的重灾区范围内，主要有6个市（州），分别是成都、德阳、绵阳、广元、雅安、阿坝，这6市（州）灾后重建城镇体系规划的范围基本上是其行政区域的范围，重点突出重灾县（区），其他市县（阆中市、南江县）以其行政区划范围，进行城镇体系规划，统筹考虑灾区人口安置与区域长远发展（图3-1-2）。

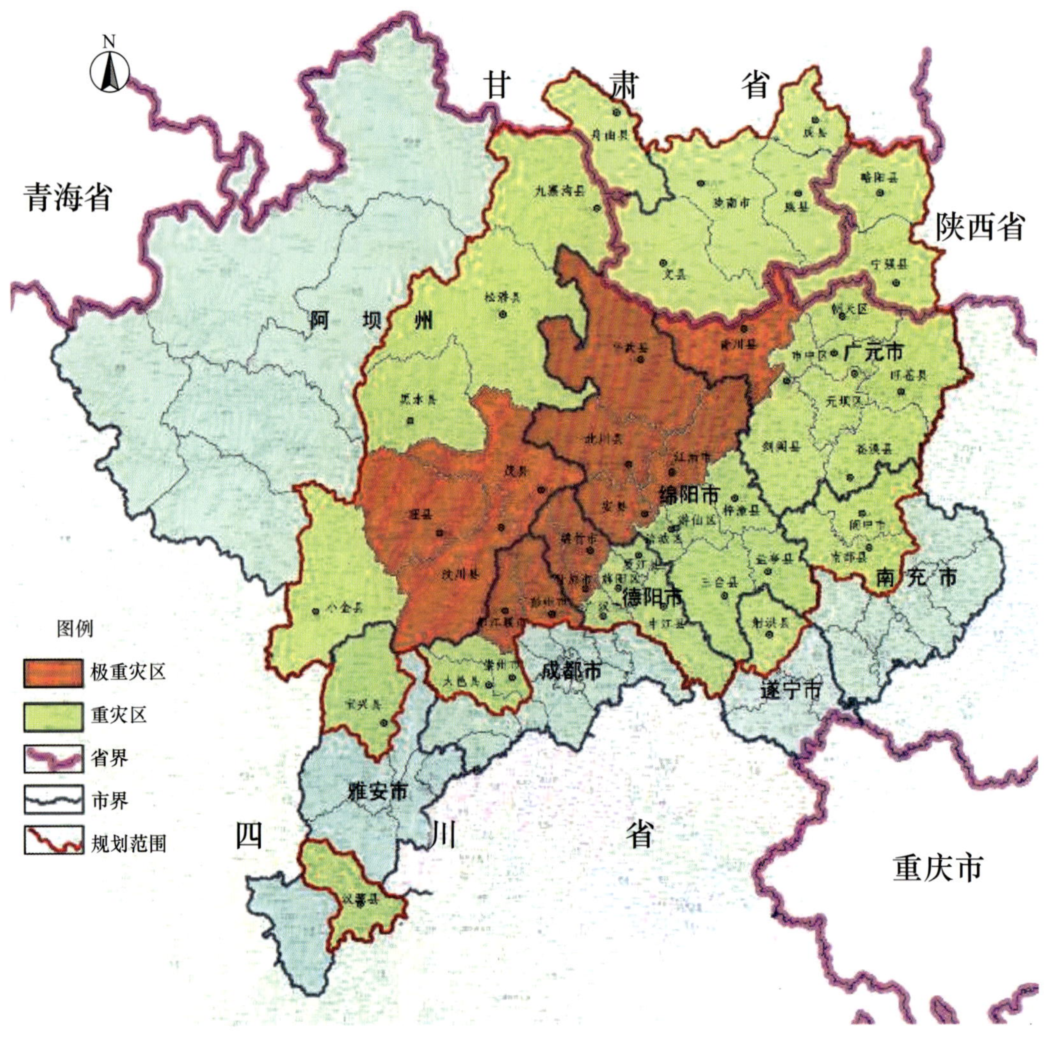

图3-1-2　5·12汶川地震灾后重建规划范围图

（二）规划期限

国务院对灾区恢复重建的要求是3年恢复，8年提升。鉴于灾后恢复重建规划的特征是时间紧、任务重、变化快，灾后重建城镇体系规划的期限为2008～2010年，重点解决3年恢复期面临的主要问题。

（三）问题导向为主、目标导向为辅

在各地现场踏勘、基础资料分析的基础上，列举灾区当前面临的主要问题、主要需求和发展目标，采取问题导向为主、目标导向为辅的方法开展灾区城镇体系规划。

（四）城镇体系四大结构规划

根据各地自然、社会经济发展条件，分片确定灾区城镇化发展策略，进而预测灾区城镇化水平，在此基础上开展灾区城镇等级结构规划、灾区城镇规模结构规划、灾区城镇空间结构规划、灾区城镇职能结构规划。针对灾区住房建设是城乡建设的一个重点，在体系规划中增加了住房规划的内容。灾区还涉及许多历史文化名城、名镇、名村，不同程度地受到损害，因此也加强了历史文化名城、名镇、名村规划保护的要求。

（五）四大支撑体系规划

灾区城镇体系发展的四大支撑体系包括产业、基础设施和公共服务设施、生态环保、综合防灾。产业发展包括产业发展方向、灾区各地主导产业、支撑产业、三次产业发展策略、产业空间布局；灾区城镇基础设施支撑系统规划，包含区域性公路铁路、城镇区道路、给水、排水、电力、电信、燃气等基础设施和污水、垃圾处理等环卫设施等；灾区城镇公共服务设施支撑系统规划，包括学校、医院、体育场所及设施、文化活动中心、福利院、商业、娱乐等；灾区自然生态恢复与环境保护规划，包括因地震引发的崩塌、滑坡造成的植被恢复、生态建设、环境保护等；灾区综合防灾体系规划，包括防震抗震减灾、消防、防洪防涝、地质灾害防治、人防等。

（六）风景名胜区灾后重建规划

5·12 汶川大地震灾损及影响最重的是与川西平原相邻的山区，这一带也是风景名胜区分布较密、等级较高的地区，许多风景名胜区在景源、基础设施、建构筑物上损失很大，因此，在灾区城镇体系规划中，风景名胜区灾后重建规划也是重要组成部分。

（七）分区发展策略与空间管制规划

灾区影响范围广、受重灾面积大，涉及的市县级行政单元多达 38 个，针对不同区域的自然社会经济条件和受灾影响程度及类型，制订分区发展策略，分类分区指导，明确各区发展方向和策略，制订分区管制措施。

（八）规划实施的对策措施

（1）加强规划协调：加强城镇体系规划与农村建设、城乡住房、土地利用、基础设施建设、公共服务设施建设、生产力布局与产业调整等相关规划的衔接，确保在空间配置上相互协调，在时序上科学有序。

（2）适时修编法定规划：适时调整修编《四川省城镇体系规划》、重灾区城市（镇）总体规划、近期建设规划、控制性详细规划等法定规划，全面衔接灾后重建城镇体系规划。

（3）重建企业选址论证：加快重大项目布局调整与选址论证，根据震后灾区发展条件评价，利用重建契机，优化调整重大项目布局。受损严重的重要企业重新选址建设，不适宜建设地区的重大项目搬迁建设，拟建重大项目选址应重新进行论证。

（4）设立新型产业园区：引导重建企业从不适宜建设地区向适宜建设地区搬迁和集聚。打破行政区界限，创新重建机制，建立科学的利益分配机制，设立不同城镇共同投资、税源共享的新型产业园区。

（5）集约利用土地资源：合理利用新增城镇建设用地指标，优先安排城乡居民住房、基本市政基础设施、基本公共服务设施、绿地与避难场所和产业用地。集约利用土地资源，提高城镇土地建设强度。

（6）创新区域统筹新机制：灾后建立由各市参与的区域发展协调机构，统筹跨区域生态环境保护、交通及基础设施、防灾减灾、重点产业项目的建设。

（7）健全城乡统筹重建机制：在户籍、土地和社会保障等配套政策支持下，遵循农民自愿的原则，将农民退耕、退宅基地和享受城镇非农业户口、基本住房保障和社会保障进行挂钩，推进城镇化进程。

（8）建立体系规划实施的监控机制：以创新性政策促进灾后恢复重建，加强对重点城镇、重点地区的重建规划实施监督。定期评估和分析城镇发展的经济、社会、环境、建设用地、基础设施、公共服务指标，作为重建规划效能监察的重要依据。

五、灾后重建城镇体系规划的特征

（一）应急性

灾后恢复重建规划是应对“灾害”这一突发公共事件的“应急规划”，强调的是在灾害发生后的应急期内，对灾后情况作出及时的、有针对性的、可操作的反应策略。当地震灾害的紧急处置工作完成、次生灾害后果基本消除、灾区社会经济秩序基本恢复正常、近期灾害可能性消失时，灾后应急期就相应结束，此后的城市规划条件与要求有可能随着经济社会发展水平再次发生变化。因而，灾后恢复重建规划具有很强的时效性。并且，由于要尽快恢复到灾前的社会经济水平，重建的规划建设期大大短于常规城乡规划，采取何种规划方法以最大限度地压缩这段时间成为灾后恢复重建规划的关键问题（图 3-1-3 ～图 3-1-5）。

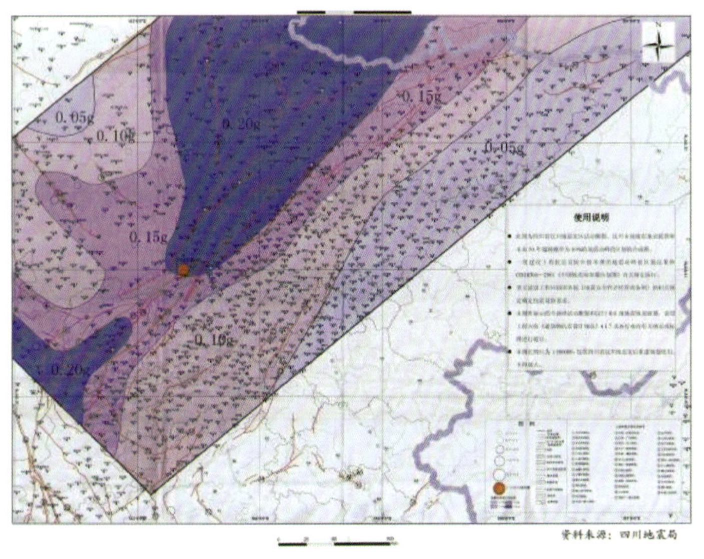

图 3-1-3 汶川地震灾区地震动峰值加速度区划图

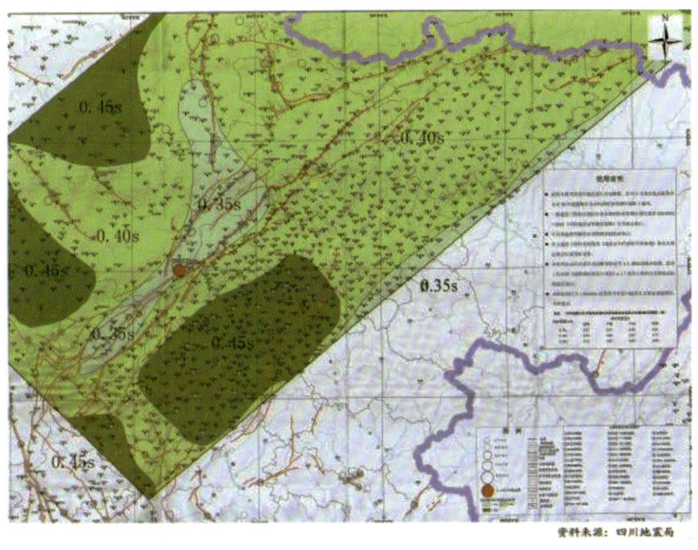

图 3-1-4 汶川地震灾区地震动反应谱特征周期区划图

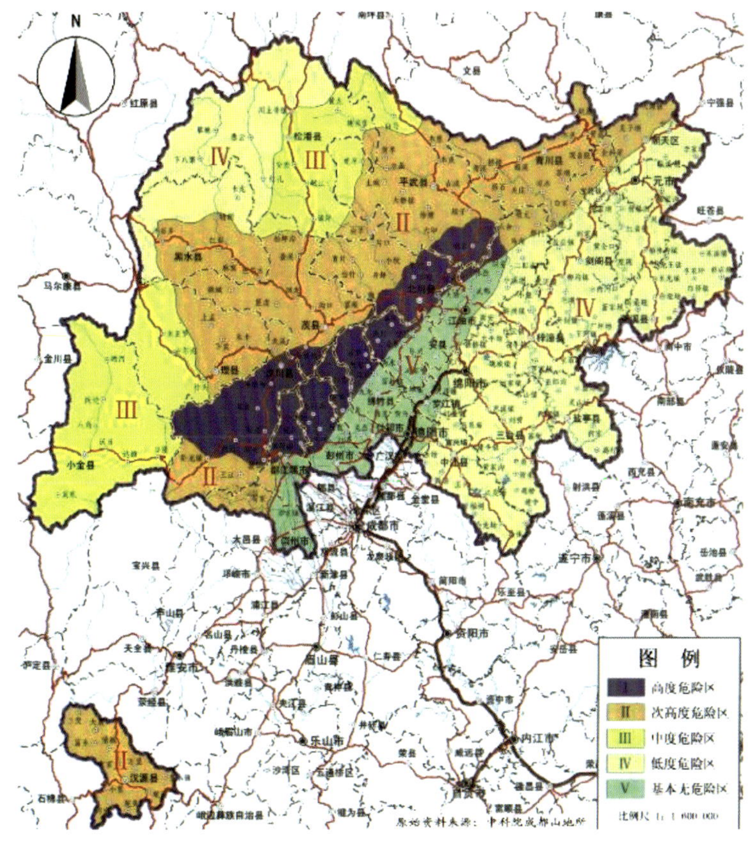

图 3-1-5　重灾区次生山地灾害分布图

（二）问题导向性

灾后恢复重建规划的对象是一个由于灾害而千疮百孔，社会经济与城市建设问题纠结于一身的地区，其规划目的是力求最大限度地减少突发灾害造成的损失，恢复经济水平和社会稳定。因而，它是一种明确的，以问题导向为主，目标导向为辅的规划。但“短期规划”绝非“短视规划”，因此，灾后恢复重建规划也强调关注未来变化的不可知性，寻找、剖析这些不确定性，在方案中制订即刻的解决方法，或为后续规划留下弹性和余地。

（三）复杂性

灾后恢复重建规划所面对的是灾害所造成的重大人员伤亡、财产损失、生态环境破坏、社会不安定等一系列问题叠加后形成的综合问题。而本次地震灾害发生在少数民族聚居地区，世界自然和文化遗产所在地等因素又进一步增加了这个综合问题的复杂性。相对常规城乡规划而言，它对科学性与专业性的要求更高，必须引入其他学科的理论支持。同时，灾后恢复重建规划面临着如何纳入常规规划体系，与既有城乡规划衔接的问题。这对于 2007 年刚刚制定完成总体规划的都江堰市来说尤为重要，也是加强灾后恢复重建规划可操作性所需要考虑的重要因子。

（四）过程性

作为特定时期、特定背景下在中国进行的一项史无前例、规模浩瀚的应急规划“工程”，灾区城镇体系规划时间紧、任务重，涉及范围广，资料信息也难在短时间内清晰完整地把握，规划的定位有待进一步明确、规划的前期准备有待进一步加强、规划的科学性有待进一步研究；国家层面规划与地方层面规划、总体规划与专项规划之间以及专项规划与专项规划之间的关系也有待进一步协调。各地规划方案、规划设计成果也在不断地完善和调整过程中，有前后规划内容不一致的情况，表现出灾区规划应急性和过程性的特征。

六、灾后重建城镇体系规划要点

灾后重建城镇体系规划包括省域层面的《四川汶川地震灾后恢复重建城镇体系规划》，以及六个市州的《成都市地震灾后重建城体系规划》、《绵阳市灾后重建城镇体系规划》、《德阳市灾后重建城镇体系规划》、《广元市灾后重建城镇体系规划》、《雅安市灾后恢复重城镇体系规划》、《阿坝州灾后重建城镇体系规划》。这些规划既有灾后重建城镇体系规划的共同性，也有各自的亮点和特色。

（一）建立科学翔实的灾后重建信息库和评价体系

以科学发展观为指导，多部门协作，建立科学翔实的灾后重建信息库和评价体系。包括：灾损统计、灾区地质灾害调查、现状城镇人口和用地规模调查等，以及分类的城镇灾后重建的建设标准和投资估算标准，为科学制定灾后重建体系规划打下坚实的基础。灾区地质灾害的调查对于灾后恢复重建城镇体系的规划具有重要的作用。它是进行灾后恢复重建城镇体系规划的基础，是保障灾区人们人身财产安全的关键，也是实现灾区可持续发展的重要保证。

（二）强调规划的系统性

实现多学科、多部门、多系统的对接与协作，同步编制“1+9”灾后重建规划，避免了规划的片面性，提高了规划的可操作性。本次灾后恢复重建城镇体系规划在省和地方同步开展，总体规划与各个专项规划同时进行，并互为依据。根据《汶川地震灾后恢复重建条例》规定：“地震灾后恢复重建规划，应当包括地震灾后重建总体规划和城镇体系规划、农村建设规划、城乡住房建设规划、基础设施建设规划、公共服务设施建设规划、生产力布局和产业调整规划、市场服务体系规划、防灾减灾和生态修复规划、土地利用规划等专项规划”，即“1+9”规划。《总体规划》确定了“以人为本，民生优先”、“尊重自然，科学布局”、“统筹兼顾，协调发展”、“创新机制，协作共建”、“安全第一，保证质量”、“厉行节约，保护耕地”、“传承文化，保护生态”和“因地制宜，分步实施”的总体原则，各个专项规划则在此基础上根据自身特点提出其有所侧重的规划原则。上下层级的规划和各项专业规划同时进行，相互辅佐，各有侧重和深化。在相互协调的基础上促进各地、各类灾后重建工作的及时、快速、合理开展。

（三）注重资源环境容量分析

在重灾区城镇体系规划编制的同时，由中国科学院成都分院牵头，成都山地所主持，四川省国土资源厅、地震局、环保局、住房和城乡建设厅、水利厅、统计局、气象局等多部门参加编制了“汶川地震重灾区资源环境承载能力评价报告”。对地震重灾区的自然环境条件、可利用水资源、可耕作可建设的土地资源、生态系统脆弱性、生态重要性、自然灾害危险性、地震和次生地质灾害危险性、环境污染容量、经济发展水平等因子进行总体评价，进行承载力综合评价区域划分。在对灾区的土地容量、水资源容量、产业就业容量等的研究基础上，合理确定灾区城镇的用地规模和人口规模(图 3-1-6 ～图 3-1-9)。

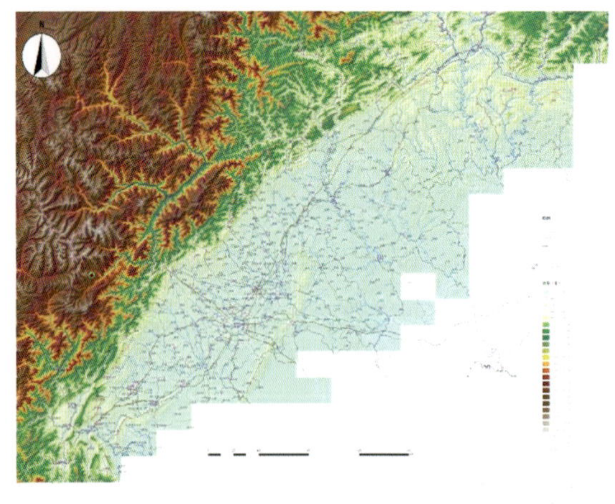

图 3-1-6　灾区高程分析图

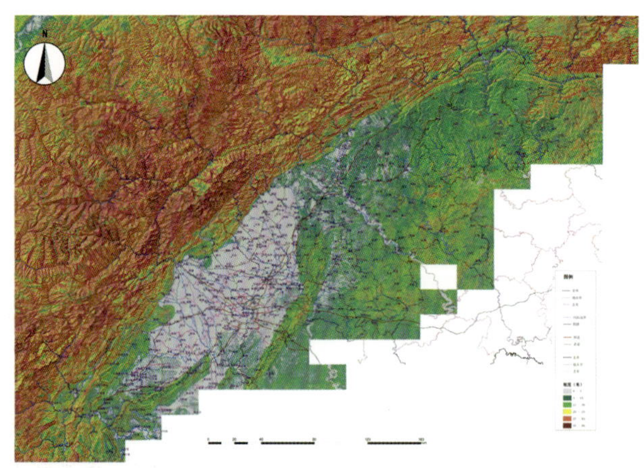

图 3-1-7　灾区坡度分析图

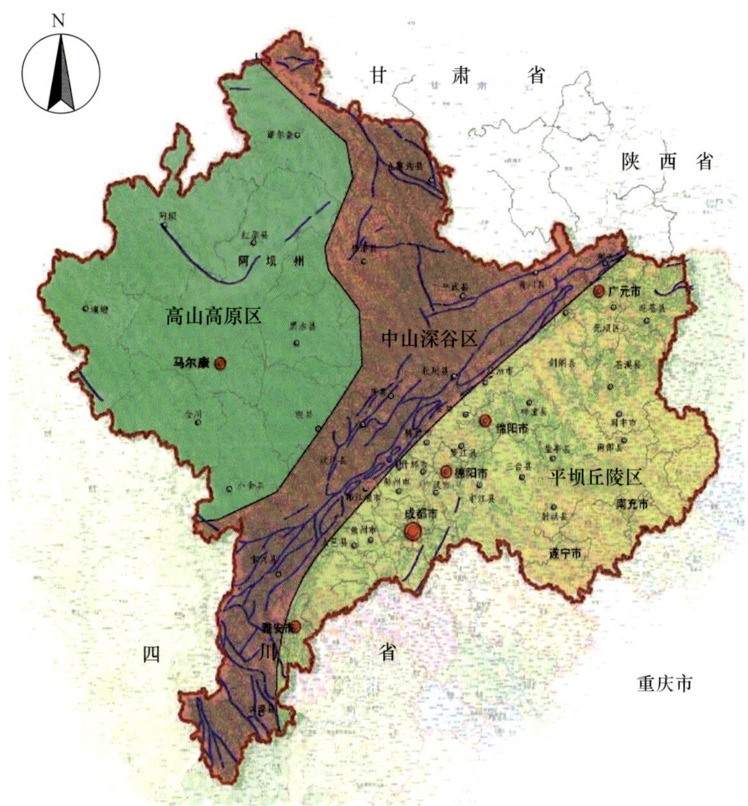

图 3-1-8　灾区发展条件分析图

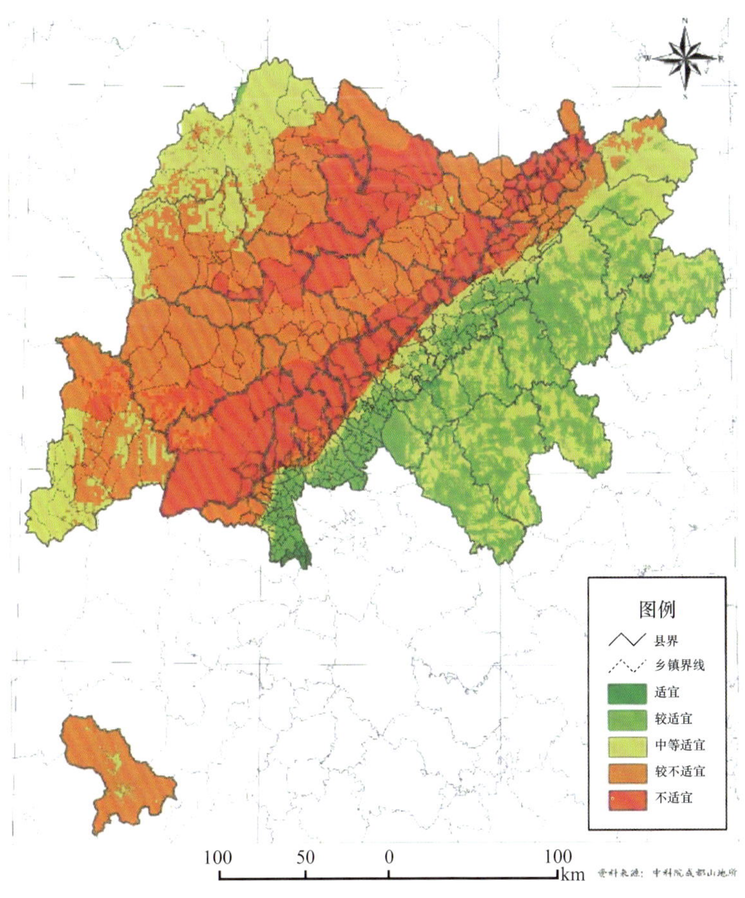

图 3-1-9　重灾区人居环境适宜性分区图

根据中国科学院《资源环境承载力评价报告》，重灾区资源环境承载能力分为五类，前两类为人口跨县外迁区，后三类为跨县人口外迁的主要承接地：

第一类：为资源环境承载力差，受灾极重的山区县，包括北川、平武、青川、汶川、理县和茂县等6县。这类区域生态环境本底极度脆弱，成灾覆盖面大，潜在地质威胁最严重，未来重建人口引导方向以跨县外迁为主。

第二类：资源环境承载力差，受灾较轻的山区县，包括小金、黑水、松潘、汉源等4县。这类地区虽然受灾较轻，但生态本底比较脆弱，未来重建人口引导方向以适度外迁为主。

第三类：资源环境承载力好，受灾严重的山区—平原过渡县市，包括都江堰、彭州、什邡、绵竹、安县等5县市。虽然这类地区位于龙门山前的部分乡镇遭受了严重破坏，已不宜就地重建，但因其平原地区占比重较大，经济基础与发展条件很好，在提升抗震设防标准的情况下，承接吸纳县内和跨县外迁受灾人口安置空间容量较大。

第四类：资源环境承载力好，受灾较轻的平原—丘陵县区，包括旌阳、罗江、涪城、元坝、崇州、游仙、江油等7县区。虽然这类地区的部分乡镇遭受一定的损失，但整体宜居环境没有改变，在就地就近安置县内受灾人口的同时，是跨县外迁受灾人口的主要吸纳地。

第五类：资源环境承载能力一般，受灾较轻的丘陵县区，包括中江、三台、盐亭、梓潼、利州、朝天、剑阁、苍溪等8县区。这类地区受灾程度不大，虽然与平原地区比较资源环境人口承载容量有限，但整体上仍有一定的人口承载容量，吸引一定规模的跨县外迁人口。未来应通过积极调整产业结构，促进城乡人口结构调整。

（四）保障安全，科学选址

灾区人口安置采取原地原址安置、原地异址安置以及搬迁安置三种方式。在具体选址论证上，四川省住房和城乡建设厅颁布了《四川省“5·12”汶川地震灾区城乡建设规划选址技术管理规定》，提出了灾区城乡重建规划选址原则、灾区城镇重建规划选址要求、灾区乡村和农房重建规划选址要求、灾区建设项目重建规划选址要求和灾区城乡重建规划选址的组织与审批等技术和管理规定。

1．灾区城乡重建规划选址原则

(1) 就地就近恢复重建原则。尽量实现就地或就近选址恢复重建，避免远距离跨行政区域新建带来的不便。只有当地震灾区内的城镇或乡村完全毁损，存在重大安全隐患且在现阶段无法得到有效治理或者人口规模超出资源环境承载能力时，才考虑局部搬迁或整体搬迁。

(2) 安全重建的原则。城乡重建规划选址，在科学论证和拟定了有效治理方案的基础上，对地震活动断层、现阶段技术难以治理或治理代价过大的地质灾害、次生灾害、洪涝灾害等区域以及传染病自然疫源地，应科学避让；选择安全和基本安全地段作为灾后城乡恢复重建的建设用地。

(3) 坚持与人口、资源、环境、安全综合承载能力相适应原则。城乡恢复重建规划选址要与当地的综合承载能力相适应，结合土地开发整理，安置与发展相结合，保障恢复重建安置人口生产发展、生活便利，促进恢复重建安置区社会经济的全面发展。

(4) 保护自然生态环境的原则。重视地震、地质灾害给植被带来的严重破坏，加强恢复和保护灾区自然生态环境，尤其要研究农村居民点和城镇居民点重建过程中的生态问题。

(5) 保护地方特色与文化多样性的原则。汶川地震灾区是我国西部山区地震带上少数民族众多，地方文化丰富的地带，在灾区城乡恢复重建的规划选址上应保护原有的地方特色和多民族文化的人文环境。

2．灾区城镇重建规划选址要求

(1) 灾区城镇恢复重建选址的资源环境承载能力的分析应着重从可利用建设用地资源、可利用水资源、环境承载力、生态系统脆弱性、生态系统重要性、经济社会发展水平等要素进行分析，并符合相关的国家现行规范与标准的要求。

（2）灾区城镇恢复重建的选址应避让地震活动断层。依据国家地震部门正式颁布的地震烈度区划、地震活动断层与地表破裂带分布资料，按照相关标准规范进行用地抗震适宜性评价。

（3）灾区城镇重建的选址应以国土资源部门提供的地质灾害影响范围区域及划定的地质安全区域为依据。对现阶段无法治理或治理不经济合算的滑坡、崩塌、泥石流、地面塌陷等地质灾害点，地质灾害的分析应依据国土资源部门正式公布的地质灾害分布调查报告。

（4）灾区城镇重建的选址应结合水利部门的水资源利用规划水资源承载能力（水质、水量、供水安全稳定性）满足拟选址地发展水平的要求（主要指生活、生产、生态用水三方面）。

（5）灾区城镇重建的选址应按照城镇防洪标准分析拟选址地的防御洪涝灾害能力，具备采取防洪涝工程措施条件。

3．灾区乡村和农房重建规划选址要求

（1）遵循“原地原址分散”为主的恢复重建原则，有利农业发展、产业布局、基础设施配套，方便农民生产、生活；并满足建设社会主义新农村的总体目标要求。

（2）灾区乡集镇、村庄的选址应避让地震活动断层。应进行地震灾害的分析、地震环境适宜性、用地抗震适宜性评价。

（3）选址应在国土资源部门的地质灾害治理规划基础上避让现阶段无法治理的滑坡、崩塌、泥石流、地面塌陷等地质灾害点。

（4）应根据不同地形特点和产业类型，确定农民耕作半径，并以此作为村庄和农房选址的主要依据。

（5）应结合风景名胜区、自然保护区规划，避开历史文化遗迹保护区、风景名胜区核心区、自然保护区，有计划、有组织地在这些区域之外进行新农村建设规划选址。

4．灾区建设项目重建规划选址要求

（1）明确地震活动断层对建设项目的影响，在《建筑抗震设计规范》（GB 50011—2010）中规定为危险地段的，在建设时应予以避开。与地下断裂构造直接相关的地表地裂位错带，工程建设应予避开。与发震断裂间接相关的受应力场控制新产生的地裂（为分支及次生地裂），可以通过采用刚性地基和其他方式加以考虑。在场地选择和规划时，无法避开强震地面断裂带时，不能用加固地基和上部结构的方法来处理，而应采取能够适应断层错动变形的工程措施。

（2）建设项目应按照《建筑抗震设计规范》（GB 50011—2010），根据其使用功能的重要性分为甲类、乙类、丙类、丁类四个建筑抗震设防类别。各抗震设防类别建筑的抗震设防应符合该规范的要求。抗震设防烈度和设计基本地震加速度取值的对应关系，应符合相应的规定。设计基本地震加速度为0.15g或0.30g地区内的建筑，除该规范另有规定外，应分别按抗震设防烈度7度和8度的要求进行抗震设计。

（3）灾区建设项目规划选址对地质灾害防治的要求：建设项目针对滑坡、崩塌、泥石流、地面沉陷等地质灾害的规划选址应坚持以避为主，防治结合的原则；应开展选址区地质灾害危险性评估，划分不可建设地段和可建设地段。对潜在的地质灾害隐患在无法得到有效治理且实在无法避让的建设项目规划选址，要采取生物措施和工程措施积极防治，植树造林以保水固土，对重点地段采取修筑防护堤、挡土墙、边坡防护、分水沟、打抗滑桩、削坡减载等工程措施加以防治。

（4）灾区建设项目规划选址对洪涝灾害防治的要求：灾区建设项目规划选址要重视洪涝灾害因素的分析，分析选址地段的水文、气象气候、地形地貌资料，考虑地震次生灾害——堰塞湖带来的危害和影响。灾区建设项目根据工程大小、类别和重要性确定其防洪标准，按照《防洪标准》（GB 50201—1994）执行。灾区建设项目规划选址要考虑场地排涝、排污的要求。灾区建设项目规划选址要根据项目对供水的要求，尽量依托附近的城乡居民点来供水；对水质有特殊要求而需要自备水源时，应合理选择水源地和供水工程措施。

（5）选择建筑场地时，应根据工程需要，掌握地震活动情况、工程地质和地震地质的有关资料，对抗震有利、不利和危险地段作出综合评价。对不利地段，应提出避开要求；当无法避开时应采取有效措施；不应在危险地段建造甲、乙、丙类建筑。建筑场地为Ⅰ类时，甲、乙类建筑应允许仍按本地区抗震设防烈度的要求采取抗震构造措施；丙类建筑应允许按本地区抗震设防烈度降低 1 度的要求采取抗震构造措施，但抗震设防烈度为 6 度时仍应按本地区抗震设防烈度的要求采取抗震构造措施。建筑场地为Ⅲ、Ⅳ类时，对设计基本地震加速度为 $0.15g$ 和 $0.30g$ 的地区，除本规范另有规定外，宜分别按抗震设防烈度 8 度（$0.20g$）和 9 度（$0.40g$）时各类建筑的要求采取抗震构造措施。

5．对异地选址搬迁安置提出了具体要求

根据《汶川地震灾后恢复重建条例》，城镇重建分为就地恢复重建和异地新建两种类型。

异地新建城镇是指城镇重建不再使用原有的建设用地和基础设施，另外选址进行建设。对于极重破坏的城镇，且经地震、地质灾害和生态环境承载力评估后，确实无法就地恢复重建的，原则上应首先在本行政区内进行新的城镇选址，并编制城镇总体规划，异地新建。确实无法在本行政区内恢复重建的，应编制迁建规划，经充分论证，法定程序批准后，跨行政区异地新建。

（1）新建条件

异地新建城镇原则上应位于汶川地震的极重灾区范围内，新建应满足以下三项条件之一：第一，地震及次生灾害破坏迁建。城镇受地震严重损毁及地质次生灾害的长期严重威胁，现有工程技术难以修复，应进行迁建。第二，保障基本生存条件迁建。农田、林地等生产资料灭失，无法恢复，且交通和市政基础设施重建和维护成本极高的城镇，应进行迁建。第三，生态保护迁建。城镇遭受地震和次生灾害的极重破坏，原有城镇建设用地位于历史文化遗迹保护区范围内或风景名胜区核心区范围内，或原先未经规划，沿主要交通干线两侧自由建设的本应搬迁的城镇，应按集中布局的要求进行调整。

（2）选址要求

异地新建城镇选址应当避开地震活动断层、生态脆弱地区、受洪灾、山体滑坡、崩塌、泥石流、地面塌陷等自然灾害威胁的地区和传染病自然疫源地等；避开水源保护区、水库泄洪区等危险和生态敏感地区；应靠近饮用水源地，与外界有便捷的对外交通条件，保障水、电、气、环卫、消防等市政基础设施供给；应符合自然、人文和社会经济资源条件，少占农田，尊重民族习俗，保护自然与历史文化遗产，体现群众意愿。经评估，确属必须搬迁的城镇，要提出合理迁建方案；属于地质情况不明、有待进一步观察的城镇，应立即开展深入的专项调查；属于采取工程整治措施能够保证安全的，应尽快进行地质灾害治理。

（3）异地新建城镇

以《灾害范围评估报告》、《灾害损失评估报告》和《资源环境承载力评估报告》等相关研究报告为基础，综合各地政府或市（州）重建城镇体系规划提出的意见，阶段性汇总如下：跨行政区异地新建城镇：北川县城，共 1 个。因水库移民搬迁，在本行政区内异地新建的城镇：新兴镇（彭州市）、老县城（汉源县）、大树镇（汉源县），共 3 个。需要重点压缩规模，调整功能的城镇：响岩镇（平武县）、太平镇（江油市）、晓坝镇（安县）、乔庄镇（青川县）、青溪镇（青川县）、汉旺镇（绵竹市）、金花镇（绵竹市）、八角镇（什邡市）、威州镇（汶川县），共 9 个。

（4）在搬迁安置过程中，把尊重灾区现实和人民意愿放在首位，强调调整与优化人口布局，主要是：避让地震活动断裂和地质灾害，适度调整城乡居民点布局，人口以就地安置为主；从保障生态安全的要求出发，对经过评估确需转移的灾区人口，采取分阶段、分散转移的多种方式，引导灾区人口从生产和生活条件恶劣、资源环境承载力低的地区向适宜人居的地区逐步转移；适度控制调整山区城镇人口密度，逐步提升平原地区城镇化水平。

（五）合理调整灾区产业布局

1．调整原则

受地质灾害严重威胁或对工程地质安全有较高要求的企业应向工程地质条件更好的地区迁建。企业重建应符合灾后产业政策，确保企业污染物达标排放，满足灾区环境安全条件。位于生态敏感地区、对生态破坏较大的工矿企业原则上不再重建。必须在矿源周边布局的企业，应采取严格的环境保护措施，矿产加工部门应向重建产业集中区转移。

2．产业布局调整要点

产业布局应符合城镇体系构建要求，综合考虑城镇基础设施条件，充分发挥重点企业对城镇布局的引导作用。西部山区不再布局大型工业区和重点工业项目；控制沿山地区的产业规模；在成德绵沿线及其东部腹地扩大现有各级产业集聚区和新设重建产业集中区，充分利用本地区的技术和人才优势，大力发展高新技术产业、高效农产品加工业、军转民产业，主动推进灾区产业升级。对迁移人口聚集地区实行产业扶持，大力发展劳动密集型产业，扩大就业规模，充分发挥产业发展对人口转移安置的支撑作用。设立专门产业集中区，鼓励对口援建省市（包括台湾）将具体产业项目引入产业区，实施项目援建。

3．企业迁建原则

灾区部分重点企业地震损失极大，受到次生灾害的严重威胁或已经不具备建设用地、交通等发展条件，应进行异地新建。新选址地区应与城镇建设相结合，不单独设立独立工矿区，充分发挥重点企业迁建对构建合理城镇体系的引导作用和对相关配套产业、上下游产业链的带动作用（表 3-1-1）。

重灾区县级以上主要重建产业集中区　　表 3-1-1

	重建产业集中区	主要产业
成都市	都江堰科技产业开发区	医药、食品饮料
	彭州工业开发区	现代制药及医药研发、汽配、机械
	崇州高科技园区	食品饮料、医药制造、包装、家具制造、电气机械设备制造
	大邑经济技术开发区	食品、饮料、医药、普通机械制造、塑料制品
德阳市	绵竹剑南春工业集中发展区	酿酒产业
	绵竹新市工业集中发展区	磷化工产业、钛白粉产业
	什邡灵杰工业集中发展区	磷化工产业、皮革化工产业、建材产业
	什邡城南新区工业集中发展区	食品产业、服装产业
	德阳经济技术开发区	重型装备制造产业、新材料产业、服装产业
	旌阳区工业集中发展区	机械加工产业、电线电缆产业
绵阳市	城郊乡金家林片区	机械加工、汽车零部件、电子
	游仙经济试验区	新材料、电子信息、汽车整车及零配件
	石马工业集中发展区	新材料、机械、电子
	北川县对口支援产业园区	劳动密集型产业为主
	芦溪—花园工业集中区	轻纺、食品、机械、精细化工、新型建材
雅安市	汉源万里工业集中发展区	铅锌矿冶炼、磷化工
	汉源甘溪坝工业集中发展区	果蔬农产品加工
	宝兴灵关工业集中发展区	石材深加工、碳酸钙、石雕刻制品加工
阿坝州	理县米亚罗绿色产业经济区	农副产品及旅游产品加工
	黑水县色尔古农副产品和旅游产品加工园区	农副产品和旅游产品加工
	九寨沟县金子沟工业集中发展区	工业硅、水泥、中纤板
	小金县美沃产业集中区	电站、工业硅、农副产品加工
	茂县绿色工业集中加工区	农副产品及旅游产品加工

（六）强化分区管制

根据各灾区受损情况、资源环境承载力、产业发展水平、土地规模等因素的差异，调整了灾区的城镇体系结构，确定了限制发展区、适度发展区和重点发展区三种类型。确定成都的彭州城区、崇州城区、大邑县城、都江堰城区为适度发展区。德阳的旌阳区、广汉城区、罗江县城为重点发展区；绵竹城区、什邡城区、中江县城为适度发展区。绵阳的游仙区、涪城区为重点发展区；江油城区、安县县城、三台县城、盐亭县城、梓潼县城为适度发展区；平武县城为限制发展区。根据不同的自然环境条件，规划提出了重建分区指引：

1．高山高原区——扶贫与生态涵养地区

高山高原区包括阿坝州的若尔盖、阿坝、红原、壤塘、马尔康、金川、黑水、小金等地区。该区地势高亢，山体巨大，幅员辽阔，地质条件相对稳定，但生态环境敏感脆弱，贫困问题突出，对外交通联系可靠性不高。根据资源环境承载力评估报告，该区以适度重建为主，包括部分不宜重建区和少量适宜重建区。

在严格保护生态环境的前提下，发展生态旅游业、生态农牧业、中藏药基地、特色农副产品加工业等。禁止发展不符合产业政策或达不到环保要求的产业，严格限制大规模资源开发和中型以上工业项目。风景名胜区、自然保护区及地质灾害严重地区应禁止开发，其他地区应限制开发，加强生态涵养和保护，推进自然环境治理和恢复，继续实施退耕还林。

加强农村扶贫力度，降低人口密度，适度进行生态移民。坚持生态安全优先的原则，加强城镇生命线建设，提高城镇安全保障水平。严禁照搬平原地区城镇发展模式，控制城镇规模，完善城镇职能。坚持走生态化城镇的发展道路，保护并突出地域文化和藏羌民族文化特色，建设以旅游服务为主要功能、自给自足、富有特色的小城镇。

2．中山深谷区——人口与产业疏散优化地区

中山深谷地区包括青川、北川、平武、汶川、理县、茂县、松潘、九寨沟、宝兴、石棉、汉源、荥经、天全、芦山全部及广元市区、安县、江油、什邡、绵竹、彭州、都江堰、崇州、大邑的西部山区等地区。该地区山岭重叠，地质断裂带密集分布，且大部分属于活动断裂，地质灾害频发，受到地质灾害的长期威胁。根据资源环境承载力评估报告，该区主要为不宜重建区和适度重建区。

该区以生态保护和生态旅游开发为主，重点发展山区休闲度假旅游产业，控制矿产开发产业的发展规模，加快转移矿产企业的加工功能，严格限制该地区大型工业项目和工业区的建设。缓解生态压力，调整区内城镇布局，转移资源环境超载人口和城镇的生产功能，重建城镇功能主要转向生产生活服务和旅游服务，其建设应按照震后调整的抗震设防标准严格执行。

禁止在地质断裂带等地质灾害频发地区进行大规模城镇建设和产业开发，重点修复地震破坏的生态环境，加大地质灾害隐患治理力度，加强对风景名胜区和自然保护区的保护。

3．平坝丘陵区——人口与产业重点集聚地区

平坝丘陵地区位于龙门山脉以东，包括成都市区、金塘、德阳市区、广汉、中江、罗江、绵阳市区、三台、盐亭、梓潼、雅安市区全部及彭州、都江堰、崇州、大邑、安县、江油、什邡、绵竹的山前平原地区和规划范围内的其他地区。区内地质条件较为稳定，交通发达，城镇建设条件好。根据资源环境承载力评估报告，该区主要为适宜重建区，包括少量适度重建区和不宜重建区。

该区为灾区人口、产业转移的重点承接地区，应充分利用灾后重建的政策机遇和本地技术人才优势，大力发展高新技术产业和装备制造业，形成具有特色的产业集群，鼓励劳动密集型产业的发展，为灾区人口转移提供充足的就业岗位。该地区应全力建设成都城镇群，形成网络化发展格局，在拓展南北向交通走廊的同时，加强贯通与西部地区的垂直交通联系，更好地促进地震灾区的恢复建设。

城镇重建应集约利用土地资源，提高城镇建设强度。加强基础设施建设，提高城镇综合承载能力。优化原有城镇与产业布局，建立绿色生态开放空间系统，将城郊防护林体系与城市绿地系统相结合，建设区域绿色开放空间，成为防灾减灾避难场所和重要疏散通道，创造安全、生态、良好的人居环境。

（七）科学调整灾区城镇体系结构，重构灾区城镇体系

1．城镇体系空间结构

进一步完善四川省城镇体系规划提出的“一心”（成都市）、“四轴”（宝成、成昆、成渝、成达四

条城镇发展聚合轴）的空间结构，依据灾后恢复重建和远期发展需要，在 6 市（州）和 10 个重灾区县范围内形成“一群”（成德绵城镇群）、“一带”（成德绵广城镇密集带）、“多线”（旅游发展和生命线通道）的城镇体系空间结构。

成德绵城镇群。以成都城区为主中心，德阳城区、绵阳城区为次中心，发展新都、青白江、广汉、江油等中小城市，以高新技术产业、重大装备制造业、旅游业和现代服务业等为主导，成为带动灾区整体发展的主要推动力，建设西部最具有竞争力的城镇群。

成德绵广城镇密集带。应借助人口、产业、城镇空间重构的机遇，在强化成德绵城镇主要发展轴（成德绵广高速公路沿线城镇）的同时，积极构建成德绵广西翼发展轴（105 省道和成德绵第二高速公路沿线城镇）和成德绵广东翼发展轴（101 省道和成都至巴中高速公路沿线城镇），承接受灾人口和搬迁企业集聚，促进产业集群和城镇群的进一步形成，加速一批重点镇的成长，做大做厚成德绵城镇密集带，构筑四川省的经济“中脊”。

多条旅游发展和生命线通道。加强平原地区与西部山区的通道建设，积极拓展横向交通联系，提高灾区的安全保障能力，形成多条联络成德绵地区与山区的旅游发展和生命线通道。提高西部山区交通可达性和可靠性，促进川西北地区生态旅游业发展，尽快带动灾区恢复重建（图 3-1-10）。

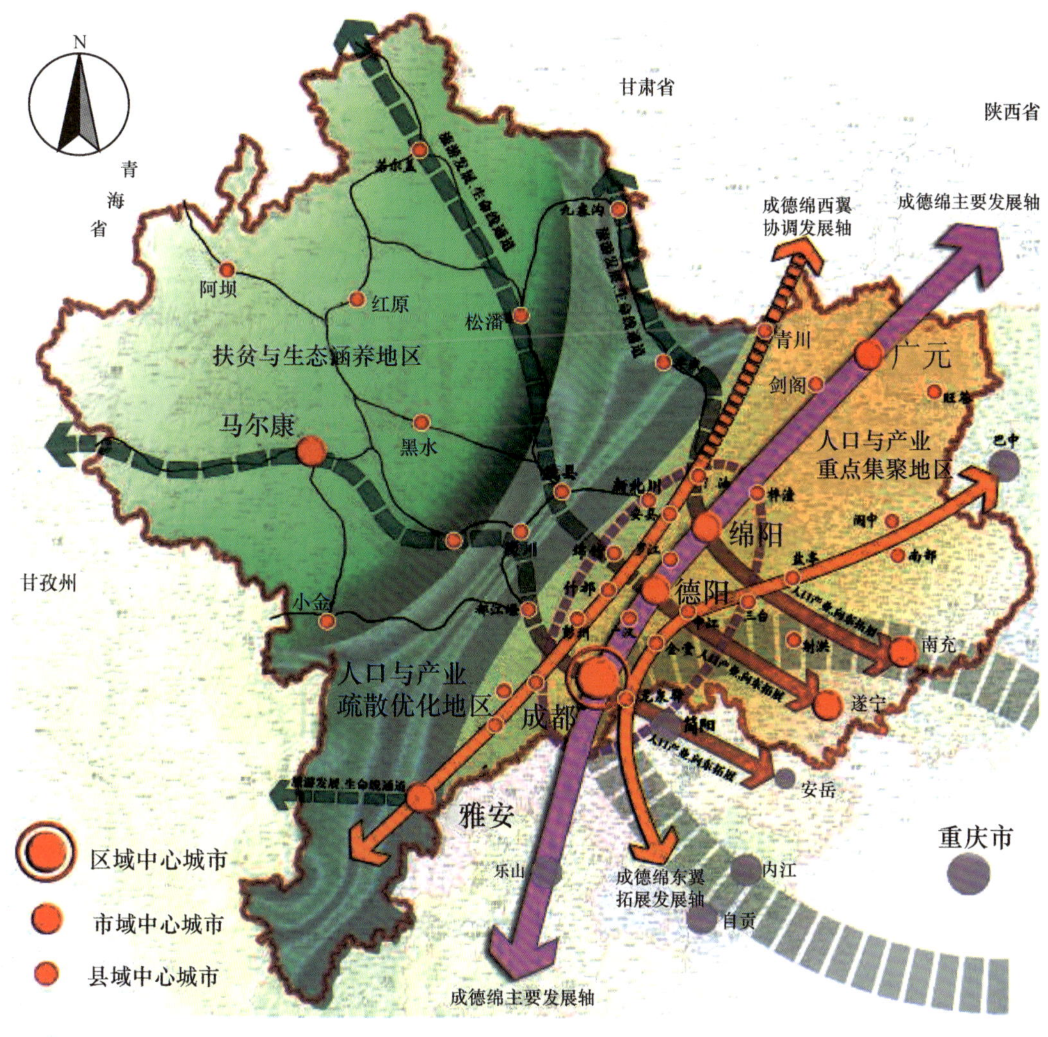

图 3-1-10 灾区空间结构规划图

2．城镇体系职能结构

优化城镇职能结构，加强为灾区重建的服务功能，在 6 市州和 10 个重灾区县范围内，形成区域中心城市、区域次中心城市、市域中心城市、县域中心城市、重点镇和一般镇6个城镇等级。

一级区域中心城市——成都。进一步发挥四川省省会，西南地区重要的科技、金融、商贸和物流中心的功能，为灾区提供创新、集散和管理服务；新都—青白江、龙泉、双流等周边新城大力发展工业、物流、商贸等产业，成为灾区人口、企业转移的重点集聚地。

二级区域次中心城市——绵阳、德阳。进一步强化现有产业优势，加强与成都市分工协作，发展互补型服务业，提高就业水平；加快基础设施建设，提高城市综合性服务功能和区域性中心地位；加强城市综合承载能力，成为灾区人口、企业转移的重点集聚地。

三级市域中心城市——广元、雅安、巴中。发挥市域政治、经济、文化中心功能，是灾区人口、企业转移的重点集聚地。

四级县（市）域中心城市——53个。都江堰、绵竹、什邡等四级城市是县域政治、经济、文化中心，县内灾区人口主要安置地。

五级重点镇——183个。青城山、街子镇、安仁镇等重点镇具有跨镇域服务功能，是受灾农村人口的主要安置地。

六级一般镇——440个。紫坪铺镇、龙池镇、胥家镇等一般镇是镇域服务中心，受灾农村人口集中安置地。

3．城镇体系规模等级结构

完善城镇规模等级结构，有重点地引导人口集聚，在6市州和10个重灾区县范围内，形成1个特大城市（成都），2个大城市（绵阳、德阳），11个中等城市（都江堰、彭州、金堂、绵竹、雅安、广元、江油、巴中、射洪、阆中、仁寿），45个县级小城市（镇）和628个小城镇（图3-1-11、表3-1-2）。

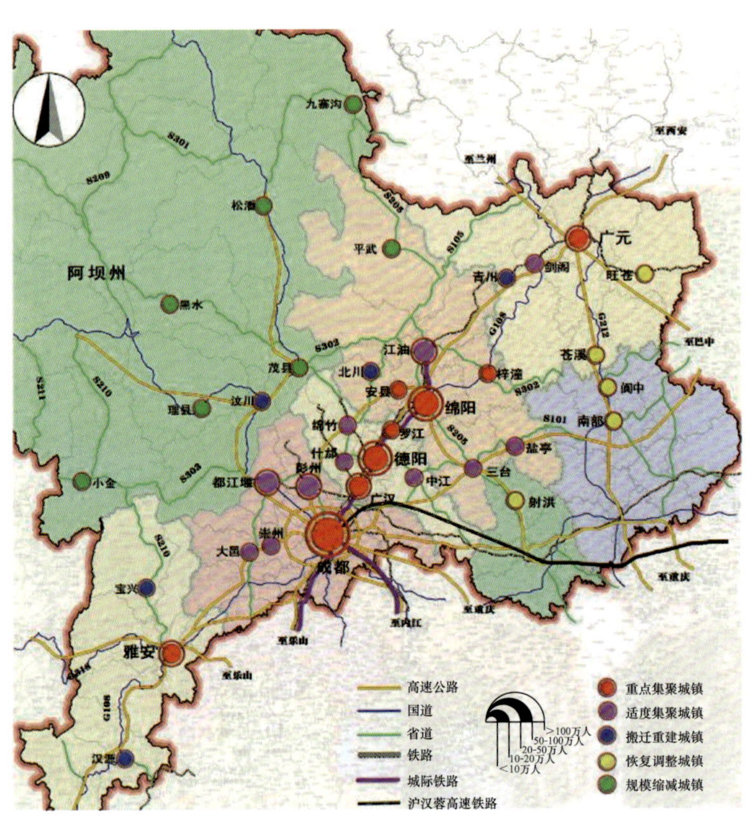

图3-1-11 灾区城镇等级规模规划图

灾区城镇体系规划一览表　　表 3-1-2

职能等级	规模等级（万人）	城镇数量（个）	城镇名称
区域中心城市	特大城市（100）	1	成都城区（中心城区＋华阳、新都—青白江、双流、龙泉、温江、郫县新城）
区域次中心城市	大城市（50～100）	2	德阳城区、绵阳城区
市域中心城市	中等城市（20～50）	3	广元城区、巴中城区、雅安城区
县域中心城市	中等城市（20～50）	8	都江堰城区、彭州城区、金堂县城、绵竹城区、江油城区、阆中城区、射洪县城、仁寿县城
	小城市（10～20）	13	崇州城区、大邑县城、蒲江县城、新津县城、邛崃城区、三台县城、什邡城区、广汉城区、中江县城、南部县城、夹江县城、简阳城区、南江县城
	小城市（小于10）	32	罗江县城、盐亭县城、安县县城、梓潼县城、北川县城、平武县城、旺苍县城、青川县城、剑阁县城、苍溪县城、荥经县城、石棉县城、汉源县城、天全县城、宝兴县城、芦山县城、名山县城、汶川县城、理县县城、茂县县城、松潘县城、九寨沟县城、小金县城、黑水县城、金川县城、马尔康县城、壤塘县城、阿坝县城、若尔盖县城、红原县城、仪陇县城、康定县城
重点镇	小城镇（小于5）	188	成都（30个）、德阳（23个）、绵阳（22个）、广元（20个）、雅安（24个）、阿坝（19个）、射洪（3个）、阆中（5个）、南部（5个）、巴州区（6个）、仁寿（6个）、夹江（4个）、简阳（6个）、南江（5个）、仪陇（9个）、康定（1个）
一般镇	小城镇（小于2）	440	成都（60个）、德阳（62个）、绵阳（99个）、广元（51个）、雅安（11个）、阿坝（35个）、射洪（16个）、阆中（15个）、南部（25个）、巴州区（15个）、仁寿（15个）、夹江（7个）、简阳（16个）、南江（4个）、仪陇（8个）、康定（1个）
合　计		682	—

注：城镇体系规划范围包括成都、德阳、绵阳、广元、雅安、阿坝6市州及射洪、阆中、南部、仪陇、夹江、仁寿、巴中市巴州区、南江、简阳、康定10个重灾县（市、区）。

（八）灾后重建与推进城镇化进程相结合

当前，我国工业化正飞速发展，城镇化也在稳步推进，在看到5·12大地震对四川地区带来巨大灾难性后果的同时，要借助灾后重建的契机，把灾后重建与推进城镇化进程、社会主义新农村建设结合起来，提高灾区城镇化水平。

在四川汶川地震灾后重建城镇体系规划中，提出了灾区城镇化策略：统筹协调城镇恢复重建与长远发展的关系，根据四川省城镇体系规划和灾区震后情况，实施新型城镇化、新型工业化与新农村建设相结合的策略，优化城镇体系空间布局，明确各级城镇在灾后重建中的地位和作用，提出各类城镇的人口和建设用地规模，促进灾后城镇重建过程。

1．调整与优化人口布局

避让地震活动断裂和地质灾害，适度调整城乡居民点布局，人口安置以就地为主；经过评估确需转移的灾区人口，采取分阶段、分散转移的多种方式妥善处理；从生态保护和扶贫的长期要求出发，引导灾区人口从生产和生活条件恶劣、资源环境承载力低的地区向适宜人居的地区逐步转移；控制调整西部山区城镇人口密度，重点提升平原地区城镇化水平。

2．全面实施区域统筹，促进成德绵地区与西部山区的联动协调发展

以中心城市和平坝丘陵区城镇为重点，积极发展成都、德阳、绵阳、广元、雅安等中心城市和成德绵交通走廊上的各级城镇；适度发展龙门山山前平原和丘陵地区的城镇；缩减和控制龙门山及高山高原地区的城镇。突出平原与山区的产业分工与合作，加强生态环境保护，全面协调区域安全保障、资源环境保护、交通基础设施、产业布局等方面的建设，推动成德绵地区与西部山区统一协调发展，形成重点突出、地区特色分明、梯次发展的城镇体系结构。

3．积极推动新型城镇化、新型工业化与新农村建设

加快提升城镇功能，引导异地安置的农村人口向城镇集聚。调整工业布局，引导工业向适宜地区

的重点城镇聚集。统筹城乡恢复重建，加快恢复灾区农民正常的生产生活，形成设施配套、功能完善、布局合理的新型农村居民点体系。

（九）创新生产力布局方式

打破行政界限，将资源优势、区位优势和生产力布局方式有机结合，统筹安排。如疏解城市功能的概念、工业飞地的形式等。

在创新生产力布局方式上，根据灾后发生的自然、社会经济布局的变化，实行跨行政区域的整合布局，包括人口的异地转移，产业的跨行政区域布局，基础设施的跨界整合等。在四川省灾后重建城镇体系规划范围内强化“一群”（成德绵城镇群）、“一带”（成德绵广城镇密集带）、“多线”（旅游发展和生命线通道）的城镇体系空间结构。具体来讲，成德绵城镇群是以成都城区为主中心，德阳城区、绵阳城区为次中心，发展新都、青白江、广汉、江油等中小城市，以高新技术产业、重大装备制造业、旅游业和现代服务业等为主导，带动灾区整体发展和提升，建设西部最具有竞争力的城镇群。对于成德绵广城镇密集带，在强化成德绵城镇发展主轴（成德绵广高速公路沿线城镇）的同时，积极构建成德绵城镇发展西轴（105 省道与成德绵第二高速公路沿线城镇）和东轴（101 省道与成都至巴中高速公路沿线城镇），承接受灾人口和搬迁企业集聚，促进产业集群和城镇群的进一步形成。促进一批重点镇的成长，做大做厚成德绵城镇密集带，构筑四川省的经济“中脊”。而旅游发展和生命线通道，是指加强平原地区与山区的通道建设，积极拓展横向交通联系，提高灾区的安全保障能力。形成多条联络成德绵平原地区与山区的旅游发展和生命线通道。提高山区交通可达性和可靠性，促进川西北地区生态旅游业发展，尽快带动灾区恢复重建。

在阿坝州辖区灾后重建城镇体系规划城镇的产业发展中，阿坝州灾后重建产业发展战略是以建设社会主义新农村，推进农牧业产业化、大力发展绿色产业为基础；以水电工业为龙头，促进工业结构调整和升级换代；以旅游产业为龙头，带动第三产业发展的“一体两翼”发展战略。调整优化一产结构，推进二产跨越发展，壮大旅游业为龙头的三产。其具体的产业布局框架包括东南—东北旅游经济带（包括小金、汶川、理、茂、黑水、松潘、九寨），西北部畜牧业经济区（包括阿坝、若尔盖、红原、壤塘 4 县），西南部综合经济区（包括金川、马尔康 2 县）。以集聚发展的产业区为特征的城镇为“州内多点”；以“工业大飞地”或者“对口入驻”的方式在山前平原地带发展“州外多点”。阿坝州灾后重建产业布局可概括为“一带三区，内外多点”。阿坝州与成都市合作，在金堂县淮口镇建设成阿坝工业园区就是工业飞地的一个典型案例（图 3-1-12、图 3-1-13）。

（十）强化基础设施规划，作为区域持续发展的重要支撑

各灾区的基础设施，包括交通、通信、水利等在 5·12 大地震中都遭到不同程度的损害，而区域基础设施规划和布局的质量直接关系到灾区城镇的产业发展、城镇建设和区位条件的改善，其中，最为重要的是交通网络规划。结合规划提出的城镇体系空间布局优化与调整方案，建议重点加强如下区域交通基础设施的设施恢复与建设，分类分层组织，为灾区城镇的产业发展、城镇建设和区位条件改善打下坚实基础（图 3-1-14）。

1．恢复因灾受损公路运输能力

保障城镇对外通道的畅通和稳定，重点确保以下公路的恢复：317 国道应达到二级公路标准；318 国道建议按照二级公路标准实施改造；213 国道应不低于二级公路标准；108 国道应达到一级公路标准；105 省道应不低于二级公路标准；302 省道应不低于二级公路标准；210 省道建议按照不低于二级公路标准实施。

2．强化成德绵交通走廊建设，提高空间集聚能力

成德绵城镇密集发展带是受灾地区恢复发展的关键，有必要进一步加强成都—德阳—绵阳方向的交通基础设施服务能力。建议近期优先建设以下三条通道：

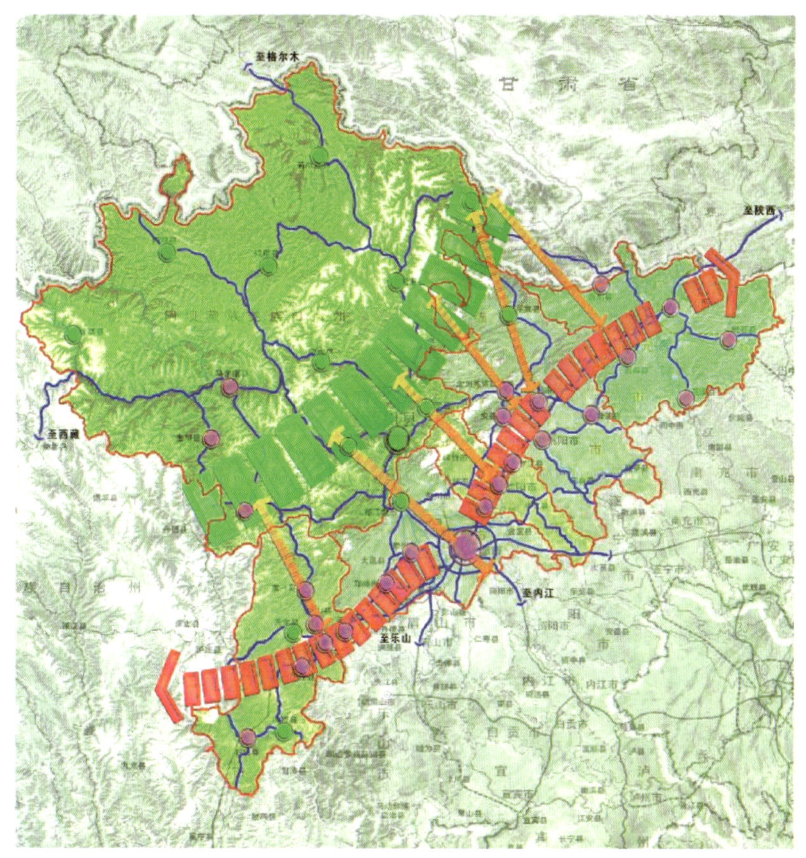

图 3-1-12　灾区产业结构布局示意图

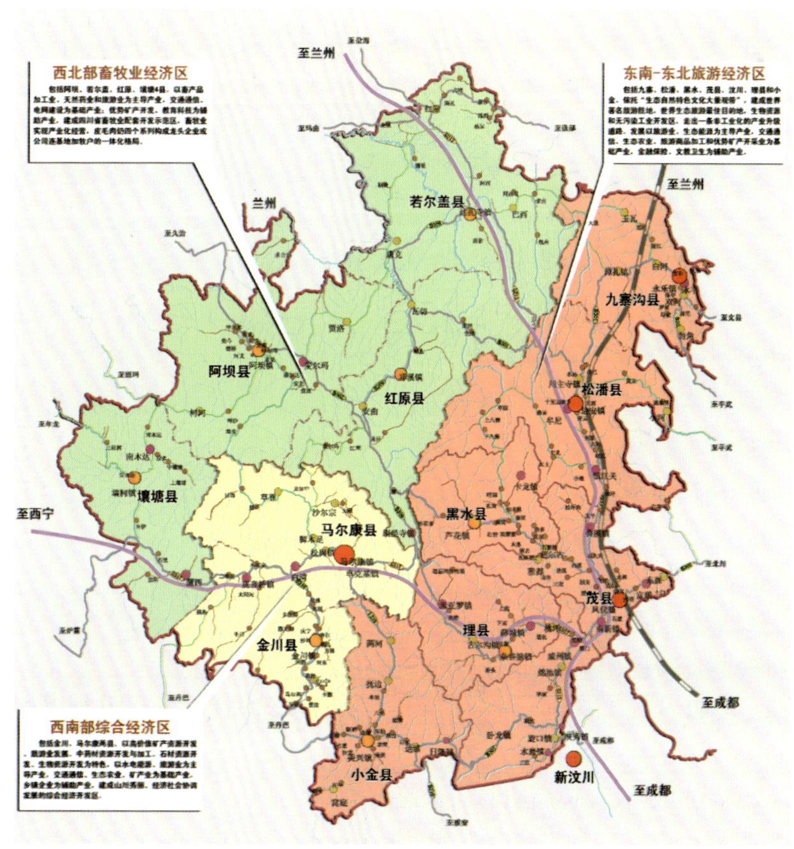

图 3-1-13　阿坝州产业空间布局规划图

图 3-1-14　重灾区交通规划图

成德绵城际轨道交通：该条城际轨道交通的建设，大大缩短沿线城镇之间的时空距离，有利于人口、产业以及各种服务职能等合理分布。规划提出加快建设，力争在 2010 年内完成建设并部分投入使用。

成德绵东线走廊即成都—金堂—中江—三台—盐亭高速公路：作为成德绵东线走廊，该条高速公路对灾后城镇空间合理布局与产业优化调整，做宽成德绵发展带，带动东部丘陵地区发展具有重要的战略意义。

成绵高速复线：加强什邡、绵竹等沿线城市与成都之间的直接联系，减轻成绵高速公路主线的交通压力，促进沿线地区转型发展。力争在 2010 年内建成并投入使用。

3．加强联系山区与平原的设施建设，引导产业和人口转移

为推动城镇和人口空间布局的调整，构筑山区与平原地区的连接通道，促进山区人口和产业向平原地区转移。

优先建设茂县—绵竹高等级公路：目前阿坝州缺乏一条直接联系德阳市的通道。建议按照四川省公路网的规划，优先建设茂县至绵竹的公路，公路里程约为 140km（孝泉—茂县），技术等级宜按照一级公路控制。

既有走廊的提级与改造：继续加快建设都江堰—汶川高速公路，对“江油—平武”和“江油—北川—茂县”两条走廊内的公路按照一级公路标准实施改造，提高公路抗震设防等级。按照北川新县城的位置调整“江油—北川—茂县”公路的局部线位。

4．构筑多级的交通枢纽体系，提高运行效率与可靠性

在优化成都枢纽的基础之上，构筑以德阳、绵阳、雅安等城市为重点的二级枢纽体系，提高整个地区组织、中转区域交通和服务区域的能力，提升交通可靠性。

5．加快区域对外交通设施建设

新建川藏铁路、川青铁路、兰成铁路，达成铁路扩能。新建都江堰—汶川—理县 / 茂县高速公路，

金堂—三台—盐亭高速公路、绵阳—三台—遂宁高速公路、康定—雅安—乐山—自贡高速公路。新建马尔康机场，恢复九黄、绵阳等因灾受损机场能力。

（十一）提升公共服务设施的规划建设标准，完善城镇功能

结合灾后产业和人口布局的调整，加强城市和重点镇的公共服务设施的建设。各级公共服务设施重建在满足当前需求的前提下，应适当超前，满足该地区的长期发展需求。城镇公共服务设施布局应依据城镇等级，采取分级设置的原则，根据服务范围和人口规模，确定设置公共服务设施的类型、规模和标准，考虑到本次规划是灾后重建，各类设施应在原有基础上，结合灾损情况，因地制宜地制订重建方案，在灾前的基础上有所提高，同时应避免重复建设。各类公共设施尽可能布置在城镇中心、人口密集、交通便利、远离污染和各类地质灾害的地区，在条件允许的情况下，应尽量集中，同类设施应统一规划，均匀布局，尽量避免对医院、学校、幼儿园、图书馆等需要安静环境的公共设施的影响。

全面提高抗震防灾能力，加强公共安全保障。以工程地质评价为基础，建设用地需避开地质灾害区，在当地房屋建筑抗震设防要求的基础上，提高一个档次对学校、医院、体育场馆、博物馆、文化馆、图书馆、影剧院、商场、交通枢纽等人员密集的公共服务设施进行设计，增强其抗震设防能力。公共设施重建应统一规划，提高抗震设防要求，严格执行强制性建设标准，人员集中的设施应充分考虑疏散通道的设置。建筑设计中应统一考虑无障碍设施的设计。通过灾后重建，现在灾区最安全的是学校，最现代的是医院。

1．教育设施

优先重建中小学校，建筑抗震设防标准应高于当地房屋抗震设防标准 1 档。学校应独立选址，用地规模及建设标准应严格执行国家中小学配置的相关规范。农村地区普通高中、中等职业（技工）学校原则上建在县城，初中建在中心镇，小学配置应保证 1 万人拥有一处。重视民族教育事业的发展，加强少数民族地区教育事业投入，延续传统民族文化。

2．医疗卫生设施

恢复重建基本医疗和公共卫生服务体系。城市每 3 万～ 5 万人应配置 200 床以上医院 1 所，每 1 万人应配卫生站 1 所。县城应至少设置 1 所综合医院和 1 所疾控中心，中心镇应设置 1 所医院或卫生院，一般镇应设置 1 处防疫站或卫生监督站。医疗卫生设施应独立选址，建筑抗震设防要求应高于当地房屋抗震设防标准 1 档，严格执行强制性建设标准规范。

3．社会福利设施

增加社会福利设施建设，主要集中在县城和重点镇，重点解决灾害中产生的“三孤”人员的生活保障。县城应设置敬老院、儿童福利院、残疾人福利院、救助管理站等多位一体的福利设施，镇应设置敬老院。用地规模及选址标准应符合国家相关规范标准。灾区重建应考虑在国标的基础上适当提高社会福利设施用地比例。

4．文化体育设施

公共文化设施建筑抗震设防标准应高于当地房屋抗震设防标准 1 档。本着安全适用、规模适当、功能优先、环保节约的原则，市（州）中心城市应规划建设文化馆、图书馆、博物馆、剧场等，县城应建设图书馆、博物馆、文化馆等，镇应规划建设综合文化站。体育设施建设应满足居民健身需求，同时也应考虑作为避灾场所的功能。市（州）中心城市应设置体育中心、中型或以上体育场馆及单项比赛的体育设施，县城应建设体育场、体育馆和健身活动中心。有条件的镇应单独建设体育场，一般镇的体育设施可结合中小学设置。各类场馆的用地和建筑指标应依据国家相关规范。

5．政权设施

在妥善安置受灾群众的前提下，逐步恢复各级受损党政机关办公设施，保障各级、各类政权办公的正常、有序运转。迁建和拆并的城镇，为方便原有居民，可考虑设置必要管理机构的办事处。

6．市场服务体系

优先恢复关系到群众基本生活和保障正常生产的商贸流通服务设施。充分发挥市场服务体系在保障生活、引导产业、安排就业、繁荣市场、扩大消费和促进经济社会发展中的基础作用。建设规模适度的商贸流通服务网络，发展与旅游配套的商贸服务业，在少数民族集聚区积极发展具有民族特色的商贸服务网点。在交通便利、地理区位较好、物流聚集辐射程度高的地区，建设物流配送中心和灾后建筑材料市场。

（十二）注重城市防灾应急系统等方面的规划组织

加强城市防灾疏散场所、避难场所、城市防灾应急系统等方面的规划组织，以利于城市可持续发展的需求。通过采取工程设防和安全避让相结合的规划原则，重点消除地质灾害和洪水对重建城镇的威胁。

1．地质灾害防治

地震灾区地质灾害隐患分布广泛，已成为震后威胁城镇安全的首要因素。地震灾区的地质灾害防治应坚持“预防为主，避让与治理相结合”的方针。首先开展城镇地质灾害危险性评估，摸清对城镇构成威胁的不稳定山体情况及其影响范围，针对性地采取避让迁移措施，调整城镇布局形态；开展对可能威胁城镇安全的小规模山体滑坡和崩塌进行治理，采取削坡改造、排除危石、工程加固的防范措施，重建的城镇必须在有效降低地质灾害威胁后方可建设。

2．洪水灾害防治

城镇对洪水灾害采取工程设防为主的防洪方式，河流流域需建立洪水信息预警预报机制，并达到防洪设防的技术要求。重建的城镇必须同时建设山洪防治工程，并达到相应标准。重建的城镇必须在完全消除堰塞湖危险后方可建设。

3．疏散救援通道

重建城镇结合交通网络建设疏散救援通道，突出灾时疏散救援道路通行能力保障。各县市需选择确定 2 ～ 3 条主要道路作为对外疏散救援通道。对通道沿途可能遇到的山体坍方和建筑倒塌等隐患采取避让、改造加固等防范措施，同时提高通道上桥梁的抗震性能。

4．避难场所

利用学校、体育场馆、文化场馆和公共绿地等开敞空间建立避难场所，对用以避难的建筑进行加固或改造，同时考虑场地安置条件、生活设施配置、生活物资储备和安全防护的要求；避难场所面积指标采用人均 $2m^2$。

5．生命线工程

重建城镇需加强灾时保障的生命线工程，设置应急水源和备用电源，加固通信设施。县市尽快恢复公安消防设施，保证消防救援能力；有条件的乡镇应建立专职消防队。

6．救援供应系统

根据区域城市、乡镇和村庄救灾设备和物资供应需要，提出分片集中设置救灾物资设备集配中心构想，建立地区救灾物资集配中心，用于地区救灾物资的紧急配送。

（十三）规划强调生态环境恢复重建

1．生态环境恢复重建规划目标

坚持尊重自然、科学规划、适当干预和稳步推进的原则，在全面保护自然生态环境、自然资源和生物多样性的基础上，根据生态城镇建设的要求，将经济和社会建设与生态环境恢复重建相结合，采取多种措施，保持正常的生态环境，为生态环境安全提供保障。

2．生态环境恢复重建规划策略

开展生态功能区划，协调好生态环境与经济发展的关系，合理调整自然保护区范围，将具有自然生态保护价值的区域划入自然保护区，同时将自然保护价值较低的区域划出保护区，恢复并提高自然保护区的管护能力与水平。

实施生态恢复与重建，推进灾区生态环境恢复，采取生态环境保护和补植措施，恢复与重建灾区的森林植被，优先关注灾区的城市水源地、水库库区等敏感地带的植被恢复；采取工程措施治理被破坏的山体，推进区域生态环境恢复，降低次生灾害生成的条件。

加强生态环境治理，改善灾区人居环境。加快重建自然保护区内受损的道路、桥梁和监测站等设施，开展垃圾和生活污水处理，加强居住环境绿化和饮用水源安全保护，改善灾区人居环境条件。

七、市（州）域灾后重建城镇体系规划及案例——绵阳市灾后重建城镇体系规划

省级和地市级的灾后重建城镇体系规划在极短的时间内几乎是同时进行，相互反馈，上下协调，以上位规划为指导，以下位规划为支撑，重灾区市（州）几乎是同时开展了灾后重建城镇体系规划，包括成都市地震灾后重建城镇体系规划、阿坝藏族羌族自治州汶川地震灾后重建城镇体系规划、德阳市灾后恢复重建城镇体系规划、绵阳市灾后重建城镇体系规划、广元市灾后重建城镇体系规划和雅安市灾后重建城镇体系规划。市州级的灾后重建城镇体系规划秉承了省域灾后重建城镇体系规划的特点，将规划的重点区域放在极重灾区和重灾区的县市。其规划特点仍然是以灾害损失评估、地质灾害评估、环境综合承载力评估为前提，以解决当时面临的主要问题为导向，以恢复和发展生产为基础，以区域基础设施、城乡市政设施和公共服务设施恢复重建为重点，以尽快解决城乡居民住房问题为主要任务，重视生态和环境保护，加强城乡防灾减灾规划，实现灾区城乡居民安居乐业、恢复提升、可持续发展的目标。

（一）受灾情况及特征

绵阳市属于四川省四大地质灾害高易发地区之一。“5・12”汶川特大地震中，绵阳市遭受了重大的人员和财产损失，是灾区损失最为严重的城市之一。全市受灾面积 20412km^2，受灾乡镇 286 个，受灾人口 521.6 万人，173 万户。因灾死亡 21963 人，失踪 7795 人，重伤 102567 人，轻伤 61851 人；失去住所 91.2 万户，共 254.41 万人无家可归，临时安置 311.6 万人，占全市总人口的 95%。主要特征表现为住房大量损毁，农村住房损毁尤为严重；公共服务设施均有受损，村镇教育设施损毁严重；城乡基础设施大量破坏，村镇基础设施受损严重；城乡生产性设施损毁严重；地震造成的崩塌、滑坡、泥石流等次生灾害使灾区灾情进一步扩大（图 3-1-15、图 3-1-16）。

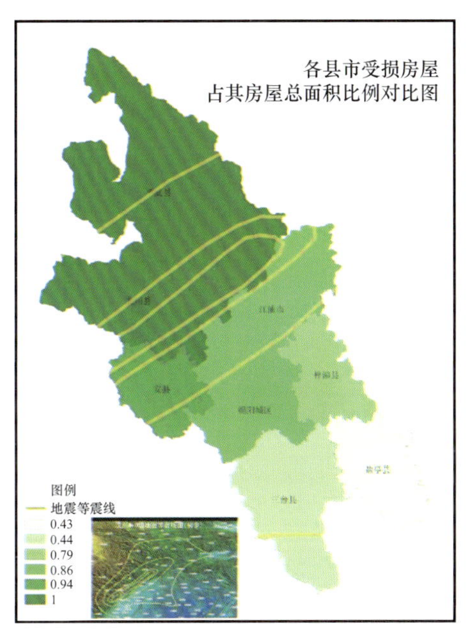

图 3-1-15　各县市受损房屋占房屋总面积比例

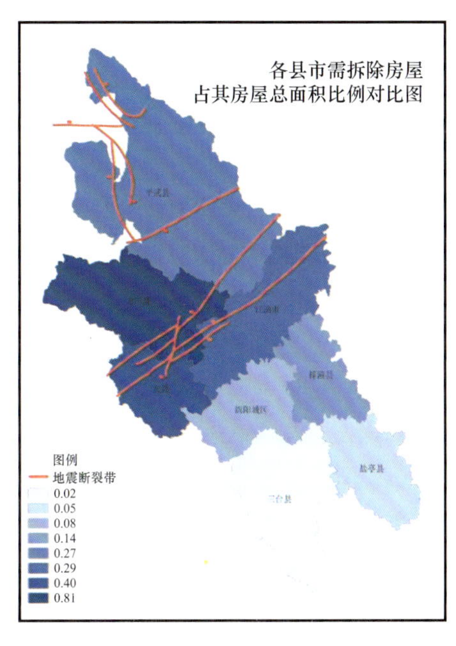

图 3-1-16　各县市需拆除房屋占房屋总面积比例

（二）发展条件评价

1．地质适宜性分区

将绵阳市辖区灾后重建城镇体系规划地质适宜性分为四类区：适宜区、基本适宜区、适宜性差区、不适宜区（图 3-1-17）。

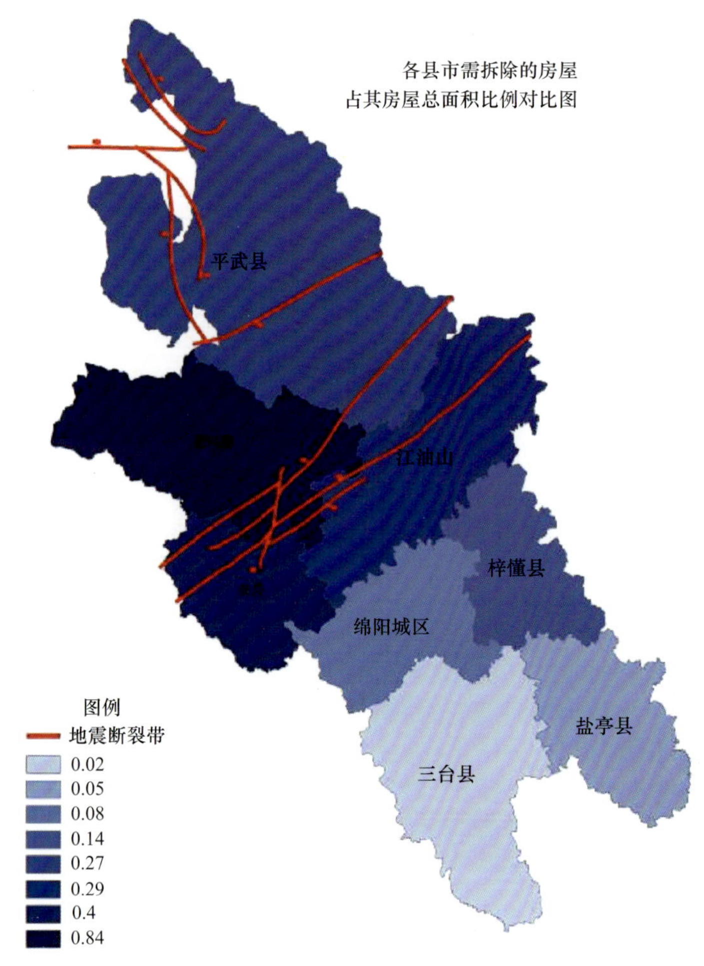

图 3-1-17　绵阳市地质适宜性分区图

2．资源环境承载力评价

综合区域内地质灾害、自然地形、社会经济发展等条件，对灾区城镇建设条件进行综合评价，具体分为高山高原区、中山深谷区和平坝浅丘区，作为城镇体系重建规划和空间管制的重要基础。高山高原区宜实行生态、扶贫、减灾等，移民政策势在必行。中山深谷区的产业布局与地质灾害威胁是该区主要矛盾。平坝浅丘区提高土地承载力是今后发展的主要方向。

（三）受灾人口迁移与安置

北川、安县、平武、江油这四个受灾最为严重的县市需要迁移安置的人口总量约 5 万～ 6 万人。其中，北川县约 3.5 万人、安县约 1.6 万人、平武和江油各 0.5 万人。

（四）恢复重建城镇分类

1．恢复重建的城镇分类与标准

城镇灾后重建主要分为原地重建和异地迁建两类。原地重建指用于重建的城镇建设用地在本级行政区范围（如县城的选址不超出本县行政范围，镇区的选址不超出本镇的行政范围，以此类推），分为原地原址重建和原地异址重建两种情况；异地迁建则指跨出本级行政区择址新建，一般要涉及行政区划调整和撤并。将重建乡镇再细分为恢复重建、压缩规模重建、提升重建（图 3-1-18）。

2．恢复重建乡镇分类

原地异址重建中缩小规模的有北川的青片乡、漩坪乡、陈家坝乡、曲山镇；维持原有规模的有北川的开坪乡、墩上乡和平武的高村乡；优化提升的有北川的小坝乡、安县的晓坝镇、茶坪乡。

异地迁建中维持原有规模的有江油的枫顺乡；优化提升的有北川异地重建的新县城；撤并的有北川的马槽乡。枫顺乡建议迁建至六合乡六合村的弓字坝，行政区界作出适当调整；北川新县城建议迁建至安昌东南，行政区划作出适当调整；马槽乡建议并入白什乡和坝底乡（图 3-1-19）。

（五）产业布局调整

（1）龙门山山脉沿山地带的北川、安县、江油、平武的重要科研院所和重点企业具有极为重要的战略意义。灾后恢复重建工作应充分尊重单位意愿，给予必要的政策照顾并鼓励向中心城区及周边产业园区集中布局。

（2）企业重建应符合灾后产业政策，鼓励重建与技术升级改造同步进行。

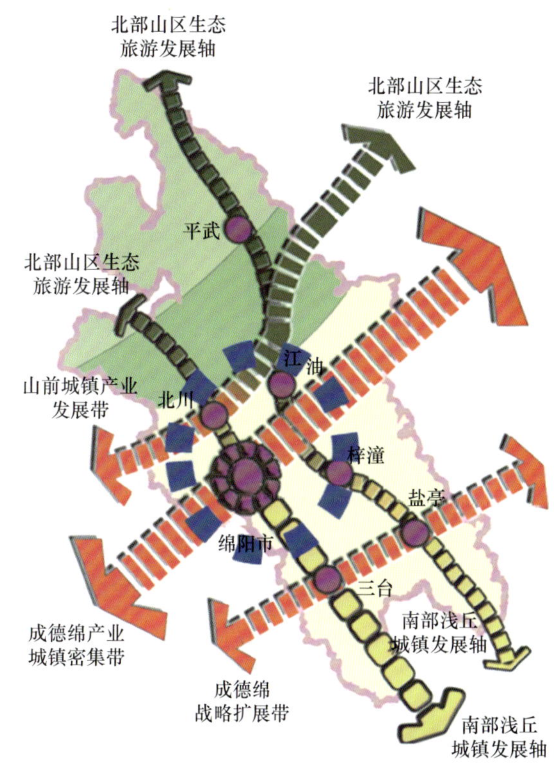

图 3-1-18　绵阳市灾后恢复重建规划空间结构图

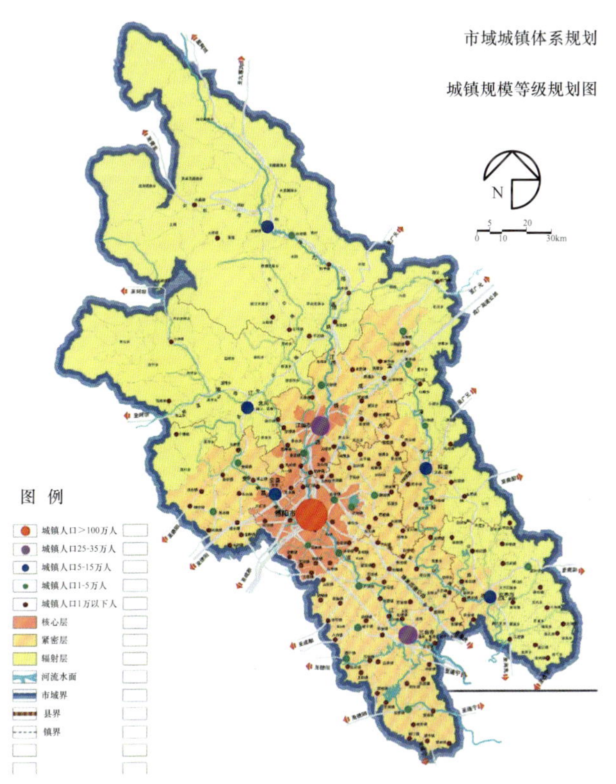

图 3-1-19　绵阳市灾后恢复重建城镇规模调整

（3）确保企业污染物达标排放，满足灾区环境安全条件。

（4）对迁移人口集聚地区实行产业扶持，大力发展劳动密集型产业，扩大就业规模，充分发挥产业发展对人口转移安置的支撑作用。

（5）充分利用绵阳中心城区的技术优势和人才优势，通过新设和扩大现有各级产业集聚区等方式，大力发展高新技术产业、军转民产业和高科技农产品加工业，主动推进灾区产业升级。

（6）设立专门产业区，鼓励对口援建省市将具体产业项目引入产业区，实施项目援建。

（六）城镇体系优化

推进策略：“恢复城镇功能、优化发展格局、提升整体实力”。

1．城镇空间格局优化

绵阳市域的空间结构调整为“一核、三轴、多带、圈层发展”。

（1）“一核”。即以绵阳中心城区为中心，围绕其发展的城镇密集区。主要包括绵阳城区、江油城区、未来的安州新区以及联系紧密的周边城镇；形成“成德绵城镇密集带”北段的核心节点。

（2）“三轴”。分别为成德绵城镇密集带主轴、成德绵密集带东轴和成德绵密集带西轴。

（3）“双带”。为北部山区生态旅游发展带和南部浅丘城镇发展带。

（4）圈层发展。以绵阳中心城区为核心进行圈层式发展，形成以绵阳城区为核心，三台、江油、北川新县城为紧密圈层的由密渐疏的城镇发展区。

2．人口与用地规模

规划调整为：2010年绵阳市总人口540万人，城镇化水平46.3%，城镇总人口约250万人。相比绵阳市已编的城镇体系规划（2006-2020年），将2010年的城镇化水平提高了4.3%，增加了25万城镇人口。新增城镇人口主要分布在绵阳中心城区、江油市区、三台县城、北川新县城以及其他重点中心镇。规划建议2020年绵阳中心城区人口规模调整为148万人，用地规模调整为145km^2。

3．职能结构调整

见表3-1-3。

绵阳市主要城镇职能定位　　表3-1-3

城镇	城镇职能及类型
涪仙城区	科研教育、高新技术产业、现代服务业；综合型
江油市	现代制造业、旅游服务；综合型
安县县城	居住、高新技术产业；综合型
三台城区	纺织、食品及贸易、机械加工、生物医药；综合型
盐亭县城	农副产品加工、轻纺和贸易；综合型
平武县城	旅游、食品加工、水电和林副产品加工；综合型
北川县城	特大地震恢复重建示范区，旅游服务；综合型
梓潼县城	农副产品加工、轻纺、旅游业；综合型

4．发展分区

将绵阳市域划分为四类恢复重建分区：

高山重建恢复区：主要指绵阳市西北部山区。生态环境敏感，对外联系不便，局部地区贫困问题较突出，城镇综合防灾能力较弱，实行长期性的生态、扶贫、减灾等，移民政策是灾后重建的主导策略。

中山深谷重建调整区：主要指龙门山山脉沿线地区。该地区内龙门山断裂带横贯而过，是乡镇损毁极为严重的地区，需要实施异地重建的情况较多。区内矿产资源丰富，三线建设和资源加工型企业聚集，人口密度高。由于受到地质灾害的长期威胁，对该地区的城乡人口和产业布局进行调整是必然需求。

平坝浅丘重点发展区：主要指龙门山以东的平坝浅丘地区内的成德绵城镇密集带主轴、成德绵密集带东轴和成德绵密集带西轴沿线地区，是灾后重建过程中承接西部山区人口和产业转移的主要地区。要加快城镇化进程，调整城镇体系结构，以点状集聚、线状聚合为主导方向，成为优化绵阳城乡空间结构，统筹区域发展的重要平台。

平坝浅丘优化调整区：主要指龙门山以东的平坝浅丘地区内的三个轴线之外的其他地区。这些地区乡镇数量大且规模普遍较小，同时受地质灾害的影响较小。应选取条件较好的中心镇进行集中式发展，集约利用土地，保护耕地。与绵阳中心城区和各县市中心城市协调发展，积极迎接产业梯度转移，发展相关配套产业，农副产品加工业和技术劳动双密集型加工业，部分承接山区移民和产业的转移（图3-1-20）。

（七）市域交通体系及城镇道路调整

在原市域交通体系规划的基础上，恢复重建规划新增加：促成建设三盐高速公路，加强绵遂渝地区的区域联系；促成建设盐亭县至三台县——盐三公路，达到一级公路水平；提升绵阳经安县至北川公路——绵茂公路等级，达到一级公路水平；促成建设安县雎水镇经高川乡至北川墩上乡公路——雎墩公路，达到二级公路水平，睢墩公路与阿坝州境内九环线相接，大区域内形成环路；促成建设黄土经乐兴至秀水公路——黄秀公路，达到二级公路水平（图 3-1-21）。

（八）公共服务设施建设

1．教育设施

（1）恢复重建总体目标

以新建、迁建、维修等形式进行灾后恢复重建。2010 年，基本完成受灾学校的恢复重建工作并全部投入使用，所有学校均达到国家规定的相关建设标准。学校建筑抗震等级应高于所在地区房屋标准，并考虑作为临时避难场所的功能。

义务教育学校应保持城乡、地区之间的均衡。各级各类教育协调发展。

重视民族教育事业的发展，加强少数民族地区教育事业投入，延续传统民族文化。

（2）重建规模

全市需恢复重建校舍 690 万 m^2，维修加固校舍 365 万 m^2。其中，异地重建 21 所学校，原地原址恢复重建 739 所学校，原地异址恢复重建学校 57 所。

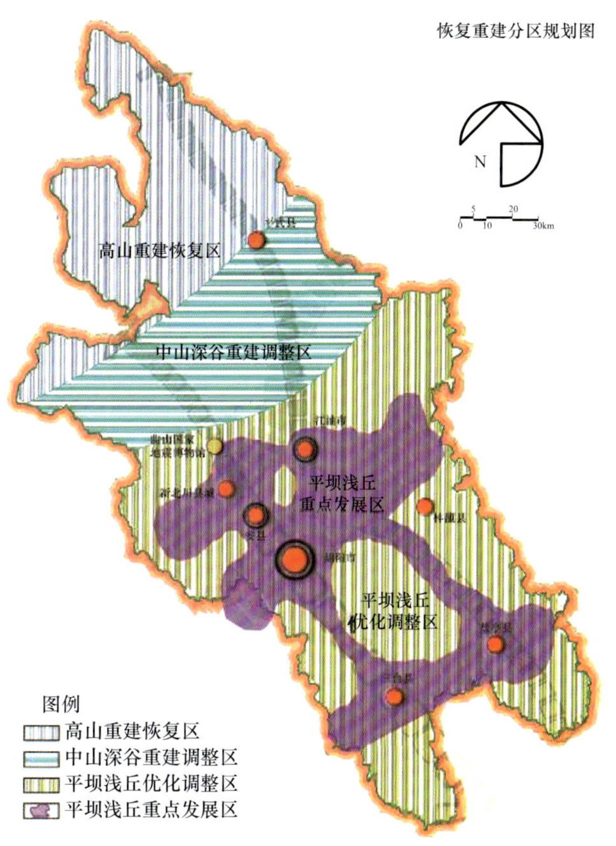

图 3-1-20　绵阳市恢复重建分区规划图

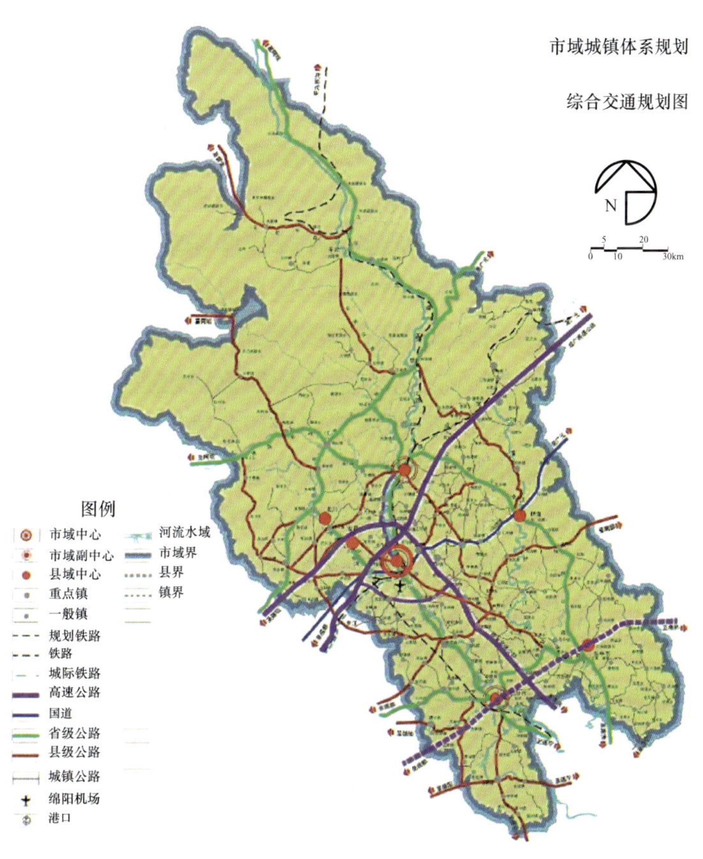

图 3-1-21　绵阳灾后恢复重建综合交通规划图

2．医疗卫生设施

整合资源，合理布局。恢复和健全市、县（市、区）、乡（镇）三级医疗卫生服务网络，充分考虑区域内服务人口数量、卫生资源、自然和交通等因素，因地制宜、合理规划医疗卫生机构的布局。全市需恢复重建医疗卫生设施建筑面积约 330 万 m^2。

3．社会福利设施

建立起规范高效、覆盖城乡的新型社会救援体系，完善最低生活保障、农村五保养老、特困户生活救治和医疗救治的救助制度。完善社会福利体系，提升“老、幼、孤、残”的福利服务和保障水平。全市需恢复重建的社会福利公共服务机构 242 个。

4．文化体育设施

全面完成文化设施恢复重建，基本形成覆盖全市的公共文化服务体系。力争通过灾后恢复重建使体育场、馆达到满足广大人民群众健身的需求。以两馆一站一室、文物保护、非物质文化遗产保护和文化产业等为重点，按照市、县、乡、村四级开展重建。

5．商业金融设施

结合城镇化和新农村建设，推进提高流通现代化水平，满足市民日益提高的物质文化生活需要。

（九）市政公用设施重建

1．基础设施重建基本原则

灾区城镇基础设施恢复重建主要包括供水系统、排水系统、供电系统、电信系统、燃气系统和垃圾处理系统六大类。

原址恢复重建的城镇以现状市政设施系统为基础，重点实施修复，完全恢复到灾前水平，并增强系统的安全可靠性。原址恢复的设施规模原则上按照原有的设施规模确定，可以适当扩大设施规模和提高设施水平。

异地迁建城镇根据供给保障需要建立新的市政设施系统，新建的设施规模根据城镇需求和当地设施配置水平确定，并达到所属地区的抗震标准。

垃圾处理要实行减量化和资源化利用原则，对生活废弃物回收利用，尽可能采取卫生填埋的方式处置生活垃圾。

2．基础设施重建方案要点

供水：建设安全、高效、经济的城镇供水系统，实现城乡统筹、区域联合供水系统。实施乡镇供水工程，全面提升乡镇供水能力，加快乡镇供水系统改造。逐步取消各自备水源，各集镇生活用水由水厂集中供水，城乡居民饮用水水质达到国家规定的生活饮用水标准。建设好水源保护区。

污水：建设与市域城镇发展相适应的雨、污水排放与利用系统。县城及重点镇排水体制为雨、污分流制，污水经二级处理后排入水体；一般乡镇排水体制宜采用雨、污分流制，也可采取截流制、合流制，污水可经过氧化塘或氧化沟初级处理后排入水体。风景名胜区各乡镇、旅游服务接待区（站）居民点的污水要进行深度处理后方可排入自然水体。

电力：依据相关规划，根据市域城镇发展需要，适时新建若干 110kV、220kV 变电站及 500kV 变电站；积极发展城市电网建设，在电力输送上与电力发展相适应，开发、输、配相平衡。

电信：稳步提升电信网络综合通信能力，完善网络结构，提高技术水平；移动通信基站覆盖市域建制镇。建立全市统一的广播电视传输网，优化设施建设和有线电视网络，广播电视信号通过光缆实现市、县各级电台传输，无线广播电视信号经市、县发射台实现对市域覆盖。进一步完善邮政中心局—支局—所的结构体系，优化城区网点布局，加强新建城区和县城及各乡镇邮政设施建设。

燃气：加快城镇燃气发展，具备气源条件的平原和丘陵地区城镇逐步形成完善的燃气供应系统，以天然气作为主要燃料；山区乡镇以液化石油气、电为主，推广使用沼气。

垃圾：以源头减量化收集、无害化处理、资源化利用为目标，采用分类收运、集中处理的方式，建设村收集、镇转运、县区集中处理的城乡生活垃圾处理体系。各市县设置垃圾综合处理场，平原地区乡镇的生活垃圾由县区垃圾处理厂集中处理，山区乡镇可单独建设垃圾卫生填埋场。确保水源保护区等重点地区无垃圾污染。

（十）绿地系统规划

1．区域绿地

在全市域内开展城镇园林绿化系统规划，以安昌江、涪江为纽带，从区域角度保护、恢复原有的自然山体轮廓和河流水系，保护、恢复生态敏感性较高的区域。尤其对于山体崩塌地区，要加紧恢复其绿化植被，减轻次生地质灾害的威胁。

2．场镇绿地

对于易地新建地区的绿化面积应占总用地的35%以上；对于原地部分恢复重建的地区要留足、留好绿化用地。

绵阳市区内在涪仙城区规划三级公园绿地：市级公园绿地10hm^2以上；区级公园面积3hm^2以上；居住区及以下级公园绿地3hm^2以下。

（十一）风景名胜区恢复与保护

1．基本情况

绵阳市拥有五处国家级风景名胜区，分别是窦团山—佛爷洞（江油市）、七曲山大庙（梓潼县）、西羌九黄山—猿王洞风景名胜区（北川）、安县海绵生物礁国家地质公园、剑门蜀道（成都、德阳、绵阳、广元）；拥有八处省级风景名胜区，分别是乾元山、李白故里、江油国家地质公园（江油市）、云台观（三台县）、千佛山、罗浮山—白水湖、龙泉砾宫（安县）、富乐山（绵阳）；两处市级风景名胜区，分别是大禹故里（北川县）、福严（绵阳市区）。

2．恢复重建目标

以国家级风景名胜区为重点，恢复和开放区内主要的景区和景点，满足灾后重建需要。完成区内各风景名胜区灾后重建规划，提出风景资源保护和生态恢复措施，初步建立风景名胜区灾害监测系统，稳步推进风景名胜区恢复重建。

3．恢复重建重点

尽快恢复景区水、电、路等基础设施，保障安全；修复景区景观风貌与生态环境；恢复建设景区公共服务设施；适当搬迁核心景区农业人口；加强公共服务管理，提升服务水平。

（十二）生态环境保护与历史文化遗产抢救

1．市域生态功能分区

规划将全市划分为生态保育区、城市生态建设区和农业生态建设区三种生态功能区，并根据不同功能区的特点提出建设控制与保护原则。

北部山地生态保育区。主要包括平武、北川两个山地县以及安县、江油市的龙门山脉边缘山地区。是市域主要河流的发源地和上游区，是市域的国家生态建设所要求的退耕还林、退耕还草的重点治理区域，是市域内生态保护区、珍稀生物保护区、风景名胜区分布集中的区域，是市域主要矿产资源分布区，也是地质灾害重点防治地区。

中部城镇生态建设区。主要包括绵阳市辖区（游仙区和涪城区）、江油市和安县的浅丘区。是市域城镇发展密集区和城乡一体化发展区域，在这些地区生态建设的重点是：限制污染工业在本区域布局；加快污水处理、垃圾处理设施工程的建设，特别是中心城区周边重点工业镇的设施建设。注重区域环境保护设施的共享共建和生态环境保护的一体化；按国家生态园林城市的建设标准进行城市建设，按建设生态文明镇、生态文明村目标进行村镇建设。

东南部农业生态建设区。主要包括三台市、盐亭市、梓潼县等丘区农业经济区，是市域人口密集区和农业产业化发展的主要区域。

2．历史文化遗产抢救

抢救和保护羌族文化。恢复重建少数民族城镇要尊重地方传统，突出民族文化特色。

修复历史文化城镇。要注意保持传统的街道肌理和空间尺度，不得改变与传统格局和历史风貌相互依存的自然景观和环境。

（十三）防灾体系构建

1．恢复重建城镇的地质环境对策

采取多手段、分阶段的方式切实做好地质灾害调查（勘察）工作。对工程建设所形成的不稳定边坡采取必要的挡墙、锚固等护坡措施，对新建、改扩建工程必须进行环境地质评价和建设用地地质灾害危险性评估工作，加强地质环境保护意识及地质灾害科普知识的宣传和普及工作，增强全民地质环境保护意识。近期以监测预警、工程治理并逐步实施搬迁避让相结合，中期及远期尽可能多地发展林业生产，推进退耕还林工作，营造经济林和水保林，并适量改梯和保土耕作措施，减小水土流失，改善自然生态和地质环境重建的城镇必须在完全消除地质灾害威胁后方可建设。

2．洪涝灾害防治

绵阳市域地面水体主要属长江上游支流涪江水系，梓潼、盐亭有部分区域分属长江上游支流嘉陵江。中心城区现状主要由各大水库、涪江与涪江支流安昌、芙蓉溪等河流组成综合防洪体系，主要的防洪工程设施包括（蓄水）防洪水库、沿河堤防（防洪墙）及护坡、护岸等河道整治工程、排涝泵站等。现状防洪标准中心城区和江油城区为100年一遇，其余县城为20～50年一遇，一般乡镇为10～20年一遇。

3．城镇防灾设施

城镇防灾基础设施建设包括疏散救援通道、避难场所、生命线工程三大类。

（1）疏散救援通道

结合交通网络建设疏散救援通道，提高灾时疏散救援道路通行能力保障。各城市、县城需选择对外疏散出入口，确定3～5条主要疏散救援通道。对可能阻碍道路通行的山体塌方和建筑倒塌采取避让、改造加固等防范措施，同时提高疏散救援道路上桥梁和高架段的抗震性能。

（2）避难场所

避难场所建设利用学校、体育场馆、文化场馆和城市公园进行加固或改造，城市、县城面积指标采用人均$2m^2$，同时考虑场地条件、生活设施配置、生活物资储备和安全防护的技术要求。

（3）生命线工程

生命线工程建设需加强灾时保障能力，城市和乡镇需建立应急水源；建立备用电源；设置移动通信设备，以上设施须达到抗8级地震烈度的强度。

八、县（市、区）灾后重建城镇体系规划及案例——汶川县地震灾后恢复重建城镇体系规划

在《四川灾后重建城镇体系规划》和六个市（州）灾后恢复重建城镇体系规划的指导下，极重灾区的10个县（市）均及时开展了灾后重建城镇体系规划，分别是四川省汶川县、北川县、绵竹市、什邡市、青川县、茂县、安县、都江堰市、平武县、彭州市。重灾区的29个县（市、区）大多数也编制了灾后重建城镇体系规划。下面以具有代表性的汶川县地震灾后恢复重建城镇体系规划为例介绍四川汶川地震灾区县（市、区）域灾后重建城镇体系规划。

（一）基本县情

汶川县位于四川盆地西北部，全县辖 6 镇 7 乡、126 个行政村、3 个社区，2007 年年末户籍人口 105436 人。其中，非农业人口 37998 人，农业人口 67438 人，全县城镇化率 38.9%。

汶川县地处龙门山系和邛崃山系之间，为高山峡谷地区，地势自西北向东南倾斜，山脉构成全县地形的主要骨架。按不同高度，大体可分为三个阶梯：一级阶梯为高山、极高山，海拔在 3500 ～ 5000m 以上，占总面积的 74%。二级阶梯为中高山、高山，海拔 2000 ～ 3500m，占总面积的 16%。三级阶梯为中山、低山和河谷地，海拔 2000m 以下，占总面积的 10%。县境及邻区地质构造复杂，地震活动频繁。

县域气候明显分为两个自然气候区：以银杏乡苏坡店为界，以南映秀、漩口河口地带属山地亚热带湿润季风气候区，以北绵虒、威州河谷地带属暖温带大陆性半干旱季风气候区。

羌民族文化旅游资源和生态旅游资源突出，与羌民俗相关的省、州非物质文化遗产 25 个。汶川县人文资源主要分布于县域北部绵虒、威州地区，主要为禹、羌文化和三国文化的遗址。自然景观资源主要在县域南部卧龙、三江地区，这里有国家级卧龙自然保护区、三江生态旅游区等。

2007 年全县生产总值 28.77 亿元，人均 GDP 为 26204 元，形成能源（水电）、铝铁冶炼、旅游三大主导产业。汶川县是阿坝州的“工业经济走廊”，2007 年实现工业总产值 38.69 亿元，占全州工业产值的近 70%，其中重工业占 98%（图 3-1-22）。汶川县域由于水资源分布不均和交通依赖性高，使得当地产业沿江沿路分布的特征十分明显，呈“2 轴 2 核 5 极 3 区”的总体格局（图 3-1-23）：

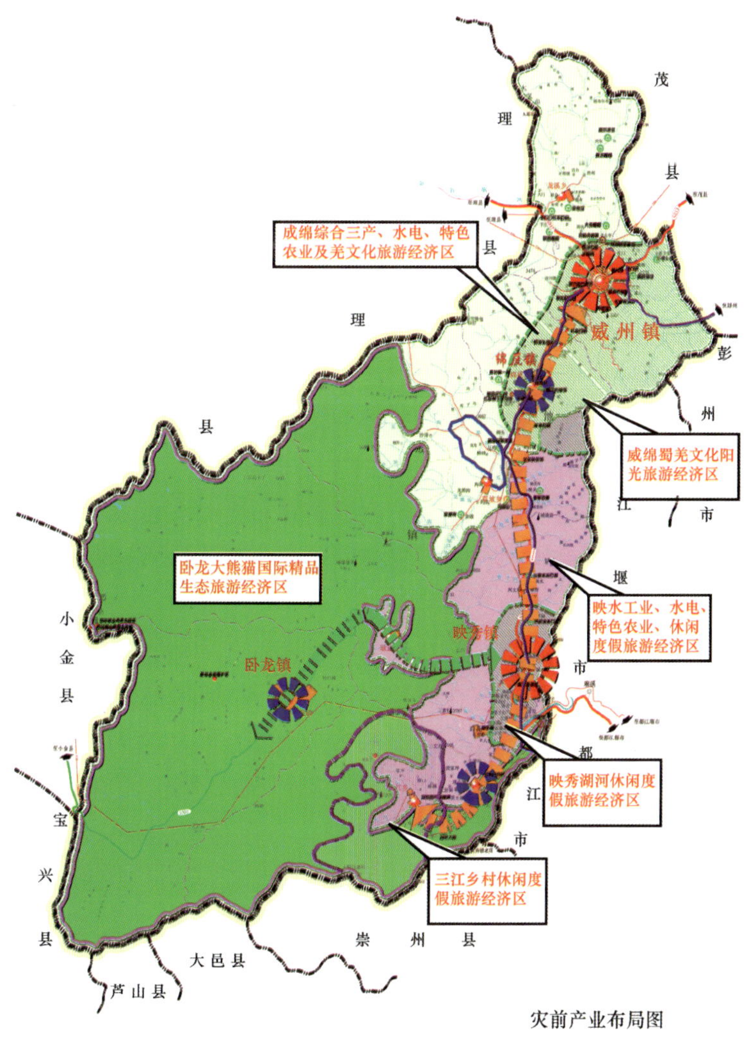

图 3-1-22　汶川县灾前产业布局图

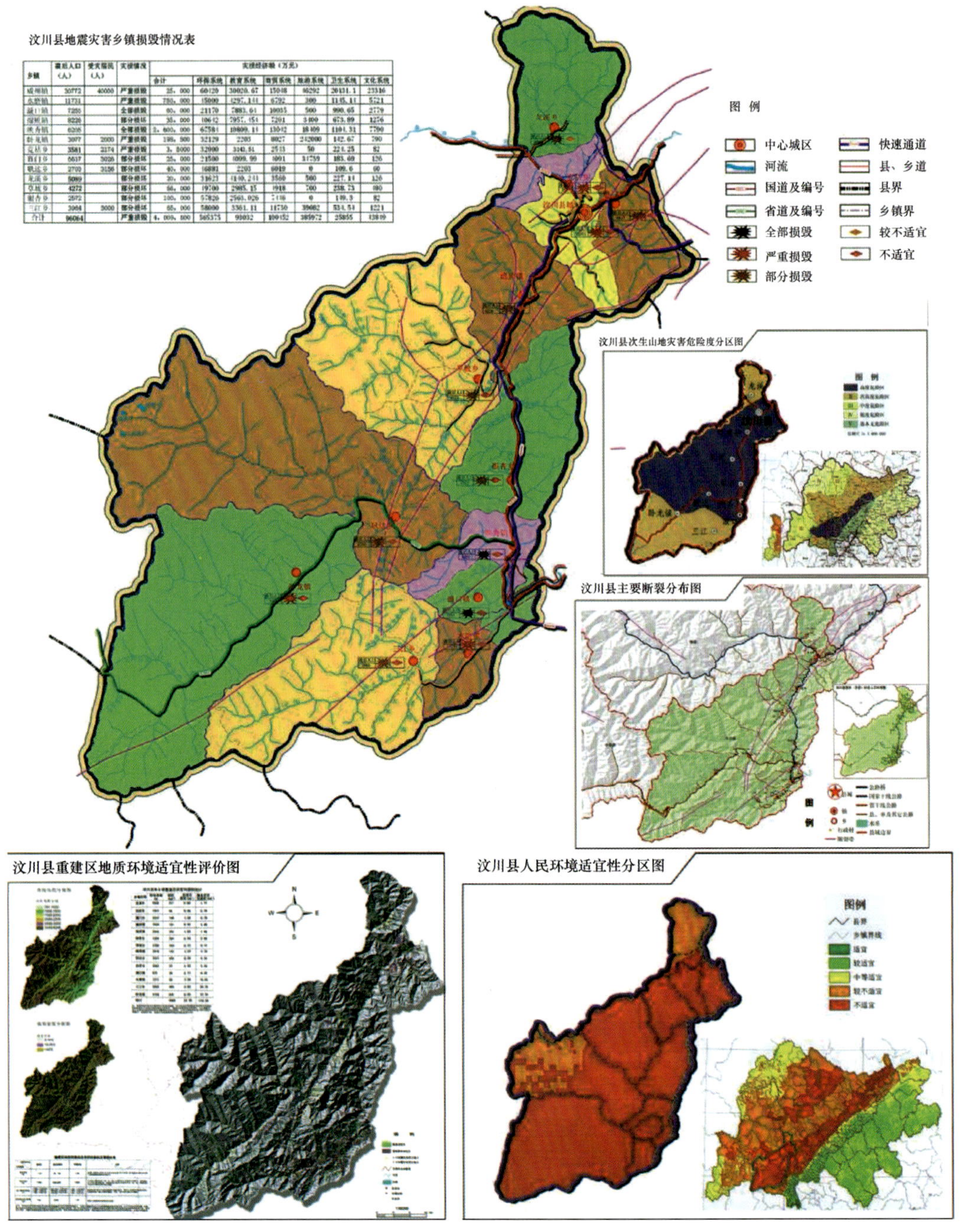

汶川县地震灾害乡镇损毁情况表

乡镇	震后人口（人）	受灾居民（人）	灾损情况	灾损经济额（万元）						
				合计	环保系统	教育系统	商贸系统	旅游系统	卫生系统	文化系统
威州镇	30772	40000	严重损毁	25，000	60120	30020.67	15048	46292	20131.1	23316
水磨镇	11731		严重损毁	750，000	15000	4297.141	6792	300	1145.11	5721
漩口镇	7250		全部损毁	60，000	21170	7883.61	10035	500	990.65	2779
绵虒镇	8220		部分损坏	35，000	10642	7957.154	7201	3400	673.89	1256
映秀镇	6208		全部损毁	2，600，000	67584	10809.11	13042	18409	1101.31	7790
卧龙镇	3077	2000	严重损毁	198，500	32129	2203	8027	242000	142.67	790
克枯乡	3581	2174	严重损毁	3，8000	32000	3142.51	2513	50	221.25	82
雁门乡	6617	3026	部分损坏	25，000	21500	4099.99	4091	31759	183.69	126
耿达乡	2700	3136	部分损坏	40，000	16881	2293	6019	0	109.6	60
龙溪乡	5089		部分损坏	20，000	31621	4100.241	3560	500	227.14	126
草坡乡	4272		部分损坏	66，000	19700	2985.15	4918	700	238.73	100
银杏乡	2572		部分损坏	100，000	57820	2561.026	[illegible]	0	119.3	82
三江乡	3964	3000	部分损坏	65，000	58000	3361.11	11730	39082	534.54	1221
合计	96064		严重损毁	4，000，800	565375	93032	109152	385972	25855	43819

图 3-1-23　汶川县综合现状图及地质灾害、人居环境评价分区图

“2”——2 轴（威州—三江工业经济发展主轴、映秀—卧龙旅游经济发展辅轴）；

“2”——2 核（威州、映秀（含漩口））；

“5”——5 极（威州、绵虒、映秀（含漩口）、水磨、卧龙）；

“3”——3 区（威绵综合三产业、特色农业、羌文化旅游经济区；映秀工业、水电、休闲度假经济区；卧龙国际大熊猫生态精品旅游经济区）。

（二）地震损失情况

汶川是国家确定的 10 个极重灾区之一，震中映秀镇被夷为平地。全县受灾人口 145600 人（含暂住和流动人口）。全县死亡 15941 人，失踪 7295 人，受伤 34583 人。全县城乡居民倒塌房屋 399 万 m^2，严重受损房屋 221 万 m^2，受影响居住人口 12 万余人。交通、能源、通信等基础设施全部中断，学校、医院等公共服务设施严重毁损，工业、旅游业等支柱产业遭重创，农业产业严重受损，生态环境严重破坏，全县累计直接经济损失为 642.5 亿元。

（三）区域战略地位和作用

（1）川西北高原的门户：汶川县处于成都平原西部边缘，是成都平原进入川西北高原的咽喉，也是山内、山外经济交往、资源交换、信息互通的枢纽。

（2）阿坝州和四川省重要（精品）旅游线上的重要旅游节点。

（3）阿坝州的工业“基地”和文化教育与科技中心、经济中心。

（四）地震对汶川县原城镇体系的影响及评价

1．“π”字形空间结构的变化

地震后 G213、G317、S303 等交通干线受损严重，尤其 G213 映秀段“抢通难，保通更难”，县域南北向的交通顺畅度不如震前，随着北部汶彭高速、南部都汶高速的建成，未来汶川发展应从南北两个方向，加强与成都平原城镇的沟通和联系。而南部水磨、漩口等城镇发展可建设用地较多，同时规划建设水磨至青城山后山的“青水路”、三江至崇州市苟家的道路，在南部打通通往成都平原的新通道，汶川城镇发展重心将明显向南部水磨、漩口等城镇转移。

震后汶川县域将大力发展旅游业，卧龙镇熊猫旅游资源独特，发展潜力较大，与其他乡镇协同开发旅游线路，可以实现旅游资源互补，同时规划打通三江至卧龙镇的道路，因而卧龙与其他乡镇联系将更为密切，沿都汶高速、S303 省道向西形成一条以熊猫遗产保护为主的旅游功能城镇发展轴，而 G317 线（杂谷脑河）发展轴将弱化，从而城镇空间形态主要呈现“十”字形结构。

2．城镇等级规模和职能结构的变化

震后各乡镇可建设用地规模等发生巨大变化，致使各城镇的等级规模和职能结构也相应发生很大改变。原县重要工业与旅游中心、州重要工业点的映秀镇受损极其严重，可建设用地大幅减少，近期难以恢复，其规模将减小明显，职能将发生重大改变。同时，县城威州镇由于周围山体不稳定，次生地质灾害较多，未来在原址重建中，将适当缩小人口规模，减少城镇职能。而受灾相对较轻的水磨镇目前人口容量较大，可建设用地较多，未来将作为县域内主要人口安置区，在原工贸旅游城镇的基础上，着重向教育、居住功能发展。

（五）震后汶川县发展条件分析

1．困难与挑战

生态环境受到极大破坏，导致生存发展条件变差；受灾群众安置任务艰巨，恢复重建面临严峻挑战；企业损毁严重，就业压力大；对政府的行政管理能力提出了新的考验。

2．制约因素

地震带来的次生地质灾害较多；灾区重建在招商引资上吸引力打折；自身经济实力不强，支撑力不足；交通等基础设施恢复重建困难。

3．优势条件

区位优势还继续存在；矿产资源丰富；旅游资源尚未受到很大的影响；上级政府的多方支持提供了发展的后盾。

4．机遇与机会

震后将迎来更多政策优惠，给重建带来新机遇；广东省对口支援将给汶川带来积极而有实效的作用；特大灾害也是“眼球经济”发展的巨大机遇；灾后重建将给汶川产业带来新的转变和机遇。

（六）震后县域环境承载力综合分析

根据中国科学院成都分院和水利部成都山地灾害与环境研究所联合完成的《汶川地震重灾区资源环境承载力评价》，以及成都理工大学地质灾害防治和地质环境保护国家重点实验室编制的《四川省汶川县重建区地质环境适宜性评价》，结合汶川县内地质灾害、自然地形、社会经济发展等条件，对汶川灾区城镇建设条件进行综合评价。

1．县域资源环境承载力要素评价

COD 水环境容量 11149t/ 年、COD 排放量 2853.4t / 年、二氧化硫大气环境容量 10971t / 年、二氧化硫排放量 3584t / 年，环境承载力无超载；可利用水资源丰富，人均可利用水资源潜力大于 1000m^2。但可利用建设用地资源缺乏，人均可利用建设用地资源潜力面积小于 0.1 亩；生态系统十分脆弱，极脆弱比重达 70.14%，是四川地震重灾区中生态系统极脆弱比重最大的区域；生态系统重要性较高，重要区比重达到 74.89%。

2．县域资源环境承载力综合评价

根据地形坡度、海拔高程、距主断裂带距离和距地质灾害点距离等评价指标，将重建区的地质环境适宜性分为三个等级：即不适宜区、基本适宜区、适宜区。由于汶川县是这次地震的中心地带，受灾十分严重，其资源环境综合承载能力下降很大，很大部分已成为不适宜区，适宜区面积减少，土地粮食承载人口能力十分有限（表 3-1-4 ～表 3-1-6）。

重建区地质环境适宜性评价指标及等级标准 表 3-1-4

适宜性分区	适宜区	基本适宜区	不适宜区
地形坡度（°）	＜ 15	15 ～ 25	＞ 25
海拔高程（m）	＜ 1500	1500 ～ 2000	＞ 2000
距主断裂带距离（m）	＞ 1500（县级城镇）	1000 ～ 1500（县级城镇）	＜ 1000（县级城镇）
	＞ 800（乡镇驻地）	500 ～ 800（乡镇驻地）	＜ 500（乡镇驻地）
	＞ 500（其他区域）	200 ～ 500（其他区域）	＜ 200（其他区域）
距地质灾害点距离（m）	＞ 80	50 ～ 80	＜ 50

资料来源：成都理工大学地质灾害防治与地质环境保护国家重点实验室 2008 年 6 月 12 日编制的《四川省汶川县重建区地质环境适宜性评价》。

汶川县各乡镇重建区适宜性面积统计 表 3-1-5

乡镇名称	驻地海拔（m）	面积（m^2）	适宜区面积（km^2）	基本适宜区面积（km^2）
龙溪乡	2959	211	0.00	1.71
克枯乡	1967	66	0.00	5.74
雁门乡	2237	146	1.62	6.73
威州镇	1630	131	0.41	5.66
绵虒镇	2945	252	1.65	1.99
银杏乡	1384	284	0.94	2.98
草坡乡	2782	523	0.12	9.71
映秀镇	2019	122	1.57	2.73
耿达乡	3337	850	0.39	6.22
白花乡	2062	57	2.65	5.50
漩口镇	875	39	2.11	8.32
水磨镇	1211	89	7.09	19.05
三江乡	2093	490	3.93	28.76
卧龙镇	3728	829	0.35	13.10
合计		4089	22.83	118.20

资料来源：成都理工大学地质灾害防治与地质环境保护国家重点实验室 2008 年 6 月 12 日编制的《四川省汶川县重建区地质环境适宜性评价》。

汶川县人居不适宜、较不适宜区人口承载力分析（万人） 表 3-1-6

震前人口	震后人口	震前粮食承载人口（小康型）	震灾灭绝耕地（亩）	震后粮食承载人口（小康型）	震前超载人口	震后超载人口
10.54	8.15	3.98	21600	3.21	-6.56	-4.94

资料来源：中国科学院成都分院和水利部成都山地灾害与环境研究所 2008 年 6 月 15 日联合完成的《汶川地震重灾区资源环境承载力评价》。

（七）城镇空间布局结构

根据地震前汶川县域形成的空间结构的现状，综合分析地震对未来城乡空间布局产生的影响，规划提出汶川县域城镇空间布局结构的调整思路为“南北两心、纵横两轴、内外五片”，即“两心两轴五片区”的空间结构。

（1）南北两心：是指县城（含威州镇和雁门乡）和水（磨）漩（口）镇。

(2) 纵横两轴：为纵轴（城镇建设集聚发展轴）和横轴（生态保护和遗址旅游发展轴）。

(3) 内外五片：是指北片区（历史文化保护及生态农业发展区）、南片区（文化教育及休闲会展旅游区）、中片区（地震遗址旅游及纪念区）、西片区（自然生态保护及生态旅游区）和广东现代产业园区（飞地）。

（八）城镇规模等级结构

汶川县的生态环境极为脆弱，地震灾害、次生山地灾害危险性程度极高，人居环境安全度低，资源潜力特别是可利用土地资源潜力非常小，因此，汶川县未来人口规模的确定是"以地定人"，良好的人地关系是汶川可持续发展的一个重要基点。规划通过恢复生态用地，控制建设用地的供给，调整产业结构，迁移原有劳动密集型企业等方式，达到控制总人口规模的目的（图 3-1-24）。

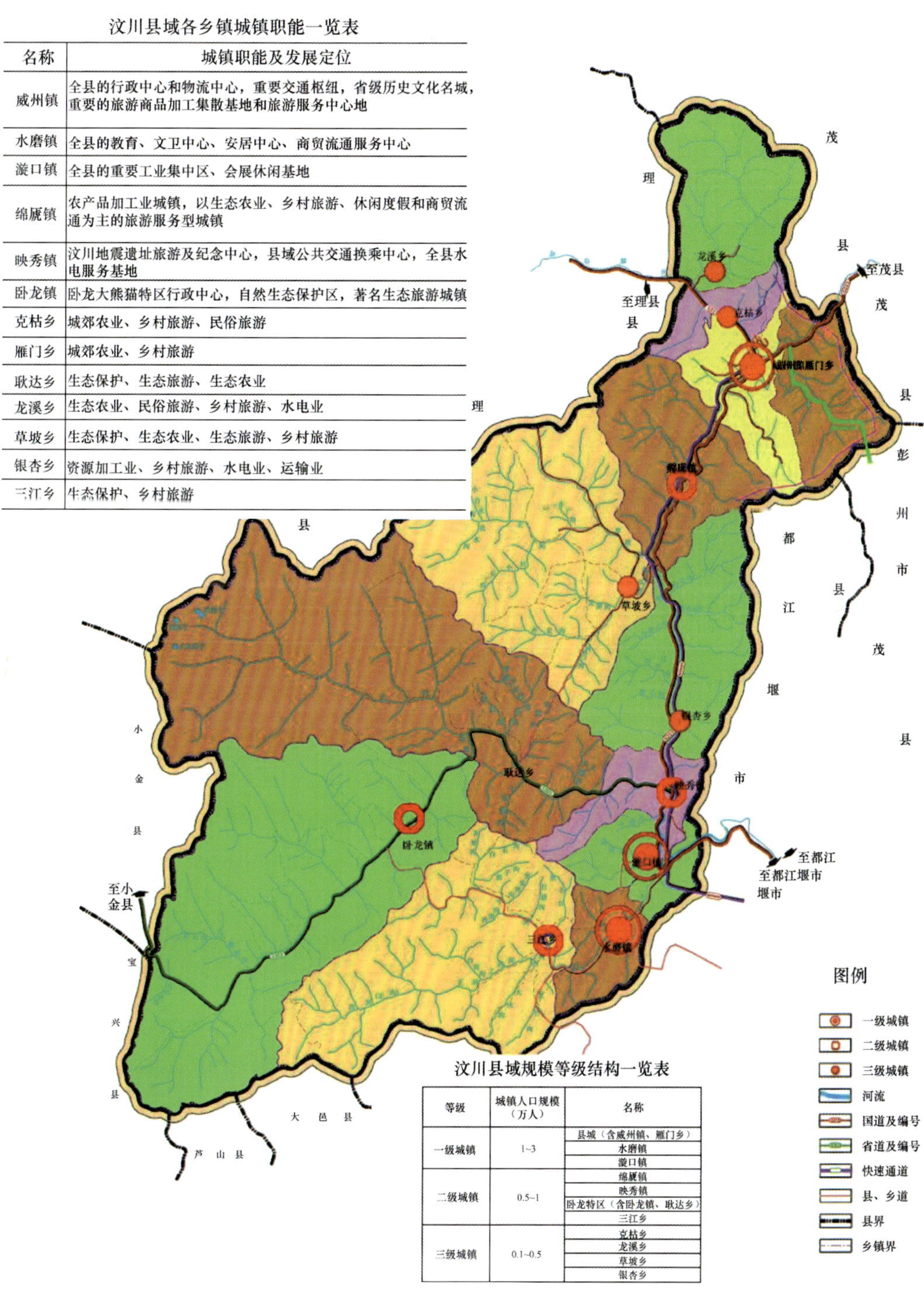

汶川县域各乡镇城镇职能一览表

名称	城镇职能及发展定位
威州镇	全县的行政中心和物流中心，重要交通枢纽，省级历史文化名城，重要的旅游商品加工集散基地和旅游服务中心地
水磨镇	全县的教育、文卫中心、安居中心、商贸流通服务中心
漩口镇	全县的重要工业集中区、会展休闲基地
绵虒镇	农产品加工业城镇，以生态农业、乡村旅游、休闲度假和商贸流通为主的旅游服务型城镇
映秀镇	汶川地震遗址旅游及纪念中心，县域公共交通换乘中心，全县水电服务基地
卧龙镇	卧龙大熊猫特区行政中心，自然生态保护区，著名生态旅游城镇
克枯乡	城郊农业、乡村旅游、民俗旅游
雁门乡	城郊农业、乡村旅游
耿达乡	生态保护、生态旅游、生态农业
龙溪乡	生态农业、民俗旅游、乡村旅游、水电业
草坡乡	生态保护、生态农业、生态旅游、乡村旅游
银杏乡	资源加工业、乡村旅游、水电业、运输业
三江乡	生态保护、乡村旅游

汶川县域规模等级结构一览表

等级	城镇人口规模（万人）	名称
一级城镇	1~3	县城（含威州镇、雁门乡）
		水磨镇
		漩口镇
二级城镇	0.5~1	绵虒镇
		映秀镇
		卧龙特区（含卧龙镇、耿达乡）
		三江乡
三级城镇	0.1~0.5	克枯乡
		龙溪乡
		草坡乡
		银杏乡

图 3-1-24　汶川县灾后重建城镇体系规划图

汶川县域13个乡镇划分为3个层次（表3-1-7）：

汶川县城镇规模等级结构一览表 表3-1-7

等 级	城镇人口规模（万人）	数量（个）	名 称
一级城镇	1～3	3	县城（含威州镇、雁门乡）
			水磨镇
			漩口镇
二级城镇	0.5～1	4	绵虒镇
			映秀镇
			卧龙特区（含卧龙镇、耿达乡）
			三江乡
三级城镇	0.1～0.5	4	克枯乡
			龙溪乡
			草坡乡
			银杏乡

（九）城镇职能结构

按照地震前汶川县域各乡镇的发展基础以及地震后乡镇的用地、产业和生态环境等实际情况，汶川县的各项职能将分布于县域内的各乡镇，形成梯次合理的城镇职能结构，调整和优化各乡镇的城镇职能（表3-1-8）。

汶川县域城镇职能结构一览表 表3-1-8

名 称	城镇职能及发展定位
威州镇	全县的行政中心和物流中心，重要交通枢纽，省级历史文化名城，重要的旅游商品加工集散基地和旅游服务中心地
水磨镇	全县的教育、文卫中心、安居中心、商贸流通服务中心
漩口镇	全县的重要工业集中区、会展休闲基地
绵虒镇	农产品加工业城镇，以生态农业、乡村旅游、休闲度假和商贸流通为主的旅游服务型城镇
映秀镇	汶川地震遗址旅游及纪念中心，县域公共交通换乘中心，全县水电服务基地
卧龙镇	卧龙大熊猫特区行政中心，自然生态保护区，著名生态旅游城镇
克枯乡	城郊农业、乡村旅游、民俗旅游
雁门乡	城郊农业、乡村旅游
耿达乡	生态保护、生态旅游、生态农业
龙溪乡	生态农业、民俗旅游、乡村旅游、水电业
草坡乡	生态保护、生态农业、生态旅游、乡村旅游
银杏乡	资源加工业、乡村旅游、水电业、运输业
三江乡	生态保护、乡村旅游

为保障城乡空间布局结构调整的顺利实施，规划提出在县域范围内实现“功能分置化、交通网络化、设施共享化、用地集约化”的措施。

（十）公共服务设施布局规划

1．教育设施

优先重建中小学校，合理选址，统一规划，高水准建设，严格加强监理和验收，“要让灾区学校成为社会最放心的地方”。考虑到此次地震全社会对学校建设的关注，提出以下规划建议：

（1）抗震标准：学校要建成全社会最放心、最安全的建筑，在汶川一般公共建筑设计按照8度抗震的标准。

（2）建筑楼层：参照《城市普通中小学校校舍建设标准》小学不宜超过四层、中学不宜超过五层；《农村普通中小学校校舍建设标准》小学不宜超过三层、中学不宜超过四层。规划中考虑地震等突发事件紧急疏散的需要，建议汶川中小学楼层不超过三层。

(3) 学校的社会功能：考虑部分乡镇可建设用地面积较紧张的现状，在学校设计、选址、建设中应当考虑学校可作为全社会紧急避难场所的要求；在建筑设计时充分考虑地震等突发事件时，师生快速疏散的要求；在选址中要执行最严格的地质、地震灾害避让距离，使用最安全的土地建设让社会最放心的学校；在设施规划布局中适当增加操场面积，教学楼、宿舍楼周边保留足量的紧急避难撤离空间。

以九年义务教育学校为重点，实行标准化建设，全面恢复重建各级各类教学基础设施。依据学龄儿童规模、分布及可用的现有教育资源状况，调整学校结构，合理布局，促进义务教育均衡发展和各级各类学校协调发展。分片区建立完全中学和初级中学，拆除灾前的绵虒中学和七盘沟九年一贯制学校初中部与桑坪中学合并；拆除水磨镇第二小学合并到水磨小学；拆除绵虒镇玉龙小学合并到绵虒小学；拆除全县所有村小及教学点，合并到所在乡镇中心校，将所有乡镇中心小学建设成为全寄宿制学校。

同时，在每所乡镇中心小学内设 2 ～ 3 个学前教育班，面向全乡招收 4 ～ 6 岁学前学龄儿童。同时，将幼儿园、托儿所引进市场竞争体制，推行民间资金办学、教育监督的运行机制。补充师资力量，大力开展教师培训，全面提升师资水平。按照 2007 年的标准配套相应的教学设备设施、仪器设备和图书资料，所有恢复重建学校达到国家颁布的学校校舍建设标准和设备配套要求。异地选址恢复重建县境内的成人教育学校。从硬件和软件上把威州中学建设成为藏区一流，全国知名的学校。在威州中学、映秀小学内设立“5・12”大地震纪念陈列室，为传承人民教师在大灾面前所表现出来的大无畏、舍己为人、一切为了孩子的大爱精神搭建一个展现平台。

规划将阿坝师专、威州民族师范学校修建在水磨镇白石地区，威州中学、特殊儿童教育学校修建在水磨镇，阿坝电大在威州镇恢复重建。扩大水磨初级中学办学规模，适当调整桑坪中学办学模式（在漩口中学完全转入职业技术高中后，将桑坪中学调整为完全中学）。重视民族教育事业的发展。扩大特殊儿童教育学校原有规模，全面提高残疾儿童义务教育入学率。

2．医疗卫生设施

优先恢复医疗设施建设，按照“综合医院—社区卫生服务中心”的模式构建多层次布局合理的医疗卫生服务体系，严格按照相关标准合理配置。县城应建设一个综合医院和中医院、妇幼保健院等专科医院，每 1 万人设立一所社区卫生服务中心。每个乡镇拥有一个卫生院，重点镇建设规模较小的综合医院，重点中心村设立医疗站点。

以县、乡（镇）两级医疗卫生机构为重点，优先重建公共卫生服务设备设施，恢复完善县级医疗机构和卫生执法监督机构、乡级卫生院和村级卫生室等医疗卫生设施，实行标准化建设和配置。补充医务人员，加强医生业务培训，恢复完善灾区医疗卫生服务体系，满足灾区群众医疗卫生服务的基本需求。分片区设医疗救助站，完善乡镇医疗服务体系。汶川县人民医院按照“三乙”标准建设成阿坝州一流的医疗机构。县中医院按二级甲等医院建设，映秀中心卫生院按二级乙等医院建设。适当调整提高水磨医院建设配置标准，按照二级甲等医院建设。

3．文化设施

恢复重建县、乡、村以及社区公共文化设施，形成较为完备的县、乡、村三级公共文化服务网络。重点抢救修复姜维城古文化遗址、布瓦黄土泥群碉楼等文化遗产以及各级文物保护单位、文物，恢复重建或新建羌民族文化设施、标志性建筑物以及文化信息共享工程。完善县级非物质文化遗产名录保护体系；建立 6 个非物质文化遗产传习所；非物质文化遗产的生态环境得到进一步改善，代表性传承人的作用得到充分发挥。

新建汶川“5・12”特大地震遗址博物馆，将面对大灾“不气馁，艰苦奋斗、坚定不移，不抛弃、不放弃”的精神传承发扬。在恢复重建中，适当推进文化设施集中使用、整合建设、节约用地原则，将图书馆与新华书店、文化馆与博物馆、青少年活动中心和工人文化宫等基础设施有机整合建设。

在县城规划建设文化馆、文管所、文物库房、文物陈列室、地震遗址博物馆、图书馆、新华书店、影剧院、文化广场。全县 13 个乡镇分别规划建设一个综合文化站、一个文化广场以及一个独立的影剧院。漩口镇规划建设一个能为城市居民提供聚会、开展图书阅览和文化活动的文化艺术中心。每个行政村（社区）规划建设 1 个满足群众聚会、具备综合功能的村（社区）文化活动室、农家书屋（图 3-1-25）。

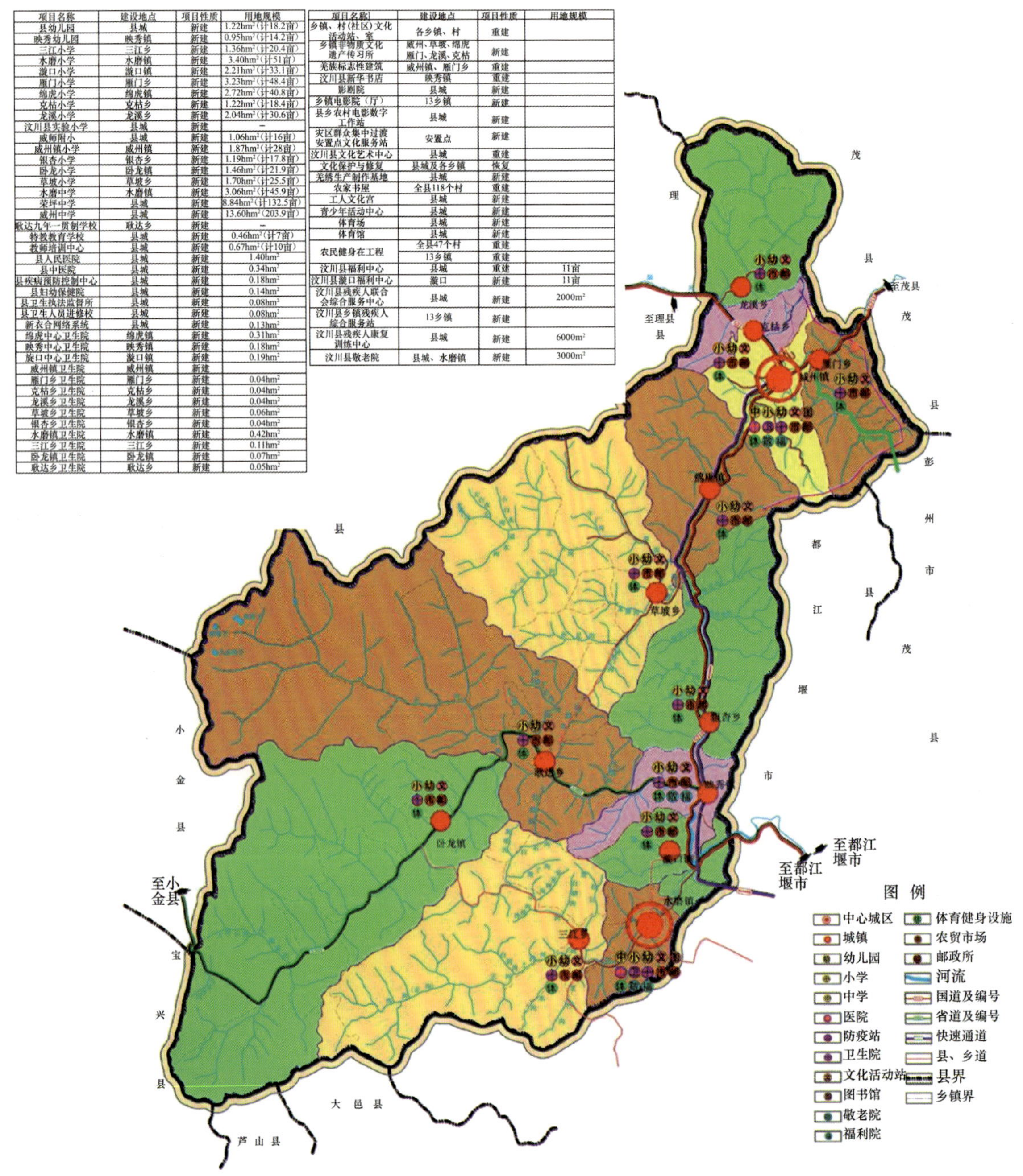

项目名称	建设地点	项目性质	用地规模
县幼儿园	县城	新建	1.22hm²（计18.2亩）
映秀幼儿园	映秀镇	新建	0.95hm²（计14.2亩）
三江小学	三江乡	新建	1.36hm²（计20.4亩）
水磨小学	水磨镇	新建	3.40hm²（计51亩）
漩口小学	漩口镇	新建	2.21hm²（计33.1亩）
雁门小学	雁门乡	新建	3.23hm²（计48.4亩）
绵虎小学	绵虎镇	新建	2.72hm²（计40.8亩）
克枯小学	克枯乡	新建	1.22hm²（计18.4亩）
龙溪小学	龙溪乡	新建	2.04hm²（计30.6亩）
汶川县实验小学	县城	新建	–
威师附小	县城	新建	1.06hm²（计16亩）
威州镇小学	威州镇	新建	1.87hm²（计28亩）
银杏小学	银杏乡	新建	1.19hm²（计17.8亩）
卧龙小学	卧龙镇	新建	1.46hm²（计21.9亩）
草坡小学	草坡乡	新建	1.70hm²（计25.5亩）
水磨中学	水磨镇	新建	3.06hm²（计45.9亩）
荣坪中学	县城	新建	8.84hm²（计132.5亩）
威州中学	县城	新建	13.60hm²（203.9亩）
耿达九年一贯制学校	耿达乡	新建	–
特教教育学校	县城	新建	0.46hm²（计7亩）
教师培训中心	县城	新建	0.67hm²（计10亩）
县人民医院	县城	新建	1.40hm²
县中医院	县城	新建	0.34hm²
县疾病预防控制中心	县城	新建	0.18hm²
县妇幼保健院	县城	新建	0.14hm²
县卫生执法监督所	县城	新建	0.08hm²
县卫生人员进修校	县城	新建	0.08hm²
新农合网络系统	县城	新建	0.13hm²
绵虎中心卫生院	绵虎镇	新建	0.31hm²
映秀中心卫生院	映秀镇	新建	0.18hm²
旋口中心卫生院	漩口镇	新建	0.19hm²
威州镇卫生院	威州镇	新建	
雁门乡卫生院	雁门乡	新建	0.04hm²
克枯乡卫生院	克枯乡	新建	0.04hm²
龙溪乡卫生院	龙溪乡	新建	0.04hm²
草坡乡卫生院	草坡乡	新建	0.06hm²
银杏乡卫生院	银杏乡	新建	0.04hm²
水磨镇卫生院	水磨镇	新建	0.42hm²
三江乡卫生院	三江乡	新建	0.11hm²
卧龙镇卫生院	卧龙镇	新建	0.07hm²
耿达乡卫生院	耿达乡	新建	0.05hm²

项目名称	建设地点	项目性质	用地规模
乡镇、村（社区）文化活动站、室	各乡镇、村	重建	
乡镇非物质文化遗产传习所	威州、草坡、绵虎、雁门、龙溪、克枯	新建	
羌族标志性建筑	威州镇、雁门乡	重建	
汶川县新华书店	映秀镇	重建	
影剧院	县城	新建	
乡镇电影院（厅）	13乡镇	新建	
县乡农村电影数字工作站	县城	新建	
灾区群众集中过渡安置点文化服务站	安置点	新建	
汶川县文化艺术中心	县城	重建	
文化保护与修复	县城及各乡镇	恢复	
羌绣生产制作基地	县城	新建	
农家书屋	全县118个村	重建	
工人文化宫	县城	新建	
青少年活动中心	县城	新建	
体育场	县城	新建	
体育馆	县城	新建	
农民健身在工程	全县47个村	重建	
	13乡镇	重建	
汶川县福利中心	县城	重建	11亩
汶川县漩口福利中心	漩口	新建	11亩
汶川县残疾人联合会综合服务中心	县城	新建	2000m²
汶川县乡镇残疾人综合服务站	13乡镇	新建	
汶川县残疾人康复训练中心	县城	新建	6000m²
汶川县敬老院	县城、水磨镇	新建	3000m²

图 3-1-25 汶川县灾后重建公共服务设施规划图

4．社会福利设施

加强社会福利、生活救助、优抚安置和残疾人等服务体系建设，恢复重建县级福利机构设施，增强社会福利设施的集中供养和服务广大人民群众的能力，保障受灾地区的“三孤”人员、优抚对象、残疾人员、流浪未成年人等特殊人群的基本生活权益。建立完善县、乡（镇）村三级救灾抢险预案，优化救灾物资储备及仓库的数量和布局结构，提升灾害紧急救助能力。恢复重建救助福利服务中心 2 个，新建县残疾人联合会综合服务中心 1 个，乡镇残疾人联合会综合服务中心 13 个，新建汶川县残疾人康复训练中心 1 个。新建殡仪馆 2 个，火化炉 2 座，新建公墓 2 处。在灾后恢复重建进程中，将救助福利中心与残疾人联合会综合服务中心有机结合，整合资源，合理高效利用灾后有限的土地资源。

（十一）道路交通规划

1．县域对外公路网

维护完善都汶高等级公路畅通；G213 威州与茂县改造升级（三改二）、G317 威州—理县（杂谷脑镇）（三改二），新建汶彭（威州镇—彭县龙门山镇）高速公路，构建与成都经济圈的新连接通道。S303（映小公路）完善改造。草坡—杂谷脑镇县乡公路（远期）、三江—崇州公安站县乡公路（远期）、清水路（都江堰青城后山至阿坝州水磨镇旅游公路）。

2．县内骨干公路建设

紫坪埔大桥—水磨—三江—三江风景名胜区（三级或二级）、下索桥—草坡（三级）、下庄—龙溪（三级）。

3．县内乡道

草坡—码头—金波—耿达（远期）、三江风景名胜区公路—卧龙镇（远期）、映秀镇—漩口镇快速连接公路、绵锋—三官庙村岷江大桥。

（十二）地震纪念体系规划

1．规划目标

纪念体系规划的目标在于建立完善、有效、可持续发展的纪念内容，为后代保留一份关于地震灾害以及抗震救灾过程中爱国主义精神与人性光辉的完整档案，为警醒和教育人类建立物质媒介，并可有助于灾区人民建立可持续的社会经济发展模式。

2．地震纪念体系结构与布局

整体地震纪念空间为：“一带、一径、两片、多点”。一带：汶川县域的龙门山地震带。一径：沿 213 国道的纪念主路径。两片：由县域北部的羌藏文化主题纪念片区和县域南部的震中主题纪念片区组成。多点：由纪念主路径和支路径所串联的龙门山地震带上的各类纪念性空间单元。

第二节　灾后城乡住房恢复重建规划

四川省《灾后城乡住房恢复重建规划》是灾后最早形成的规划成果之一。规划编制期间，编制组不仅基本摸清了四川灾区城乡住房的灾损情况，制定了恢复重建的标准、规模，提出了资金筹措的渠道和实施规划的办法，而且在反复研究的基础上形成了四川省城乡住房灾后恢复重建的指导思想、目标任务和政策体系，为指导全省的灾后城乡住房恢复重建工作打下了基础，也为邻省灾区的城乡住房恢复重建规划提供了经验和范本。

一、规划意义及特点

（一）编制意义

城乡住房的大面积损毁，给灾区人民带来了巨大的经济损失和严重的生活困难。为使灾区人民尽快摆脱灾害带来的痛苦，党中央、国务院在布置抢险救灾工作的同时，即发出了“重建社会主义美好家园”的号召，并及时在《汶川地震灾后恢复重建条例》（国务院 526 号令）和《国家汶川地震灾后重建规划工作方案》中对加快推进灾后城乡住房的恢复重建工作进行了部署。因此，开展《灾后城乡住房恢复重建规划》是党中央、国务院赋予的历史使命，是关系到灾区社会稳定和广大人民群众切身利益的一项重要工作。同时，随着抢险救灾工作的展开，全省近两千万灾民的临时安置和六亿五千万平方米的城乡住房恢复重建，以及相关的方式、政策、标准等问题，成为了涉及面最广、社会关注程度最高、情况最为复杂的一项敏感工作。而这一切，均需通过编制灾后城乡住房恢复重建规划的形式进行研究、讨论和制定。因此，四川省《灾后城乡住房恢复重建规划》，是在时间紧、任务重、难度大的背景下开展的一项政治任务。该规划的编制质量和进展速度，不仅关系到灾后恢复重建的进程，也关系到灾民的切身利益和灾区的社会稳定，关系到党和政府的威信和形象。

（二）规划特点

四川的灾后城乡住房恢复重建规划一经启动，即面临着几个突出的问题：一是与当年的唐山大地震相比，不仅灾害发生的地理环境不同、灾损特点不同，而且由于社会状况和历史条件的变迁，灾后城乡居民面临的困难和由此产生的思想动态也有较大不同；二是对于这种突发性自然灾害的灾后恢复重建工作，当时我国尚未形成可供依据的政策体系和应对机制。同时，在国家灾后10个专项规划的框架中，四川省《灾后城乡住房恢复重建规划》的工作任务，是要根据灾后城乡住房恢复重建的局势，建立起一套能够指导四川灾区城乡住房恢复重建的思路、方法、计划和标准，以指导各地的恢复重建工作。因此，灾后开展的城乡住房恢复重建规划与传统意义上的住房规划有着本质上的不同。规划的任务不是对具体城镇的住房分类和空间布局开展工作，而是针对全省灾后住房的恢复重建工作进行组织安排。从这个意义上说，灾后城乡住房恢复重建规划属于一种事业性质的规划，其任务主要是摸清灾损情况和社会动态，确定灾后城乡住房恢复重建的总体思路，制定出一套符合灾区实际情况、有利于推进城乡住房恢复重建工作的政策措施，并根据临时安置阶段和恢复重建阶段的工作要求，建立起比较完善的应急保障与恢复重建工作机制，包括相应的技术标准、工作规程和管理制度等。

二、任务解读

按照党中央、国务院和四川省委省政府的相关指示精神，灾后城乡住房恢复重建规划的主要任务，是按照科学发展和以人为本的原则，尽快提出城乡住房恢复重建的思路、方法、计划和措施，为灾区居民创造较好的生产生活条件，以改善灾区社会民生，维护社会稳定，促进灾后经济社会平稳健康发展。因此，灾后城乡住房规划的编制工作，远不是一项安排修建计划的事务性工作，更不是一个单纯的工程技术问题，而是一个涉及社会民生的复杂系统，具有比较明显的政策研究色彩。具体而言，编制灾后城乡住房恢复重建规划，必须首先明确重建住房的性质和类型，确定帮扶资金的标准和重建工作的组织方式，研究如何体现科学性与合理性等。换言之，只有深入研究并明确回答了上述问题之后，才能形成符合灾后重建工作需要的规划成果，灾后城乡住房恢复重建工作才能沿着既定的方向展开。

（一）重建住房的性质

四川灾区多属于经济发展滞后的区域，震前住房质量及基础设施条件较差，不可能简单地按震前水平恢复。按照以人为本的思路，灾后城乡住房恢复重建的任务，是要为灾民提供安全、适用和设施配置比较齐全的永久性住所。而要做到这一点，就必然要涉及重建住房的性质问题，涉及重建住房的面积、结构形式和抗震标准，以及与灾民震前住房的关系等问题。在这一点上，经反复研究，四川省灾后城乡住房恢复重建规划提出的思路明确了地震属于无法准确预报的自然灾害，在灾害中损失的住房是人力不可抗拒的因素造成的后果，灾后重建的城乡住房不属于“赔偿”或“补偿”的性质。因此，除部分生活确有困难的群众外，多数灾民应当根据自己的需要，依靠自己的力量完成住房的重建（重购）工作，而与其震前住房的面积、结构和价值无关。各级政府在这个过程中所起的作用，主要是按照统一标准安排一定额度的帮扶资金，帮助灾民重建（重购）住房，并在贷款、税收、材料和技术等方面大力提供政策支持。

（二）类型和帮扶政策

根据灾损住房构成情况调查，灾区居民在住房重建（重购）方面所面临的困难有所不同，具体体现在高收入人群和常住地不在灾区的居民遭受了财产损失，但并无生活困难；常住灾区的普通居民，因住房和其他财产在地震中一并损毁，存在一定的生活困难，而低收入群体则将面临较大的灾后生活困境。因此，四川在灾后城乡住房恢复重建的方式上，也应当采取分类指导的思路，一方面要建立灾后城乡住房的供应体系，为灾民提供从商品房到廉租房的类型选择，另一方面要对不同人群实行分类对待，即针对不同地区、不同住房类型和不同产权形式，制定不同的政府支持、信贷优惠和社会帮扶政策，帮助灾民多渠道筹集重建资金，有计划、分步骤、高质量地推进城乡住房恢复重建工作。而帮扶资金的标准，则要按照当年四川全省的平均水平进行测算，包括人均住房面积、平均单方造价等，意在帮助灾区住房恢复到高于灾区原有的住房水平，从而使灾区的住房条件获得一定程度的提高。

（三）重建工作的组织方式

由于震前住房的类型十分复杂，不可能采用完全统一的方式进行重建。对此，四川省灾后城乡住房规划提出了“创新机制，协作共建”的组织原则，即充分发挥城乡居民自力更生、建设美好家园的主体作用，积极探索“政府组织、市场运作、多元投资”的恢复重建机制，以灵活的方式开展灾后住房的重建组织工作。对于农村住房，主要采用帮扶资金及时到位、灾民互助或地方政府帮助组织的方式，尽快开展住房自建工作；城镇普通住房的恢复重建，主要采用居民集体招标或政府帮助招标的方式建设安居房，政府进行限价管理并给予建筑商信贷和免税优惠；城镇廉租住房的建设，主要采用政府划拨土地、全额投入的方式进行重建；对于住房损伤程度不高的居民，主要采用组织灾损评估、确定住房受损程度的方式，及时拨付维修帮扶资金，鼓励和帮助居民进行维修加固；希望提高居住标准的居民和将要投亲靠友、迁址居住的居民，则采用及时拨付帮扶资金、鼓励自行购买住房的方式解决。但无论何种方式，均要求按照“小震不坏、中震可修、大震不倒”的原则，优先考虑结构安全与抗震减灾需要，鼓励强化防灾设计、积极采用新材料和新技术，确保重建住房符合国家相关质量标准和技术规范，达到防灾减灾和保障居民生命财产安全的目的。

（四）重建工作的科学性与合理性

灾后城乡住房恢复重建规划是在应急状态下展开的一项紧迫任务。规划内容是否科学、系统，将直接影响灾后城乡住房恢复重建工作的进程和灾区人民长远生产生活的质量。在这一方面，四川省灾后城乡住房恢复重建规划主要针对灾区的实际情况，提出了“科学评估、综合配套、考虑发展、保持特色”的工作思路，以增强规划的科学性与合理性。其中，针对灾区住房损毁状况的不同，规划根据国家《建筑地震破坏等级划分标准》（<90> 建抗字第 377 号）的规定，建立了开展灾后住房鉴定评估、制订分类处置方案，提出灾后住房处置标准和住房恢复重建质量标准的工作程序，基本实现了方法科学、技术可靠、节约成本和工作规范有序的目的。针对部分震前住房存在的选址不合理、地质灾害隐患大、原址无法重建，以及基础设施无法配套，或建设代价过大等问题，则根据各地城镇规划、城镇化发展和新农村建设的实际情况，提出了迁址恢复重建的具体方法，对其中涉及的居民原有宅基地的置换或城镇住房土地权益的灭失等问题提出了处置办法。此外，规划还根据全省城乡住房恢复重建时间紧、任务重，灾区（尤其是农村地区）技术力量薄弱的实际情况，提出了在保证进度、保障质量的前提下，尽可能使重建住房体现地方特色与民族文化，并满足节能、节地、环保和防灾减灾要求的思路，提出了立足城乡人民居住、生活的发展要求，按照方便舒适、经济适用、套型合理的原则恢复城乡住房、组织城乡社区，以促进灾区城乡经济社会全面提高的思路，并参照《城市居住区规划设计规范》（GB 50180—1993）的标准，对居住区功能设施配套与人居环境建设提出了质量要求。

三、总体思路

四川省灾后城乡住房恢复重建规划的总体思路，主要沿着科学重建和以人为本的方向展开，即在开展灾后城乡住房恢复重建工作的过程中，一要全面贯彻落实科学发展观。坚持城乡住房恢复重建与城镇化发展相结合、与社会主义新农村建设相结合，注重省地节能环保以及防灾减灾和建设质量，保护传统民居特色，确保城乡住房恢复重建工作的科学性和实效性。二要坚持以人为本。尊重居民的恢复重建意愿，切实维护灾区居民的切身利益。按照政府组织安置与市场化运作相结合、新建与加固维修相结合的思路，提出加快推进城乡住房恢复重建工作的方法和措施。四川省灾后城乡住房恢复重建规划的总体思路可归纳为“以人为本，民生优先”、“科学评估，分类指导”、“保障质量，安全第一”、“综合配套，优化环境”和“创新机制，协作共建”等五大规划原则。

（一）以人为本，民生优先

在全面掌握城乡住房灾损数据的基础上，着力解决与灾区城乡住房恢复重建相关的标准、质量和住区设施配套等问题，制定有利于恢复灾区人民居住条件的相关政策，实施有序的住房恢复重建计划，并优先安排建设资金、土地供应及相关配套设施，帮助灾区人民尽快恢复正常的居住生活，逐步提高灾区人居环境水平。

（二）科学评估，分类指导

按照原建设部《建筑地震破坏等级划分标准》（<90> 建抗字第 377 号）的规定，以建立与之相对应的灾后住房处置标准和住房恢复质量标准的方式，对灾后城乡住房进行全面的鉴定评估，制定分类处置方案与技术要求，达到方法科学、技术可靠、节约成本、工作规范有序的目的。

（三）保障质量，安全第一

按照“小震不坏、中震可修、大震不倒”的原则，在城乡住房的重建工作中优先考虑结构安全与抗震减灾需要，按照住房抗震建设标准要求，强化重建住房的防灾设计，积极采用新材料和新技术，充分利用当地的资源和材料，确保重建住房符合国家相关质量标准和技术规范，达到防灾减灾和保障居民生命财产安全的目的。

（四）综合配套，优化环境

立足于城乡人民居住、生活的发展要求，按照方便舒适、经济适用、套型合理的原则恢复城乡住房、组织城乡社区，并参照《城市居住区规划设计规范》的标准，对住区设施配套与环境建设进行统筹规划，注意完善重建社区、加固修复住区的配套服务功能。

（五）创新机制，协作共建

致力于调动城乡居民的主动性和积极性，发挥城乡居民自力更生、建设美好家园的主体作用，积极探索“政府组织、市场运作、多元投资”的恢复重建机制，针对不同地区、不同住房类型和不同产权形式，制定不同的政府支持、信贷优惠和社会帮扶政策，多渠道筹集重建资金，有计划、分步骤、高质量地推进城乡住房恢复重建工作。

四、技术路线

根据灾后城乡住房规划的性质、任务特点和总体思路，规划按照四川灾区的实际情况确定了以数据统计分析作基础，层层深入、逻辑展开的技术路线。具体可表述为：通过开展基础数据分析—明确处置方式和工作目标—提出恢复重建的工作标准—测算恢复重建的投资需求—研究实施规划的配套政策—细化实施规划的保障措施的逻辑过程，对全省城乡住房恢复重建主要工作、重点环节提出意见、建议或规范性要求，最终建立全省灾后城乡住房恢复重建工作体系，为省委、省政府对接国家政策并作出全局安排提供依据，为地方人民政府开展具体的住房规划和建设工作提供指导意见。

（一）开展数据收集和统计分析

随着第一阶段抢险救灾工作的结束，灾损数据的统计与分析工作也逐渐成为了工作的重心。由于受灾县（市）多为地处偏远山区、经济社会发展不足、基础工作较为薄弱的地区，加之灾害造成了既有资料数据的损毁和工作人员的严重伤亡，灾损数据的收集工作十分困难。为确保统计工作的迅速展开和数据的准确性，四川在各地业已开展的统计工作的基础上，对全省的数据收集口径进行了统一规定，针对灾损情况制作了统一格式的样表并由省发改委统一牵头下发全省，要求各地积极组织力量、支援基层组织调查灾损数据、填写"基层调查表"，并按照规定的程序签字、汇总、审查和上报。

基本数据汇集到省之后，省级各部门按照各自的分工、依托各自业已成立的抗震办公室，集中力量对数据进行了核对、整理。城乡住房的灾损数据，即是在四川省住房和城乡建设厅抗震办公室的统一组织下收集、整理而成的。整理后的数据，经四川省人民政府组织相关各部门互相核对后，最终形成了统一的灾后统计数据库。尽管灾后次生灾害和余震不断，灾损数据也一直处在不断调整和变化的过程中，但形成的数据还是在灾后规划的编制过程中发挥了巨大的作用。在这个过程中，灾后城乡住房的数据统计，一直是上述各类数据收集、整理工作中的重要组成部分。住房规划组的技术人员，包括住房和城乡建设部及其领导下的各省市援建专家，也一直高度关注并直接参与了数据统计的全过程。数据库形成之后，住房规划组的成员又结合业已开展的灾后城乡住房损毁情况评估工作，对住房灾损数据进行了详细分析，形成了城镇和农村分别统计的、按国家《建筑地震破坏等级划分标准》归类的城乡住房灾损情况统计表，为灾后城乡住房恢复重建规划的展开打下了坚实的基础。

（二）明确处置方式和工作目标

根据已经掌握的灾损数据，四川的灾后住房恢复重建工作具有以下突出特征：一是农村地区将成为重建工作的重点，大约三分之二的灾损住房分布在农村，且灾区农村经济社会发展普遍比较滞后，农村居民自我恢复的能力普遍较弱，因而农村地区的重建工作需要给予特别的关注。二是城镇和农村的重建工作具有不同的重点和难点，城镇原有住房在质量和配套等方面较为完善，居民的期望值较高，恢复重建的重点在于保持或提高生活水平，难点则在于组织方式上的公平合理，尽可能避免产生社会矛盾；而灾区农村总体上属于人口比较稀疏的地区，灾损住房具有人均面积大、分布零散、原有设施配套较差和建设工作缺乏技术指导的特点，其重建工作的重点主要在于提高建筑抗御自然灾害的能力，难点则主要在于如何实现相对集中和完善配套。三是灾损住房需要进行分类处置。即需要根据灾损住房的评估鉴定结果确定处置标准，将严重损毁和基本损毁的住房纳入规划重建的范畴，一般损毁的住房纳入规划加固的范畴，而轻微损毁的住房则不纳入规划范围，由城乡居民自行处置。

按照国务院对汶川地震灾后重建规划工作的统一部署，城乡住房的恢复重建工作应当在三年内完成。因此，灾后城乡住房恢复重建的基本任务，要结合四川省城镇化发展和新农村建设的实际情况，在规定的时间期限内解决城乡居民因灾无房可住的问题，使之恢复到灾前的居住水平，并从保障修复住房安全、提高新建住房质量，以及完善住区服务、配置避灾场所和应用节能环保技术等方面发展提高，力争达到人居环境优化、地方特色突出的恢复重建效果。具体到规划工作上，则是要根据确定的灾后城乡住房处置标准，划分重建、加固和维修的界限，并据此确立全省城乡住房恢复重建的总目标和分期建设计划。

1．明确灾后城乡住房的处置方式

按照国务院《汶川地震灾后恢复重建条例》精神和四川灾区的实际情况，灾后城乡住房的恢复重建不是临时性的应急工作，而是一项需要着眼长远、周密计划，确保一步到位的系统工作，建立灾后住房处置标准是其中的一个至关重要的环节。只有建立了处置标准，才有可能对灾损住房进行分类，才有可能按照各类灾损住房的实际规模提出恢复重建的目标和工作计划。根据国家《建筑地震破坏等级划分标准》，以及当地抗震设防的具体等级要求，四川省《灾后城乡住房恢复重建规划》提出的处置标准主要包括以下三类：

（1）重建类：即在规划中将纳入完全重新修建范畴的城乡住房。包括原有住房完全倒塌，或多数承重构件倒塌、多数承重构件严重破坏和部分倒塌，以及在灾后住房性能鉴定中确定为“倒塌”和“严重破坏”的城镇住房，以及在灾后住房性能鉴定中确定为“倒塌”、“严重破坏”和“中等破坏”的农村住房（具体破坏特征见表 3-2-1）。此外，土木结构房屋属于严重破坏的、砖木结构 1975 年前建成且存在严重破坏的、砖混结构 1975 年以前建成且不符合国家抗震设防规定的、城镇住房严重破坏、加固及修复费用预计超过新建费用的 70%，或相应农村住房超过新建费用 50% 的都应纳入拆除重建处置。

倒塌和严重破坏房屋震害特征　　表 3-2-1

结构类型	典型震害特征
多层砖房	房屋残留部分不足 50%，或多数承重墙体明显裂缝，部分墙体严重裂缝，局部酥碎或倒塌；部分楼、屋盖坍落；非承重墙体成片倒塌
钢筋混凝土框架房屋	房屋框架残留部分不足 50%，或部分框架柱、主筋压屈、混凝土酥碎、崩落；部分楼层倒塌
底层框架和多层内框架房屋	底层倒塌或房屋残留部分不足 50%，多数墙体倒塌，部分内框架梁和板坍落，或多数承重墙体明显裂缝，部分严重裂缝，局部酥碎或倒塌；底层部分柱主筋压屈、混凝土酥碎、崩落；部分楼、屋盖坍落

（2）加固类：即在规划中将纳入部分重新修建，或需要对原有房屋结构进行较大改造，采取必要的安全措施，使之达到国家规定的抗震防灾标准的城乡住房。包括原住房多数承重构件裂缝、部分明显裂缝、非承重构件严重破坏，或在灾后住房性能鉴定中确定为“中等破坏”的城镇住房（具体破坏特征见表 3-2-2）。

中等破坏房屋震害特征　　表 3-2-2

结构类型	典型震害特征
多层砖房	部分承重墙体轻微裂缝；屋盖完好或轻微损坏；出屋面小建筑、楼梯间墙体明显裂缝；个别非承重构件明显破坏；附属构件开裂或倒塌。 个别承重墙体严重裂缝或倒塌，部分墙体明显裂缝；个别屋盖构件坍落；个别非承重构件严重裂缝或局部酥碎
钢筋混凝土框架房屋	个别框架柱、梁轻微裂缝；部分墙体明显裂缝；出屋面小建筑明显破坏。 部分框架柱轻微裂缝或个别柱明显裂缝；个别墙体严重裂缝或局部酥碎
底层框架和多层内框架房屋	个别承重墙体轻微裂缝，底层个别框架柱、梁轻微裂缝；出屋面小建筑、楼梯间墙体明显裂缝；部分非承重墙体明显裂缝或个别严重裂缝或局部酥碎。 部分承重墙体明显破坏；内框架柱轻微裂缝；底层部分框架柱轻微裂缝或个别明显裂缝，个别非承重墙体严重裂缝或局部酥碎

（3）维修维护类：即需要进行技术指导、开展一定程度的维修维护工作，但不纳入灾后城乡住房恢复重建规划的城乡住房。包括原住房个别承重构件出现轻微裂缝、个别非承重构件明显破坏、附属构件有不同程度破坏，即需适当修理仍可继续使用或在灾后住房性能鉴定中确定为“轻微破坏”的住房（具体破坏特征见表 3-2-3），以及原住房承重构件完好、个别非承重构件轻微损坏、附属构件有不同程度破坏，或在灾后住房性能鉴定中确定为“完好”和“基本完好”的住房。

轻微破坏房屋震害特征　　表 3-2-3

结构类型	典型震害特征
多层砖房	承重墙体完好，个别轻微裂缝；屋盖完好、附属构件有不同程度破坏
钢筋混凝土框架房屋	框架柱、梁完好；个别墙体与柱连接处开裂
底层框架和多层内框架房屋	承重墙体完好，底层框架柱、梁完好；非承重墙体轻微裂缝

2．确定灾后城乡住房恢复重建的总目标

根据灾后清理和安全鉴定情况，结合受灾居民的意愿，全省最终确定需重建城镇住房 25.91 万套，需修复加固 134.81 万套。根据各地重建规划和实施情况，重建 25.91 万套城镇住房，共 2400 万 m^2，计划投资444亿元（房屋建设投资，不含配套设施建设，下同），修复加固134.81万套城镇住房，共13687万m^2,计划投资260亿元。重建和修复加固共计160.72万套,共16087万m^2,总投资超过700亿元。

全省农村住房恢复重建的总目标则是2009年完成全部灾区农村住房的恢复重建工作，重建农村住房41712.16万m^2（347.6万户），确保全省受灾村民在2009年12月底前全部住进新房，并参照城市居住组团的标准或新农村建设的要求，对必须集中安置的农村社区进行相关设施配套，满足其生活居住的功能要求。

3．制订城乡住房三年恢复重建的工作计划

根据恢复重建工作的总目标，四川灾区需要纳入政府工作计划的住房总量接近5亿m^2。同时，按照国务院的要求，恢复重建工作必须从2008年做起，至2010年年底基本结束，三年的恢复重建工作十分艰巨。全省城乡住房恢复重建工作计划,即是在这种背景下提出的一种应急方案。其主要内容包括：

2008年完成市县城乡住房灾后重建实施规划编制，制订2008～2010年灾后住房建设年度计划；完成中等破坏和严重破坏城乡住房的全部鉴定，基本完成中等破坏住房的加固排险工作；完成全部城镇住房的重建场地清理与住区规划设计与施工准备工作，尽快启动新建安居住房和廉租住房建设，新开工项目要达到住房建设计划项目总量的20%；完成全部一般受灾市（州）的农村住房恢复重建工作；主要灾区完成农房重建工作的60%，力争达到70%。

2009年完成全部中等破坏城镇住房的加固排险工作，2008年开工的城镇住房建设项目竣工并交付使用。其余住房建设计划项目2009年要全部开工，其中半数竣工，另外半数项目要完成70%的建安工程量。同步完成竣工交付使用住房的公共配套建设，全面完成农村住房恢复重建工作。

2010年完成所有住房建设项目，纳入规划的设施建设和环节配套工程全部到位、运转正常，全面完成城乡住房灾后恢复重建任务。

（三）提出恢复重建的工作标准

根据已经确定的三年恢复重建目标及其工作计划，四川省从2008年下半年起，即全力投入紧张的城乡住房恢复重建工作之中。鉴于恢复重建工作是在时间紧、任务重、建设条件差和技术力量相对不足的情况下开展的，易于留下质量和安全隐患，造成不良影响，规划采用制定工作标准的方式，对其中比较敏感的房屋建筑安全和环境设施配套两个方面提出了具体要求，以确保恢复重建工作的质量。

1．住房建设工作标准

针对重建和加固两种类型，分别明确工作标准，确保恢复重建工作的质量和安全。其中重建工作的标准有三条：第一，住房选址应当符合地震灾后恢复重建实施规划和抗震设防、防灾减灾要求，避开地震活动断层、生态脆弱地区、可能发生重大灾害的区域和传染病自然疫源地，避免噪声、有害物质、电磁辐射和工程地质灾害、水文地质灾害等不利影响。第二，城镇住房设计、施工、监理和竣工验收的全过程应当按照国家新的抗震设防和工程建设强制性标准进行，农村住房要按照《四川省农村居住建筑抗震设计导则》（2008年修订）和《四川省农村居住建筑抗震构造图集》的要求，严格控制住房质量，满足抗震防灾安全性能以及紧急情况时人员安全撤出的需要等。第三，重建住房应当保证综合性能和室内外环境质量，大力推广“四节一环保”技术，避免或减少对环境的污染，达到适用、安全、耐久、经济、环保的要求。同时，应采取有效措施，防止外窗玻璃、外墙装饰及其他附属配件坠落伤人。

加固和改造工作也应遵循以下三条标准：第一，加固和改造的住房应当达到国家规定的抗震设防标准和相关工程质量标准的要求。加固或改造设计应满足国家建筑抗震加固技术和建筑地基基础加固技术等相关规范的要求，优先采用增强结构整体抗震性能的加固方案。第二，加固或改造方案应采取提高上部结构，抵抗不均匀沉降能力的措施，合理布置新增构件，有利于改善构件受力状况，使加固或改造后的住房能够避免局部加强所导致的结构刚度或强度突变。第三，加固所用材料的强度等级不应低于原构件材料的强度等级。抗震薄弱部位、易损部位和不同类型结构的连接部位，应采取增强承载力或抗变形能力的措施，增设的构件与原有构件之间应有可靠连接，增设的抗震墙、柱等竖向构件应有可靠的基础。女儿墙、出屋顶烟囱等易倒塌伤人的非结构构件宜予拆除。

2．套型面积规划测算标准

根据国务院《关于解决城市低收入家庭住房困难的若干意见》和四川省人民政府贯彻国务院《关于解决城市低收入家庭住房困难的若干意见》的文件精神，结合全国和我省平均住房指标，参考北京和重庆住房建设规划的相关指标，四川省灾后恢复重建可考虑表 3-2-4 所示的高、中、低三种测算方案。

套型面积测算方案（m^2）　　表 3-2-4

地区	标准与内容		人均住房建筑面积	户均住房建筑面积	最高户均增长率（约 %）
城镇	高	在现有基础上适当考虑发展需要	30 ～ 35	85 ～ 100	0 ～ 17.65
	中	基本维持灾区人均（户均）住房水平	28	80	0
	低	满足基本居住条件	20 ～ 25	58 ～ 72	-29.41
农村	高	在现有基础上适当考虑发展需要	35 ～ 40	136 ～ 155	0 ～ 15.2
	中	基本维持灾区人均（户均）住房水平	35	136	0
	低	满足基本居住要求	31	120	-10.79

对倒塌和严重破坏的城乡住房，即纳入“重建”处置的城乡住房以及农村中等破坏以上的住房，根据规划期末（2010 年）经济社会发展和人民生活的现实需要，按全省灾前户均住房面积指标为基础进行测算。其中：城镇安置房按灾后重建住房总量的 80% 测算，全省户均按 80m^2 建筑面积的标准进行测算，城镇廉租住房按灾后重建住房总量的 20% 测算，全省按户均约 50m^2 建筑面积的标准进行安置测算，农村住房按全省户均约 120m^2 建筑面积的标准进行测算。

3．住区配套工作标准

对组织灾后城镇和农村住区时应当达到的标准，包括密度、绿化和设施配套等进行统一规范。其中：城镇住区的重建住房原则上按居住小区或居住组团的规模进行组织（每小区 1 万～ 2 万人，每组团 2000 ～ 5000 人），并按相应的人口规模，参照国家现行居住区规划设计规范的要求进行配套（表 3-2-5）。城市住区的绿地率应不低于 30%，并应形成与居住规模相适应的集中绿地，同时应结合居住区绿地的组织，安排足够的紧急避灾场所、避灾通道和明显的标志。住区内人口超过居住小区规模的，可根据城市规划的相关情况，增设更高规模的公共服务设施和紧急避灾场所。建制镇按国家现行镇规划标准的原则，在充分考虑镇乡生活方式的基础上，按每处住区 1000 ～ 3000 人的规模安排并参照城市住区组团级标准进行设施配套，保障镇乡居住组群的生活便利。城镇居住区设施配套的建筑部分，根据居住区规范“千人指标”公共建筑按 1.5m^2/ 人测算，城镇住区设施配套的室外场地部分，根据城市规划“人均居住用地”指标，按平均 20m^2/ 人测算。

城镇住区参考指标（m^2）　　表 3-2-5

类别 \ 居住规模		小区		组团（组群）	
		建筑面积	用地面积	建筑面积	用地面积
总指标		968 ～ 2397	1091 ～ 3835	362 ～ 856	488 ～ 1058
其中	教育	330 ～ 1200	700 ～ 2400	160 ～ 400	300 ～ 500
	医疗卫生（含卫生防疫）	38 ～ 98	78 ～ 228	6 ～ 20	12 ～ 40
	文体	45 ～ 75	65 ～ 105	18 ～ 24	40 ～ 60
	商业服务	450 ～ 570	100 ～ 600	150 ～ 370	100 ～ 400
	社区服务	59 ～ 292	76 ～ 328	19 ～ 32	16 ～ 28
	金融邮电	16 ～ 22	22 ～ 34	—	—
	市政公用	30 ～ 140	50 ～ 140	9 ～ 10	20 ～ 30
	综合管理及其他	—	—	—	—

农村住区的住房恢复重建与组织，应结合社会主义新农村的要求进行。分散居住的农村地区，按照原有县（市、区）商业网点规划的要求，根据农村居民点集中的程度，在人口分布较为集中的地点配套公共服务设施，保证服务半径的合理性。少量异地新建、组成农村居民集中安置区的，参照四川省农村新型社区规划的经验，配置基础设施和公共服务设施。农村住区按住房受灾人口的 10% 需要，组织新农村社区测算。其中，社区公共建筑配套按 $0.5m^2$/ 人、室外场地按 $10m^2$/ 人测算。农村住区参考指标见表 3-2-6。

农村住区参考指标　　表 3-2-6

类　别	设施名称	配置要求
管理	管理用房	建筑面积 $100m^2$ 左右，含警务、财务、社保、医保等功能用房
教育	托幼（儿）园	人均占地面积 $10m^2$ 左右
	小学	人均占地面积 $10m^2$ 左右
医疗卫生	卫生站	建筑面积 30 ～ $50m^2$，1000 人以下的住区取下限值
文化体育	文化活动室	含科技服务点，建筑面积 50 ～ $200m^2$，1000 人以下的住区取下限值
	图书室	建筑面积 50 ～ $100m^2$，1000 人以下的住区取下限值
	全民健身设施（场地）	结合小广场、集中绿地设置
商业服务	农贸市场	占地面积 50 ～ $200m^2$，1000 人以下的住区取下限值
	放心店	建筑面积 $50m^2$ 左右
	邮政、储蓄代办点	结合商业服务设施设置
市政公用	垃圾收集点	服务半径不大于 70m
	公厕	建筑面积 $30m^2$ 左右
	配电房	建筑面积 $50m^2$ 左右
	水泵房	非集中供水区域内住区设置

（四）测算恢复重建的投资需求

根据城乡住房恢复重建的总体目标和工作标准，规划参照四川地区现行的一般建安造价标准和灾区住房建设的实际情况，确定了四川灾区住房恢复重建的测算原则、范围和匡算标准，并对所需资金进行了综合测算，其目的主要是掌握全省灾区城乡住房恢复重建所需的投资额，供宏观决策和与国家政策对接使用。

1．测算原则

恢复重建投资内容主要包括城乡住房重建、加固所需的建安成本，以及相应住区的公共建筑建安成本和室外场地建设成本，不包括土地成本。在计算时城镇住房倒塌和严重破坏的，列入重建费；中等破坏的，列入加固费；农村住房倒塌、严重破坏和中等破坏的，全部列入重建费；原地重建与异地重建的房屋采用相同标准测算；各类恢复重建的住房（包括廉租住房等）匡算标准相同；城乡住房轻微破坏所需的维修维护费不纳入匡算；城镇居住区和新农村社区的设施配套列为附加费；投资测算以住房损毁的户数、批准的户均安置面积和平均单方造价为基本计算依据；全省灾后住房恢复重建投资总额为上述各类投资额的总和（不可预见费约 5% ～ 10%，以及规划期末物价上涨因素不计在内）。

2．单方测算标准

根据确定的测算原则，规划按照全省的平均单方综合造价，对纳入规划的重建、加固与住区配套建设项目进行了测算。根据恢复重建面积和单方造价综合测算，至 2010 年，全省城乡住房灾后重建和加固的投资额共计约需 4288.98 亿元（住房建安成本费，不含土地成本，下同），包括各类住房重建 3198.47 亿元、加固 828.64 亿元，以及配套公共建筑 120.10 亿元、附属室外场地 141.78 亿元等。

（五）确定灾区城乡住房选址技术标准

灾区城乡住房建设选址必须统筹兼顾当前灾民安置、现场清理与保护耕地、恢复生产的关系，受灾群众住房建设与城乡防灾减灾体系的关系，适度集中与就近分散安置的关系，原址重建与就近新建的关系，灾区近期恢复重建与长远发展的关系，灾区恢复重建与社会主义新农村建设、城镇建设的关系，提高灾区城乡住房选址的科学性和严肃性，强化灾区城乡住房建设的安全性。

1．灾区城镇住房选址要求

第一，应在具备城镇抗震防灾所需的地震灾害、地质灾害、水文地质、土地利用等方面基础资料的前提下开展城镇住房选址工作。第二，城镇住房选址对地震灾害的防治应符合《建筑工程抗震设防标准》和《建筑抗震设计规范》（GB 50011—2010）的规定。第三，城镇住房选址应以国土资源部门提供的地质灾害影响范围及划定的地质安全区域为依据。对现阶段治理技术经济不可行的滑坡、崩塌、泥石流、地面塌陷等地质灾害点应避让。第四，注重对自然生态环境的保护，避开水源保护区和行洪区，防治洪涝灾害。第五，保障水、电、气、路等市政基础设施的供给，避免占压地下管线，维护公共安全。避开规划中划定的绿线、紫线、蓝线、黄线保护范围。第六，原则上应在城镇规划建设用地中的居住用地中安排选址，宜选择在城镇近期建设用地范围内场地相对平整、周边现状基础设施条件较好的地区。应尽量避开风口，选择向阳、通风良好的开阔地带。如确需占用其他城市建设用地或非城市建设用地的，依照《中华人民共和国城乡规划法》执行。第七，应注重对历史文化的保护，城镇住房重建选址应避开风景名胜区、世界遗产、历史文物保护单位、历史建筑、遗迹、遗址等。尊重民族习俗，体现民众意愿。第八，应考虑与现有居住区的衔接关系，依法处理各种权属问题，避免社会矛盾，促进新移民与本地居民的社会融合，保证社会稳定、和谐。

2．城镇公建设施的选址布局要求

第一，符合《城市居住区规划设计规范》（GB 50180—1993）的要求，根据不同项目的使用性质和城镇住房的规划布局形式，应采用相对集中与适当分散相结合的方式合理布局配套公建项目。并应有利于发挥设施效益，方便经营、管理、使用，减少对城镇居民的干扰。第二，商业服务、金融、邮电与文体设施项目等宜集中布置，形成级配合理的公共活动中心。第三，配套服务设施的布局应方便居民使用，满足服务半径的要求。第四，公共服务设施的布局和规划应兼顾长远发展的需要。

3．灾区农村住房选址要求

灾区农村住房的选址以各县（市、区）的《县（市、区）域村镇体系规划》和《灾后恢复重建农村建设规划》为依据，结合地震灾害、地质灾害、水利水文条件等因素综合分析，遵循“原地原址分散”为主的恢复重建原则，有利农业发展、产业布局、基础设施配套，方便农民生产、生活；并满足建设社会主义新农村的总体目标要求。应避让地震活动断层，以国土资源部门提供的地质灾害影响范围及划定的地质安全区域为依据。应避让现阶段治理技术经济不可行的滑坡、崩塌、泥石流、地面塌陷等地质灾害点。充分分析拟选址地的防御洪涝灾害能力，具备采取防洪涝工程措施条件，并且结合水利部门的水资源利用规划，避开水源保护区。结合风景名胜区、自然保护区规划，避开历史文化遗迹保护区、风景名胜区核心区、自然保护区，有计划、有组织地在这些区域之外选址进行农村住房建设。

（六）明确城镇住房重建方案

根据国家及各部委对四川省汶川地震灾后城镇住房重建工作的各项指导意见，着力解决房屋因灾毁损而无房可住的城镇居民住房问题，促进灾区社会稳定和经济发展。

1．城镇住房重建原则

第一，坚持以人为本、尊重自然、统筹兼顾、自力更生、科学重建。第二，坚持政府主导与市场运作相结合。第三，坚持健全城镇住房保障制度与促进住房市场发展相结合。第四，坚持修复加固与重建相结合。第五，注重省地节能环保，注重防灾减灾和建设质量，注重保护传统民居特色。

2．建设重点

优先安排受损住房除险加固，大力推进安居住房和廉租住房建设，鼓励受灾居民原址重建住房，促进住房市场发展，满足受灾城镇居民多层次住房需求。通过三年努力，使城镇受灾群众住上符合国家居住区规划设计标准、安全可靠、经济适用、功能齐全、设施配套、环境优化的永久性住房，实现家家有房住的目标。

3．资金补助政策

住房毁损（指住房倒塌或严重破坏不可修复，下同）导致无房可住的城镇受灾家庭可享受资金补助、建房税费减免优惠和房价政策性优惠等补助。其中，资金补助对象为自有产权住房毁损导致无房可住的城镇受灾家庭（含中央、省和外地驻受灾地区的机关、企事业单位职工家庭，下同)。资金补助通过现金发放方式实施。资金补助标准为户均 2.5 万元，符合补助条件的每户受灾家庭只能享受一次。根据城镇受灾家庭收入状况和家庭人数，对最低收入家庭、低收入家庭、一般收入家庭按户均 2.5 万元标准予以资金补助，重点照顾最低收入家庭，另外对高收入家庭适当予以补助。受灾家庭户籍以 2008 年 5 月 11 日户口为准。家庭收入根据灾后实际情况核定（表 3-2-7)。

各收入水平家庭具体补助标准（万元）　　表 3-2-7

家庭类型	1 ~ 2 人户	3 人户	4 人户及以上
最低收入家庭	2.7 ~ 2.9	3 ~ 3.2	3.3 ~ 3.5
低收入家庭	2.4 ~ 2.6	2.7 ~ 2.9	3 ~ .3.2
一般收入家庭	2.1 ~ 2.3	2.4 ~ 2.6	2.7 ~ 2.9

注：最低收入家庭是指基本没有收入来源的低保困难家庭；低收入家庭是指除最低收入家庭外的城镇低保家庭和家庭收入水平符合廉租住房保障条件的城镇低收入家庭；高收入家庭是指家庭人均收入超过当地城镇人均可支配收入 3 倍及 3 倍以上的家庭；一般收入家庭是指家庭收入在低收入家庭和高收入家庭之间的其他家庭。

城镇低保家庭中的“三无”家庭，即无劳动能力、无生活来源、无法定赡养人（抚养人、扶养人）的家庭，住房因灾毁损的，由地方政府提供 40m^2 左右住房供其终身免费居住，不再予以资金补助；对因灾造成的“三孤”人员（孤老、孤儿、孤残）不单独重建住房和给予资金补助，通过纳入福利院、敬老院统筹解决，省财政按人均 3.5 万元的标准补助给福利院、敬老院。

4. 城镇住房的除险加固

各受灾市（州）县（市、区）政府尽快组织实施受损住房的安全鉴定、修复加固及拆除清理工作。鉴定机构应当综合考虑破坏程度与受损房屋结构安全性能、已使用年限、加固成本和地质条件等因素，对需加固住房提出加固的技术方案。鼓励房屋所有权人加固受损住房。受损住房经鉴定可加固后继续使用的，市（州）县（市、区）政府应指导房屋所有权人或其所在单位尽快实施加固，不得以行政手段强制拆除。受损住房的安全鉴定、修复、加固、拆除清理，应当遵循有关法律法规规定，执行工程建设强制性标准。对因灾受损需除险加固住房，给予适当补助。受损住房按受损程度分为轻微损坏、中等破坏、严重破坏三种类型（表 3-2-8)。

城镇受损住房加固补助表（万元）　　表 3-2-8

—	轻微损坏	中等破坏	严重破坏
补助标准	0.1 ~ 0.3	0.4 ~ 0.5	0.6 ~ 0.8

5．安居住房和廉租住房建设

各灾区市（州）县（市、区）政府根据实际需要，组织建设安居住房和廉租住房。

(1) 安居住房。参照经济适用住房政策，向住房毁损导致无房可住的城镇受灾家庭，以及租住住房毁损导致无房可住的当地城镇户籍家庭出售、出租安居住房，安置受灾群众。安居住房每套建筑面积控制在 40 ~ 80m^2，以 60m^2 左右的中小户型为主，每户限购买或租赁 1 套。安居住房建设用地实行行政划拨方式供应，由政府组织建设。安居住房价格根据建造成本核定，包括土地划拨成本、勘察设计及前期工程费、建安成本和小区基础设施建设费等。政府委托房地产开发企业开发建设的安居住房项目，项目利润率不高于 3%。安居住房产权和上市交易管理，按照经济适用住房的有关规定执行。

（2）廉租住房。受灾市（州）县（市、区）政府应当采取措施，加大廉租住房保障力度。可直接投资集中建设一批廉租住房，或在经济适用住房、安居住房和普通商品住房建设项目中配建，优先供应住房毁损的城镇“三无”家庭和最低收入家庭。廉租住房按照国家现行政策实行土地行政划拨，税费减免，由政府组织建设；实行低租金标准（“三无”家庭免收租金）。廉租住房每套建筑面积应当控制在 $40m^2$ 左右，不得超过 $50m^2$。

6．住房的原址重建

原址重建必须符合地质安全、生态环境和重建规划等要求。原址重建须由毁损住房所有权人依据重建规划和灾后抗震设防标准实施。

7．县城以下镇乡居民住房重建

县城以下镇乡居民（指县以下建制镇及乡政府所在地非农村户口居民，下同）因灾住房毁损、无房可住的，享受城市受灾居民住房资金补助政策。鼓励县城以下镇乡居民自力更生，重建家园。满足原址重建条件的，鼓励镇乡居民原址自建住房，灾区地方政府要给予税费减免等政策扶持；不能原址重建的，可由政府行政划拨土地，由镇乡居民按原住房标准异址自建，并享受与城市居民一致的各项优惠政策，原毁损住房用地由政府收回，并根据新旧用地市场价值结算补差。镇乡居民自建住房应满足灾后抗震设防要求，保证住房质量安全。需要政府统筹组织建设安居住房和廉租住房的，按城市安居住房和廉租住房组织建设办法办理。

（七）提出农村住房重建方案

地震灾后农房重建必须通过政府组织、灾民自建、社会支持等手段，以确保受灾群众尽快住进经济、实用、安全的永久性住房，恢复正常的生产生活秩序。在农村住房恢复重建过程中强调受灾群众的主体作用，以尽快完成点多面广的农村住房重建工作。

1．农村住房重建原则

第一，坚持统一规划，分步实施。农房重建必须做到规划先行、方案具体，在全面准确掌握房屋倒塌和严重损坏的基础上，科学制订重建规划和实施方案。规划和方案要体现科学性、适用性、操作性。在出台重建规划的前提下尽快启动分步实施。第二，政府组织，农民自建。农房重建必须在当地政府的组织下有序进行。灾区各级政府要做好农房重建的科学选址、规划设计、建设管理、资金补助、政策扶持、社会动员等方面的工作。要调动受灾农民的主动性和积极性，充分发挥其自力更生、自主建房的主体作用。第三，因地制宜，统筹兼顾。农房重建必须依据统计台账，结合倒损情况，因地因户制宜，做到统筹兼顾。除因灾无法在原址重建的外，原则上应在原址建设。异地重建的，宅基地可新旧折抵、一户一宅。保护农村生态环境，传承农房民族文化特色。第四，技术指导，强化质量。农房重建应按照国家和地方建筑技术和抗震设防标准进行建设，切实加强技术指导和服务，做到“安全、经济、适用”，降低建设成本。

2．补助对象

对恢复重建永久性住房的农户，政府按以下政策给予建房资金补助。补助对象和范围包括，因汶川大地震房屋倒塌或严重损坏、无家可归的农户。对因灾造成的“三孤”人员（孤儿、孤老、孤残）和无房的散居五保对象不单独重建住房，通过纳入福利院、敬老院重建规划统筹解决。对农户家庭人数的认定，一律以 2008 年 5 月 11 日户口为准；对登记建卡绝对贫困户和低保户两类困难农户的认定，一律以 2008 年 5 月 11 日的档案记载为准。

3．补助标准

全省平均补助标准为每户 2 万元，根据受灾农户的经济状况和家庭人数实行分类分档补助。对不同人口家庭适当予以区别，对登记建卡贫困户和低保户两类困难农户给予适当照顾。具体补助标准分为两类三档（表 3-2-9）：

农村住房重建补助标准（元）　　表 3-2-9

农户类别	1～3 人家庭	4～5 人家庭	6 人及以上家庭
一般农户	16000	19000	22000
困难农户	20000	23000	26000

在恢复重建永久性住房补助标准的基础上，自建过渡安置房的农户，对每户给予 2000 元建设过渡期安置房的资金补助。

（八）研究实施规划的配套政策

1．安置政策

城乡居民因本次地震造成住房倒塌、严重破坏和中等（一般）破坏以上的，属于本次安置对象。其中城镇安置对象包括具有当地城镇户口或虽无当地城镇户口，但地震前已购买当地住房并入住、取得暂住证的外地居民；原自有住房或租用的保障性住房（包括廉租住房、直管公房、单位自管住房，下同）因灾倒塌或严重破坏，经房屋安全管理部门认定不能继续使用、在当地没有其他自有住房或保障性住房可供灾后居住的本地城镇居民；本地城镇住房因灾受到中等以上破坏，尚可居住但需要进行加固安置的居民；因灾后移民迁入本地、需要安置的城镇居民（异地安置的居民，其安置房面积标准与原地安置相同，移民补助费用另定）。农村安置对象包括因地震灾害造成原有住房倒塌或严重破坏需要重建，或原有住房中等以上程度破坏、需拆除重建、自建自住的农户；因灾后移民迁入本地、需要安置的农村居民（异地安置的居民，其安置房面积标准与原地安置相同，移民补助费用另定）。

确定安置对象后，以户为单位，按货币折算的方式进行安置。其中城镇居民政府给予每户一定比例的住房安置补贴，其余部分由居民自行承担；当地政府负责提供安居房等房源；对原居住公房、廉租住房的低收入家庭，按原有政策重新登记并安置灾前同类住房；中等破坏（一般性破坏）的城镇住房，按住房和城乡建设部《建筑地震破坏等级划分标准》的要求，由权威部门组织专家对其进行全面清查鉴定，按实际需要的加固费用，由当地政府给予每户一定比例的加固补贴。农村居民可采用政府补助，农民互建、自建等方式进行。由政府帮助建设的补助资金相应冲抵，不足部分由农村居民自行承担；农村住房被认定为中等破坏的，按农村住房重建处理。

2．安居房政策

灾区城镇重建住房实行申请、审核、公示和轮候的分配管理制度，在公开、公平、公正的原则下，优先照顾老、弱、病、残等特殊群体或特别困难群体。各地必须抓紧研究制订符合本地实际的城镇重建住房分配管理办法，广泛征求意见，及时向社会公布。所有安居住房和廉租住房供应对象的资格须由县级以上政府指定的主管部门认定并公布，每户受灾居民家庭限购（租）一套安居住房或廉租住房。安居住房的销售（租赁）价格和廉租住房租赁价格要按相关规范性文件要求执行，具体价格由各地物价、房地产管理、财政部门确定并向社会公布。凡未按规定公布安居住房销售（租赁）价格和廉租住房租赁价格的，要限期公布；不符合规定的，要立即整改。对部分经济条件困难家庭租住安居住房存在租金支付困难的，有关市（州）县（市、区）人民政府可予以租赁补贴或实施租金减免政策。

在重建住房的分配中，要求全省各地严格审核对象，细化申请购（租）重建住房对象的资格认定条件和办法。各地应对所有申购（租）受灾居民家庭实行建档管理，建立台账，符合条件和不符合条件的申购（租）资料均应留档备查。受灾居民已通过委托开发企业建设、集资建房、自建住房等方式重建住房的，不得再申购（租）安居住房和廉租住房。

3．其他政策

除上述资金的筹集和投入外，规划还提出了由国家和地方政府给予财政资金支持、税收优惠、行政事业性收费减免和金融扶持，并积极提供物资、技术和人力支持的政策建议。

（九）细化实施规划的保障措施

灾后城乡住房恢复重建工作是一个巨大而复杂的系统工程。为确保此项工作的顺利实施，规划除在年度计划、工作标准和政策配套等方面提出了要求和建议外，也对实施规划的保障措施进行了深入思考，并从建设方式、管理指导和实施步骤等方面提出了指导意见，以帮助地方政府正确理解《城乡住房恢复重建规划》的意图，使规划得到有力的落实和推进。

1．建设方式

强调要坚持政府组织与市场运作相结合，形成以廉租房、安居房和其他商品房供应，以及二手房交易等方式共同构成的、多渠道提供房源的城镇居民住房供给模式；农村住房则主要采用村民自建的方法进行组织。其中，重建的城镇住房可采用下列三种方式进行：一是由当地政府组织建设廉租住房。即城镇廉租住房由当地人民政府统一组织建设，具体实施可采用集中建设或在安居住房项目中配建的方式建设。二是采用多种形式建设安居住房，可以采取当地政府采用行政划拨方式提供土地，组织或通过招标投标选择符合条件的房地产开发企业，委托建设安居住房，也可以由原住房所有权人联建，还鼓励和支持企事业单位利用存量土地，统一组织实施，集资修建安居住房等。三是积极促进房地产市场的发展，为灾区群众提供其他商品房选择和二手房交易方便。需要加固的城镇住房，可采用居民申请、当地民政和房管部门鉴定，确定具体加固面积，由当地建设部门组织加固设计和施工的方式进行。需要重建的农村住房（含“倒塌”、“严重受损”和中等破坏的农村住房），应鼓励村民在符合规划、保证安全的前提下，采取自建或互建的方式，进行原址恢复、自建安置，政府按相关政策规定给予一定的资金补助。异地新建的农村住房，则由政府根据农村建设规划统一组织实施。

2．管理指导

强调要按照城镇住房重建、加固，以及农村住房重建的不同情况，分别制订管理指导措施，以保障规划实施工作的顺利进行。其中城镇住房重建的管理指导重点，主要是按照灾前城镇家庭的收入水平，分为最低收入、低收入、一般收入和高收入家庭，分别给予一定补助、提供不同的住房。廉租住房面向城镇低收入困难家庭出租，户均面积按 40 ～ 50m^2 控制，执行政府制定的租金标准；符合租住廉租房条件的城镇家庭，可按原有政策和方式延续廉租住房租赁关系。安居房面向因灾无房的家庭出售（也可出租），户均面积按 40 ～ 80m^2 控制，出售价格为成本价；居民购买安居房后拥有所有权和使用权，居住 5 年后可上市交易，并补交土地使用权出让金。符合条件的因灾无房家庭每户只能购买或租住一次（一处）廉租房、安居房。

城镇住房加固的管理指导重点，主要是确定需要加固的面积、部位和工作量，并按规定的标准给予补助和技术支持。通过鉴定，认定受损住房经加固后可继续使用的，根据认定的加固面积和单价计算加固费用。廉租住房和直管公房由政府承担加固费用，在国家灾后重建城镇住房补助资金中解决。其他住房已提取维修基金的，使用维修基金解决。未提取维修基金或维修基金不足的，政府按前述家庭收入分类情况，分别给予一定比例的加固补助。

农村住房重建的管理指导重点，主要是规范住房选址和确定补助资金的额度。因灾无房（含农村倒塌、严重破坏和中等破坏情形）群众自行重建农村住房的，政府给予一定的补助。地震灾区县级人民政府应当按照因地制宜，节约和集约利用土地，保护耕地的原则，加强对村民住宅建设的选址的管理和指导。各级建设行政主管部门应当按照保证安全、达到抗震设防要求、体现地方特色、民族特色和传统风貌的原则，加强对农房建设的技术指导，并提供符合当地实际的技术标准和住宅设计图集，供村民选择。

3．实施步骤

强调要规范规划实施的程序，主要工作环节要有详细的登记建档制度，规划设计和过程建设要有质量监督制度，全过程要有验收检查制度等。其中在登记建档阶段，地方市（州）县（区、市）人民政府应根据城乡住房损毁情况，分门别类登记造册。城镇由居民提出申请，当地民政和房管部门根据灾后住房鉴定报告，确定帮助对象及其类型；农村按照灾民申请、群众评议、村组公示、乡镇审核、县级民政部门审批的程序，确定帮助对象及其类型。到了规划设计阶段，地方市（州）县（区、市）人民政府要结合当地城镇规划和新农村建设规划布局，抓紧组织重建居住区和新农村社区的规划设计，制订完整的实施方案，确保居民基本的居住生活环境，经济、合理、有效地使用土地和空间；要按照相关抗震防灾等住宅设计规范与质量标准的要求，加强城乡住宅（尤其是镇乡住宅）的针对性抗震设计，并采用行之有效的工程技术措施，提高居住区和新农村社区的规划设计质量，协调相关部门做好居住区选址与施工设计等工作。在工程建设阶段，地方人民政府相关行政主管部门要对城乡住房恢复重建工程实行全程跟踪、指导督促和质量监管，在保证工程质量的基础上加快建设进度。城镇住房应当根据抗震设防和节能环保的要求，选用国家标准规定的材料和构配件，按照工程建设强制性标准进行施工并加强工程监理，保障建设质量；农村住房建设由镇乡人民政府和村委会负责技术指导，达到现行规范对住房抗震设防的要求。最后验收检查阶段，地方灾后城乡住房恢复重建领导机构要按规定进行组织验收，有关管理部门应当加强对验收工作的管理，确保工程质量，建立完整的灾后恢复重建资料档案，进行房屋产权确权；农村住房要加强检查，完成“一户一表一卡一证”（建房审批表、建房登记卡和集体土地使用证），“一乡一册”（恢复重建花名册），以及“一县一台账”（农房恢复重建户台账）的档案登记工作。

五、住房重建管理实施案例

案例一：绵阳市地震灾后城镇住房重建工作实施意见

根据《四川省人民政府关于〈印发汶川地震灾后城镇住房重建工作方案〉的通知》（川府发[2008]35号）精神，各地市（州）均制定了相应的实施意见或实施细则。本章以《绵阳市地震灾后城镇住房重建工作实施意见》为例，进行分析阐述。该《意见》由绵阳市政府牵头组织制定，于2008年10月完成并报送省政府备案。

从内容上看，《意见》在明确灾后城镇住房重建的指导思想、基本原则和总体目标的基础上，从城镇住房重建补助政策的落实、受损住房鉴定及除险加固、安居住房及廉租住房建设、损毁住房原址重建和镇乡居民住房重建、灾后城镇住房重建政策支持、补助资金申领程序制订、建筑质量安全监管、住房重建推进步骤和组织保障等方面提出了具体意见和措施。该《意见》内容全面，提出的相关措施明确得力，符合绵阳实际情况，为实现“通过两年半时间努力，使城镇受震灾居民住上符合国家居住区规划设计标准、安全可靠、经济适用、功能齐全、设施配套、环境优化的永久性住房，家家有房住”的目标提供了及时可靠的实施办法。

在住房重建补助政策方面，《意见》对无房可住的城镇受灾家庭制定了资金补助、建房税费减免优惠和房价政策性优惠等补助政策。其中，资金补助实行分对象补助的方式，对不同收入的家庭给予不同的补助标准（表3-2-10）。这既符合绵阳实际，又有利于最大程度地发挥补助资金的作用。此外，对“三孤”和“三无”家庭进行了重点补助。建房税费减免补助主要包括免征城镇土地使用税和销售合同印花税，减半征收契税，免收各项行政事业性收费、市政配套建设费和新增建设用地土地有偿使用费等。房价政策性优惠补助主要指各级政府在灾后城镇住房重建中通过行政划拨土地，根据建造成本核定住房价格，降低房价，实现对购买安居住房或经济适用住房的受灾居民的房价政策性优惠补助。

各收入水平家庭补助标准（万元）　　表 3-2-10

家庭类型	1～2人户	3人户	4人户及以上
最低收入家庭	2.7～2.9	2～3.2	3.2～3.5
低收入家庭	2.4～2.6	2.7～2.9	2～3.2
一般收入家庭	2.1～2.3	2.4～2.6	2.7～2.9
高收入家庭	0.5～1		

在城镇受损住房鉴定和除险加固方面，为保证补助资金使用的公平公正，充分发挥补助资金的作用，《意见》规定鉴定结果的公示制度，对加固的资金补助采用分类补助的方式（表 3-2-11）。对低收入家庭、低保家庭、破产改制企业职工等房屋的维修加固分别提出了针对性的政策。

除险加固资金补助标准（万元）　　表 3-2-11

受损程度	轻微损坏	中等破坏	严重破坏（可修）
标准	0.1～0.3	0.4～0.5	0.6～0.8

在安居住房和廉租住房建设方面，《意见》明确了建设重点区域，建设用地实行行政划拨方式供应，对住房面积和房价进行了严格限定，在优先落实廉租住房、安居住房、经济适用住房和中低价位、中小套型的普通商品住房建设用地供应的基础上，鼓励房地产开发企业建设中小户型普通商品住房，积极发展二手住房市场和住房租赁市场，鼓励私人住房出租，以满足受灾城镇居民多层次住房需求。在损毁住房原址重建方面，《意见》首先要求其要符合地质安全、生态环境和重建规划及灾后抗震设防标准的要求，这是灾后住房重建工作之根本目的的保证，也是实行既定目标的前提。在此基础上，《意见》针对不同类型的原址重建项目分别进行了详细界定和规定，并规定重建住房面积不得超过安居住房面积控制标准。《意见》规定县城以下镇乡，因灾住房损毁的居民享受城市受灾居民住房资金补助政策和重建的各项优惠政策。《意见》在税费减免、信贷扶持和土地政策三方面对灾后城镇住房重建提供了切实的政策支持，对灾后重建工作的顺利推进提供了强有力的保障和支持。为保证灾后城镇住房重建工作的健康、安全、有序推进，《意见》从补助申报、资格审查、资金发放等环节严格规范了补助资金的申领程序，要求各级政府和建设主管部门对灾后城镇住房重建质量进行强有力的监管，并提出了包括准备启动、全面建设和完善验收三个阶段的分步推进的工作方式。此外，《意见》还建立了灾后城镇住房重建的组织保障机制，从组织领导、部门职责、建材保障、监督管理和宣传等方面进行了要求。

案例二：彭州市灾后重建城镇安居住房供应管理细则

根据 2010 年 7 月 5 日四川省办公厅《关于切实做好汶川地震灾区城镇重建住房分配安置工作的通知》（川办函［2010］22 号）精神，各受灾地区均根据自身条件、灾损情况等制定了相应的实施细则。本章以《彭州市灾后重建城镇安居住房供应管理细则》为例介绍，为保障受灾地区安居住房科学、合理分配，促进安居住房供应工作快速、公平、有效推进，妥善解决城镇受灾家庭和部分农村受灾家庭居住问题，各级政府所采取的具体措施。

《彭州市灾后重建城镇安居住房供应管理细则》是以《彭州市灾后城镇住房重建工作实施细则》（彭府发［2008］57 号）为依据由彭州市人民政府办公室于 2010 年 9 月 21 日制定并印发的。该《细则》明确了安居住房供应坚持以人为本、公开公正、分区域安置、"特殊家庭"优先等四项基本原则。并且对安居房分配管理工作进行了合理分工，落实了各管理部门的工作职责，以保障安居房分配管理工作的顺利进行。确定彭州市房地产管理局是彭州安居住房建设项目业主，具体负责安居住房的建设、销售工作，以及天彭镇、致和镇范围内安居住房的售后管理工作及共有产权安居住房的租金收取工作。各镇人民政府和相关部门是安居住房的分配管理部门，具体负责安居住房的分配工作；除天彭镇、致和镇外的各镇人民政府负责所辖区域内安居住房的售后管理工作及共有产权安居住房的租金收取工作。市国土局、市物价局、市财政局根据职责分工，协同做好安居住房的价格和销售相关管理工作。市监察局负责对安居住房的分配情况进行监督检查。

在供应对象方面，该《细则》指出安居房的供应对象是彭州市范围内因“5·12地震”受灾且重建方式选择申购安居住房的受灾家庭，包括了三类家庭，分别是城镇住房因灾毁损导致无房可住的受灾家庭、农村住房因灾毁损导致无房可住且选择异地安置（货币安置）方式的受灾家庭以及城镇居民租住公房因灾毁损导致无房可住的受灾家庭。并且应满足三个条件，一是住房因灾毁损导致无房可住，二是符合住房重建补助对象的所有条件，且已经领取重建补助资金，三是农村受灾家庭还必须满足自愿选择异地安置（货币安置）的重建方式的条件。

供应对象每户限购一套安居住房，供应对象的家庭成员以2008年5月11日户口登记为准。安居住房的限购面积按如下标准确定（表3-2-12）：

安居住房的限购面积　　表3-2-12

家庭人口	安居住房的限购建筑面积（m^2）
1人	42
2人	52
3人	65
4人及以上	80

该《细则》具体规定了安居房的申购、审查和公示具体程序，确保各阶段工作有序、公开、公正进行。

首先，受灾的完整家庭以户为单位持户口证明材料、市房管部门出具的房屋权属注销证明材料（无房屋的受灾家庭须提供毁损住房所在地镇政府或单位出具的证明材料，农村受灾家庭须提供毁损住房所在地镇政府出具的宅基地还耕证明），“特殊家庭”须持相关证明材料向毁损房屋所在地社区（或单位）提出购房申请，填写《彭州市购买安居住房申请审核表》。

其次，社区（或单位）对拟供应对象的申请材料进行初步调查、核实。

再次，社区将经初审合格的拟供应对象申请材料报毁损住房所在地镇政府审核。

然后，拟供应对象毁损住房所在地镇政府（或单位）将已审核的《彭州市灾后个人购买安居住房申请审核表》及证明材料报户籍所在地户籍管理部门审查后，再报安居住房点位所在地镇政府汇总。

接着，安居住房点位所在地镇政府将《彭州市灾后个人购买安居住房申请审核表》及证明材料报市房管局审核，由市房管局将拟供应对象和申购面积在彭州电视台和《今日彭州》报进行公示（公示期7天）。按照上述公示结果，由安居住房点位所在地镇政府会同供应对象毁损住房所在地镇政府（或单位）以及市纪检监察部门、市人大代表、政协委员、群众代表、媒体等相关部门，通过抽签的方式确定所购买安居住房的具体位置（楼层和房号），公证处现场公证；抽签后3日内允许同户型的供应对象之间互换抽签确定房屋，双方凭《自愿互换协议书》到安居住房点位所在地镇政府办理互换登记。安居住房分房结果由拟供应对象点位所在地镇政府进行公示（公示期7天），并出具《彭州市灾后个人购买安居住房资格认定通知书》，供应对象凭《彭州市灾后个人购买安居住房资格认定通知书》先预付2万元到安居住房申购的指定银行专户中（由指定银行出具预付款证明）。

最后，安居住房点位所在地镇政府将确定的分房结果报市房管局备案后，由供应对象凭《彭州市灾后个人购买安居住房资格认定通知书》、已缴预付款证明材料等，到市房管局签订《彭州市灾后重建城镇安居住房购房合同》、交清购房款后，再办理房屋移交及权属登记手续。

针对灾区群众所关心的安居房的产权管理问题，该《细则》也给出了明确的产权办理方式。个人购买安居住房后，按照规定和程序分别到房屋、土地登记部门办理权属登记，其产权管理参照经济适用住房的规定执行，即供应对象拥有有限产权，住房权属登记的备注栏应注明：汶川地震灾后安居住房。其中，属于全额产权安居住房的，自权属登记之日起不满5年，不得直接上市交易，购房人因特殊原因确需转让安居住房的（不含法院判决、离婚、继承等），由市政府按照原价格并考虑折旧和物价水平等因素进行回购。满5年后，购房人上市转让安居住房的，应补交土地使用权出让金和按规定交纳有关税费，同时还应在申请转让时一并申报转让价格，在同等条件下市政府可优先回购，若不予回购，在市政府出具书面意见后，购房人以不低于申报的价格自主上市交易。购房人转让安居住房后，不得再申请购买或租赁政府提供的政策性住房。而属于拥有共有产权安居住房的家庭，在未全额取得安居住房有限产权之前，安居住房不得上市交易，购房人因特殊原因确需转让安居住房个人产权份额的，由市政府按照原价格并考虑折旧和物价水平等因素进行回购。

第三节　灾后农村建设规划

灾后农村建设规划主要任务包括提出农村居民住房布局和规模要求；提出道路、供水供电、污水垃圾处理等基础设施建设标准；提出农业生产设施恢复重建方案；提出农村公共服务设施布局和规模；提出恢复重建的投资估算等五个方面。

一、编制期限及依据

（一）规划目的

为了保障汶川地震农村灾后恢复重建工作有力、有序、有效地开展，积极、稳妥地恢复灾区农民正常的生活与生产条件，促进灾区农村经济社会的恢复和发展，特制订《四川省灾后恢复重建农村建设规划》。

（二）规划期限

根据《汶川地震灾后重建条例》（国务院第526号令）、《国家汶川地震灾后重建规划工作方案》与《四川省汶川地震灾后重建规划工作实施方案》（川府发电［2008］81号）要求，本规划的期限确定为2008～2010年。

（三）编制依据

（1）《中华人民共和国城乡规划法》；

（2）《汶川地震灾后重建条例》（国务院第526号令）；

（3）《国家汶川地震灾后重建规划工作方案》；

（4）《镇规划标准》（GB 50188—2007）；

（5）《四川省汶川地震灾后重建规划工作实施方案》（川府发电［2008］81号）；

（6）《四川省汶川地震灾害范围评估》；

（7）《四川省汶川地震灾害损失评估》；

（8）《四川省汶川地震资源环境承载能力评估》。

二、基本思路

（一）指导思想

全面贯彻落实科学发展观，坚持以人为本、城乡统筹、科学重建的方针，立足资源环境承载能力，注重灾后重建与结构调整、重振农村经济相结合，引导人口、经济合理布局，重点恢复重建关系民生的基本生活、生产设施和公共服务设施，积极推进城镇化、现代农业发展和新农村建设，努力实现人与自然和谐相处、生产生活共同发展、农村居民安居乐业、安全和谐的社会主义新家园。

（二）规划原则

以人为本、民生优先。着力解决与灾区农民群众生产、生活密切相关的基本问题，着力重建农村住房、生产设施、公共服务和基础设施，着力恢复灾区群众的正常生活和生产活动，逐步提高人民生活水平。

尊重自然、科学重建。根据地质灾害分布状况，以及自然环境承载能力及其变化趋势，科学制订灾后重建农村建设规划方案，合理布局农村居民点和农业农村生产设施，实现人与自然和谐发展。

城乡统筹、因地制宜。按照城乡统筹的要求，统筹规划农村产业布局、基础设施及生产设施建设，推进农业产业化、城镇化和新农村建设，因地制宜地安置农村村民，逐步提高农村公共服务设施水平，促进城乡协调发展。

远近结合、发展提高。恢复重建与发展提高相结合，在抓好当前农民生活与农业生产恢复的同时，着力提高农业综合生产能力、农村基础设施与公共服务设施能力，发展现代农业，促进灾区经济振兴。

传承文化、注重特色。传承藏、羌等民族地区地域文化特色。注意与地形地貌相结合，塑造各具特色的农村建设风貌。

创新机制、协作共建。建立“政府组织、农民自建、生产自救”的重建机制，坚持自力更生与国家补助、对口支援、城市反哺农村以及一般灾区支持重灾区相结合的原则，广泛吸引企业和社会各界参与灾后重建，共建美好新家园。

（三）规划目标

结合社会主义新农村建设，强化扶贫力度，加快恢复灾区村民正常的生活生产，形成设施配套、功能完善、布局合理的保障体系。两年完成涉及民生的农村住房恢复重建，三年全面完成灾区农村恢复重建任务。

（四）主要任务

按照《国家汶川地震灾后重建规划工作方案》的要求，同时，参照国家相关标准规范，使城市公共服务设施向农村覆盖，确定本规划的主要任务包括提出农村居民住房布局和规模；提出道路、供水供电、污水垃圾处理等基础设施建设方案；提出农业生产设施恢复重建方案；提出农村公共服务设施布局和规模；提出恢复重建的投资估算等五个方面。

三、灾区乡村体系重构

（一）技术路线与要求

四川汶川地震灾区涉及的乡村面广、量大，参与援建的规划设计单位多，为了规范和统一四川省地震灾区乡村体系重构规划工作，提高灾区乡村体系布局的科学性和安全性，根据《中华人民共和国城乡规划法》、《汶川地震灾后恢复重建条例》与《村庄和集镇规划建设管理条例》等规定，以县为单位，按文本与图件对乡村体系规划进行如下技术要求。

1．文本内容要求

基本概况：了解并分析县市（区）域农村的社会经济概况；说明地震受灾情况（按灾害评估分重灾、中度受灾与轻度受灾说明）；了解并分析县市（区）域农村的基础设施、公共服务设施分布情况，并说明地震损坏情况；了解并分析县市（区）域自然生态环境与资源状况，并说明地震对自然生态环境与资源的损害情况，以及灾后资源环境承载能力情况；乡集镇、村庄布局的现状特征和未来发展的主要问题，地震损坏情况；准确掌握农村居民点受损情况，尤其是农民住房灾前状况和地震灾害损毁情况，分析灾损类型，确定安置规模；对100位以上受访村民的灾后住房重建意愿进行汇总分析（如对原址重建、迁建与移民安置的倾向、自筹建房资金能力、建房材料选用，建房面积、形式、造价的设想等）。

农村居民点布局选址与重建规划：按照灾后重建与新型城镇化、新型工业化和农业现代化相结合，与灾区社会经济发展水平相协调的原则，充分考虑本地的资源环境承载能力，尊重当地农村的地域性、民族性，注重优先恢复建设农村受灾群众基本生活和公共服务设施，遵守国家和地方有关标准；确定农村居民点的基本布局，适应灾后生产力布局调整，科学引导县（市、区）域人口合理分布；坚持以原址建设为主，异地建设为辅，明确乡集镇与村庄恢复重建的类型，准确汇总、分析、归纳异地安置的主要原因，提出异地安置的目标和规模，并制作县域农村居民点分布变化比较表；按照县（市、区）城、建制镇、集镇、重点中心村、基层村五个层次划定村镇层级；统筹安排基础设施和社会公共服务设施，制定基础设施专项规划，分级配置乡集镇、重点中心村与基层村各类设施，确定设施配置的类型和标准，配套建设的规模；统筹城乡基础设施建设，提出各类设施的共建、共享方案，明确重建的基础设施项目，以及区域性供水、排污、垃圾处理的政策。

提出恢复重建的目标、时序与投资估算：依据本年度安全保暖过冬、三年重建、后五年发展的基本要求，制订重建规划目标，重点提出本年度可以基本完成农房复建任务的数量，以及完成全部复建任务的时序安排设想；按乡集镇与村两级，分建（构）筑物与基础设施两类进行灾区重建投资估算。对资金总规模进行分析，对异地安置进行方案比选，提出建设性意见；提出农民住房恢复建设的政府补助建议——倒房户、部分损毁、轻度损毁等不同类型。

政策建议：第一，必须落实科学发展观，提出发展循环经济——可再生能源、节约集约利用土地、环保、新型建筑材料、适用实用科学技术等建议；第二，提出政府支持重点解决基础设施和公共设施，鼓励和支持社会力量参与，以及政府和社会资金使用的公开透明等建议；第三，必须尊重农民自建意愿，合理引导适度集中建设；第四，根据不同发展区域（积极）发展的区域或居民点；第五，明确提出需引导发展的区域或居民点、限制发展的区域或居民点、禁止发展的区域或居民点，并因地制宜地提出村庄建设管理与发展方向建议。

2．图件要求

县域综合现状分析图：主要反映县市（区）域城镇、乡集镇与村庄的等级、规模的分布情况，并标注地震损坏情况（全损、基本全损、部分损坏与基本无损坏）；反映县市（区）域基础设施、公共服务设施分布情况，列表说明基础设施与公共服务设施损坏情况；标注灾后资源环境承载能力的分布情况；划出地震受灾范围（按灾害评估分重灾、中度受灾与轻度受灾划分）；标注主要灾害分布（地震烈度、泥石流、滑坡、崩塌、洪水等）。

县域农村居民点重建规划图：标明各乡集镇、中心村与基层村的位置、等级、规模；标明灾后重建的各乡集镇、中心村与基层村；反映其恢复重建类型，且标注其安置规模（人口规模与用地规模）与建设标准等；标明主要基础设施和社会服务设施的走向、位置、规模；划定四类区域（居民点）的范围，即积极发展的区域或居民点、引导发展的区域或居民点、限制发展的区域或居民点、禁止发展的区域或居民点；反映城镇建设用地布局结构，明确用地发展方向，标明城镇建设用地范围。

县域公共设施配建规划图：各级村镇的位置、名称、等级，标明灾后重建的各乡集镇、中心村与基层村；标明各乡集镇、中心村与基层村分级配置的公共服务设施，包括中小学、幼儿园、图书室、文化站、农村放心店、菜市场（含农业生产资料销售）、邮电所、医疗站；列表反映灾后重建的各乡集镇、中心村与基层村配置的公共服务设施量。

县域基础设施规划图：标明主要基础设施，包括交通、电力、水利防洪、邮电通信、供水、排污、垃圾处理等设施；重点标明灾后重建规划的基础设施。

（二）乡村体系结构规划

1．技术规定与标准

恢复重建方式分为就地重建与异地新建两种，恢复重建主要以就地重建为主。就地重建是指在本村域范围内恢复重建，又细分为原地原址重建与原地异址重建两种类型。原地原址重建是指在原宅基地上重建的方式，原地异址重建是指在本村域范围内另选宅基地重建的方式，可与新农村建设相结合适度集中建设。异地新建是指由于耕地灭失等生活生产设施无法恢复需跨村域外恢复重建的。

其中对受地震灾害影响较轻，建设条件较好、生态环境容量较大、具有发展潜力的农村居民住房采用原址重建方式，并按抗震设防新等级的规定要求，重建农民损毁房屋，加固建设留存房屋，同时根据规定适度提高基础设施建设标准和公共服务设施配建标准；对本行政村内受灾害影响较重的村民小组，可以通过在本村内适宜农村居民住房重建的用地上加以解决的地区，采用原地异址重建方式，也可结合新农村建设的要求适度集中建设，满足有利生产、方便生活的需要；汶川地震造成农业用地受到严重破坏且不可修复，村民失去基本生产资料和收入来源，以及因地震、滑坡、山洪等自然灾害比较严重，危及村民生命安全且人居环境十分恶劣的农村居民住房，需跨村域外恢复重建的地区采用异地新建的方式。

2．空间结构的确定

根据灾后地震烈度区划、灾后地质灾害评估和灾后资源环境承载能力评估，结合农村恢复重建与生产力布局，确定恢复重建农村居民点的布局，使其适应灾后产业布局调整，合理引导人口分布。按照恢复重建选址的原则和要求，结合新农村建设及扶贫开发，合理确定乡村空间布局结构，形成依托县城与中心镇，以中心村为支撑，以基层村为基础的乡村空间体系。

3．等级规模的确定

根据灾区农村居民聚居的不同规模，将农村居民聚居点分为特大型（1001 人以上）、大型（601 ～ 1000 人）、中型（201 ～ 600 人）和小型（200 人以下）四级乡村等级规模体系。山区与少数民族地区可根据当地实际进行适当调整。

4．职能结构的确定

根据行政管理与服务功能等方面的需要，分为重点中心村、中心村与基层村三级职能。重点中心村，一般指已撤乡并镇后的原乡政府驻地及现乡政府驻地。中心村是指交通比较方便、人口比较集聚，可以服务或带动周边数个行政村发展的行政村。基层村是指除重点中心村与中心村以外的交通相对比较方便的行政村。按主导产业及现状资源条件又分为种植型、养殖型、旅游型、工业型、保护型等行政村。

（三）乡村公共服务设施体系规划

1．技术规定与标准

农村公共服务设施的配置应按照以下原则进行：第一，坚持共建共享。即按其重要性和公益性分为必设和可设两类设施建设。提倡区域共建共享，集中集约，避免重复建设。农村公共建筑，除学校和卫生室以外，宜集中布置在位置适中、内外联系方便的地段。商业服务建筑宜布置在农村人口集中和交通方便的地段。第二，坚持分级配置。即农村应采用分级配置各类公共设施的原则，确定各级配置设施的类型和标准；因地制宜地根据服务范围的人口规模提出各类设施的共建、共享方案。重点中心村、中心村突出为区域服务的功能。其中，重点中心村重点安排小学、幼儿园、菜市场、放心店、医疗站、文化站等设施；中心村主要安排小学、幼儿园、放心店、卫生站等设施；而基层村突出为周边农村地区提供最基本的公共服务设施功能，根据其区位条件和人口规模配置放心店、幼儿园、医务室等。第三，坚持分区配置。平坝和丘陵地区人口稠密，经济发达、交通通畅，公共设施的服务半径可以适当缩小，服务人口增加，加强区域公共设施的共享。山区和高原地区人口稀少，经济欠发达、交通不畅。公共设施的服务半径可以适当扩大，服务人口可适当减少，应注重基本区域公共设施的全覆盖。

农村公共设施按其使用性质分为行政管理、教育机构、医疗卫生、文体科技、商业服务、老年活动中心六类，根据重点中心村、中心村、基层村的不同级别进行配置。其配置要求与标准可参照表 3-3-1

与表 3-3-2 确定。

村庄的各项公共设施配置表 **表 3-3-1**

类 别	设施名称	重点中心村	中心村	基层村
一、行政管理	行政管理用房	●	●	●
二、教育	托幼（儿）园	●	●	△
	小学	●	●	△
	中学	△	—	—
三、医疗卫生	卫生站	●	●	●
四、文体科技	文化活动室	●	●	△
	图书室	●	△	△
	全民健身设施（场地）	●	●	△
五、商业服务	菜市场	●	●	△
	放心店	●	●	●
	农资放心店	●	●	△
	邮政、储蓄代办点	●	△	△
六、福利设施	敬老院	△	—	—
七、配置标准	各项公共设施	5000 ～ 8000m^2	1000 ～ 3000m^2	300 ～ 800m^2

注：●必设，△可设 。

村庄的各项公共设施配置参考标准表 **表 3-3-2**

类 别	设施名称	每处建筑面积（处 /m^2）	千人指标（人 /m^2）
一、行政管理	行政管理用房	100 ～ 160	—
二、教育	托幼（儿）园	—	420 ～ 450
	小学	—	500 ～ 600
	中学	—	400 ～ 500
三、医疗卫生	卫生站	50 ～ 100	—
四、文体科技	文化活动室	800 ～ 1000	—
	图书室		—
	全民健身设施（场地）		—
五、商业服务	菜市场	1000	—
	放心店		—
	农资放心店		—
	邮政、储蓄代办点		—
六、福利设施	敬老院	—	100 ～ 150

2．各类农村公共服务设施配建的技术要求

行政村村委会：宜布局村级公共服务中心，服务中心建筑面积控制在 200m^2 左右，篮球场面积控制在 420m^2 左右，并可与村小运动场或村民公共院坝混合使用。

学校用地：应设在阳光充足、环境安静的地段，距离铁路干线应大于 300m，主要入口不应开向过境公路。初级中学和小学的布局和规模应按照上位规划对教育设施的规划要求确定。

敬老院：应布置在环境好，相对安静的位置，有条件的可与相邻村联合设置。

市场设施：应综合考虑交通、环境与节约用地等因素进行布置。其选址应有利于人流和商品的集散，并不得占用公路、主要干路、车站、码头、桥头等交通量大的地段。

（四）灾区农村基础设施重建规划

1．技术规定与标准

农村基础设施包括村组内联系路、村庄道路、村庄供水、村庄排水、村庄供电、村庄电信、广播电视、场地平整等八个方面。

村组内联系路一般应在原有道路基础上进行建设，应以村所属县（市、区）公路网规划及农村居民住房布点规划为基础进行布局，着重提高路面等级，完善防护和排水设施，增强晴雨通车能力。路面宽度以 2.5 ～ 3m 为宜，新建道路路面高于两侧 40cm 的可不设水沟（村庄内路段除外），其余必须设排水沟。排水沟应根据排水去向，确定沟底标高。横向排水必须埋设管涵。对于原址重建的村组内联系路根据实地踏勘的情况，充分利用原有的公路和设施，清理坍方、落石，补强路基，修复、加固受损结构和设施。局部有崩塌、滑坡、泥石流、堰塞湖等严重地质病害路段，可考虑局部改线或另辟新线。新辟路线要尽可能减少对现有地形、地质的扰动，最大限度地提高公路建设和后期运营的可靠性和安全性，切实提高抗灾能力。

村庄道路的恢复重建应合理保留原有路网形态和结构，改善道路的功能；打通断头路，主要路网应与对外道路网连通。道路应通畅，保证有效联系，可按三级设置：主要道路、次要道路与宅间道路，其路面宽度按表 3-3-3 进行控制。尽端式道路应设置回车场地，主要道路宜有照明设施。道路纵坡应大于 0.3%，山丘、重丘区一般不大于 5%，当纵坡坡度大于 4% 时，连续坡长不宜大于 500m，且应采取相应的防滑措施；道路横坡坡度大小在 1% ～ 3% 之间，干旱地区取最低值，多雨地区取高值。道路标高应低于两侧建筑场地标高，并考虑各类工程管线改造要求；路边应设置排水沟渠，并根据当地降雨量大小确定排水沟渠宽度及深度。其中，原地原址重建的道路以原道路为基础进行恢复重建，主要应以完善功能为主，而原地异址重建与异地新建的道路应以农村居民住房布点规划为依据。

道路路面宽度控制表（m） 表 3-3-3

道路类型	农村居民住房规模等级			
	特大型	大型	中型	小型
主要道路	14	10 ～ 12	7	按散居形式对待
次要道路	7	5 ～ 7	5	
宅间道路	2.5	2.5	2.5	

村庄供水宜采用综合用水量指标确定用水量，农村居民住房综合用水量指标 150 ～ 200L/(人・天)。散居农户综合用水量指标 60 ～ 100L/(人・天)。水源的选择应符合下列要求：水量充足，水源卫生条件好、便于卫生防护；原水水质符合要求，优先选用地下水；取水、净水、输配水设施安全经济，具备施工条件；选择地下水作为给水水源时，不得超量开采；选择地表水作为给水水源时，其枯水期的保证率不得低于 90%。供水方式分为集中式、分散式两类。邻近城镇时，应优先选择由城镇配水管网延伸供水；聚居人口较大的村庄可建设集中供水设施；散居农户自建供水设施。生活饮用水的水质应符合现行有关国家标准的规定。新建的供水设施要选在水源有保障，避开不良地质灾害地段。供水设施和其建、构筑物应按有关规定提高抗震设防标准。

村庄生活污水量可按生活用水量的 75% ～ 90% 进行计算，各村庄应根据自身条件，建设较为完善的排水收集系统。集聚村庄宜建设集中污水处理设施；散居农户分户采用化粪池、生活污水净化沼气池以及“快速渗滤 + 人工湿地”等方法进行处理。布置排水管渠时，雨水应结合防洪（河洪、山洪）充分利用地面径流和沟渠排除；污水应通过管道或暗渠排放，雨水、污水的管、渠均应按重力流设计。其中，原地原址重建的村庄排水系统以现状排水系统为基础，恢复其功能，在恢复重建中要完善排水系统并建设符合标准的污水处理设施。而异地新建的要按规划要求同步建设排水系统和污水处理设施。

村庄用电负荷标准按 2.5kW/ 户进行计算，使用燃气用户的用电负荷按 1kW/ 户进行计算。供电电源的选择应以县（市）域供电规划为依据，应纳入农村电网统一供给。采用架空方式布设农村 380V/220V 电力线。10kV 变压器可采用 10kV 杆式或箱式变压器。原地原址重建的供电系统以现状供电系统为基础，恢复其功能，在恢复重建中要结合农网改造建设满足人们用电需求的供电系统。异地新建的农村居民住房则要按规划要求同步建设供电系统。

村庄恢复重建要使固定电话系统普及率达30%，有线电视普及率达50%。电信、广电设施和其建、构筑物应按有关规定提高抗震设防标准。偏远地区采用移动通信方式，广电采用卫星接收装置。农村电信、广电重建应与县域电信、广电规划相衔接，要结合行业发展趋势进行建设。原地原址重建的电信、广电系统以现状电信、广电系统为基础，恢复其功能；异地新建的要按规划要求同步建设电信、广电系统。电信线路及广电线路宜尽量同杆架设。

村庄垃圾应及时收集、清运，保持村庄整洁。在有条件的地方，村庄垃圾宜推行“村收集、乡镇转运、县（市）处理”的方式。交通不便、不易集中的地区可采用简易填埋或堆肥处理。垃圾收集点应规范卫生保护措施，防止二次污染。生活垃圾应大力推广分类回收利用，以减少总量。调查建筑废墟的分布，评估需要处置的建筑废墟数量，由市域体系规划确定大容量永久性的建筑废墟处置场所集中处理。原址恢复重建的村庄恢复重建现有的生活垃圾收集点。而异地新建的村庄要按规划要求同步建设生活垃圾收集点。

2．场地平整

村庄场地平整应有利于建筑布置及空间环境的规划和设计，满足各项工程建设场地、工程管线敷设及防洪、排涝的要求。用地自然坡度小于5%时，宜采用平坡式；用地自然坡度大于8%时，宜采用台阶式。原地原址重建的场地平整主要以解决排水和清理场地为主。异地新建的场地平整应在地质详勘基础上进行，在场地平整方案选择上要尽可能减轻对现有地形、地质的扰动和破坏。农村居民住房用地地面排水应符合下列规定：第一，地面排水坡度不宜小于0.2%，坡度小于0.2%时宜采用多坡向或特殊措施排水；第二，场地的规划高程应比周边道路的最低路段高程高出0.2m以上，用地的规划高程应高于多年平均地下水位。

四、规划建设标准和要求

四川省灾后农村建设规划是在应急状态下展开的一种事业规划，在该规划的基础上全省进一步制定了多个技术导则以具体指导灾后农村建设规划顺利实施，各个地方政府也相应出台了适应自身建设条件的建设导则。

（一）四川省《农村居住建筑地震灾后重建施工技术导则》

四川省《农村居住建筑地震灾后重建施工技术导则》，是根据省委、省政府的指示与相关要求，由四川省住房和城乡建设厅牵头组织编制的技术性指导意见，完成时间为2008年8月。《导则》主要是根据国家抗震设计规范并结合我省实际，从农房结构形式、建筑材料、基础工程、主体工程、屋面工程、门窗工程、装修工程、配套设施、农房验收和农房施工安全等多个方面提出了详细的指导意见和技术要求，意在为灾区农房重建提供技术帮助，引导受灾地区农民建造安全、适用的房屋，尽快恢复正常的居住生活。意在保证灾后农民重建房屋质量、保护农民生命财产安全、改善农民居住条件。

《导则》对抗震设防烈度为6度、7度、8度和9度的地区、对农民自建两层（含两层）以下、建筑面积在300m^{2}以下的住宅及附属用房所提出了普遍性的指导意见，并从农村地区最为常见的房屋建筑形式入手，对生土结构、木结构、毛石结构、砌体结构、钢筋混凝土框架结构，以及相应材料的选用和施工细节进行了极为详细的规定，对其中涉及的基础、主体和屋顶的各种做法也提出了相应的指导意见，其内容符合四川农村建设的实际情况，具有较强的科学性和实用性。在基础工程方面，为避免建筑由于局部基础变形（或沉降）不同而产生的破坏，《导则》规定农村房屋同一幢的基础不应设在土质明显不同的地基上，不宜采用不同类型的基础。此外，《导则》对主体工程、屋面工程、门窗工程、装修工程、配套设施的建设、农房验收和施工安全等方面提出了相应的要求，以保证农民用水用电的安全、房屋质量的可靠，以及施工过程的安全。强调了因地制宜，延续乡土建筑风貌特色。

（二）四川省《农村居住建筑抗震设计技术导则》

四川省《农村居住建筑抗震设计技术导则》，是根据省委、省政府的指示与相关要求，由四川省住房和城乡建设厅牵头组织编制的技术性指导意见，完成时间为2008年8月。从内容上看，针对抗震设防烈度为6度、7度、8度和9度地区的建制镇、集镇规划区内居民自建的两层（含两层）以下，且建筑面积在300m^{2}以下的住宅，以及村庄建设规划范围内农民自建的两层（含两层）以下的低层住宅，《导则》明确提出了抗震设防目标，首先从场地选址、地基处理、基础设计、建筑结构规则性和建筑结构体系的设计上提出了基本要求；然后重点针对不同的结构类型，提出了详细的抗震设计规范和要求。该《导则》在灾区的推广使用具有针对性和可操作性，对提高灾后重建房屋的设计水平，提高建筑抗震性能具有重要意义。

《导则》中的基本要求方面包括对建筑场地、地基、基础、建筑结构规则性和建筑结构体系等方面。要求建筑场地按表3-3-4进行选择，并规定了建筑场地与断裂带的距离，及在不利地段进行建设时的抗震设防烈度。

有利、不利和危险地段的划分 **表3-3-4**

地段类别	地质、地形、地貌
有利地段	稳定基岩，坚硬土，开阔、平坦、密实、均匀的中硬土等
不利地段	软弱土，液化土，条状突出的山嘴，高耸孤立的山丘，非岩质的陡坡，河岸和边坡的边缘，平面分布上成因、岩性、状态明显不均匀的土层（如故河道、疏松的断层破碎带、暗埋的塘浜沟谷和半填半挖地基）等
危险地段	地震时可能发生滑坡、崩塌、地陷、地裂、泥石流等及发震断裂带上可能发生地表错位的部位

《导则》对建筑地基的选择进行了规定，对软弱黏性土、液化土、新近填土或严重不均匀土地等不利地基提出了相应的处理措施。《导则》提出建筑基础宜采用无筋扩展基础，无筋扩展基础台阶宽高比的允许值见表3-3-5，并对基础埋深、同结构单元建筑基础设置方式进行了规定。

无筋扩展基础台阶宽高比的允许值 **表3-3-5**

基础材料	质量要求	台阶宽高比容许值
混凝土基础	C15混凝土	0.000706
毛石混凝土基础	C15混凝土	0.000706
砖基础	砖不低于MU10，砂浆不低于M5	0.0007118
毛石基础	砂浆不低于M5	0.0007089
灰土基础	体积比为3：7或2：8的灰土，其最小干密度：粉土1.55t/m^3；粉质黏土1.50t/m^3；黏土1.45t/m^3	0.0007089
三合土基础	体积比为1：2：4～1：3：6（石灰：砂：骨料），每层约虚铺220mm，夯至150mm	0.0007118

由于不规则结构在地震中更容易损坏，《导则》对建筑结构规则性提出了一般要求，如建筑及其抗侧力结构的平面布置宜规则、对称，并具有良好的整体性；建筑的立面和竖向剖面宜规则等。这些规定对提高建筑的整体抗震性能具有重要作用。进一步地，《导则》对砌体结构体系建筑、生土墙建筑、石结构建筑、木结构建筑等结构类型的建筑抗震设计提出了详细的设计要求，这对设计人员在短时间内保质保量完成灾后重建建筑设计工作具有重要的指导意义。

五、灾区农村居民点布局及设计

（一）重建标准

人均建设用地指标根据国家《镇规划标准》（GB 50188—2007），参照四川省有关村镇规划技术规范，结合灾区农村地形特点和等级规模的不同，从集约利用土地资源、满足村民生产、生活需要出发，确定人均用地指标调整与人均用地建设指标。原地原址重建的农房原则上不得新增建设用地；原地异址重建与异地新建的人均规划建设用地指标为 60m^2。

人均宅基地指标标准按照四川省的有关规定执行，恢复重建宅基地按一户一宅进行重建安置，原则上按人均 30m^2 控制，超过 5 人 / 户按 5 人计。山区与少数民族聚居地区可作适当调整。

（二）选址要求

1．选址原则

农村居民点选址应遵循以下原则：第一，就地就近分散为主的原则，尽量避免跨行政区域选址新建。只有当生产生存条件灭失，存在重大安全隐患且在现阶段无法得到有效治理以及资源环境承载力无法支撑时，才考虑异地安置或重建。第二，安全重建的原则。对地震活动断层、现阶段技术经济条件下难以治理的地质灾害、次生灾害、洪涝灾害等区域以及传染病自然疫源地应予避让，选择安全和基本安全地段作为灾区农房重建的用地。第三，生活方便、生产发展的原则。选择区位条件较好，便于交通、供水、供电设施配套，保障灾区村民的最低人均耕地指标，促进灾区村庄社会经济的全面发展。第四，尊重民意、尊重自然的原则。应充分尊重农民群众的意见，根据平坝、丘陵、山地不同的地形地貌条件，合理确定农村居民点的位置、规模，加强恢复和保护灾区自然生态环境。第五，因地制宜、保护特色的原则。在村庄与农房重建的选址上应突出山水田园特色，保护好原有的地方特色和多民族文化的人文环境。

2．农房选址依据

灾区农村建房选址应以《农房选址技术导则》、《四川省汶川地震灾后恢复重建地质灾害防治专项规划》和地质灾害危险性评估结论为依据。灾区农村建房应避让现阶段治理经济技术不可行的滑坡、崩塌、泥石流、地面塌陷等地质灾害点。对实在无法避让的地质灾害隐患点，要采取生物措施和工程措施积极防治，植树造林以保水固土，在房屋周边修筑保坎、护坡、排洪沟等工程措施加以防治。灾后乡村新型集聚点整体重建的选址应进行地质灾害危险性评估和建设用地条件评价。

3．农房选址技术指导

第一，避让发震断裂带。农村房屋重建选址必须满足地震防抗要求，应选择有利地段（稳定基石，坚硬土，开阔、平坦、密实、均匀的中硬土等）。避让因地震产生的破裂带和地裂缝以及地震时可能发生滑坡、崩塌、地陷、地裂、泥石流等及发震断裂带上可能发生地表错位的部位。在 8 度、9 度抗震设防区内，应避开主断裂带。8 度时的避让距离不小于 200m；9 度时的避让距离不小于 300m。当在条状突出的山嘴、高耸孤立的山丘、非岩石的陡坡、河岸和边坡边缘等不利地段建造建筑时，除保证其在地震作用下的稳定性外，建筑的抗震要求及构造措施应按本地区抗震设防烈度提高 1 度采用。

第二，避开地质灾害隐患点。对不利地段（软弱土，液化土，条状突出的山嘴，高耸孤立的山丘，非岩质的陡坡，河岸和山坡的边缘，平面分布上成因、岩性、状态明显不均匀的土层：如故河道、疏松的断层破碎带、暗埋的塘浜沟谷和半填半挖地基等）应先勘明场地状况，有针对性地采取处理措施后方可建造建筑。

第三，避让行洪通道。灾区农房选址应避开行洪区，需满足防山洪、泥石流的要求，满足 10 年以上的防洪标准，并满足防涝、排污的要求。灾区农房选址应考虑供水水源、水质、水量的要求。结合农田水利设施建设和人畜饮水工程建设统一解决供水问题；宜优先利用地表水源；区内应具有一定的地下水资源，且地下水中不含盐卤水、苦咸水、高氟水等地下水有害成分。

第四，新选宅基地的农户应按照一户一宅的要求对原宅基地进行复耕，少切坡，少挖方，减少水土流失，保护生态环境。灾区农房的选址应结合风景名胜区规划、自然保护区规划，避开历史文化遗迹保护区、风景名胜区核心区、水源保护区、自然保护区，有计划、有组织地在这些区域之外进行重建选址。

（三）布局理念

在布局中贯彻以下布局理念：第一，打破“夹皮沟”，提高村庄布局水平，新建公路的两侧严格禁止夹道修房；第二，打破“军营式”，提高村落规划水平，依山就势，错落有致，体现山水田园风光和自然和谐之美；第三，打破“火柴盒”，提高民居设计水平，把地域和民族文化融合进去，把当地传统民居特点融合进去，外观突出特色，内部优化功能，让农民群众享受现代生活。

（四）布局原则与要求

坚持因地制宜、合理布局、有利生产、方便生活、尊重民意、有序引导的原则；坚持集约利用资源、保护生态环境、尊重历史文化、突出地方特色，有利于促进农村全面协调可持续发展的原则；按有关标准合理确定农村建设用地规模，通过绿化、河流、道路等边界要素划定农村建设发展用地的边界；恢复重建要与原农村建设布局在社会网络、道路系统、空间形态等方面良好衔接；充分利用自然环境条件，挖掘地方建筑文化内涵，体现地方特色；按各类建筑物的功能，划分合理的功能分区，功能接近的建筑应尽量集中，应避免生活区与畜禽养殖区等混杂布局。

（五）布局要点

1．空间形态

充分结合地形地貌、山体水系等自然环境条件，引导农村居民住房与自然环境相融合的自由空间形态。

2．公共空间布局

结合市场需求，引导沿村内道路布置连续的公共服务设施和住宅，形成一处或多处公共空间，提升农村居民点活力。

3．建筑群体组织

结合地形地貌、道路网络、村组单元和整治内容，可将农村居民住房划分为若干大小不等的建筑组群，形成有序的空间脉络。

4．院落空间组织

积极引导住宅院落空间的建设，可利用纵横方向多进的方式和道路转折点、交叉口等条件组织院落空间，形成空间特色。

5．滨水空间利用

农村居民住房布局应处理好水与道路、水与建筑、水与绿化、水与水、水与产业、水与人的活动之间的关系，充分发挥滨水环境和景观的优势。

6．生产用房

在满足卫生和生产安全的前提下，小型家庭生产可以户为单位分散布置，大规模生产可在农村居民住房周边地区相对集中布局，以适应农业生产、方便村民生活。

（六）农房设计要求

1．地域文化的保护与传承

地震灾后村庄的规划、建设、整治应该保留和传承当地熟悉的传统文化场景。村庄的规划和建设必须尊重历史，尊重与保护村庄的文化遗产、地域文化特征以及与自然特征的混合布局相吻合的文化脉络。传承历史或民族小镇独特的文化传统，尽可能地恢复历史文化遗产的原有价值。

2．风貌设计

吸取优秀传统做法，并进行创新和优化，创造简洁、大方的建筑形象；住宅宜以坡屋顶为主，并注意平屋顶、平坡屋顶结合等方式的运用，增加多样性。优先采用地方材料，结合辅助用房及院墙形成错落有致的建筑整体。

3．平面设计

分区明确，实现寝居分离、食寝分离和净污分离；厨房、卫生间应直接采光、自然通风；平面形式多样。

4．院落设计

灵活选择庭院形式，丰富院墙设计，创造自然、适宜的院落空间。

5．生产用房设计

结合生产需求特点，配置相应的附属用房（如农机具和农作物储藏间、加工间、家禽饲养间、店面等）。辅房应与主房适当分离，可结合庭院灵活布置，在满足健康生活的前提下，方便生产。

6．层高要求

层高 2.8 ～ 3.3 米，不应超过 3.3m，净高不宜低于 2.5m；属于风景保护和古村落保护范围的农村居民住房，建筑高度应符合保护要求。

7．技术性要求

合理加大进深，减小面宽，节约用地；加强屋面、墙体保温节能措施，有效利用朝向及合理安排窗墙比，推广应用节水型设备、节能型灯具；积极利用太阳能及其他可再生能源和清洁能源。能源利用的相关设施应结合住宅设计统一考虑。

（七）农房设计指导

在党中央、国务院的坚强领导下，在四川省委、省政府的科学指引下，在全国人民和援建省市的无私帮助下，来自全国各地的规划和建筑设计单位制作了上千套针对地域特点、体现民族特色的农房设计方案，有效地指导了四川省受灾地区的农村住宅建设。

1．平坝地区典型方案

(1) 设计方案（一）

为适用于浅丘平坝地形的两层农宅，每户占地面积 106.36m^2，建筑面积 171.69m^2，可供 6 ～ 7 人居住。该建筑方案的特点是底层面积较大，上层退台，面宽大，进深小，上下层重叠的面积不到总面积的三分之一，平、坡屋顶结合，便于农民利用屋面晒台。单元组合灵活，可单户建亦可联户建。在平面布置上重点考虑农民的使用功能，力求分区明确（动静分区，洁污分区，人畜分区，娱乐与劳动分区，劳动区域内部分区），设施齐全（设农具库、洗衣间、洗手间及多种储藏空间，厕所、厨房、猪圈、沼气池四者结合，节约能源），使用方便、灵活，互不干扰，生活、辅助、副业相对独立又方便联系。院落布置层次分明，前院开阔，便于休息和绿化；后院较大，采用环廊形式，可作翻晒地，也便于农作物的运输、沼气池的维护、副业生产的扩展、仓库的补充等。竖向布置空间利用率高，首层高差划分生活区和副业区，二层走道出屋面晒台，二层坡顶空间可改作储藏间。立面造型高低错落，采用地方材料（片石、条石、黄沙、小青瓦等），质朴丰富，地方特色显著，雅俗共赏。结构类型为砌体结构，承重墙体材料采用 MU15 实心黏土砖，非承重墙体采用 MIJ7.5 空心混凝土砌块（图 3-3-1、图 3-3-2）。

图 3-3-1 平坝地区农房重建设计方案效果图

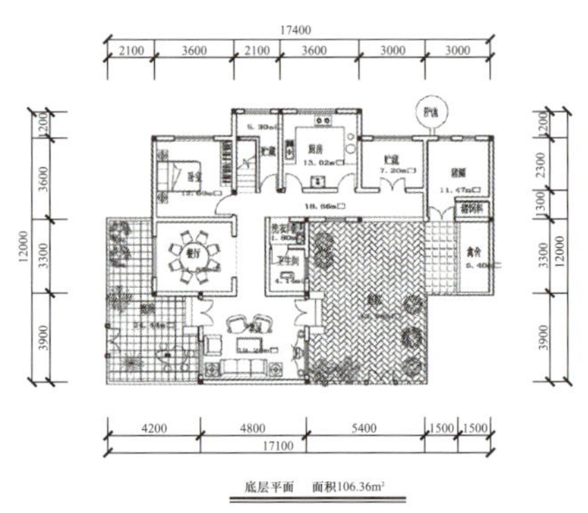

图 3-3-2 平坝地区农房重建设计方案平面图

(2) 设计方案（二）

房屋立面设计采用了 A 型和 B 型两种形式。人均占地面积 30m^2，3、4、5 人户的建筑面积分别为 119.2m^2、148.5m^2 和 180.8m^2。

平面设计以有机功能主义的原则合理安排起居、炊事、卫生、经营等空间。做到生产与居住分离、动静分离、干湿分区、洁污分区。餐厅与客厅临近设置，客厅外设活动院落；卧室区相对独立；厨房、卫生间临近布置，厨卫外设多功能杂物院，可为利用沼气提供空间。厨卫管线集中，均可自然通风、采光。建筑的二层还设有露台，为居民带来更好的生活环境。整个户型紧凑合理，具有良好的自然通风、采光，各个功能空间具有适宜的尺度。建筑以页岩砖为墙体材料，采用砖混结构形式。

立面设计从传统川西民居风格出发，适当简化提炼，塑造新型民居的特点。提取川西民居的实体特征，以具有地方特色的斜坡顶和门窗洞口来装点整个建筑立面，以朴素淡雅的色彩来突出川西民居的飘逸风格。

从传统民居聚落的构成出发，以街坊院落为组成单元，以街巷空间为组织模式，沿规划道路两侧形成邻里街坊单元。每个坊由十户居民构成，围合出一个公共院落，两个坊共同形成一个小型的邻里防卫单元，由一个牌坊大门与街道连接，使居民更加具有安全感和对居住地域的归属和认同（图 3-3-3、图 3-3-4）。

图 3-3-3　设计方案（二）A 户型效果图

图 3-3-4　设计方案（二）B 户型效果图

(3) 设计方案（三）

方案中，整个区域空间与景观布局充分考虑了人的行为心理和视觉心理，设计中围合与开放相结合，采用街坊式布局，在满足住户归属认同感的同时为整个小区住户提供一个共享生活平台，小区空间收放有序、围敞结合，形成多类型、多层次的活动空间。为了使住宅满足不同住户的需求，根据人口多少、辈分不同和异性子女等家庭多种结构形式分类，分为两室户、三室户、四室户等类型。根据在农村居住的空间特点及家庭生活习惯，家人团聚和起居方式，住宅将居住、辅助、交通、生产与养殖等联系起来。户型设计中，小户型尝试具有独立前后小院的空间形态，从前院进入传统农舍模式的堂屋，展开居住功能的空间分部，后院具有养殖、生产等功能，户型特点为单元可组合拼接方式，但又不相互干扰，自成一体的领域性区域。对于较大的户型，是根据小户型平面的基本因子进行扩展，平面的空间组合具有统一性，但在使用及舒适性上给予支持，在前院、后院、屋顶晒台上考虑多人口的需要，改善和扩大了空间，在面积上不铺张浪费，做到每一空间在使用上均是合理有效的。相对淡化的坡屋顶与封山墙体体现了现代建筑材料的本质，没有为了形式而作不必要的装饰。一色的青灰瓦和压顶，平屋面中点缀仅有的一处坡屋顶，给人展示了传统的韵味（图 3-3-5、图 3-3-6）。

图 3-3-5 设计方案（三）效果图（一）

图 3-3-6 设计方案（三）效果图（二）

（4）设计方案（四）

该方案住房为一层砖混结构建筑，适合 3 人户居住，建筑面积 120.94m^2。该方案平面功能布局合理，符合当地居民居住习惯。立面采用川北民居风格，简洁、明快，附有强烈的地域性。外墙墙面为珍珠白乳胶漆罩面，屋面为传统小青瓦，室外勒脚、阶沿、铺地均采用地方石材。由于该项目所在地以种植经济性果树为主，不单独设置晒场，可根据实际情况设置，并不计入占地面积。承重墙体采用 MU15 实心黏土砖，非承重墙体采用混凝土空心砌块（局部可采用当地石材砌筑），木料就地取材(图 3-3-7、图 3-3-8)。

图 3-3-7 设计方案（四）效果图

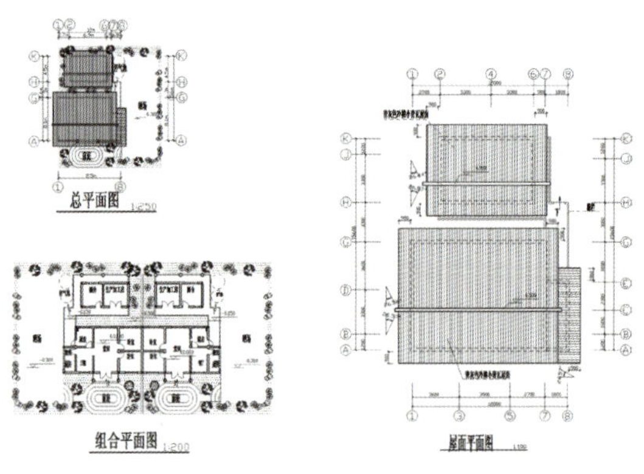

图 3-3-8 设计方案（四）平面图

（5）设计方案（五）

房屋宅基地为矩形，分“3 人户”和“5 人户”两种标准，分别占地 90m^2 和 124m^2。垂直分户，多户并联，以同户型和不同户型进行组合，构成多样的住宅单体，再通过住宅群体的布局变化，形成多个居住单位，在其内部构筑邻里交往空间，增进邻里交流。

该方案体现了集约化设计理念，在有效节约土地的同时，力求在较小的宅基地上构筑出新型农村居住空间，尊重血脉亲情，尊重邻里交往，营建亲切和谐的居住气氛。在住宅平面布局上，设前庭、后院，“5 人户”加设天井。前庭为入户过渡空间，院墙采用绿篱半高墙，增强空透性，通过植物装点，使住宅小空间和邻里大空间得到较好的景观，同时前庭可作为乘凉、休息、聊天交谈的场所。后院主要作为生产辅助院，布置禽畜圈，搁置农具，晾晒谷物，属于住户较私密的领地，以实墙构筑封闭空间。“5 人户”在住宅中部加设天井，以此加强住宅的采光、通风效果，同时可作为住房内部安静祥和的休息空间，更贴合传统川西民居的空间品质。整个前庭后院（中天井）的布局也自然使洁污分流，人畜分离。

立面造型遵循传统，屋顶平坡结合，体量有起有落，细节处理简洁朴实，色彩以冷色调组合，营造朴素宁静的住居气氛。剖面设计中层高均为3m，尺度亲切，满足家居空间高度要求。为适应川西平原气候，设计还采用了多种适应手段。如采用高低错落的体量，有助于在低处形成风道，加强通风；平面设计中考虑了住宅内部的水平通风道，内部通风流畅；天井的设置可增强内部采光通风状况；考虑到夏季炎热多雨，加大屋檐出挑，并设置出挑平台，遮阳避雨（图3-3-9、图3-3-10）。

图3-3-9　设计方案（五）效果图

图3-3-10　设计方案（五）5人户型立面图

（6）设计方案（六）

该方案能容纳居民100户（400人）。预留集体禽畜养殖、农产品加工用地，并设在河流下游和下风向。建筑方案分A、B两种套型，以两层为主，底层以堂屋为中心，周围布置厨房、卫生间、餐厅、老人卧室等，适应农村的实际需要，底层设有停车库，为日后小汽车进入家庭做好准备，平时亦可当存放农具用。二层为休息、睡眠区，实现动静分离、食寝分离，屋面设有大的晒台，能满足农户晾晒需求。每户均设有前庭院、天井和后庭院（杂物院，作为农务加工用），前后庭院各设有出口，各司其职：前入口为平时起居会客用，后入口为农产品运输、农务加工用，从而避免了干扰和穿越。立面设计立足于简洁、就地取材，结合四川农居特点，采用粉墙青瓦、局部小条砖和农村最常见的毛石点缀。该方案在节能设计方面进行了重点考虑，每户的后庭院均设置沼气池，施以人畜排泄废物、秸秆等，产生洁净的能源。坡屋面安装主动式太阳能集热板，为农户提供生活用水。住宅中部设置天井，对建筑采光和自然通风有改善作用。所有住宅均为砌体结构，采用页岩标准砖砌筑，并作相应的节能设计（图3-3-11、图3-3-12）。

图3-3-11　设计方案（六）效果图

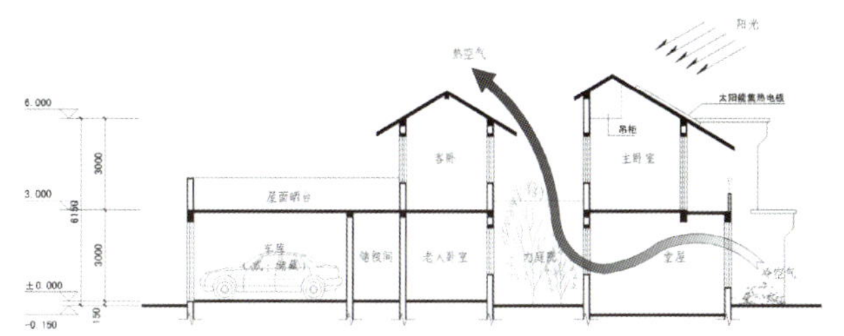

图3-3-12　设计方案（六）剖面通风示意图

（7）设计方案（七）

该方案为解决广大农村受灾群众重建家园之急需，方案按照经济、美观、适用的原则，本着节地、节能、节水、节材，安全抗震为目标的设计理念，从建筑上考虑农村自建施工的需求，建筑明快、体形方正、简洁大方。屋面的小青瓦体现了川西民居的风格，朴实而自然，适用于平坝丘陵地区建设新农村的需要。从抗震角度出发，其钢筋混凝土现浇构造柱、圈梁、屋面部分应由受过相应培训的农村施工队伍负责完成，以保证房屋的整体性。除钢筋混凝土材料外购外，其余墙体砌块、屋面、门窗等材料均可在当地就地解决。建筑方案为 2 ～ 3 人户量身定做，每户占地面积 85.65m²，建筑面积 93.37m²。户型设计从川西地区气候特点出发，整个建筑布局合理，有前作坊和后庭院，屋面的露台可用于农作物的晾晒，有良好的穿堂风。

功能分区明确，满足新时期农民三口之家的需求，公共活动空间与居室空间完全分开，流线清楚，设计合理，通过庭院空间和露台把室内空间融为一体。强调了美化环境和空间要求，庭院合理的绿化布置，使整个设计增色不少，生产、生活十分方便。建筑体形小，各种功能空间高度适中，有利于节材、节能（图 3-3-13、图 3-3-14）。

图 3-3-13　设计方案（七）效果图

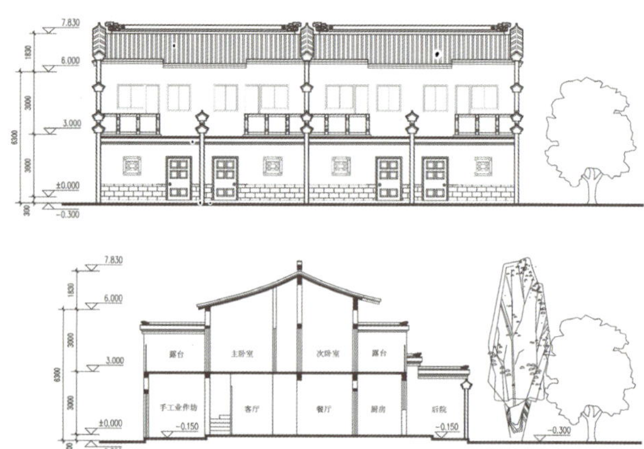

图 3-3-14　设计方案（七）3 人户背立面、剖面图

2．山地地区典型方案

（1）设计方案（一）

该方案分 3、4、5 人户三种户型，建筑面积分别为 112、139、157m²。其中 3 人户前入口设小院，并有小玄关，以放置衣帽。客厅以角穿的交通方式解决了袋形空间方便布置家具的问题。建筑中部设天井，天井使得三周房间及楼梯直接采光和通风，并对房间有内部景观作用，而且保证了房间的私密性。客厅的南北面开窗，保证了良好的通风和采光性能和可供观赏的内外景观。利用直跑楼梯下做洗涤空间，并就近在天井中进行晾晒。厨房和储藏间面对后入口，使街道的噪声有所屏蔽。在面积控制较紧的条件下二楼主卧室设置了主卫生间，次卫生间距两次卧室的距离近且可洗面、便溺分离。直跑楼梯直通屋顶平台，为日后的加建留有余地（图 3-3-15、图 3-3-16）。

图 3-3-15　设计方案（一）效果图

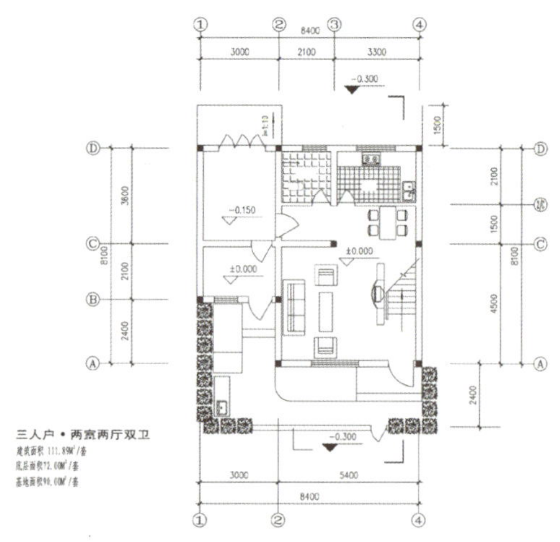

图 3-3-16　设计方案（一）3 人户平面图

墙体采用承重型页岩多孔砖砌筑，为方便农民在无起重机械状况下施工，楼板控制钢筋混凝土预制板跨度不大于 4.2m。厨房设天然气管道、给水排水管道，冰箱入厨房，设排油烟电气插座，设排烟道。卫生间设冷热水管道及排水管道。客厅及卧室设电话闭路电视和空调专用线。

（2）设计方案（二）

该方案为大进深、节地型两层住宅，以三口之家为主，占地面积 76m^2，建筑面积 94.3m^2。该方案充分体现了社会主义新农村"以人为本"的设计思想，营造了一个人与自然和谐相容、邻里之间亲密相处、既有开放又有各自私密、安全的"生活世界"。住宅平面紧凑，面积利用率高，通风采光良好。下层为"动"区（客厅、餐厅），上层为"静"区（主卧室及次卧室），达到了动静分离。建筑平面设计采用前庭后院式，前庭由门廊、花园组成，进入客厅、餐厅、厨房等家庭公共活动空间，再到后院，后院主要布置贮藏、禽、畜舍、晒场等农用功能，居住区与院落"隔开"，实现了净污分离。功能分区明确，后院便于管理，卫生条件好。立面设计采用朴实的民居风格。充分利用退台、阳台、花台等建筑形式，通过青石、门廊、坡屋顶、白墙、窗门梁、线框等细部设计将民居风格展现出来，利用建筑语汇加以诠释，创造充满怀旧情绪的空间气氛、怡人亲切的空间尺度，力求营造温馨的居住交流环境。墙体可采用混凝土空心小型砌块，坡屋面采用彩色水泥瓦，墙体采用内保温隔热措施。人、畜排污集中于沼气池处理，以便再生经济、干净的能源（图 3-3-17、图 3-3-18）。

图 3-3-17　设计方案（二）效果图

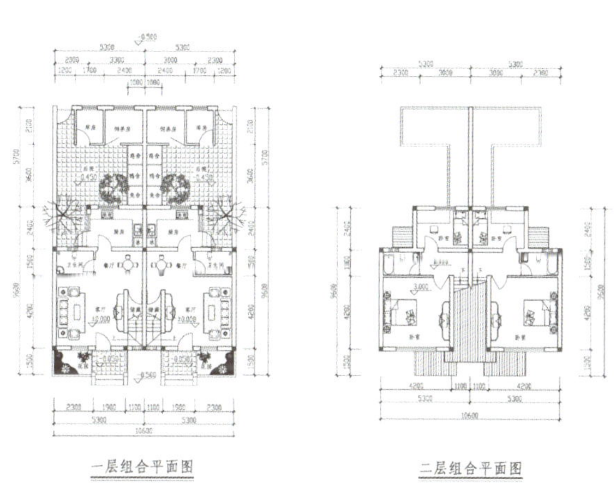

图 3-3-18　设计方案（二）3 人户平面图

（3）设计方案（三）

该方案分 A、B、C 三种户型，可供 3 ～ 4、4 ～ 5、5 ～ 6 人户居住，占地面积分别为 102、104、104m^2。该设计方案遵循经济、适用、安全、美观的原则，结合我省受灾地区实际情况和建设社会主义新农村的宗旨，以解决我省 5•12 汶川特大地震中广大农村受灾群众重建家园之需求。本着节地、节能、节水、节材，安全、抗震为目标的设计思路，尽量满足新时期、新农民的生活需求，改善和提高群众生活质量，进一步推动灾区农村城镇化建设和发展，力争取得良好的社会效益和环境效益。整个建筑布局合理，从川西地区民居特点出发，前有门廊后有庭院，有屋面的露台可用于农作物的晾晒和观景，居室、客厅有良好的穿堂风，满足了外封闭内开敞的围合空间。功能分区明确，公共活动空间与居室空间完全分开，流线清楚，设计合理，通过庭院空间和露台把室内空间融为一体。庭院合理的绿化布置，强调了美化环境和空间要求，种植的果树既可遮阴点景，又可获春华秋实之趣，构建了自然、环境与建筑的和谐共生。从抗震角度出发，其钢筋混凝土现浇构造柱、圈梁、屋面部分应由受过相应培训的农村施工队伍负责完成，以保证房屋的整体性（图 3-3-19）。

（4）设计方案（四）

本方案从当地农村村民的实际居住情况出发，把握川南名居的风格特点，造型结合南方农村传统、

图 3-3-19　设计方案（三）效果图

风俗、气候和山地地形特点，力求体现小康居住水平。

该方案主要针对五口之家，每户占地面积 63.7m^2，建筑面积 165.6m^2，为二层砖混结构，皆配置有前后院，平面布局工整，动静、食寝、居寝、洁污、厨厕，杂物用房与生活用房，杂物院与生活院等功能空间合理分离，满足现代农民的多层次需要。老年卧室房在底层，方便老年人起居，前院与后院分设入口，人畜出入口分离，清洁卫生（图 3-3-20、图 3-3-21）。

图 3-3-20　设计方案（四）效果图

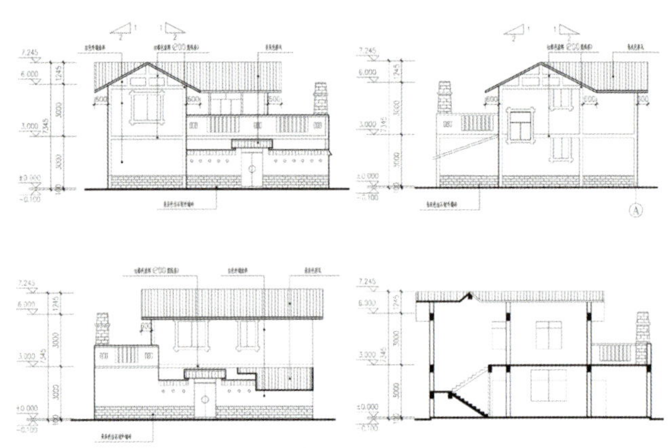

图 3-3-21　设计方案（四）正背右立面、剖面图

（5）设计方案（五）

该方案适用于山地地区，具有可持续发展的特点。方案以 5 人户为基本户型，占地面积 149.8m^2，建筑面积 233.97m^2，包括基本生活层和居住层。基本生活层为一、二层，随着家庭人口增加，基本生活层不变，而居住层可依据山势不断增加，充分体现了建筑与地形的有机结合，各层沿地形在平面上依次展开，一层主要解决生产空间的需求问题，包括停车库、粮库和禽畜用房；二至四层为生活空间（图 3-3-22 ～图 3-3-24）。

（6）设计方案（六）

该方案包括 2 ～ 3、3 ～ 4、4 ～ 5 人户三种户型，建筑面积分别为 89.74、118.89、156.5m^2。设计以解决广大受灾群众灾后重建家园及建设社会主义新农村为宗旨，以节能、节水、节材、节地、抗震、安全和资源综合利用为设计核心，按照安全、经济、适用的原则，从四川受灾地区的实际出发，结合当地实情，突出川西地域风格的特色，适应新时期农民的需求，推动农村居住标准化、环境友好化、

图 3-3-22　设计方案（五）效果图

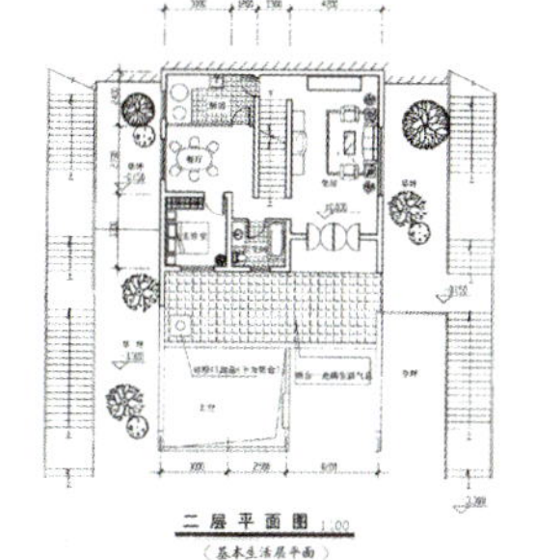

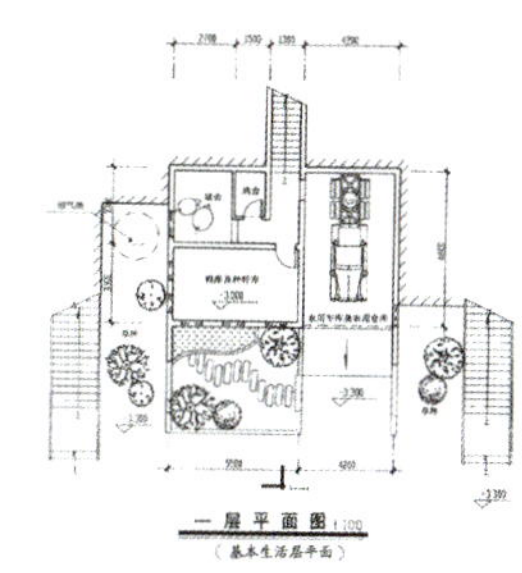

图 3-3-23　设计方案（五）一、二层平面图

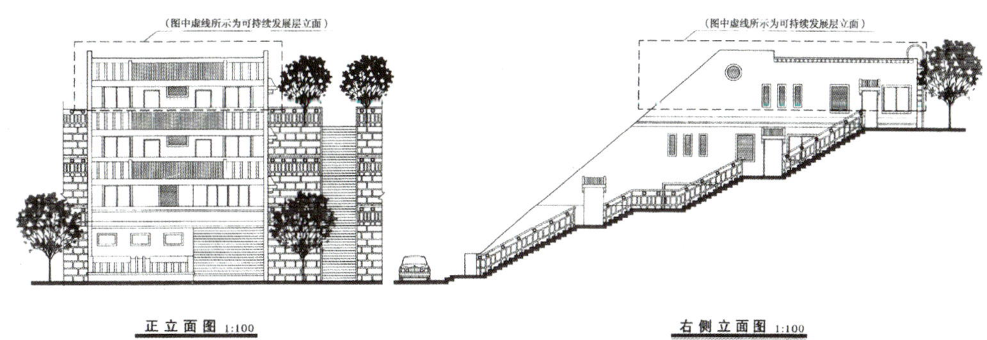

图 3-3-24　设计方案（五）剖面图

厕所水冲化、厨房燃气化，进而提高生活质量。从建筑上考虑农村自建施工的需要，建筑体形方整，屋顶为四川农村非常常见的两坡悬山屋顶，瓦屋面，可满足最基本的建造条件。

从当地的地域气候特点出发，尊重地方居住习惯，合理布局。建筑多坐北朝南，布局紧凑，客厅、卧室均可获得充分的阳光和自然通风。尊重传统居住文化，合理组织功能空间。使住宅满足居民生活的各种需要。功能分区合理明确，动静分开，洁污分开。从公共空间到私密空间有序过渡，满足居民不同层面的心理需要，家庭成员可单独静处，也可欢聚一堂，共享天伦。强调环境的整体和谐，增加绿化景观元素。

本工程建筑物按抗震设防烈度 8 度、近震、II 类场地土进行抗震设计并构造，设计基本地震加速度值为 0.20g。按建筑结构破坏后果的严重程度，本工程建筑物的建筑结构安全等级为二级。地基基础设计等级为丙级。按建筑物使用功能的重要性划分，该建筑物为丙类建筑。本工程设计使用年限为 50 年（图 3-3-25、图 3-3-26）。

图 3-3-25　设计方案（六）2 ～ 3 人户效果图

图 3-3-26　设计方案（六）3 ～ 4 人户效果图

（7）设计方案（七）

该方案分 3、4、5 人户三种户型，建筑面积分别为 $118m^2$、$145m^2$、$167m^2$。该方案以传统民居为特色，以一户为一个基本单位，也可两个或多个联排修建。采用前店后院型，前店为生产经营用房，也可根据需要改为客厅或车库，后院可发展庭院经济。生产经营、餐厨设在底层，二层为家居休息场所，私密性好。每户设沼气池，既节能又卫生。在外装饰方面，外墙面为白色乳胶漆饰面，山墙及封火墙为青灰色外墙面，砖贴面，屋面为传统的小青瓦或素筒瓦。砖混结构形式，墙体采用烧结多孔页岩砖，木料、阶沿、室外铺地等均可就地取材（图 3-3-27、图 3-3-28）。

图 3-3-27　设计方案（七）3 人户效果图

图 3-3-28　设计方案（七）4 人户效果图

3．民族地区典型方案

（1）设计方案（一）：羌族

该方案从四川受灾地区的实际出发，结合当地实情，突出地域羌式风格建筑的特色，适合四川羌族居住地区。适应新时期农民的需求，推动农村居住标准化、环境友好化、厕所水冲化、厨房燃气化，进而提高生活质量。分为 2 ～ 3、3 ～ 4、4 ～ 5 人户等三种户型，建筑面积分别为 84.97、126.3、$161.63m^2$。该方案从建筑上考虑农村自建施工的需要，建筑体形方整，屋顶为四川羌族聚居地区经常采用的羌式平屋顶，门窗形式采用羌族独有的形式，外装饰采取当地石材贴面或堆砌的处理方式，可满足最基本的建造条件。门窗尺寸较小，开窗方位结合地方风向，满足采光要求的同时防止冬季寒风的侵袭。该工程建筑物按抗震设防烈度 8 度、近震、B 类场地土进行抗震设计并构造，设计基本地震加速度值为 0.20g。按建筑结构破坏后果的严重程度，本工程建筑物的建筑结构安全等级为二级。地基基础设计等级为丙级。按建筑物使用功能的重要性划分，该建筑物为丙类建筑。该工程为 8 度设防，为提高抗震能力，采用比“抗震规范”更高的构造要求。在外墙四角、内外墙交接处、内墙交接处及门窗洞旁均设置构造柱。屋面板沿墙体周边应设置圈梁，内墙在 2.90m 标高处也应设置一道圈梁（图 3-3-29 ～图 3-3-32）。

（2）设计方案（二）：藏羌

该方案为藏羌建筑风格，适用于民族地区。建筑结构形式为砖混结构，建筑材料为空心砌块或石材。该方案平面功能齐全，布局合理，分区明确。实现了动静分离、食寝分离、居寝分离、净污分离。建筑色彩与形式应与地方习惯、风俗、环境相协调，突出乡土特色，建筑材料、建筑结构立足于就地取材、因材设计。分为 4、5、6 人户等三种户型，建筑面积分别为 124.6、151.9、$185.3m^2$（图 3-3-33 ～图 3-3-38）。

（3）设计方案（三）：藏羌

该建筑方案在满足功能的基础上，采用藏羌民居的建筑风格，质朴的石头院墙、色彩艳丽的窗户，

图 3-3-29　设计方案（一）2 ～ 3 人户效果图

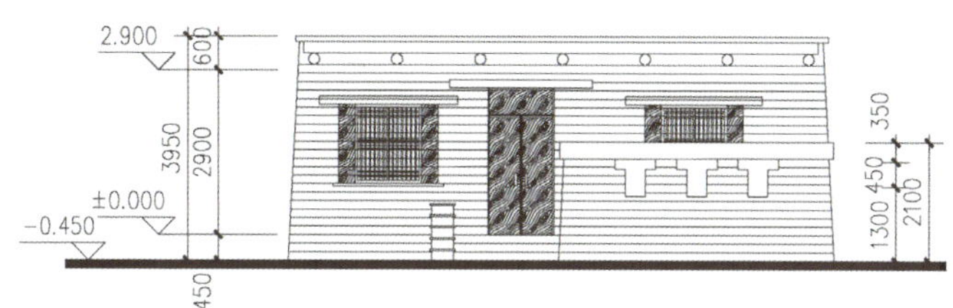

图 3-3-30　设计方案（一）2 ～ 3 人户正面图

图 3-3-31　设计方案（一）3 ～ 4 人户效果图

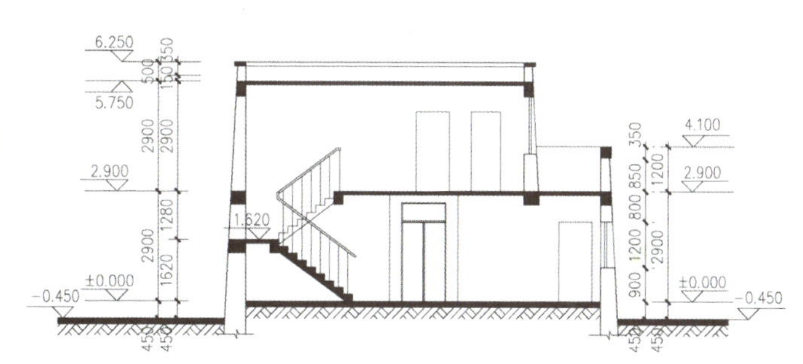

图 3-3-32　设计方案（一）3 ～ 4 人户剖面图

图 3-3-33　设计方案（二）4 人户效果图

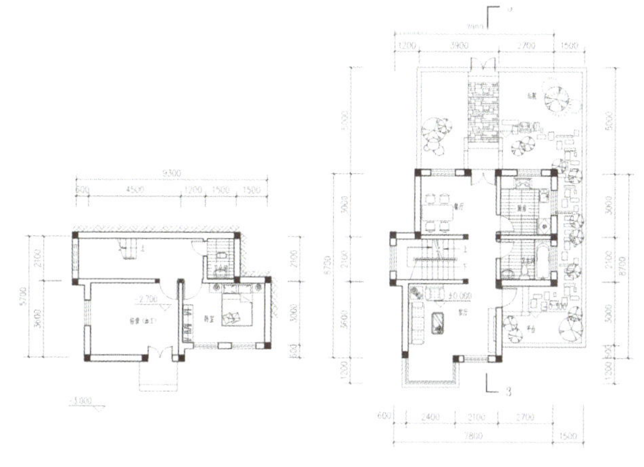

图 3-3-34　设计方案（二）4 人户底层、一层平面图

图 3-3-35　设计方案（二）5 人户效果图

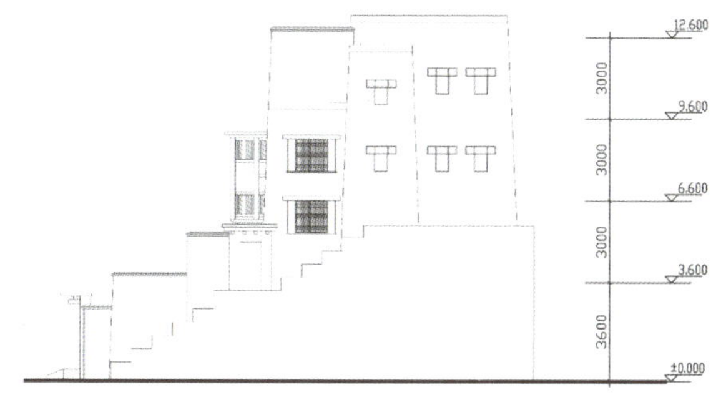

图 3-3-36　设计方案（二）5 人户立面图

图 3-3-37 设计方案（二）6 人户效果图

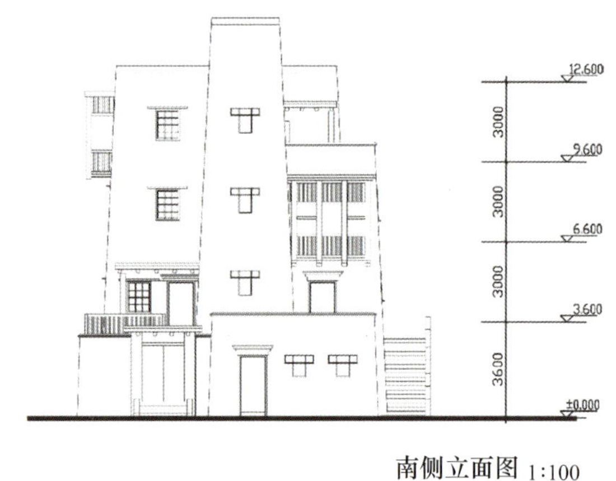

图 3-3-38 设计方案（二）6 人户立面图

既有浓郁的民族风味，又体现了现代农村的时代性和生活质量的提高。根据各种户型特点可组合成院落式、联排式等。根据每个家庭人口 3、4、5 人，设计为 A、B、C 三种户型，户型依据人口构成不同而变化。每种户型以人为本，有较大的起居、炊事、卫生、储藏的空间，并考虑了一定的生产经营活动空间。根据建筑使用功能，该住宅为砖混结构，屋顶为平屋顶，基础拟采用墙下条形基础（图 3-3-39、图 3-3-40）。

图 3-3-39 设计方案（三）A 户型效果图

图 3-3-40 设计方案（三）B、C 户型效果图

（4）设计方案（四）：藏族

该方案为藏族特色民居，以一户为一个基本单位，也可两个或多个联排修建。包括 3、4、5 人户三个户型，建筑面积分别为 118.28、145.10、167.56m^2。采用前店后院型。前店为生产经营用房，也可根据需要改为客厅或车库，后院可发展庭院经济。动静分离、食寝分开。生产经营、餐厨设在底层，二层为家居休息场所，私密性好。外墙面为藏族地区传统的片石饰面，女儿墙采用当地传统的藏红色装饰图案，屋顶作平屋顶晒台。砖混结构形式，墙体采用烧结多孔页岩砖，木料、阶沿、室外铺地等均可就地取材（图 3-3-41 ～图 3-3-44）。

（5）设计方案（五）：羌族

该方案设计以满足灾后重建家园改善羌民居住条件、提高生活质量为宗旨，以节能、节水、节材、节地、抗震和资源综合利用为核心，按照安全、经济、适用的原则，结合地域特征，突出羌式建筑风格特色，使羌族文化得以传承。根据羌族聚居的地域气候特点，尊重其居住习惯，合理布局，满足生产、

图 3-3-41　设计方案（四）3 人户效果图

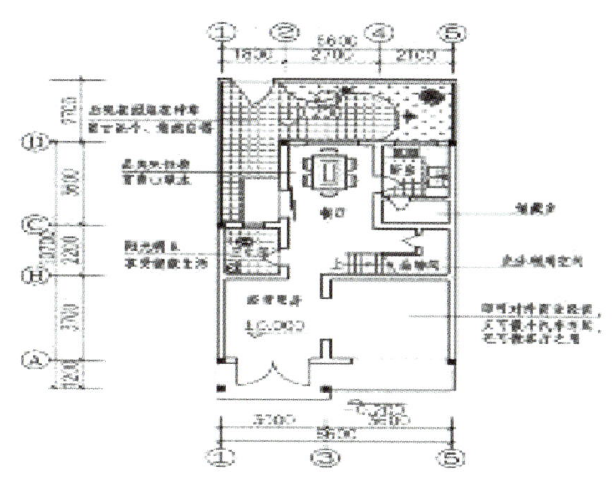

图 3-3-42　设计方案（四）3 人户一层平面图

图 3-3-43　设计方案（四）4 人户效果图

图 3-3-44　设计方案（四）5 人户效果图

生活要求。适用于高山、半高山、河谷、大道边不同的地理位置。建筑立面运用羌式建筑元素，通过碉楼、外廊、过街楼、门窗等处理，体现羌式建筑的独特风格。加之羌寨空间、道路、水系等的总体布置，完整地再现羌式建筑空间及建筑形式。建筑尽量采用当地石材，因地制宜，既节约造价又体现地方特色。结构形式为砖混结构，基础为条形基础，建筑物设防烈度为 8 度。待施工图设计时，根据地勘报告，再最后确定结构方案。该方案包括 5 种户型，分别为 3 人户，3 ～ 4 人户，5 ～ 8 人户，8 ～ 10 人户 A 方案、8 ～ 10 人户 B 方案（图 3-3-45 ～图 3-3-48）。

图 3-3-45　设计方案（五）3 人户效果图

图 3-3-46　设计方案（五）3 ～ 4 人户效果图

图 3-3-47　设计方案（五）5 ～ 8 人户效果图

图 3-3-48　设计方案（五）8 ～ 10 人户 A 方案效果图

（6）设计方案（六）：藏羌

该方案以有机功能主义的原则合理安排起居、炊事、卫生、经营等空间。做到生产与居住分离、动静分离、干湿分区、洁污分区。餐厅与客厅临近设置，客厅外设活动院落；卧室区相对独立；厨房、卫生间临近布置，厨卫外设多功能杂物院，可为利用沼气提供空间。厨卫管线集中，均可自然通风、采光。建筑的二层还设有晒台，满足生活要求。整个户型紧凑合理，具有良好的自然通风、采光，各个功能空间具有适宜的尺度。建筑以页岩砖为墙体材料，采用砖混结构形式。设计方案从传统藏羌民居风格出发，适当简化提炼，塑造新型民居的特点。提取藏羌碉楼的实体特征，以具有鲜明民族特色的女儿墙线角和门窗洞口来装点整个建筑立面，以民族风格的色彩来突出民族地区的特征。该方案包括 3、4、5 人户等三种户型，建筑面积分别为 119、148、180m^2（图 3-3-49、图 3-3-50）。

图 3-3-49　设计方案（六）5 人户效果图

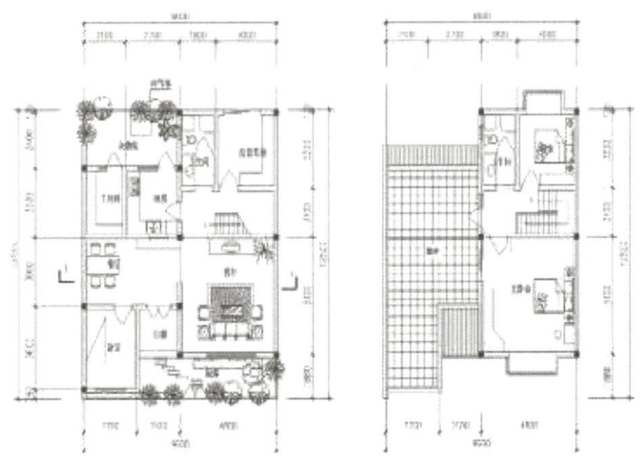

图 3-3-50　设计方案（六）5 人户平面图

（八）居民点防灾规划

1．防震抗震减灾

抗震规划以预防为主，抗、防、避相结合。立足于按基本烈度进行抗震设防，生命线工程与学校、医院等重要公建设施应按有关规定提高设防标准。

2．防洪

按照国家有关防洪设计规范，灾区农村居民点按 10 年一遇洪水标准设防，桥梁等其他重要建设工程按国家有关部颁标准进行防洪设防。

排洪沟渠设计重现期按 10 年，雨水管渠设计重现期按 1 ～ 3 年。

3．消防

坚持“预防为主，防消结合”的原则，提高灾区农村居民的防火意识，消除火灾隐患，保证人民生命和国家财产的安全。

灾区城乡消防按照县（市、区）域有关规划统一设置，农村居民点原则上不设置消防站。

六、灾区农村建设规划实践

在《四川省灾后恢复重建农村建设规划》出台后，受灾地区根据自身情况编制了符合实际，能指导灾后重建科学、有序推进的农村建设规划。案例一和案例二为县（市）域的农村布点建设规划，宏观指导镇（乡）农村安置点布局；案例三和案例四则深入具体到安置点中，直接指导农房建设。

案例一：都江堰市农村建设规划

1．灾损情况

都江堰市位于四川盆地西北边缘，地处川西北高地向成都平原过渡地带，地跨东经 103°26′～ 103°47′，北纬 30°45′～ 31°22′，市域面积 1208km^2，与彭州、郫市、温江、崇州、汶川等五市（县）毗邻。地貌上从西北向东南依次分为高山、丘陵和平原。山区占总面积的 54.32%，丘陵占总面积的 11.92%，平原占总面积的 34.21%，呈六山一水三分田地势。全市辖 12 镇 16 乡 1 区。汶川 8 级特大地震使全市 15 个乡镇严重受灾，共导致都江堰市农村住房严重损毁 2430.87 万 m^2。其中，倒塌农村住房 606.98 万 m^2，严重破坏 1823.89 万 m^2，直接经济损失在 194.47 亿元以上，直接影响的农村人口在 20.03 万户以上。受灾耕地面积 16399 亩，因崩塌、滑坡及地裂缝而损毁耕地（灭失）7241.1 亩，直接经济损失 18188 万元。林木毁损面积达 215000 亩，直接经济损失总计 75909 万元。发现地质灾害隐患点 347 处（包括震前 56 处），直接经济损失 12.75 亿元。水、电、气、油、路、通信等基础设施不同程度受损。全市农村道路损毁 301km，损毁桥梁 114 座；通信系统损毁各项直接经济损失 40635 万元；邮政系统受灾局所 10829m^2，系统直接经济损失 13215 万元。各社会服务系统严重损毁，直接经济损失达 112000 万元。

2．农村居民点布局选址与重建规划

结合都江堰市的社会经济发展水平与自然环境条件，按照新农村建设要求，采取分类分区的恢复重建方式，在平坝地区以集中恢复重建安置为主，丘陵地区以适度集中恢复重建安置为主，山区以相对分散恢复重建安置为主。

根据中国科学院成都分院《汶川地震重灾区资源环境承载能力评价》报告，都江堰市需安置农村人口共约 26 万人，可全部通过原址安置和镇乡内安置方式加以解决。本次规划把新型城镇化、新农村建设与农村灾后恢复重建相结合，将新农村建设的新型社区和安置点、城镇灾民和部分农村灾民统一考虑。规划永久性安置点：大型（300 户以上）68 个、中型（100 ～ 300 户）50 个与小型（50 ～ 100 户）10 个，其余为散居安置。其中，集镇永久性安置点为大型（300 户以上）29 个、中型（100 ～ 300 户）11 个、小型（50 ～ 100 户）5 个。规划将 300 户以上新型社区和农村大型安置点均作为重点中心村等级，100 ～ 300 户的新型社区和中型农村安置点作为中心村等级，其他安置点作为基层村（图 3-3-51）。

3．村庄公共服务设施规划

村庄公共服务设施主要包括村委会用房、卫生站、小学、托幼（儿）园、活动室（含科技服务点）、放心店与邮政、储蓄代办点等。根据都江堰市域乡村体系结构规划，按照配建标准与配建技术要求，

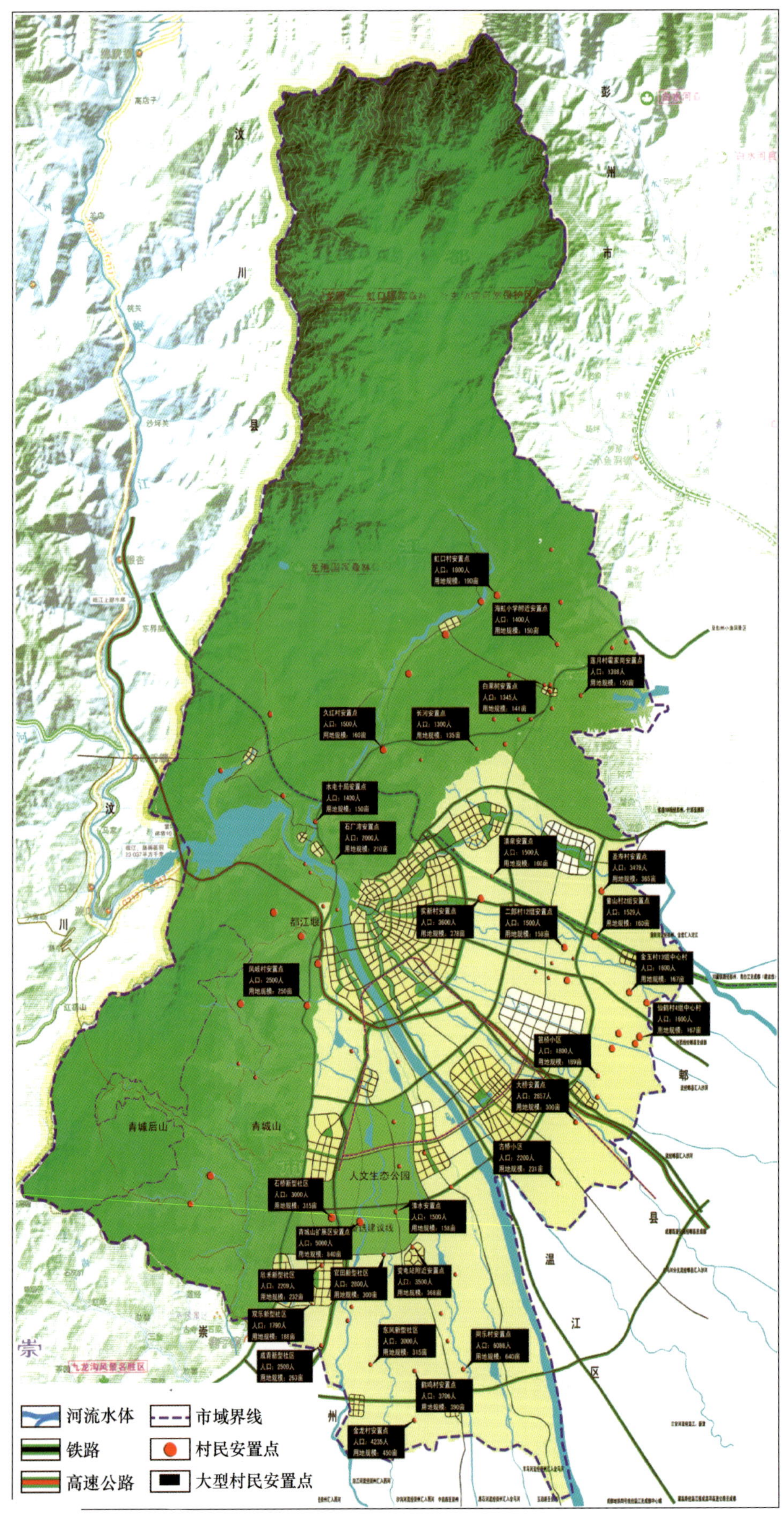

图 3-3-51　农村居民点重建规划图

采用分级配置各类公共设施的原则，强化重点中心村、中心村区域服务的功能，其中重点中心村重点安排小学、幼儿园、菜市场、放心店、医疗站、文化站等设施；中心村主要安排小学、幼儿园、放心店、卫生站等设施。而基层村突出为周边农村地区提供最基本的公共服务设施功能，根据其区位条件和人口规模配置放心店、幼儿园、医务室等。同时，结合都江堰市的实际情况，分高山、丘陵和平原进行配置，其平坝和丘陵地区人口稠密，经济发达、交通通畅，公共设施的服务半径可以适当缩少，服务人口增加。

加强区域公共设施的共享。其山区人口稀少，经济欠发达，交通不畅，公共设施的服务半径可以适当扩大，服务人口可适当减少，应注重基本区域公共设施的全覆盖。

案例二：汶川县农村建设规划

1．灾损情况

汶川县幅员面积 4084km^2，县城距成都 145km，全县辖 6 镇 7 乡、118 个行政村、404 个村民小组、6 个居委会。汶川是全国四个羌族聚居县之一，是大禹故里、熊猫家园、阿坝门户，是通往九寨、黄龙、四姑娘山的主要旅游通道，也是阿坝州的工业基地。地震发生后，汶川县遭受了毁灭性的打击，汶川县为极重灾区。全县 13 个乡镇全部受灾，受灾人口达 145600 余人（含暂住和流动人口），倒塌农房 168.30 万余 m^2，严重受损 176 万 m^2；全县耕地 10.6 万亩，9 万亩受灾，可用耕地仅剩 1.6 万亩。损毁沼气池 3420 口、农村饮水管道 2474km、堤防工程 43.4km、灌溉渠 1580km、提灌站 42 座、机耕道 1345km；另外，155.8km 干线公路、1343.6km 农村公路、120 座桥梁、17 座隧道损毁。新增地质灾害隐患点 3600 余处。山崩地裂，河道阻塞，道路垮塌深埋，交通全部中段，通信、供水、供电、供气等基础设施全部瘫痪，乡与乡之间相互隔绝，形成古道，次生灾害威胁严重，灾民安置异常困难，直接经济损失超过 1000 亿元。

2．县域农村居民点布局选址与重建规划

结合汶川县的社会经济发展水平与自然环境条件，尤其是次生灾害情况，根据中国科学院成都分院的《汶川地震重灾区资源环境承载能力评价》报告，按照新农村建设要求，农村居民点布局尽可能避让次生灾害，汶川县需安置转移人口共计 33089 人，全部在县内与阿坝州内安置。规划汶川县恢复重建中原地原址重建村庄 75 个，原地异址重建村庄 9 个，异地新建村庄 34 个。

县域农村居民点空间布局按照恢复重建选址的原则和要求，主要依托建制镇，以重点中心村为支撑，沿 213 国道、317 国道和 303 省道主要轴线进行布局重构。

对汶川县各等级村庄职能进行了划分，确定 8 个重点中心村、16 个中心村、51 个基层村，并撤并 43 个村。并且确定了由 1 个特大型（1001 人以上）村庄、20 个大型（601 ～ 1000 人）村庄、46 个中型（201 ～ 600 人）和小型（200 人以下）村庄组成的规模等级结构（图 3-3-52）。

3．村庄公共服务设施规划

根据汶川县域乡村体系结构规划，按照配建标准与配建技术要求，结合汶川县的实际情况，分高山和河谷平坝进行配置，采用分级配置各类公共设施的原则，强化重点中心村、中心村区域服务的功能，其中重点中心村重点安排小学、幼儿园、菜市场、放心店、医疗站、文化站等设施；中心村主要安排小学、幼儿园、放心店、卫生站等设施。而基层村突出为周边农村地区提供最基本的公共服务设施功能，根据其区位条件和人口规模配置放心店、幼儿园、医务室等（图 3-3-53）。

案例三：汶川县漩口镇瓦窑村安置点

1．项目概况

漩口镇位于汶川县东南部，东与都江堰市接壤，北距汶川县城威州镇 67km，并与映秀镇紧临，西与水磨镇接壤，是进出阿坝州的咽喉要地。瓦窑村是原百花乡和漩口镇合并之后新的镇政府所在地。瓦窑村安置点位于漩口镇百花中桥北侧的台地，本安置点安置瓦窑村和小麻村村民 72 户、古溪村村民

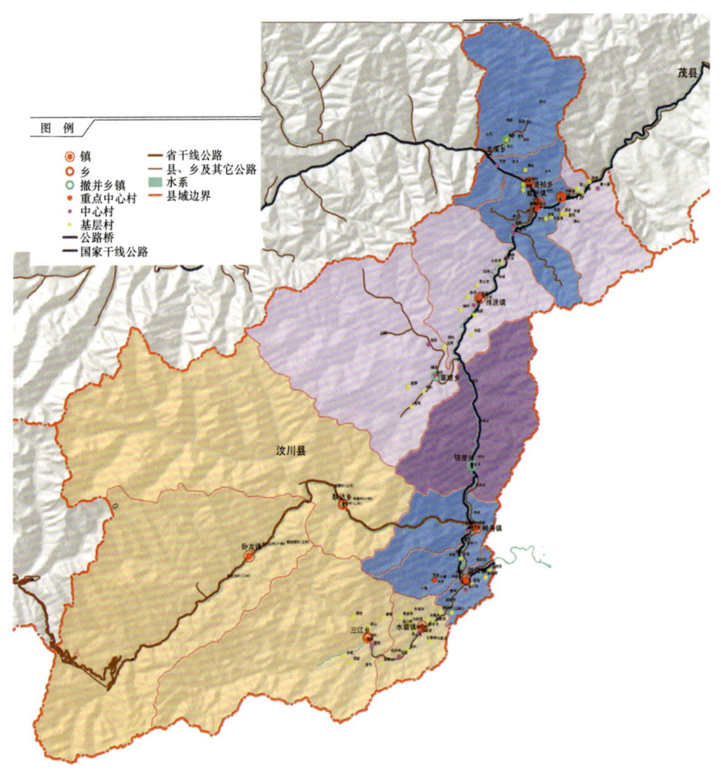

图 3-3-52　汶川县农村居民点重建规划图

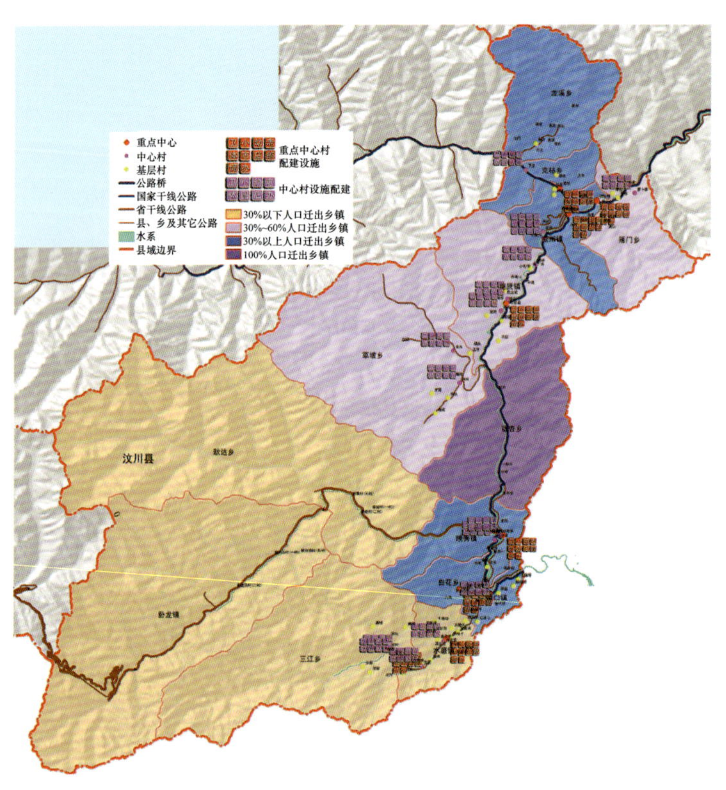

图 3-3-53　汶川县公共服务设施配置图

136 户、宇宫村村民 135 户，加上区内就地安置的 10 户，合计新建安置户数 353 户，现状保留户数 21 户，规划区内总户数为 374 户。安置点用地呈长方形，北至外围现状道路，西以储气站以北冲沟为界，南至 213 国道，东至漩口水厂，除去 213 国道北侧部分不可建用地（林地），总用地面积 17.74hm^2。地势西北高、东南低，基本上为台地。用地内有南北向三条主要沟渠流向古溪沟河。

2．用地评价及安置点规模

规划依据三峡移民区适宜性评价的坡度指标分类标准，并考虑漩口震区特点和安置场地的地形要求，确定场地内地形坡度 1%～15% 为适宜建设区，总面积约 3.81hm^2，占总用地的 21.48%；地形坡度 15% ～ 25% 为基本适宜建设区，总面积约 5.89hm^2，占总用地的 33.18%；地形坡度大于 25% 为不适宜建设区，总面积约 8.04hm^2，占总用地的 45.35%。

该安置区总用地面积 17.74hm^2。新建安置户数 353 户，现状保留户数 21 户，总户数为 374 户。

3．规划构思及功能结构

充分利用瓦窑村地理位置优越、基础设施齐全及自然生态环境资源较好的优势，依托现有道路，合理利用地形，形成依山就势、错落有致的岷江河谷山地建筑风格村落。

4．总平面布置

该安置点分为南北两大片区，总体呈组团串珠式自由布局（图 3-3-54），结合地形分台由贯穿东西的主路串起多个小组团，组团之间由山林生态绿地和水系冲沟防护烂泥地作为间隔。结合场地特征，不破坏现有农房、田、林、路形成的自然肌理，总平面布置采取以台阶式为主、围合式为辅的方式，让民居建筑掩映于绿树之间，用地较平坦的地方组织为院落围合式，几户人家围合形成公共的院坝，用于晒粮食、种菜和交流、休息；地形高差较大的地方则结合地形让建筑沿等高线错落有致地分台布置，形成层层叠叠、层次分明的山地建筑景观。在道路转弯的狭小区域内布置多处街头绿地，并在适当位置设置小型体育运动场地，丰富居民生活，组团之间的生态绿地内布置游步道、景观亭廊等，为村民创造宜人的休闲空间（图 3-3-55 ～图 3-3-57）。

图 3-3-54　汶川县漩口镇瓦窑村居民安置点平面规划图

图 3-3-55　汶川县漩口镇瓦窑村居民安置点鸟瞰图

图 3-3-56　汶川县漩口镇瓦窑村居民安置点滨水院落节点示意图

图 3-3-57　汶川县漩口镇瓦窑村居民安置点院落空间示意图

5．交通组织

安置区设有两个主要的对外出入口，南部出入口位于 213 国道上，北部出入口位于中山大道上。南部片区地形高差较大，道路呈“之”字形上升，与用地北侧的道路和北入口环通，形成区域外环路。区域内部道路结合地形自由布局，高差大的地方分台作护坡或堡坎。道路主路宽 4.5m，支路宽 3.5m，满足消防和防灾疏散要求，尽端路形成 $12m^2$ 的回车场，台地之间以步行梯道联系，接近组团的山林绿地中设置步行游览道和休息亭廊等。

6．配套设施规划

该安置点东部紧临漩口镇公共中心，中心内设有为全镇服务的医院、法院、派出所、市场等大型公共设施，服务半径覆盖了整个安置点，安置点附近还有小学、幼托、汽车站、水厂等设施。为了满足安置点内村民的日常生活需要，在安置区内设置了 9 处公厕，3 处垃圾收集点和多处垃圾箱、运动场地。

7．建设标准与户型设计

该安置点以川西民居为主，体现当地的民风民俗。住宅建筑，两层，户型分为 $90m^2$ 的 1 ～ 3 人户，$120m^2$ 的 4 人户，$150m^2$ 的 5 人户，总建筑面积为 4.05 万 m^2（图 3-3-58 ～图 3-3-60）。

平面以“一字形”、“L 形”为主，各自带有院坝，方便农民的生产生活。建筑立面以坡屋顶为主，部分户型带有露台，在墙面刷白色涂料，勒脚处贴片石，山墙面上有褐色仿穿斗构架的木条分隔线，体现川西民居的风格，门窗采用木格门窗，使两种文化更好地融合在一起，使用木栅栏，使建筑的整体特色更加浓厚。建筑采用砖混结构。

8．竖向规划设计

宝山常乐寺东侧地形南北向坡度在 30% 以上，最大到 42%，规划为林地。常乐寺南侧地形坡度平均为 20% 左右，规划将其分划为南北向五级台地，道路则以东西向引进各台地为两侧房建的对外出入通道。宅前尽端路所设回车场的标高，可根据最后一幢房屋入户处的道路标高，按 1.0% ～ 2.0% 的地面排水坡度向前延伸，坡向既可为正，也可为负。当两台相邻建筑地坪高差不大，而平面尺寸又满足

图 3-3-58 汶川县漩口镇瓦窑村居民安置点户型图（一）

图 3-3-59 汶川县漩口镇瓦窑村居民安置点户型图（二）

图 3-3-60 汶川县漩口镇瓦窑村居民安置点户型图（三）

放坡位置时，采用放边坡方式处理，尽可能不做挡土墙或梯道联连，可降低工程造价。部分建筑沿沟布置，建筑与水沟间需做挡土墙，确保水沟雨季排水要求。为方便南北向行人，规划布设了五条梯道作为捷径与上下两台地连接，避免行人沿道路绕行。

9．瓦窑村安置点建成图

按照省委、省政府“就地、就近、分散”安置的原则，结合“一房一景、一村一色、一线一特”的思路，漩口镇瓦窑村农村居民安置点已经全部建成（图 3-3-61、图 3-3-62）。

图 3-3-61 汶川县漩口镇瓦窑村居民安置点（一）

图 3-3-62 汶川县漩口镇瓦窑村居民安置点（二）

案例四：汶川县映秀镇渔子溪村

1．项目概况

映秀镇位于四川省中北部，东接都江堰市，南邻汶川县漩口镇，西靠卧龙自然保护区，北通汶川县城及阿坝州各县。国道 213 线、省道 303 线、都汶高速公路等区域性交通通廊交汇于此，区位交通优势明显。映秀镇渔子溪村震后受损严重，只有两户住宅保存完好，其余住宅已不能继续承载居住功能（图 3-3-63）。

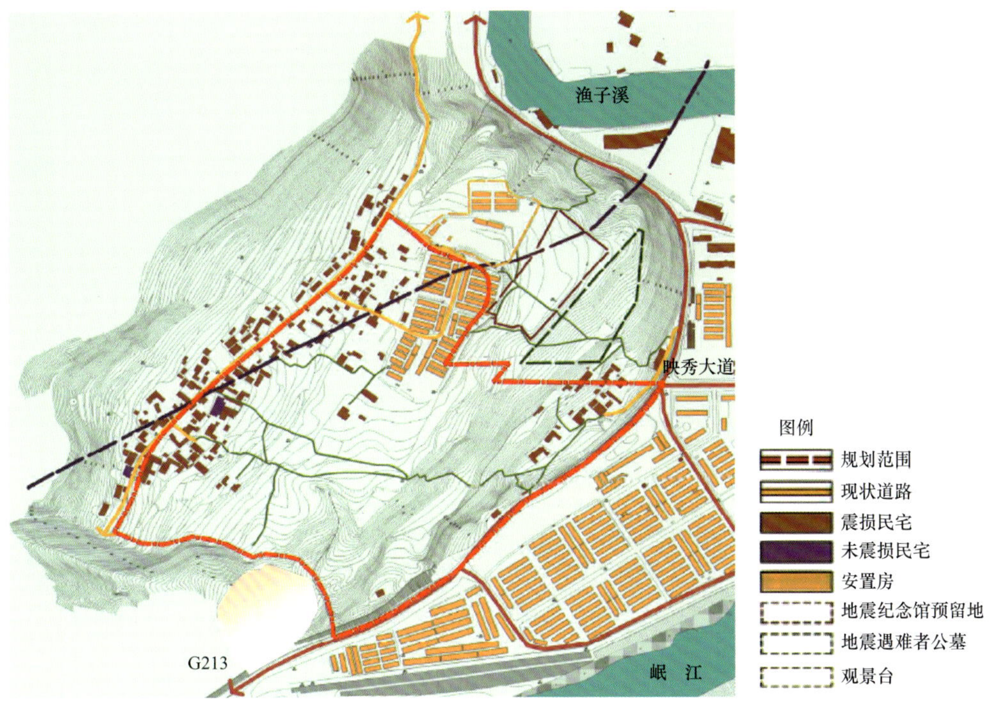

图 3-3-63　汶川县映秀镇渔子溪村地震受损分析图

2．建设用地适建分析

规划区地处映秀镇的西北部，高程在海拔 800 ～ 1040m 之间，岷江位于规划区的东部，规划区地势复杂，坡度变化较大，坡向以东南方向为主（图 3-3-64）。

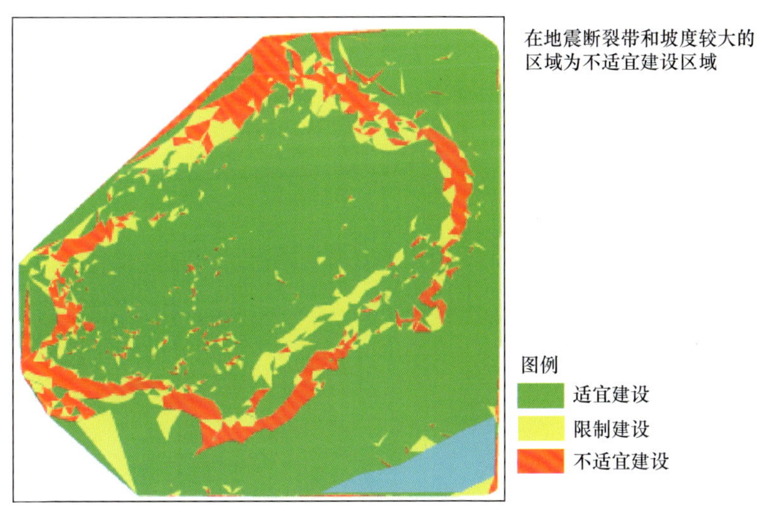

图 3-3-64　汶川县映秀镇渔子溪村用地条件适建性分析图

3．功能结构

新建村落从选址和布局上充分考虑现状，同时结合地震纪念馆预留地和地震遇难者公墓，进行合理布局。规划期内形成“一带、两轴、三中心”的空间结构。

一带即天街商业带，逐级递高的建筑空间既成为景观亮点同时也形成公共商业中心。两轴，一是北侧结合断裂带形成的遗址景观轴，结合现状生态景观发展休闲旅游，二是以渔子溪二路为轴线形成的宜居养生轴，主要承载村民的生活及对外联系功能。三中心包括了北侧的公共服务中心、天街村民休闲娱乐中心和遗址纪念中心，为居民提供最贴近生活的服务、最人性化的环境和富有独特魅力的场所（图 3-3-65 ～图 3-3-68）。

图 3-3-65　汶川县映秀镇渔子溪村平面布局图

图 3-3-66　汶川县映秀镇渔子溪村鸟瞰图

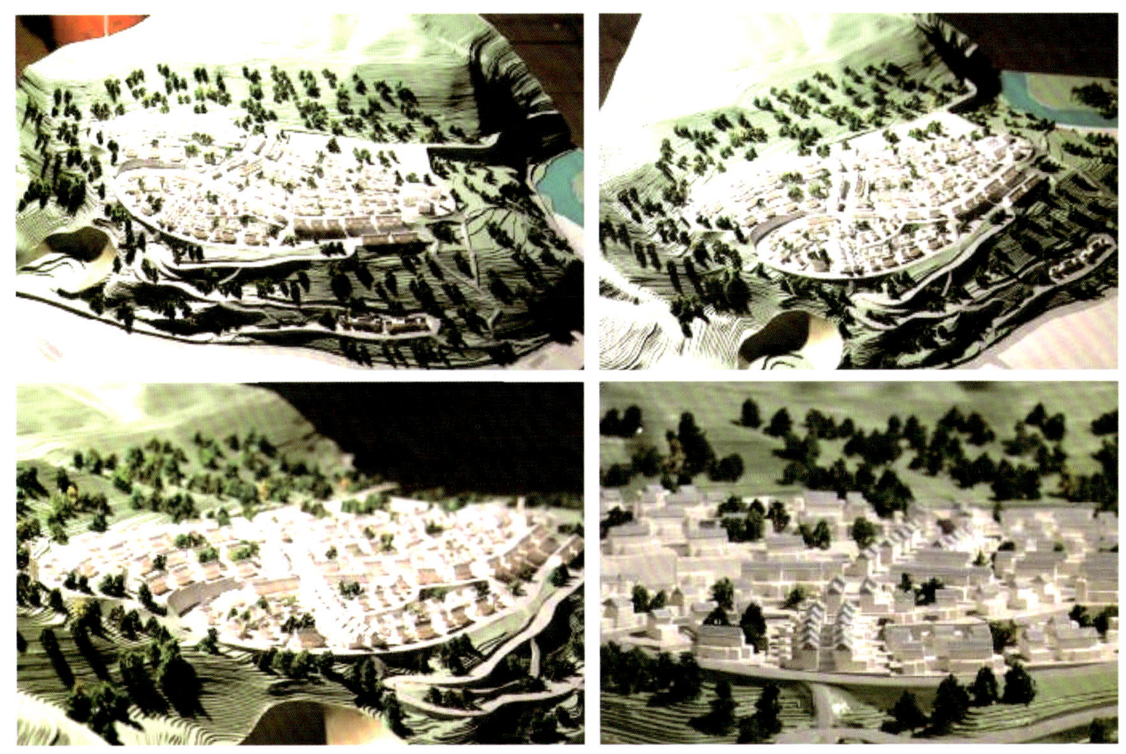

图 3-3-67　汶川县映秀镇渔子溪村模型示意图

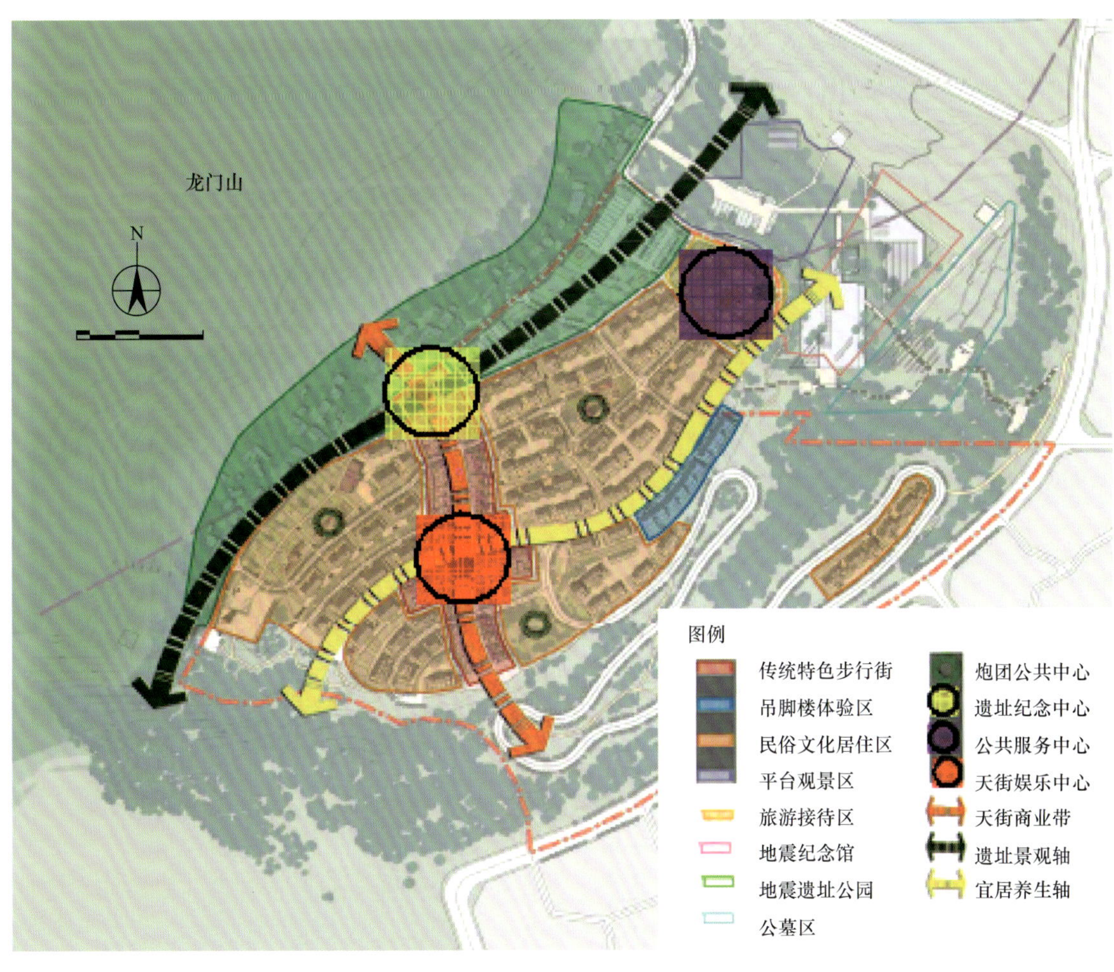

图 3-3-68　汶川县映秀镇渔子溪村功能结构分析图

4．建筑肌理及户型设计

充分考虑新旧村落之间理性人文关系的建立，在地势平坦处形成中国传统院落式肌理，塑造典型围合式院落空间，与村落原有建筑肌理相衔接，满足居民传统的心理感受和空间尺度。在地势起伏较大处，建筑布局因形就势，形成尺度适宜的街道空间，塑造山地地形下的特色村落景观意向（图 3-3-69）。

图 3-3-69　汶川县映秀镇渔子溪村建筑肌理分析图

综合现有地形和使用需要，规划 90、120、150m^2 三种户型，且每种户型在平面布局中的位置不同，单体设计也有各有特色，旨在创造丰富的空间层次感和多样的视觉体验。渔子溪村迁建总户数为 188 户，规划总面积 14.43hm^2，小区用地 8hm^2。设计户数 90m^2 75 户，120m^2 71 户，150m^2 42 户（图 3-3-70）。

单体建筑根据使用需要，规划一前一后两个门，其中沿主要街道和商业步行街两侧的建筑，其正门尽量朝外，方便其进行商铺经营和管理；分布于组团内部的其他建筑，其正门尽量面向组团内部，使建筑有一定的私密性和邻里交往空间（图 3-3-71、图 3-3-72）。

5．绿化景观

充分结合地形和现状生态植被，设计主要景观廊道、次要景观廊道、主景观节点、次景观节点等层层渗透的景观系统。在北侧的公共服务中心、天街娱乐中心和遗址纪念中心分别设置以广场为主的三个主要开敞空间，体现了公共活动与生态景观有机结合，在各个组团中心设置景观绿地，为居民提供宜人的邻里交往空间，沿地震断裂带规划一条遗址景观轴线，使景观效果向村落层层渗透，并综合考虑由村落俯瞰镇区的视线景观廊道的控制，创造了丰富而有特色的人文景观环境（图 3-3-73、图 3-3-74）。

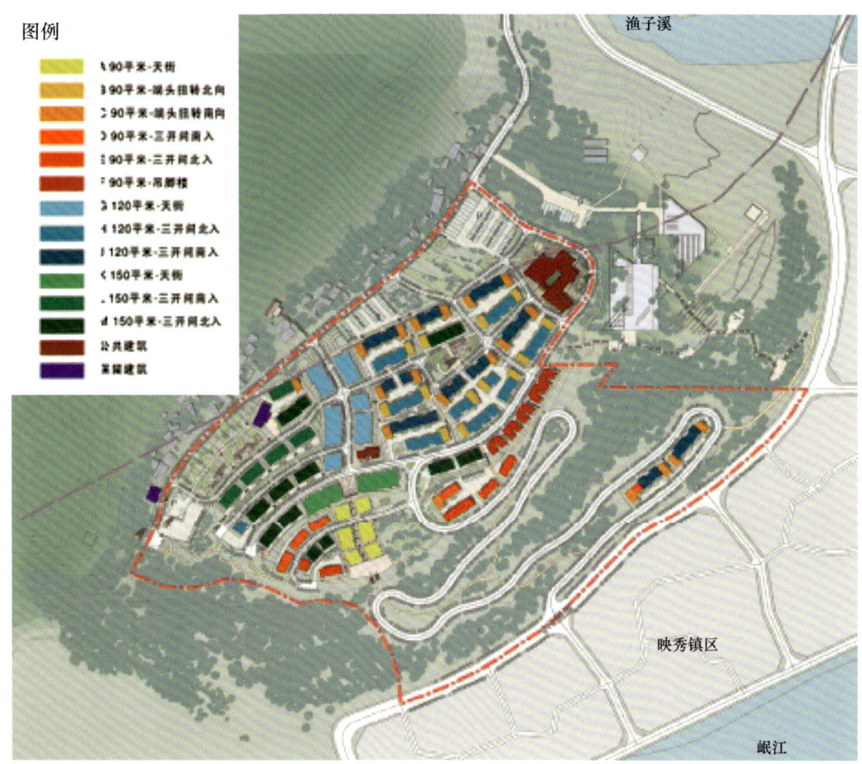

图 3-3-70　汶川县映秀镇渔子溪村户型分布图

图 3-3-71　汶川县映秀镇渔子溪村住宅入户开口示意图

图 3-3-72　汶川县映秀镇渔子溪村住宅街巷空间示意图

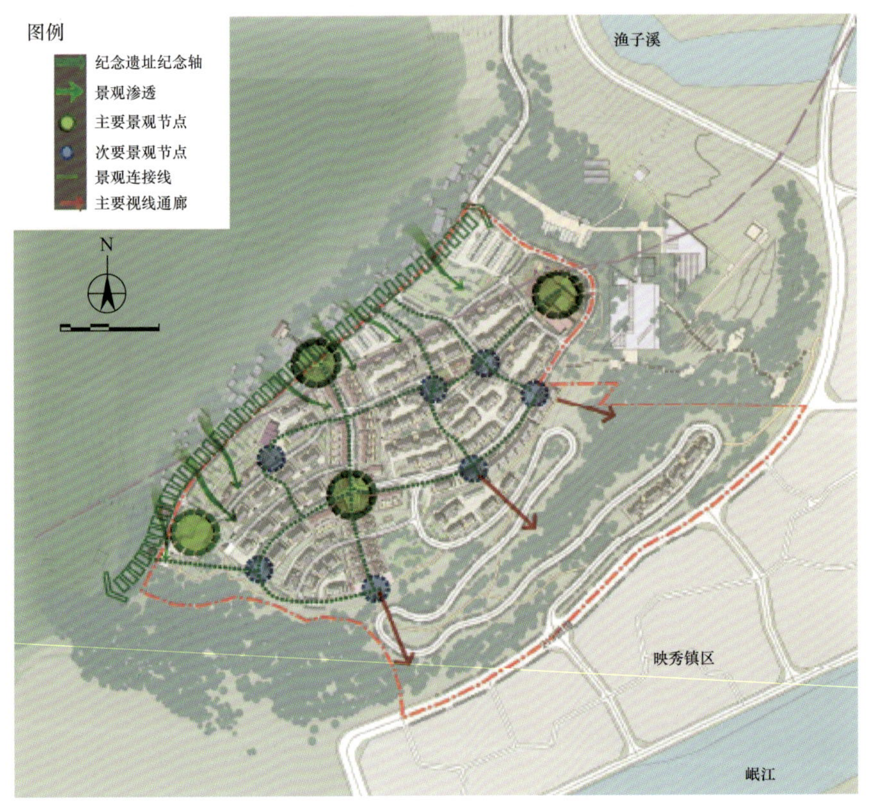

图 3-3-73　汶川县映秀镇渔子溪村绿化景观分析图

6．道路交通工程规划

道路系统按需要规划车行路、步行景观路和停车场，地块内规划一条“之”字形车行路，联系各个功能组团，是区内最主要的车行干道。规划若干条步行小路，一方面解决村民日常出行需要，同时满足游客观光旅游的需要（图 3-3-75、图 3-3-76）。

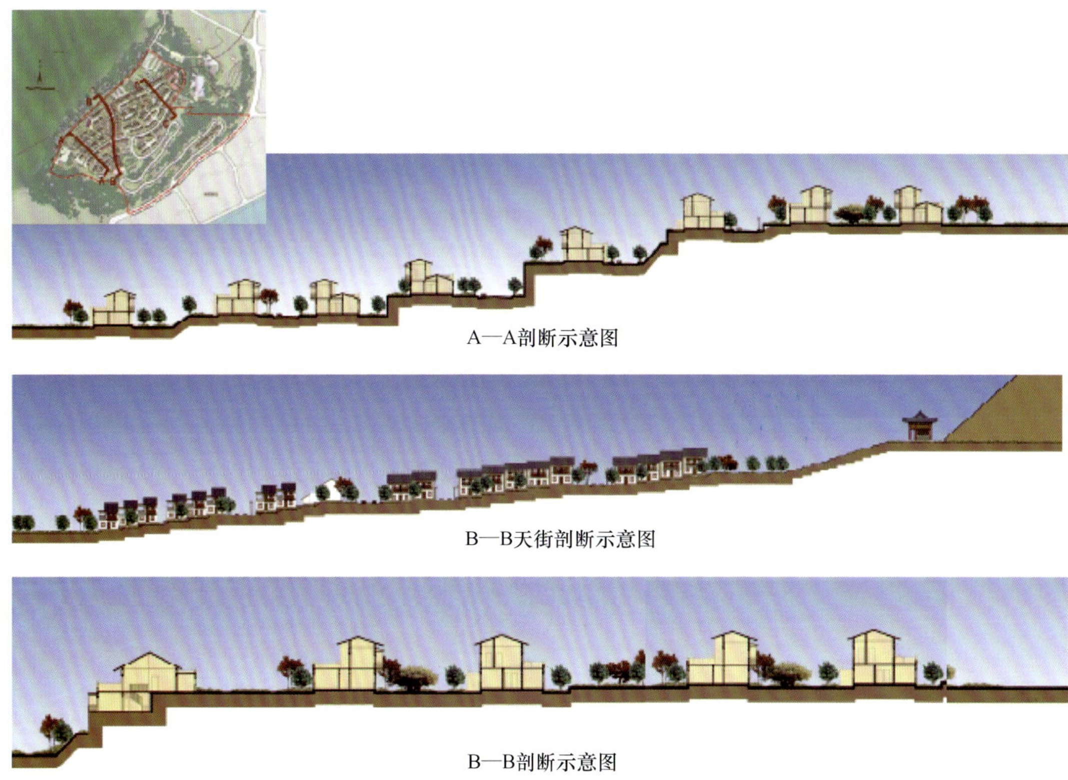

图 3-3-74　汶川县映秀镇渔子溪村重点区域剖面示意图

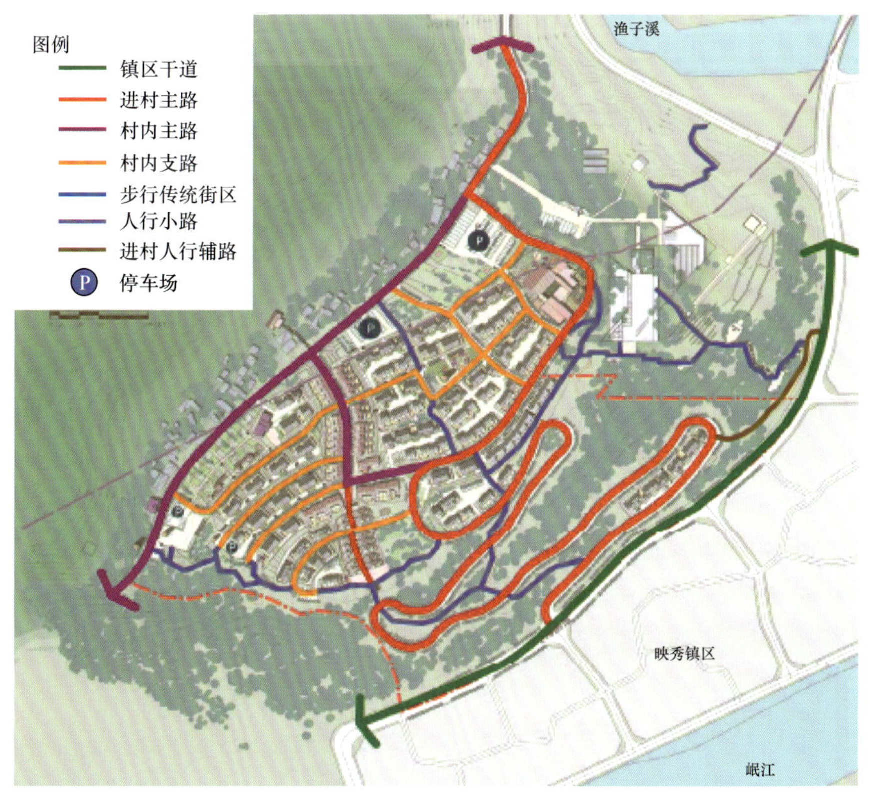

图 3-3-75　汶川县映秀镇渔子溪村道路系统规划图

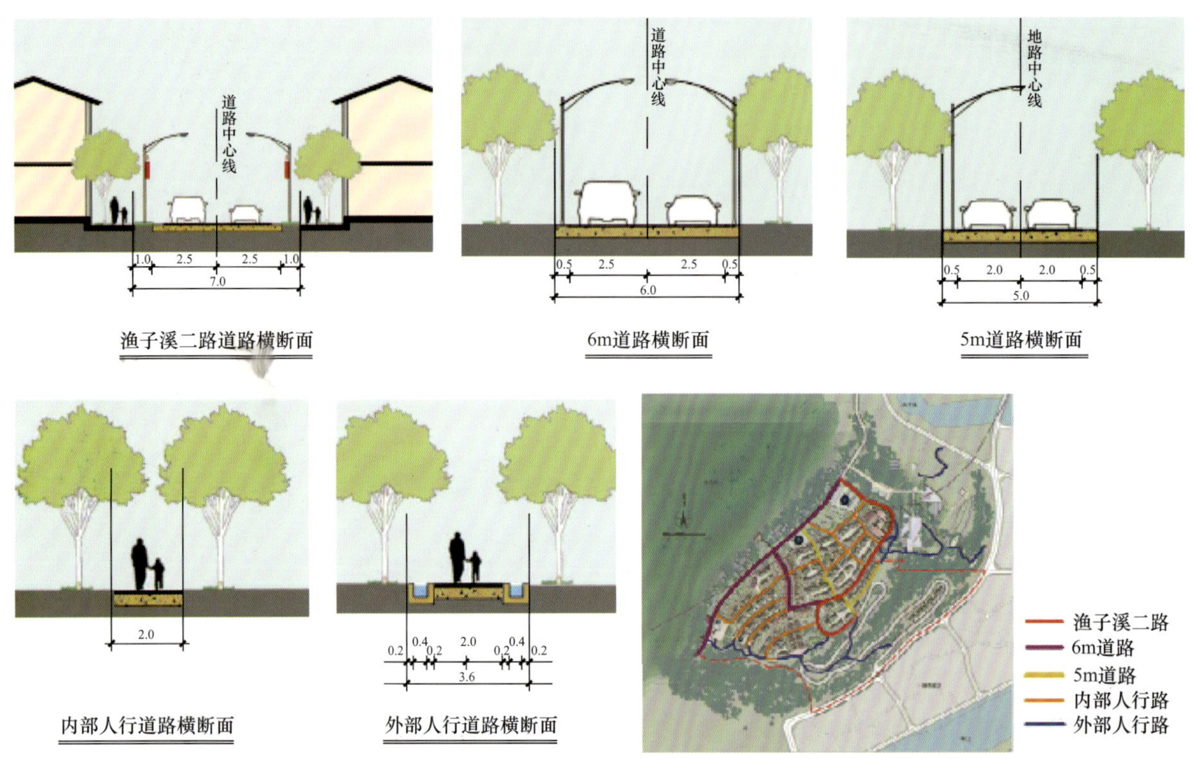

图 3-3-76　汶川县映秀镇渔子溪村道路横断面图

7．映秀镇渔子溪村村庄建成图

渔子溪村新建村民住宅的建筑风格继承和发扬了传统建筑文化，川西民居、羌族民居与藏民居实现有机融合。住宅特别设计了灵活扩展的空间，村民可以根据自己的需要加以改建，如底商、旅游纪念品商店、小餐馆等，为将来创造“农家乐”的旅游接待的模式提供了可能（图 3-3-77～图 3-3-79）。

图 3-3-77　汶川县映秀镇渔子溪村建成图（一）

图 3-3-78　汶川县映秀镇渔子溪村建成图（二）

图 3-3-79　汶川县映秀镇渔子溪村建成图（三）

第四节　区域及城镇市政基础设施恢复重建规划

一、编制目的、原则与要求

（一）编制目的

2008 年 5 月 12 日 14 时 28 分，四川省汶川县发生 8.0 级特大地震，灾区人民的生命财产遭受了重大损失。此次地震及山体滑坡等次生灾害造成道路、供水、排水、燃气等市政公用基础设施严重受损，严重影响了灾区人民的生活、生产。

市政公用基础设施是保障人民生活、生产的重要条件，为了保障灾区人民饮水安全，避免污水和垃圾污染，恢复正常的生产、生活秩序，必须尽快恢复市政公用基础设施的服务功能，促进灾后恢复重建工作的全面开展。要保证基础设施恢复重建工作有力、有序、有效地开展，科学规划是前提。目的是为了指导四川灾区各地市政基础设施的恢复重建规划，帮助灾区人民早日重建家园。

（二）编制原则

1．依法规划，科学测算

依据《中华人民共和国突发事件应对法》、《汶川地震灾后恢复重建条例》、《中华人民共和国城乡规划法》等相关法律，在科学预测的基础上进行规划。

2．以人为本，民生为重

供水、排水、燃气、交通、电力和通信等市政公用基础设施是关系人民基本生活的生命线工程，关系着未来发展的基础。规划本着以人为本的原则，优先恢复受灾群众基本生活和公共服务设施，改善该地区基础设施服务水平。

3．立足近期，远近结合

解决好重建的时序和空间问题，既要满足灾区恢复重建的现状要求，又要为远期基础设施的发展打好基础。恢复为主，重建为辅。先急后缓，统筹安排。

4．协调一致，突出重点

规划以《灾区重建城镇体系规划》为依据，与各专项规划相协调，并根据侧重点不同而有所区别。突出重点，兼顾一般。

5．实事求是，适度超前

依据原有基础设施水平，适当提高基础设施建设标准，增强系统的安全可靠性，减少基础设施欠账，提高地方基础设施的整体水平，促进城镇化水平的提高。

（三）编制要求

1．规划编制的主要任务

（1）按照原址重建和异地新建的不同需求，确定各类基础设施恢复重建标准；

（2）根据灾损情况和重建标准，合理确定各类基础设施建设规模和投资规模；

（3）制订切实可行的重建方案，并提供各类基础设施规划建设的相关技术要求。

2．规划编制的主要内容

城镇市政公用基础设施地震灾后重建规划包括：城镇道路工程规划、给水工程规划、排水工程规划、燃气工程规划、电力工程规划、通信系统规划、建设时序安排及投资估算等主要内容。

3．规划编制的基准年和规划期

规划的基准年为2008年。

规划的规划期为2008～2010年。

4．成果要求

城镇基础设施恢复重建规划成果包括规划说明书、图纸及基础资料汇编；以书面和电子文件两种方式提供。

二、灾区市政基础设施恢复重建的“规划标准”

受地区经济发展实力及历史原因制约，四川灾区城镇的基础设施配置水平，在地震之前都较低，与省内经济条件较发达地区的县（市、区）差距较大，与国内平均水平差距更大。在灾后的恢复重建规划中，本着“科学重建、适度超前”的原则，在灾前原有建设水平的基础上，适度提高灾区市政基础设施的“规划（配置）标准”与保障能力、提高市政公用基础设施的人均拥有量及设施水平是普遍的共识，也是实现灾区市政公用基础设施“恢复或超过灾前水平”的必要条件。

（一）道路交通恢复重建“规划标准”

根据城市道路规划的相关标准，结合四川灾区重建城镇的实际情况及发展预测，合理确定灾区重建城镇的道路广场恢复重建标准。

历经多年建设积累，四川省重灾县（市、区）的灾前道路广场人均指标已具有一定的规模，基本上都达到了《城市用地分类与规划建设用地标准》（GB 50137—2011）的人均指标，只有少数城镇偏低，如茂县只有6m²/人；还有部分城镇的人均指标超过了国标，如安县为23.23m²/人。公共交通则明显不足，只有少数城市形成了较为完善的公共交通系统，如都江堰市拥有城市公交站棚16个、公交站点166个、城市公交营运线路10条；其余重灾县（市、区）普遍不足。

《城市用地分类与规划建设用地标准》(GB 50137—2011)规定：人均道路广场用地指标为7～15m²，城市道路广场用地面积应占城市建设用地面积的8%～15%。《城市道路交通规划设计规范》（GB 50220—1995）对公共交通线路网的规定：在市中心区规划的公共交通线路网密度应达到3～4km/km²，在城市边缘地区应达到2～2.5km/km²；对公共交通车站服务面积的规定：300m半径公交站点覆盖率不小于城市用地面积的50%，500m半径不小于90%。

鉴于四川灾区大部分城镇处于山区，受用地等条件限制，其城市布局往往沿沟谷呈带状或组团布置，道路交通用地比重宜适度提高才能满足需求，同时在规划中应加强公共交通规划，以满足灾区城市居民上下班、上下学等基本出行需求。在灾后重建市政基础设施规划中城市（包括县城）道路交通规划所采用的恢复重建标准如下：

1．道路及广场用地

城市道路用地面积占城市建设用地面积的8%～18%，规划城市人均占有道路用地面积为8～20m²。

2．公共交通服务水平

为保证群众依靠公共交通可以完成上下班、上下学等基本出行需求，灾后恢复重建规划中明确提出了“建立以公共交通为主导的城市交通结构”。大中城市300m半径公交站点覆盖率不小于城市用地面积的50%，500m半径的公交站点覆盖率不小于90%；县城可适当折减。大中城市中心区的公交线路密度应达到3～4km/km²；县城核心区的公交线路网规划密度应达到2～3km/km²；县城一般区域的公交线路网规划密度应达到1.5～2km/km²。

（二）给水工程恢复重建“规划标准”

灾区城镇供水设施及管网恢复重建规划在参照2007年的城镇用水水平及国家规范的前提下，依据适度超前的原则，综合考虑发展因素等提出了恢复重建城镇的规划用水指标。

根据已有的灾前统计年报数据：灾前四川省城市（含县城）人均综合用水量约320L/(人·日)，灾区城市德阳最高，人均用水量超过450L/(人·日)，阿坝州最低，约235L/(人·日)。建设用地平均用水量为0.31万m³/(km²·日)，灾区城市成都最高，平均用水量约为0.30万m³/(km²·日)，阿坝州最低，平均用水量约0.10万m³/(km²·日)。

我国目前城镇给水工程规划建设中用水量指标多引用《城市给水工程规划规范》（GB 50282—1998）和《室外给水设计规范》（GB 50013—2006）的相关规定，用水定额标准一般分为三个供水分区，以此来适应我国地域宽广、经济发展差距大等特点，指导我国供水行业健康发展。按《城市给水工程规划规范》，四川省分在给水分区的一区；按《室外给水设计规范》，四川省又分在给水分区的二区。提出的城镇用水指标如下（表3-4-1～表3-4-3）：

城市单位人口综合用水量指标（万 m^3/(万人·天)）　表 3-4-1

区域	城市规模			
	特大城市	大城市	中等城市	小城市
一区	0.8 ～ 1.2	0.7 ～ 1.1	0.6 ～ 1.0	0.4 ～ 0.8
二区	0.6 ～ 1.0	0.5 ～ 0.8	0.35 ～ 0.7	0.3 ～ 0.6
三区	0.5 ～ 0.8	0.4 ～ 0.7	0.3 ～ 0.6	0.25 ～ 0.5

注：本表引自《城市给水工程规划规范》（GB 50282—1998）。

城市单位建设用地综合用水量指标（万 m^3(km^2·天)）　表 3-4-2

区域	城市规模			
	特大城市	大城市	中等城市	小城市
一区	1.0 ～ 1.6	0.8 ～ 1.4	0.6 ～ 1.0	0.4 ～ 0.8
二区	0.8 ～ 1.2	0.6 ～ 1.0	0.4 ～ 0.7	0.3 ～ 0.6
三区	0.6 ～ 1.0	0.5 ～ 0.8	0.3 ～ 0.6	0.25 ～ 0.5

注：本表引自《城市给水工程规划规范》（GB 50282—1998）。

综合生活用水定额 (L/(人·天))　表 3-4-3

区域	特大城市		大城市		中、小城市	
	最高日	平均日	最高日	平均日	最高日	平均日
一区	260 ～ 410	210 ～ 340	240 ～ 390	190 ～ 310	220 ～ 370	170 ～ 280
二区	190 ～ 280	150 ～ 240	170 ～ 260	130 ～ 210	150 ～ 240	110 ～ 180
三区	170 ～ 270	140 ～ 230	150 ～ 250	120 ～ 200	130 ～ 230	100 ～ 170

注：本表引自《室外给水设计规范》（GB 5013—2006）。

鉴于《室外给水设计规范》是 2006 年修订后颁布实施的，下一步《城市给水工程规划规范》（GB 50282—1998）也将会作相应修改。故在为适应灾后重建规划、特别是中长期规划中宜将给水分区作重新符合我省实际的局部调整才行。为了与国家标准相统一，宜将阿坝州划入国家标准的三区；其余灾区划入国家标准的二区。同时，由于国家标准给水二、三区的规划建设用水量标准与我省灾区现实情况确有相当大的差距，应根据实际情况，结合建设节约型社会的趋势，适当对给水工程的恢复重建“规划标准”作提高调整，才能满足受灾县（市、区）远期发展的需要，不能简单地按原标准、原规模恢复重建。故灾后重建县（市、区）的市政基础设施规划用水量标准普遍采用了如下标准（表 3-4-4、表 3-4-5）：

城市单位人口综合用水量标准（万 m^3/(万人·日)）　表 3-4-4

区域	城市规模		
	大城市	中等城市	小城市
二区	0.40 ～ 0.80	0.35 ～ 0.70	0.25 ～ 0.50
三区	0.35 ～ 0.60	0.30 ～ 0.50	0.25 ～ 0.40

城市单位建设用地综合用水量标准（万 m^3/(km^2·日)）　表 3-4-5

区域	城市规模		
	大城市	中等城市	小城市
二区	0.40 ～ 0.80	0.35 ～ 0.60	0.25 ～ 0.50
三区	0.35 ～ 0.60	0.25 ～ 0.50	0.15 ～ 0.40

（三）排水工程恢复重建“规划标准”

灾区城镇排水设施及管网恢复重建规划在参照 2007 年的城镇排水体制、排水管网建设水平、污水处理水平及国家规范的前提下，依据适度超前的原则，适当考虑发展因素等，提出恢复重建县（市、区）

的管网覆盖率、污水收集与处理标准。

震前四川灾区城镇基本上均为雨污合流的排水体制，分流制很少；建成区的管网覆盖率基本上都低于 70%，污水大部分未经污水处理厂处理而直接就近排入水体，对受纳水体及区域水环境造成了较大污染。仅有都江堰市、安县等少数城市建有污水处理厂，但也只能处理城镇的部分污水。

《城市排水工程规划规范》(GB 50318—2000) 提出城市排水体制应根据城市总体规划、环境保护要求、当地自然条件（地理位置、地形及气候）和废水受纳体条件，结合城市污水的水质、水量及城市原有排水设施情况，经综合分析比较确定；同一个城市的不同地区可采用不同的排水体制。对城市污水量预测宜根据城市综合用水量（平均日）乘以城市污水排放系数确定，城市污水排放系数为 0.70 ～ 0.80。

四川灾区处于长江中上游地区，部分城镇位于河流的源头区域，其水污染防治的成败关系到四川省、乃至长江中下游未来水环境的改善或恶化，因此在灾后重建、特别是规划中应适度提高其规划建设标准。同时，“5・12”特大地震给这些城镇本不完善的排水设施已经造成了严重破坏，客观上提供了重建和彻底改造的条件和需求。

综合以上因素，恢复重建县（市、区）的灾后重建规划中对城镇排水规划提出：灾区城镇排水体制原则上采用雨污分流的排水体制，对地震影响较轻城镇的老城区近期采用截流式合流制，远期结合老城更新逐步改造为雨污分流的排水体制；污水排放系数则取 0.75 ～ 0.90；城镇的污水处理设施建设都纳入了“近期建设项目库”，都要求在 3 年的恢复重建期内投入运行。

（四）燃气工程恢复重建“规划标准”

四川灾区城镇燃气工程恢复重建规划应在参照 2007 年的城镇燃气设施建设水平、用气量标准及相关规范的前提下，依据适度超前的原则，适当考虑远期可持续发展等因素，提出恢复重建县（市、区）各级城镇的气化率、用气标准。

四川灾区城镇燃气系统分天然气和液化石油气两部分，城镇气化率水平及用气量指标总体较低，且差异甚大，如安县县城为 75%，北川县城为 40%，松潘县城为 0%，现状居民生活用气量 0.2 ～ 0.3 标立方米 /(人・日)，公建用气更是严重不足；管网及储配设施严重不足，灾前就已经是最需要补的“短板”。

按照《城镇燃气规划设计手册》，参考《四川省城市天然气利用规划》的发展目标，在四川灾区恢复重建县（市、区）的城镇燃气工程规划中，城镇气化率普遍提高到了 80% ～ 100%，居民生活用气指标为 0.25 ～ 0.4 标立方米 /(人・日)（90 ～ 150 标立方米 /(人・年)）；公建用户用气与城镇第三产业发展关系密切，公建用户用气主要指餐饮业、医院、学校、宾馆、写字楼、美容美发、洗浴业等行业或建筑内的炊具、燃烧器、燃气锅炉用气，其用气标准根据现状情况，同时考虑灾区城镇第三产业的发展比重与发展规模，将大幅扩大公建用户用气与改善城镇能源结构、有效保护环境结合起来考虑，规划中公建用户用气量标准普遍提高到了居民生活用气总量的 20% ～ 40%，为重建城镇的未来发展奠定了良好的基础。

（五）电力工程恢复重建“规划标准”

四川灾区城镇电力工程恢复重建规划在参照 2007 年的城镇用电负荷水平、人均用电量指标及相关规范的前提下，依据适度超前的原则，适当考虑发展因素等提出城镇用电负荷及用电量标准。

受输变电设施及城市配电网络的制约，震前四川灾区恢复重建县（市、区）的城镇大部分用电水平较低，只有都江堰等少数城镇用电水平初步达到了中等水平。

我国目前城镇电力工程规划中用电量、用电负荷指标多采用《城市电力规划规范》(GB 50293—1999) 的相关规定。该《规范》认为在城市总体规划中按各类建设用地的功能、用电性质的区别来划分负荷类别，进行用电负荷的规划（预测），是取得比较满意预测结果的主要负荷分类方法。对主要的城市建设用地：居住用地、公共设施用地、工业用地，提出的用电负荷指标如下（表 3-4-6）：

规划单位建设用地负荷指标　　　　表 3-4-6

城市建设用地用电类别	居住用地用电	公共设施用地用电	工业用地用电
单位建设用地负荷指标（kW/hm^2）	100 ～ 400	300 ～ 1200	200 ～ 800

四川灾区城镇，在灾后重建及未来发展中，其城镇设施水平、生活条件及生活水平将比灾前有明显的提升，用电水平也将大幅提高；同时，恢复重建县（市、区）的城镇多处于旅游交通线上，受灾的大部分城镇将转型为旅游城镇；随着旅游产业的不断发展，其第三产业用电也将增加；另外，部分城镇为民族地区的城镇，其建筑层数、土地使用强度不会太大。故在灾后重建、特别是规划中根据实际情况，结合其他城市的用电负荷情况，重建规划中对受灾重建县（市、区）的城镇各类用地规划用电负荷普遍采用如下规划标准（表 3-4-7）：

规划单位建设用地负荷指标　　　　表 3-4-7

城市建设用地用电类别	居住用地用电	公共设施用地用电	工业用地用电	仓储用地用电	市政设施用地用电
单位建设用地负荷指标（kW/hm^2）	100 ～ 300	200 ～ 600	100 ～ 400	50 ～ 100	100 ～ 150
城市建设用地用电类别	对外交通用地用电	道路广场用地用电	特殊用地用电	绿化用地用电	—
单位建设用地负荷指标（kW/hm^2）	15 ～ 30	15 ～ 25	100 ～ 150	10 ～ 20	—

（六）电信工程恢复重建“规划标准”

四川灾区城镇电信工程恢复重建规划在参照 2007 年的各级城镇电信设施水平、市话普及率及相关标准、规范的前提下，依据适度超前的原则，考虑综合发展等因素，提出恢复重建县（市、区）的城镇电信建设标准、市话普及率标准。

四川灾区城镇震前均设有电信局、邮政局（所）、广电局，形成了基本的通信网络。市话普及率总体不高，且差别较大，如都江堰为 38.7%，安县仅为 18.8%。北川县城曲山镇有线电视用户 6200 户，有线电视入户率 98%。考虑四川灾区城镇震前电信设施水平，参考相关规范及要求，在恢复重建县（市、区）的城镇电信工程规划中，市话普及率普遍采用 40% ～ 80%，有线电视入户率达 95% ～ 100%；提升的幅度比灾前高了许多。

根据《邮政普遍服务标准（试行）》（国邮［2005］355 号文件）、《四川省邮政管理办法》，对邮政局所设置提出如下标准（表 3-4-8）：

邮政局所设置标准　　　　表 3-4-8

类　别	主要人口聚居区服务半径（km）	服务人口（人）
大城市市区	1 ～ 1.5	30000 ～ 50000
中等城市市区	1.5	15000 ～ 30000
小城市市区	2 ～ 5	20000 左右

三、灾区区域基础设施恢复重建体系规划

四川灾区的市政基础设施重建体系规划包括：区域基础设施及城镇基础设施。其中的区域基础设施灾后恢复重建规划，是城镇市政基础设施恢复重建规划的基础。

基础设施是城镇居民生活和生产所必需的基本设施，是进行各项经济和社会活动的保障体系。城镇的生存与发展需要与之相匹配的基础设施来支撑；技术先进、功能齐全、能量充足、布局合理、彼此协调的基础设施是保证和促进城镇健康、可持续发展的必备条件。基础设施规划是合理配置和优化城镇基础设施的必要手段，是指导城镇基础设施建设的依据。

城镇基础设施的规划将能有效地指导各系统基础设施的建设，为城镇发展提供基础条件，科学地解决基础设施建设中存在的主要问题，协调与城镇空间布局的关系，完善城镇功能，提高居民生活质量，使城镇发展更加合理，保障供应更加充足，服务更加完善，环境更加优美；而且，经过综合协调，避免各自为政，能有效地指导城镇基础设施的整体科学开发，使其真正起到城镇开发建设的先导、保障和促进作用。基础设施规划的意义具体体现在以下几个方面：

——通过对各项基础设施的调查与分析，深刻地剖析整个城镇基础设施的现状和发展前景，抓住主要矛盾和问题症结，有利于制订解决问题的对策和措施。

——明确各系统基础设施的发展目标与规模，统筹各专业工程系统的建设，便于制订分期建设计划，落实和筹备建设项目与建设资金。

——合理布局各系统基础设施和工程管网，提供各项设施建设实施的依据。有利于有计划地改造、完善现有基础设施，最大限度地利用现有设施条件，及早预留发展项目的建设用地和空间。

——通过各系统基础设施规划和工程管线综合规划，有利于协调各项基础设施建设，以便综合布置各项工程设施，合理利用城镇空中、地面、地下空间，确保各项工程设施的科学布置和各种工程管线的安全畅通。

道路、给水、排水、供电、燃气、电信、环境卫生等各项工程是城镇市政基础设施建设的主体部分，是经济与社会发展的支撑体系。城镇各项工程的完备程度将直接影响当地居民生活、生产等各项活动的开展；基础设施滞后或配置不合理会严重阻碍城镇的发展；适度超前、配置合理的基础设施不仅能满足城镇各项活动的要求，而且有利于带动城镇灾后建设和城镇经济的腾飞，保障城镇健康持续地发展。同时，基础设施也是“生命线工程”，涉及维持城市生存功能系统和对国计民生有重大影响的工程。因此，建设完备、健全的基础设施工程系统是恢复重建县（市、区）的城镇灾后建设最重要的任务之一。

（一）区域基础设施规划

在“5·12”汶川特大地震中，四川9条高速公路约102km路段，16条国省干线公路约3688km路段和2.4103万km农村公路的路基、路面、桥梁、隧道受损，通信、电力几乎全部中断，439个乡镇成为“孤岛”。

1．指导思想和规划原则

（1）指导思想

深入贯彻落实科学发展观，坚持以人为本、尊重自然、统筹兼顾、科学重建，按照《汶川地震灾后恢复重建总体规划》的要求，以恢复基础设施功能为中心，综合协调各项基础设施重建规划，统筹兼顾近期建设与长远发展，在国家、各地区和社会各界的大力支持下，精心规划、精心组织、精心实施，又好又快地完成各项基础设施的建设任务。

（2）规划原则

尊重自然、科学布局。根据灾区城乡重建规划、产业布局调整规划、灾后地质地理条件和资源环境承载能力，统筹考虑正常状态与紧急状态下的目标需求，优化布局设计，既要保证基础设施的共建共享和有效利用，又要提高应对突发事件的保障能力。

统筹兼顾、协调发展。要从灾区群众的生产生活需要出发，优先安排、重点支持与民生直接相关的基础设施重建。统筹恢复重建和安排具有基础性、先导性以及支撑性的新建基础设施项目。

因地制宜、分步实施。要从当地的实际情况出发进行恢复重建，充分考虑各方面的因素，合理确定建设方式、建设时序。要统筹安排，保证重点，兼顾一般，有计划、有步骤地推进恢复重建。

2．区域交通恢复重建规划（图3-4-1）

（1）公路

加快公路的恢复重建，充分利用原有公路和设施，以干线公路为重点，兼顾高速公路，打通必要的县际、乡际断头路。适当增加必要的迂回路线，力争每个县拥有两个方向上抗灾能力较强的生命线公路，初步形成生命线公路网。

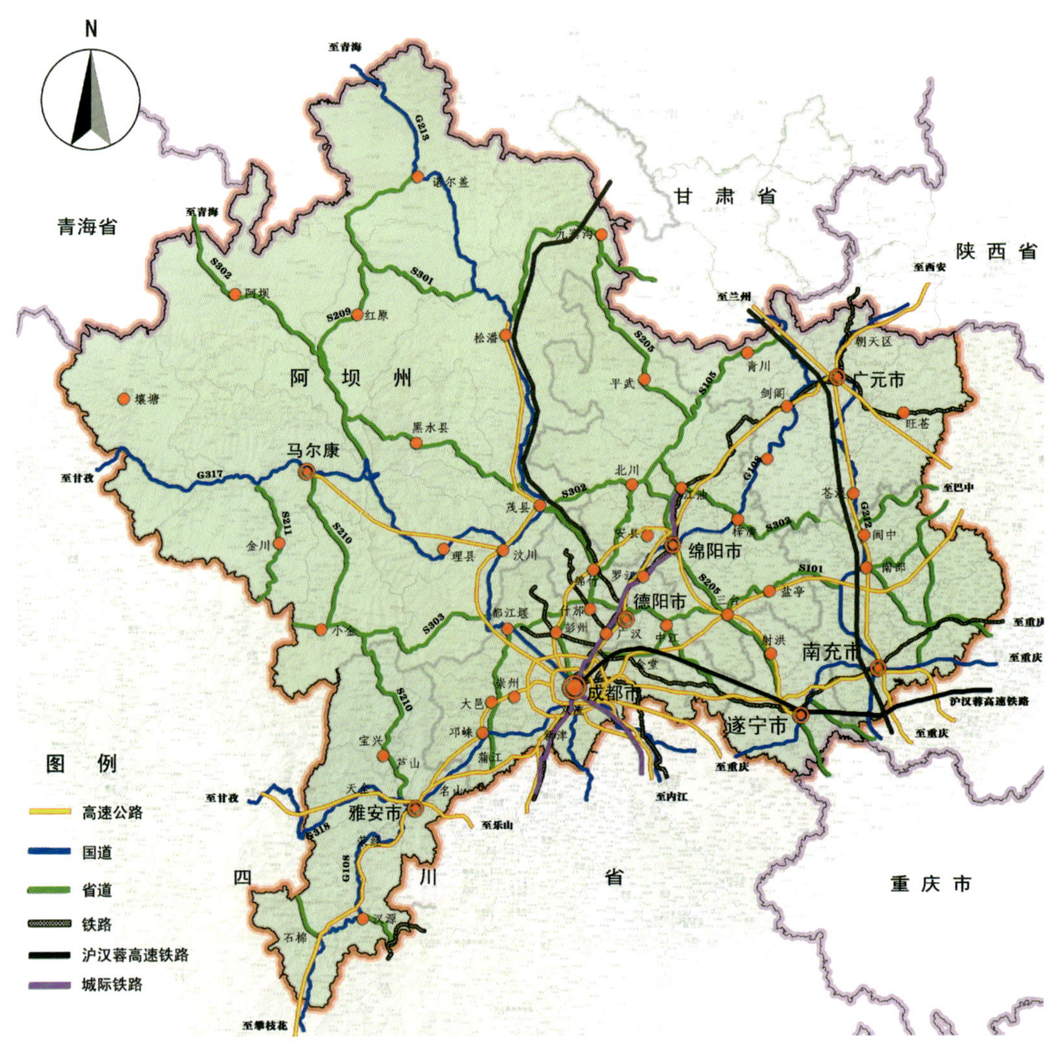

图 3-4-1　区域交通规划图

对干线和支线铁路中受损的路段和运营设施设备等进行全面检测、维护和加固，对受损严重的线路和生产运营设施进行改建或重建，提高对外通道能力。

区分轻重缓急，修复受损的民航设施设备，全面恢复并提高民航运输能力。

建立健全交通应急体系，建设应急交通指挥、抢险救助保障系统。

适时启动对规划区经济社会发展有重要先导和支撑作用的公路干线、铁路干线的建设，恢复灾区公路交通基础设施，提高重要国省干线公路的抗灾能力和交通保障能力。恢复重建灾区 6 条国道，22 条省道(含 2 条省养县道)，修复和续建 11 条（段）高速公路，启动建设 4 条（段）高速公路，保障干线公路畅通，力争每个县拥有两个方向上抗灾能力较高的生命线公路，初步构筑灾区生命线公路网，具体建设规模为：高速公路 1599 公里，其中，修复已建高速公路受损路段约 619km，复工高速公路 412km，适时启动拟建高速公路 568km；干线公路共计 6081km。

通过实施灾后交通恢复重建项目，全省重灾区建成由“一环、三纵、三横、七联”组成的“生命线公路网”，阿坝州形成由“四纵四横二联”组成的干线公路骨架网和“二环三线”组成的全国规模最大、功能最完善的生态旅游公路网。

(2) 铁路

在既有铁路运营安全状态评估的基础上，根据工程和设备状况以及运营实际需要，修复加固受损的宝成、成渝、成昆等干线铁路和成汶、广岳、德天、广旺等支线铁路，改建或重建宝成线109隧道等路段及受损严重的绵阳、广元、江油、德阳等车站。对达成扩能、襄渝增二线等在建项目的震损工程进行修补或拆除重建，并按新震规要求对所有工程进行检算，采取有效的补强措施。兰渝铁路等设计项目对平面和高程进行全面复测，调查研究地震引发新的地质灾害对铁路线位的影响及处理方案。加快建设成都至都江堰城际铁路、成绵乐客运专线、兰渝铁路、成兰铁路、西安至成都铁路。

(3) 民航

重点进行成都、绵阳、九寨、南充、泸州、宜宾、广元等机场各类建筑物的修复和重建，附属设施及设备的修复和更新；飞行学院、民航二所等科研院校各类建筑物的修复和重建，教学科研设备的更新；国航西南公司、四川航空公司、中航油西南公司等单位办公生产设施的修复和重建，以及生产设备的更新；西南管理局、空管局各类受损建筑物的修复和重建，损毁设备的更新等。

3. 通信

按照资源共享、先进实用、安全可靠的要求，加快公众通信网的恢复重建，加强应急通信能力建设，推进网络化综合信息服务平台建设，提升通信服务水平和灾备应急能力。恢复重建邮政设施，按照城乡分布完善邮政局（所）布局。

恢复重建主要包括通信、邮政等基础设施。

通信：重建固定通信交换机113万线、宽带接入设备56万线，重建移动通信核心网1036万户、基站7809个，重建光缆70775皮长公里、电缆12833皮长公里和传输设备17332端，修复重建业务用房68.7万m^2。落实国家已规划部署的应急通信重大工程，实施灾区卫星通信系统建设、应急通信装备更新和应急通信机动电源扩容工程。建设成都到国际出入口的高效、直达数据专用通道和成都数据灾备中心。为2783个未通电话行政村开通电话。

邮政：修复、重建邮政综合生产用房57处、邮政支局所385处。重置邮政生产设备设施2178台(套)，以及配套措施及车辆3826套(辆)。结合灾区城镇布局、经济结构调整和新农村建设，完善邮政局所布局，综合配套邮政局所、报刊亭、村邮站、邮筒、信报箱（群）等便民服务设施。

4. 能源工程

恢复重建主要包括电网、电源、煤炭、油气等基础设施。

电网：恢复重建35kV以上变电站324座，变电容量1809万kVA，线路7372km；恢复10kV及以下变电线路9.24万km，配电容量380万kVA，更换配电设备455多台（个）；修复或重建38个供电所、配电室；集中安置点供电设施约450万户。

电源：恢复重建江油，恢复紫坪铺、映秀、太平驿、福堂、杂谷脑河、渔子溪等发电设施，其中大中型水电站129座，装机容量700多万kV。

煤炭：恢复重建天池、红星、大昌沟、赵家坝、荣山、坤达、西坡等164个煤矿及外部基础设施。

油气：恢复重建气井1176口，中坝净化厂、南充炼油厂、兰成渝输油管道及保护设施、天然气管线100多条、油库8座、加油站922座。

区域基础设施规划和重建为城镇及乡村灾后基础设施恢复重建打下坚实的基础。

(二) 区域市政设施规划

1. 规划编制的主要任务

(1) 按照原址重建和异地新建的不同需求，确定各类基础设施恢复重建标准；

(2) 根据灾损情况和重建标准，合理确定各类基础设施建设规模和投资规模；

(3) 制订切实可行的重建方案，并提供各类基础设施规划建设的相关技术要求。

2．规划编制的主要内容

城镇市政公用基础设施地震灾后重建规划包括：城镇道路工程规划、给水工程规划、排水工程规划、燃气工程规划、环卫工程规划、建设时序安排及投资估算等主要内容。

3．规划编制的基准年和规划期

规划的基准年为 2008 年。规划的期限为 2008 ～ 2010 年。

4．成果要求

城镇基础设施恢复重建规划成果包括规划说明书、图纸及基础资料汇编；以书面和电子文件两种方式提供。

5．规划标准

灾区城镇供水、污水、燃气、环卫、道路和绿地系统等市政基础设施需求分析，根据汶川地震灾后重建规划——《城镇体系规划》的城镇发展规模和人口预测，参照 2007 年的城镇化水平，依据适度超前的原则，适当提高市政公用基础设施的人均拥有量，确定城镇需要的基础设施规模。

（1）防灾标准

城镇供水、污水、燃气、环卫、道路和绿地系统等市政基础设施恢复重建的抗震、防洪、防火安全等标准，根据灾后新的重建要求和国家相关规范确定。

（2）需求标准

① 道路桥梁

道路及广场用地：城市道路用地面积应占城市建设用地面积的 8% ～ 15%，对规划人口在 200 万以上的大城市，宜为 15% ～ 20%，规划城市人口占有道路广场用地面积宜为人均 7 ～ 15m^2。其中：道路用地面积宜为 6.0 ～ 13.5 m^2/ 人，广场面积宜为 0.2 ～ 0.5 m^2/ 人。

路网等级与密度：大城市道路分为快速路、主干路、次干路、支路四个等级。中等城市道路分为主干路、次干路、支路三个等级。小城镇道路分为干路、支路两个等级（表 3-4-9）。

城市道路网密度（km/km^2）规划指标　　表 3-4-9

城市规模	快速路	主干路（干路）	次干路	支路
大城市	0.3 ～ 0.4	0.8 ～ 1.2	1.2 ～ 1.4	3 ～ 4
中等城市	—	1.0 ～ 1.2	1.2 ～ 1.4	3 ～ 4
小城镇	—	3 ～ 4	—	3 ～ 5

公共交通服务水平：保证群众公共交通基本出行需求，建立以公共交通为主导的城市交通结构。3 年恢复重建期之内的公共服务水平应超灾前水平，并为城乡一体化公共交通系统的建立完善创造良好条件（表 3-4-10）。

公共交通规划指标　　表 3-4-10

公交线网覆盖率	大中城市 300m 半径公交线网覆盖率不得小于城市用地面积的 50%，500m 半径不得小于 90%，县城可适当折减
万人公交指标	大城市公交车辆拥有量不小于 10 标台 / 万人，中小城市不小于 7 标台 / 万人，县城可适当折减

② 给水工程

灾区城镇供水设施建设，原则上在各城镇设置独立供水系统，每个县市建立 1 个以上的供水系统；每个镇有 1 个供水系统；在水源有保证、技术经济条件合理时，可建立几个镇共用的（区域）供水系统。城镇供水按城市人均综合用水量 300 ～ 500L/(人・日)、镇人均综合用水量 200 ～ 250L/(人・日)标准计算。

城镇供水管网密度按城市 8 ～ 12km/km^2 计算、镇 8 ～ 10km/km^2 计算。

③ 排水工程

灾区各城镇原则上设置独立污水处理系统，每个县市建立 1 个以上的污水处理系统；每个镇应有一定的污水处理能力，在污水通过重力流能够较易汇集的范围内，可建立 2 ～ 3 个镇共用的污水处理系统；山区居住较为零散的镇应根据实际条件建设小型、简易的分散处理装置。

各镇需建的污水处理设施规模可参照所属县市的污水排放指标计算。城市污水排放量按平均日总用水量的 0.9 倍计算，污水集中处理率按污水排放量的 0.8 ～ 0.9 倍计算；镇污水排放量按平均日总用水量的 0.9 倍计算，污水集中处理率按污水排放量的 0.7 倍计算。城市排水管网密度按城市 10 ～ 15km/km^2 计算、镇排水管网密度按 8 ～ 12km/km^2 计算。

④ 燃气工程

恢复重建县（市、区）的各镇需建的燃气设施规模，可参照所属县市的燃气需求计算指标来核算；通达天然气的县市燃气需求以天然气为主，未通达天然气的县市燃气需求以液化石油气为主。城镇民用燃气按人均 100 ～ 120m^3/ 年计算，气化率按 60% ～ 100% 计算。城镇供气管网密度按 5 ～ 9km/km^2 计算。

四、市政基础设施恢复重建规划实践案例

（一）青川县城的市政基础设施恢复重建案例

1．县城市政基础设施震前及受灾情况

青川县城——乔庄镇，处于青川县域中部偏北、省道成青路和剑青路的交汇处，镇区位于大小沟交汇处的狭长谷地至下坪区域；周围有中脊上、北井坝、小坝、上坪、下坪等河谷冲积坝，地势平坦。

震前乔庄镇的市政基础设施基本具备，镇区有城镇水厂一座，设计规模 1.2 万 m^3/ 日，实际供水 0.4 万 m^3/ 日，水源为大沟溶洞水，主供乔庄镇区、北井坝、小坝、回龙、高家院、小沟等用水；震后水厂内净水设施被破坏，管网损失严重；震前城镇在乔庄河西侧建有 DN800 的雨污合流管，污水直接排入乔庄河，河道污染严重；震前城镇用电由 110kV 乔庄变电站（容量 2 万 kVA）供给，电力充足。

2．县城市政基础设施重建规划

（1）总体规划

供水规划：城镇供水首先采用单位建设用地用水量指标法预测需水量，规划城镇高日用水量为 5100m^3/ 日，另有待调整用地用水 3375m^3/ 日。规划平均日人均综合用水量为 227L，平均日人均综合生活用水量为 157L；规划建议重建乔庄水厂，近期规模 6000m^3/ 日，远期 1 万 m^3/ 日，水源采用溶洞水和乔庄河水；供水管网采用水厂及高位水池联合供水形式。

供电规划：采用负荷密度法预测城镇用电负荷，远期城镇用电负荷为 1.62 万 kW，规划区平均负荷密度 1.5 万 kW/km^2，计算人均用电负荷 1.02kW；另待调整用地 96.44hm^2，最高用电负荷 1.06 万 kW。规划建议取消现状 110kV 变电站，在城北新建 110kV 乔庄变电站，因该站同时供应周边乡镇用电，建议采用大容量主变。

工程规划：规划固定电话主线普及率 70%；移动电话普及率 50 部 / 百人。规划区固定电话总用户约为 11000 门；移动电话总用户约为 8000 门。

工程规划：规划居民生活用气指标采用 0.8m^3/(户・日)，供气普及率为 95%；待调整用地用气量按居民生活用气量的 50% 计，预计城镇用气总量为 7000m^3/ 日。规划城镇南侧设置乔庄配气站，同时兼顾周边乡镇农村用气，其规模为 1.0 万 m^3/ 日。

排水规划：规划城镇排水体制老城采用截流式雨污合流制，新区采用雨污分流制。雨水直接就近排入乔庄河，并沿山设置截洪沟。规划预测老城和新区的污水量分别为 3500m^3/ 日和 3100m^3/ 日，规

划在乔庄河下游设置城镇污水处理厂一座，规模 7000m^3/ 日，集中处理全镇污水。

（2）青川县城详细规划

青川县城控制性详细规划，在总体规划的指导下编制完成。规划对地块规模容量进行细化和量化，市政基础设施规划均以精确的地块指标为依据进行计算，对总规中的规模容量进行优化和调整，保证了市政配套设施水平既经济合理也适度超前，达到了灾后重建的预期目标。

3．规划特点与实施

（1）青川县城市政基础设施规划的编制，采用了合理的技术指标，平均日人均综合用水量 227L，作为水厂规模恢复重建的依据，使震后水厂供水能力达到并超过了震前水平。复建后的水厂已承担起为青川县城供水的功能。

（2）规划城镇排水体制结合旧城复建和新城的建设，分别采用截流式合流制和雨污分流制，既符合因地制宜分区排水的方式，又适应青川县城这种山区小县城的排水特点。实现了灾后恢复重建规划的有效性和针对性。目前，青川县城按规划已新建了日处理规模 7000m^3 的城镇污水处理厂，集中处理城镇污水，大大改善了人民的生活环境。

（3）城镇给水管网的建设采用了环网布局模式，同时加强管道柔性连接，既增加了供水的可靠性，更提高了管网系统自身的抗震能力。

（4）规划采用了山泉水和地表水相结合的双水源模式，提高了水量的保障率，又能适应山区河流枯水期流量的变化，为安全供水提供了保障。

（5）青川县城市政基础设施的配置，包括水厂、变电站、配气站等均考虑了周边农村用户，在其规模上都有一定扩大，在多方面实现了城镇与农村基础设施的共建共享。

（二）北川新县城的市政基础设施恢复重建案例

1．县城市政基础设施震前及受灾情况

北川老县城位于曲山镇，5·12 大地震使北川县遭受毁灭性重创，县城几乎夷为平地，北川被列为极重灾区之首，已无法原址重建。

北川新县城异地重建，选址安昌东南方案，“再造一个新北川”。

2．新县城市政基础设施重建规划

（1）总体规划市政基础设施部分

供水规划：城镇用水采用人均综合用水指标法和单位用水指标法预测，同时考虑远景发展需要，规划新县城最高日用水量为 3.8 万 m^3。人均生活用水指标 150L/ 日，人均综合用水量（平均日）指标 360L。新建城镇水厂，近期 1.6 万 m^3/ 日，远期 3.8 万 m^3/ 日；以地下水为第一水源，远期以开茂水库为第二水源。供水管网以环网为主。

排水规划：新县城排水体制规划为雨污分流制，城区形成雨水和污水相互独立的收集系统。雨水根据分区直接就近排除，同时沿山边设置截洪沟排除山洪；规划预测县城污水量为 2.5 万 m^3/ 日，污水管网覆盖率 95% 以上，污水处理率达到 95%；兼顾黄土镇污水处理，污水处理厂规模 3 万 m^3/ 日。

供电规划：规划预测新县城用电总负荷约为 5.59 万 kW，单位面积负荷约 0.78 万 kW/km^2；年均总用电量 2.19 亿 kWh，年人均用电量约 2500kWh。新建 110kV 变电站两座（容量 2×50MVA），为新县城服务。

电信规划：规划新城固定电话普及率为 70 部 / 百人；移动电话普及率为 90 部 / 百人；有线电视网用户普及率为 100%；宽带接入网覆盖率为 100%；无线城域网覆盖率为 100%。规划在新县城建设 6 万线容量的中心交换局，同时建设一座 20 万用户需求的移动交换中心。

燃气规划：预测县城天然气用气总量为 4.59 万 m^3/ 日；规划设置城镇天然气门站、配气站，以中压形式向用户供气。

（2）市政专项规划

北川新县城灾后重建市政专项规划，在县城总体规划和控制性详细规划指导下编制完成。市政专项规划从市政基础设施各专业角度出发，完善了各类配套设施的建设规模，以及各类管网的安全布局，具体指导北川新县城的灾后重建实施。

3．新县城市政基础设施的规划特点与创新

（1）沿安昌河谷地带，有密集的城镇群，规划北川县城污水与下游黄土镇污水共同处理，既解决了上下游相互污染问题，也实现了区域基础设施的共建共享，具有科学合理性。黄土镇污水处理厂正在建设中，建成后将起到区域基础设施的作用。

（2）北川新县城排水体制采用雨污完全分流制，采用这种方式是为了与高标准“再造一个新北川”的城市发展目标相适应。

（3）北川县城总体规划之雨水工程规划，增加了“雨水利用”篇章，在城市规划阶段提出了水资源的节约利用，符合现代环保理念，并具有一定的创新性。

（4）北川县城总体规划中市政基础设施规划的编制，平均日人均综合用水指标控制为360L，采用了较高的供水指标，是兼顾了北川作为川西旅游服务基地及绵阳市休闲度假基地的职能，考虑了旅游流动人口的需求，与城市的性质特点相吻合，是科学合理的。

建设完成的新县城水厂，已承担起为城镇供水的功能，在水质、水量、水压等方面均已超过了震前水平。

（三）都江堰市的市政基础设施恢复重建案例

1．城市市政基础设施震前及受灾情况

（1）给水

震前都江堰市区有2座自来水厂，一水厂设计规模3万m^3/天，水源在鲤鱼沱抽取岷江地表水，二水厂设计规模5万m^3/天，在羊叉村抽取地下水，2座水厂现实际供水约3万m^3/天，供水人口约10万，人均综合用水指标300L/天。在地震中，2座自来水厂未受损毁，灾后经检修后立即实行供水。城区DN200以上的主干管损毁约70km，达主管总长度的50%，其中一水厂主输配水管道严重破坏，导致城市供水水量、水压严重不足。支管（DN100以下）损毁约260km，损毁也达50%。

（2）排水

震前都江堰市区有污水处理厂1座，设计规模4万m^3/天。由于管网不配套，处理污水只有4000m^3/天。在地震中，污水处理厂各污水处理构筑物未受损坏，但由于污水管道受到较大损毁，大量地下水进入污水管道，使污水处理厂流量急剧增加，进水水质下降，严重影响污水处理厂的正常运行，污水处理厂停止运行约7天。

（3）电力

震前都江堰市域内1座220kV变电站，总容量24万kVA；3座110kV变电站，总容量13.5万kVA；23座35kV变电站，总容量13.2万kVA；城区人均负荷水平423W/人。在地震中，北山紫坪铺35kV变电站已完全损毁，灌县110kV变电站损毁后不久就抢修好。整个区域电力网络损毁较严重，范围延伸到阿坝州。城区内中低压配电网损失较小。

（4）通信

震前都江堰市有2个汇接局——71局和72局，交换机容量均为10万门，实占容量71局为7.5万门、72局为8.5万门。城区电话普及率约40%。在地震中，2个汇接局未受损坏，但各乡镇机房均在不同程度上受到损坏。

（5）燃气

震前都江堰气源来自西南石油局，由彭州方向引入，输气管管径为219mm。天然气覆盖城区和12

个乡镇，管网总长 526km(管径 50mm 以上)，人均生活用气量为 0.25m³/天，气化率为 48%，有天然气配气站 1 座。

2．城市市政基础设施灾后重建规划

在震后都江堰市政府迅速组织编制了《都江堰市灾后重建总体规划》，同时还编制了大量的详细规划，包括控制性详规、修建性详规、市政工程详规等，根据规划对城市市政基础设施进行建设。

（1）城市供水

根据规划实施了城市主供水水厂（第三水厂）建设和管网改造，实施后城镇供水系统完全超过了震前水平，并能满足城市较长一段时间的发展需要，同时建设了城市应急水源。规划实施有三个主要特点：一是采取多水源供水，保障了供水的安全可靠；二是贯彻了城乡统筹的思想，对平坝区取消原有乡镇小水厂，由城市水厂统一供水；三是进行了专项的供水工程详细规划，便于规划行政主管部门管理和指导市政施工图设计和建设（图 3-4-2 ～图 3-4-5）。

图 3-4-2 城市三水厂设计方案

图 3-4-3 城市三水厂建成后效果

图 3-4-4 青城山污水处理厂设计方案

图 3-4-5 青城山污水处理厂建成后效果

（2）城市排水

在排水规划实施过程中，由于近期城市灾后重建方向没有向聚源新区发展，而向蒲阳和青城山方向发展，因此污水处理厂适时进行了调整，新建了青城山污水处理厂和蒲阳污水处理厂，规模均为 3 万 m³/天，配套建设了城市排水管网，同时还建设了 9 座乡镇污水处理厂。在规划实施后城市排水系统完全恢复并得到迅速发展，城市的污水收集率和处理率均比震前有大幅提高。规划实施有两个主要特点：一是根据灾后重建实际情况对规划进行适时更新；二是进行了专项的排水工程详细规划，指导市政施工图设计和建设，使城市排水系统保持了完整和统一，基本上没有出现很多地方排水系统不一致的现象。

（3）城市供电

规划实施过程中，由国家电网公司建设了各类变电站9座（220kV变电站2座，110kV变电站5座，35kV变电站2座），并对严重损毁的紫坪铺镇35kV电网进行恢复，对城市10kV配电网络进行了改造和新建。通过灾后重建，城市供电系统又上了一个新台阶，解决了震前城市供电短缺的问题。规划实施有三个主要特点：一是供电负荷预测和供电网络建设适当超前；二是坚持城乡统筹和区域统筹；三是进行了专项的电力工程详细规划，对电力设施位置及电力通道进行了预留。

（4）城市通信

规划实施过程中，各乡镇受到损坏机房得到了迅速恢复。结合灾后重建扩大了城市通信网络的覆盖范围，提高了应急通信能力，使城市的电话普及率超过了震前水平。规划实施有两个主要特点：一是加强通信设施在自然灾害发生时的安全有效；二是现在通信企业较多，要根据各自需求统一规划建设。

（5）城市燃气

规划实施过程中，结合灾后重建扩大了城市燃气管网的覆盖范围，使城市的气化率超过了震前水平。规划实施有两个主要特点：一是采取双气源供气，保障了供气的安全可靠；二是贯彻了城乡统筹的思想，供气范围从城市延伸到了周边的镇、村。

（四）汶川县城的市政基础设施恢复重建案例

1．城市市政基础设施震前及受灾情况

（1）城市供水

震前县城由供水一厂、二厂及3口深井供水，供水能力约7460m^3/日，供水管径DN100～400mm，管网总长约8.8km。震后县城供水一厂供水能力减半，供水二厂遭破坏停用，县城供水能力降至约5000m^3/日，供水管网受损约4.1km。县城供水一厂、二厂建设标准偏低，质量较差，修复意义不大。

（2）城市排水

震前县城采用雨污合流系统，没有污水处理厂，污水直排岷江，污水管径DN600～800mm，管网总长约7.5km。

（3）城市供电

震前县城及村庄由威州、城关及七盘沟35kV变电站供电，供电能力40600kVA。震后架空线路遭到严重破坏，一度出现电力瘫痪。震后不久虽然已恢复供电，但变电站内建筑损毁严重，不满足使用要求。

（4）城市通信

震前县城有1处邮政局，2处邮政所，1处广电局，1处电信局及其他移动通信设备若干，在主要道路下各通信运营商线路同沟敷设。震后通信线路遭到严重破坏，一度出现通信瘫痪，目前基本恢复通信。但各通信局所建筑损毁严重，不满足使用要求。

（5）城市燃气

震前县城由压缩天然气供气站供应管道燃气，气站供气能力4000m^3/日，燃气管径为60～80mm。震后县城供气站及燃气管网完全毁坏。县城供气站原址地质条件恶劣，不适宜在原地重建。

2．城市市政基础设施灾后重建规划

在震后迅速组织编制了《汶川县灾后重建总体规划》，同时还编制了控制性详细规划，根据规划对城市市政基础设施进行建设。

（1）城市供水

根据规划新建了城市水厂和给水管网，规划建设标准在四川省城市规划用水标准中处于中等水平，能满足城市发展的需求；规划根据汶川县城地形高差大的特点采取了分区供水；给水管网完善系统性强；规划坚持了近、远期紧密结合，明确了重建过渡期的供水方案。

（2）城市排水

根据规划重建了城市排水系统，采用的排水体制是雨、污水分流制，建设了城市污水处理厂，城市排水系统完全超过震前水平，达到了一个较高水平，能满足城市发展的要求。有两个主要特点：一是加强了对雨水的收集利用，同时加强了对山体雨水的收集，防治山洪的威胁；二是充分结合了汶川地形复杂的特点，污水处理厂采取了分组团设置的方式。

（3）城市供电

规划建设采用标准是一个中等偏上的标准，能满足汶川县城的发展需求，重建后城市供电系统供电能力完全超越了震前的供电系统，其可靠性、安全性以及抵御自然灾害的能力达到了一个较高的水平。

（4）城市通信

城市通信重建规划采用的是一个较高的标准，重建规划实施后城市通信系统完善、先进，完全超过震前汶川县城水平，能满足城市发展需求。有两个主要特点：一是加强了通信设施的应急保障能力规划建设；二是对通信建设提出要“统一规划、统一建设、统一管理”，克服各类电信管线的重复建设。

（5）城市燃气

重建规划实施后城市燃气系统比较完善，超过震前县城供气水平，城市燃气系统能满足城市长远发展需求，由于汶川周边没有天然气气源，气源由汽车从彭州CNG站运至汶川配气站，这种方式比较适合人口不多的边远山区。

第五节　风景名胜区灾后恢复重建体系规划

一、主要任务

（一）恢复功能

首先是迅速恢复受灾风景名胜区的旅游功能，恢复风景名胜区在安全前提下的开放和运营，这需要对风景名胜区内受地震破坏的管理、安全监控、旅游服务、道路交通和基础工程设施等进行全面恢复重建，重组景区游览线路。

（二）提升质量

在恢复原有设施水平的基础上，应针对未来旅游市场的恢复和发展需要，对风景名胜区旅游设施和基础设施进行完善、提升，以增强景区今后自身的造血机制，减轻国家长期负担。

（三）排险避灾

对风景名胜区内地质灾害和次生灾害进行全面调查，摸清危害风景名胜区旅游安全的地质灾害隐患点，对受其威胁的居民、旅游线路、设施进行搬迁避让，消除风景名胜区内地质灾害带来的安全隐患。

（四）生态恢复

灾区风景名胜区生态和植被在地震中大多受损严重，其恢复需要漫长的过程，生态植被的恢复以自然恢复为主。针对一些影响游览开放、游览观赏、景观环境和动物栖息的植被破坏地段提出恢复技术措施，加快风景区生态恢复进程。

二、指导思想

全面贯彻落实科学发展观，将灾区的风景名胜区恢复重建融入国家灾后重建的总体框架之中，发挥风景名胜区在灾后重建中的生态环境恢复、历史文明传承、精神家园建设和旅游的资源支撑作用。通过风景名胜区恢复重建促进经济社会发展，同时，利用灾后重建中产业和空间调整的契机，优化风景名胜区保护与发展，促进人与自然和谐。

三、基本特点

（一）合理评估、分类指导

实事求是地对风景名胜区内的灾损情况进行细致、准确、合理的评估，确定受灾损失。在科学的风景名胜区灾损评估基础上，有针对性地确定风景名胜区的分类恢复重建指导措施，有效地指导风景名胜区的恢复重建工作。

（二）科学恢复、优化发展

风景名胜区自然生态系统恢复在尊重自然选择的基础上，将自然修复与人工培育方式相结合。辩证地看待地震对风景名胜区自然景观造成的改变，发掘因地震产生的新资源；人文风景资源尤其是文物古迹，通过抢救、保护、维修、清理和重建，尽量维护其真实性和完整性；对于其他风景建筑则需加强研究、谨慎恢复；风景名胜区恢复重建工作应以有利于风景资源保护为前提，对严重影响风景资源保护或不符合风景名胜区总体规划的各类设施不应恢复，并予拆除，优化风景环境。

（三）政府主导、多方投入

风景名胜区恢复重建工作应纳入当地（省、市、县）的整体灾后重建工作计划中，在各级政府的领导下开展工作，实行综合管理、部门分工；按照多方投入的原则筹措和使用恢复重建资金，中央政府加大灾后恢复重建投入，提高风景名胜区的专项补助资金，地方政府积极投入配套资金，同时鼓励社会投资，接受国际援助、社会捐赠等资金来源。

（四）依法重建、有序推进

灾区各级风景名胜区在《5・12 汶川地震灾区风景名胜区灾后重建总体规划》的指导下，科学制定本风景名胜区的灾后重建规划，并在灾后重建过程中严格执行国家有关风景名胜区的法律法规及相关政策。

风景名胜区灾后重建工作在确保游览安全的前提下，突出重点，近远结合，统一规划，分步实施，快速有序地推进灾后重建与景区开放工作，促进四川灾区经济社会发展。

（五）尊重自然、安全第一

自然景观和生态环境的恢复主要依靠自然的力量，历史文化景观的重建尽量依据历史原貌，重建景区受损文化景观、景点，促进历史文化的传承、保护与展示；在地质灾害隐患评价的基础上，以保障游客和居民安全为前提，科学制定风景名胜区灾后重建规划，重点解决居民避险、景观景点、管理、旅游设施、基础设施重建问题。

四、内容深度

（一）规划体系

风景名胜区灾后重建规划分为三个层次，如图 3-5-1 所示。

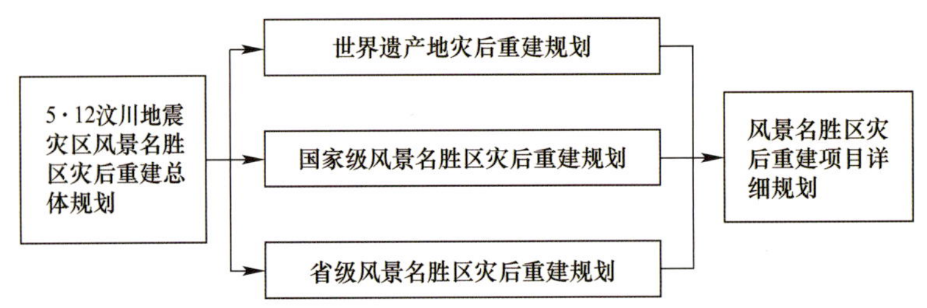

图 3-5-1　风景名胜区灾后重建规划体系结构图

《5・12 汶川地震灾区风景名胜区灾后重建总体规划》以国家确定的整个地震灾区为规划范围，范围包括《汶川地震灾害范围评估报告》确定的 10 个极重灾县（市）和 41 个重灾县（市、区），共计 51 个市（县、区），其中四川省 39 个、甘肃省 8 个、陕西省 4 个，以县级行政区域为单元，总面积 13.26 万 km^2。

《风景名胜区灾后重建规划》以规划对象风景名胜区总体规划的范围为规划范围，应包括生态保护区、核心景观区、风景游览区、游务设施区、居民社会区、环境协调区和特殊功能区等区域。风景名胜区灾后重建规划作为风景名胜区的灾后三年的一项近期专项建设规划，与该风景名胜区总体规划共享一个工作平台，在规划内容上应与风景名胜区总体规划相衔接。

《风景名胜区灾后重建项目详细规划》以具体建设项目的建设区域为规划范围，应在 1/500 或 1/1000 地形图上对灾后重建项目进行定点、定位、定量、定型等具体的规划，深入到详细规划层面（图 3-5-2）。

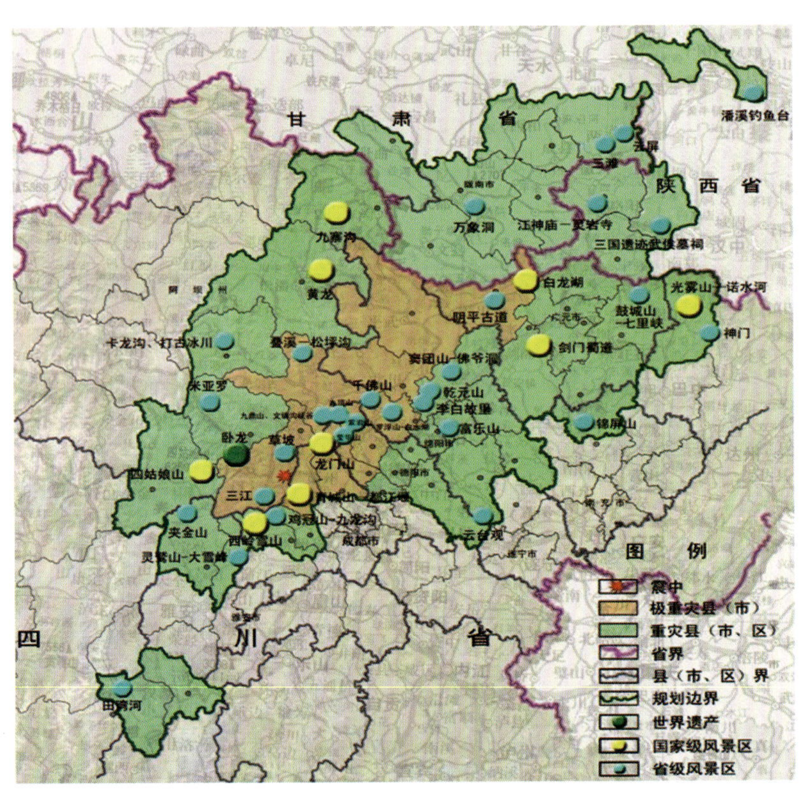

图 3-5-2　《5・12 汶川地震灾区风景名胜区灾后重建总体规划》规划范围图

（二）规划内容

《5・12 汶川地震灾区风景名胜区灾后重建总体规划》的规划内容是确定规划的范围与工作对象；明确指导思想与规划原则；对风景名胜区的受灾情况进行评估；提出总体恢复重建计划、恢复重建技术导则与重建时序；确定风景名胜区恢复重建的总体内容、投资估算、资金来源以及配套保障措施等。《风景名胜区灾后重建规划》的主要内容：对本风景名胜区受灾情况进行评估；提出灾后重建的目标；按灾后实际可行的方式对风景名胜区进行规划布局和线路组织；分类确定国家资金支持的灾后重建项目、布点和投资；提出灾后本风景名胜区开放区域和时序时间表。具体应包括如下内容：前期研究、重建规划、开放时序和重建项目库（图 3-5-3、图 3-5-4）。

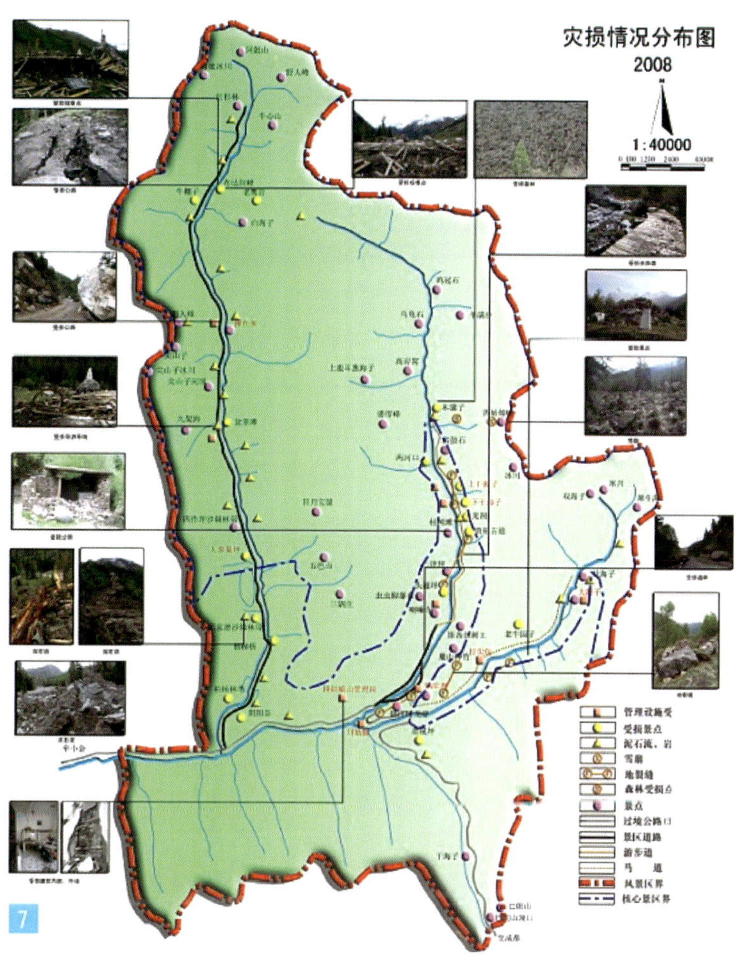

图 3-5-3　风景名胜区灾后规划工作平台示意图

1．前期研究

风景名胜区灾损统计与分析；风景名胜区地质灾害和次生灾害调查与分析；风景名胜区相关规划。

2．重建规划

重建规划目标；重建规划布局；游览线路组织。

3．开放时序

以安全性评估为前提，对拟开放的风景名胜区或景区提出三种模式：

（1）优先开放：受灾程度轻、有条件恢复开放、知名度高、影响力大的风景名胜区或区域，应在 2009 年年底前开放或部分开放。

（2）正常开放：轻度受灾或重度受灾、经重建后有条件恢复开放的风景名胜区或区域，应在 2010 年年底前开放或部分开放。

（3）暂不开放：重度受灾或极度受灾、次生灾害隐

图 3-5-4　风景名胜区灾后详细规划示意图

患严重、无法保证安全的风景名胜区或区域，应在 2011 年以后再考虑开放、部分开放或继续封闭。

4．重建项目库

对国家资金支持的风景名胜区灾后重建项目重建按三年计划提出项目库。包括：风景资源恢复、管理和旅游设施重建、道路交通设施重建、基础设施重建、居民安置、防灾体系、次生灾害防治和生态恢复等八类：

（1）风景资源恢复项目及投资：包括恢复利用的自然风景资源，包括山景、石景、水景、植物、地质等景观类型自然景点，以及文物保护单位、名胜古迹等人文景点的恢复。

（2）管理和旅游设施重建项目及投资：包括重建风景名胜区管理、食宿接待和服务设施等内容，将其分为加固使用、原址重建、异址重建、不予恢复四种类型。

（3）道路交通设施重建项目及投资：包括对风景名胜区内的缆车、索道、崖壁栈道、木栈道、桥梁、码头等游览交通设施的修复。

（4）基础设施重建项目及投资：包括重建给水、排水、供电、通信、垃圾处理等基础设施，应立足对原有基础设施的修复并适当考虑发展的要求。

（5）居民安置重建项目及投资：风景名胜区内居民点所处位置的地质条件、受损程度和对风景名胜区的影响，不同居民点区别对待。可分为原址重建、就近重建、撤并、异地重建的方式。

（6）防灾体系重建项目及投资：包括建设避难场所、避难路径、标识系统、物资储备、防灾管理和安全监测系统。

（7）次生灾害防治项目及投资：根据不同灾害类型提出不同防治项目，包括崩塌、滑坡、泥石流、地裂缝、地面沉降、堤坝渗漏、堰塞湖以及坠石等治理。

（8）生态恢复重建项目及投资：在自然恢复为主的基础上，针对一些影响游览开放、游览观赏、景观环境和动物栖息的植被破坏地段提出恢复技术措施，对植被恢复的树种选择提出要求，作为灾后重建项目。

（三）分类指导的重建模式

依据风景名胜区在 5·12 地震中受灾程度的不同，确定不同的恢复和重建技术路线，主要有三类：极度受灾、重度受灾、其他受灾风景名胜区，按照能否安全恢复开放为标准，分类进行规划指导。

1．极度受灾风景名胜区

指核心风景资源、生态环境、游览条件、各类设施等遭受极重破坏，恢复重建十分困难的风景名胜区，包括 1 处遗产地——四川大熊猫栖息地（卧龙）；5 处风景名胜区：青城山—都江堰、龙门山、鸡冠山—九龙沟、蓥华山、窦团山—佛爷洞风景名胜区。

2．重度受灾风景名胜区

指核心风景资源、生态环境未受较大破坏，生态环境、游览条件、各类设施等损毁严重，具备恢复重建条件的风景名胜区，包括剑门蜀道、西岭雪山、四姑娘山、罗浮山—白水湖、千佛山、阴平古道、李白故里、乾元山、三江、草坡、九鼎山—文镇沟大峡谷、九顶山、米亚罗、天台山 14 处风景名胜区。

3．其他受灾风景名胜区

指风景资源基本保存完好，各类设施损毁较少，短期内可快速恢复开放的风景名胜区，包括：光雾山—诺水河、鼓城山—七里峡、叠溪—松坪沟、夹金山、卡龙沟—达古冰川、灵鹫山—大雪峰、云台观、田湾河、白龙湖、黄龙、九寨沟、富乐山、锦屏山、神门 14 处风景名胜区。

第四章　美好蓝图，经典案例

第一节　重灾县城恢复重建规划设计与实施效果

5・12 汶川特大地震灾后城镇重建结合新型城镇化的推进，在法定规划的指导下，按照“四注重、四提升”的要求组织各类城市设计，即注重塑造风貌、提升城市整体形象，注重个性特色、提升单体建筑设计水平，注重色彩协调、提升建筑立面装饰美感，注重历史传承、提升城市文化品位，坚持因地制宜、优化布局，民生优先、分步实施，使城镇功能得到有效提升，人居环境明显改善。

一、面临的主要问题

5・12 汶川特大地震之后，四川灾区的大部分县城的恢复重建面临的主要问题可以概括为以下几个方面：

（1）地震造成地震灾区原本极度紧张的城市建设用地进一步减少，如何在用地矛盾突出、可供选择的安全用地十分紧缺的条件下，尽快实现县城功能的基本恢复，为县城恢复重建和长远发展寻找到足够的建设空间，成为制约灾区城镇恢复重建的关键问题。以汶川县为例，县城建设用地直接损毁面积约 1000m^2，而受严重地质灾害威胁和影响的建设用地面积则达 40hm^2，城郊村庄建设用地损毁（宅基地）249m^2，而受地质灾害严重威胁和影响的村庄建设用地面积达 2.5hm^2，县城所在地威州镇耕地灭失 153.67hm^2（2305 亩）。在北川震后在整个县域内甚至都找不到可供县城选址的场地，青川县城老城区的原有城镇建设用地被地震断裂带穿过，断裂带及两侧用地均无法继续承载县城职能，而导致老城区可建设用地面积减少了 40%以上。

（2）城市避灾场所缺乏，地质灾害影响范围较大。汶川地震重灾县城避灾场所主要包括广场、体育场馆、公园绿地、学校校园、市场、厂区、路边绿地与空地等，均就地选择具有开敞空间的地点作为临时避灾场所，缺少用于救灾应急安置的场所及设施条件，尚无具有专门应急避灾设施的城市避灾绿地。受灾城镇避灾场所的紧缺现状，暴露出现状城市建设中避灾绿地严重缺失、避灾体系不健全的问题。如何在用地紧缺的条件下既保障县城必要的运行职能，同时保留足够的安全疏散空间，是灾后重建规划中所必须解决的问题。

（3）地震导致县城大量的房屋受损或存在安全隐患，恢复重建或加固面临巨大压力。比如：北川老县城基本上全毁；汶川县城威州镇严重破坏或倒塌建筑建筑面积约 142 万 m^2，约 70% 的建筑成为危房，城郊农村建筑几乎全部倒塌或损毁严重；都江堰和青川的受损情况也大致差不多；茂县、什邡、绵竹、理县、江油、彭州等市县受损程度也较严重。

（4）县城重建面临着如何协调近期重建和远期发展的两难抉择。由于县城的特殊职能以及在区域发展中的重要地位，在地震之后的两三个月内，国家、省级相关部门、多家新闻媒体及社会大众都曾经为“三川（汶川、北川、青川）、两镇（映秀、汉旺）”是否搬迁而争论得沸沸扬扬，地方政府也曾提出过县城整体搬迁的设想或建议。这反映出在从城市近期功能的恢复到县城远期发展的提升过程中，面临着价值的判断和不同利益团体的协调问题，如何有效平衡各方利益，以人为本地提出解决方案也成为灾后县城规划重建中所面临的巨大难题。

（5）由于受灾地区大多具有丰富的人文生态景观和自然景观，在重建规划中如何保护历史文化特色，传承民族文化，体现当地的城市空间景观特色，保护脆弱的生态环境成为诸多重灾县城恢复重建时应当考虑的重要课题。

（6）县城重建还面临着物质与精神双重建设的复杂性。“5・12”大地震使灾区人民的物质与精神层面都受到巨大打击。人们在失去亲人朋友的同时，也失去了自己赖以生存的住所。重建并不是“简单修复”，如何使灾区人民尽快恢复生产与生活的信心，也是重建规划所面临的最紧迫的议题。

二、指导思想

在重灾县城的恢复重建规划中，应因地制宜地考虑当地实际和资源承载力，优化县域空间布局结构，调整、优化并疏解县城功能，合理确定城市发展目标与战略，保障安全，保护和彰显地域文化特色，节约和集约利用资源，提升城镇发展质量。

1．紧扣国家政策，统一指挥，协同规划

根据《汶川地震灾后恢复重建条例》等政策文件，《国家汶川地震后恢复重建总体规划》、《国务院关于做好汶川地震灾后恢复重建工作的指导意见》、《四川汶川地震灾后恢复重建总体规划》、四川省灾后恢复重建“9+1 体系规划”、受灾的六个市州的灾后重建城镇体系规划等相关规划，立足于贯彻执行中央对口支援政策，落实上层次规划，协同上下级政府以及专业部门共同参与规划编制，实现多方合作、精心规划。

2．因地制宜，深入了解灾民的实际需求及重建意愿

重灾县城（市）灾后重建的根本动力，源于城市的历史延续、发展以及城市基本功能完善的需求；灾后恢复重建规划应尽量避免将外来的价值观强加于灾区各地的原住民。同时，应注重灾民精神层面的需求和心理修复，以“心灵产业”为主线，构筑“心灵之城”，满足人们在心灵、精神方面的诉求。

3．立足当前，着眼长远

灾后恢复重建规划近期应以恢复重建为主，同时也应兼顾未来的发展。重建规划的首要问题是尽快恢复县城的功能和居民的正常生活，重建规划必须分阶段进行，而不是一步到位。规划过程中必须注意到重建应保持居民生活的持续，在持续生活中谋求未来的发展。

4．安全第一，民生优先

县城的重建规划首要任务是做好灾后的安全评估工作，把保障民生作为恢复重建工作的基本出发点，既要尽快恢复重建城乡居民的生活与住房、公共服务设施以及市政基础设施，同时又要切实拓展经济发展的渠道、拓宽社会就业途径、增加居民收入，还要逐步加强生态修复、环境净化，要让灾区群众的生活逐步稳定下来。

5．尊重自然，传承文化，突出特色

在尊重自然的基础上，应充分考虑资源和环境承载力，充分考虑现实灾害和潜在灾害的威胁，严格执行国家建设标准及技术规范。同时，也应注重保护和传承灾区优秀的民族传统和地域文化，特别是要精心保护具有历史文化传承价值的建、构筑物，本土少数民族特色的建筑物，以及地震遗址。

6．城乡一体，统筹兼顾

统筹规划城镇和乡村，统筹县域的生产力布局，统筹县域经济发展；综合考虑灾后城乡之间的格局的变化，关注农村地区的恢复与发展，实现空间分布、产业互补、设施共享等方面的协调，实现城乡同步快速发展。灾区的农村点多面广，必须以规划为引导，贯彻“就近、就地、分散”的原则，对少数不适合原址重建的乡村，需要通过采取移民的方式来解决。

三、基本特点

1．近远期目标相结合，突出对近期建设的指引

灾区县城的灾后恢复重建规划是一项特殊的应急规划，其核心内容有别于传统城市总体规划的“着眼于未来发展，指导长远建设”的特征，其规划的重点是指导恢复重建，着重点放在“三年恢复重建期”，立足于近期实施，关注于民生及恢复重建。因此，在制定规划时，必须恢复和提升相协调，近远期相结合，既满足近期建设要求，具有实施性和可操作性，也必须对远期发展进行前瞻性引导。既要加快灾损居住、公共设施和基础设施的恢复和重建，又要为城市的空间梳理、产业升级、目标提升做好准备。

2．规划的实施时效较短，着重协调项目实施与城镇空间的关系

灾区县城的灾后恢复重建总体规划的重要内容是近期项目的实施，因此重建规划的主要特点是需要马上指导近期建设的实施，规划所关注的正是如何协调项目的实施和整体城镇空间发展之间的矛盾。

3．规划内容深入到具体指导项目实施的层面

在编制中应打破传统城乡规划编制模式中对县城总体规划编制内容深度的束缚，编制的内容深度必须落实到具体的恢复重建项目，直接用于指导项目的选址和建设，在规划中制定出“项目立项—规划编制—项目选址—建设实施”等的重建管理程序。

4．规划实施主体多元化，重视社会力量的参与

县城重建总体规划实施的主体大致可分为三个：上级政府（含中央与四川省及各援建地政府）、当地政府（灾区市州与县政府）和社会民间组织。这三个建设主体的职能定位和建设分工主要以当地政府为主体和基础，上级政府给予政策引导和资金上的支持，社会民间组织力量为补充。强调在规划实施中充分发挥社会民间组织的作用，把握并利用好上级政府提供的政策优势，发动当地政府和群众的主观能动性，共同参与县城灾后恢复重建总体规划的制定和实施。

四、规划的主要内容

（一）异地重建安全选址

虽然在地震发生后社会各界对重灾县城的选址争议不断，但随着对恢复重建问题的进一步论证以及对抗震防震认识的不断提高，加上心理的伤痕得到有效的治疗，人们的思考开始逐步趋于理性和务实。通过多次方案比选、论证、征求社会及灾区居民的意见，最后在所有重灾县城中除了北川县城外，其余的县城都基于原址进行恢复重建工作。在重建规划中，对于就地恢复重建县城的长远发展提出了“疏解功能”、“优化产业”和“异地配套”等切实可行的务实举措，较好地协调了重灾县城近期重建和远期发展的两难矛盾。而对于北川县城的重新选址，国家、省及地方相关政府及部门高度重视，在重建规划编制过程中，不仅对多个备选址方案作了常规的用地适宜性评价，还将人居安全作为新县城选址的首要条件。通过对地质、区位、用地、基础设施、社会服务、行政区划调整等各种因素进行综合优劣势评价，再征求了当地受灾群众的意见，最终确定安昌镇东南为北川新县城选址的推荐方案。该异地选址方案涉及行政区划的调整，确定将安县黄土镇常乐、红岩、顺义、红旗、温泉、东鱼等 6 个村所属行政区划归安昌镇管辖，将安县的安昌、永安 2 个镇所属行政区划归北川羌族自治县管辖。

（二）优化生产力布局

在重灾县城的灾后恢复重建规划中，依据上位规划对受灾县城所处区域的产业布局要求、生态功能定位等，重新整合了县域范围内的生产力要素，优化并调整了产业布局，引导县域企业向园区集中，园区向县城集中，将工业园区作为县城灾后重建中的主要功能分区进行相关的居住、生产服务业的配套建设，要求安居和乐业同步建设，既要重视永久安置点的建设，也要重视城市产业的恢复和发展；

新建安置小区应靠近工业区或结合产业区设置，从空间上保证了灾区县城“工业化与城镇化”的良性互动。

（三）合理确定功能与规模

在进行选址论证时，国家、省及地方相关政府及部门对受灾县城均先期开展了“资源环境承载力评估”和“地址灾害影响力评估”工作；因此，在重灾县城的灾后重建规划编制过程中，主要是依据灾区县城资源环境承载力及地质灾害影响评估论证结论，充分尊重灾民的意愿，以原址重建和原地安置为主，满足大部分灾民的安居需求；同时，启动新区建设，以更高的环境标准、更好的产业支持，为老城的灾民安置提供新的选择；通过政府引导，借助市场之力，进行老城疏解，从而科学合理地确定县城的功能与规模。

对于建设用地灭失、或受地震断裂带影响已无法继续承担部分职能和居住人口的县城，如青川县城，则通过功能的“异地”疏解，保障了县城建设的科学合理进行。青川县城所在地乔庄镇40%以上的现状建成区已成为“禁止建设用地”，可用城镇建设用地只有1km^2左右，环境容量较之地震之前大大降低了，最大承载人口规模为16000人，必须向外疏解部分县级职能及人口，因此规划远期将在现状人口规模的基础上向外疏解4000～8000人，由于用地极为紧张，青川县城不再考虑安排工业用地，而是在县域南部的竹园安排一部分工业用地，以解决青川县域的生产力布局问题。由此县城灾后重建规划确定了青川县城主要承担全县行政中心、社会中心职能，继续发挥其商业文化、贸易职能，而竹园镇则承载了县域主要生产力布局，成为县域经济和教育中心。

（四）县城的功能转型与优化

重灾县城的灾后重建规划将县城的功能完善与优化放在了首要位置，突出县城的资源禀赋，发挥优势功能，为今后的长远发展和科学发展奠定了良好的基础。譬如：松潘县城在灾后恢复重建总体规划的编制过程中，就专门对历史文化古城的保护利用进行了深入细致的研究，将原来“松州古城”范围内的行政办公、学校、医院及部分商住全部搬迁出去了，尽最大的努力来恢复“松州古城”的历史文化和旅游价值。同时，还对岷江古城段的两岸作了综合整治规划，保护好“松州古城”的景观环境和风貌协调区。灾民意愿和城市长远发展相结合。尊重灾民的意愿，以原址重建和原地安置为主，满足大部分灾民的安居需求；启动新区建设，以更高的环境标准、更好的产业支持，为老城的灾民安置提供新的选择；通过政府引导，借助市场之力，进行老城疏解，增加旅游服务设施，梳理城市结构。

（五）建立综合防灾及避灾体系

重灾县城的灾后恢复重建规划在遵从现行规范标准的基础上，参照国外的相关标准规范，着力于构建综合的防灾减灾体系，对用地的避让标准和建筑（尤其是人员高度集中的公共建筑）的设防标准都比原先的“国标”有所提高。受灾县城解决避灾场所缺乏的途径主要有两条：一是加强城市公共绿地建设，保证足够的绿地指标，在城市绿地规划与设计中考虑避灾需求，发挥城市公共绿地的避灾作用。多数县城的规划中根据城市防灾规划和绿地系统规划，合理选择有条件的用地，确定了建设具有长期（固定）避灾功能的公园绿地。二是其他用地发挥避灾作用，严格按照规范规划建设城市体育用地和各类学校内的运动场地，同时适当建设适用于避灾的城市广场，并结合避灾场所的相应要求进行建设。

（六）完善基础设施及公共服务设施

在重灾县城的灾后恢复重建规划中，特别注重提升灾区基础设施及公共服务设施水平，着力为灾区群众提供更为便利、安全、舒适的居住条件。国家“对口援建机制”的实施，各援建的省、市、自治区人民的倾力帮助也促成了建设标准的升级，在实际建设过程中，基础设施及公共服务设施的配套标准都能达到甚至超过了“国标”及规划规范的配置标准和要求。

（七）重视对历史文化的保护

灾后重建规划更加重视历史文化“软硬件”的保护，着力促成历史文化遗存的合理开发利用，提升其人文知名度和旅游价值，为灾区的经济发展与社会文化进步提供产业支撑。在城市功能布局上主要通过拓展新区、优化老城，逐步拉开城市布局，减轻老城区人口压力，为保护文物古迹、历史地段、整体空间环境创造了有利条件。完善历史文化保护利用机制，建立起重点保护、整体保护、动态保护三结合的保护体系。重点保护是对具有价值的文物保护单位、点及局部历史街区，按相关法规及名城保护需要，制定技术性法规条款对其进行保护，做到修旧如旧。整体保护是针对重点保护的点、线、面之外所存在展现的整体环境进行保护，使各保护要素通过一定的空间框架构成一个结合整体和连续的印象系统，形成整体和谐统一的传统建筑风貌。动态保护体现在名城是一个充满活力的有机体，在其任何时间断面上都应既是历史的，也是当代的，而且由于所有的现在和未来都终将成为历史；名城保护规划必须同时考虑遗产保护、当前建设和未来发展三方面的要求。当前建设与未来发展的建筑仍要保持传统风貌。

（八）突出详细规划的实施性

灾后重建城镇的详细规划的突出特点是编制时间周期短、前置条件多、规划内容更全、可操作和实施指导性强。灾区城镇重建首先是恢复城镇基本功能、尽快解决城镇居民的住房问题，时间紧，任务重，一般给予城镇详细规划的编制周期为 2 ～ 3 个月，仅为平常规划编制周期的一半及以下。规划的前置条件更多，更加重视水文、地形、地质环境，地形测量、水文地质勘探、环境容量及综合环境评价等对详细规划的影响。规划内容上包括规划区具体安置人口、住房标准、配套功能完善、市政设施齐全、更加突出地方文化和特色、塑造整片重建区的特色风貌、加强防灾减灾规划等内容，力求更齐全、更周到、更细致。同时，为了保障详细规划的顺利实施，必须在规划编制前采用现场座谈、调查问卷、文件整理等方法掌握用地性质、用地权属、地块界线等情况，充分了解受灾居民安置意愿，掌握规划范围内相关利益人的利益诉求，协调社会公众利益与私人利益的关系，以避免后期因反复修改规划而造成时间和资源的浪费，阻碍工程项目的顺利实施。

（九）引入城市设计手段

由于国家确定灾后恢复重建期为三年，因此必须在县城重建规划中对县城发展理念、重点、空间形态、风貌特色作出指引，在各重灾县城的灾后重建规划中，都灵活运用城市设计手段来控制城市特色风貌，对引导地块的修建性详细规划设计或总图设计的探索取得了积极的成效。如北川县城的总体规划中，确定了“山水生态城，营造山环城景”的新北川城市设计构思立意，通过加强山体水系自身的合理保护与环境建设，提升城市山水景观质量，打造川西山水生态绿城。汶川县城的重建规划中则提出了“滨江带、景观轴、功能核、多分区”的总体城市设计结构，要求突出古羌文化特色和岷江峡谷山水城市的自然景观。

五、重灾县城恢复重建规划设计案例

（一）总体规划案例

1．汶川

（1）规划期限及目标

规划分为近期（恢复重建期）（2008 ～ 2010 年）、远期（发展提升期）（2011 ～ 2020 年）两个期限。用三年左右时间完成恢复重建的主要任务，基本生活条件和经济发展水平达到或超过灾前水平，为经济社会可持续发展奠定坚实基础。发展提升期是在恢复重建期基础上进一步完善和提升威州镇及县城的综合发展能力，优化镇村布局和城镇空间布局结构，吸引生产要素向城镇集中，把汶川县城发展成为阿坝州域内交通便捷、环境优美、具有浓郁地方特色的川西旅游型城市。

（2）规划范围

威州镇域及汶川县城（即威州镇区）两个层次。

（3）村镇体系

村镇体系总体上形成“一带两区”的空间格局，其中一带指“沿岷江综合拓展提升带”，两区分别为“历史人文与自然风景旅游区”和“生态农业种植养育区”。全镇人口最多的村为新桥村，约 1300 人，人口最少的村为茅岭村，人口仅 284 人。1000 人以上行政村有 4 个，500 ～ 1000 人的行政村有 4 个。根据灾后全镇农村居民点现状调查及村民恢复重建意愿调查，除部分村民小组因地质条件影响，需要异地迁建外，大部分农民居住地均可原址重建。

等级结构则根据威州镇各居民点地震前后的受灾情况、村建设用地适宜性情况等，结合县城总体规划布局，确定在规划期内，威州镇域村居体系将呈现“县城—中心村—基层村”三级结构特征。其中，县城威州镇区作为汶川县的重要城市公共活动中心与服务中心，规划的空间布局主要分为三个城市功能组团，涵盖桑坪社区、桥南社区、七盘沟社区、双河村、七盘沟村。中心村包括秉里村、禹碑岭村、布瓦村。针对威州镇各农村居民点主要分布在岷江两岸的高半山地区，各村之间的交通连接相对薄弱，因此威州镇中心村设置主要考虑其地理区位条件好，交通便利，能方便连接县城与周边基层村，起到纽带作用与一定的服务中心作用，为农村生产和生活服务的基层服务点。基层村包括新桥村、万村、茨里村、牛脑寨、增坡、铁邑、茅岭。基层村主要是农民的生产生活场所，基层村与中心村有相对便捷的交通。

（4）县城定位及职能

汶川县县城是川西北高原的门户、成都—阿坝旅游线上重要的节点，规划期内汶川县城的城市性质为：省级历史文化名城，阿坝州的交通枢纽，全县的政治、文化中心，岷江河谷山水生态城。

根据发展条件分析和城市发展定位，未来汶川县城承担的职能主要有：阿坝州的交通物流和对外交往职能；汶川县的行政管理、商贸服务、旅游服务、文化科研、医疗服务等职能；县域北部的教育、生活居住、工业生产职能。

（5）县城规模

城镇总人口远期为 3.3 万人，城镇化率 87%，城镇人口 2.8 万人（另外还有约 5000 名在校寄宿学生），农村人口 0.5 万人。恢复重建期城镇用地规模为 1.7km^2，发展提升期城镇用地规模为 2.6km^2。

（6）县城空间结构

结合县城现状城镇空间特色，规划城镇空间为以组团式沿岷江发展的城镇空间发展模式。凸显县城阳光谷城的城镇风貌特色。县城总体规划结构可以归纳为“一带三组团”。其中，“一带”指沿岷江的城市建设发展带，“三组团”分别是七盘沟组团、中部组团以及雁门组团。七盘沟组团包括七盘沟、沙窝子以及凤坪坝三个片区。七盘沟组团的建设用地规模为 50hm^2，人口规模为 5200 人。在区域职能发展方向上，七盘沟组团延续汶川县震前作为阿坝州的经济中心的经济发展势头，未来将大力发展物流产业和旅游业。城市职能定位上将成为汶川县的物流、旅游发展重要区域。另外，在七盘沟组团内还适当布置部分居住用地，近期将作为居民安置点，远期将配合本组团的产业发展形成配套完善的产业经济发展中心。与此同时，根据七盘沟现状旅游资源条件，挖掘本地域文化特色，保留和修复原地街道空间，适度发展旅游业。中部组团由郭竹铺、行政办公区、中心功能区、姜维城历史文化区、桑坪旅游服务综合区、堡子关公园等片区组成。中部组团建设用地规模为 110hm^2，人口规模为 16800 人。中部组团在职能定位上是汶川县综合服务中心，组团内集中布置了商贸服务、历史文化体验、旅游服务、行政办公等功能，大力发展旅游产业及服务配套产业，依托配套设施的建设以及服务体系的逐步完善，未来将发展成为区域综合服务中心，集商贸、旅游、行政管理、教育文化等职能于一体，辐射服务周边地区，为七盘沟组团的产业发展和雁门组团的远期发展提供综合的服务支持。雁门组团为远期发展用地。依托本区域产业经济的恢复、发展以及完善的服务体系的逐步建立，本组团将建设成为综合居住区。

（7）近期建设重点

对现有建筑以及建设用地进行科学的评估和调查，确定近期可开发建设的范围；根据调查评估结果，结合县城整体发展思路以及恢复重建的指导思想重点建设破坏受损严重、产权明晰的地区；重点安置公益性服务设施的规划建设，布局居民安置区；重点确定近期市政设施以及基础设施的规划布局和建设规模；逐步完善县城范围内的道路网络系统；建设具有汶川地方特色的空间环境，结合旅游产业发展，借恢复重建推进县城城镇空间环境的逐步提升，营造公共开放空间以及旅游产业设施。

（8）县城恢复重建重点

住房安置方面，首先启动、集中安排建设郭竹铺、桑坪、较场坝、姜射坝、七盘沟等首批住房安置区建设；并以此为契机，以较场坝、七盘沟为基础并逐步完善其他居住安置用房的建设。近期安置受灾人口 2.2 万人，安排居住用地约 65hm^2。公共服务设施方面，则配合各灾后安置居住区的建设，恢复建设医疗卫生设施、教育设施、社会福利设施、商业服务设施、市政公用设施等配套设施的建设，包括汶川县人民医院、汶川中学、汶川小学、残疾人康复中心、变电站、自来水厂等重点设施的建设，恢复居民正常的生活秩序。在姜射坝北部，以原县委、县政府为中心的区域，恢复建设县城集中的行政办公服务组团，为汶川县委、县人大、县政府、县政协以及各行政管理部门提供办公场所，恢复行政管理秩序。产业恢复重建结合新长途汽车站的建设，在原阿坝师专地段，部分建设旅游服务设施，包括旅游集散中心、旅游产品市场、接待酒店、小型商业街等设施，恢复旅游业的发展。在七盘沟恢复部分工业区建设，设置农产品加工、旅游商品加工等工业；采用对口扶持、招商引资等方式，吸引新的工业项目的进驻，为县城居住人口提供就业岗位，逐步恢复生产秩序（图 4-1-1、图 4-1-2）。

2．北川

（1）规划期限及目标

规划分为近期（恢复重建期）（2008 ～ 2010 年）、远期（发展提升期）（2011 ～ 2020 年）两个期限。规划的总体目标是“再造一个新北川”，以加快新县城建设为中心，重新整合区域发展资源，把恢复重建与推进灾区的工业化、城镇化、新农村建设结合起来，与提高经济增长的质量和效益结合起来，推动结构调整和发展方式转变，努力提高北川自我发展能力。

（2）规划范围

包括县域、河谷地区、县城、新县城四个层次。

（3）村镇体系

2010 年县域总人口 25.6 万人，2015 年总人口为 26.4 万人，2020 年县域总人口为 27.2 万人。2010 年城镇化率约 22.6%，2015 年城镇化率达 32.3%。2020 年城镇化率达到 42%。县域划分为四大经济分区，分别是山前河谷浅丘经济区、东部低山经济区、中部中山经济区和西部高山经济区。

在 2020 年构建起“一心、多点、多廊道”的县域城镇空间结构。其中，“一心”指北川新县城，是全县域的人口产业集聚区；“多点”指村镇体系调整后的山区乡镇；“多廊道”指结合主要道路，沿道路两侧布局产业与居民点、旅游区和农业产业区。强调通过式道路交通的建设，为山区的生命线廊道提供高标准保障。

城镇等级结构分为四个等级，其中一级城镇为北川县城（含安昌镇），二级城镇包括永安、擂鼓、禹里，三级城镇包括坝底、香泉、小坝、通口，四级城镇包括桂溪、陈家坝、片口、青片、白坭、开坪、白什、桃龙、墩上、马槽、都坝、贯岭、漩坪、曲山（任家坪）。

城镇职能结构分为综合型、工贸型、农贸型、旅游型。其中，综合型城镇包括北川新县城（含安昌镇），工贸型城镇包括通口、擂鼓、永安、香泉，农贸型城镇包括陈家坝、贯岭、白坭、开坪、小坝、

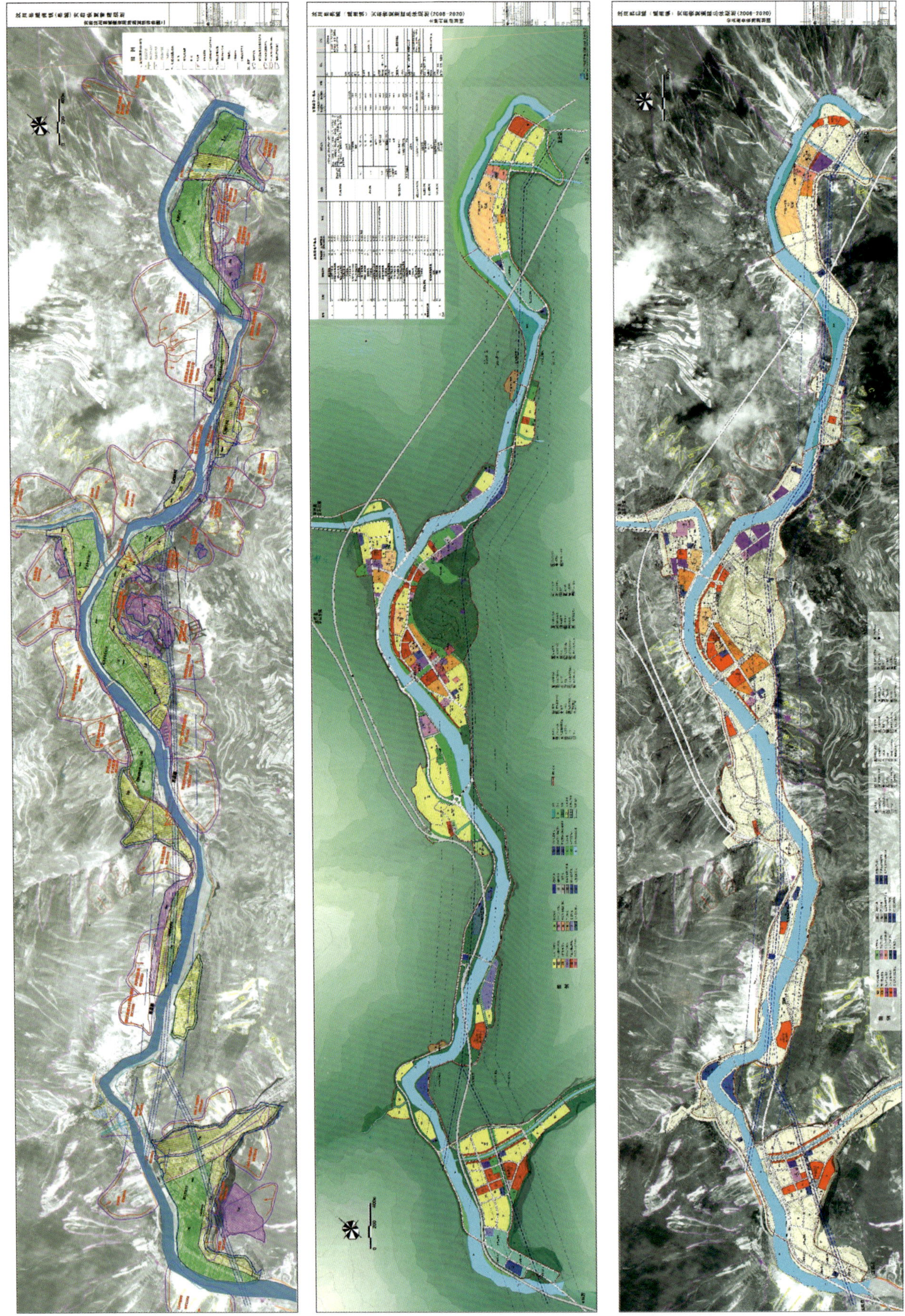

图 4-1-1 汶川县城建设用地适宜性评价、用地布局、公共设施等级规划图

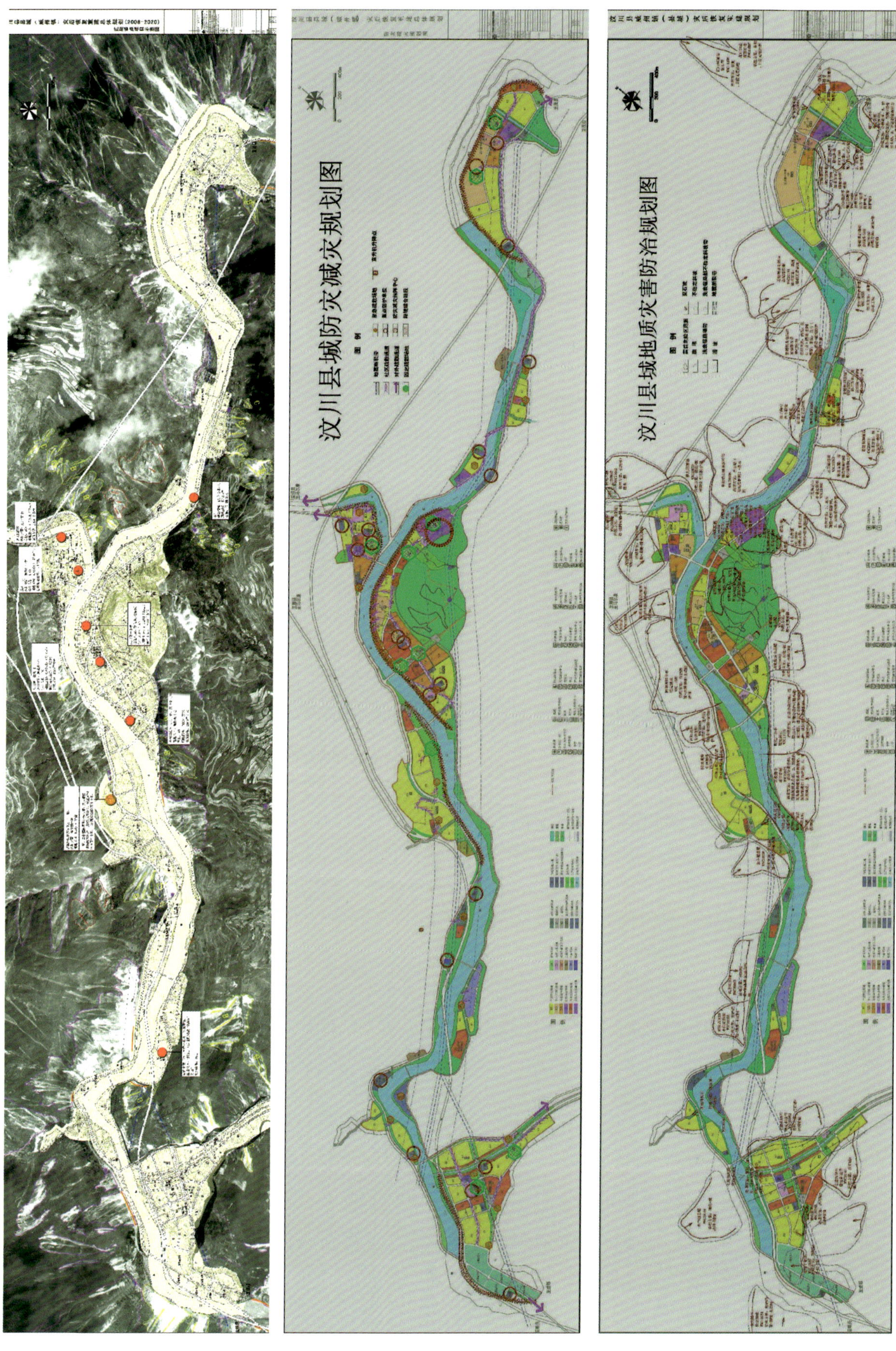

图 4-1-2　汶川县城近期重点项目、防灾减灾、地质灾害防治规划图

片口、桃龙、坝底、白什、墩上、都坝、漩坪、马槽，旅游型城镇包括桂溪、青片、禹里、曲山。

县域城镇规模结构分为四个等级，其中5万～10万人的城镇包括北川县城（含安昌镇）；0.5万～2万人的城镇包括永安、擂鼓、禹里；0.2万～0.5万人的城镇包括坝底、香泉、小坝、通口；0.2万人以下的城镇包括桂溪、陈家坝、片口、青片、白坭、开坪、白什、桃龙、墩上、马槽、都坝、贯岭、漩坪、曲山（任家坪）。

（4）山前河谷地区发展规划

山前河谷地区包括曲山镇（任家坪）—擂鼓镇—永安镇—安昌镇—新县城，沿苏宝河及105成青公路的狭长形山前谷地。该地区南北长约26km，东西最宽处不足7km，面积约80km^2，是北川县境内对外联系通道途经的最主要区域。

在北川县完成行政区划调整后，山前河谷地区将成为县域最为重要的经济与城镇发展廊道，也是县域发展的核心地区、灾后重建的重点地区、转变发展模式的先导地区。主要体现在：第一，新县城选址安昌镇东南，不仅拉近了北川与绵阳主城区的距离，形成县域发展重心“前移”的发展态势，使县域发展中心纳入绵阳主城区直接辐射和影响范围，也由此改变了北川区域发展条件和县域发展格局，从而必将推动县域城镇体系的完善，并为转变北川传统的山区发展模式提供了必要条件。因此，山前河谷区将成为全县经济社会发展要素最为集中的地区，其产业、人口、城镇的协调与快速发展，将对全县的整体发展起到至关重要的作用。第二，北川新县城是“5·12”特大地震灾后重建中，唯一整体搬迁重建的县城，其恢复重建具有标志性的历史意义和重大的示范意义。国家和中央对北川的恢复重建非常重视，对新县城的建设均提出了具体的要求。从全县灾后恢复重建工作的整体看，结合北川整体发展基础条件和特征，以新县城的重建为契机，山前河谷地区的开发和建设也是本次灾后恢复重建的重点。第三，震前北川受制于山区发展的条件，县域城镇空间结构呈现出“一心多点”、分散单一的发展特征。行政区划调整后，北川将构筑“一心、多点、多廊道”的城镇空间发展格局，以及山区与平原互动的、多元化的发展模式。因此，山前河谷地区具有用地条件良好、城镇基础完善等优势，将成为全县产业、人口、城镇集聚发展的主要空间载体，成为北川转变发展模式的先导地区。

（5）县城性质及职能

安昌镇和新县城共同组成北川县城，城市性质为北川县域政治、经济、文化中心，川西旅游服务基地和绵阳西部产业基地，现代化的羌族文化城。在城市职能定位上，安昌镇重点发展居住和商业，成为地区性的商贸服务中心。新县城突出社会公共服务功能，成为区域性的旅游接待中心和绵阳市的休闲度假基地，成为具有北川特色的产业基地。

（6）县城规模

2010年人口为5.8万人，其中，新县城3万人，安昌镇2.8万人。规划城市建设用地规模5km^2。其中，新县城3km^2，安昌镇2km^2。2015年人口为8.2万人。其中，新县城5万人，安昌镇3.2万人。规划城市建设用地规模8.42km^2。其中，新县城6km^2，安昌镇2.42km^2。2020年人口为11.1万人。其中，新县城7万人，安昌镇4.1万人。规划城市建设用地规模10.32km^2。其中，新县城7km^2，安昌镇3.32km^2。

（7）县城发展目标

新县城的重建要体现“城建工程标志、抗震精神标志和文化遗产标志”的意义。新县城城市建设要达到“安全、宜居、繁荣、特色、文明、和谐”的发展目标。

第一，安全。科学选址，新县城选址要确保地质安全，远离活动断裂带；科学选地，新县城建设用地要实现地质勘探详查全覆盖，确保场地安全；提高基础设施的建设标准，保障重要生命线工程、学校、医院等重要公共设施的安全；增强城市综合防灾的能力，建立突发事件预警和应急响应机制，维护城市公共安全。第二，宜居。优先进行保障性住房建设，确保受灾群众安置；同步进行配套生活服务设施的建设，方便居民的日常生活；做好新县城的环境美化，构建和谐的社区氛围。第三，繁荣。

千方百计地促进就业，稳步提高居民生活收入；提升产业发展水平，逐步改变发展方式；繁荣商贸服务，注重游客接待服务设施的建设。紧密与周边地区的联系，通过新县城的发展，带动整个地区，特别是在灾后重建中给予北川极大支持的安县的发展。第四，特色。城市建设要延续传统文化，体现羌风羌貌；因地制宜地利用当地自然条件，塑造优美的山、水、城一体的城市环境。城市建设要切合实际，创建宜人的城市尺度。第五，文明。开拓创新，构建现代文明，实现社会全面进步；传承历史，弘扬羌族民族文化，促进文化繁荣；促进资源的有效综合利用，大力提倡节能减排，提倡绿色生态文明。新县城作为抗震救灾的精神象征，要体现国家形象，彰显中华民族的伟大精神。第六，和谐。维护社会安定团结，建设和谐社会；民生优先，新县城建设要充分惠及北川人民；通过扩大对劳动力的职业技能培训，提高就业技能，实现充足就业；要重点关注弱势群体的需求，实现社会保障的全覆盖，确保低收入人群的生活保障。

（8）县城空间结构

北川新县城的用地结构为“一廊、一环、一带、一轴”。其中，一廊：安昌河自北向南从新县城穿过，是改善县城环境，保证小气候质量的重要走廊。河道两岸绿化空间同时也是城市重要的公共活动空间和生态廊道。一环：城市主要公共职能主要沿环状干道骨架布局，形成城市公共服务设施环。齐鲁大道沿线布局企业办公和生产服务、行政办公、集中开敞绿地、文教等城市主要公共服务功能，形成半环形服务带。新川大道沿线为服务百姓日常生活的商业服务兼有旅游服务功能，形成另外一个半环形的商业服务带。两半环相扣形成城市核心区。一带：结合原有水系（永昌河）设置贯穿南北的带形城市公园。将行政服务中心、皇恩寺、抗震纪念园、体育馆和河滨公园等重要公共设施联系起来，使公共设施、公共空间和公共活动成为有机整体。一轴：城市用地空间走向依托自然地形，主要呈南北向布局，为了加强河道两岸和其他城市功能的内部联系，需要通过东西向的联系轴线来统领整个城市用地空间。城市东西主轴连接河西园包山、塔字山（案山）和河东云盘山（靠山），垂直于安昌河，联系两岸主要功能区，且贯通城市的山水空间。轴线本身由羌族风貌商业街、中心公园和行政中心等实体功能形成，自身功能的强化也有助于对城市两岸空间结构的统领（图 4-1-3、图 4-1-4）。

3．青川（图 4-1-5、图 4-1-6）

（1）规划期限及范围

规划分为近期（恢复重建期）（2008 ～ 2010 年）、远期（发展提升期）（2011 ～ 2020 年）两个期限。规划范围为乔庄镇镇域。

（2）村镇体系

近期以灾后重建为目标，远期以社会经济协调发展的战略目标为中心，充分发挥乔庄镇作为县域行政中心的带动作用，逐步建立起以县城为核心，行政村为基础的现代化镇村网络体系。实施统筹城乡发展战略，强化县城在区域发展中的核心作用。将全镇镇村层次等级分为镇区、行政村二级结构（表 4-1-1）。

镇村等级、规模结构一览表　　　　表 4-1-1

镇村等级			包括社区、居民点	人口规模（人）	设施配置
一级	乔庄镇区		新建社区、城郊社区、回龙社区	16000	幼儿园、小学、初中、高中、集贸市场、卫生院、文化站和体育设施
二级	行政村（4 个）	茶树	一社、二社、三社	680	设置幼儿园、卫生服务站、简易活动场地，结合村委会设置文化室
		大沟	一社、二社、三社、四社	900	
		石元	庙林、石门子、九林、寨柒河、黄梨、黄岩	1000	
		张家	一社、二社、三社、四社	900	
	合计			19480	—

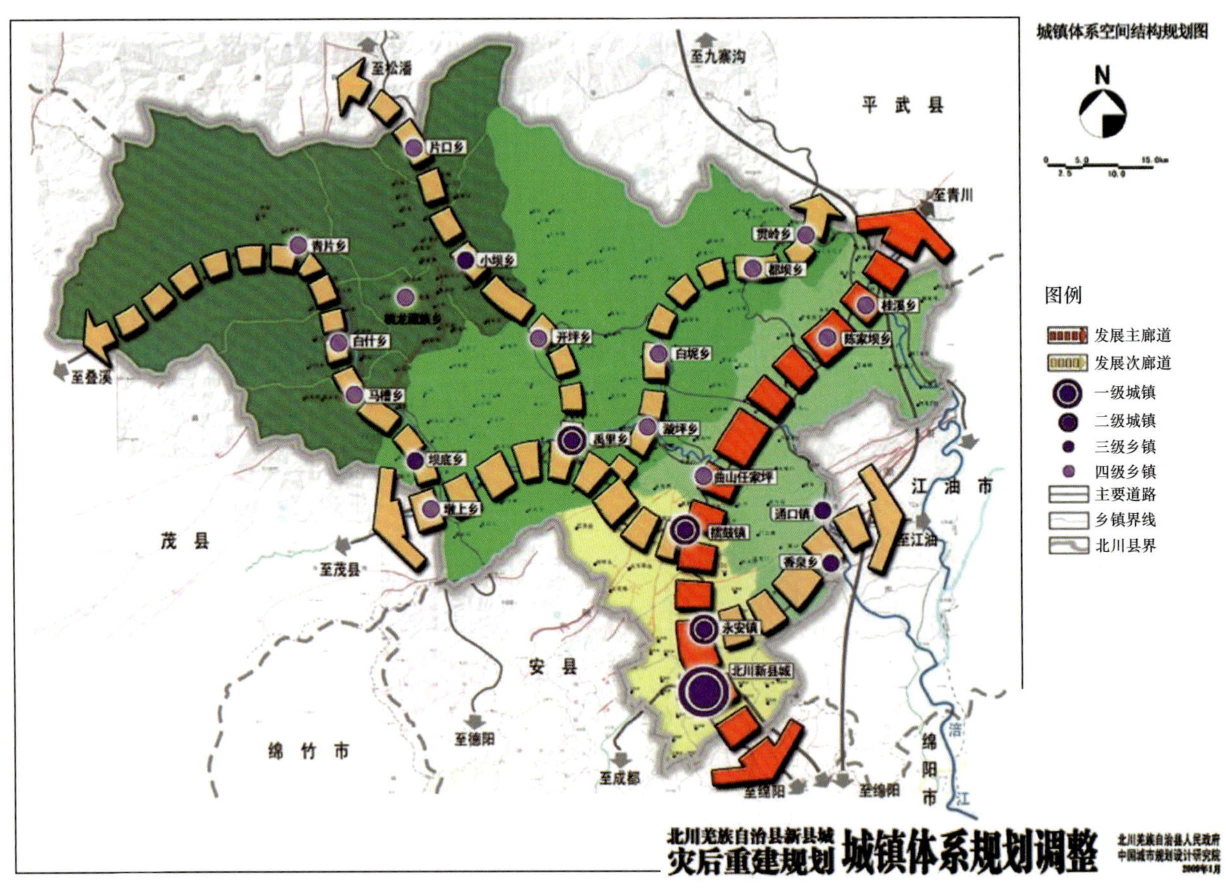

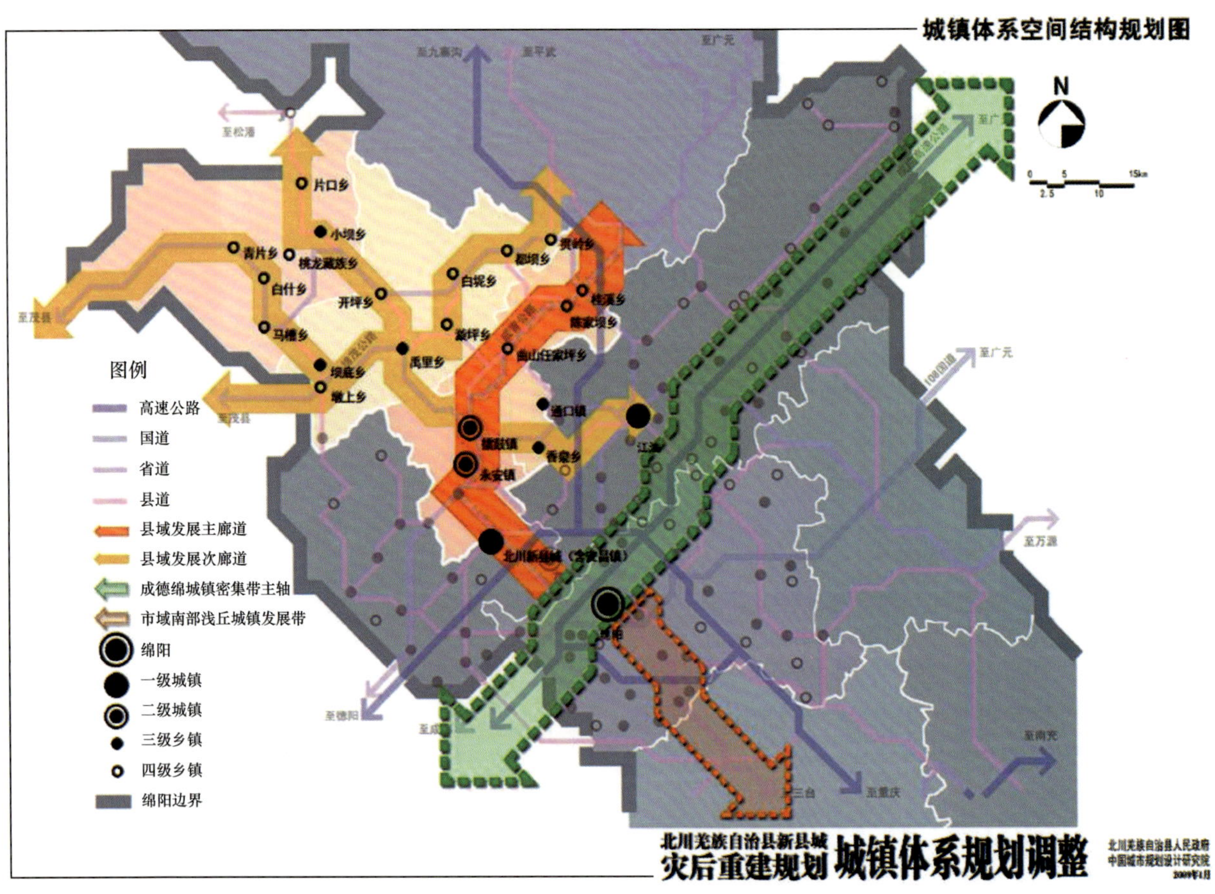

图 4-1-3 北川恢复重建规划城镇空间结构图

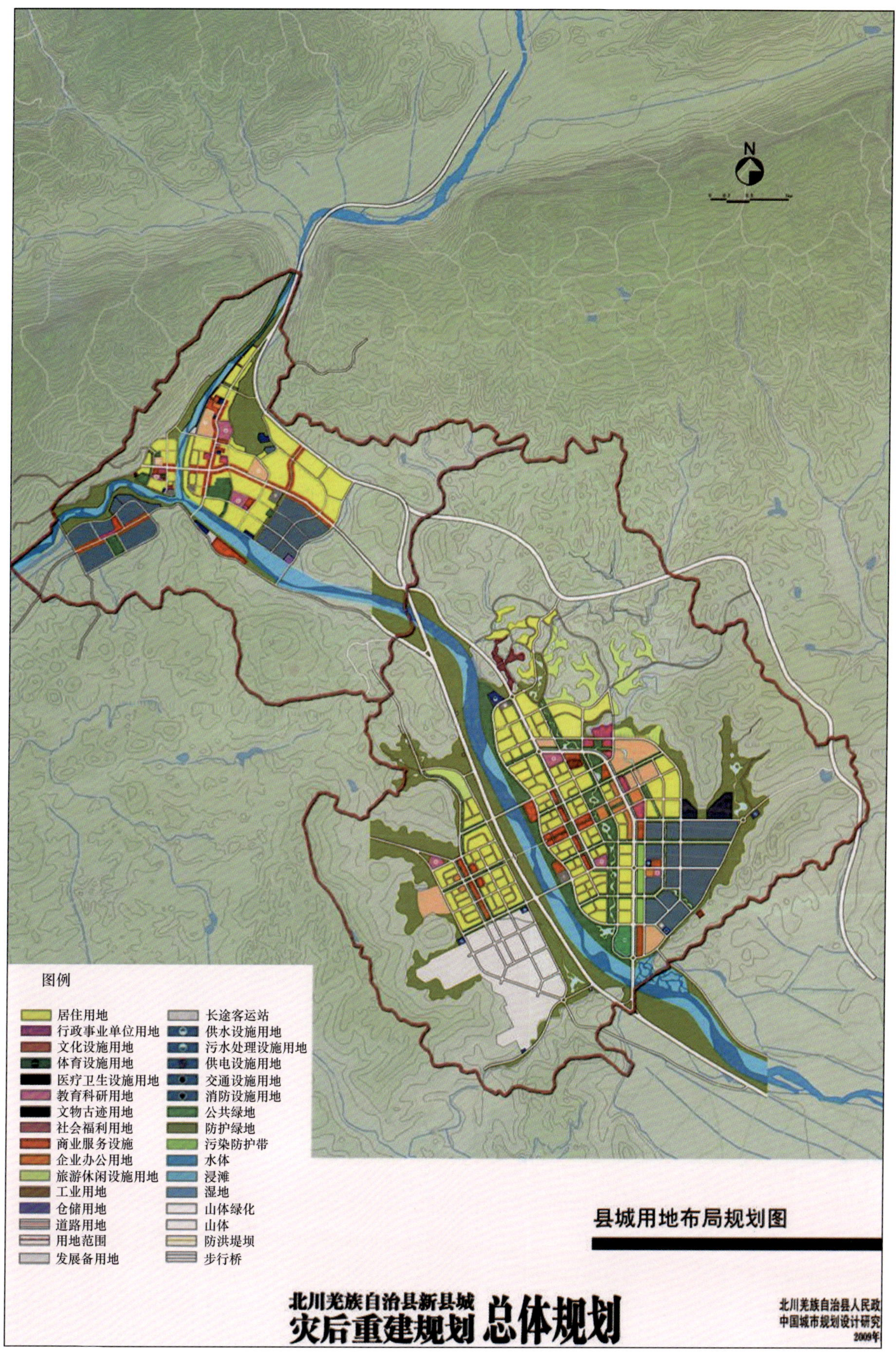

图 4-1-4　北川恢复重建规划县城用地布局规划图

乔庄镇域社会服务设施按照乔庄镇区—行政村二级配套。乔庄镇区按照县域副中心的服务职能，配套幼儿园、小学、初中、高中、集贸市场、中心卫生院、文化站和体育设施等社会服务设施；行政村配套幼儿园、卫生站基本社会服务设施（表 4-1-2）。

镇村公共服务设施规划配置表 表 4-1-2

配套设施	乔庄镇区	行政村			
		茶树村	大沟村	石元村	张家村
托儿所、幼儿园（处）	2	1	1	1	1
小学（处）	1				
初中	1				
九年一贯制小学	1				
高中	1				
医院	2				
卫生站（处）		1	1	1	1
全民健身设施（处）	1	1	1	1	1
文化活动中心	1				
文化活动室（处）		1	1	1	1
图书馆（室）（处）	1				
老年活动中心	1				
社会福利院	1				
农贸市场（处）	2				
放心店（处）	1	1	1	1	1
邮政储蓄代办点（处）	1				

（3）县城性质

乔庄镇性质为青川县政治中心、环境优美的安全宜居小城。

（4）县城规模

2020 年镇区人口规模 16000 人，镇区规划建设用地 108.74hm^2。

（5）县城空间结构

县城在现状用地基础上适当优化、向南发展，采用南拓北控的发展策略。镇区空间结构为“红心带动，蓝轴串联，商住融合，多元发展”。其中，“红心带动”是指以县（政府）综合服务中心、学校、医院等近期有可能实施的重大公共设施为核心，承上启下，连接南北区块。“蓝轴串联”是指居住用地和公共活动的滨河广场依山沿河布置，预留多条绿色通道、步行通廊和公共绿地连接，营造高质量的山水之城。“商住融合”是指整合培育新的商业街道，并预留大型商贸市场和成块的居住用地。“多元发展”是指把商贸业、特色农业和休闲度假作为乔庄发展的主要方向。通过多种形式的产业协同合作，把周边村庄、乡镇的发展一体考虑。

（6）县城用地规划

镇区用地由居住用地、公共设施用地等用地构成。对于现状的城镇建成区的建筑，经过法定职能部门和专家评估修复保留的，修复建设应当严格按照抗震标准加固。在地质和地震灾害影响区范围内的用地，总面积 80.2hm^2，作为待调整用地。

居住用地规划：规划新建的居住用地应当避让地质灾害点、次生威胁区和地质断裂带直接威胁区，主要安排在东山、原镇政府和敬老院地块、上坪地块。居住建筑设计应能体现当地风貌特色。规划居住用地 50.29hm^2，其中二类居住用地 25.68hm^2，三类居住用地 15.17hm^2，幼托、中小学用地 9.44hm^2。

二类居住用地：规划二类居住用地按国家标准《城市居住区规划设计规范》（GB 50180—1993）和四川省居住规划设计的有关规定进行建设，完善各项配套设施建设。三类居住用地：规划三类居住用地为镇区内村庄居住用地，按照村民自愿、政府帮扶的原则，实施村庄整治改造，重点关注村庄公共设施及市政基础设施的改造。幼托、中小学用地：规划镇区内布局 12 班幼儿园 2 所，分别位于北井坝、上坪，每所用地 0.45hm^2。规划新建小学 24 班，选址北井坝，用地 2.18hm^2。规划新建 18 班九年一贯制学校 1 所，选址上坪，用地 2.2hm^2。规划保留镇区现状 33 班初中，用地 1.71hm^2。规划新建 18 班高中，选址小坝，用地 2.47hm^2（表 4-1-3）。

规划成片居住区块一览表　　表 4-1-3

序号	居住区名称	用地面积（hm^2）	可容纳人口（人）	建议居住区类型
1	东山安居小区	4.18	3000	安居型
2	原县工会地块	1.06	460	安居型
3	教师公寓	0.43	200	保留
4	北井坝滨河居住小区	2.61	1220	房产开发型
5	北井坝地块	1.82	850	房产开发型
6	原镇政府地块	3.8	1770	整治改造型
7	回龙地块	3.5	1630	整治改造型
8	高家院地块	2.03	950	房产开发型
9	上坪地块	6.25	2920	房产开发型
合计		25.68	13000	—

公共设施用地规划：镇区公共设施用地 15.23hm^2，公共设施集中于秦兴街两侧布置。行政办公用地：规划在乔庄变电站南侧、秦兴街北侧，整合县政府各部门，集中办公，建设乔庄行政综合服务中心，用地约 3.14hm^2。规划整合县级相关部门，分 3 个区块安置：现状肉联厂南侧、用地 0.5hm^2，规划行政中心西侧、用地 0.57hm^2，上坪河堤东侧、用地 0.57hm^2。规划将公检司法集中办公，选址高家院，用地 1.5hm^2。

商业金融用地：规划商业金融用地 4.83hm^2。北井坝为乔庄镇区综合商贸中心，镇北滨河广场西侧、高家院、上坪分别布局块状商业用地，就近服务周边居住人口。

文化娱乐用地：规划文化娱乐用地 1.64hm^2。广电中心选址原教师进修学校，用地 0.8hm^2；老年活动中心选址小坝，用地 0.3hm^2；文化中心选址万众大桥西南侧、滨河绿地东南侧，用地 0.52hm^2。

医疗卫生用地：规划医疗卫生用地 1.81hm^2，主要为医院用地。医院服务周边乡镇的人口，其建设标准和规划用地需要高于一般乡镇卫生院，再考虑部分疾病控制、妇幼保健等功能，规划县妇幼保健院、县中医院选址原肉联厂，用地 0.52hm^2。规划县人民医院迁至高家院，用地 1.3hm^2。其他公共设施用地：规划其他公共设施用地 0.68hm^2，敬老院在原职高东侧重建，规划用地 0.43hm^2。规划保留现状宝莲寺，用地 0.25hm^2。特殊用地规划：规划特殊用地 0.45hm^2，为县人武部用地，选址县政府西侧。

绿地广场规划：保护自然环境和发展园林绿化，融生态、景观、文化价值为一体，使山、水、林、城在空间布局、组合要素诸方面表现出富有地方特色的生态型山水园林城镇。通过规划绿地与山体、农田等其他开敞空间的结合，构筑生态走廊，形成点、线、面相结合的网络状的绿地系统。“点”主要包括镇政府、学校、医院等内部的绿地、沿滨河路块状公共绿地；“线”主要指规划沿河两侧预留带状公园；“面”主要指规划在乔庄河侧、公建较集中的地方安排 5 处集中绿地和 3 处广场以及 2 处山体公园。规划绿地 8.45hm^2。规划公园、广场如表 4-1-4 所示。

规划集中公园、广场一览表 表 4-1-4

序号	公园广场名称	用地面积（hm²）	位置
1	秦兴公园	0.28	原秦兴街熊猫雕塑地块
2	滨河广场	0.92	熊猫雕塑地块东侧原滨河广场
3	东山公园	0.80	东山安居小区南侧
4	人民广场	0.5	规划行政中心内部靠秦兴街
5	万众广场	2.53	万众大桥东北侧沿河
6	桥北公园	0.6	万众大桥西北侧沿河
7	回龙公园	0.17	万众大桥西南侧、回龙北侧沿河
8	上坪公园	0.30	秦兴街南端入口处
9	东山森林公园	—	东山
10	桅杆梁山体公园	—	桅杆梁

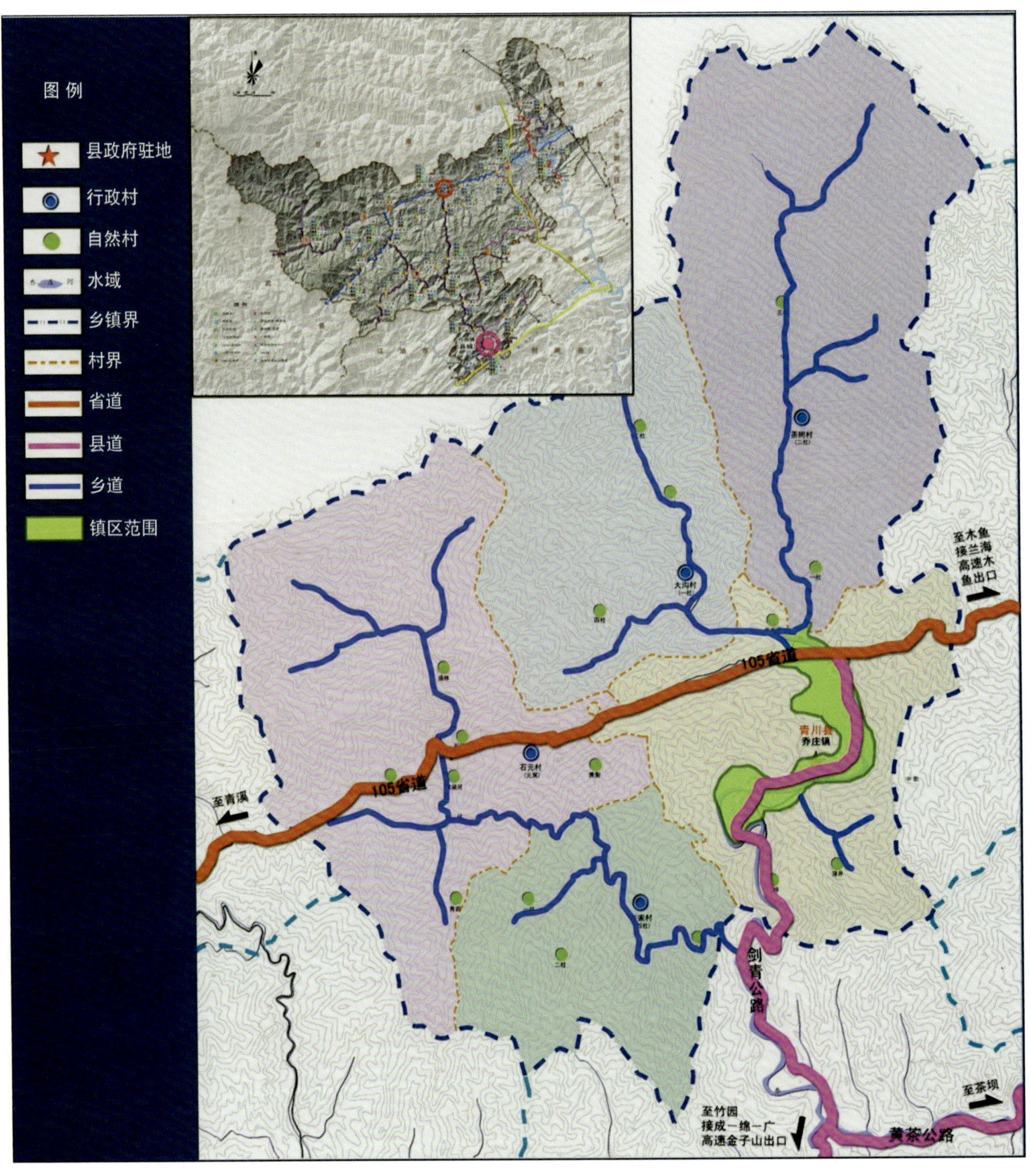

图 4-1-5 青川县乔庄镇镇域交通体系规划图

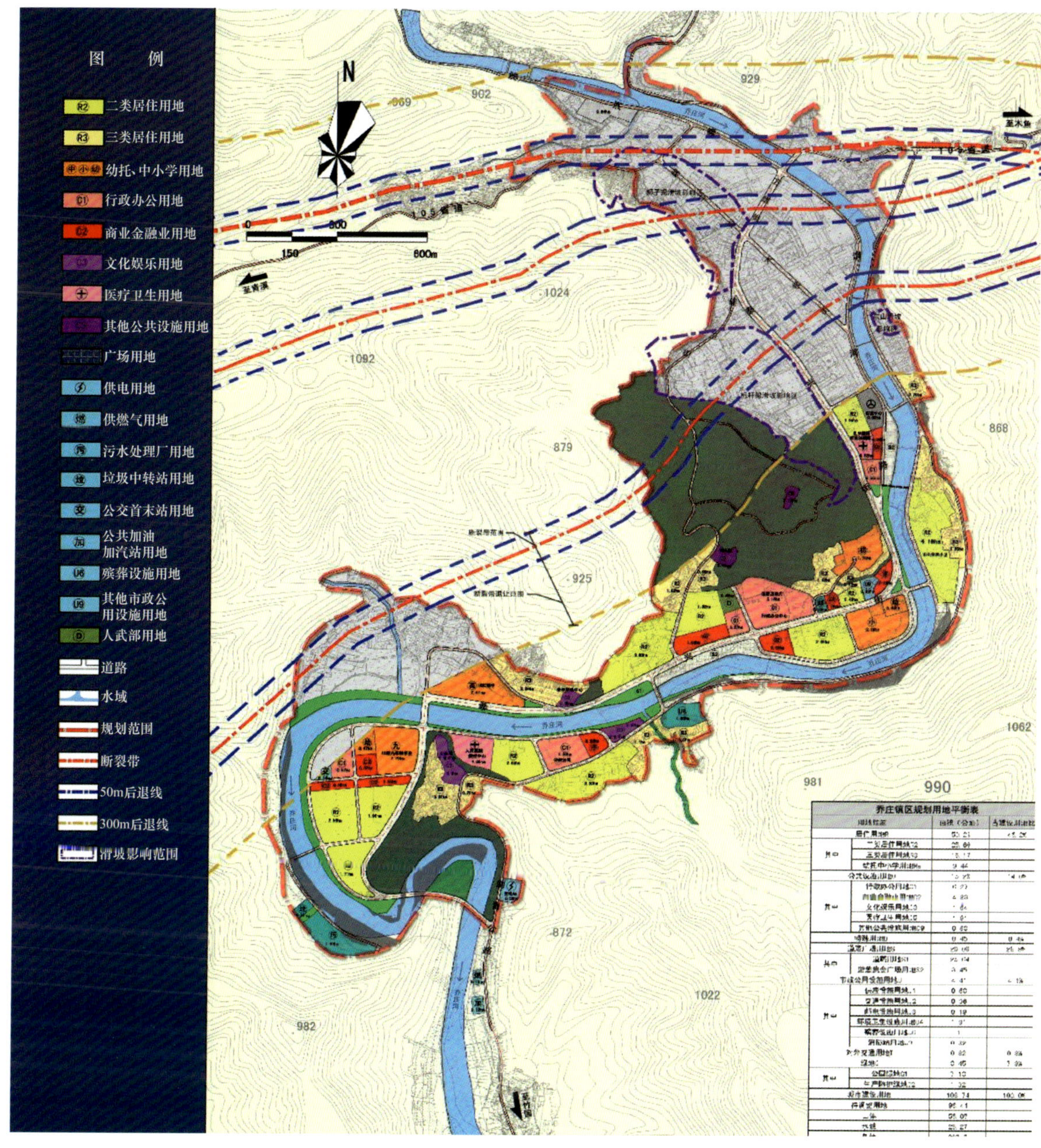

图 4-1-6　青川县乔庄镇镇区用地布局规划图

4．都江堰（图 4-1-7 ～图 4-1-10）

（1）规划期限及范围

近期到 2010 年，远期至 2020 年。规划范围包括都江堰全市域。

（2）村镇体系

城镇建设战略主要立足“全域成都”，以城乡统筹发展为主线，以体制机制创新为关键，以世界文化遗产都江堰为核心，以岷江和都江堰水系为脉络，依托青城山世界自然与文化遗产、北部山地自然保护区、国家森林公园、山丘特色种植区，“顺水依山”，构成以成灌铁路为骨干，五纵五射骨架路网为纽带，中心城区为重点，青城山度假旅游片区、蒲阳高技术产业片区为示范，若干风情旅游小镇为特色，新型旅游村落为基础的“一体两翼、北山南田、四级布局、网络生长”的可持续和谐发展的城乡城镇空间体系。将都江堰打造成为“全域成都”中功能优化的新城，建设山水城林堰和谐共生、魅力彰显的国际旅游休闲城市。

城镇空间强调两翼差异化发展，形成“一体、两翼、三带”的城镇网络发展结构。其中，“一体”指灌口、幸福、玉堂、聚源和经济开发区组成的都江堰市中心城，沿岷江、成灌高速路形成城市综合服务功能区。“两翼”分别指西南翼和东北翼，其中西南翼包括中兴－青城山－大观镇，依托赵公山—青城山—青城外山、沿沙沟河—泊江河，依托 S106 为轴构成，围绕规划的人文生态公园，发展旅游服务、旅游休闲地和高端培训疗养城镇；东北翼包括蒲阳、胥家、天马，依托二峨山沿蒲阳河、成灌铁路，且以成灌铁路为轴构成，为综合性环保工业区。“三带”是指区域经济生态发展走廊：山地—旅游产业带、平原—农业产业带、城镇—都市产业带。城镇规模结构和城镇职能结构见表 4-1-5 和表 4-1-6。

城镇体系规模结构表 **表 4-1-5**

名称	现状 2007 年人口（万人）	现状 2007 年规模（km^2）	新增建设用地（km^2）			2020 年规模调整（万人）	2020 年规划用地（km^2）	2010 年近期规划用地（km^2）
			2004 年国土规划到 2020 年指标面积	灾后三年新增建设用地指标	规划需要集体流转用地			
都江堰中心城区	25.0	27.8	9.5	9.9	0.0	40.0	45.8	37.7
青城山	2.0	6.5	4.5	3.5	0.0	9.0	12.3	10.0
蒲阳	1.0	1.7	5.0	2.0	2.3	7.5	13.5	3.7
大观	1.0	3.7	重大项目单独选址：7.6	0.9	0.0	4.0	4.6	4.6
翠月湖	0.3	1.6		1.5	1.2	2.5	3.1	3.1
天马	0.2	0.6		0.0	0.2	0.6	0.7	0.6
崇义	0.3	1.0		0.0	0.2	1.0	1.1	1.0
石羊	0.3	0.4		0.0	1.4	1.8	1.8	0.4
中兴	0.4	1.5		1.0	0.0	2.2	2.5	2.5
柳街	0.2	0.2		0.5	0.4	1.5	1.5	0.7
龙池	0.1	0.3		0.0	−0.1	0.2	0.2	0.3
胥家	0.2	0.2		0.0	0.0	0.2	0.2	0.2
紫坪铺	0.3	0.9		0.0	0.0	0.6	0.9	0.9
安龙	0.2	0.3		0.3	0.1	0.7	0.7	0.6
向峨	0.2	0.2		0.5	0.0	0.6	0.7	0.7
虹口	0.1	0.2		0.5	0.0	0.6	0.7	0.7
合计	31.8	47.0	28.6（到 2007 年已征用地 6.4，剩余 22.2）	20.6	5.6	73.0	90.3	60.2

规划城镇体系职能结构表 **表 4-1-6**

城镇等级		名称	职能类型	主要发展产业
中心城区		都江堰市（灌口、幸福、经开区、聚源、玉堂）	综合型	旅游度假胜地，服务业、休闲以及创意产业为主
镇乡	重点镇	青城山	旅游型	以发展旅游、创意产业、会议培训为主导
		大观	旅游型	以发展旅游为主导
		蒲阳	工贸型	以发展工业为主导
	新市镇	柳街	农贸型	以发展花卉产业为主的农贸型城镇
		天马	工贸型	以传统工业、农副产品加工为主
		中兴	旅游型	以旅游为主的城镇
		崇义	工贸型	以发展建材为主的工贸型城镇
		石羊	工贸型	以发展传统工业、现代农业为主
		翠月湖	旅游型	以发展休闲居住、会议旅游为主
	一般镇	胥家	工贸型	以发展轻工业为主
		龙池	旅游型	以旅游为主
		紫坪铺	旅游型	以旅游为主
		安龙	工贸型	以发展花卉产业及传统工业为主导
		向峨	旅游型	以旅游为主导
		虹口	旅游型	以旅游为主导

（3）县城性质及职能

都江堰是以世界遗产为特色的国际旅游休闲城市、国家历史文化名城、灾后重建典范城市。城市主要承担职能：第一，以都江堰的水利传奇、青城山的道教传统为品牌的国家级历史文化名城，世界自然文化遗产地。第二，以独特的生态人文资源为特色的四川省、成都市旅游核心城市之一，区域旅游发展的枢纽城市。第三，国际性休闲度假目的地城市。第四，成都平原西北端承接成都向川西地区辐射与带动，实现区域社会、经济全面发展的区域交通枢纽与服务中心城市。第五，成都都市圈内具有一定专业功能、实现城郊型经济向都市型经济转变，实现宜居、宜业、生态、安全的综合型“新城”之一。

（4）县城规模

近期至2010年规划人口29.4万人，规划城市建设用地37.7km^2，人均建设用地128m^2；远期至2020年，规划人口40万人，规划城市建设用地45.8km^2，人均建设用地115m^2。

（5）县城空间结构

城市以向东南拓展为主，发展聚源片区；向西发展为辅，发展玉堂片区；完善、提升老城片区和环城片区。城市产业用地发展方向：对接成都，加强成灌发展走廊的产业集聚功能，依托区域交通联系，综合发展现代服务业为主导的城市综合功能。中心城区内的工业向蒲阳集中。城市居住用地发展方向：疏解老城片区，主要集中发展环城片区以及聚源片区。

城市形成“以山体为背景、水网为脉络”，通过绿化、水系、主要道路分割，形成“三心、五片区”的城市空间结构模式。“三心”是指城市级公共功能中心，包括沿着成灌发展走廊的三个城市级公共功能中心，由北向南分别是位于建设路以内的古城旅游服务中心、位于彩虹大道以外依托规划成灌铁路都江堰站形成的综合交通枢纽中心、位于都江堰大道东端的行政中心。“五片区”指按照自然水体（金马河）和生态廊道、主要道路划定的相对独立又有机联系的老城片区、环城片区、聚源片区、玉堂片区、乡村休闲片区等五大片区。

（6）县城恢复重建重点

灾后重建重点区域包括彩虹大道附近居住生活区的永久安置点示范性建设；沿河区域旅游休闲产业及风貌景观带的建设；建设路内古城区历史文化名城风貌恢复；彩虹大道沿线城市公共活动中心建设，包括新区文化、商业公共服务集聚区建设；大型城市公共绿地建设，包括金马河滨江绿带、滨河公园等。

中心城区灾后重建幼儿园、学校共60所，其中：新建学校2所，迁建17所（含3所幼儿园），原址改扩建学校30所，维修加固学校11所；医疗设施灾后重建，中心城区灾后重建综合医院5所，卫生服务中心7所；行政办公灾后重建，在彩虹大道以东，幸福路两侧建设市级行政办公设施，用地约15hm^2。旅游设施，按照5万人游客容量配置。

重点建设旅游场所，包括景区、景点、沿河风光带、文化风情体验区（天府一条街、水利府、文庙等复建项目）等；重点建设旅游餐饮娱乐服务设施，包括临河地区、建设路以内的古城区；重点建设星级宾馆、酒店及经济型客栈，包括伏龙宾馆、宜必思酒店、人民医院地块星级宾馆等。在老城区新建文化、旅游服务、商业等设施，利用国有资产用地37处，用地381.83亩，建筑面积约25.42万m^2。复工在建旅游服务、商业等设施共6处，11.48万m^2。滨河绿地、街头公园、沿路绿化约29万m^2。

基础设施灾后重建规划包括25km成灌铁路、228.2km道路、3座桥梁、9处变电站、1座20万t的水厂、1座给水厂及35km配套管网、2座污水处理厂及管网、3.6km天然气干管、1处垃圾填埋场。

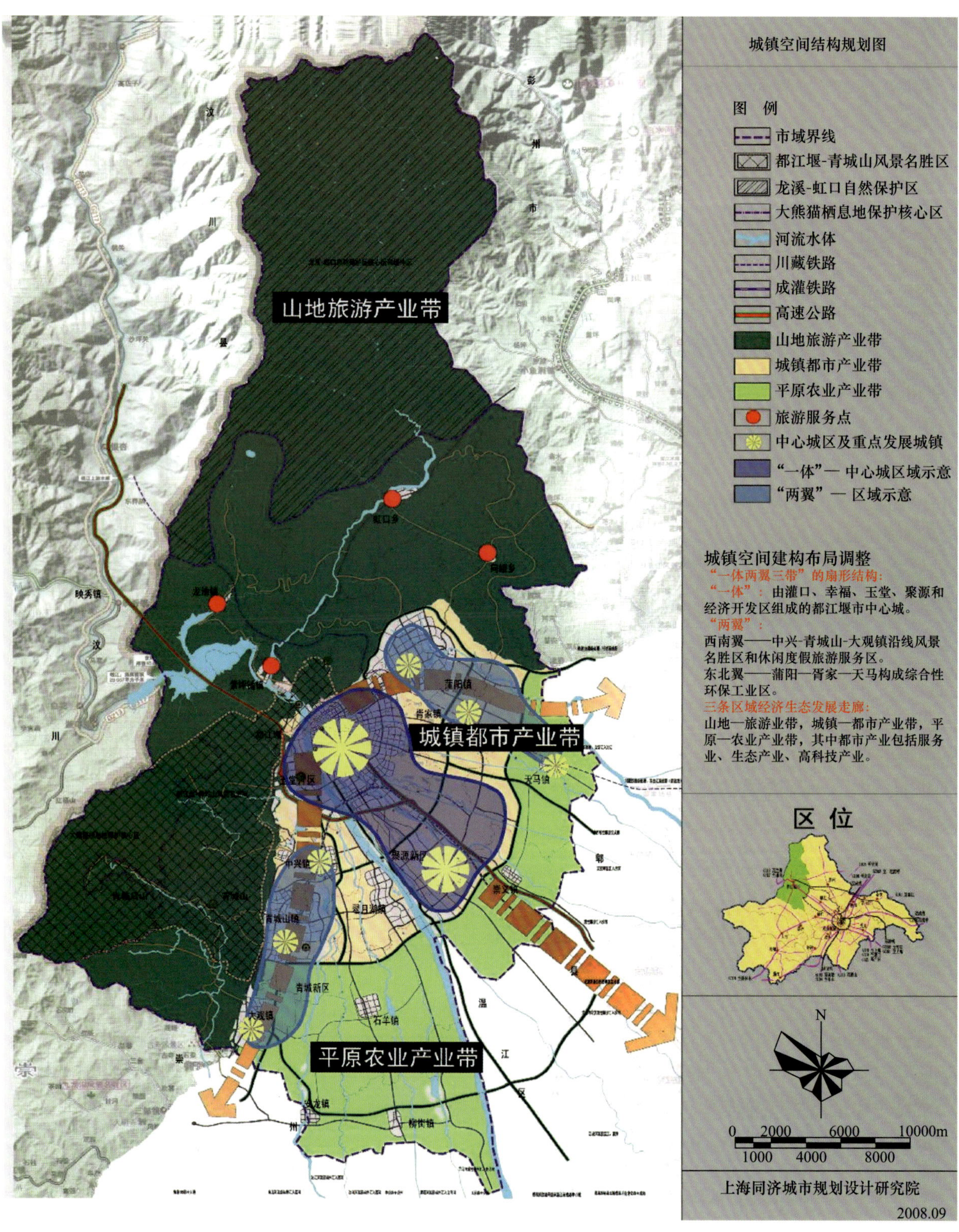

图 4-1-7　都江堰恢复重建规划城镇空间结构规划图

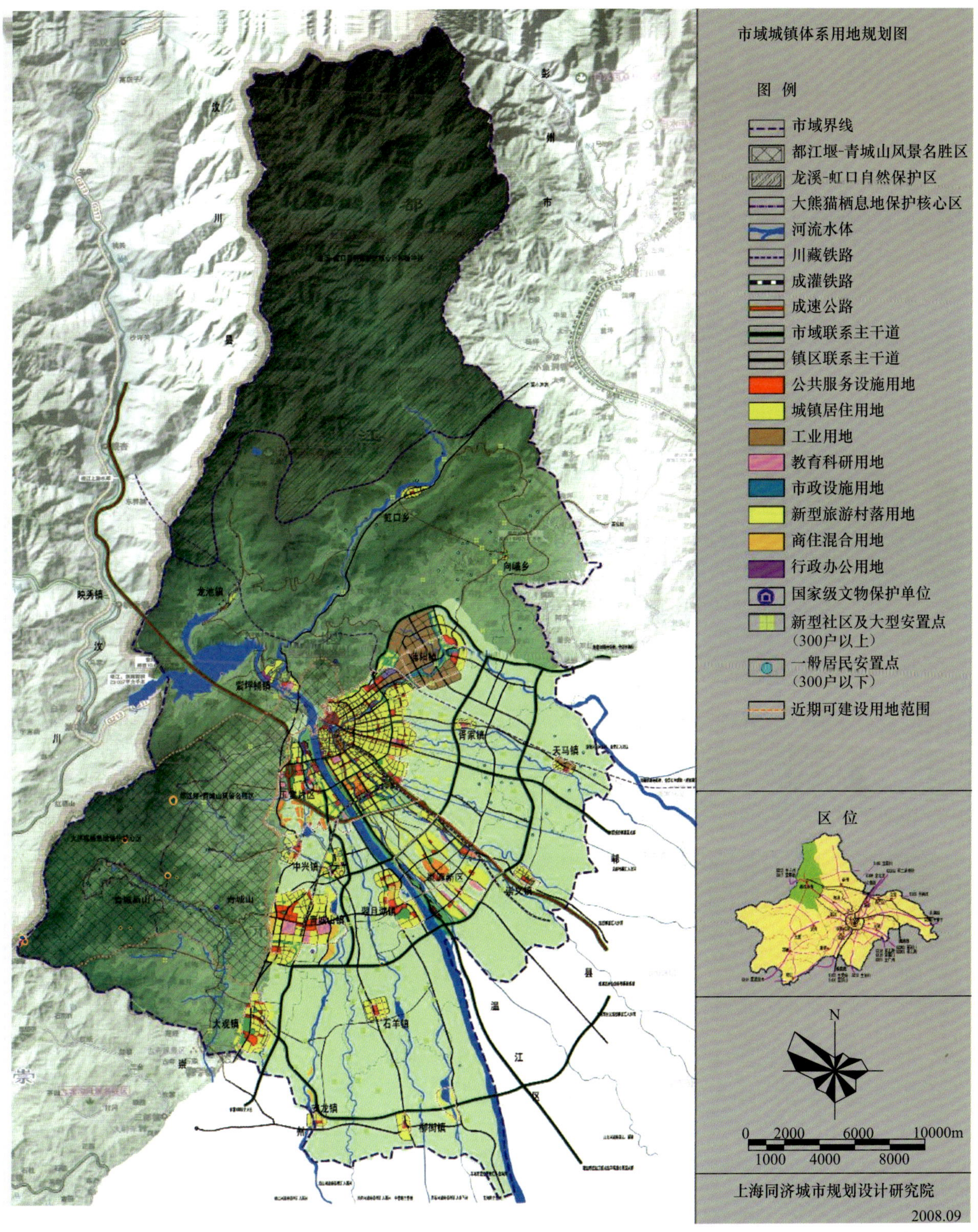

图 4-1-8 都江堰恢复重建规划用地布局规划图

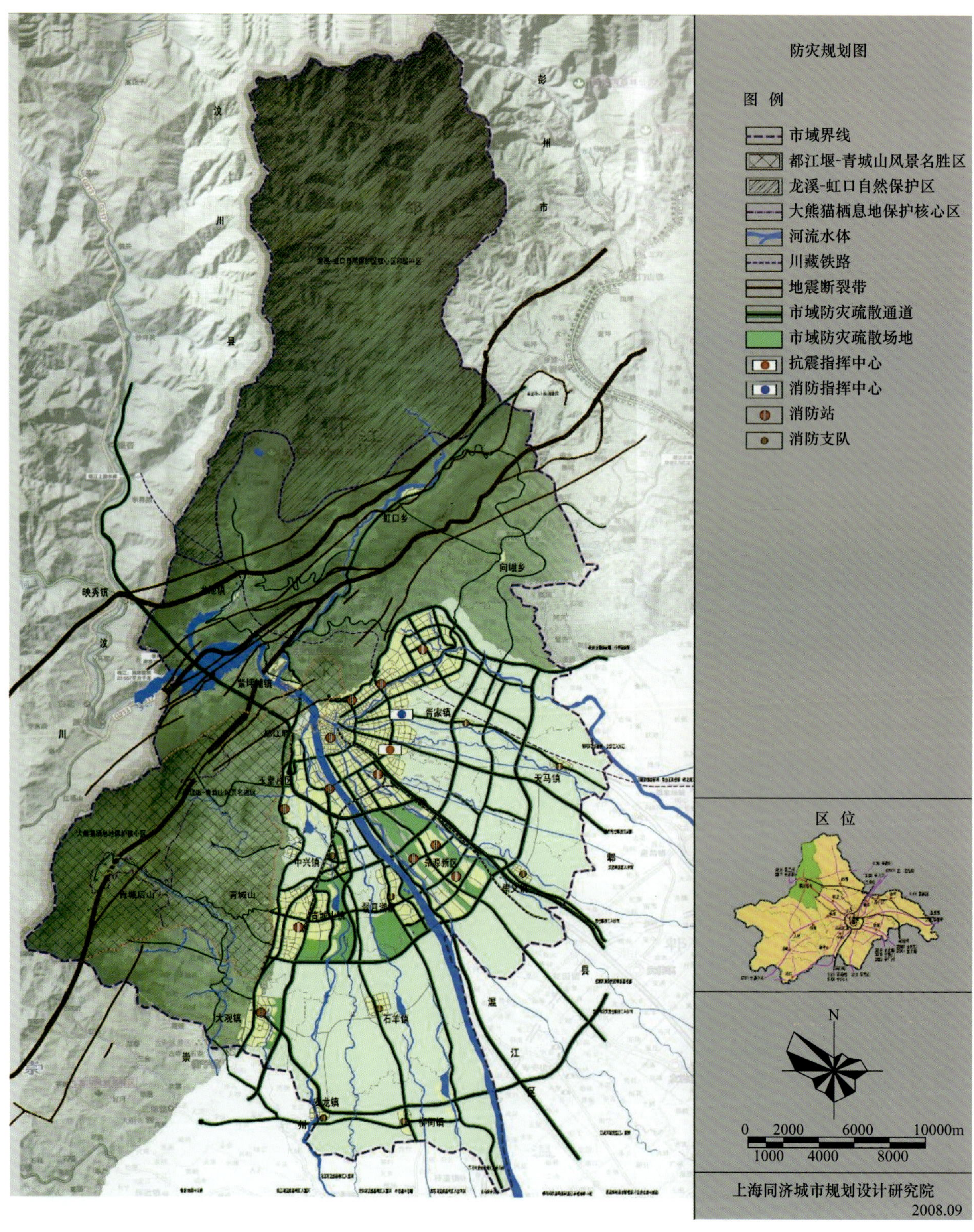

图 4-1-9　都江堰恢复重建规划防灾规划图

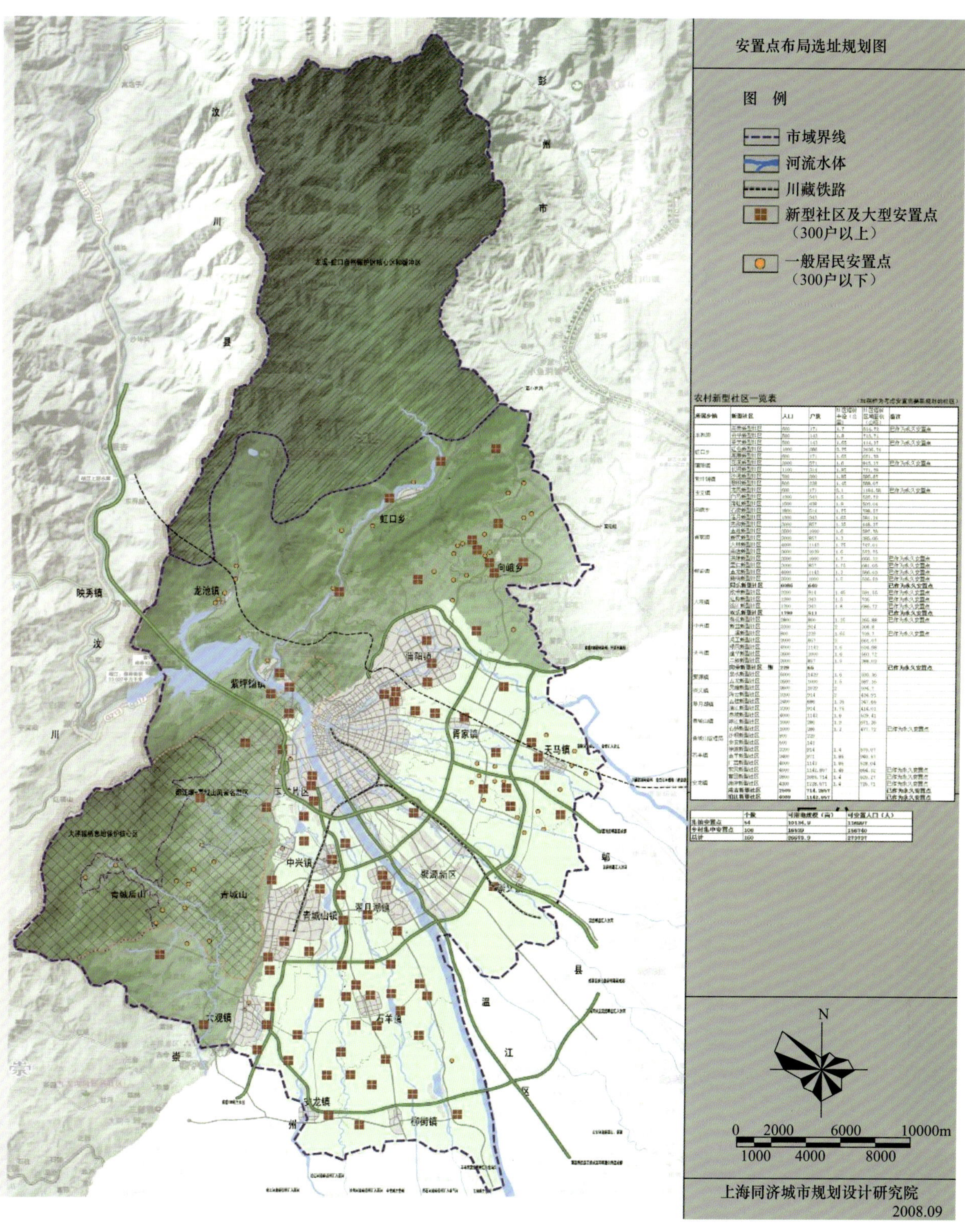

图 4-1-10　都江堰恢复重建规划安置点布局规划图

（二）详细规划（控制性详细规划和修建性详细规划）案例

1．都江堰市城区Ⅲ、Ⅳ大区控制性详细规划

（1）项目现状

规划范围内现状情况相对复杂，用地权属较为混乱，部分现状（或准现状）用地与原规划存在一定的矛盾，造成控制和实施困难的难题；缺乏公厕、农贸市场、幼儿园、社区卫生服务中心、文化活动站、停车设施等配套设施；城市的特色和居住品质定位不高，未能充分运用近山、临江（蒲阳河、柏条河）的良好生态环境，缺乏能提供休闲的开敞绿地及空间，塑造具有魅力的城市环境；受灾群众大都愿意采取原有土地或房屋权属所在地原址安置的方式回迁居住。

（2）规划理念

该项控制性详细规划区定位为城市生活居住综合功能区，其中Ⅲ大区体现行政文化中心的职能。在规划中贯彻了以下理念：第一，坚持布局的生态特色性，主要体现在对山体、水系、田园等自然环境周边用地的适应性、特色型布局展示，达到“显山、亮水、融田园”的生态布局和风貌构成。第二，坚持交通组织的效率性和道路系统的弹性控制，建立快速、慢速、游走性的交通格局。加强以放射道路为快速系统，环状道路为慢速系统，次环道路及支路为游走系统的道路性质分区特色及布局特色。第三，坚持公共设施布局的综合性和复合性，除区域内行政文化中心外，重要结点区域公共设施用地体现其复合功能，满足中小城市的宜居需求，商业、居住、办公相互兼容。第四，坚持对特别地区的引导。为展示城市特色，针对局部重要地段显山、亮水的视线走廊，结合土地出让和风貌建设，加强特别地区指标控制体系的研究。第五，坚持社区布局与管理的紧凑性，社区布局结合管理需求力求紧凑，以重要的楔入型生态廊道，其间留足集中的生态田园绿地系统，与自然生态资源的共享、完善的步行系统和配套设施共同组成宜人清晰的居住区单元结构。第六，重视绿地系统及其避难场所功能的规划。强化公园、街头绿地、开敞空间的避难场所功能，规划设计上作相应的功能和设施配置，空间布局适度均衡，按照河流、地形地物障碍适度分区，按照一定的服务半径分区分级设置。第七，坚持控规的刚性和弹性适度控制相结合。加强规划的刚性和弹性控制研究，居住小区以下的道路线形及公共设施、市政设施配套，做到刚性控制数量及规模，弹性控制位置。在保证控规的法定化的同时，为规划管理预留空间（图 4-1-11 ～图 4-1-13）。

规划编制完成后，都江堰市规划局严格按照本规划进行实施和管理。目前，该区域的道路格局基本形成，部分公共设施（中小学、医院）也已形成（图 4-1-14、图 4-1-15）。城市重要开敞空间和绿地系统严格按照规划得到较好控制。

2．青川县城老城区修建性详细规划

（1）项目现状

青川县老城区四周山水环抱，自然环境优美，但城市建设却显得有些欠缺，过多的建筑导致了公共空间（应急避难场所）稀少，公共配套设施缺乏和环境品质下降。

（2）规划理念

在规划中力求使青川老城区在确保安全的前提下实现人与自然、新城与老城、近期与长远协调发展。强调严格执行相关规范和文件要求，坚持执行对断裂带的避让，严格按照相关要求对地质灾害进行综合治理和防范，确保建设场地安全。在断裂带周边新建建筑，严格控制高度，倡导新材料、新技术的使用，提高其抗震能力。按国家规范《地震应急避难场所场址及配套设施》（GB 21734—2008）本区内需设置总面积达 15000m^2 的Ⅲ类避难场所 7 处。供水、燃气网通过河东增加联系管道，加强保障。增加通道，消除道路瓶颈。

在城市环境打造中，采用“引山入城，引风入户”的方法，在沿断裂带房屋拆除按带状公园建设后，不但使周边如屏如画的山景在城市中随处可以望见，更有利于通过沿断裂带规划的小型绿廊和

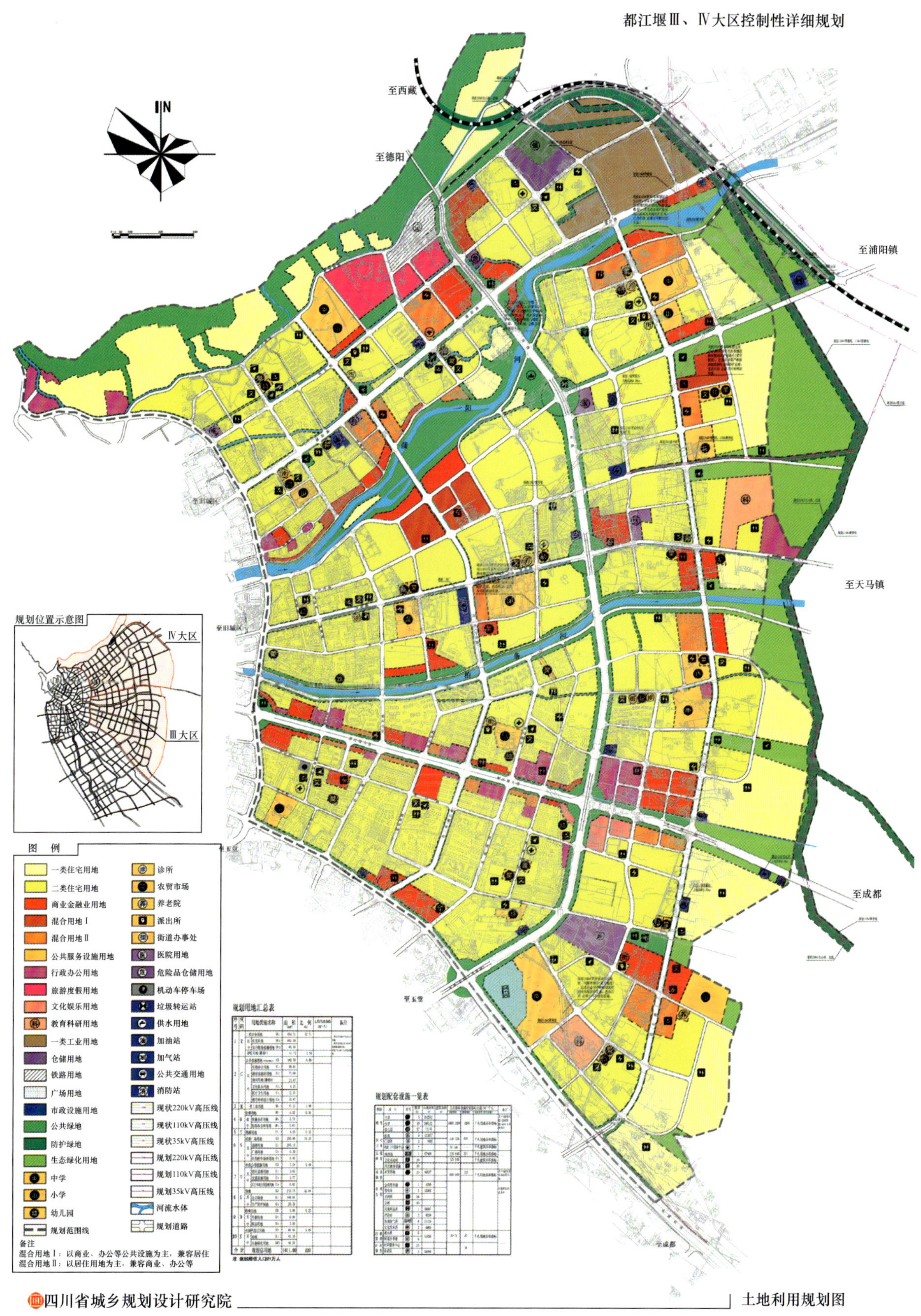

图 4-1-11　土地利用规划图

图 4-1-12　疏散场地规划图

图 4-1-13　重点区域城市设计

图 4-1-14　都江堰市区住房建成图

图 4-1-15　都江堰市区道路交通设施建成图

绿点。乔庄河为城市主要景观轴，通过打造沿岸景观、完善滨河城市休闲设施，使之成为城市最具特色和魅力的部分。

在县城恢复功能中，综合利用县城资源，针对城区周边山体的具体情况，对有危险的区域进行治理、监控和避让，有文化积淀的进行发掘和弘扬，有景观价值的加以打造刻画，能够亲近的建设健身休闲游览步道，使城市周边的山成为城的有机组成部分，成为城市人民生活中不可缺少的部分。

在交通系统重建规划中，将南北贯穿县城的过境交通改至城西外围地区，同时完善了城市道路系统，充分利用现有道路组织内部的交通环线，并在环线周边设置大量社会公共停车场，作为建设的步行街区为城区主要特色的支撑。

为重新激发青川县城老城区活力，该规划将传统商业街设计与新建公园、城市公园结合起来设置、整合，规划在城区周边形成四大特色街区，提升城市形象，增加城市旅游吸引力，同时创造就业岗位。使青川县城成为“居者，爱之；行者，往之；闻者，念之”的特色魅力小城。在城市风貌设计上，色调清新淡雅，尺度亲切宜人。建筑平坡结合，富于地域特色。成为依山傍水的生态型宜居小城。

本次规划的创新特色可以概括为：在保障安全的指引下，贯穿理山、理水、理城、理人的规划策略，将地震断裂带穿越城区的不利因素，巧妙转化为城市独有的特色；规划将城市的历史文化与城市空间和城市生活有机地联系起来；以多种形式提升城市环境品质，打造特色景点，增加城市旅游吸引力，在重塑城市形象的同时增加就业岗位。在项目布置和建筑布局上：结合历史文化轴线和乔庄河生态景观轴布置多个特色街区。利用自然河流水系建造城区的水景序列，丰富城市景观；结合现状建设打造园林式商贸、文化中心；改造原有住区建设宜居的山水园林魅力城区。完全达到了“高起点规划、高水平建设、安全重建、科学重建”的要求（图 4-1-16 ～图 4-1-18）。

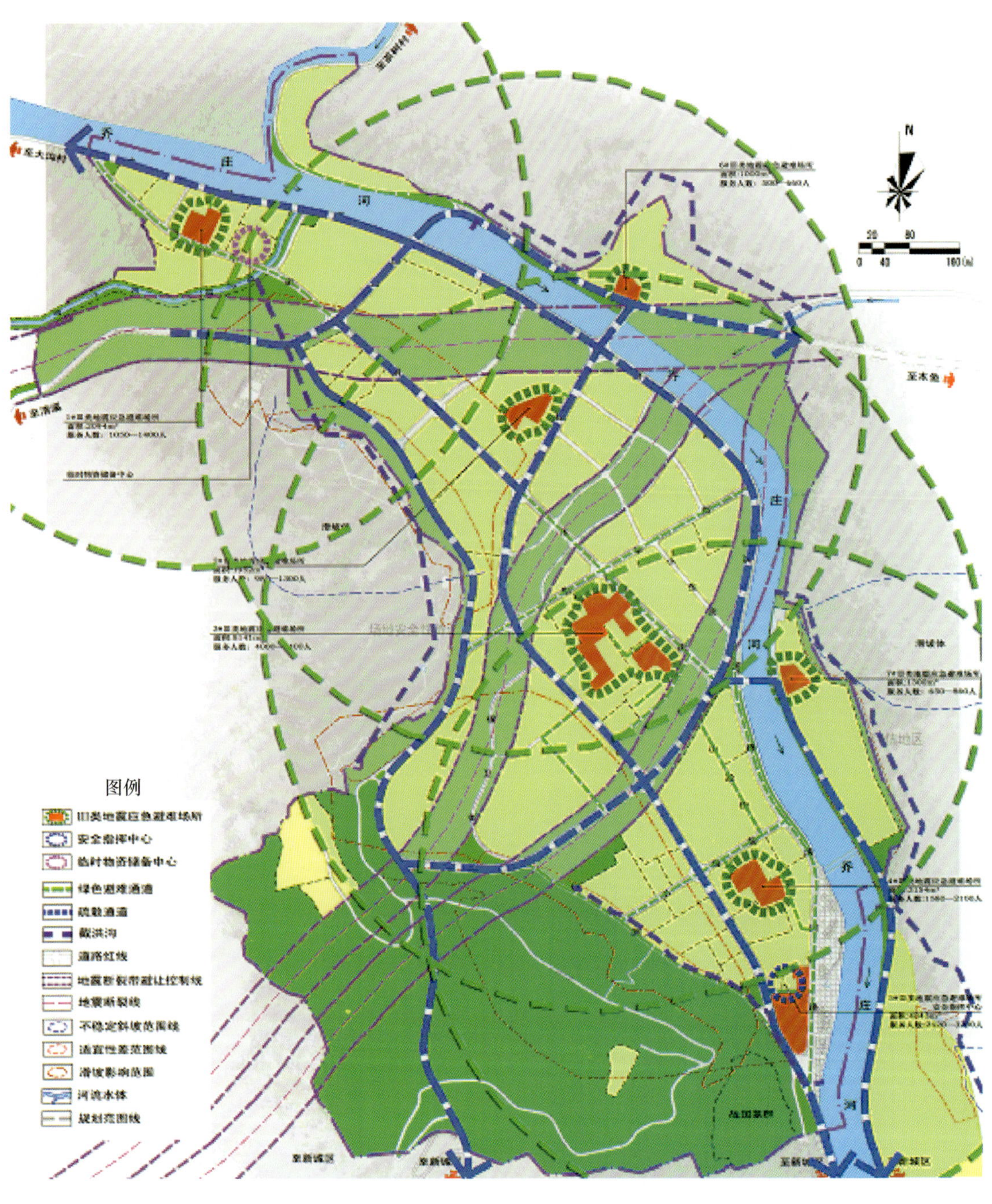

图 4-1-16　青川老县城防灾减灾规划图

图 4-1-17　青川老县城修建性详细规划总平面图

图 4-1-18　青川县城灾后重建状况

（三）城市设计案例

1．北川新县城

北川新县城城市设计通过纵横交织的城市步行网络，组织城市内部的空间体验系统，整合点、线、面、园、带等多种形式的城市开放空间，强调城市开放空间的主题化设计，引导城市特色节庆活动，丰富城市空间体验，打造有丰富空间体验的宜居活力新城。北川新县城城市设计的特色在于以一条共3km的历史文化轴线、自然景观轴来提领城市的核心公共空间，其中历史文化轴线是由“姜维城—禹羌民俗步行街—岷江大桥及桥头公园”等景观节点所形成的历史人文景观轴线，重点描画汶川作为禹羌文化载体的城市特质；自然景观轴是指由“姜维城—威洲大桥及桥头公园、堡子关—桑坪”等景观节点所形成的自然轴线，凸现汶川的高原景色。在这一线性公共空间南北两侧规划建设了诸多公共建筑，新城区的主要开敞空间也是由该轴线引导，首先在该轴线西北起点入口广场设置了一座跨越安昌河的风雨廊桥，而后进入800m纵深的羌族传统商业建筑街区，其后的街坊是一个开放的市民广场。东北向再次一个街坊设计了纵深约600m的羌族传统商业建筑街区，此后的街坊是一个轴线东北端的高潮，为一个约4hm^{2}的纪念广场，设有纪念碑，西侧为宾馆，东侧为科技馆，北端对景为博物馆，形成了“转，承，离，合，收，放”的城市公共空间序列（图4-1-19）。

图4-1-19 北川新县城总体城市设计意象

北川新县城城市设计将分为传统羌族风貌片区、现代羌族风貌片区、传统汉羌风貌片区、现代汉羌风貌片区四个风貌片区，将街道风貌分为传统汉羌风貌街道、传统羌族风貌街道、现代羌族风貌街道，分片区和街道风貌进行了城市设计。

（1）传统羌族风貌片区

地域民族传统聚落的主题展示典范，原始生态设计手法。满足设计功能需求的前提下，严格按照传统施工方法和建筑材料建造传统羌式建筑聚落，精准再现传统羌寨的空间格局与历史风貌；植入传统的民族风俗活动，结合开放空间细节设计，丰富片区活动的空间体验。建筑形式、材料、细部要求准确反映羌族传统建筑原貌，从建筑形式上表达出羌族文化的历史发展过程，打造羌族建筑历史博物园（图4-1-20）。

图 4-1-20　传统羌族风貌片区设计效果图

（2）现代羌族风貌片区

新式羌族风貌的主体展示区域，现代演绎设计手法，以旗舰项目建立民族建筑风格的焦点示范作用，树立全城建设设计的模范标杆；以新古典主义设计手法，形成具有民族特色的城市背景建筑片区；城市街区居住建筑布局建议采取组团围合式，以获得具有围合感的庭院空间与最大化的底商空间，公共空间边界建筑应正面朝向公共空间。街角建筑应通过提高、后退、设置视觉焦点等手法，强化转角特征。背景建筑屋顶采用坡屋面和平屋顶相结合的方式进行设计，细部适度采用阳台、木构石材墙面组合等传统建筑语言加以修饰，重点公共建筑应采取整体群组设计，重视建筑视觉效果的丰富性，增加屋顶轮廓的高低错落与建筑外立面的凹凸感，使用石、木等多种结构及材质组合凸现地方建筑特色并应接受城市建设管理方的严格设计审查。建筑色彩以浅褐灰、米黄、鹅白等暖色为主，细部装饰以棕黄色、青灰色点缀，屋顶宜青灰色，主要颜色以 1 ～ 2 种为宜，且占外墙面比例不小于 80%，避免颜色材料小面积交错带来的视觉混乱。公共空间边界的建筑应以正面朝向公共空间，重视面向中心公园与齐鲁大道的建筑立面展示设计；强化周边地块与中心公园的步行联系；丰富并强化中心公园的民族文化、新城建设、大爱感恩等多元主题功能；塑造民族特色的城市景观风貌，师法传统，兼顾经济。重视地域与民族双重特色，传承并创新地域民族特色，重视城市公共艺术对城市文化内涵的挖掘与体现，塑造羌地特色标志名城。

（3）传统汉羌风貌片区

城丘交错，山城一体，川西山地风貌的特色体验区域。建设用地以丘间平坝用地为主，围丘而不占丘，保护山丘形态与植被的原生态；建筑总体尺度以低层为主，多层为辅，组团式自由布局；建筑风格以汉羌民居为原型，屋顶形式以坡屋顶为主，屋顶采用多重组合坡屋顶形式，重视第五立面设计，建筑细部适当采用垂花门、雕花窗、外露交叉木构架等传统汉羌建筑语言进行修饰；建筑色彩以白色为主，点缀以青灰、木褐等色，屋顶采用青灰色（图 4-1-21）。

图 4-1-21 传统汉羌风貌示意

（4）现代汉羌风貌片区

经济合理，兼顾特色，民族文化融合的现代生活演绎，从建筑高度、屋顶形式、建筑色彩等方面保持与羌族风貌核心区的整体协调；建筑体块组合关系宜灵活多变、高低错落，丰富建筑视觉景观；通过外墙材料的选择确保地域民族风情基调的统一；通过抽象自传统元素的建筑细部设计补充强化；建筑色彩以浅褐灰、米黄、鹅白等暖色为主，细部装饰以棕黄色、青灰色点缀，屋顶宜青灰色，主要颜色以 1 ～ 2 种为宜，且占外墙面比例不小于 80%，避免颜色材料小面积交错带来的视觉混乱。以城市支路细分城市基本生活单元，城市地块居住建筑布局建议采取组团围合式，形成连续统一的建筑界面，并获得具有围合感的庭院空间与最大化的底商空间，培育城市底商生活服务网络，注重街道商住界面设计，确保界面的通透展示作用，底商建筑窗墙比控制在不小于 50%，完善地块步行网络体系（图 4-1-22）。

图 4-1-22 现代汉羌风貌示意

（5）传统汉羌风貌街道

传统汉羌风貌街道采用“上工下商”的布局模式，突出民族文化融合的特色展示线路，保证街道界面的连续统一，建筑贴线率不低于 80%；建设设计以汉化羌族建筑为原型，屋顶采用多重组合坡屋顶形式，细部统一采用垂花门、雕花窗等传统汉族建筑语言进行修饰，街角建筑应通过提高、后退、设置视觉焦点等特殊的建筑手法，强化转角特征。建筑色彩以白色为主，点缀以青灰、木褐等色，屋顶采用青灰色；重视建筑招牌、街道家具、地面铺装与绿化种植的特色化设计，与街道建筑设计风格取得统一（图 4-1-23、图 4-1-24）。

图 4-1-23　原始生态（季富政钢笔画）

图 4-1-24　精华传承

（6）传统羌族风貌街道

商业街道是传统羌式建筑风貌的精华展示线路，保证街道界面的连续统一，建筑贴线率不低于 80%；建筑设计集中展示羌族传统建筑风貌，从建筑形式、材质、细部构件系统地传承吸收羌式建筑精华，提取建筑语汇，增加建筑外立面的凹凸感和高低错落感，使用石木结构及材质凸现地方建筑特色，屋顶采用以平屋顶组合设计为主，结合坡屋面的方式进行设计；建筑色彩以片石材质的浅褐灰与泥土黄为主，点缀以原木的棕褐色；建筑底层临街界面提倡人性设计，强调建筑近人尺度的展示功能，窗墙比控制在 60%～90%，重视地块街道界面的展示作用，营造富有活力、内容丰富的街道生活空间；打造行人优先、尺度宜人、水绿相谐的生活性步行街道环境；通过绿化、照明、公共艺术等细节设计，丰富城市特色的感知与自身空间的识别。

（7）现代羌族风貌街道

地域民族新城形象的主力展示核心，建筑设计合理吸收传统民族符号，通过新技术、新材料等以较为抽象的方式加以展示，材质采用和片石较相近的外墙面材料，强调现代与传统材料的对话，确保羌式风情基调的统一，以普遍的抽象自传统元素的新符号点缀建筑，强化风貌认知。结合地块开发控制要求，于重要道路交叉口应通过提升建筑高度，强化识别，形成新城的高度地标；注重面向齐鲁大道的城市建筑立面设计，在高度、立面划分、材料、颜色等方面应取得统一；路口建筑适当后退形成用以缓冲交通与展示形象的开放空间，形成有放有收的空间观赏序列；街道家具、绿化种植应风格统一，简洁规整（图 4-1-25 ～图 4-1-30）。

图 4-1-25 现代演绎

图 4-1-26 禹王桥段沿河景观意象

图 4-1-27 北川新县城建设状况

图 4-1-28 北川新县城大酒店

图 4-1-29 北川新县城北川巴拿恰文化街

图 4-1-30 北川新县城城市主轴线东北端博物馆组图

2．汶川

汶川中心城区的城市设计的切入点为：第一，突出古羌文化特色。第二，突显岷江峡谷山水城市的自然景观。总体城市设计结构可概括为“滨江带、景观轴、功能核、多分区”。第三，滨江带主要沿岷江的自然景观带，表现汶川县独特的高原河流景观风貌。第四，布局历史文化轴和自然景观轴。总体设计概念体现从区域、界面、地标、路径、节点五个方面来实施城市总体空间控制引导（图 4-1-31、图 4-1-32）。

（四）历史文化名城及地震遗址保护案例

1．都江堰市

都江堰市境内芒城遗址考古发掘出土遗物表明，早在新石器时代，这里就是古蜀先民聚居的地区之一，距今已有四五千年的历史。灾后重建历史文化名城保护规划在承接 1992 年、2008 年版《都江堰历史文化名城保护规划》的基础上，提出开辟新区，调整优化老城保护规划总体战略。实行向东南、东北发展的策略，缓解古城的交通与公共服务压力，引导市场开发远离青城山—都江堰世界文化遗产风景名胜区。老城区紧邻世界文化遗产——都江堰，而且集中分布了众多文物古迹以及历史文化街区。

保护内容可概括为四个方面：第一，青城山—都江堰世界自然文化遗产的保护。青城山景区内主要是保护，原则上除必要的服务设施外，基本不允许新建建筑建设，更不能进行规模化的房地产开发。第二，城市整体风貌的保护。城市的整体风貌体现在城市与自然环境相互和谐的关系上，都江堰的城市风貌体现在山、水、城、林、堰五大要素的组合上，对这几大要素的有机关系的保护即是对城市整体风貌的保护。其重点保护区段是文庙路以北、幸福路北端及人民医院、西街北街等，都江堰是城市与山、林结合的地带，该区域应充分保护好山体和植被，保护山地建筑的特色和建筑布局，注重造型和色彩的和谐。从都江堰渠首至宝瓶口段，应绝对进行切实的保护，并逐步拆除区段内有碍建筑、设施，还古堰以本来面貌；其次是内江及四条穿城而过的支流及其沿岸两侧的景观走廊的保护，规划要求两岸建筑后退 30m 进行建设，预留出沿河绿化及通道，保证城市景观视廊的畅通。规划以城市制高点玉垒山为圆心，以至建设路、青城路和彩虹大道的距离为半径，划定了三个层次的建筑高度控制区。第

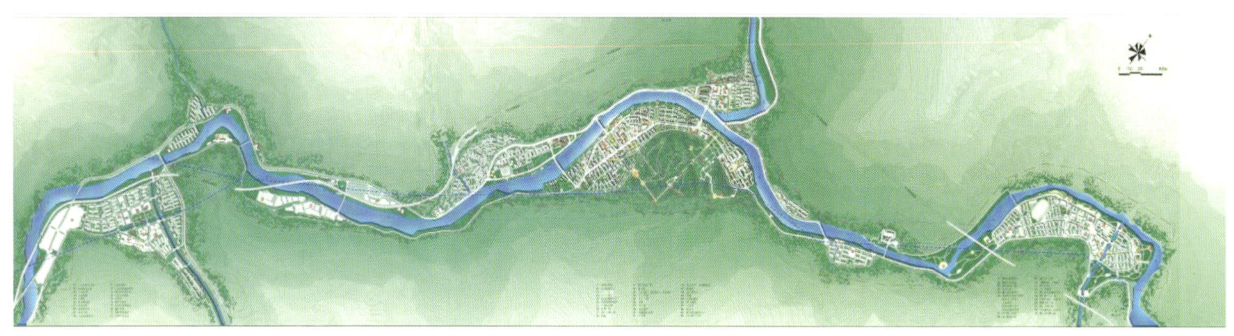

图 4-1-31　汶川县城城市设计总图

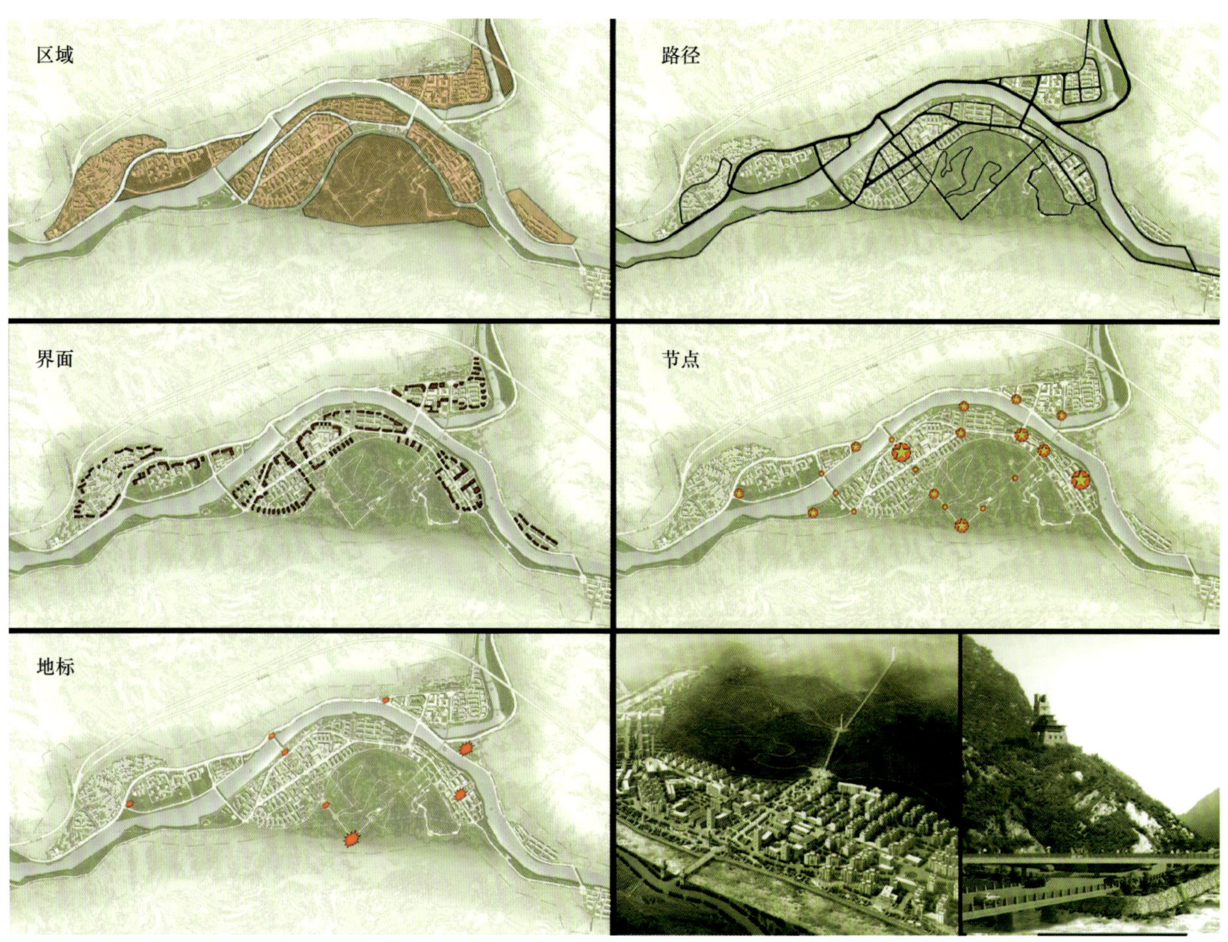

图 4-1-32　五层面城市设计

一个层次为建设路以内的老城区，是保护的核心，建筑以传统形式为主，建筑限高 3 层。第二个层次为青城路以内环境协调区，建筑控制在 5 层以下。第三个层次为青城路以外发展区，建筑控制在 7 层以下。此外，在滨水地区，临水一侧建筑高度不应高于 4 层，使临河一侧建筑高低错落，景观富于变化。聚源新区以多层为主，仅允许中心地段选择性建设小高层，高度不超过 60m。建立城市空间轮廓线的控制，都江堰呈放射状的水系、路网及扇形的城市平面布局形态是城市的传统格局，规划中应沿袭这一具有特色的城市发展形态（格局），河渠沿线及沿山地段的建设，应有利于城市的风貌特色，传承城市历史格局和肌理。第三，历史文化街区的保护与更新。南街和幸福路地段是城市传统的商业街区，至今仍完整地保持着原有格局和建筑形式，玉垒山牌坊、清真寺和南桥更丰富了南街的历史文化内容，规划对该区段进行保护、维修和改建，对个别极不协调的建筑应予以拆除，完善市政设施，增设绿地、小品等。西街及其以北至玉垒山脚段，其与宝瓶口相对应，又是古时松茂古迹必经之处，位于山脚，可谓依山傍水，民居富有川西地的风格，并且布局、格式保存完好，规划时对该区进行维修、改造，区内严格控制新建建筑高度不超过3层，体量、形制、造型、色彩、风貌与传统建筑一致，并完善区内市政设施，提高环境质量，外迁居民，开发旅游业。第四，文物古迹的保护。划定保护范围和建设控制地带，在保护范围内不得进行其他建设；在文物古迹周围划定建设控制地带，以保存文物古迹的历史环境。对非保护单位的文物古迹，也应根据具体情况进行保护，并向上申报为保护单位，形成文物保护体系，有层次、成网络，从而反映出城市整体的历史文化风貌（图4-1-33）。

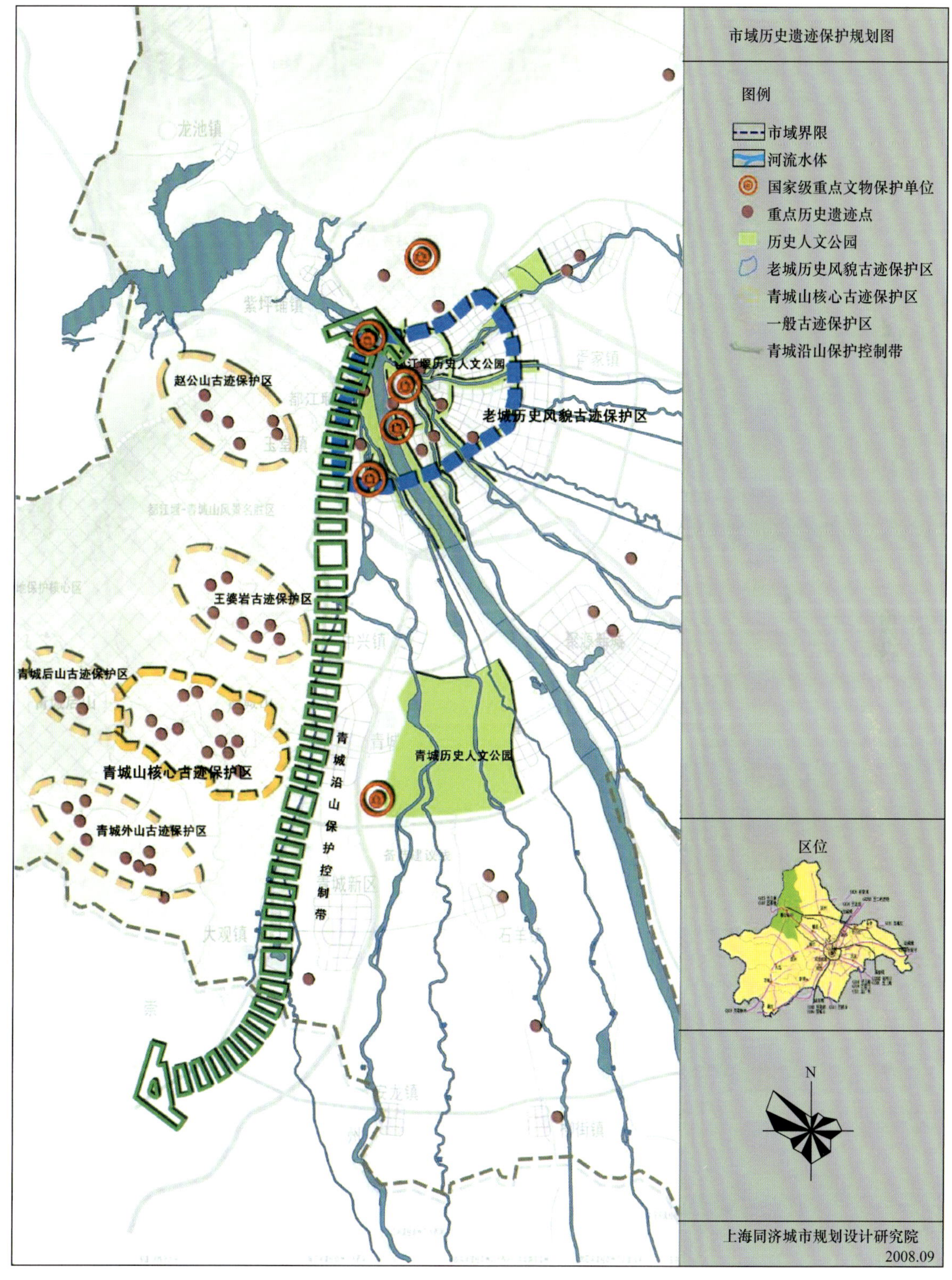

图4-1-33　都江堰文物遗存保护规划

2．松潘县

松潘县城历史悠久，至今已有2300多年历史。曾为历代道、州、厅等所在地。松潘古城区及古城周围沿岷江两岸的顺江村、东裕村、窑坝村等相关村落（即进安镇区），面积约为1.8km^2；规划主要保护与控制内容是：传统风貌村寨、风景名胜区、文物保护单位和优秀历史建筑的保护（图4-1-34、图4-1-35）。

图4-1-34　松潘县城岷江古城段整治规划

图4-1-35　松潘县古城恢复整治实施效果组图

（1）传统风貌村镇的保护和控制

以松潘古城为中心，按照主要旅游通道将县域分为七个主要区域，对总共43个村落实施重点景观控制。明确村落的规模和发展方向，合理布局各区块功能，保持村落的传统风貌和民族、历史文化气息。村落控制范围内的土地利用和各项建设，必须符合重点村寨风貌控制的要求。保护村落的整体空间环境和风貌的完整性；对具有文物价值的古文化遗址、古建筑（构筑）物、石刻、近现代优秀建筑、民族宗教场所等实施保护；保护村寨及其周边地段的地貌遗迹、古树名木等；保护村寨内具有地方特色和民族特色的传统戏曲、传统工艺、传统产业、民风民俗等非物质文化遗产。村寨应保持原有的生活状态，适度发展旅游和文化产业，但是应当禁止无序和过度开发。

（2）古城区空间的保护和控制

松潘古城空间框架的结构由节点、轴线、区域三部分以及它们相互间的有机关系所共同构成，形成“四轴、四片、多节点”的框架结构。其中，节点包括城墙、古桥、楼阁、寺庙，轴线包括岷江历史景观轴、古城墙历史观光轴、南北街传统商业轴、清真文化街巷轴，片区包括中江历史街区、岷山村历史街区、顺江村历史村落、东裕村历史村落。

规划对历史文化街区核心保护区提出了严格的保护要求，要求古街巷应保持原有的空间尺度，地面铺装应逐渐恢复传统特色，采用麻石条铺砌；原有电线杆、有线电视天线等有碍观瞻之物应逐步转入地下或移位；街道小品（如果皮箱、公厕、标牌、广告、招牌、路灯等）应有地方传统特色，不宜采用现代城市做法。保护区内建筑应成片地加以维修、恢复，保持原有空间形式及建筑格局，古井、古树及反映居民生活之特色庭院，应予以保留并清理恢复，不符合风貌要求的建筑应予以改造或拆除。传统民居建筑的建筑装饰、建筑形式应采用民居形式的坡顶青瓦白脊房，建筑门、窗、墙体、屋顶及其他细部必须严格按规划管理确定的当地传统民居特色细部做法执行。建筑功能主要为居住建筑或民居旅馆。建筑物一层檐口高度控制为2.8～3.3m，二层檐口高度控制为6m。

建设控制地带的建筑形式以坡屋顶为主，体量宜小不宜大，色彩以黑、白、灰为主色调，最大建筑高度为四层；对任何不符合上述要求的新旧建筑必须搬迁和拆除，近期拆除有困难的都应改造其外观和色彩，以达到环境的统一，远期应搬迁和拆除。街巷及岷江两侧建筑功能应以传统民居和传统商业建筑为主，鼓励发展传统商铺、茶肆和产商结合的手工作坊，建筑的门、窗、墙体、屋顶等形式应符合风貌要求，色彩控制为黑、白、灰及黄褐色、原木色。该范围内各种修建性活动应在规划、文物管理部门指导并同意下进行，其建设内容应服从对历史文化保护区整体历史环境的保护要求，其外观造型、体量、色彩、高度都应与传统风貌相适应，较大的建筑活动和环境变化应由专家评审。

此外，在松潘古城中还保留着顺江村历史村落和东裕村历史村落这两个历史文化村落，历史村落的紫线控制要求按历史文化街区的建筑控制地带的保护要求执行。

环境协调区是指历史村落外约50～200m范围。该范围内新建或更新改造建筑，必须服从“体量小、色调淡雅、不高、不洋、不密、多留绿化带”的原则；建筑形式要求在不破坏古城风貌的前提下，可适当放宽；新建筑应鼓励低层，原则上不超过3层；保护范围内的一切建设活动均应经规划部门批准、审核后方能进行。对不符合要求的已有建筑，应停止其建设活动，并在适当的条件下予以改造。

（3）紫线范围的划定

在松潘古城规划区范围内的两处文物保护单位，两处历史文化街区和两处历史村落的建设控制地带划定为紫线。按《城市紫线管理办法》的要求执行。

（4）高度控制

文物保护单位的保护区：文物古迹本身及其附属建筑的建筑高度控制为原高。

建设控制地带：规划视其保护性质和内容（文物保护、风貌保护）以及周围具体现实情况而定，建筑层数控制为2层的，檐口高度控制为6m；建筑层数控制为3层的，檐口高度控制为9m。

历史文化街区和历史村落：在核心保护区内建筑高度控制为2层，檐口总高度为6m；建设控制区内综合考虑改造开发效益和古城空间尺度的要求，建筑物最大高度控制为3层，檐口总高度为9m。

环境协调区：古城区内（以城墙为界）的环境协调区建筑高度基本上控制为3层，檐口总高度为9m。局部有特殊需要超过3层的，可经由市规划行政部门和文物行政部门事先共同组织论证后，予以批准，但不得超过4层。古城区外（以城墙为界）的环境协调区建筑高度基本上控制为4层，檐口高度控制为12m。

（5）景观视廊控制

规划确定西山威远门、金蓬山青云塔（拟修复）为地标性景点。确定东门“觐阳”、南门“延薰”、北门“镇羌”、古松桥、映月桥、七层楼、清真北寺、城隍庙为重要景观视点。规划六条视线走廊，分别是觐阳门—西山建筑群（规划）—七层楼和大悲寺；延薰门—古松桥—鼓楼（规划）—镇羌门；西山建筑群（规划）—清真北寺；延薰门—映月桥；觐阳门—镇羌门；觐阳门—延薰门。任何在视廊范围内的建（构）筑物均不得超过视廊的建筑高度控制要求。

（6）非物质文化遗产保护

通过对松潘非物质文化遗产的传承现状及载体环境的调查、分析，以及特色性与可发展性评价，确定了重要非物质文化遗产保护规划项目：松潘城隍庙会、松潘苯波教仪式、松潘回民特色生活方式、松潘赛马会、羌族多声部、羌笛及其他羌族乐器、松潘马帮用具、松潘锅庄、岷江耍坝、松潘情歌、羌族歌舞、回族民歌和弹唱、藏药、羌绣、藏族迎宾礼仪、藏画、羌族迎宾仪式、沙家豆腐、张凉粉、罗氏糕点、穹锅馍馍、松潘剪纸、汪记皮行马靴、陕西绣、裕厚长商号、利贞长商号、苏世昌商号、利亨永商号、协盛全香号、杜盛兴香号、丰盛合茶号、义合全茶号、本立生茶号、聚盛源茶号。

3．北川地震遗址保护

北川的地震遗址保护范围为北川地震遗址博物馆规划范围的核心区，用地范围156.92hm^2，包括博物馆区（用地范围约40.58hm^2）、老县城遗址保护区（用地范围约116.34hm^2）。投资估算：项目总投资估算约为6.275亿元；建设资金来源为国家划拨资金和社会捐助。

（1）遗址保护区和博物馆总体定位

北川国家地震遗址博物馆是“5・12”汶川地震四处典型遗址遗迹之一，作为国家级的地震遗产、纪念地和所在地灾后重建的一项重要内容，是一个由地震博物馆、县城地震遗址和次生灾害展示区组成的综合功能体，总体定位为——一个人类历经特大地震灾难的纪念性遗址博物馆。规划为核心区、控制区、协调区三大分区（图4-1-36）。

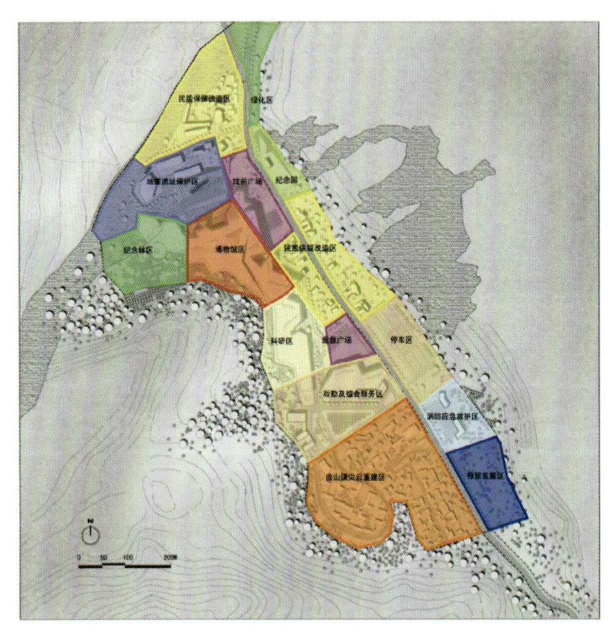

图4-1-36　北川老县城地震遗址保护区规划分区图

（2）博物馆区

博物馆区位于任家坪，以永恒的记忆为主题，将对灾难的记忆、事迹的记忆、大爱的记忆、知识的记忆共同凝固为对北川永恒的记忆。总占地面积40.58hm^2。

（3）老县城遗址保护区

老县城遗址保护区包括老城区、新城区及周边部分自然环境保护区。以永恒的家园为主题，充分尊重生者和逝者的北川人作为家园的主人，展现家园的历史、家园的环境和家园的未来，以充满勃勃生机的绿色纪念逝去的生命，北川依然美丽。对北川中学教学楼遗址、救灾指挥部进行整体保护，作为现场展示，对北川中学宿舍、食堂等原有建筑进行加固利用。

老县城遗址保护区由老城遗址保护区、新城遗址保护区、中心祭奠公园、龙尾山公园、北部综合服务区五部分组成。保护规划范围 116.34hm^2。设置科普教育与地震体验区、文物库房及保护中心、参观服务、设备设施用房等配套设施。

（4）保护与展示规划

规划确定了重要事件地、重要建筑物（构筑物）、典型地质与基础设施破坏、废墟的保护和展示方式。其中，重要事件发生地共计 20 处。一期工程选择其中的 12 处作为保护和展示地或点，分别是：A-01 县城入口高地、A-02 县委大门、A-03 县委礼堂、A-09 县城菜市场、A-11 北川大酒店、A-12 北川中学新区、A-13 遇难遗体掩埋处、A-14 曲山小学东区、A-15 北川信用联社、A-16 北川县政府、A-19 北川职业中学、A-20 社会事务服务社。而重要建筑物（构筑物）则分为两类执行不同的保护措施和展示方法，实行一类保护的有 16 个、二类保护建筑约 200 处。典型地质与基础设施破坏的保护和展示点共 12 处，一期工程选择其中的 5 处，分别是 B-01 泥石流覆盖区（入城道路）、B-05 道路破坏（新老县城交界区）、B-07 坝体破坏（北川大酒店以北）、B-10 地震断裂带（北川县政府）、B-11 桥梁破坏（禹龙大桥）。倒塌建筑的废墟，一期工程选取 3 处作为废墟治理与展示点，分别是 E-02 老县城区块集中废墟地、E-04 新老城区交界区块废墟、E-08 信用社、县政府区块废墟（图 4-1-37）。

图 4-1-37　北川老县城遗址保护区一期工程分布图

4．汶川地震遗址

汶川县城的灾后重建兼顾了地震遗址纪念和历史文化传承两方面。

（1）地震纪念体系

在被地震破坏而保留的有代表性的场地建设遗址公园，保留有代表性的受损建筑，并结合城市设计作为标志物，用城市广场或景观节点设立主题雕塑，表达抗震救灾的精神和无私援助的大爱意识；在援助的重要公共建筑入口广场设立署名标志；收集地震中的图片和具有代表性的构筑物，建设地震纪念馆。在每年的“5·12”当日开展纪念活动（图 4-1-38）。

（2）地震遗址的保护和利用

阿坝师专钟楼：阿坝师专的钟楼指针停在 14 时 28 分，记录了 2008 年 5 月 12 日这个永远难以抹去的惨痛时刻。地震遗址的设置应突出阿坝师专钟楼的纪念性，结合滨江绿地建设，成为滨江绿地的重要标志性建筑物。

时代楼盘地块及滑坡：建设遗址公园，保留现状遗址状况，保留地震次生灾害对城市建筑物破坏的信息。结合公园绿化和各项设施建筑，为居民提供休憩场所。通过增加展示内容，体现遗址的科普教育功能（图 4-1-39）。

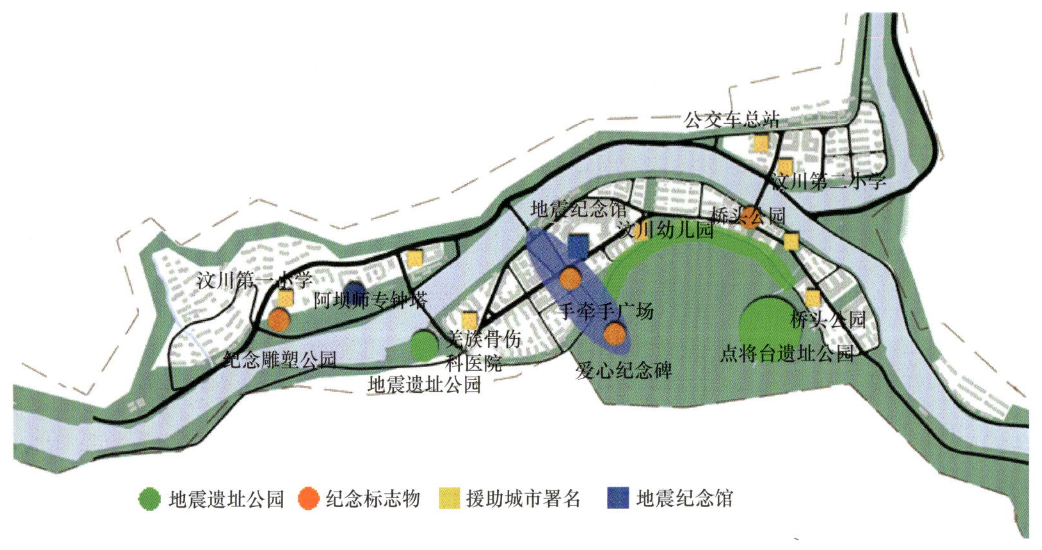

图 4-1-38 汶川县城地震纪念体系规划

图 4-1-39 汶川县城地震纪念遗址公园实施组图

地震纪念馆：在中轴线东南侧设置地震纪念馆，透过自然、人文、历史记录等展示和教育知识，让观众认识地震、了解灾害起源、建立正确的防灾观念、知道如何保护自己及帮助别人，进而让人们体会地震与人类社会的关系，在承受巨大的自然灾害后，都能为生命和生活找到出口。

（3）援助纪念物的设置

结合县城中轴线设置手牵手广场和爱心纪念碑，体现对地震中遇难平民的纪念以及地震中的爱心事迹的纪念。利用由广州援建的重要公共建筑前（如医院、学校）的入口广场设置署名标志，体现对援助活动的纪念。

第二节　重灾集镇恢复重建规划设计案例与实施效果

一、技术路线

重灾集镇的灾后恢复重建规划与其他集镇的规划层面一样，分为：总体规划、详细规划。但它的编制过程的特殊性和复杂性远远超出了以往的规划经验。传统集镇规划前期工作如图 4-2-1 所示，集镇恢复重建规划的前期如图 4-2-2 所示。

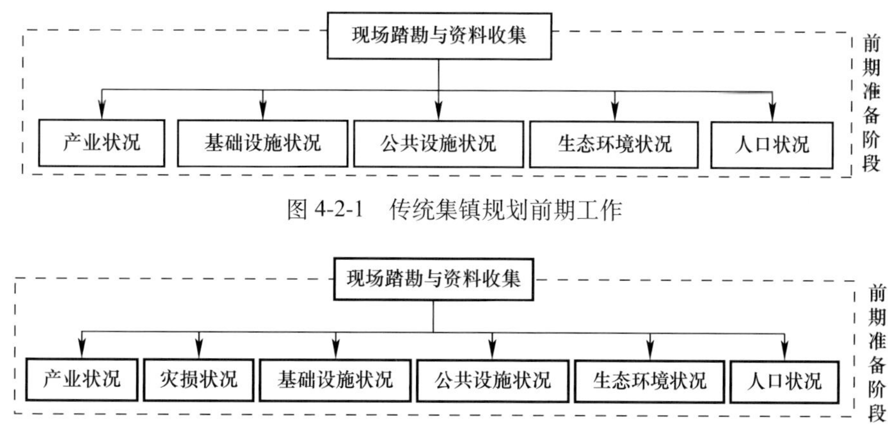

图 4-2-1　传统集镇规划前期工作

图 4-2-2　重灾恢复重建规划的第一阶段准备工作

从以上两图可看出，在重灾集镇灾后恢复重建规划前期工作中加入了对灾损情况的收集。规划的第二阶段、第三阶段是规划的重点，它不但是确定城镇性质阶段，也是对于城镇今后空间发展方向和产业发展的重要研究与确定过程。这个阶段的技术路线正确与否直接决定、影响着城镇规划的各方面的成败。下面让我们来看一下传统集镇规划与灾后集镇重建规划第二阶段和第三阶段的工作要点和路线（图 4-2-3 ～图 4-2-6）。

从图 4-2-3 到图 4-2-6 的四张技术路线图中，我们看到重灾集镇恢复重建规划加强了对资源环境的承载力、支撑力和生态本底的分析论证，进一步地强调了空间管制的作用。同时，在灾后恢复重建中突出了灾后安置点的规划与规划安置人口的调整。

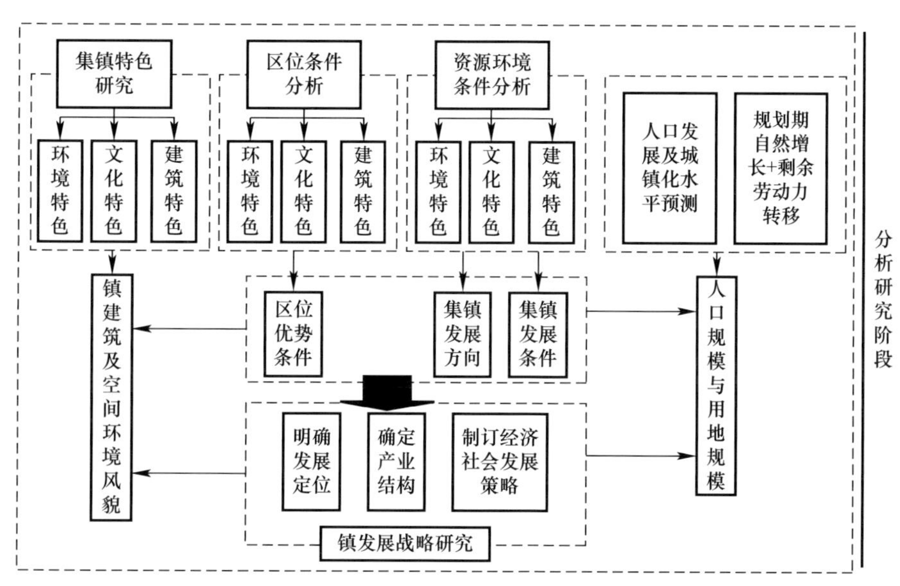

图 4-2-3　传统规划的第二和第三阶段技术路线（一）

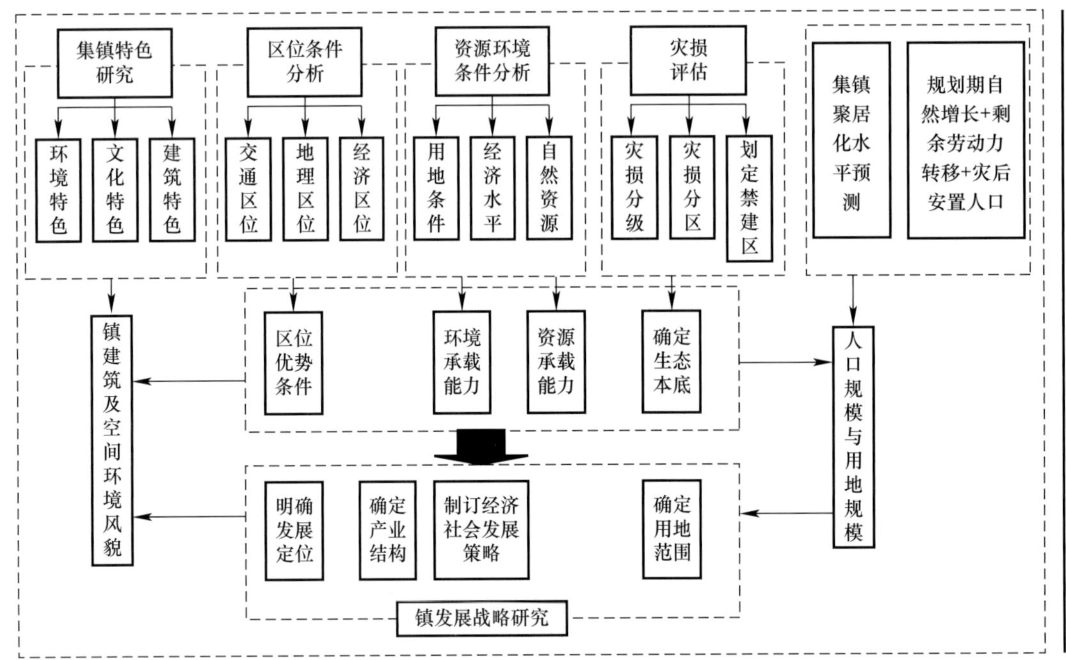

图 4-2-4　重灾恢复重建规划的第二和第三阶段技术路线（二）

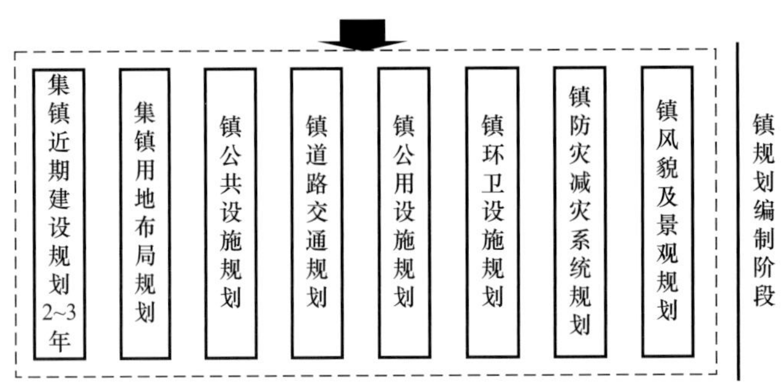

图 4-2-5　重灾恢复重建规划的第二和第三阶段技术路线（三）

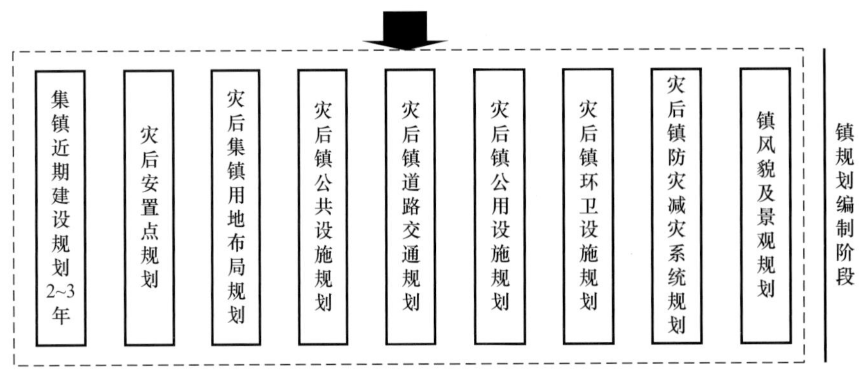

图 4-2-6　重灾恢复重建规划的第三成果阶段（四）

（一）规划特点

重灾集镇恢复重建规划与传统的集镇规划相比，除具备传统集镇规划的共性之外，还具有其独特性，其主要表现在以下几个方面（图 4-2-7）。

1．应急性

重灾集镇恢复重建工作时间紧、任务重，特别是灾后居民安置、基础设施恢复重建等重要问题急于解决，作为建设龙头的规划编制工作在这个特殊历史时期更应迎难而上，快速跟进。

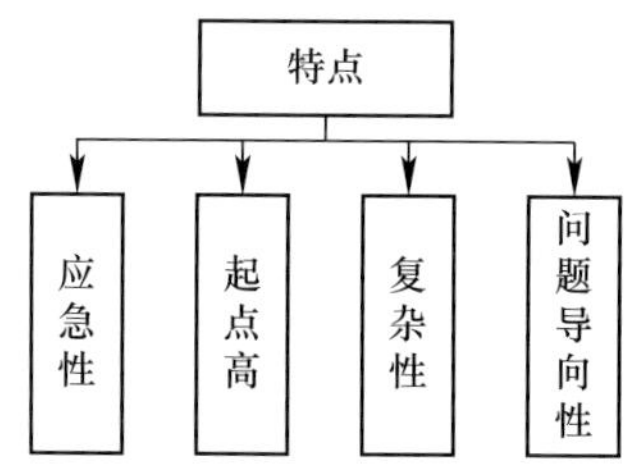

图 4-2-7 重灾集镇恢复重建规划的特点

2．实施性强

灾后集镇恢复重建工作的紧迫性决定了重灾集镇恢复重建规划应具有较高的实施性，对于一些重大基础设施，一旦规划评审通过就可能很快投入建设，因而在规划中应加强科学论证，并结合现实问题进行综合考虑，以增强其操作性。还必须充分考虑已开工的建设项目和现存建筑对规划实施的影响。

3．起点高

重灾集镇在地震中房屋、道路、设施等都遭受严重的破坏和损伤，因而灾后基础设施大多需要重新建设和配套，这为灾后恢复建设规划高起点、高标准创造了条件。

4．复杂性

重灾集镇恢复重建过程中，现状问题复杂多样，新问题更是层出不穷，地域文化背景的影响，地域传统建筑风貌的延续，安全、经济、适用等的要求，灾后恢复重建问题的复杂性决定了集镇灾后恢复重建规划编制的复杂性。

5．问题导向性

重灾集镇灾后恢复重建的目标明确，灾后恢复重建规划的主要任务就是根据灾后恢复重建的目标提出各种解决灾后问题的途径，因而灾后恢复重建规划具有较强的问题导向性。

（二）主要问题

1．急规划造成对现状情况了解不足

由于灾后恢复重建工作的紧迫性，在对现状情况了解不足的情况下，规划工作急于上马，从而造成不少灾后恢复重建规划脱离现实，实施过程中问题重重。

2．规划资料收集难度大，资料信息可靠性差

一方面，灾后现状资料收集困难，地灾、环评报告又迟迟得不到结果，使得规划工作开展起来困难重重。另一方面，同一资料政出多门，版本多样，真实可靠性难以保证。

3．抢工期造成规划滞后于建设

灾后恢复重建工作的最大特点就是建设牵着规划走，规划未出建设已行，最后规划不得不迁就于建设，这就大大降低了规划的意义。同时，由于缺少规划指导，各建设往往各自为政，使得各种基础管线设施后期衔接难度大。

4．规划周期短，灾后问题论证不够充分

灾后恢复重建规划的时间短，任务重，前期论证时间不足，造成灾后恢复重建规划对灾后问题论证不够充分。

（三）主要任务

重灾集镇恢复重建规划的主要任务是解决灾后居民安置问题，明确灾后恢复重建近期建设目标及内容，确定集镇恢复重建人口和建设用地规模，制订灾后集镇发展策略，提出灾后集镇防灾减灾系统建设原则及措施，在近期恢复重建兼顾长远发展的基础上，合理布局集镇建设用地，科学配置基础设施和公共服务设施等。

（四）规划期限

重灾集镇恢复重建规划期限主要可划分为两个阶段，即恢复重建期和正常建设期。集镇恢复重建期一般为 3 年，特殊情况下可确定为 5 年，恢复重建期间主要以灾后居民安置、重要基础设施和公共服务设施建设为主，因而规划编制应围绕灾后恢复重建期间的工作重心进行编制。正常建设期一般为

20 年，其规划内容应按法定程序进行编制。

（五）资料收集

科学合理的规划是建立在对现状真实资料和信息准确分析的基础之上的，因而收集和整理灾情资料，开展灾损评估也是编制科学合理的重灾集镇恢复重建规划不可或缺的重要前提和内容。灾后集镇恢复重建规划收集的灾情资料主要包括：灾后集镇产业情况；灾后集镇基础设施情况；灾后集镇公共服务设施情况；灾后集镇生态环境状况；灾后集镇建（构）筑物受损情况；灾后集镇人口情况。除了收集以上相关灾情资料外，还应加强对重灾集镇建筑物、地质状况、生态环境、基础设施等进行灾损和安全评估，通过评估为受估对象划定灾损级别，并划分集镇灾损情况分区，确定灾后集镇恢复重建避让地带和生态环境重点修复地带的位置及范围。

（六）环境容量

重灾集镇资源环境条件和容量分析是重灾集镇灾后发展的重要研究课题，也是制订科学规划的重要依据。重灾集镇灾后资源环境条件和容量分析的主要内容包括：灾后集镇水资源环境状况；灾后集镇用地条件及地质状况；灾后集镇生态环境状况；灾后集镇自然资源状况。通过对重灾集镇灾后资源环境条件和容量的分析，明确重灾集镇灾后恢复重建的支撑条件状况，并以此作为重灾集镇恢复重建选址、产业发展定位以及合理确定集镇用地规模和人口规模的重要依据。

（七）策略及特色

重灾集镇不仅灾后建筑物受损严重，其产业发展也受到较大冲击，因而重灾集镇灾后恢复重建规划中除了需要解决集镇的恢复重建问题，还应处理好集镇未来的发展问题。为加快重灾集镇恢复重建步伐，切实解决灾后居民的就业出路，提高灾后集镇的自身造血功能和区域竞争力，必须加强重灾集镇灾后的发展策略研究，并结合集镇自身资源优势和特点，通过调整产业布局、优化产业结构、培育新的经济增长点等方式，探索一条适合重灾集镇自身发展的特色之路。另外，为避免重灾集镇灾后恢复重建千篇一律，丧失自身特色，灾后恢复重建规划应加强对集镇特色问题的研究，并借助灾后恢复重建的历史契机，努力挖掘重灾集镇文化特色，提炼个性元素，塑造特色鲜明的集镇风貌，提升集镇品位。

（八）规模预测

规划人口是集镇建设用地规模确定和服务设施配置的重要依据。传统规划将城镇化水平作为规划人口预测的主要指标，这种传统意义上的人口预测方式明显不能适应灾后集镇恢复重建规划的要求，因为灾后恢复重建的集镇人口除了城镇化过程集聚的人口之外，还包括部分灾后安置人口，因而灾后集镇恢复重建的规划人口预测应采用聚居化水平作为重要预测指标。灾后集镇聚居化水平应综合考虑灾后集镇的城镇化水平以及近远期灾民的安置等诸多因素加以确定。

（九）集镇规划内容

1．产业发展规划

灾后集镇产业发展规划的主要任务是分析重灾集镇灾后产业发展条件，确定集镇灾后的产业发展定位及布局，提出集镇灾后主导产业发展的目标及策略。

2．用地布局规划

灾后集镇用地布局规划应遵循“因地制宜、节约用地、保证安全、方便生活、突出特色”的原则，综合考虑集镇灾后恢复重建和远期发展需要，明确集镇用地发展规模和规划区范围，确定城市建设与发展用地的空间布局，综合安排各类城镇建设用地，合理配套各类公共服务设施和基础设施。

3．安置点布局规划

受灾群众安置问题是灾后恢复重建的重点和难点，也是灾后恢复重建的首要任务。

灾后安置点布局规划的主要内容是：选择安置点位置；确定安置点人口数量和建设用地规模；明

确相应配套设施内容和要求；提出安置点建筑风貌导则。

4．远近期结合统筹兼顾

灾后安置点的选择应考虑临时安置与永久居住相结合，并遵循就近、就地的安置原则，当原有用地条件存在较大安全威胁时，可考虑异地重建。安置点基础设施的配置应满足灾后居民的基本生活要求并兼顾未来发展需要。

5．近期建设规划

灾后集镇近期建设规划的主要内容：明确近期建设目标及任务；划定近期建设用地范围；确定近期恢复重建的用地布局和主要建设项目内容；制订近期建设用地指标；并对规划范围内受损较小的建筑物以及基础设施等提出修复标准和措施。

6．公共服务设施及基础设施规划

灾后集镇公共服务设施及基础设施规划的主要内容：明确灾后恢复重建的公共服务设施和基础设施配置要求及标准；对重要基础设施提出防灾减灾策略；并对现有受损较小的基础设施提出加固和修复意见。

灾后集镇公共服务设施及基础设施规划的相关要求：

结合灾后产业和人口布局的调整，加强集镇的公共服务设施的建设，各级公共服务设施应在满足当前需求的前提下，适当超前，满足该地区的长期发展需求。

灾后恢复重建应首先考虑学校、消防站、防疫站及医疗点等公共服务设施和电力、电信、供水、道路等基础设施的恢复重建。

公共服务设施及重要基础设施恢复重建选址应位于接近集镇或片区中心、交通便利的地区，并应尽量选择场地平整，不受各类地质灾害影响的安全地带。

7．环卫设施规划

灾后集镇环卫设施规划的主要内容是：确定集镇垃圾收集与处理方式；确定垃圾处理设施位置及规模；提出集镇公共厕所、垃圾收集点以及垃圾桶设置的基本要求。

8．防灾减灾系统规划

灾后集镇恢复重建规划中应加强防灾减灾体系和综合减灾能力建设，通过优化集镇布局，提高灾害预防和紧急救援能力。灾后集镇防灾减灾系统规划主要是设置避难场所和疏散通道；规划各种防灾减灾设施和防灾供应设施；提出各项防灾减灾措施以及设防标准等。

9．规划实施

结合各地实际，提出实施规划的政策建议，并提出具体实施措施与时序安排。

二、规划实践案例

灾后恢复重建的规划与实践过程中，我们遇到了很多难题。第一，地震灾区原本大多为生态环境脆弱地区，各产业均不发达。地震过后，各产业受到巨大冲击，甚至损失殆尽。为此，受灾城镇未来发展动力不明。第二，灾后恢复重建时间紧、任务重，特别是重灾集镇对安置的需求非常迫切。规划单位在时间限制下，对原有城镇历史文化及传统习俗等无法深入了解，对地方特色的延续挖掘不够深入，有可能形成水土不服的规划。第三，由于物质空间现状的缺失，已不存在大拆大建的问题，基本上规划单位面对的是一片空白的场地，所以规划容易出现过于概念化、理想化，忽略灾后还遗留的可利用的基础设施（如道路）。第四，由于对延续的历史文化，可利用的基础设施的忽略，理想化的方案有可能带来城镇形态的千篇一律。第五，恢复重建规划，重点在于近期安置与远期恢复。但由于近期安置迫切，规划程序甚至产生了倒置。修建性详细规划先于总体规划。这样容易形成近远期规划相脱节的情况。

案例一：汶川县映秀镇灾后重建规划

1．概况

汶川县映秀镇是“5·12大地震”震中，受灾情况极其严重，中心镇区几乎被夷为平地。经济损失严重，建筑物基本倒塌，生态环境严重恶化，人员伤亡惨重。映秀镇区是全镇的政治、经济、文化中心和综合服务中心。近期主要功能是解决大部分灾民的过渡安置和生活基本服务，远期依托都汶高速公路、国道213和省道303等的区域交通基础设施通廊，大力发展与地震教育培训、地震旅游和休闲观光旅游等相关的配套服务业，强化其居住和休憩服务功能，积极引导与旅游纪念相关的手工业发展，加强市政基础设施的配套，增强其旅游目的地的服务功能，提高城镇化水平（图4-2-8）。

2．规模

城镇人口规模：中心镇区人口0.82万人。城镇建设用地规模：规划区面积约191.48hm^2，其中建设用地约72.83hm^2。

3．城镇形象重塑

地震过后重建的不仅是家园，还有城镇的形象。规划将映秀的形象概括为：抗震教育纪念园地、安居乐业宜人家园、山水风光魅力小镇。

显山露水——依托山水环境优势，打造惬意安全的人居环境。针对映秀镇依山傍水的优势，寻求山、水、建筑、城市的和谐统一。

重拾记忆——恢复小镇传统风貌，凸显民族交汇地域文化特色。应采用传统建筑符号、坚持原址重建原则、保护原生植被、利用现状用地、运用本地材料等措施，恢复小镇传统风貌。

图4-2-8　地震后的映秀镇

活力植入——整合城市风貌形象，梳理传统街巷，营造活动场所。通过公共空间场所的规划，以及纪念体系的确立，梳理开放空间，增加空间吸引力，提供城镇持续发展的内在动力，挖掘城市公共生活的新活力。

4．城镇发展新动力

在重建规划中，将映秀镇镇区功能结构划分为“一带、两轴、四组团”。一带即地震纪念带，主要是由地震遗址公园—遇难者公墓—地震纪念馆—巨石遗址—百花大桥遗址等一系列与地震纪念旅游相关的元素构成，它是汶川大地震震中地区的纪念核心。同时，形成了未来映秀城镇发展的重要依托。映秀城镇从过去的旅游服务及中转地，转变为了旅游目的地（图4-2-9~图4-2-16）。

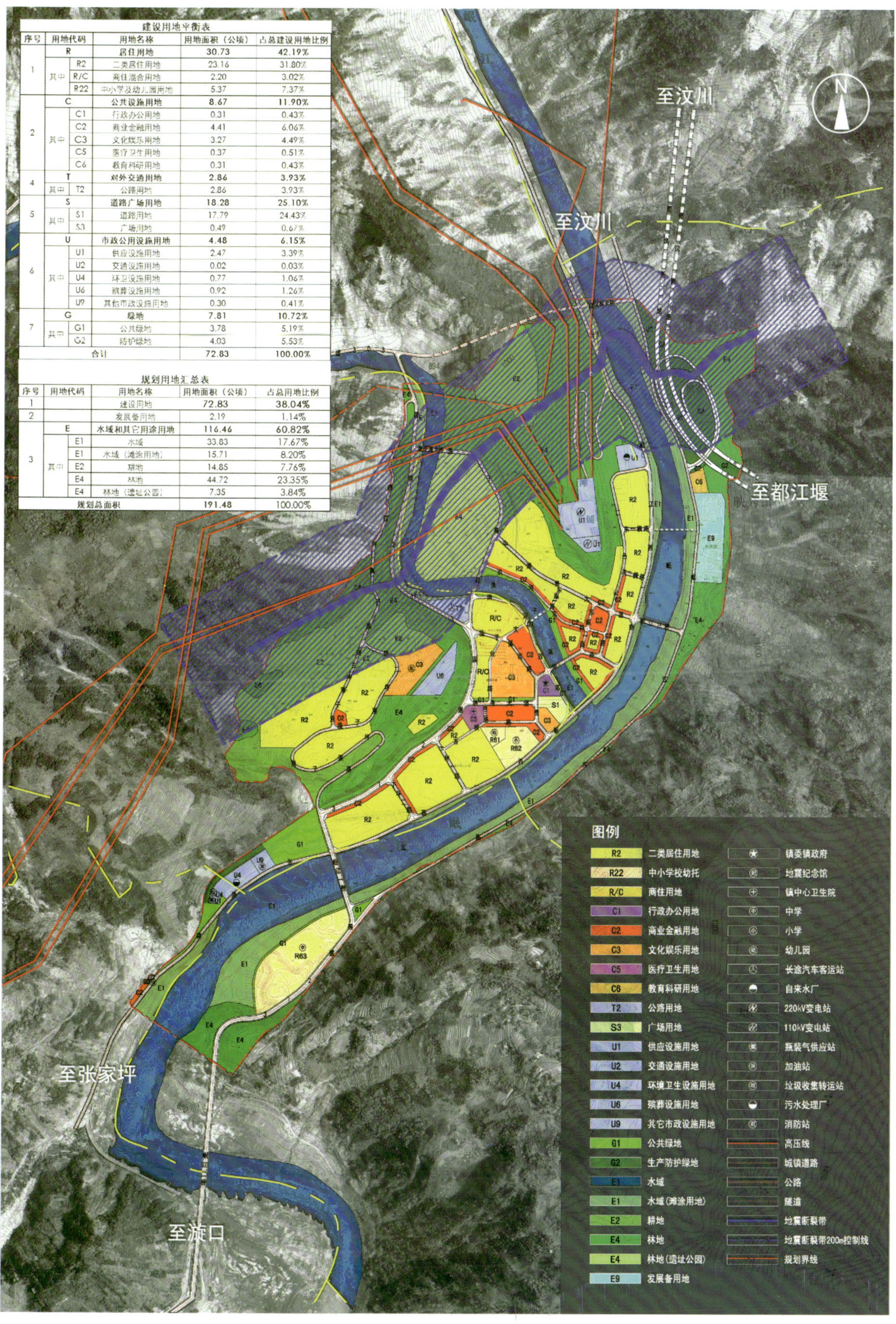

建设用地平衡表

序号	用地代码		用地名称	用地面积（公顷）	占总建设用地比例
1	R		**居住用地**	**30.73**	**42.19%**
	其中	R2	二类居住用地	23.16	31.80%
		R/C	商住混合用地	2.20	3.02%
		R22	中小学及幼儿园用地	5.37	7.37%
2	C		**公共设施用地**	**8.67**	**11.90%**
	其中	C1	行政办公用地	0.31	0.43%
		C2	商业金融用地	4.41	6.06%
		C3	文化娱乐用地	3.27	4.49%
		C5	医疗卫生用地	0.37	0.51%
		C6	教育科研用地	0.31	0.43%
4	T		**对外交通用地**	**2.86**	**3.93%**
	其中	T2	公路用地	2.86	3.93%
5	S		**道路广场用地**	**18.28**	**25.10%**
	其中	S1	道路用地	17.79	24.43%
		S3	广场用地	0.49	0.67%
6	U		**市政公用设施用地**	**4.48**	**6.15%**
	其中	U1	供应设施用地	2.47	3.39%
		U2	交通设施用地	0.02	0.03%
		U4	环卫设施用地	0.77	1.06%
		U6	殡葬设施用地	0.92	1.26%
		U9	其他市政设施用地	0.30	0.41%
7	G		**绿地**	**7.81**	**10.72%**
	其中	G1	公共绿地	3.78	5.19%
		G2	防护绿地	4.03	5.53%
合计				72.83	100.00%

规划用地汇总表

序号	用地代码		用地名称	用地面积（公顷）	占总用地比例
1			建设用地	**72.83**	**38.04%**
2			发展备用地	2.19	1.14%
3	E		**水域和其它用途用地**	**116.46**	**60.82%**
	其中	E1	水域	33.83	17.67%
		E1	水域（滩涂用地）	15.71	8.20%
		E2	耕地	14.85	7.76%
		E4	林地	44.72	23.35%
		E4	林地（遗址公园）	7.35	3.84%
规划总面积				**191.48**	100.00%

图 4-2-9　用地规划图

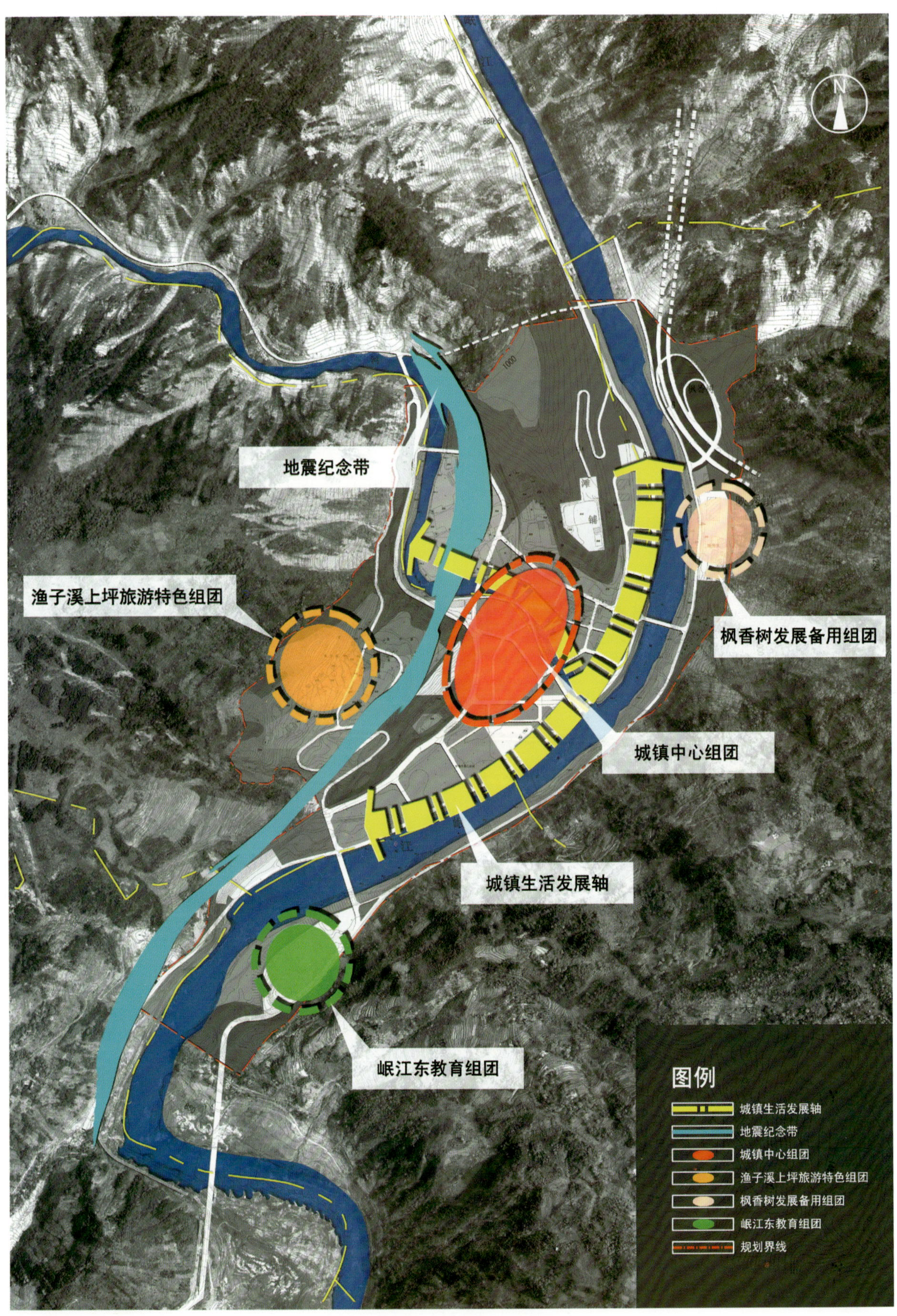

图 4-2-10　镇区规划结构分析图

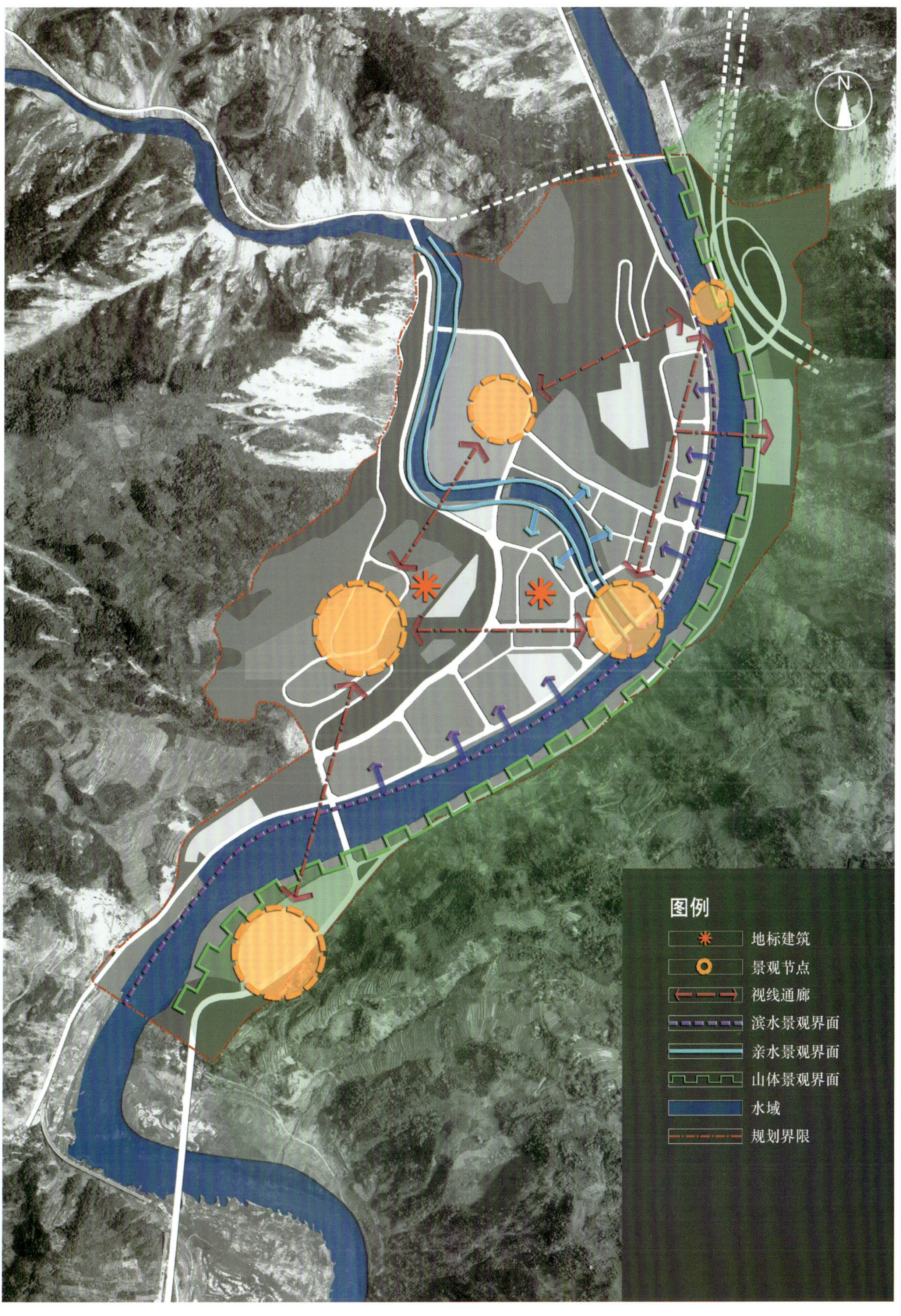

图 4-2-11 镇区风貌引导图

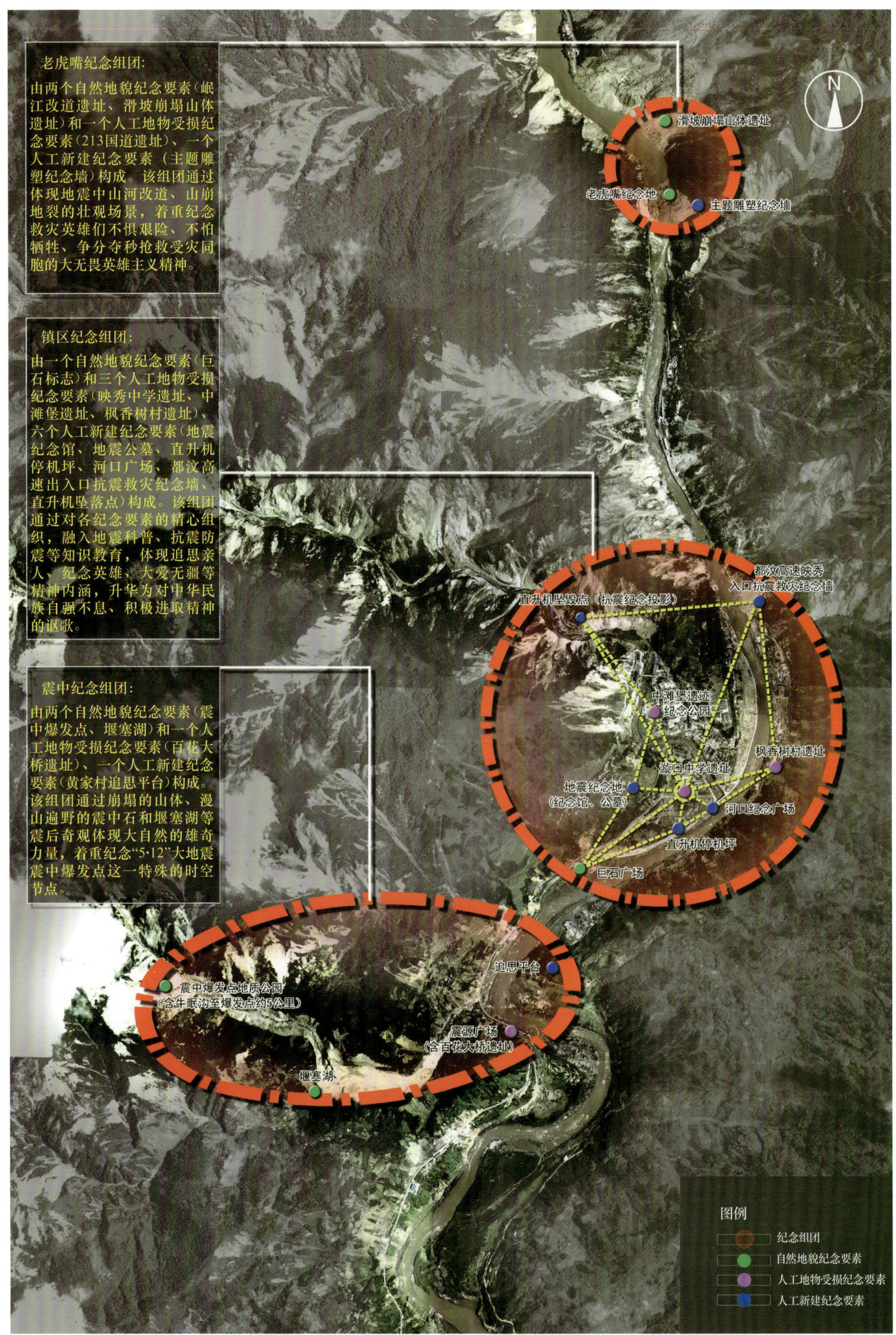

图 4-2-12 镇区旅游体系规划图

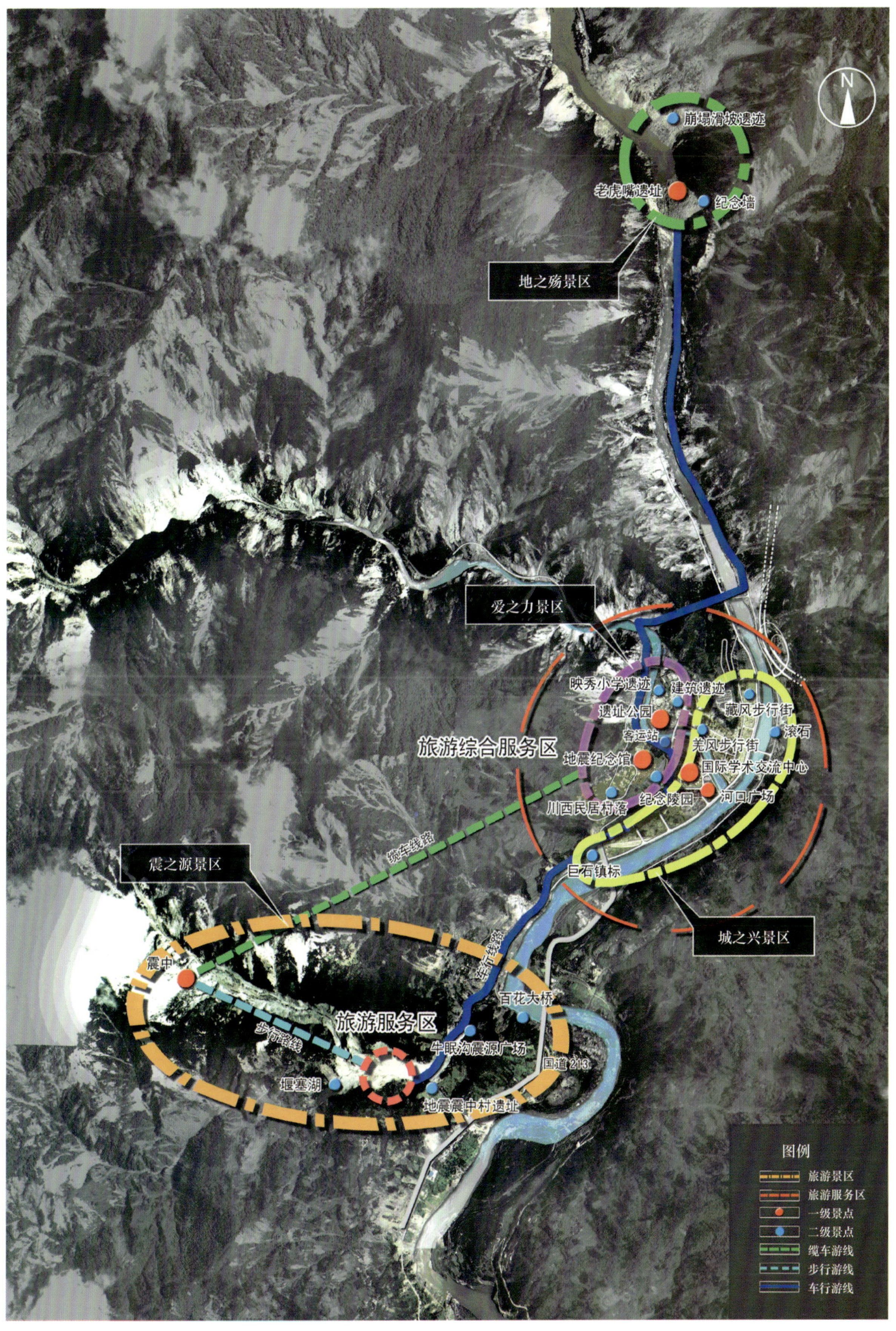

图 4-2-13　纪念体系规划图

图 4-2-14　映秀镇恢复重建效果图

图 4-2-15　映秀镇恢复重建建成图

图 4-2-16　映秀镇灾后重建效果组图（一）

图 4-2-16　映秀镇灾后重建效果组图（二）

案例二：绵竹市汉旺镇灾后重建总体规划

1．城镇性质

5·12 地震重要的遗址纪念地，川西重要的旅游节点镇，绵竹市区北部门户、旅游集散中心和商贸物资集散中心。建设成旅游为主的综合镇和依山傍水的生态镇。地震纪念展示、研究、科普、教育基地和宣传伟大抗震救灾精神的精神家园；龙门山生态休闲旅游服务基地之一；发展高技术产业，建设优势配套产业基地，农副产品深加工基地和其他优势配套产业基地，充分解决劳动力就业；镇域经济、行政和文化中心（图 4-2-17、图 4-2-18）。

图 4-2-17　震后的工业厂房

图 4-2-18　地震后的汉旺镇

2．规模

汉旺镇人口规模 2010 年人口为 2.3 万人；2020 年人口为 3 万人。县城城市建设用地规模 2010 年 2.43km^2；2020 年 3.43km^2。

3．规划结构

“两街、两中心、七小区、一个工业集中区”的结构形式。

“两街”分别为汉旺大街与汉凌路，汉旺大街为城镇旅游休闲街，汉凌路为连接城镇生活生产区域的主街。

“两心”为城镇公共中心和休闲服务中心，城镇公共中心位于两街交会处，是城镇公共活动中心，旅游服务中心位于重建区入口，是城镇旅游服务、旅游活动中心。

“七小区”分别为清溪小区、梁溪小区、雨溪小区、香山小区、观山小区、望江小区和汉兴小区。

一个工业集中区为镇区南部的工业区（图 4-2-19~ 图 4-2-21）。

图 4-2-19　镇区土地利用现状图

图 4-2-20 2010 年汉旺新镇

图 4-2-21 汉旺中心小学宽阔的操场

案例三：汶川县水磨镇灾后重建规划

1．概况及性质

水磨镇在本次规划期限内的性质确定为：以发展体系教育、绿色居住、流通商贸为主的山水环境宜人的服务型城镇。

2．城镇人口规模、建设用地规模

恢复重建期（2011 年）人口规模约 3 万人，其中集中重建区（白石片区 + 镇区）约 2.4 万人。发展提高期（2015 年）人口规模约 3.5 万人，其中集中重建区（白石片区 + 镇区）约 2.8 万人。

恢复重建期（2011 年）城镇建设用地规模：1.80km^2；人均建设用地 75 m^2。

发展提高期（2015 年）城镇建设用地规模：2.00km^2；人均建设用地 71.3 m^2。

3．规划理念

水磨镇镇域规划结构为“一心、两轴、三区”。

（1）一心

镇区中心——全镇的行政、文化、教育、经济中心，集中了全镇绝大部分的服务功能。

（2）两轴

主轴——沿寿溪河 - 漩三公路发展轴。

次轴——与主轴垂直，由通往都江堰青城后山规划旅游道路引出的乡村旅游经济发展轴。

（3）三区

第三产业主导发展区——分布于漩三公路主发展轴两侧的村，包括郭家坝、老人、寨子坪、茅坪子、黑土坡、马家营、白果坪、白石等 8 个村。乡村旅游主导发展区——沿乡村旅游经济发展轴分布，包括刘家沟、黄家坪、大岩洞、牛塘沟等 4 个村。传统经济主导发展区——其余村庄散布于相对边远、交通相对不便的山里，维持发展传统型的山区农业经济，有重点地培育主导经济作物。

4．镇中心区规划

其功能结构为一湖四片区，围绕寿溪湖形成四个城市功能片区，主要以文化教育和旅游商贸居住功能为主。

老人村片区：以老街为核心，发展商住及旅游产业，并汇集近期重建的大型公建，形成滨水的公共建筑与空间带。该片区东部的商住混合组团（拆迁安置组团）用于统一、集中安置涉及拆迁的村民。采取上住下商的形式，在解决拆迁村民居住场所的同时，妥善解决其生计问题。

茅坪子片区：包含体育、文化、商业、行政等功能，为镇中心区的“客厅”。

寨子坪片区：以居住功能为主，用于安置转移迁入的居住人口。为方便居民生活，该片区规划设有小区级公建。

马家营片区：主要为马家营村及茅坪子村西侧部分用地，以教育功能为主，设有阿坝师专、阿坝电大、威州民族师范学校及其配套的服务设施（图 4-2-22~ 图 4-2-24）。

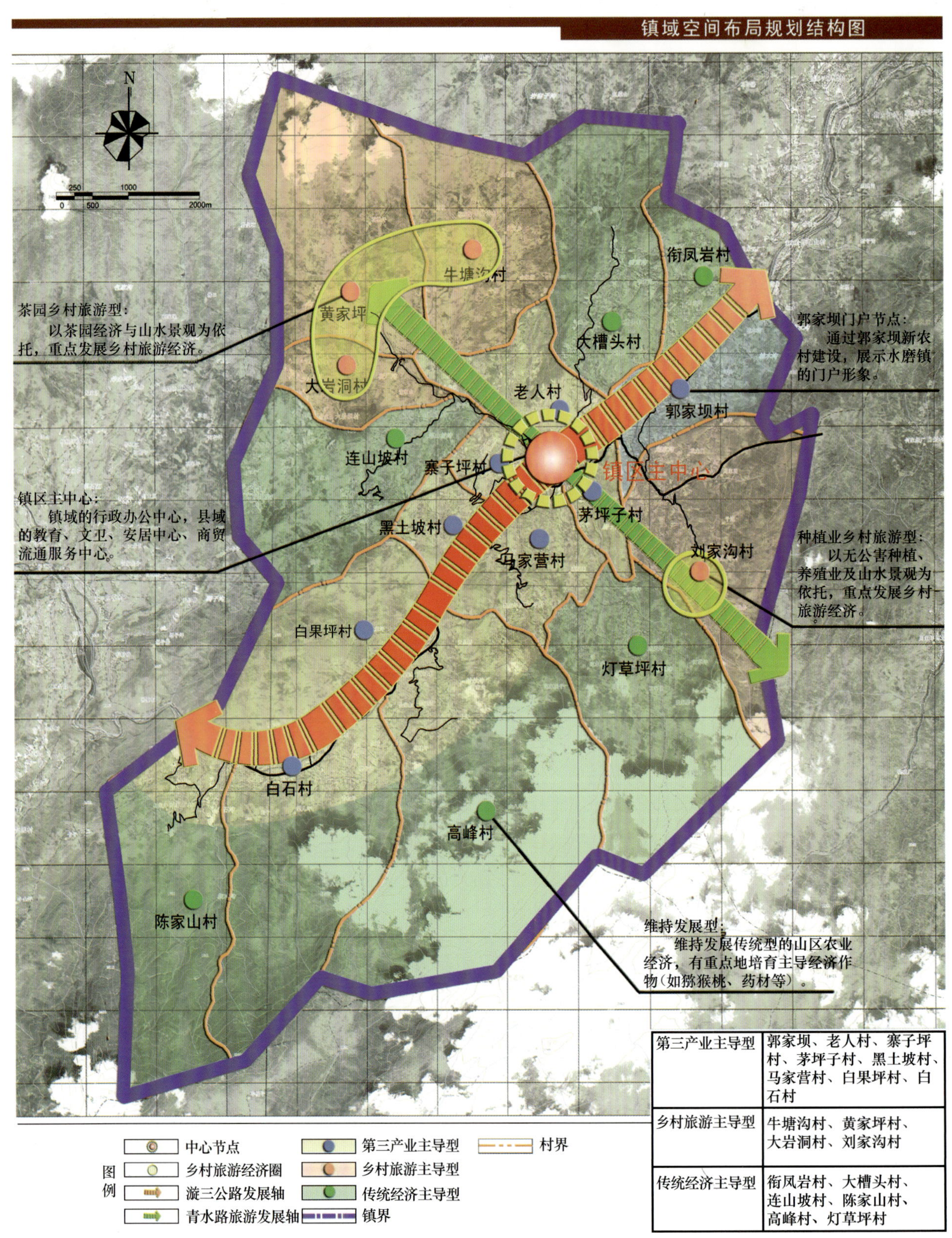

图 4-2-22　汶川县水磨镇镇域空间布局图

集中重建区城市设计指引图

N

0 125 250 500m

镇区

白石片区

片区位置示意

镇区

白石片区

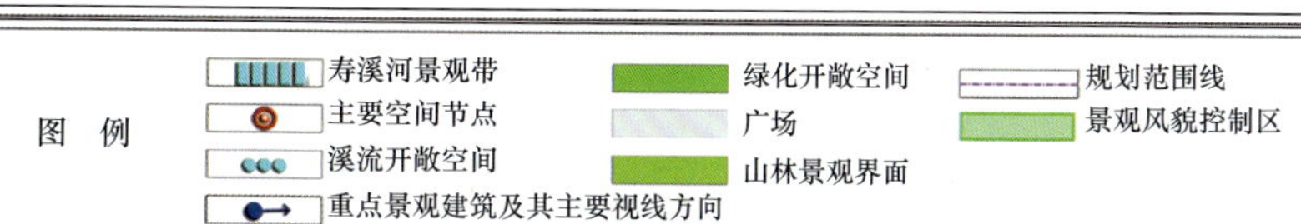

图 4-2-23 汶川县水磨镇集中安置区城市设计指引

图 4-2-24　汶川县水磨镇集中安置规划鸟瞰图

弘扬地域民族文化是本次规划和城市设计的基本目标，规划设计以寿溪湖为核心，建设一个以湖面为中心的高海拔滨水山地特色小镇。城镇布局以风水理论为基础，以人文礼教为准绳，注重传统审美意向的公共景观空间与整体形态。建设过程对城镇风貌进行了全程控制引导，获得了很好的结果，被誉为 5 • 12 汶川地震四川灾区恢复重建的典范之作（图 4-2-25~ 图 4-2-28）。

图 4-2-25　汶川县水磨镇实施效果

图 4-2-26　汶川县水磨镇寿溪湖与城镇景观实施效果

图 4-2-27　汶川县水磨镇坡地建筑与市民广场景观实施效果

图 4-2-28　汶川县水磨镇实施效果组图（一）

图 4-2-28 汶川县水磨镇实施效果组图（二）

案例四：彭州市龙门山镇灾后重建规划

1．概况及性质

龙门山镇是四川省著名的旅游镇，在震后仍要发展旅游产业服务为主的旅游服务型城镇。它是全镇的政治、经济、文化及商贸中心，是彭州市北部山区的中心镇之一，在北部山区经济发展中起带动作用，是农村经济与城镇经济的综合地，是农村向城市发展的过渡，规划建成范围内设施配套齐全，布局合理。

龙门山地处山区，原场镇建设用地均位于山谷、河谷台地，除受到地震破坏之外，多数建设用地在震后仍受到山体崩塌、滑坡、泥石流等次生灾害的威胁，为防止次生灾害发生，地质灾害评估报告建议：在建设场地外围与存在地质灾害的地段之间划定 50m 宽的禁止建设区，作为缓冲和防护绿化用地。

2．规模

2010 年龙门山镇城镇人口 1000 人，城镇建设用地规模 13.93hm^2。

3．规划结构及特色

规划龙门山城镇布局沿河谷形成带状城镇综合服务区。城镇的彭白银路、矿山路作为未来城镇发展、联系轴线。

城镇综合服务区是龙门山镇所应当具备的功能区，承担了为龙门山镇提供服务的对内、对外职能，规划以商贸、旅游服务、行政服务、居住、文教为主。

为突出龙门山“依山傍水”的川西旅游小镇风貌特色，建筑造型风格应统一，简洁明快，应集中体现川西民居风格和文化艺术，并与景区田园景色相和谐，沿山和沿河形成丰富的城镇天际线，形成与平常在城市的建筑氛围完全不同的乡村建筑，使游客的视觉受到强烈的冲击，留下深刻印象和美好体验。沿白水河滨水景观带应着重把握山水，实现通透性，临滨水地带建筑的滨水界面宽度不宜大于 30m，且建筑高度由滨水向山地方向逐渐增高（图 4-2-29~ 图 4-2-32）。

案例五：什邡市师古镇灾后重建规划

1．概况及性质

师古镇是什邡市中部二级重点中心城镇，以发展食品加工、冶金、建材等工业及商贸服务业为主，承担辅助中心城市，带动区域经济发展的重要职责的综合型城镇。但由于 5·12 地震使得师古镇的建（构）筑物受到不同程度的损伤，大多不能继续使用。所有工厂全部停工，对师古镇的产业也造成了巨大的损失（图 4-2-33）。

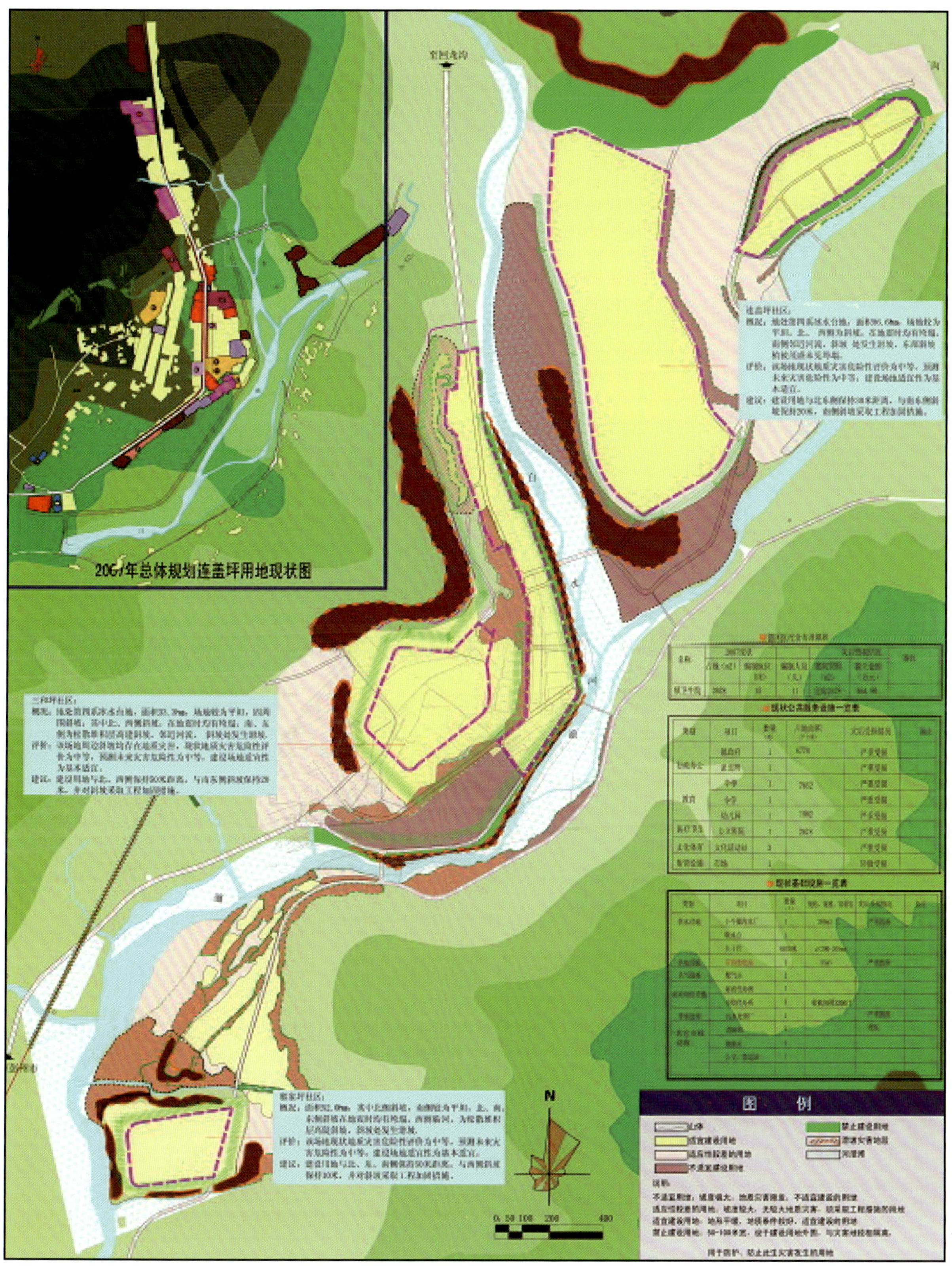

图 4-2-29 镇区用地现状及工程地质评价图

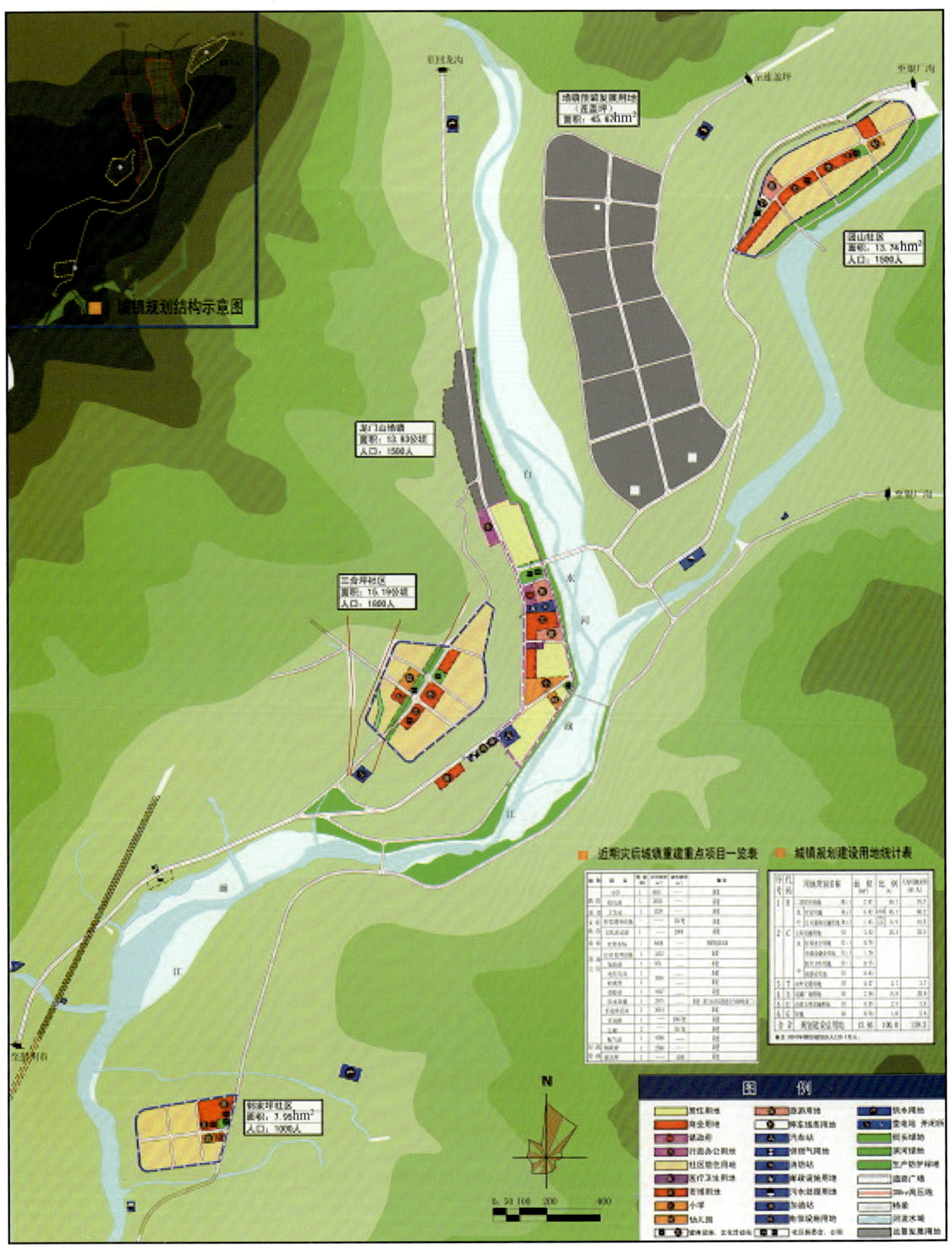

图 4-2-30　镇区土地利用规划图

图 4-2-31　龙门山镇村庄安置点规划图

彭州市龙门山镇国坪村永久性安置点

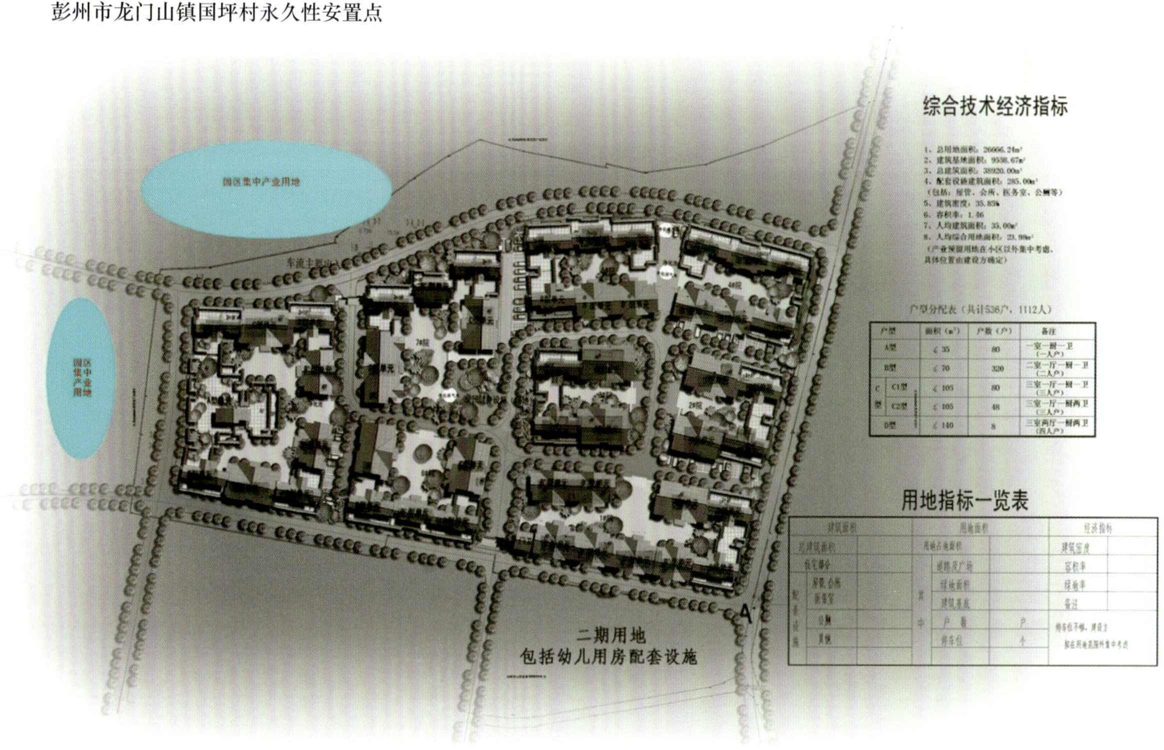

图 4-2-32　彭州市龙门山镇宝山太阳雨聚居点

图 4-2-33　镇区综合现状图

2．规划规模

2010 年人口规模为 1.8 万人，城镇建设用地规模 1.42km^2；2020 年人口为 3.5 人，城镇建设用地规模 3.02km^2。

3．规划特色

城镇特色塑造：重建规划并非构筑理想的乌托邦，文脉与地域特色并未因为地震而割断，恢复重建规划不仅要重建物质空间，还要重塑城镇特色。在提取了师古镇“农业”、“水系”、“人居”、“商业”、“工业”的几个重要元素的基础上，提出“川西平原上自然生长的林盘生态城镇”的基本概念，摒弃将城镇作为孤岛独立设计的思路，居住组团采用自然聚落式。采用象形原理强调依托于川西林盘的城镇生长肌理，将自然大环境的绿脉和蓝脉引入城镇，在城镇的功能分区中间插红脉。绿脉是具有标志性和引导性的绿带包括滨江带；串联城镇中心的绿核；穿插社区的绿心；蓝脉是将宽 1m 及以上的水渠形成景观系统贯穿全镇；红脉是各种公共服务及配套设施，包括商业、服务业、文体科技等。

近远期平衡：急安置的建设与稳发展的规划之间的矛盾在本规划中得到了平衡。师古镇灾后总体规划，是以现状梳理与再创造形成的城市特色来衔接近期安置与远期发展的。5·12 地震破坏了镇区几乎所有的建筑，建设面对的是一篇白纸，规划看似可以理想化的构筑，但这样的规划在短时间内无法成形，不能满足尽快让灾民安居的要求。为此规划充分利用了地震之后还遗留的基础设施，如主要道路、管线等，并配合绿地、水网的利用，重新营造川西平原生态城市特色，快速见效地为灾民构筑宜于人居的安置之地，同时又考虑到城镇未来的发展（图 4-2-34 ～图 4-2-36）。

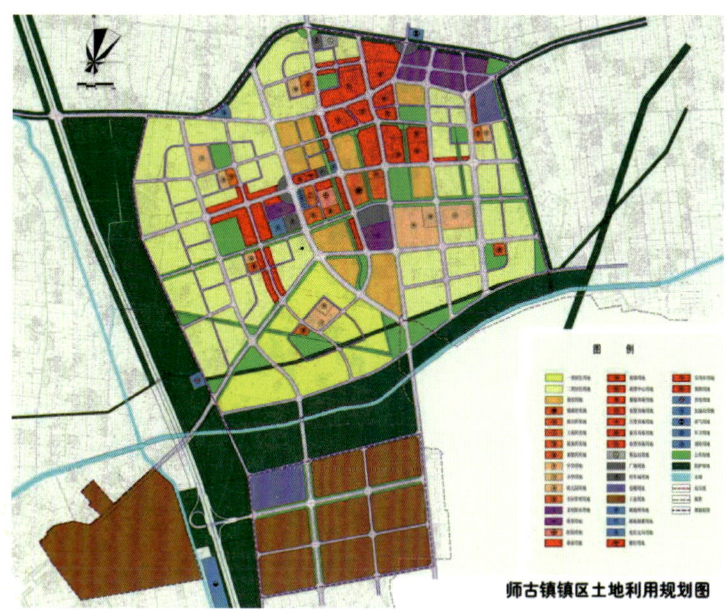

图 4-2-34　镇区土地利用规划图

图 4-2-35　镇区建设规划总平面图

图 4-2-36　师古镇规划全景图

案例六：平武县南坝镇灾后重建规划

1．概况及性质

在 5・12 汶川特大地震中，南坝镇被划定为绵阳市平武县极重灾区，是南坝镇有史以来破坏性最强、波及范围最广、救灾难度最大的毁灭性灾难。农村住房遭受了巨大的损失，水、电、气、油、路、通信等基础设施全面瘫痪。城镇性质为历史文化小镇和平武县东南片区商贸重镇。

2．城镇建设用地规模

现状镇区面积 47hm^2，人均建设用地约 67.14m^2。2015 年镇区人口 1.2 万人，建设用地 104.50hm^2，人均 87.10m^2（图 4-2-37 ～图 4-2-40）。

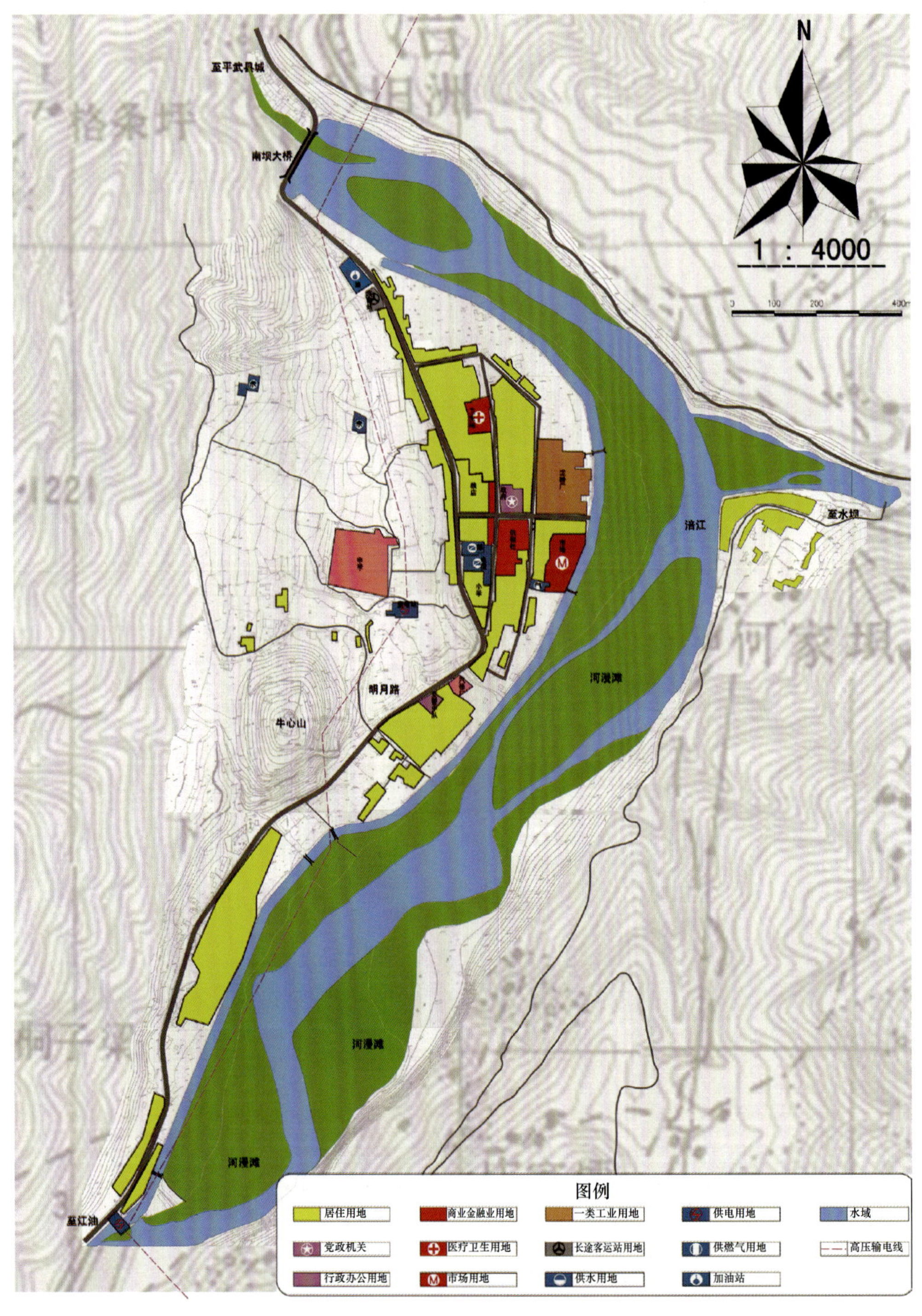

图 4-2-37　近期土地利用规划图（一）

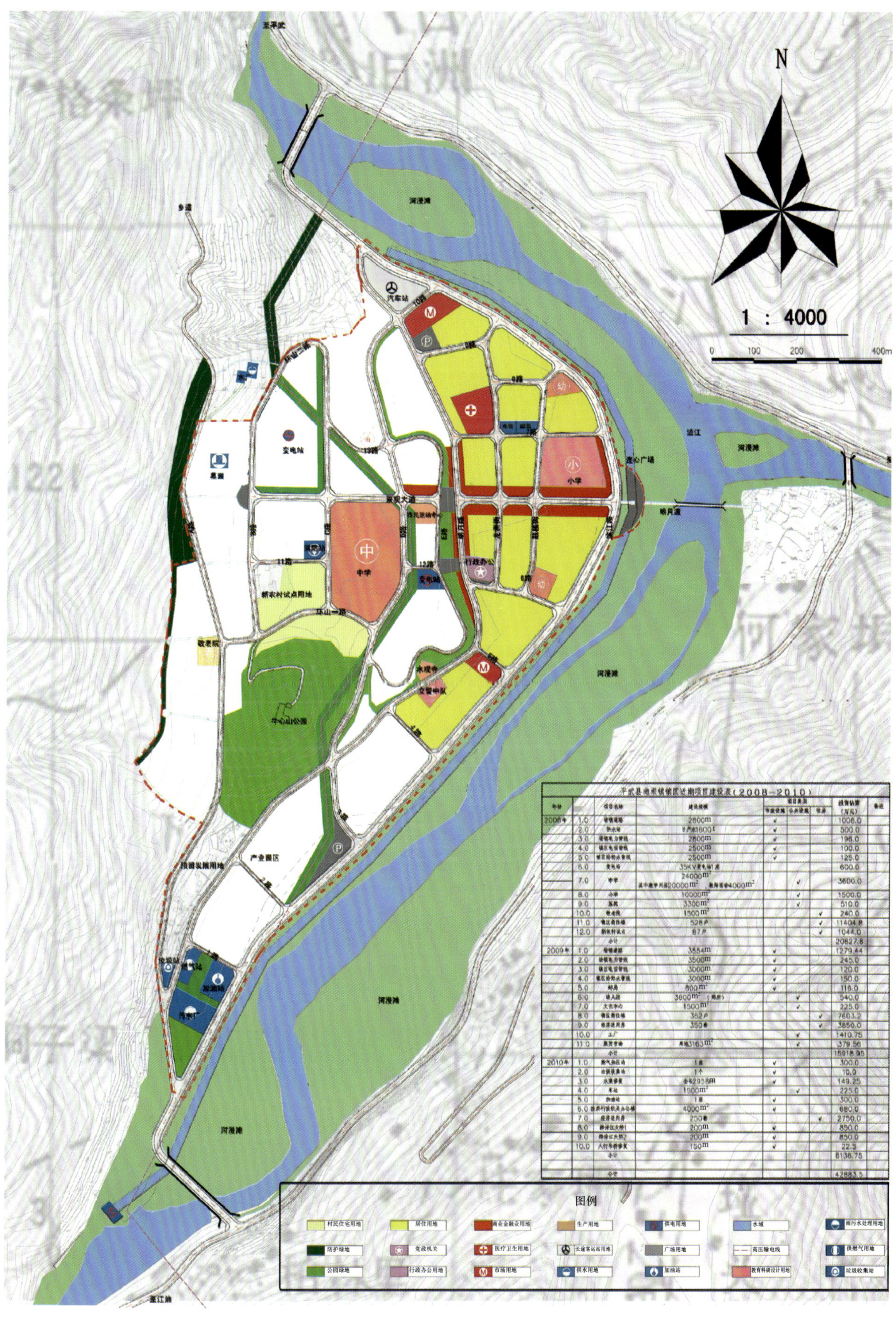

平武县南坝镇镇区近期项目建设表（2008—2010）

年份		项目名称	建设规模	项目类别			投资估算（万元）	备注
				市政设施	公共设施	住房		
2008年	1.0	场镇道路	2600m	✓			1006.0	
	2.0	供水站	日产水1600t	✓			500.0	
	3.0	场镇电力管线	2800m	✓			196.0	
	4.0	镇区电信管线	2500m	✓			100.0	
	5.0	镇区给排水管线	2500m	✓			125.0	
	6.0	变电站	35KV变电站1座				600.0	
	7.0	中学	24000m² 其中教学用房20000m²、教师宿舍4000m²		✓		3600.0	
	8.0	小学	10000m²		✓		1500.0	
	9.0	医院	3300m²		✓		510.0	
	10.0	敬老院	1500m²			✓	240.0	
	11.0	镇区商住楼	528户			✓	11404.8	
	12.0	新农村试点	87户			✓	1044.0	
		小计					20827.8	
2009年	1.0	场镇道路	3554m	✓			1279.44	
	2.0	场镇电力管线	3500m	✓			245.0	
	3.0	镇区电信管线	3000m	✓			120.0	
	4.0	镇区给排水管线	3000m	✓			150.0	
	5.0	邮局	800m²	✓			116.0	
	6.0	幼儿园	3600m²（两所）		✓		540.0	
	7.0	文化中心	1500m²		✓		225.0	
	8.0	镇区商住楼	352户			✓	7603.2	
	9.0	经济适用房	350套			✓	3850.0	
	10.0	工厂			✓		1410.75	
	11.0	集贸市场	用地3163m²		✓		379.56	
		小计					15918.95	
2010年	1.0	燃气加压站	1座	✓			300.0	
	2.0	垃圾收集站	1个	✓			10.0	
	3.0	水渠修复	全长2958m	✓			149.25	
	4.0	车站	1500m²		✓		225.0	
	5.0	加油站	1座	✓			300.0	
	6.0	政府行政机关办公楼	4000m²	✓			680.0	
	7.0	经济适用房	250套			✓	2750.0	
	8.0	涪江大桥1	200m	✓			850.0	
	9.0	涪江大桥2	200m	✓			850.0	
	10.0	人行吊桥修复	150m	✓			22.5	
		小计					8136.75	
		合计					42883.5	

图 4-2-38　近期土地利用规划图（二）

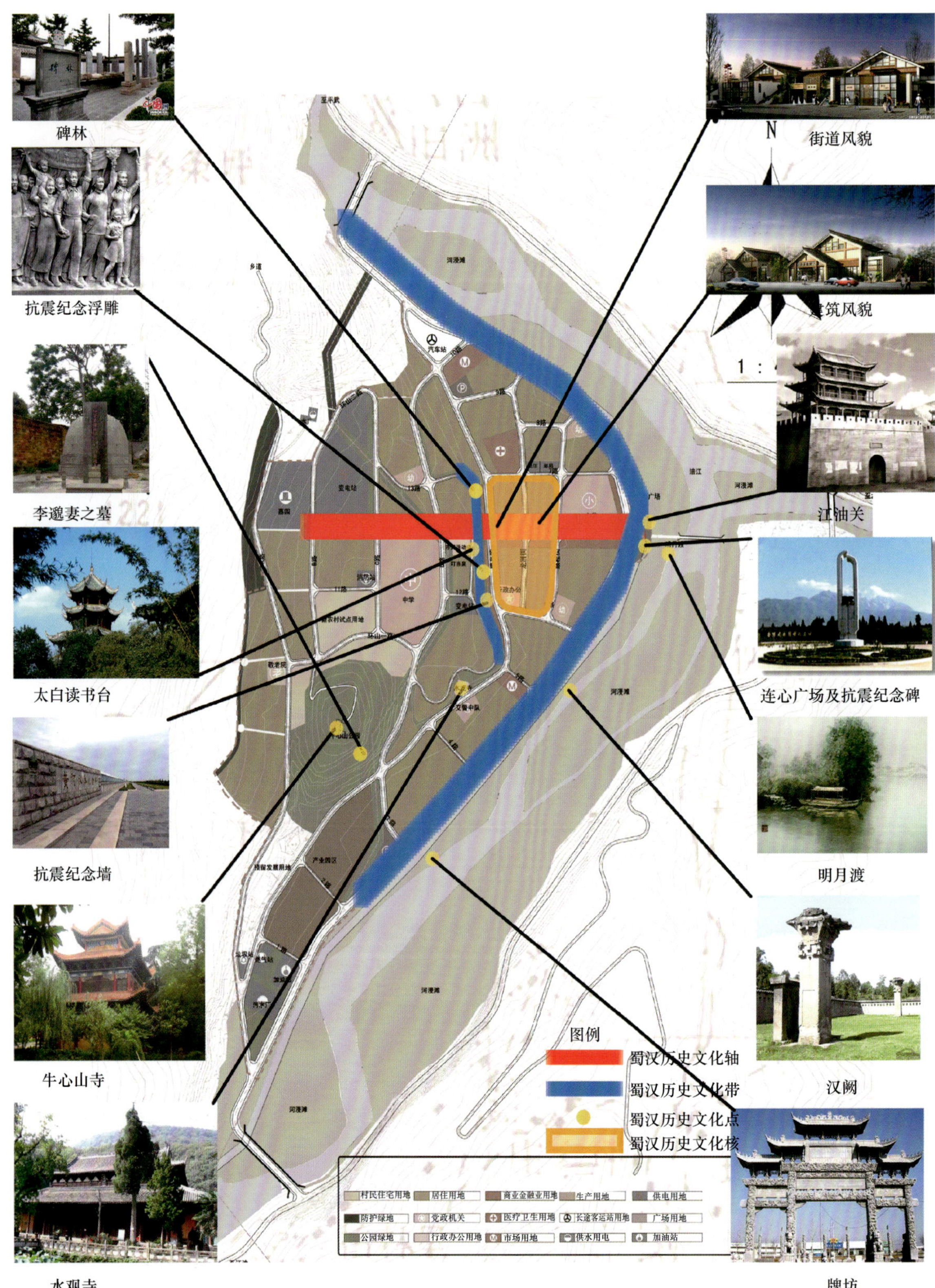

设计说明：通过对镇区的蜀汉历史文化轴、蜀汉历史文化带和蜀汉历史文化点的保护规划建设，来保护、继承和发扬南坝镇区的整体历史风貌以及地方习俗和传统，并且结合蜀汉历史文化轴对蜀汉历史文化核心区的打造，最终形成“一片、一轴、两带”的历史文化风貌格局。并进一步在民居、沿江立面和轴线街道立面采用“黑素心白墙褐窗框”的蜀汉建筑网络，以体现蜀汉小镇的风貌特色与生活氛围。

结合规划中的记忆长廊，在上台地陡坡处重建李白读书及景观楼阁，整治清理叮当泉现状，保护修缮水观寺，打造台地历史风貌带。并进而对牛心山的历史文化资源进行开发利用，重建牛心山寺及李邈妻之墓。

在涪江沿岸重建明月渡口，并围绕其展开滨江历史风貌带，建设牌坊、汉阙、江油关等蜀汉历史韵味浓郁的建筑，以点带线，体现蜀汉风貌。

图 4-2-39　风貌控制图

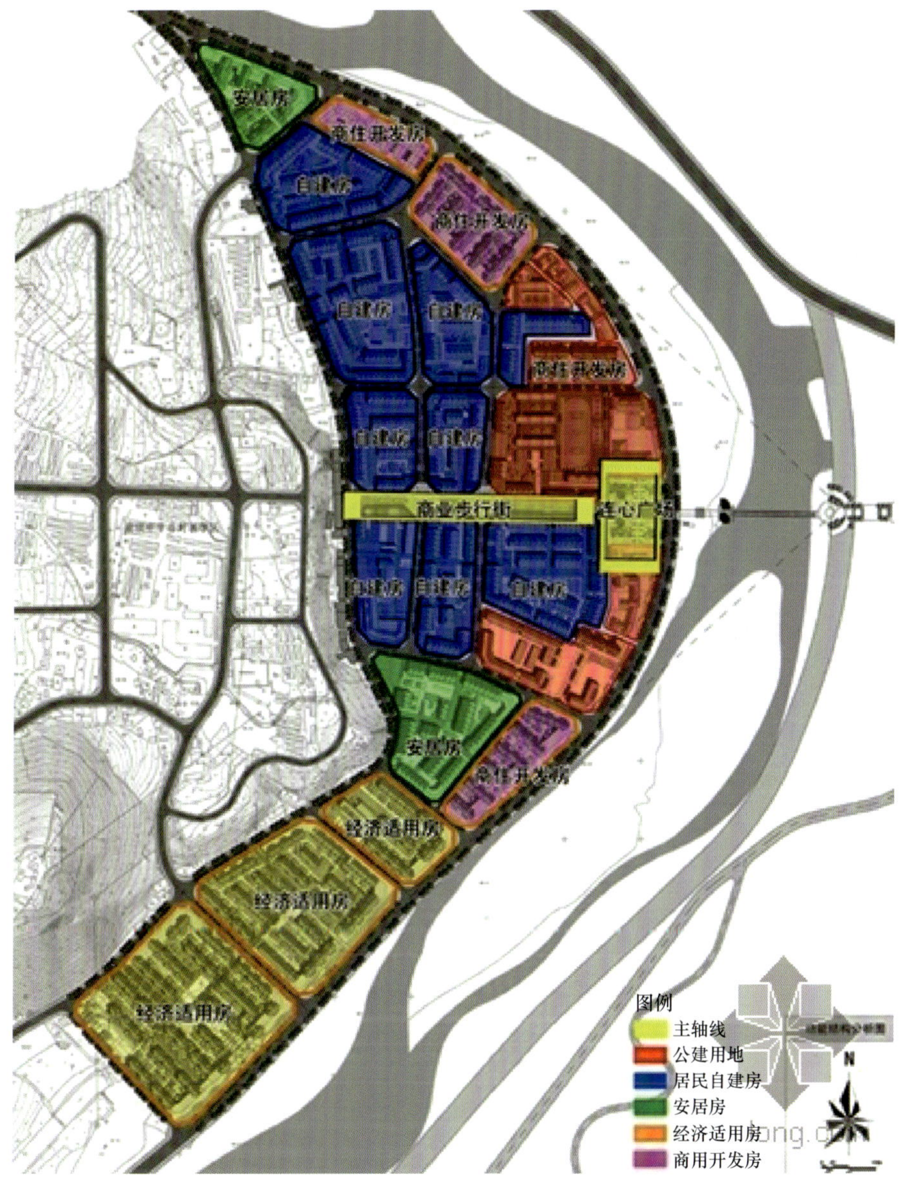

图 4-2-40　南坝规划图镇分区控制图

3．规划理念

历史文化特色：镇区利用自身历史文化优势并依托“九环线”积极发展旅游服务业；通过对镇区的蜀汉历史文化轴、蜀汉历史文化点的保护规划建设，来保护、继承和发扬南坝镇区的整体历史风貌以及地方习俗和传统，并且结合蜀汉历史文化轴对历史文化核心区的打造，最终形成“一片、一轴、两带”的历史文化风貌格局，并进一步在民居、沿江立面采用“黑瓦白墙褐窗框”的建筑风格，体现蜀汉小镇的风貌特色与生活氛围。

尊重生态环境：利用镇区背山面水，自然环境好的条件，镇区呈南北狭长带沿涪江隐于山水之间。形成山、水、城的空间格局（图 4-2-41、图 4-2-42）。

从保护和营造生态环境的高度出发，尊重南坝镇的自然环境，在充分利用现有资源的基础上，合理分配空间，整合用地结构，加强自然环境和人工环境之间的联系。

沿涪江绿化景观带、上下太低陡坡处的带状公园和牛心山与山体背景形成沿涪江南北走向的三层绿化带，绿化带之间为城镇用地。总体构成涪江绿化带—老城镇—陡坡带状公园—新城镇—山体背景的格局，自然环境与人工环境穿插，绿化与城镇建设巧妙结合（图 4-2-43）。

图 4-2-41 平武县南坝镇鸟瞰图

图 4-2-42 平武县南坝中学鸟瞰图

图 4-2-43 南坝镇规划效果图

案例七：崇州市文井江镇灾后重建规划

1．概况

文井江镇（原名万家镇），位于崇州市西北部，地处成都市域“一区两带”中的龙门山前山区，距崇州市区 37km，距成都市中心城区仅 65km。镇域东邻怀远镇、三郎镇，南与大邑县金星乡、雾山乡接壤，西北连鸡冠山乡。

行政辖区及人口概况：文井江镇下辖万家、马家 2 个社区，大坪、清泉、铁索、大同 4 个村，全镇面积 50.63km^2，总人口约 0.73 万人（图 4-2-44）。

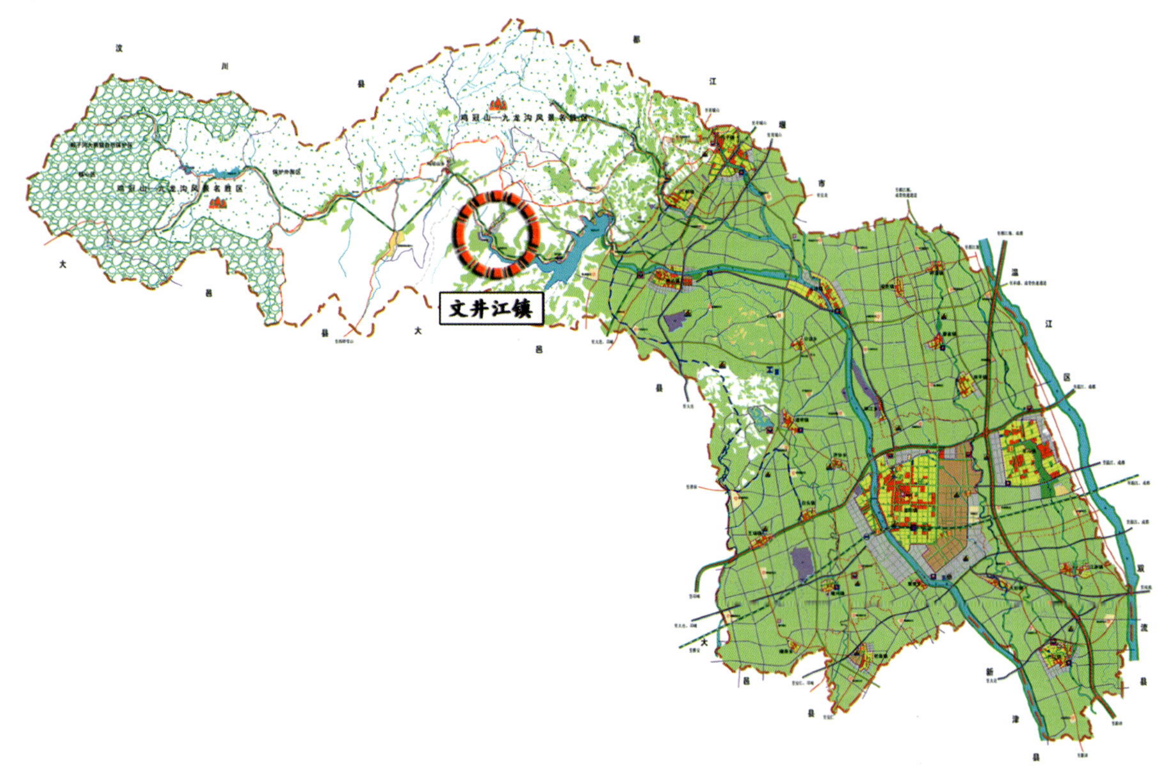

图 4-2-44　文井江镇在崇州市的区位示意图

2．规划范围

镇区规划范围：南起鸡冠山公路（含万家煤矿、水泥厂），北沿信家沟止于沟口，用地面积约 0.34km^2。

镇区控制范围：将镇区规划范围外侧 120m 范围山林，以及原万家煤矿、水泥厂等用地纳入镇区控制范围，用地面积约 1.06km^2。

3．城镇性质与规模

文井江镇是蜀山 SPA 五镇之一，是以温泉为特色的康疗养生、运动休闲、生态旅游小镇。2020 年大同新镇区规划人口规模 2500 人，城镇建设用地 32.00hm^2，人均建设用地 128.0m^2。

4．规划结构

规划形成“一心、一片、四组团”的布局结构，通过道路从南至北依次串联起社区居住和四大旅游板块，各板块间利用不易建设用地形成绿楔、连通水景，形成良好的生态景观廊道（图 4-2-45 ～图 4-2-48）。

一心：即镇区中部的公共中心。

一片：即镇区南部以安置居民为主的居住片区。

四组团：即镇区北部串联起的运动康体、温泉酒店、温泉养生和旅游地产四大旅游产业组团。

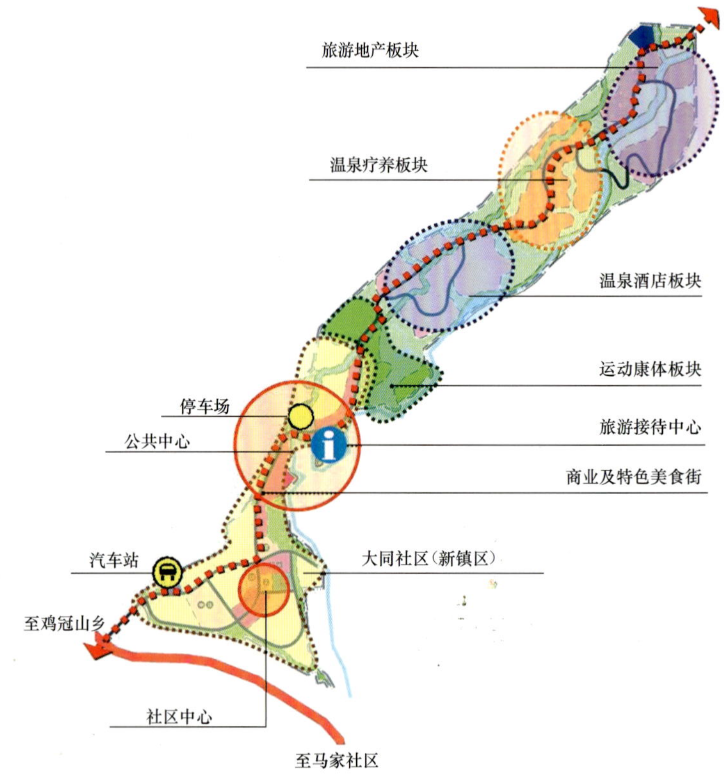

图 4-2-45　文井江镇区规划结构图

图 4-2-46　镇区用地布局图

图 4-2-47　文井江镇万家安置点鸟瞰效果图

图 4-2-48　文井江镇万家安置点实施照片

案例八：崇州市街子镇灾后重建规划

1．概况

崇州位于成都市西部，东距成都市区 37km，与都江堰市、温江区、双流县、新津县、大邑县以及阿坝藏族自治州接壤。

街子城镇位于崇州市西北部，是川西旅游环线上的重要节点。街子镇南邻上元，西至和平，北接大观、两河，处于崇州市与都江堰市交界处。距崇州市区 20km，距都江堰市区 23km。

2008 年，全镇域幅员面积 41.18km^2，辖 9 个行政村、2 个居民委员会，182 个村民小组，总户数 9552 户，总人口 32318 人。镇域耕地面积 24036.43 亩（其中水田面积 20567.36 亩），GDP 为 3.9 亿元，财政收入 650 万元，农民人均纯收入 5770 元。

2．规划性质与规模

街子镇是四川省历史文化名镇；龙门山生态旅游综合功能区中以田园休闲和古镇观光为特色的重要节点；崇州市北部区域中心。人口规模 2020 年镇区总人口 4.5 万人。用地规模 2020 年镇区建设用地规模为 460hm^2，人均建设用地约为 102m^2。

3．规划结构

空间结构：镇区用地布局结构呈现出“一核、三片”的“扇叶状”空间布局。

一核：以沿味江河集中布局的旅游服务设施为内环的核心区。

三片：老场镇片区、新规划的味江河以西片区与东南部片区。

功能结构：镇区用地呈现出“一站、两心、三片”的功能结构。

一站：轻轨站，规划的成青轨道交通将都江堰连通至街子镇，为街子镇带来大量的游客，并为街子镇的发展带来了新的契机。

两心：行政中心位于老场镇，老川西旅游环线以北，是街子镇的行政办公及公共服务中心；商贸中心位于镇区内环核心区，是对外旅游服务的核心部分。

三片：老场镇片区，依托古镇建设以本镇居民居住为主的特色住区，居民生活融入古镇；味江河以西片区，主要是以休闲度假房地产开发与旅游、度假设施相结合；东南部片区，主要是房地产开发为主的居住片区（图 4-2-49）。

4．实施效果

见图 4-2-50。

案例九：都江堰市虹口乡灾后重建总体规划

1．概况

虹口乡地处龙溪—虹口国家级自然保护区，距成都 70km，距都江堰市区 21km，幅员面积 364km^2，总人口 6200 余人，分布于白沙河谷两岸，属典型的山区乡。

5•12 汶川特大地震后，虹口乡结合现实条件，完成了灾后重建规划，通过调整集镇定位，梳理集镇结构，凸现集镇特色，妥善协调灾后重建与集镇长远发展的不同要求。

2010 年 8 月 13 日和 8 月 18 日，特大强降雨所引发的坍方、山洪、泥石流等次生灾害给虹口带来了又一次重创，农房、基础设施、产业受损严重。加之我省积极建设“新村综合体”的指导思想，虹口乡在原来灾后重建的基础上再一次面临着整治提升和二次重建规划。

2．规划性质与规模

虹口乡的集镇性质定位为“山乡休闲度假，时尚山地运动”的山水旅游小型城镇。人口规模 2015 年 0.40 万人，2020 年 0.7 万人。2015 年城镇建设用地规模 0.36km^2，人均建设用地 90m^2；2020 年城镇建设用地规模 0.61km^2，人均建设用地 91.2m^2。

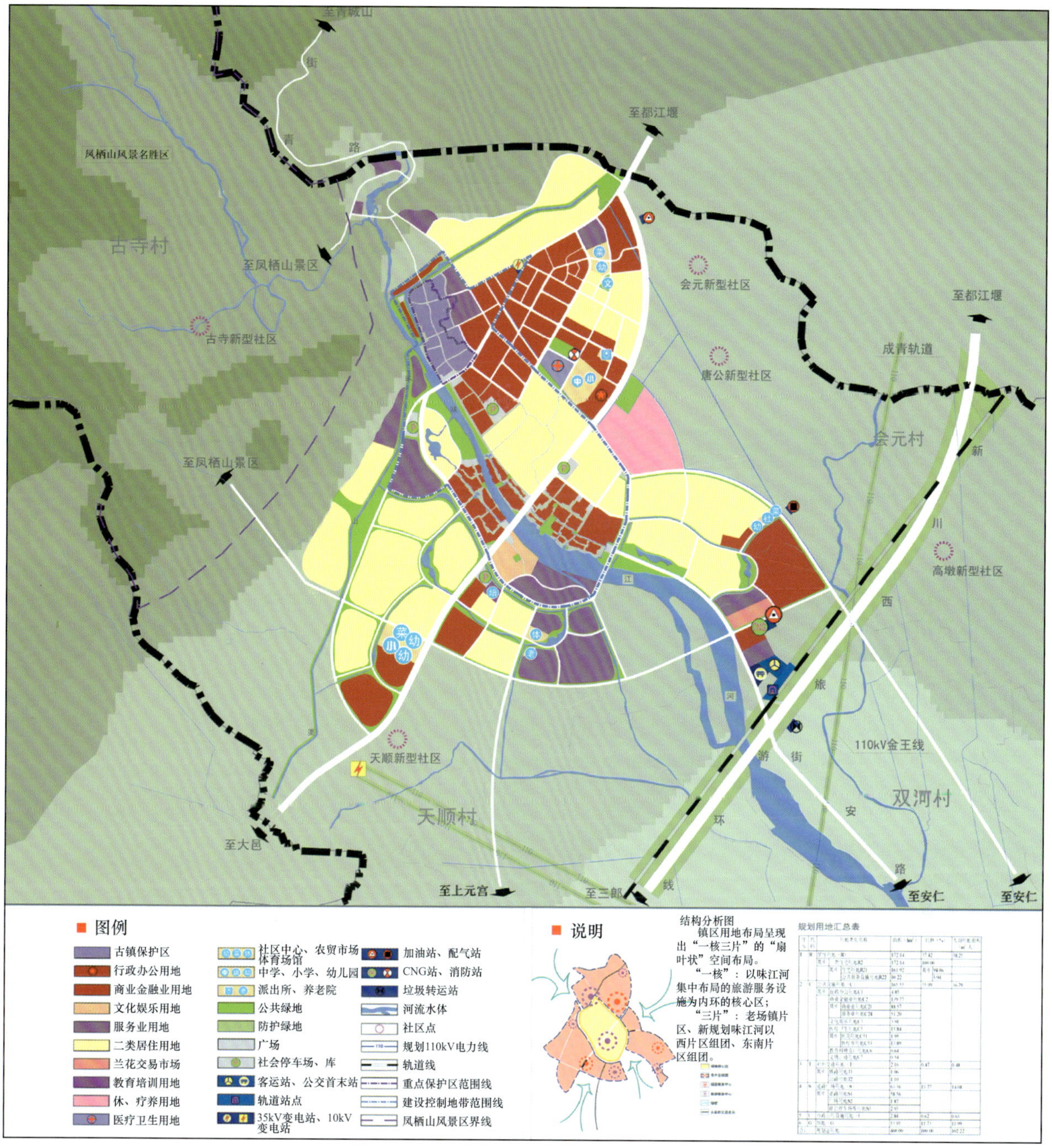

■ 图例

古镇保护区
行政办公用地
商业金融业用地
文化娱乐用地
服务业用地
二类居住用地
兰花交易市场
教育培训用地
休、疗养用地
医疗卫生用地
社区中心、农贸市场、体育场馆
中学、小学、幼儿园
派出所、养老院
公共绿地
防护绿地
广场
社会停车场、库
客运站、公交首末站
轨道站点
35kV变电站、10kV变电站
加油站、配气站
CNG站、消防站
垃圾转运站
河流水体
社区点
规划110kV电力线
轨道线
重点保护区范围线
建设控制地带范围线
凤栖山风景区界线

■ 说明

结构分析图

镇区用地布局呈现出“一核三片”的“扇叶状”空间布局。

“一核”：以味江河集中布局的旅游服务设施为内环的核心区；

“三片”：老场镇片区、新规划味江河以西片区组团、东南片区组团。

图 4-2-49　镇区用地布局图

图 4-2-50　街子镇实施照片

3．规划创新点

打破传统的按行政区划划分的村镇体系概念，按照人口规模、公共设施服务半径、功能联系为划分的标准，将原村镇体系集镇、中心村、基层村层级概念转化成为整体统筹的新村社区集群概念——“新村综合体”。将虹口乡镇区、村庄等聚居点的生活居住、公共服务、交通设施、基础设施等进行统筹配置，建立相互依存、相互助益的能动关系，从而形成一个多功能、高效率的综合体。

本规划中的新村综合体位于虹口乡集镇，是以光荣社区为中心，整合高原社区和虹口社区而形成。作为全乡的政治、经济、文化中心，规划建成后形成设施配套齐全、布局合理的综合体。

4．规划理念

（1）新村综合体——是以镇、乡为依托，统筹组织新农村集群的各项生产、生活资源，形成优化配套，共建共享，集约高效的综合体。以“建筑有特色，产业有支撑，设施齐配套，乡风要文明，环境更宜居”为总体特征。

（2）城乡统筹——充分发挥紧邻大都市的优势，构建现代城市和现代农村和谐相融，建立生态良好、环境优美的新型城乡形态。

（3）游走系统（绿道）——结合集镇的旅游特征，以合理有序、低碳节能的交通模式，串联乡域各功能区，形成鲜明展示区域特色的交通网络系统。

（4）现代、时尚、生态、多元——以生态保护为前提，为现代都市人服务，从现代都市人的眼光和需求出发，融入多元文化。

5．规划结构

以光荣村为核心，与高原村、虹口村形成组团式发展，沿白沙河一线展开。

在积极建设“新村综合体”的规划思想指导下，虹口乡共形成三个新型社区：光荣社区、高原社区、虹口社区（图 4-2-51）。

光荣社区：旅游综合服务社区，乡政府所在地，乡域商业服务、政治文化中心。

高原社区和虹口社区：以居住生活和旅游开发及接待功能为主导的乡村综合功能社区。

6．规划措施（图 4-2-52 ～图 4-2-60）

（1）产业发展：借助二次重建机遇，挖掘虹口乡镇村资源禀赋，带动产业升级与农民增收。

第一产业发展目标：生态观光农业之乡。建设具有区域特色和较高市场竞争力的特色农业产业化生产基地，开展观光农业，发展生态型精加工业及农产品深加工业。

第三产业发展目标：现代休闲旅游示范小镇。树立“亲山近水原生态”的发展观，大力开展生态漂流、滨水旅游；同时，将心灵复苏产业进行塑造和包装，以震后心灵回归和康复的“缅怀、感恩和祭奠文化”为主题营造新兴业态，引领公众正确走出阴霾、认识自我、回归乡村、康复心灵、疗养身心，将虹口生态特色塑造成都市远郊国际级度假产业品牌。

（2）形态提升：在整体山水格局中寻找虹口乡独特的自然空间魅力，实现山乡特色。基本理念：生态城市设计——塑造山、水、城一体的大地景观，亲切而有活力的山乡度假小镇。整体山水格局营造：虹口乡“山—水—城”有机交融，规划提出应进一步梳理和加强山水格局形象，营造“山水旅游小镇”。文化打造：漂流是虹口乡特色旅游产业之一，“虹口漂流”已具有一定的旅游知名度，规划将漂流作为虹口乡营造空间特色与产业特色的突破点，打造虹口生态亲水景观意向。公共环境治理：对场镇主要公共环境进行治理，塑造新农村综合体的新面貌，营造富有活力的城镇生活界面。

（3）功能统筹：借助二次重建与新村综合体建设契机，实现综合体功能配套的完善。

规划以老场镇所在的光荣社区为配置中心，辐射周边社区，在现有公共服务设施的基础上建设和完善综合体商业中心、综合体文化中心以及综合体服务中心三大中心，完善公共服务职能，形成公共设施与公共服务的共建共享，有效运转。

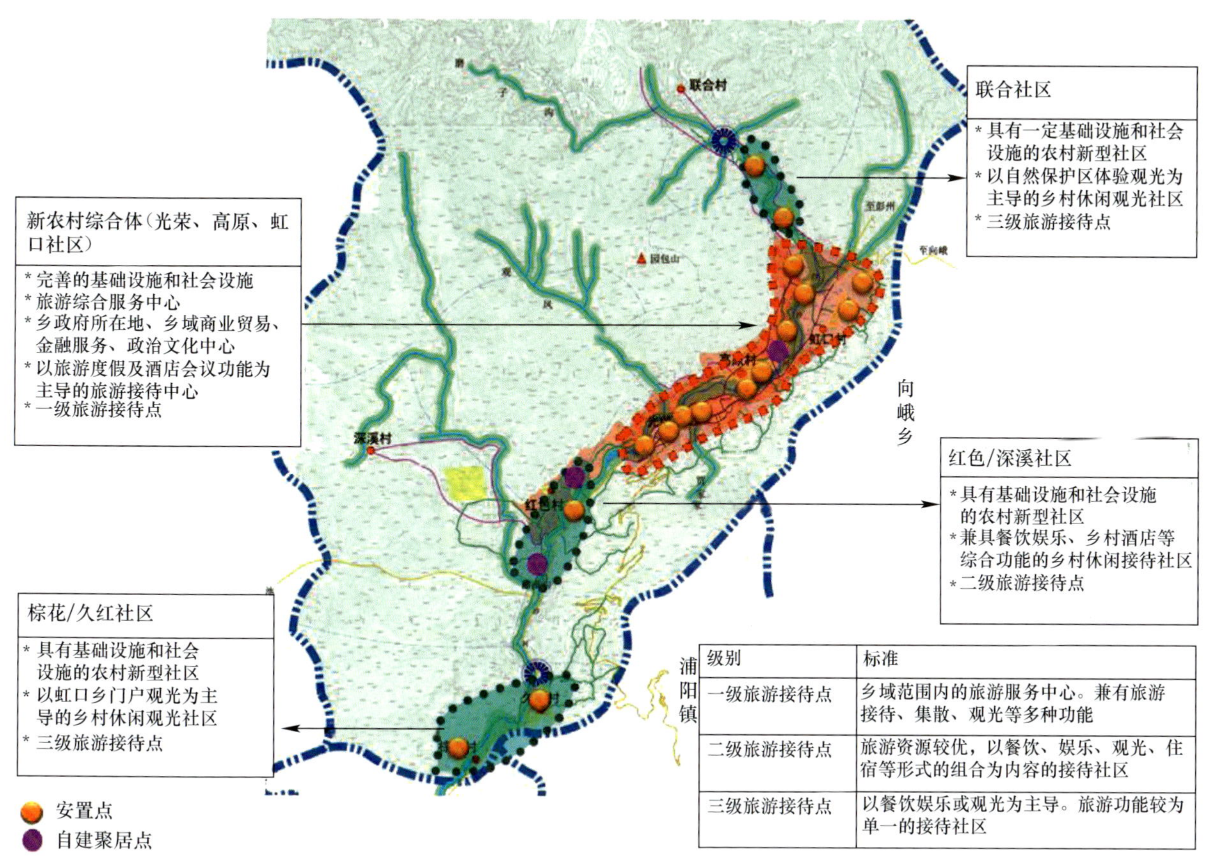

级别	标准
一级旅游接待点	乡域范围内的旅游服务中心。兼有旅游接待、集散、观光等多种功能
二级旅游接待点	旅游资源较优，以餐饮、娱乐、观光、住宿等形式的组合为内容的接待社区
三级旅游接待点	以餐饮娱乐或观光为主导。旅游功能较为单一的接待社区

图 4-2-51　乡域村镇体系结构图

图 4-2-52　虹口乡集镇用地布局规划图

规划公共服务设施及配套设施一览表

序号	类别	图例	项目	数量	备注
1	教育	幼	幼儿园	1	
		小	小学	1	现状
2	医疗卫生	医	医院	1	现状
3	文娱	文	文化活动中心	1	
	体育		居民健身设施	5	结合绿地安排
4	商业服务	市	市场	1	
5	行政管理	派	派出所	1	
6	市政公用		变电站	1	
			开闭所	1	
		消	消防站	1	
			自来水厂	1	
			垃圾转运站	2	
		信	电信模块局	1	
		电	邮政所	1	
			公厕	7	
			污水处理厂	1	

规划用地平衡表

序号	用地代号	用地名称	面积（hm^2）	比例（100%）
1	R	居住建筑用地	37.16	58.20
		其中　村民安置用地	2.63	
2	C	公共建筑用地	9.82	15.45
		旅游设施用地　C	4.48	
		行政管理用地　C1	0.69	
		教育机构用地　C2	1.39	
		文体科技用地　C3	0.08	
		医疗保健用地　C4	0.41	
		商业金融用地　C5	2.46	
		集贸设施用地　C6	0.31	
3	T	对外交通用地	0.69	1.08
4	S	道路广场用地	7.50	11.75
		道路用地　S1	6.22	
		广场用地　S2	1.28	
5	U	公用工程设施用地	0.76	1.19
6	G	绿化用地	7.92	12.40
7		合计	60.73	100.00

图 4-2-53　虹口乡集镇用地布局总平面图

图 4-2-54　高原社区 5、6 组近期建设总平面图

图 4-2-55　高原社区 5 组安置点新貌图

图 4-2-56　高原村重建后的新貌

图 4-2-57　虹口社区 4 组近期建设总平面图

图 4-2-58　光荣社区 9 组付家坪安置点新貌

图 4-2-59　旅游度假示范区——核桃坪

图 4-2-60　重建后的漂流中心

第三节　灾后村庄建设规划与城乡住房设计案例与实施效果

一、村庄建设规划设计实践案例

四川省将城乡灾后重建与全省城乡环境综合整治有机结合，农房重建与社会主义新农村建设相结合，按照“三打破、三提高”的要求组织各村庄规划和建筑设计，即打破“夹皮沟”、提高村庄布局水平，打破“军营式”、提高村落规划水平，打破“火柴盒”、提高民居设计水平；强调与自然和谐、与环境协调、与地域相融，依山就势、错落有致、特色突出，充分体现田园风情。

（一）理县甘堡藏寨

1．灾损情况

甘堡寨属典型的汉、藏、羌文化结合部。在“5·12”汶川特大地震中，甘堡村特别是甘堡藏寨遭受重创，千年古寨几乎毁于一旦。全村死亡1人，轻伤3人。全寨房屋几乎全部受损，藏羌地区仅存两百多年历史的守备官寨大部分垮塌。甘堡寨共有住户约159户，人口675人。房屋基本未受损的约83户，轻度受损7户，严重损毁69户。其中，守备衙署垮塌，百年以上民居建筑毁损严重。县文物局已作出与重建相结合的文物抢救方案（图4-3-1）。

图4-3-1　灾损情况图

2．项目概况

甘堡乡甘堡村位于理县县城以东8km处，东距汶川县城50km，距省会城市成都192km。317国道自寨南经过。海拔1800m。年平均气温11.8℃。全村共有3个村民小组，现有农户207户，计959人，其中劳动力571人。农用耕地面积527亩，人均耕地面积0.46亩。2007年农民人均纯收入2360元。甘堡乡甘堡村拥有丰富而多元的文化。甘堡藏寨中百年以上建筑有38户，二百年以上的建筑15户，建筑格局独树一帜，整个寨子的建筑依山而建，栋栋相连，户户相通，层叠起伏，远观气势恢弘，体现了嘉绒藏族人民精湛高超的建筑技艺；历史上甘堡藏寨具有相当重要的军事地位，实行屯兵制，即有战即兵，无战即农，梓桑守备衙署直到地震前还保留完整；甘堡藏寨所独有的“端阳锅庄”和“博巴桑根”至今盛行，而且“博巴桑根”已列入非物质文化遗产。此外，藏民汉姓也是甘堡屯有别于其他四屯的特点之一。2007年，甘堡藏寨被四川省人民政府批准列为四川省第七批文物保护单位。

震前村寨内部不通行机动车，村寨出行主要依托317国道，沿寨东的日落河有一条碎石路通往乡内其他村，村寨入口处有一停车场。村寨自日落河上游引水，至寨子最高处向整个村寨供水。村寨雨水主要通过雨水沟组织，就近排入水体。村寨电力由县电网10kV线路供给。

3．重建规划目标与原则

在重建规划中首先确定了规划目标，实现“原地重建，修旧如旧”，保护古寨、重建家园，尽快恢复群众生产生活；因地制宜、改善居住环境，提高设施配套水平；发展旅游、传承文化，按4A级景区标准进行建设，促进经济发展和文化交流。

坚持五大原则：第一传承文化，保护特色；第二修复文物，重建家园；第三老寨新村，对立统一；第四恢复藏寨景观，完善旅游功能；第五理顺水系，营造水景。

4．用地布局

规划构建“两区、两带、三轴、三点”的用地布局结构。“两区”主要是恢复重建老寨，作为主要游赏体验区，跨日落河建设新村作为旅游服务和村民现代化生活区。“两带”主要是沿杂谷脑河北岸打造田园风光带，作为村寨前景，也可在其中布置体育和参与性项目，沿日落河打造餐饮休闲带，在日落河两岸结合各家各户的餐饮服务，因地制宜地建一些小品，布置一些小设施，供游人和村民休憩游览。“三轴”主要是建设甘堡藏寨主入口景观轴线，进入寨门，左边是潺潺流水，右边是转经筒长廊，直至“煨火桑塔”前；自守备衙署到演艺中心，作为新村老寨的联系纽带，新建旅游商业街。“三点”包括寨门、游人服务中心、停车场、公厕等；守备衙署及锅庄广场“煨火桑塔”（新建）等；新村演艺中心和广场（图 4-3-2、图 4-3-3）。

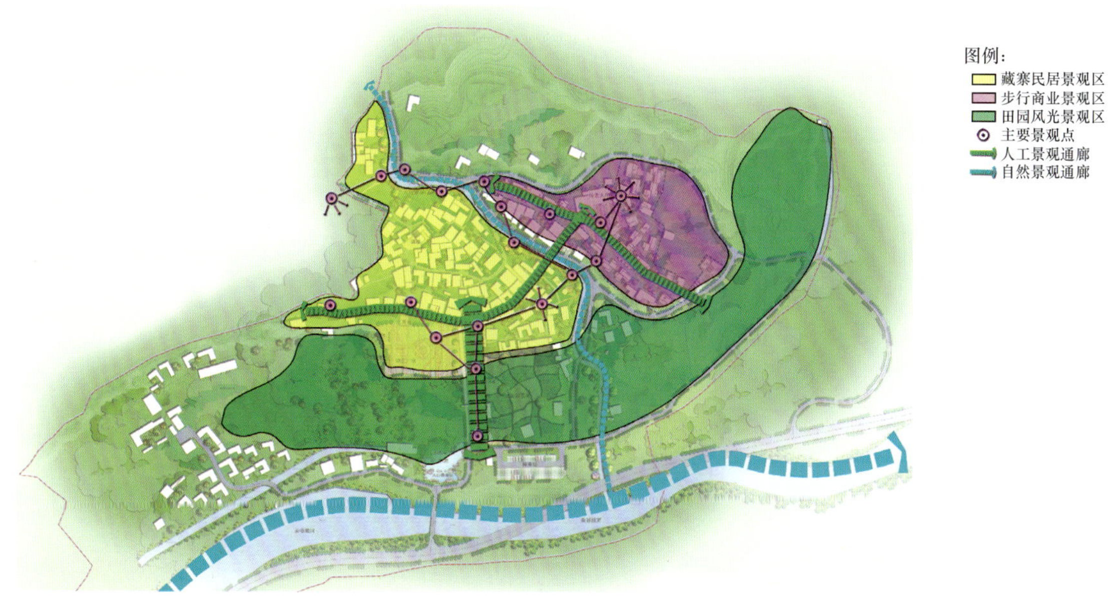

图 4-3-2　理县甘堡寨用地布局及景观规划图

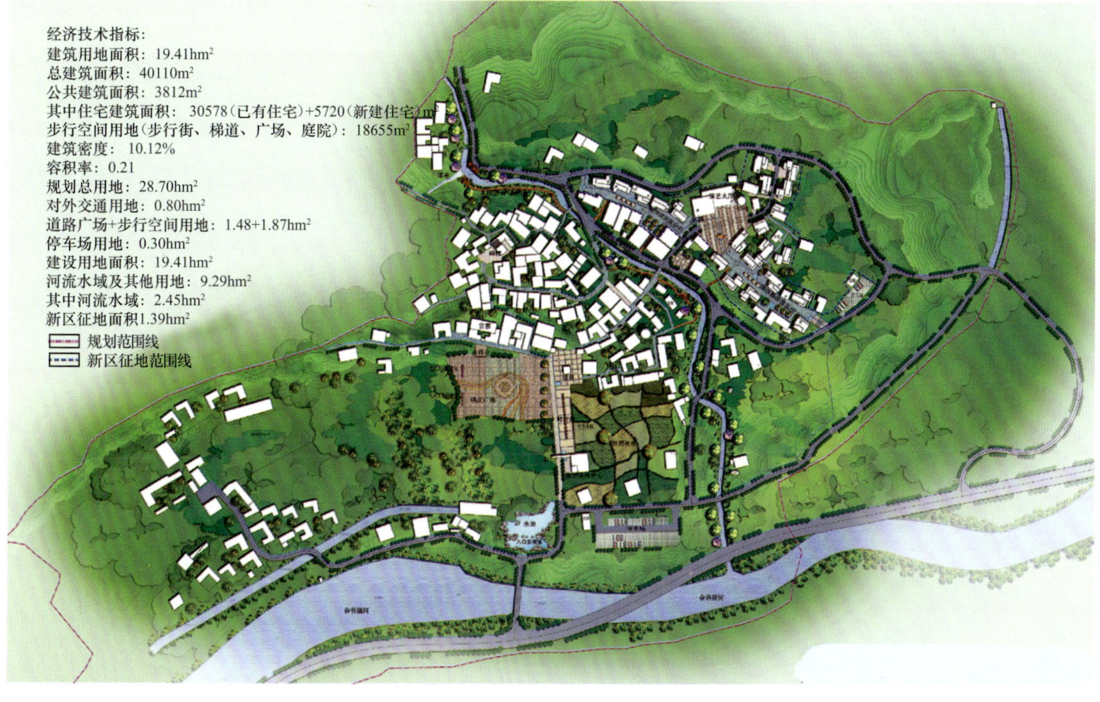

图 4-3-3　理县甘堡寨总平面布置规划图

5．建筑风貌

老寨建筑原址重建必须按原材原高，原屋顶形式建设，但室内功能及底层门窗可适当变化；特别是底层，原为圈舍，新建应改为可进行各种营业活动的店铺，新村建筑外墙及建筑风格必须保持本地特色，建筑内部功能和建筑材料应现代化。

6．道路及交通组织

考虑近期与远期相结合，保留现有道路网格局，注重道路建设的经济性、可操作性、可持续性，尽量避免与规划相矛盾的临时性措施，为将来发展制造困难。道路线形规划必须结合横断面、平面、纵断面统一考虑，使之有机结合，布置协调，同时要兼顾线路的总体性及局部路段的特殊性，使布局更趋合理。规划中采用的技术指标应适当、合理，除非情况特殊，尽量少采用指标的极限值，另外在不过多增加施工难度和工程量的情况下，应尽量提高线形标准，为将来发展提供可能性。应与道路性质及所处的环境配合适应，兼顾道路的美观和景观。对于甘堡羌寨主要需要提升国道 317 为二级公路，保留并加固甘堡大桥，甘熊路改造为山重四级公路，将路线调整到规划区东侧与国道 317 联系，减少过境交通对寨内群众生活，特别是旅游服务业的影响。新寨老寨内部全部为步行区，重点打造新寨中的步行街和日落河侧步行道（图 4-3-4）。

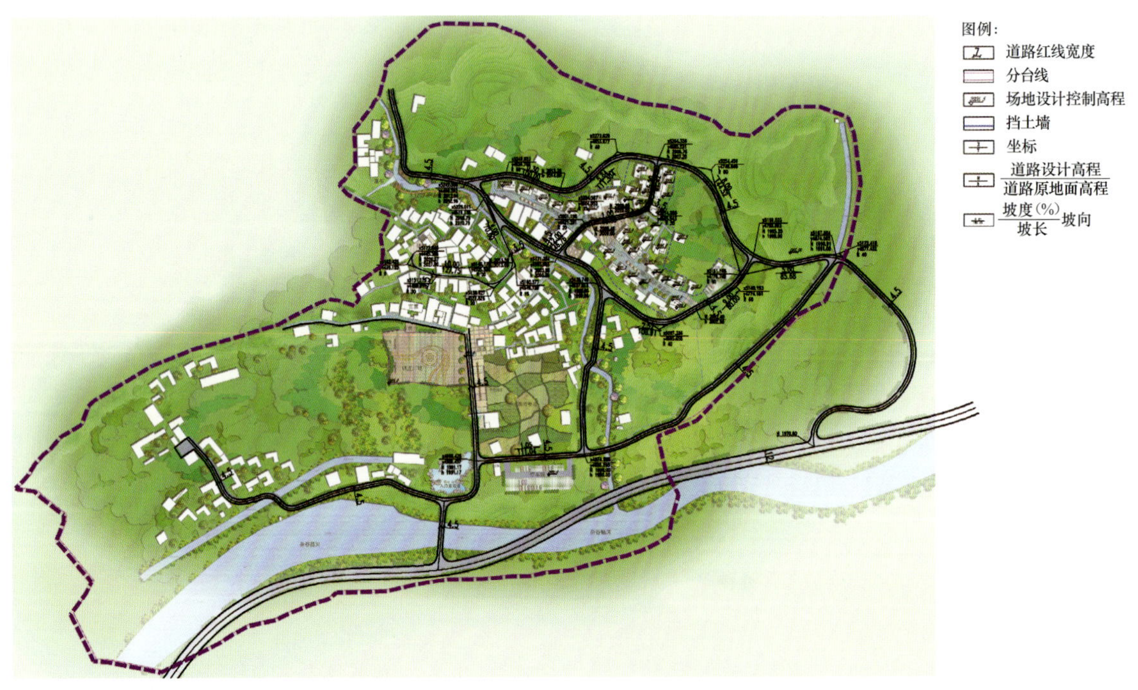

图 4-3-4　理县甘堡寨道路交通规划图

7．旅游基础设施规划

为了更好地接待游人，规划对公厕、停车场、果皮箱、邮局等进行了布置。

8．实施效果

在《理县甘堡寨修建性详细规划》完成后，该村灾后重建坚持“原地重建，修旧如旧”的原则，秉持“传承文化，保护特色，完善功能，提升形象”的理念，科学重建，尊重千年古寨风貌肌理，重建新村，疏散老寨功能，体现了对历史文化的传承，整体上老寨新村相互融合、协调统一，形成极富民族文化特色的藏寨景观。在各级党委、政府的坚强领导和湖南人民的倾情援助下，甘堡寨全力打造精品旅游村寨，旅游接待能力和服务水平超过震前水平，昔日的满目疮痍已不见踪影，映入眼帘的是风情浓郁的藏式民居，完善的基础设施和旅游配套设施，更有独具民族特色的景观打造，呈现出的是新家园、新生活、新面貌的美好景象（图 4-3-5 ～图 4-3-10）。

图 4-3-5　理县甘堡寨建设效果图

图 4-3-6　理县甘堡寨建成图（一）

图 4-3-7　理县甘堡寨建成图（二）

图 4-3-8　理县甘堡寨建成图（三）

图 4-3-9　理县甘堡寨建成图（四）

图 4-3-10　理县甘堡寨广场

（二）北川猫儿石吉娜羌寨

1．灾损情况

北川羌族自治县擂鼓镇猫儿石村吉娜羌寨有 69 户村民居住。村民原有住房多为平房或二层小楼，地震多有损害，部分已完全垮塌，但地基和地面未出现变形或裂缝。苏宝河上现有一座桥梁，在地震中已损坏为危桥。

2．项目概况

猫儿石羌寨位于北川羌族自治县擂鼓镇猫儿石村，处县域南部主要出入口“大禹故里”牌坊处，105 省道和苏宝河自用地东北面经过，地势南高北低，测图范围内海拔高程在 615 ～ 689m 之间；拟用作建设场地的用地坡度在 11% ～ 25% 之间，平均坡度约为 17%（图 4-3-11）。

据四川省地质工程勘察院于 2008 年 7 月所作的《北川羌族自治县吉娜羌寨建设用地地质灾害危险性评估报告》，本区地质灾害主要有滑坡 1 处、崩塌危岩体 2 处、危石分布 2 处及泥石流 1 处；工程建设可能引发的灾害主要是开挖后形成的边坡产生的局部坍塌；工程建设可能遭受的地质灾害主要是滚石、泥石流及局部坍塌。本场地在经过综合整治后适宜建设。并建议：清除场地后缘斜坡体上分布的危石；在规划阶段进行适当避让的同时，对响水沟泥石流进行综合整治，可沿沟道两侧修筑排导槽及拦挡坝等措施，在出现地质灾害前兆时，加强地质灾害监测和巡查并及时上报。在危险地段设置醒目标志，划定危险区，制订防灾避险应急预案。

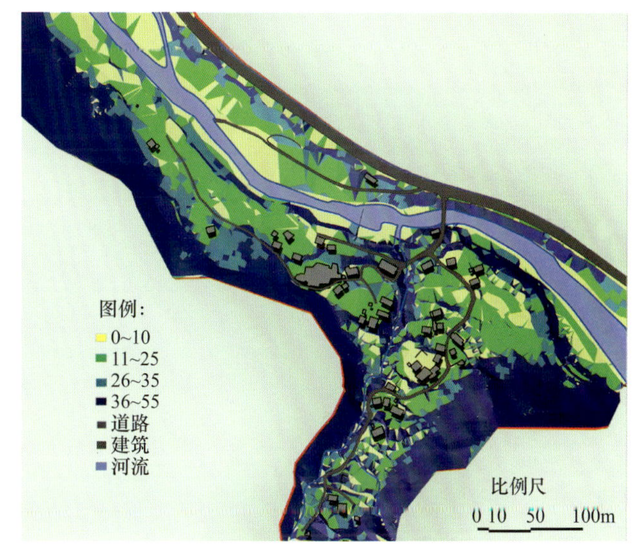

图 4-3-11　地形坡度分析图

村内有天然气管道进入，自来水、电话与电视到户，村民供电由农网提供。规划区用地中部有一回 110kV 高压线，但自用地上空跨过，因区内建筑多为 2 ～ 3 层，净空满足相关规范要求。村内有两条宽约 3m 的水泥路自桥头分别向苏宝河岸和响水沟延伸到达各户。

3．规划构思

“吉娜”是羌语“极品”的意思，“吉娜羌寨”即“极品羌寨”。其建筑风貌和空间特色应有非常强烈的羌寨特色，碉楼是最重要的标志特征；曲折而尺度宜人的步行路网与穿行于寨内的水系形成丰富而充满生活情趣的空间序列；建筑多为依山而建的多层石砌平顶建筑，通常层层退台，形成大量屋顶平台，屋顶平台是其重要的生活空间，也是重要的交通空间。同时，结合北川猫儿石吉娜羌寨的地形地貌等自然环境条件，北川猫儿石吉娜羌寨整体形象定位为：依山就势、层层叠叠，与自然山水融为一体的“极品羌寨”。

4．建筑平面布局

在响水沟东岸临苏宝河的开阔平坦用地建设文化广场，三座碉楼围绕广场周边，一栋仿官寨建筑和一栋仿羌族民居建筑，形成本区标志景观区和村社公共活动中心。在响水沟西侧沿苏宝河岸，修建两排民居，车行道布于其南北两侧，两排建筑之间自然形成步行商业街，为形成较为连续的街道空间，大部分住户进行联排建设。沿响水沟上游东岸布置独栋建筑，基本上每户都处于不同高程的台地之上，台地多利用现有分台，以保留原有挡墙，一方面减少工程量和造价，另一方面增加村寨的历史感。在中部（即喇叭形的咽部）保留一块空地用作民俗广场，可供村民举行羌族祭祀等民俗活动，可以建 5•12 纪念墙等构筑物（图 4-3-12、图 4-3-13）。

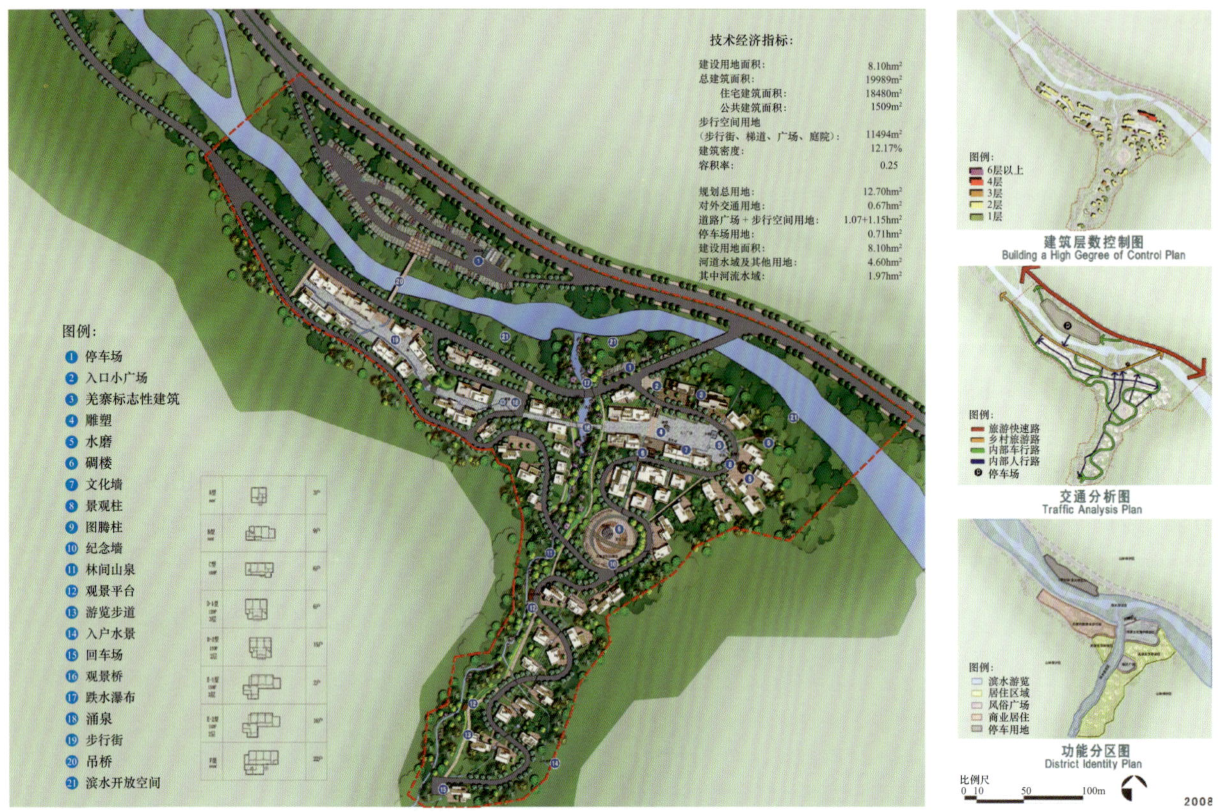

图 4-3-12 总平面布置图

图 4-3-13 总体布局效果图

5．水系总平面布置

在响水沟东西两侧分别设计一条人工水系。响水沟西侧水系自响水沟上游取水，沿寨内广场、步行梯道等逐级下降，经广场上的水磨坊后自仿官寨建筑旁流入苏宝河，形成一个小瀑布。响水沟东侧水系自响水沟引水建设水系，在步行街上形成各种各样点缀性的小景观，最后自人行索桥桥头处进入苏宝河。

6．建设标准与户型设计

北川县执行民族地区安置标准，每人建筑占地 30m^2，每户另增加 30m^2，超过 5 人户按 5 人计。

据猫儿石村一、二社村民召开村民大会，由各户签名认可的人口情况及建房层数要求统计，本规划需设计 1 人户（60m^2）、2 人户（90m^2）、3 人户（120m^2）、4 人户（150m^2）和 5 人户（180m^2）5 个户型。建筑群整体形成依山退台形态，而各户也基本保持羌民居“椅子”形。形成院落和屋顶平台两个活动空间。房屋全部采用砖混结构，外墙按一定比例收分，贴北川县自产青灰色片石，在门楣、窗楣上方加略有出挑的白色片石，如有条件可将女儿墙压顶采用白石头，或将之做成仿石块状刷白。窗框和阳台等采用本色木材，做法宜仿羌寨建筑木作的尺度和形式（图 4-3-14）。

7．公共景观性建筑设计

碉楼：区内建三座不同高度、不同风格的碉楼。主碉楼为 12 层、方形，高 34.2m，式样和造型仿布瓦寨土夯碉楼，但内部为钢筋混凝土筒体形式，可上人到顶层观景。另外两座碉楼分别为六边形、八边形，分别高 17.7m 和 15.0m。可上到三层或四层。

仿官寨建筑：外部立面仿官寨建筑，内部则将村委会、卫生服务及村图书室、文化活动室等功能安置于内。如果村寨旅游发展起来，亦可将游人中心等功能安排于内。顶部设有面向文化广场的观景平台。

仿民居建筑：仿建一栋羌族民居于寨子入口处。内部可置传统羌式家具、生活用具及角角神等，作为民俗文化展览馆（图 4-3-15）。

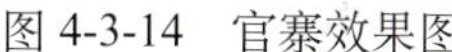

图 4-3-14　官寨效果图

图 4-3-15　八角碉楼效果图

8．道路交通工程规划

作为旅游村寨，除考虑特色之外，更要考虑的是要保证其有一定的容量。吉娜羌寨总用地不足 10hm^2，用地狭小，且坡度很大，车行道必须以“之”字形盘旋，才能达到道路设计的坡度要求。响水沟尺度小巧，景色优美，是本村吸引游人逗留及村寨特色生活的重要因素。本规划的目标是将村寨建成步行区。因为宽阔的道路和大量停车场地将破坏完全适合于步行的环境尺度，并带来更大的填挖土方。另一方面，大量的停车场地将大大减少环境容量，降低接待能力。为满足区内群众生活交通需求，解决区内对外联系问题，沿苏宝河修建一条宽 7m 联系道路，在本寨内仅修建宽度为 4.5m 的单向行驶环路和一条向响水河上游延伸的道路。在苏宝河北岸结合地形建设一个大型生态停车场。游客车辆包括村民私家车均集中停放于停车场内。新建一座桥梁联系省道 105，并将省道 105 由二级公路提升为一级公路，作为绵阳—安县—北川的旅游快速通道，路基宽度 22.5m（图 4-3-16）。

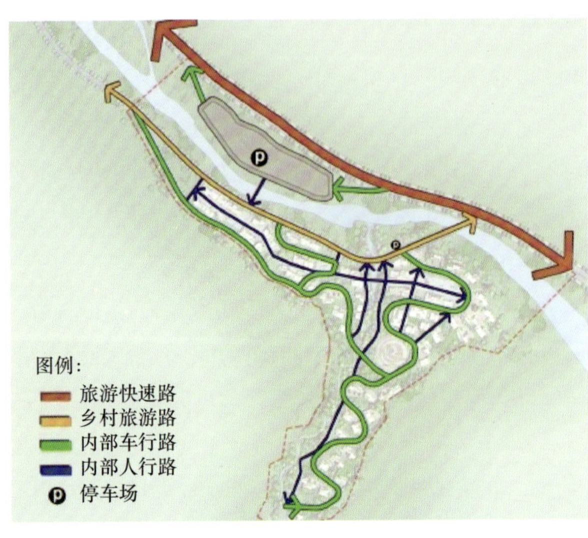

图 4-3-16 北川猫儿石羌寨道路系统规划

9．实施效果

吉娜羌寨被称为“北川第一村”，5·12 特大地震，北川擂鼓镇猫儿石村的吉娜羌寨遭受了巨大损失，经过山东省济南市援建，吉娜羌寨全寨所有群众，全部建起了新房，村寨的桥梁、村寨部分公共设施已经全部建成，并投入使用。现在 69 户原羌寨居民已在 2011 年春节重新搬回新寨，迁入新居。震后重建的吉娜羌寨，房屋抗震强度可以达八级。整个羌寨设计依山就势，层层叠叠，与自然山水融为一体，广场周边和步行街南侧户，增加了三层户型，增强了广场的围合感和景观的层次感。地震后重新修建的院落，仍然给人一种古色古香的感觉，幽邃伟岸的碉楼傲然挺立，碉楼外墙淡雅素洁，房顶上，白石兀立，插着各式羌字旗。家家户户大门上方披着羌红，挂着羊头骨。篝火广场上，用青石垒砌的两座 10 多层的灰白色碉楼，成了苍山绿水间一道美丽夺目的风景（图 4-3-17 ～图 4-3-19）。

图 4-3-17 北川猫儿石羌寨全景

图 4-3-18 北川猫儿石羌寨近景

图 4-3-19 北川猫儿石羌寨碉楼

（三）汶川县三江乡河坝村

三江乡大部分区域处于卧龙自然保护区中，具有得天独厚的自然生态条件、较深厚的历史文化底蕴，适宜于发展旅游服务产业。

1．灾损情况

全村震前总建筑面积6.35万m^2。地震造成倒塌建筑总面积0.44万m^2，占总建筑面积的7%；损坏建筑总面积5.72万m^2，占总建筑面积的90%；完全无破坏建筑总面积0.19万m^2，占总建筑面积的3%。道路设施局部路段损坏严重，并有多处滑坡等地质灾害，市政公用设施和耕地基本完好（图4-3-20）。

2．项目概况

河坝村作为三江乡的中心村，为了保障河坝村灾后恢复重建工作有序、有效地开展，积极、稳妥、有序地安置受灾群众，同时使河坝村文化旅游、生态旅游得到更好的发展。规划区位于河坝村东南部，西临漩三公路（县道），东依三江口和河坝大河心，其交通便利、风景优美、公共设施使用方便，将作为村民居住及发展农家乐用地。规划区东西宽约75m，南北长约195m，总用地面积约1.76hm^2。震前为河滩地，现土地已经平整。规划区共安置30户，规划住宅均为农家乐户型，规划安置总人口约150人，可接待旅游人口约300人/日。

3．规划思路

集中布局：考虑到三江乡可建设用地缺乏，为节约、有效地利用有限的土地资源，同时使一些公共资源得到充分的利用，本次规划尽量集中布局。重塑传统乡村生活：乡村的生活主要是地缘与血缘结合的人际关系。本规划试图在居民住宅布局和设计上承载当地传统农村的生活习惯和环境，规划布局规整中强调变化。

4．规划布局

规划区左侧为现状的漩三公路，北侧为规划的连接河坝村和照壁村的通村路，根据对现状地块的基本概况、周边自然特点等条件的分析，在规划区外围修建一条沿江的景观路，规划区内修建两条东西向和一条南北向的道路，规划建筑沿道路布置，错落中有变化，注重以人为本的原则以及对土地的节约使用，营造优美的居住环境。着重遵循强调自然空间在村庄中的渗透、家庭生活的独门独院与外部环绕的开放空间的并存、集中布局与集约利用土地资源等原则（图4-3-21、图4-3-22）。

5．住宅建筑设计

遵循适用、经济、安全、美观、节能的原则，并适合农村特点，体现地方特色。通过街坊和院落的空间渐进格局组织布局形态，形成自然、和谐的人性化村落。规划在充分研究藏、羌民居特点的基础之上，结合川西民居风格，设计重建民居户型，与周边的田园景色浑然一体，使农村田园风貌得到更好的展现。

图4-3-20 受灾情况图

图4-3-21 总平面图

图 4-3-22　全景鸟瞰图

户型一：二层住宅（图 4-3-23）
特点：结合藏、羌、川西民居风格；
层数：2 层，局部 3 层；
功能：居住、农家旅游。
户型二：二层住宅（图 4-3-24）
特点：川西民居风格；
层数：2 层；
功能：居住、农家旅游。

图 4-3-23　户型一

图 4-3-24　户型二

户型三：二层住宅（图 4-3-25）
特点：川西民居风格；
层数：2 层；
功能：居住、农家旅游。
户型四：二层住宅（图 4-3-26）
特点：川西民居风格；
层数：2 层；
功能：居住、临街商铺。

图 4-3-25　户型三

图 4-3-26 户型四

6．实施情况

在规划完成后，在广东省和惠州市的倾力帮助下，三江乡人民苦干实干、发展起跳，用短短一年多时间就将三江乡打造成为 4A 级景区，有效地增强了三江乡的自身造血功能，为三江乡今后整体旅游经济的发展铺下长远的道路。三江乡整体以风貌改造、特色建筑建设及水景打造为主，已成为了名副其实的“水乡藏寨”（图 4-3-27 ～图 4-3-29）。

图 4-3-27 三江乡“水乡藏寨”明月亭

图 4-3-28　三江乡“水乡藏寨”九曲回廊

图 4-3-29　藏家风情园绿化广场

（四）彭州市磁峰镇鹿坪村建设规划

1．项目概况

磁峰镇位于成都市北部、彭州市域西部，西连都江堰市向峨乡。鹿坪村位于磁峰镇镇区的西北方向，距镇区约 3.1km，距彭州市区约 33km，距成都市区约 70km。鹿坪村传统经济以农业种植为主，主产食用菌、猕猴桃、莲藕，另有青蛙养殖基地（图 4-3-30）。

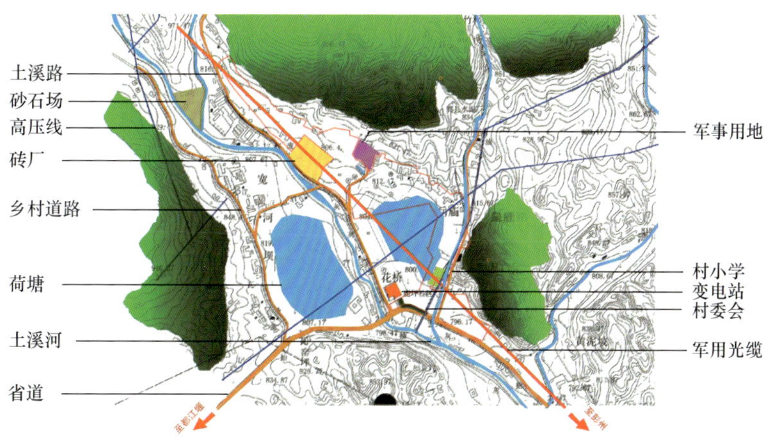

图 4-3-30　村落现状分析

2．规划原则

在规划中坚持“四性”原则，即多样性、相融性、共享性、发展性。充分考虑重建投资主体多元化、乡镇实际情况差异化、群众生产生活方式和基本要求多样化。塑造各具特色的农村景观风貌，避免千村一面、产业同质。同时，尊重历史、延续文脉、结合自然，保持城乡建设与自然生态和历史文脉的和谐相融，既有川西民俗风情，又能体现现代农村建设的时代风貌。大力推动城市基础设施向农村延伸、城市社会服务向农村覆盖、城市资金向农村流动、城市文明向农村辐射，使农村地区通过重建享受到城乡一体化带来的实惠。既要满足“安居”需求，还要实现“乐业”需求，应加强农村地区产业的发展性。兼顾近期需要与长远发展，拓展就业渠道，发展基于环境资源的深层次产业，做到重建家园与振兴经济结合。

3．规划理念

尊重科学，尊重客观实际，以“四性”为规划原则，充分利用既有地形和自然资源，使生产生活和生态环境相互融合。以旅游业、科技农业、观光农业、体验式农业为载体，立足本土，就地取材，尊重现状，尊重生态环境，建设以果林、竹林为主的生态型川西特色林盘，着力构建“依山傍水、山水交融、绿树掩映”的聚落式永久性居住环境，体现“百姓安居乐业、生活富裕、设施完备、民风纯朴”的现代社会主义新型农村风貌。

4．项目选址

选址工作应在保证场地安全且适于建设的前提下，充分挖潜其地域特色、环境资源及产业可塑性，注重地域特色的多样性和产业的发展性，为未来发展奠定良好的格局。按照成都地区灾后重建规划标准，永久性安置点规模在300户以上为社区，规模在300户以下为中小聚居点，结合地形地貌与规模要求，山地宜分散、平原可集中，大则集中、小可分散。鹿坪村永久性安置点的安置户数约300户，是规模较小的新型社区，选址在三面环山的浅丘谷地处。该处地势平坦开阔，中部为两个荷塘，土溪河由西北向东南穿越基地中部，具有很强的可塑性及地域特色，为在重建规划设计中落实“四性”打下了坚实的基础，为经济社会全面发展提供了可能。

5．产业发展规划

依托中心河塘打造特色水产基地，依托传统种植经济打造特色农业产业环，沿土溪河布局创意文化产业带，形成“一核、一环、一带”的产业空间布局结构。抓住灾后重建机会，推进产业结构调整，结合观光型农业产业发展以创意生产、旅游休闲为主导的第三产业，设置商业内街、小型客栈、民俗博物馆等旅游配套设施，在丰富居民生活的同时加强对产业发展的支撑（图4-3-31）。

6．村落形态规划

村落根据地形和资源条件相对集中布置，在土溪河北侧围绕荷塘形成大集中、小分散的聚落形态，把土溪河和其南侧用地释放出来，作为产业发展的预留空间。充分利用特色自然资源形成的优良环境，建筑与院落错落布置，控制适宜的组团规模和建筑布局形式，延续传统的川西林盘田园风光风貌，增强村庄建设与生态环境的相融性，营造人与自然和谐共生的生态环境，形成以荷塘为中心、穿插指状生态绿地的形态布局（图4-3-32）。

7．环境风貌

院落、街巷空间结合地形分台布局，构筑多样性的空间组合形态。院落空间绿化采用本地经济植物，实现零成本维护，以达到院落空间的多样性和环境空间的相融性（图4-3-33）。

8．建筑设计

在建筑设计上尊重村民原有生活习惯，采用独栋独户的形式以满足村民生产、生活相结合的生活方式。尽量选用乡土材料，就地取材以降低建设成本，同时使建筑风格在统一中实现多样性。结合当地未来旅游产业的发展需要，顺应村民生产方式的转变，建筑户型中设置部分经营用房，实现其与产业发展的结合（图 4-3-34、图 4-3-35）。

9．实施情况（图 4-3-36 ～图 4-3-38）

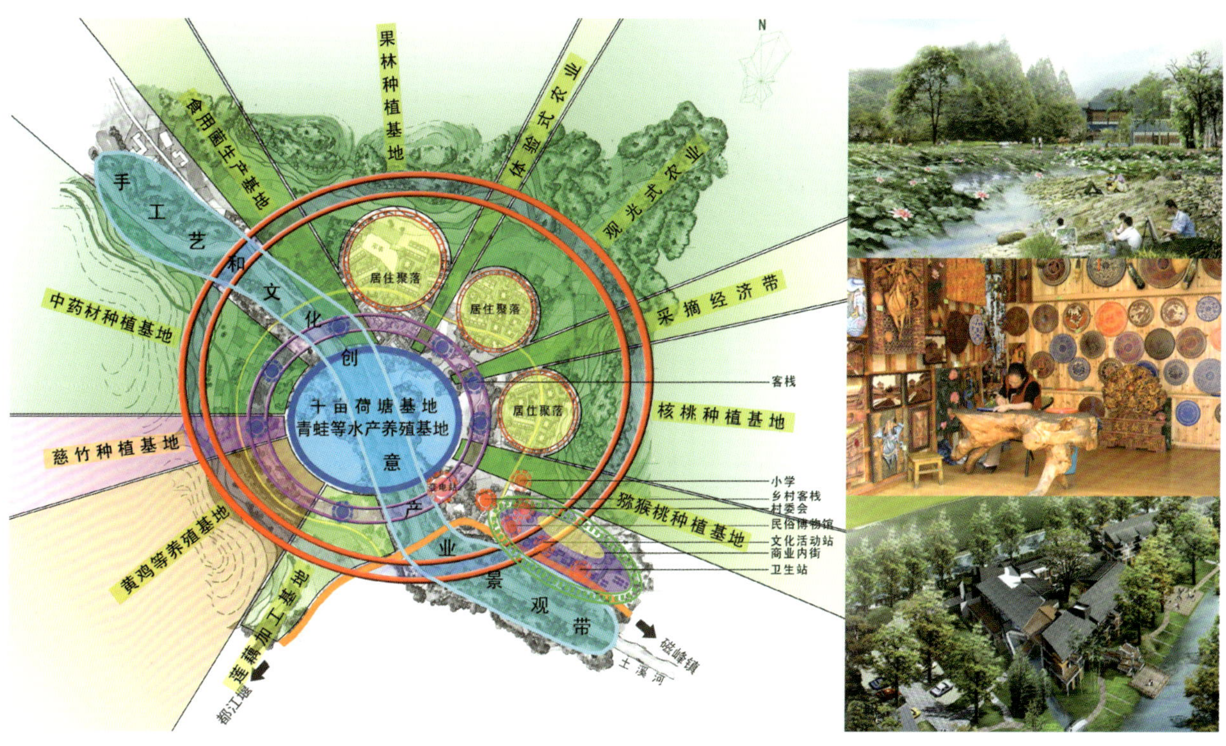

图 4-3-31　产业规划

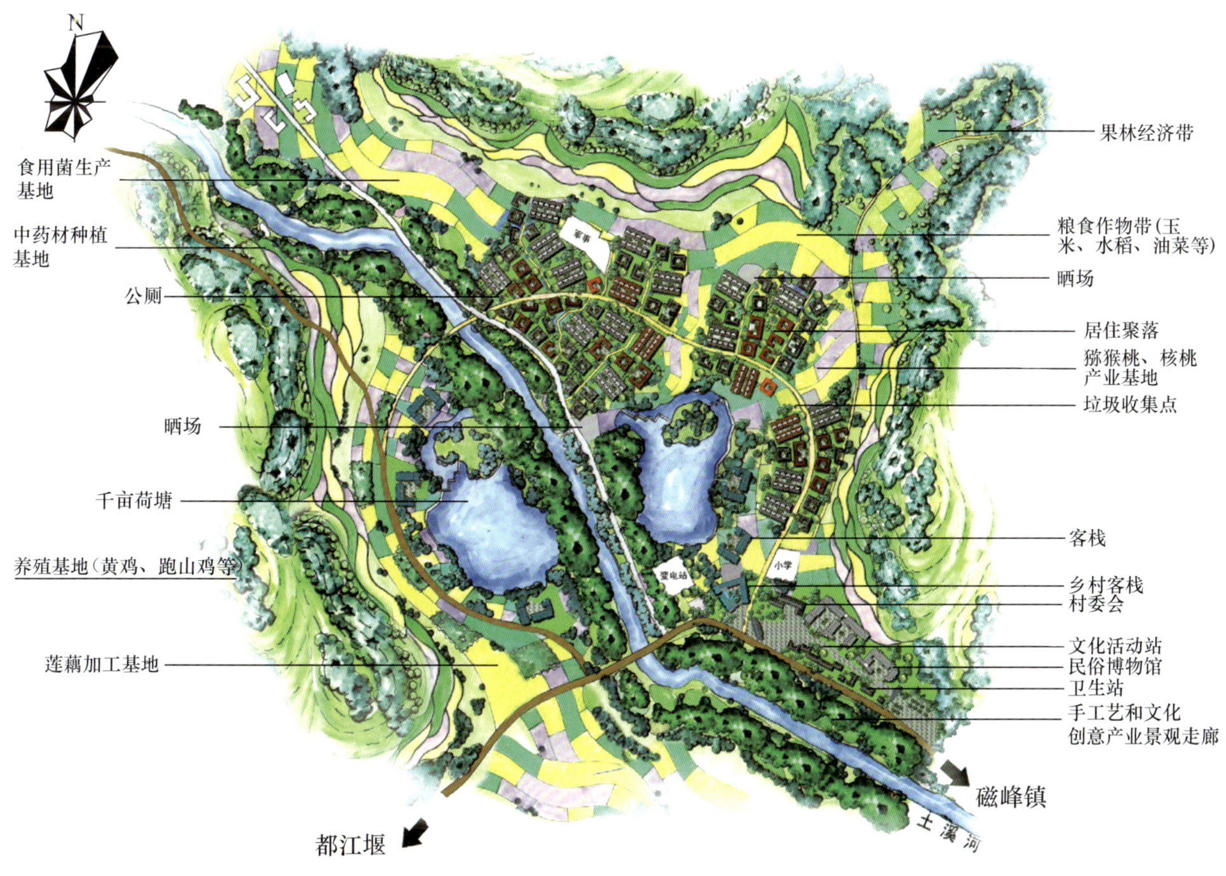

图 4-3-32　总平面布置规划图

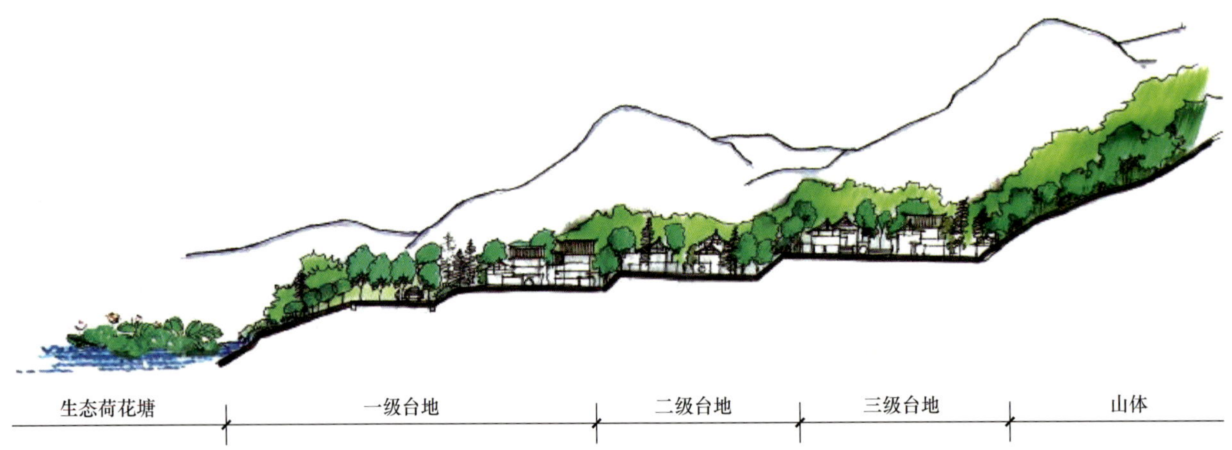

图 4-3-33　院落分台布局示意图

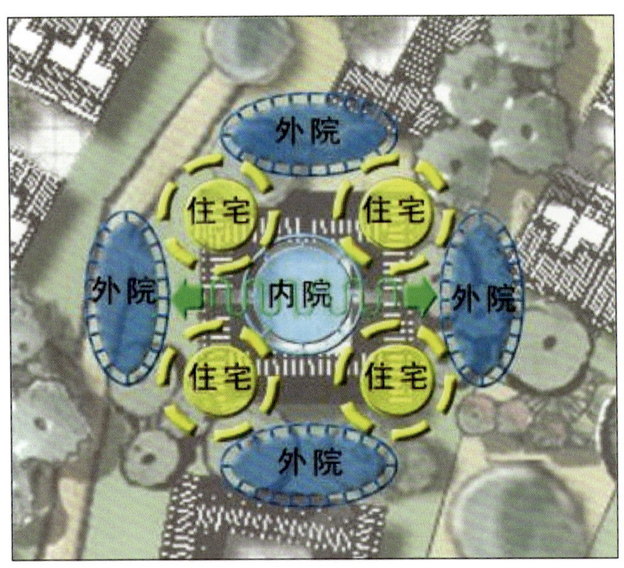

图 4-3-34　鹿坪村院落空间组织布局图

图 4-3-35　磁峰镇鹿坪村商业街透视图

图 4-3-36　磁峰镇鹿坪村建成图（一）

图 4-3-37　磁峰镇鹿坪村建成图（二）

图 4-3-38　磁峰镇鹿坪村建成图（三）

二、城乡住房设计实践案例

在党中央、国务院的科学指引下，在省委、省政府的坚强领导下，在全国人民和援建省市的无私帮助下，四川省受灾地区的城乡住宅建设从规划设计到建筑实施都取得了巨大成绩。

（一）城镇住房

1．绵阳市北川县新县城

(1) 住房布局设计

北川是全国唯一一个羌族自治县。灾后重建时，北川新县城内的住房建筑充分考虑到传统文化的传承和发扬。羌族元素随处可见，并通过现代的建筑施工技术，将这些传统文化融入城市建设中。住房建筑风格则以羌族文化为基调，坚持“乡土建筑现代化，现代建筑本土化”的原则，通过风貌规划和城市设计控制来保持风格的整体协调，在延续文脉的基础上创新发展。

规划的羌族风貌协调区主要分布在新县城北部、北川老县城居民集中安置区。这些地区羌族人口超过 30%，在颜色、建筑外观、风貌等方面着力展现原有的羌族建筑特色。在屋顶上使用了白石、羊头等羌族崇拜的图腾作装饰，区内还设计了祭祀塔和几处锅庄广场。在满足时代功能需要的前提下力求在建筑的体量、尺度、色彩、材质等方面真实地表达出羌族风格，并兼顾住房的舒适、简洁性（图 4-3-39 ～图 4-3-41）。

图 4-3-39　北川新县城居住组团效果图

图 4-3-40　北川新县城居住组团内部空间效果图

图 4-3-41　北川新县城沿街住房立面效果图

（2）住房建筑实施情况

北川新县城是“5·12”特大地震后，灾后唯一异地新建的县城。经过两年多的重建，北川大部分受灾群众在 2011 年春节前入住新县城（图 4-3-42 ～图 4-3-44）。

图 4-3-42　北川新县城城镇住房建成图（一）

图 4-3-43　北川新县城城镇住房建成图（二）

图 4-3-44　北川新县城城镇住房建成图（三）

2．阿坝州汶川县水磨镇

（1）住房布局设计

水磨镇在灾后重建规划设计工作中引入绿色城市的新理念和新方法，倡导和实施“概念规划—城市设计—重点地段详细设计—建筑设计—景观设计”的整体城市设计模式，从总体规划、城镇设计到建筑与景观设计，进行了全程控制，以地域的羌族建筑为原型进行了再生创作。在建筑设计方案中强调地域性、艺术性和原创性，成功地打造了一个颇具羌族风情的山区小镇，城镇民居和公共服务设施都充分呈现了本土的民族特色（图 4-3-45 ～图 4-3-47）。

（2）住房建筑实施情况

水磨镇城镇住房现已成为灾区重建的典范之作，“家、店、院”三位一体的设计，既解决了居民的居住问题，也为他们开店做生意提供了方便，成为了打造新兴生态旅游小镇的物质依托（图 4-3-48 ～图 4-3-50）。

图 4-3-45 汶川县水磨镇民居建筑空间形态示意图（一）

图 4-3-46 汶川县水磨镇民居建筑空间形态示意图（二）

图 4-3-47 汶川县水磨镇禅寿老街效果图

图 4-3-48 汶川县水磨镇羌族民居群落

图 4-3-49 汶川县水磨镇羌族民居图

图 4-3-50　汶川县水磨镇禅寿老街建成图

3．阿坝州汶川县映秀镇

（1）住房布局设计

映秀中心镇区居住建筑面积约为 16.8 万 m^2。其中，用于安置现状中心镇区人口的居住建筑面积约 12.7 万 m^2，提供给城镇新增人口的商品房、经济适用房、廉租房等建筑面积共计 4.1 万 m^2。根据住房建设规模预测，结合映秀镇中心镇区城镇建设强度的控制要求，一般居住用地容积率控制为 0.8 ～ 1.0 左右。沿河道、山体居住区为低层建筑区，高度控制为 12m。城市色彩分川西风貌区、羌族风貌区、藏族风貌区进行控制，其中川西风貌区建筑主色调以灰色系及白色系为主，营造白墙青瓦的形象；羌族风貌区建筑主色调以浅冷灰色系与白色系为主，建筑局部采用暖色系，营造石墙白顶的形象；藏族风貌区建筑主色调以红、黄、黑、白四色系为主，营造粉墙金瓦的形象（图 4-3-51 ～图 4-3-54）。

图 4-3-51　阿坝州汶川县映秀镇民居建筑效果图（一）

图 4-3-52　阿坝州汶川县映秀镇民居建筑效果图（二）

图 4-3-53　阿坝州汶川县映秀镇民居建筑效果图（三）

图 4-3-54　阿坝州汶川县映秀镇民居建筑效果图（四）

（2）住房建筑实施情况

映秀镇的城镇住房灾后重建体现了“不求大、小而美、精致、本色、安全”的基本原则，住房最集中地展示了国家最新抗震技术，并且严格控制了建筑层高，所有住房层高在4层以下，局部4层，以3层为主，成为四川具代表意义的防灾减灾示范区（图4-3-55～图4-3-57）。

4．阿坝州汶川县威州镇

（1）住房布局设计

汶川县威州镇居民安置房二期，多层坡地住宅小区，由20栋6层住宅楼组成。总平面布局顺应地形，避开坡度较陡地区，形成较有山地聚落特色的建筑群。总建筑面积92879m^2，总住宅户数为1106户，建筑层数地上6层，局部下跃1层。户型分为三室两厅双卫（85.82m^2）、两室两厅单卫（64.89m^2）、四室两厅双卫（117.36m^2）、两室两厅单卫（64.89m^2）、两室两厅单卫（76.79m^2）、一室一厅单卫（47.61m^2）。结构形式为短肢剪力墙（图4-3-58、图4-3-59）。

（2）住房建筑实施情况

该安置房充分利用现有地形，创造聚落式的建筑群，充分利用地形和建筑的围合塑造空间景观；品质均好，资源共享，体现安置房自身特点（图4-3-60～图4-3-62）。

图4-3-55　阿坝州汶川县映秀镇民居建筑（一）

图4-3-56　阿坝州汶川县映秀镇民居建筑（二）

图 4-3-57　阿坝州汶川县映秀镇民居建筑（三）

图 4-3-58　阿坝州汶川县威州镇安置房鸟瞰效果图

图 4-3-59　阿坝州汶川县威州镇安置房效果图

图 4-3-60　阿坝州汶川县威州镇安置房建成图（一）

图 4-3-61　阿坝州汶川县威州镇安置房建成图（二）

图 4-3-62　阿坝州汶川县威州镇安置房建成图（三）

5．绵竹市汉旺镇

（1）住房布局设计

汉旺新镇区采用原地异址重建方式。汉旺新镇区位于德阿公路以南、绵远河以西的香山村、群力村和凌法村区域内，占地面积 3.75km^2，在建区域 2.5km^2。汉旺新镇需重建城市住房 8100 套。建筑风格以川西民居为主，融合江浙民居元素。从安全的角度考虑，住宅区中绝大多数都是粉墙黛瓦的四层住宅，容积率保持在 1.2（图 4-3-63、图 4-3-64）。

图 4-3-63 绵竹市汉旺镇廉租房鸟瞰图

图 4-3-64 绵竹市汉旺镇安居房效果图

（2）住房建筑实施情况

汉旺新镇区的城镇小区里，点缀着亭台轩榭、小桥流水等景观，借鉴的是江南的园林设计；而建筑上的线条，比如住宅楼侧面装饰感较强的窄窗，又是川西民居的特点。镇区所有建筑物均为深蓝色坡屋面，建筑表面均为白色墙面配烟灰色线条的颜色组合。江浙元素的融入，体现了无锡对汉旺镇重建作出的贡献（图 4-3-65、图 4-3-66）。

图 4-3-65　绵竹市汉旺新镇全景建成图

图 4-3-66　绵竹市汉旺镇安居房建成图

6．崇州市街子镇

(1) 住房布局设计

街子镇是历史文化名镇，城镇新建住房也大体根据《清工部法则》营造，木结构穿斗梁架，单檐青瓦，民居布局，前店后院，建筑朴素、小巧，极具观赏价值与使用价值。在建筑设计中，充分考虑了住户的需求和当地的实际情况，使得住房能与周围的旅游资源配套。既能满足当地居民的生活需求，也能为发展旅游服务业提供条件（图 4-3-67、图 4-3-68）。

图 4-3-67 崇州市街子镇居民点效果图（一）

图 4-3-68 崇州市街子镇居民点效果图（二）

（2）住房建筑实施情况

街子镇已成为反映清代祖国西南小镇风貌的典型小镇，居民住房本身也成为旅游风景点（图 4-3-69、图 4-3-70）。

图 4-3-69　崇州市街子镇建成图

图 4-3-70　崇州市街子镇民居建成图

（二）农村住房

1．北川县曲山镇沙坝村

（1）农房布局设计

沙坝村原地处曲山镇的北部，属山区沿河村。地震灾后按照“就地、就近、分散”安置的原则，明确沙坝村受灾群众返村集中安置重建，共需安置 222 户 698 人。项目选址距南北向地震带 200m 以上，在用地选择上充分考虑了洪水、地质灾害、地震断裂带的影响，在安全的可建设用地范围内合理进行用地布局。把居住、公共服务安排到最安全的地方。建筑采用砖混结构，具有鲜明的羌族特色。其中，5 人户建筑面积 260m^2。按照“三打破三提高”的要求，尊重自然、顺应自然，立足当地的地形地貌、自然山水及资源环境承载能力，因地制宜，宜聚则聚，宜散则散，对山区、平原、丘陵地区进行不同的规划和农房设计，构建富有特色、宜居宜业的生态环境，形成具有不同地域特色的村落（图 4-3-71 ～图 4-3-73）。

（2）农房建筑实施情况（图 4-3-74 ～图 4-3-76）

2．彭州市鹿坪村

（1）农房布局设计

“鹿鸣荷畔”永久性安置点是彭州住房重建的示范点，是四川省灾后重建统规统建试点村之一。“鹿鸣荷畔”按照“宜聚则聚、宜散则散、产业带动、重建家园”的思路，统一了建筑风貌，采用坡屋面民居形式，打造集荷塘、田园、林盘、院落为一体，富含新农家特色的人性化村落。其农房建筑布局及设计充分体现了“建筑布局错落有致，房前屋后经济果林，屋顶晒台农家气息，就地取材节约造价，体形方正节能环保，地域特色风格多样”等特点。户型包括套一至套三户型，两楼一底和三楼一底砖混结构等。以相对统一的户型和结构模式，组成基本院落单元，因地就势、灵活多样地形成院落式布局。兼顾住房内部质量的均好性和节约造价的经济性。其中 1 人户建筑面积 35.2m^2，2 人户建筑面积 70.1m^2，3 人户建筑面积 70.16m^2，均有平面布局规整、体形系数小，保证开窗适度，窗墙比小，环保节能等特点（图 4-3-77～图 4-3-82）。

图 4-3-71 北川县曲山镇沙坝村恩达羌寨总平面图

图 4-3-72　北川县曲山镇沙坝村恩达羌寨效果图

图 4-3-73　北川县曲山镇沙坝村恩达羌寨 5 人户农房建筑效果图

图 4-3-74　北川县曲山镇沙坝村恩达羌寨农房建成图（一）

图 4-3-75　北川县曲山镇沙坝村恩达羌寨农房建成图（二）

图 4-3-76　北川县曲山镇沙坝村恩达羌寨农房建成图（三）

图 4-3-77　彭州市鹿坪村总平面效果图

图 4-3-78　彭州市鹿坪村房前屋后景观效果图

图 4-3-79　彭州市鹿坪村农房效果图

图 4-3-80　彭州市鹿坪村院落围合效果图

图 4-3-81 彭州市鹿坪村村民居住院落效果图

图 4-3-82 彭州市鹿坪村农房建设效果图

(2) 农房建筑实施情况

目前，鹿坪村所有受灾居民都已迁入新居，过上了安居乐业的生活（图 4-3-83 ～图 4-3-86）。

图 4-3-83 鹿坪村建成民居街巷（一）

图 4-3-84　鹿坪村建成民居街巷（二）

图 4-3-85　鹿坪村民居建成建筑单体（一）

图 4-3-86　鹿坪村民居建成建筑单体（二）

3．大邑县西岭镇云华村

(1) 农房布局设计

该村落的重建规划设计，尽量保持原有地质风貌，建筑基址、道路适当加以改善，满足村民的基本生活需求，以实用、经济、安全为准则，形成自然的村落体系。规划建设总用地面积 48666.91m^2，总建筑面积 23300m^2，其中安置房建筑面积 13800m^2，联建房建筑面积 4500m^2。安置户数 130 户，人数 396 人，其中 2 人户 34 套，每套约 70m^2；3 人户 56 套，每套约 105m^2；4 人户 40 套，每套约 140m^2（图 4-3-87 ～图 4-3-90）。

图 4-3-87　大邑县西岭镇云华村旅游社区平面布局图

图 4-3-88　大邑县西岭镇云华村旅游社区建筑空间围合图

图 4-3-89　大邑县西岭镇云华村旅游社区滨水建筑空间效果图

图 4-3-90　大邑县西岭镇云华村旅游社区民居建筑效果图

（2）农房建筑实施情况

依托在保护和延续农村固有空间特色的基础上，将农村民居与现代技术、材料紧密结合，创造了“新民居”建筑形式，让人耳目一新；配套完善的污水管网、化粪池、供水供电系统、天然气管道、区间道路等基础设施，也体现了民居建筑的发展及现代农村生产生活方式的改变和提升（图 4-3-91 ～图 4-3-93）。

图 4-3-91　大邑县西岭镇云华村旅游社区民居建筑实施图（一）

图 4-3-92 大邑县西岭镇云华村旅游社区民居建筑实施图（二）

图 4-3-93 大邑县西岭镇云华村旅游社区民居建筑实施图（三）

4．崇州市文井江镇大坪村

(1) 农房布局设计

文井江镇石柱子安置点位于大坪村 5 组，采用统规自建方式重建 32 户，建筑面积 3787m^2。整个村落按山地等高线规划分布，形成数个建筑群落。1、2 人户的小户型的院落组合结合整个安置点的西侧主入口布置，便于改造为乡村客栈。建筑组团间采用林盘保护手法，形成大面积绿化（图 4-3-94、图 4-3-95）。

图 4-3-94　崇州市文井江镇大坪村安置点平面布置图

图 4-3-95　崇州市文井江镇大坪村安置点效果图

（2）农房建筑实施情况

大坪村安置点建成后，建筑色彩与自然背景自然融合，村落绿意盎然、村路弯曲逶迤，是依山就势布局民居建筑的较好范例。农村居民住宅里卫浴设施和现代厨具一应俱全，不仅能够为农民自身提供舒适便捷的生活环境，还可为来此观光的游客提供舒适的住宿环境，扩宽了当地农村居民的收入来源（图 4-3-96、图 4-3-97）。

5．都江堰翠月湖镇宋家巷子

（1）农房布局设计

翠月湖镇宋家巷子灾后农房重建着眼于打破“军营式”布局，按照“房子进林盘”、“小院并大院”和“形隐于林、色透于外”的理念，采用现代川西民居风格的院落式布局，将农房建设与区域自然资源禀赋有机结合，形成了现代农村与自然环境和谐相融的崭新形态（图 4-3-98、图 4-3-99）。

图 4-3-96 崇州市文井江镇大坪村安置点农房建成图（一）

图 4-3-97 崇州市文井江镇大坪村安置点农房建成图（二）

图 4-3-98　翠月湖镇宋家巷子农房建设平面图

图 4-3-99　翠月湖镇宋家巷子农房建设效果图

(2) 农房建筑实施情况

翠月湖镇宋家巷子在农村民居建设中，用高低错落、平面进退组合的方式，着力打破“火柴盒”式的农房外观，充分体现地方建筑的符号，尽量使用地方材料、注重民族文化传统，满足现代使用功能，重建的灾区农房形成了一道靓丽的风景线（图 4-3-100 ～图 4-3-102）。

6．绵竹市遵道镇棚花村

(1) 农房布局设计

住宅设计体现川西民居朴实飘逸的风格，以“院”为基本单位，采用穿斗形式的木构架形式，恢复川西民居风貌，墙壁以粉墙为主，辅以各种川西民居风貌的古建筑构件，屋面瓦以黑色为主，以达到粉墙黛瓦的川西民居风貌。门窗采用朱红色仿古门窗，以增添建筑物的仿古氛围。屋面采用青灰色土筒瓦。仿古木门、木窗为成品木门窗，面罩朱红色油漆。其重点装修部分是小门楼，采用雕而不画的形式（图 4-3-103 ～图 4-3-106）。

图 4-3-100　翠月湖镇宋家巷子农房建成图（一）

图 4-3-101　翠月湖镇宋家巷子农房建成图（二）

图 4-3-102　翠月湖镇宋家巷子农房建成图（三）

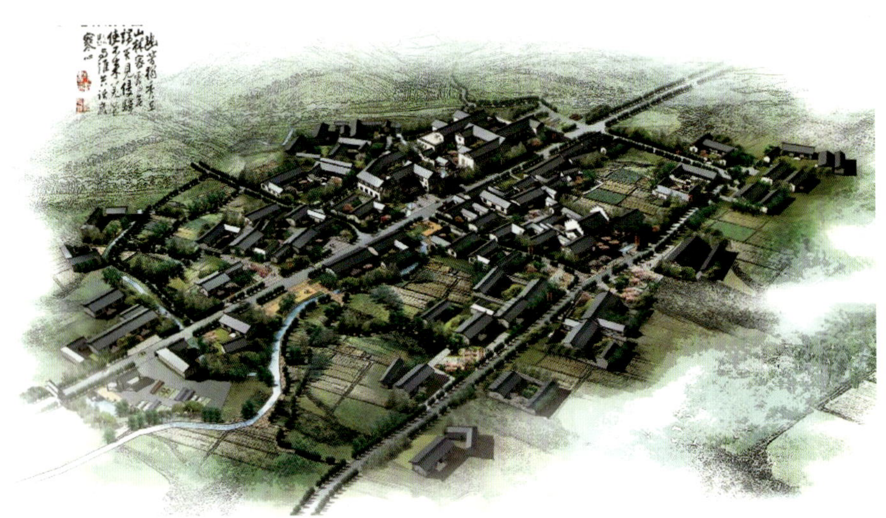

图 4-3-103　绵竹市遵道镇棚花村鸟瞰图

图 4-3-104　绵竹市遵道镇棚花村农房效果图

图 4-3-105　绵竹市遵道镇棚花村农房户型图（一）

图 4-3-106　绵竹市遵道镇棚花村农房户型图（二）

（2）农房建筑实施情况

绵竹市遵道镇棚花村在农房重建中以突出川西民居风貌为内容，融入绵竹年画传统文化内涵，以白墙为底，画上色彩鲜艳、形态生动的“绵竹年画”，通过年画载体将传统文化进一步植根于农村，村容村貌焕然一新，使文化与旅游、文化与新农村建设有机结合。同时，通过组建实体机构——年画传习所并成功运营，以及一年一度的梨花节、赏果节的成功举办，有效地推动了乡村旅游业的发展（图 4-3-107 ～图 4-3-110）。

图 4-3-107　绵竹市遵道镇棚花村农房建成图（一）

图 4-3-108　绵竹市遵道镇棚花村农房建成图（二）

图 4-3-109　绵竹市遵道镇棚花村农房建成图（三）

图 4-3-110　绵竹市遵道镇棚花村农房建成图（四）

第四节 风景名胜区灾后重建规划设计经典案例与实施效果

在四川省风景名胜区重建规划编制工作中，始终坚持因地制宜，分类指导，突出重点，坚持统一领导、分工负责，地方为主、相互协调，注重宏观性、综合性和指导性的编制原则，以灾区当地自然地质条件、经济社会条件和资源环境承载力为前提和基础，以风景名胜区损毁状况为依据，以促进风景名胜事业发展为工作重点，科学地编制了大量风景名胜区规划，有效地指导了灾区风景名胜区的恢复重建工作。

一、极重度受灾风景名胜区

（一）规划内容

规划重点内容包括：灾损调查与评估、地质安全性评价、地质灾害治理、生态环境恢复、基础工程设施规划、管理与旅游服务设施规划等。优先开放的景区景点、居民点调控等作为次重点内容。规划的目的在于保障安全，休养生息，逐步恢复、局部开放游览。

（二）典型案例分析

1.《龙门山风景名胜区灾后重建规划》

龙门山国家级风景名胜区位于龙门山地质断裂带上，距离“5·12 四川汶川大地震”的震中仅 20 余公里，5·12 大地震造成风景名胜区内 227 人死亡，37 人失踪。其灾情是全国所有受灾的风景名胜区中的重中之重，属于极度重灾的风景名胜区。地震造成风景资源严重损毁，地形地貌“满目疮痍”，其惨烈之状超过于一次核打击：风景名胜区 90% 以上的风景资源严重受损！人员伤亡惨重，财产损失严重！基础设施严重损毁，旅游活动完全停止！而且在大地震之后，崩塌、滑坡、泥石流等严重次生灾害不断，旅游公路难以通行，到目前为止主要景区仍无法步行进入（图 4-4-1 ～图 4-4-4）。

图 4-4-1 大龙潭入口处海汇桥一片废墟

图 4-4-2 小龙潭入口景点只剩一堆乱石

图 4-4-3 鸳鸯景点被掩埋，昔日美景消失

图 4-4-4 银苍峡峡谷被山体滑坡掩埋

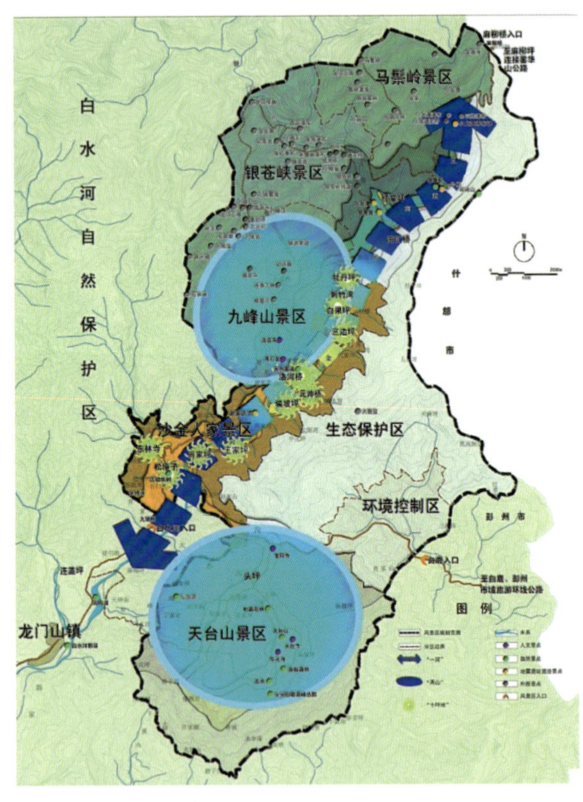

图 4-4-5　龙门山风景名胜区灾后重建总体规划图

规划突出了地质灾害的防治，通过加强对地质等灾害隐患点的调查和排查，加强灾后景区的灾害治理；其次，重点规划了农民住房恢复重建内容，将农民的生产生活和旅游接待结合起来，实现农民住房风景化，在充分尊重农民意愿的前提下，引导农民走向现代、生态、可持续发展的生活方式（图 4-4-5）。

规划将风景名胜区发展的中心转移至“一河、两山、十坪地”：

“一河”（沙金河）：重点进行沙金河东西两侧的景观重塑，以高山植被、竹海、奇花异草为特色。包括沙金人家景区和地震遗址遗迹区。

“两山”（九峰山、天台山）：由“一河”向九峰山、天台山两景区的前山区扩展，形成附于景观重建主轴东西两侧的两片。这两片，是对景观主轴的有力补充，也是先期能够进行景点恢复并组织游览的片区。

“十坪地”（4 居民点 +6 旅游服务区）：对灾后重建的 10 个农村居民点和游览服务设施点进行重点景观塑造，使之成为散布在游览主轴两侧连续而又具有鲜明景观特色的聚落设施，实现“一村一景、十村十品”的目标。

在此基础上，提出道路交通、通信、能源、给水排水基础设施建设项目，形成居民点、旅游接待设施、景点修复与新建、管理与游览设施、道路交通、基础工程设施、地质灾害防治、生态植被恢复等分类的灾后重建项目库，投资估算共计 12.66 亿元。

风景名胜区内没有避灾防灾系统，灾难一旦发生即受到严重影响，区内风景资源及环境也将受到不可恢复的破坏。灾后重建规划着重建立风景名胜区的防灾避灾系统及对消失的景观资源进行补偿。在重建规划中，避开景观消失，难以短时间恢复的传统景区大龙潭、小龙潭和银苍峡，而是利用龙门山恒久不变的凉爽气候资源，打造“一河、两山、十坪地”的新的游览区，使沟内居民能安置、能生存、能发展，做到了封闭与开放结合、安全与发展同步，为龙门山风景名胜区的今后发展提供了正确的指导和思路（图 4-4-6）。

原址重建的景区新农村

正在治理的沿途地质灾害点

图 4-4-6　实施效果

恢复后的九银桥段景区公路

图 4-4-6 实施效果（续图）

2.《青城山—都江堰风景名胜区灾后恢复重建规划》

青城山—都江堰风景名胜区是世界文化遗产，都江堰水利工程建成2000余年来一直滋养着有着天府之国之称的成都平原，是中国古代水利建设的伟大奇迹；青城山是中国道教圣地，全山上下历史遗迹遍布，在全国影响深远。汶川5·12这场突如其来的大地震，对距离震中仅10km的青城山—都江堰风景名胜区造成巨大损失，其是整个地震灾区受灾最严重、最典型的风景名胜区之一。地震对风景名胜区的破坏主要体现在游览条件、各类设施遭到严重损毁，居民生产生活受到极大破坏，经济上损失巨大；风景名胜区最具代表性的人文风景资源如二王庙等极度损毁、都江堰水利工程受到较严重损坏，对风景名胜区的资源保护和旅游发展产生很大的不利影响（图4-4-7）。

该风景名胜区能否恢复开放，是四川旅游产业能否恢复的核心标志，对鼓舞全国人民抗击地震灾害、恢复重建家园具有特别重大的意义。

二王庙灾损

泰安古镇灾损

图 4-4-7 青城山—都江堰风景名胜区灾损照片

规划将风景名胜区分为重点恢复区、一般恢复区和风景抚育区三类重建分区（图4-4-8～图4-4-12），如下：

重点恢复区：包括都江堰景区、青城前山景区、青城后山景区3个景区范围。该区在恢复重建的同时优化风景环境，提升景区的利用服务水平，各方面超越灾前水平，促进风景名胜区的风景环境保护与游览开放。

四川省国家级风景名胜区分布图

青城山-都江堰风景名胜区在都江堰市的位置图

坡度分析图

坡向分析图

三维模型图

图 4-4-8 青城山—都江堰地形地貌分析

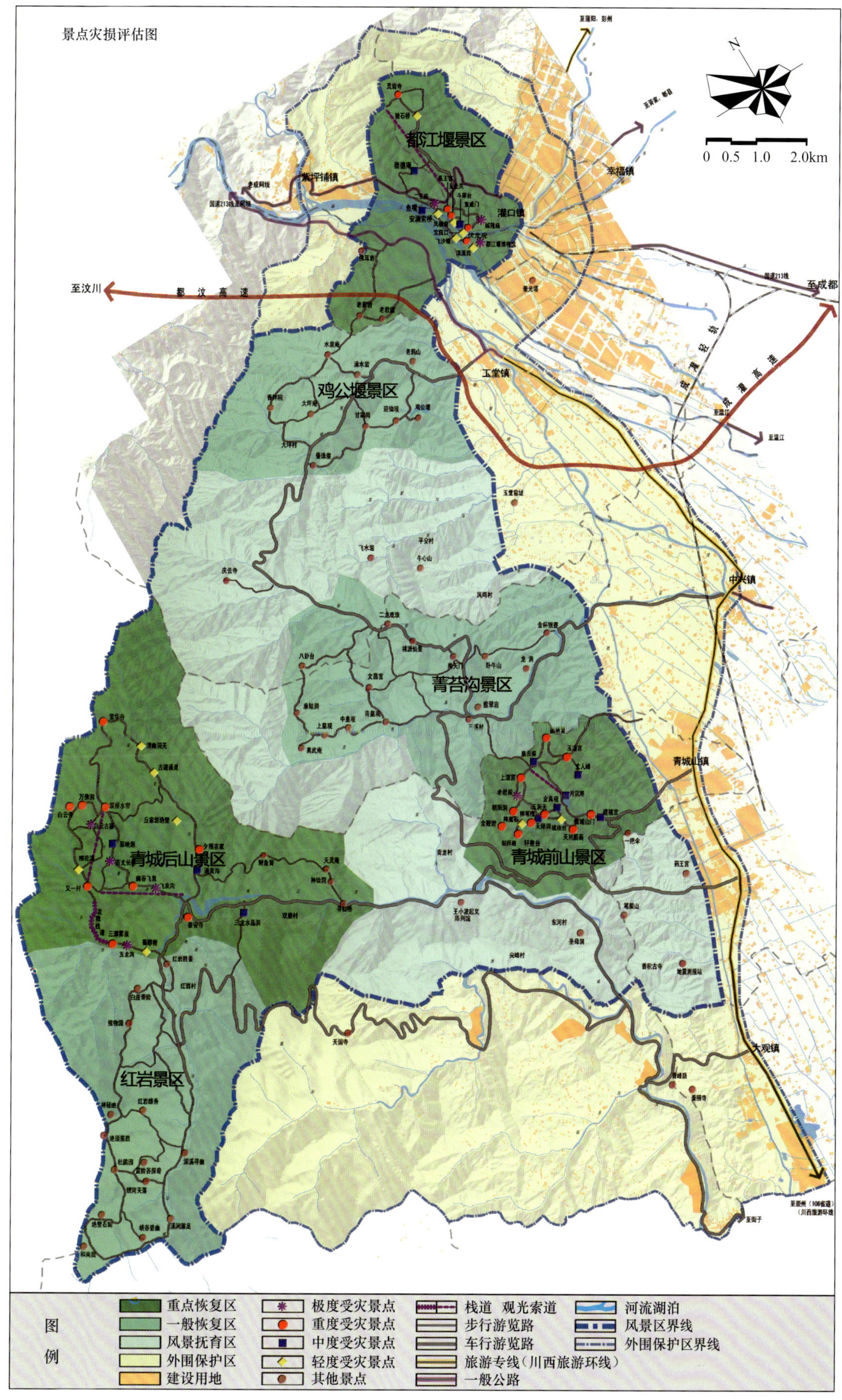

图 4-4-9　青城山—都江堰景点灾损图

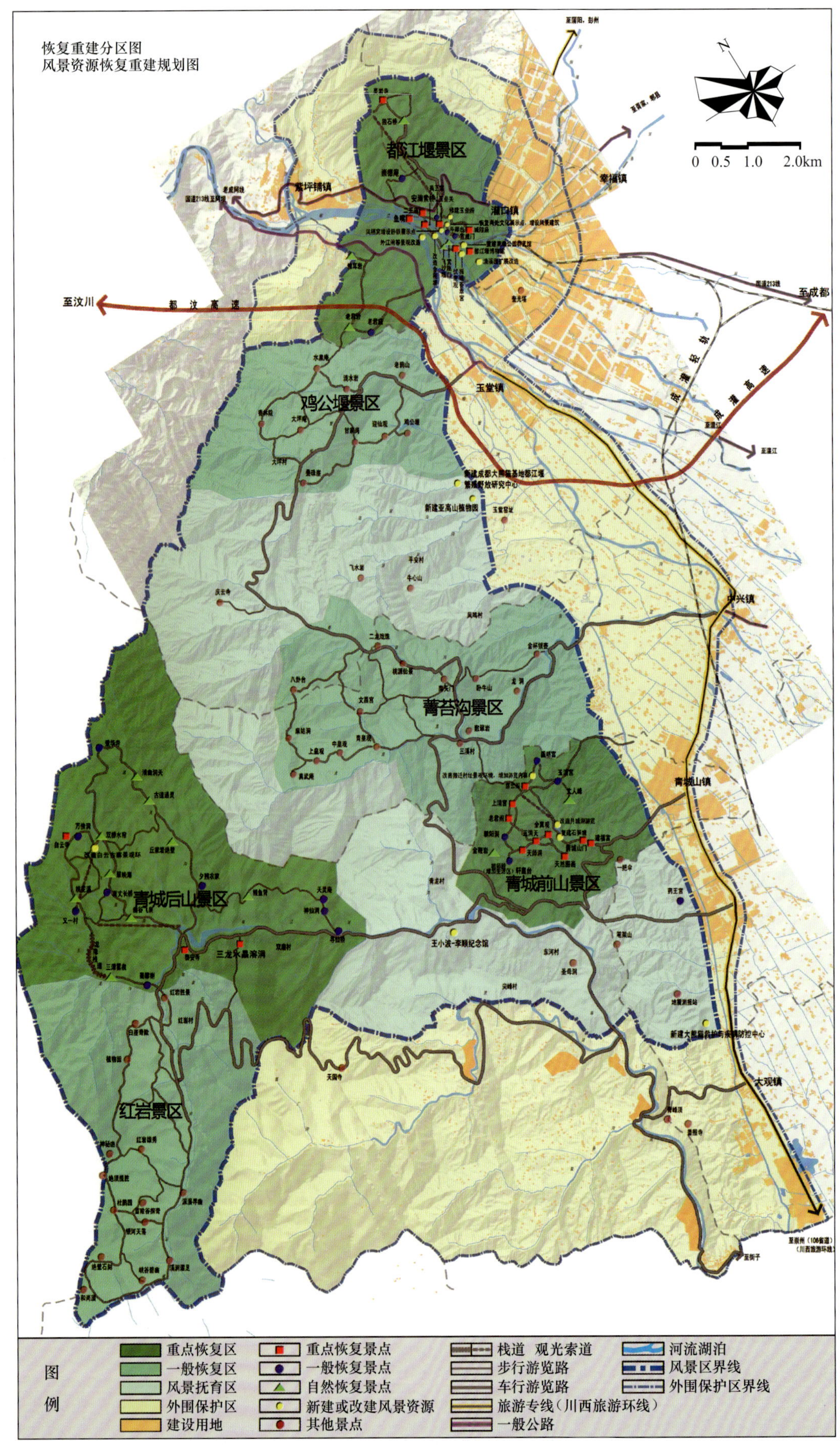

图 4-4-10　青城山—都江堰风景资源恢复重建规划图

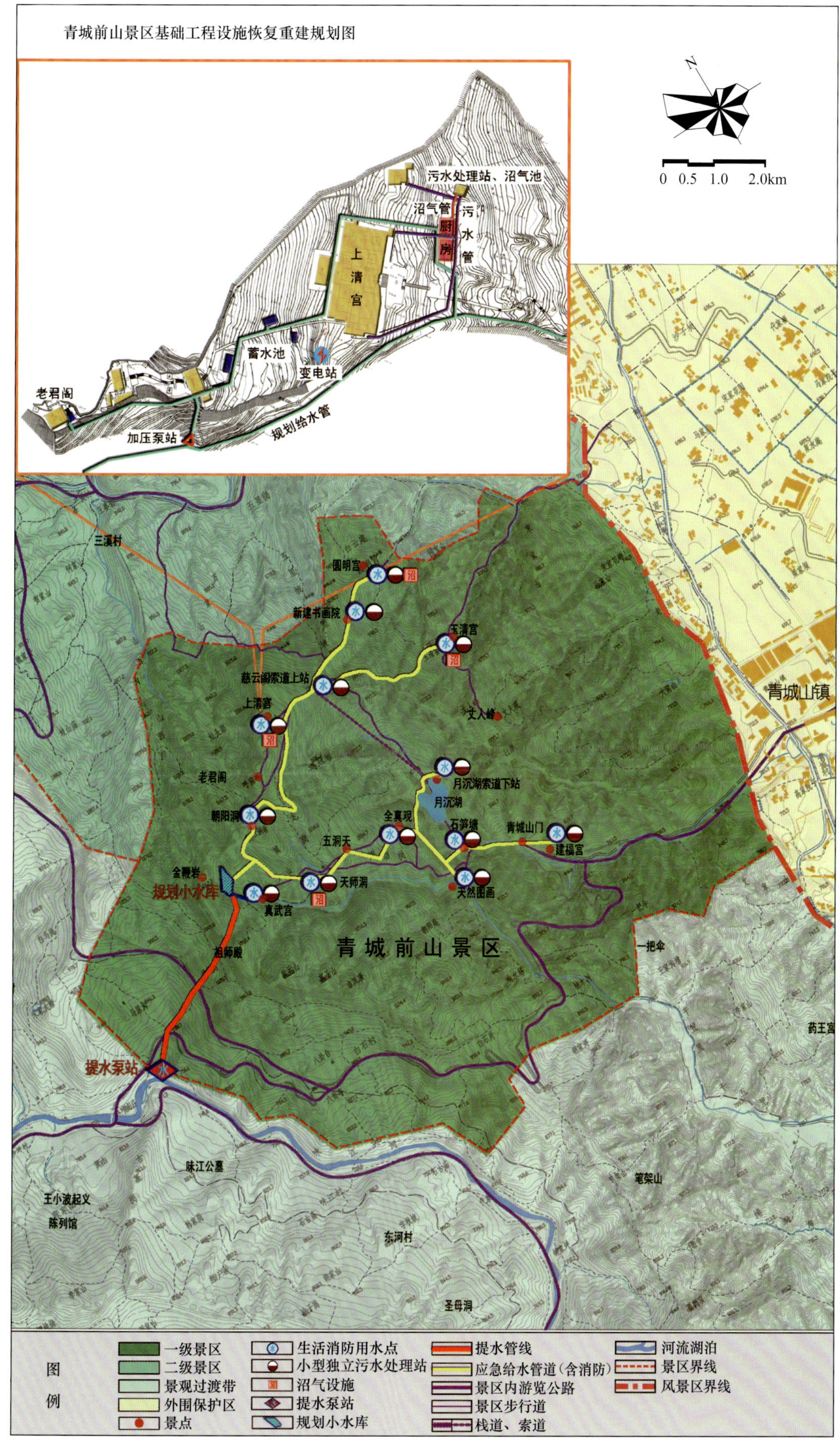

图 4-4-11 青城山—都江堰基础设施恢复重建规划图

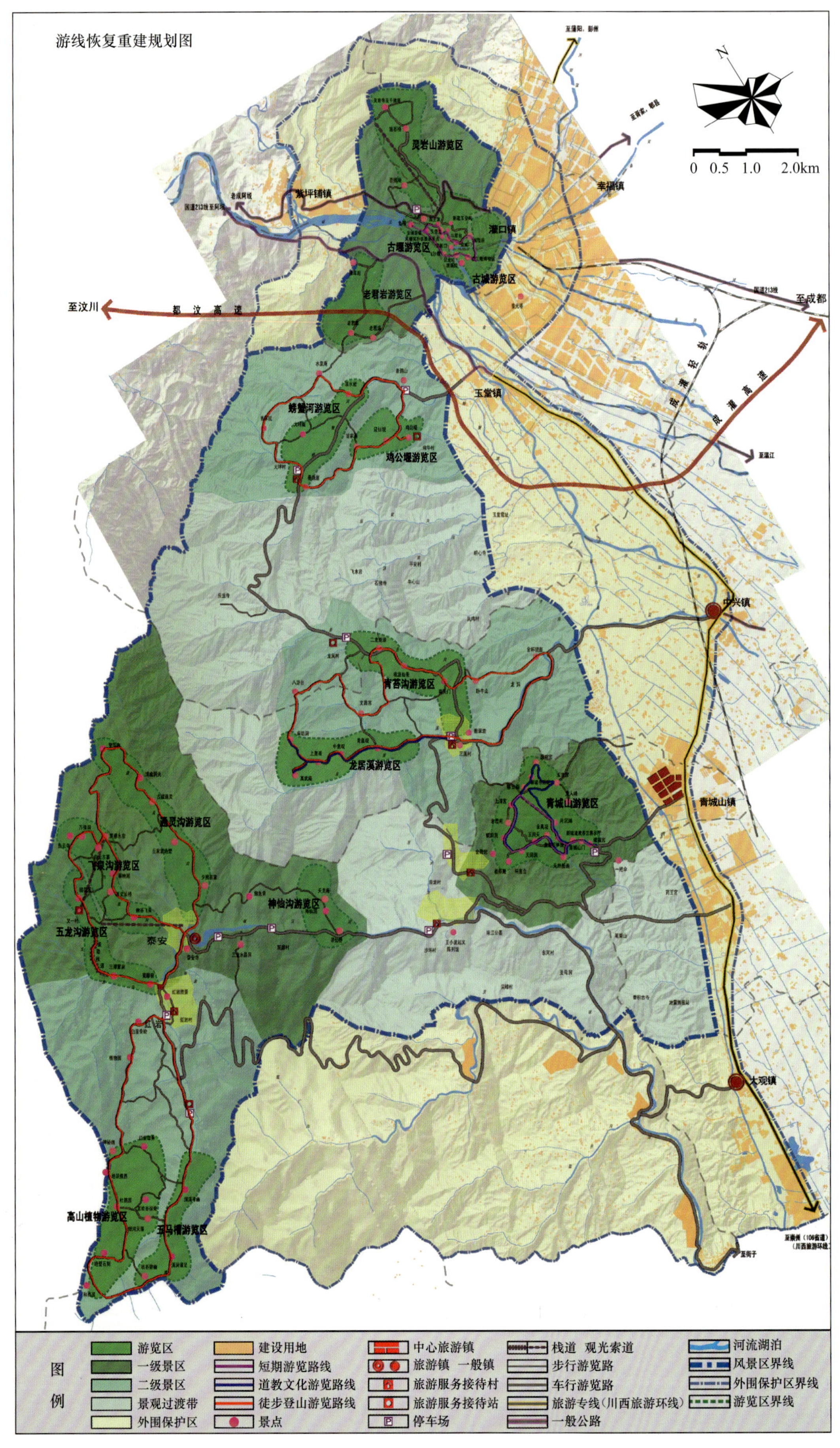

图 4-4-12　青城山—都江堰游线恢复重建规划图

一般恢复区：包括鸡公堰景区、菁苔沟景区、红岩景区3个景区范围。该区以原有风景资源、各类设施、生态环境的恢复重建为主，落实风景名胜区总体规划的相关规定，尽量使其达到灾前水平，作为风景名胜区游览开放的后备景区。

风景抚育区：除前面6个景区剩余的区域划为风景抚育区。该区以自然生态恢复为主，尊重自然规律，加以一定的人工干预培育自然风景，这是一个长期的过程。局部游览通道应采取措施保证游览安全。规划确定的重建内容包括风景资源恢复重建，重点文物古迹的抢救维修与重建，如二王庙、伏龙观等，同时，各道观可将生活区独立出来，维持道观建筑的宗教和游览功能；服务设施恢复重建，不仅需要恢复到灾前水平，还需要根据灾害带来的巨大影响及风景名胜区发展的实际需要，提升风景名胜区的利用水平，合理增加部分服务设施；综合交通恢复重建，按照“一纵一横一通道”的总体格局恢复重建风景名胜区的交通体系；基础工程设施恢复重建，恢复景区给水、排水、电力、邮政、电信、环卫等基础设施；居民点恢复重建，在这次地震中受损的农村居民人口可借此机会搬迁至所属镇的镇区，而不在风景名胜区内进行安置，达到人口缩减的目的；规划确定的项目总投资估算约为31.77亿元。

二、重度受灾风景名胜区

（一）规划内容

重度受损风景名胜区规划重点内容包括：灾损调查与评估、地质安全性评价、景区景点开放计划、游览道路交通规划、基础工程设施规划、标志标牌设立、管理与旅游服务设施规划、地质灾害治理措施等。规划的目的就是以快速恢复该类景区的开放，增强灾区自身造血功能，减轻国家负担。

（二）典型规划案例分析

1.《剑门蜀道风景名胜区剑门关景区灾后重建规划》

剑门关是剑门蜀道国家重点风景名胜区的核心，它以“剑门天下险”的雄关为标志，以“古、雄、险、奇”为特色，以“三国魏蜀争战”为题材，具有生态、文化和休闲等各方面旅游功能的山岳型景区，位于四川省广元市剑阁县北部，是5·12汶川地震受地震严重破坏的重灾区，景区在地震中受损严重，旅游功能基本尚失，景区内存在地质灾害点有7处，威胁居民共计105户，450人，以及威胁景区景点和公路、步游道、索道等设施，使该景区在震后丧失恢复开放的条件（图4-4-13）。但是，剑门关景区作为剑门蜀道风景名胜区标志性景区的地位未被动摇。

图4-4-13　剑门关关前崩塌灾害

灾后重建规划采用“树枝状串珠式+环线式”布局模式，形成“一主枝、二分枝、三环”的布局形态，对大剑门、小剑门、凉水沟、志公寺、雷鸣谷、剑雄湖、五里坡七个片区进行了重新布局，并提出剑门关镇、志公寺、翠云廊、钟会故垒团、仙峰观、梁山寺和剑门关游览组团恢复开放的时序，为此，规划了灾后重建项目共计99项，总投资估算为5.52亿元（图4-4-14）。

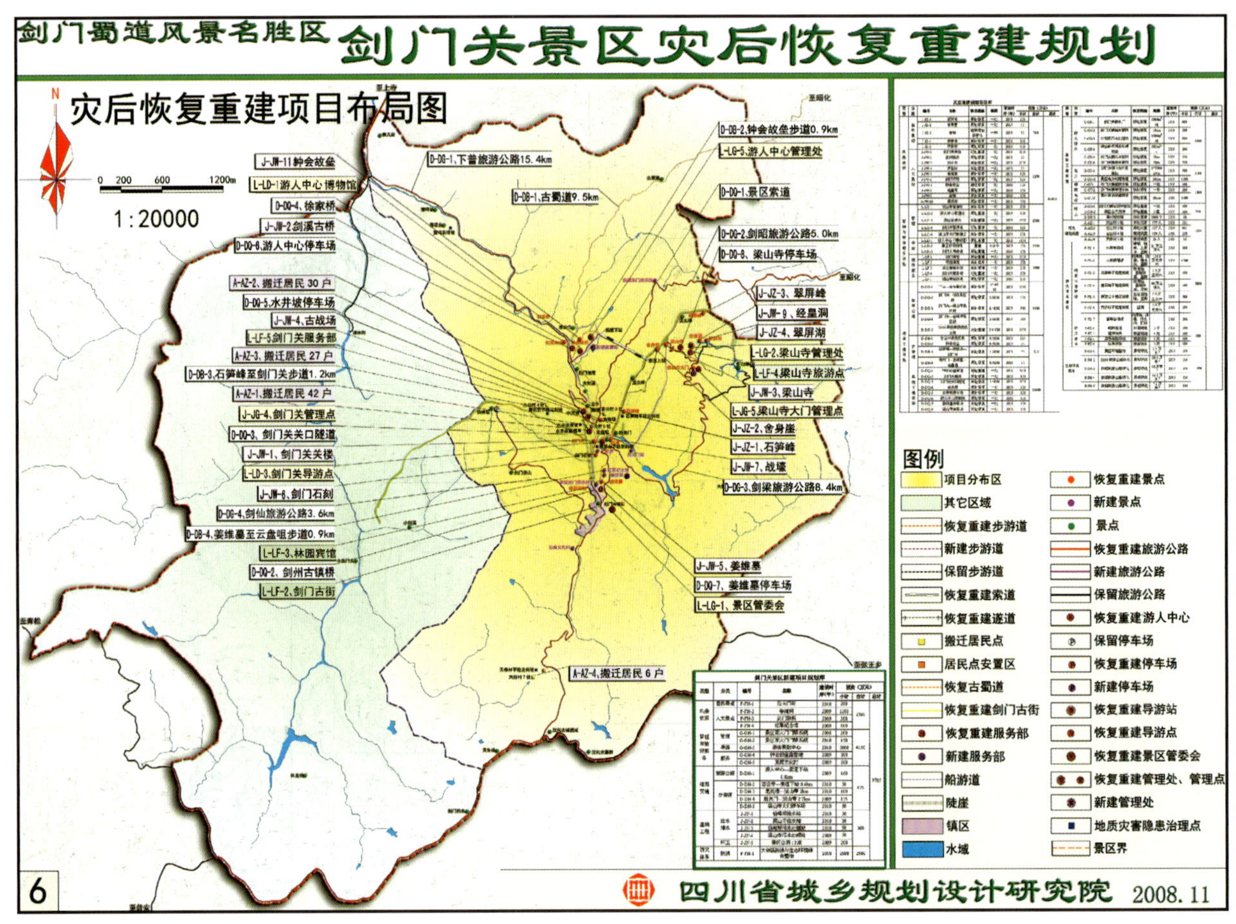

图 4-4-14　剑门关景区灾后重建规划图

本次规划在黑龙江省 5 亿元对口援建资金的支持下，紧紧围绕剑门关关楼历史原貌的恢复为核心，对以剑门关关楼为中心的关前区、关楼区和关后区，以及剑门关古镇区进行了全新的规划，搬迁了关楼周围的居民点，修建了 108 国道剑门关隧道，重新组织了景区游览线路，全面提升景区各项设施水平，完成 129 项灾后重建项目的实施，经过近两年的封闭式施工，重建后的剑门关景区于 2010 年 5 月恢复开放（图 4-4-15～图 4-4-17）。

2.《四姑娘山风景名胜区灾后重建规划》

四姑娘山风景名胜区，是四川自然风景的极品之一，它与卧龙、夹金山共同组成的世界自然遗产

图 4-4-15　原址重建的剑门关古镇旅游镇

图 4-4-16　原址重建后的剑门关游人中心

图 4-4-17　新建的景区入口、迁址重建的剑门关景点实施效果

“四川大熊猫栖息地”和四姑娘山—卧龙自然生态公园，是四川自然风景的重要展示地。5·12 汶川地震给四姑娘山风景名胜区造成了巨大的灾难。瞬间，景区交通、通信、电力全部中断，大部分房屋裂缝，部分垮塌；泥石流、坍方、雪崩、地裂遍布景区，造成景点（景观）严重受损，生态旅游资源毁坏严重；景区公路、巡山道、游步道、栈道、观景亭（台）、厕所、水电站等基础设施遭到不同程度破坏；管理局机关办公大楼和住宿大楼遭到损坏。四姑娘山风景名胜区距震中较近，进入风景名胜区的很多路段已被山体滑坡、飞石摧毁，桥梁和路面大面积损毁，景区内部分区域次生地质灾害严重，因此，震后至 2009 年 4 月，一直未对游人开放，造成风景名胜区停业损失约 3000 万元（图 4-4-18、图 4-4-19）。

图 4-4-18　长坪沟木骡子森林被地震形成的气浪所毁

图 4-4-19　四姑娘山腰地震把大树连根拔掉

总体布局和结构在《四姑娘山风景名胜区总体规划》的指导下进行，同时针对震后风景名胜区具体情况的变化，对局部景区进行微调和细化。风景名胜区结构为风景游赏区（五个景区）、环境区和游览设施区、（旅游镇），并针对五个景区受灾和恢复难易的不同情况，分别确定了五大景区在具备安全运营的前提下分批逐步开放的时序。

规划从风景资源、管理与旅游服务设施、道路交通、基础工程设施、居民安置、防灾体系建设、生态环境等七大方面，对风景名胜区的灾后重建具体内容进行了详细的说明，建立了“风景名胜区灾后重建项目库”。规划从风景资源、管理与旅游服务设施、道路交通、基础工程设施、居民安置、防灾体系建设、生态环境等七个方面确定建设项目的地点、规模、标注、内容、时序、投资等具体内容。四姑娘山风景名胜区灾后重建重点项目共 96 项，总投资为 7.38 亿元（图 4-4-20）。

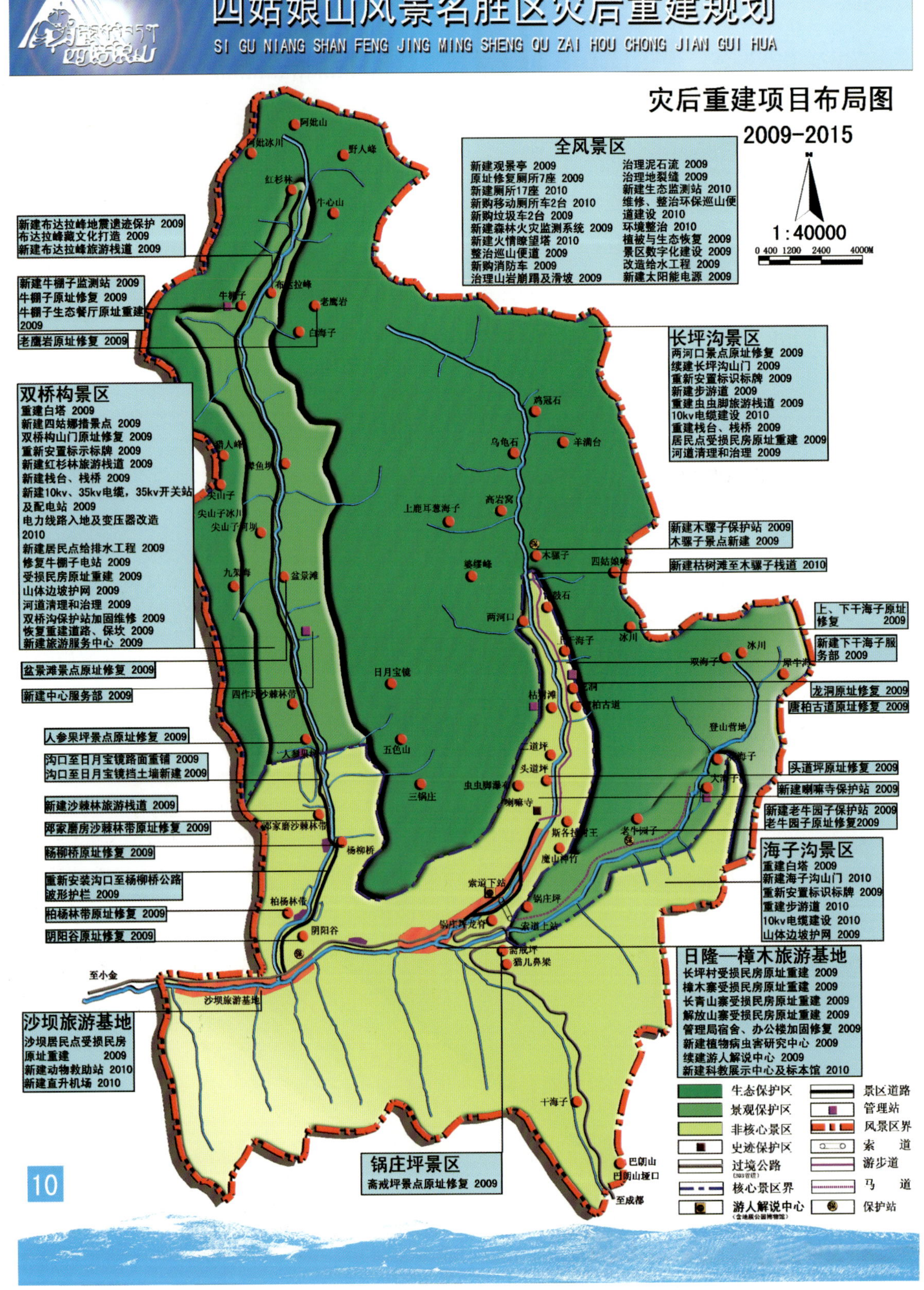

图 4-4-20　四姑娘山风景名胜区灾后重建规划图

本次规划认真梳理了地震前后风景名胜区风景资源的变化，确定了损伤需要维护的景点和新增的景点，修复并完善提升了风景名胜区的各项配套设施，对四姑娘山风景名胜区正常运营、重塑品牌起到了良好的指导作用，风景名胜区于 2010 年 5 月恢复开放（图 4-4-21）。

图 4-4-21　重建的景区栈道、重建的景区接待设施实施效果

三、其他受灾风景名胜区

（一）规划内容

其他风景名胜区规划的重点内容包括：灾损调查与评估、地质安全性评价、优先开放的景区景点、游览道路交通规划、基础工程设施规划、管理与旅游服务设施规划、生态环境恢复和地质灾害治理、居民点调控等，规划的目的就是以最快的速度恢复该类景区的开放，增强灾区人民恢复重建的信心，抚慰灾区人民受伤的心灵。

（二）典型规划案例分析

1.《九寨沟风景名胜区灾后重建规划》

九寨沟风景名胜区具有世界自然遗产和人与生物圈保护区双重身份，拥有规模大、景色美的湖群、瀑布群及钙华滩群以及丰富珍贵的野生动、植物资源，具有极高的生态价值、科学价值和美学价值，是举世难觅的自然博物馆。5·12 汶川大地震，对九寨沟风景名胜区的景观资源未造成大的损毁，景区的生态和环境基本保持完好，九寨沟风景名胜区作为阿坝州标志性景区的核心地位未被动摇。但是，九寨沟自地震后游客接待量下滑十分严重，5 月下旬至 6 月，每日接待量同比下降达到 96% 以上甚至 100%。沿线宾馆饭店部分受到的直接损伤虽然较为轻微，但对九寨沟地区的宾馆来说，更严重的影响来自于震后关门歇业所造成的直接或间接的经济损失（图 4-4-22、图 4-4-23）。

图 4-4-22　九寨沟风景名胜区滑坡灾害

图 4-4-23　九寨沟风景名胜区崩塌灾害

地震给风景名胜区带来的主要影响是次生地质灾害点增多，存在安全隐患，直接影响到游客的游览安全和沟内居民的生活安全。鉴于地质灾害对风景名胜区的风景资源和游览安全有决定性的影响，重点对风景名胜区内的地质危害进行了全面调查、评估，共调查出地质灾害隐患点 40 处，需应急处理的共 12 处，主要有崩塌（危岩）泥石流、潜在不稳定斜坡和滑坡等灾害类型。其中，地质灾害危险性为大型的 1 处（崩塌）；危险性为中型的有 30 处，以崩塌（危岩）为主，次要为泥石流和潜在不稳定斜坡；危险性为小型的 9 处，以崩塌（危岩）为主，次要为泥石流。九寨沟风景名胜区灾后重建规划的重点是加强对地质次生灾害的治理，建立安全游览系统；坚持以人为本，解决沟内原住居民的生活问题；重塑九寨沟新形象，全面打造国际旅游品牌的新内涵。该规划提出多达 40 项治理项目，将游客和居民以及设施的安全性放在首位（图 4-4-24、图 4-4-25）。

原址重建的村寨

恢复的景区植被

图 4-4-24　实施效果

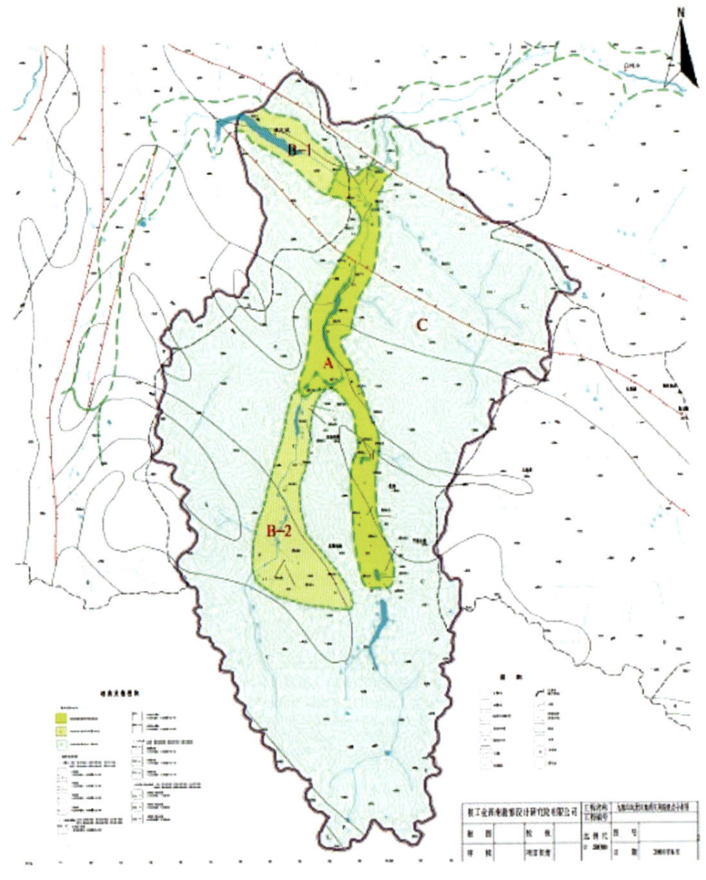

图 4-4-25　九寨沟风景名胜区地质灾害评价图

规划立足风景名胜区的实际情况，对震后风景名胜区受损的设施提出了相应的恢复重建和提升措施，为风景名胜区的提升预留了发展空间，满足了风景名胜区的发展需求，通过地质灾害避让、治理和基础设施重建，九寨沟风景名胜区于 2008 年 10 月恢复开放（图 4-4-26）。

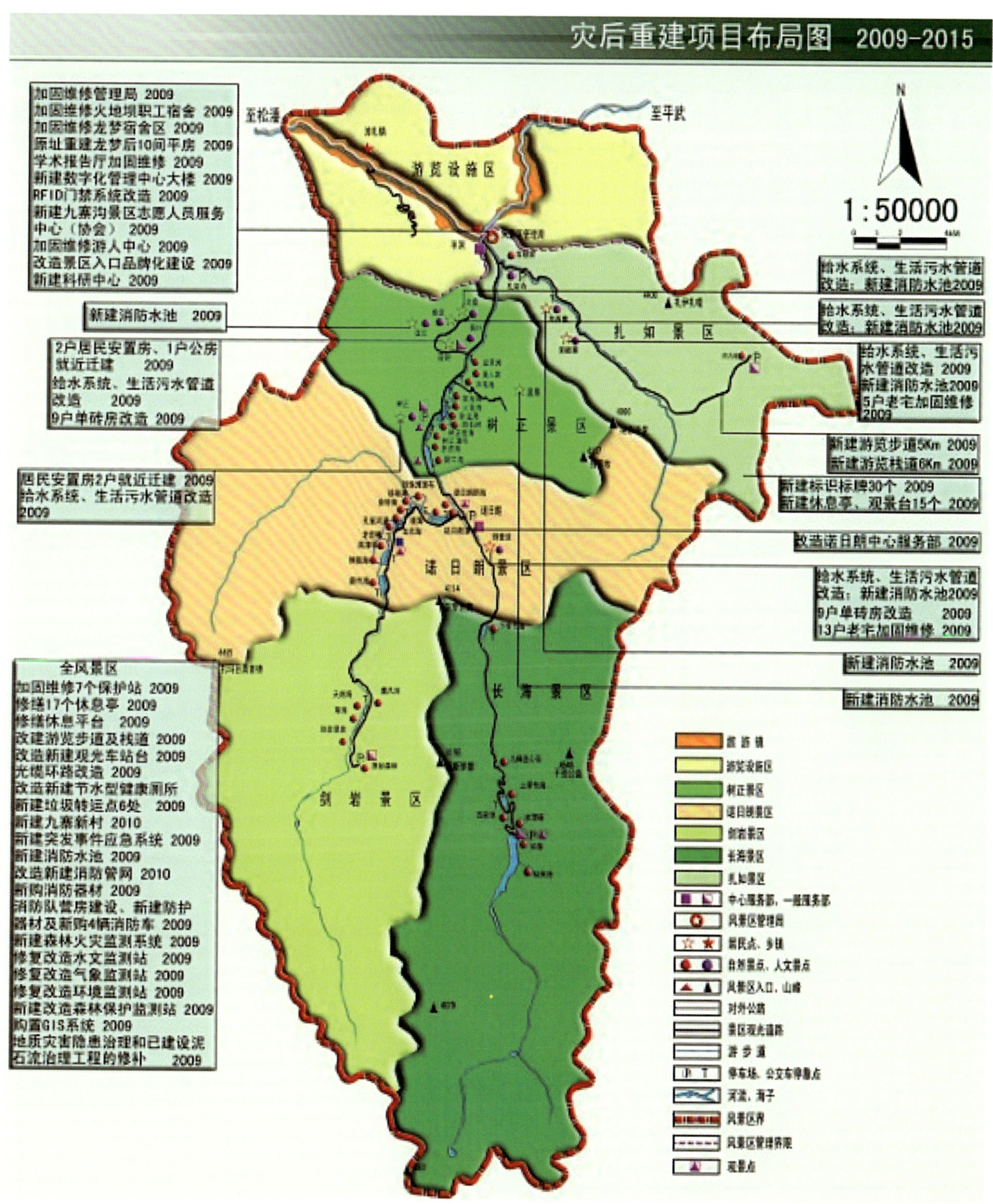

图 4-4-26　九寨沟风景名胜区灾后重建规划图

2.《黄龙风景名胜区灾后重建规划》

黄龙是中国较早列入世界遗产名录的风景名胜区，其巨型地表钙华景观在中国风景名胜区中独树一帜，占有不可替代的显赫地位，地处岷江干流风景富集带核心区域，属阿坝州风景旅游中心之一。

5 • 12 汶川地震对黄龙风景名胜区的景观资源未造成大的影响，景区的生态和环境基本保持完好，黄龙风景名胜区作为阿坝州标志性景区的核心地位未被动摇。但是对风景名胜区的基础工程设施和旅游接待服务设施等影响较大，直接经济损失达 6680 万元。震后，黄龙风景名胜区整体景观资源等未受影响，但是由于地处灾区，地震使许多游客产生了排斥心理，2008 年黄龙风景名胜区接待游客数量同比下降 81.52%；2008 年收入同比下降 81.22%。

该风景名胜区灾后重建规划工作的重点是要确定景区必须恢复重建的项目总体布局、投资估算、资金来源和配套保障措施等，突出体现三个方面的内容：重建风景游览配套设施和基础设施；建设风景名胜区安全游览系统；重塑风景名胜区品牌形象（图 4-4-27 ～图 4-4-29）。

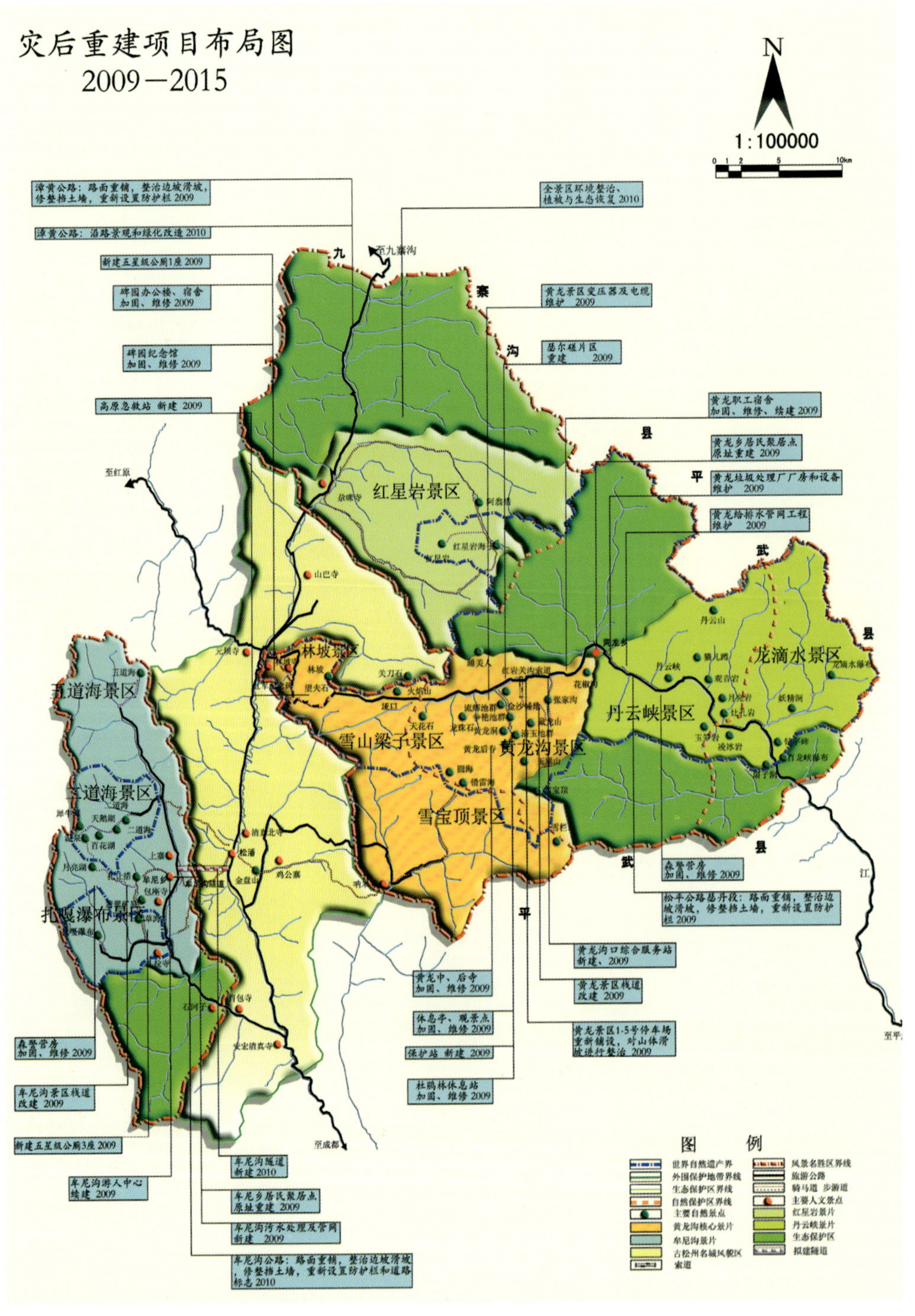

图 4-4-27　黄龙风景名胜区灾后重建规划图

图 4-4-28　黄龙风景名胜区受损道路

图 4-4-29　黄龙风景名胜区受损桥梁

通过立足风景名胜区灾后现状，并展望风景名胜区发展的需求，从与风景名胜区恢复重建有关的六个方面出发详细制订相应的灾后重建项目措施，恢复和提升了风景名胜区的各项设施，使黄龙风景名胜区恢复了正常功能，实现了安全营业，黄龙风景名胜区于 2008 年 10 月恢复开放（图 4-4-30）。

黄龙寺景点恢复

旅游公路恢复

图 4-4-30　实施效果

3.《白龙湖风景名胜区灾后重建规划》

白龙湖风景名胜区位于四川省广元市，地跨青川县和利州区，是宝珠寺水电站在白龙江上建成后形成的峡谷水库湖泊型风景名胜区，水域面积为 75km²。在 5 • 12 地震中景区内的景点、道路、桥梁、码头、管理、旅游、基础设施受到不同程度损毁，造成风景名胜区内存在多处地质隐患，区内的沙州旅游镇几乎被夷为平地，直接经济损失 1.32 亿元，由于风景名胜区盐井溪主码头处于地质灾害威胁之中，导致风景名胜区不能开放（图 4-4-31、图 4-4-32）。

规划重点评估了风景名胜区内约 178 处各种地质灾害隐患点，地质灾害类型主要有滑坡、不稳定斜坡和崩塌，其中对游客、旅游设施有直接影响的灾害点共 4 处：盐井溪和胡家山不稳定斜坡、伍家湾和何家坪滑坡。在此基础上，对风景名胜区的重建进行了分区，分别为开放游览景区、未开放游览景区和生态协调区三大类区域。规划小三峡景区、白水关景区、宝珠寺景区、青草坪景区、洛阳河景区在经过灾后恢复重建，可以在 2009 年、2010 年逐步恢复对外开放，其他区域不对游客开放（图 4-4-33）。

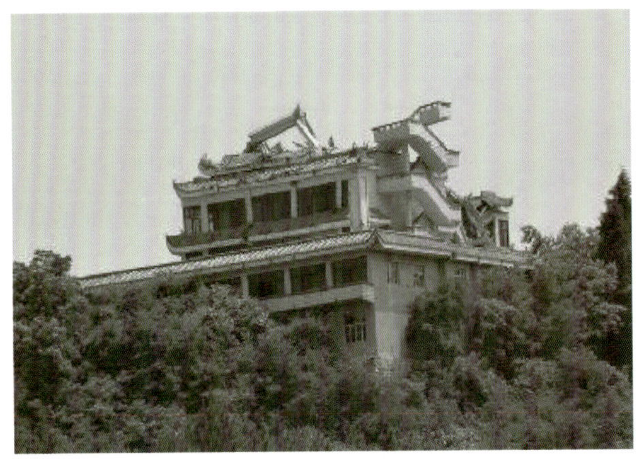

图 4-4-31 白龙湖宾馆损毁

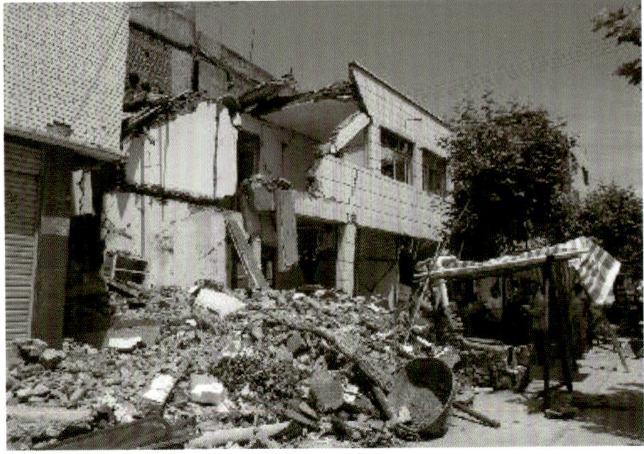

图 4-4-32 沙州旅游镇损毁

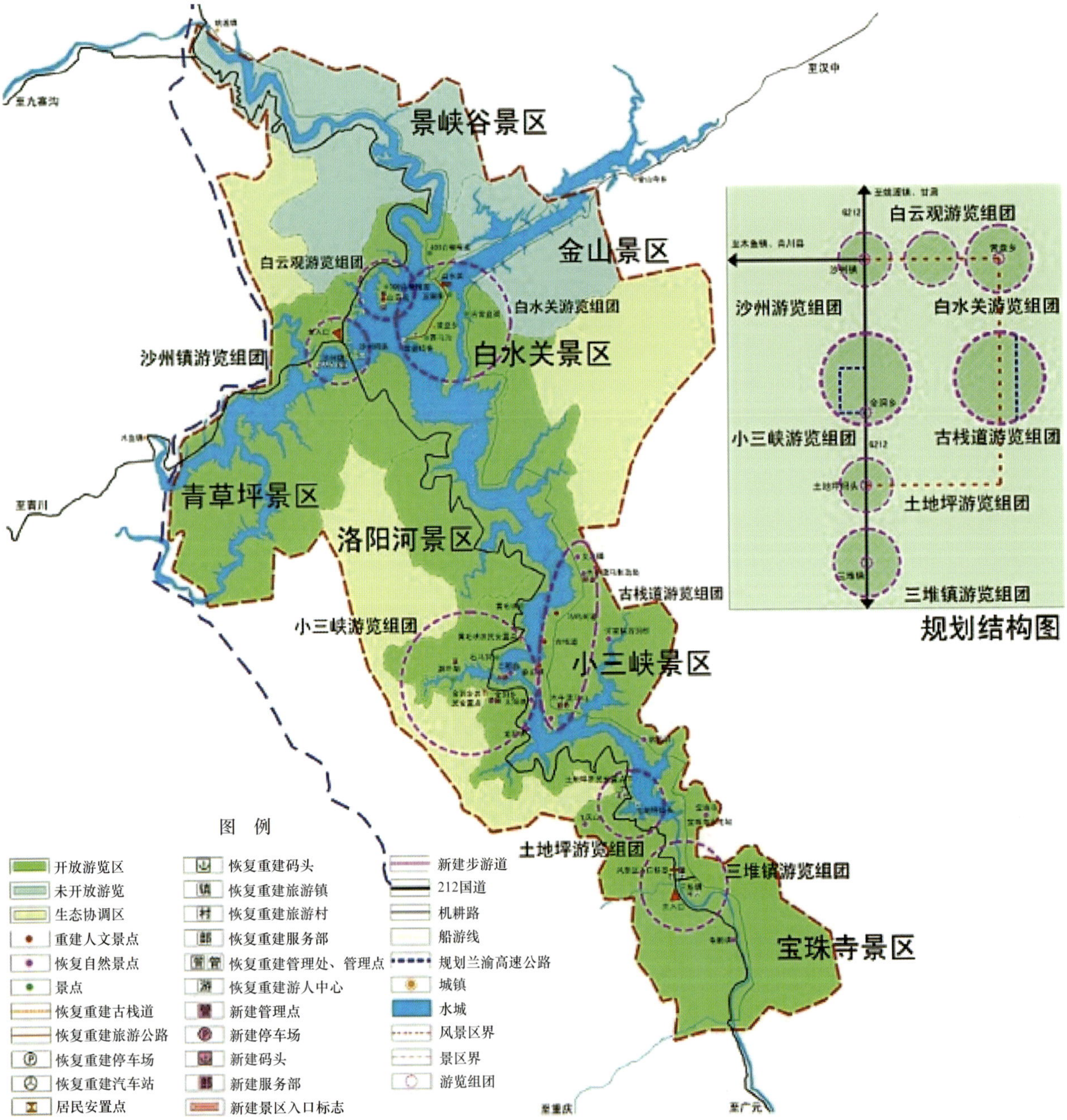

景峡谷景区
金山景区
白云观游览组团
白水关游览组团
沙州镇游览组团
白水关景区
青草坪景区
洛阳河景区
古栈道游览组团
小三峡游览组团
小三峡景区
土地坪游览组团
三堆镇游览组团
宝珠寺景区
至九寨沟
至汉中
至青川
至重庆
至广元
白云观游览组团
沙州游览组团
白水关游览组团
小三峡游览组团
古栈道游览组团
土地坪游览组团
三堆镇游览组团
规划结构图
图 例
开放游览区
未开放游览
生态协调区
重建人文景点
恢复自然景点
景点
恢复重建古栈道
恢复重建旅游公路
恢复重建停车场
恢复重建汽车站
居民安置点
恢复重建码头
恢复重建旅游镇
恢复重建旅游村
恢复重建服务部
恢复重建管理处、管理点
恢复重建游人中心
新建管理点
新建停车场
新建码头
新建服务部
新建景区入口标志
新建步游道
212国道
机耕路
船游线
规划兰渝高速公路
城镇
水域
风景区界
景区界
游览组团

图 4-4-33 白龙湖风景名胜区灾后重建规划图

本次灾后重建规划采用“环状串珠式”布局模式，形成“一环、五点、五区、七组团”的布局形态。风景名胜区灾后重建后，恢复的具备安全旅游接待能力的 5 个景区以及 7 处游览组团（沙州镇、白云观、白水关、小三峡、古栈道、土地坪和三堆镇），是游客游览的主要区域和风景名胜区重点安排重建项目的区域。规划确定了风景资源、管理与旅游服务设施、道路交通、基础工程设施、居民避险安置、防灾体系和生态环境恢复七类项目的布局、规模、投资，风景名胜区灾后重建项目共计 78 项，总投资估算为 2.24 亿元。规划重点确定受地质灾害威胁的居民(332 人)避险安置方案,提出了飞凤村、洛阳村、龙洞村居民点搬迁安置方案，在土地坪、黄毛峡等安全的地区新建 3 处新居民点，结合旅游服务设施建设成居民安置新区。规划对影响景区开放的关键设施——盐井溪码头提出了近期监控利用和远期迁址重建的分期规划，保证了风景名胜区早日开放。规划提出的修复、完善、提升风景名胜区的各项配套设施重建项目，对白龙湖风景名胜区今后的良性运营，起到了极大的推动作用。白龙湖风景名胜区于 2009 年 12 月部分恢复开放（图 4-4-34）。

寺庙景点恢复

旅游镇恢复

图 4-4-34 实施效果

4.《光雾山—诺水河风景名胜区灾后重建规划》

光雾山—诺水河 2004 年列为国家级风景名胜区，位于四川省巴中市南江县和通江县境内，处于 5·12 汶川特大地震的重灾区，风景资源、管理、交通、旅游和基础设施在地震中损失较大，并引发多处地质灾害和安全隐患，但是风景名胜区整体基本保存完好（图 4-4-35、图 4-4-36）。

规划对风景名胜区提出了重建功能分区和布局结构，采用“环状式串珠”的布局模式，形成“二片四区七组团、两纵两横一环八点”的布局结构，分为开放游览区、远期开发景区、生态保护区几大

图 4-4-35 巴山游击队纪念馆

图 4-4-36 米仓古道受损

类区域（图 4-4-37）。要求开放游览区 2010 年逐步恢复对外开放。

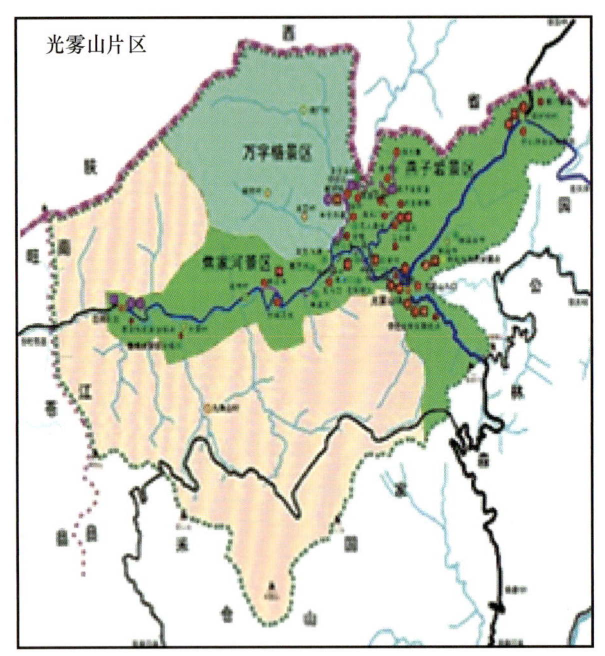

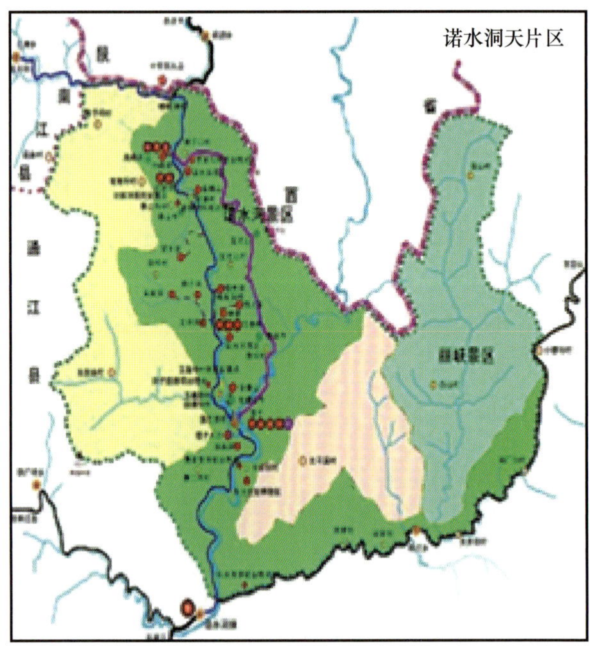

图 4-4-37　光雾山—诺水河风景名胜区灾后重建规划图

对景区 7 处受地质灾害影响的居民 76 户、362 人，规划建议：集中安置于桃园寺居民安置点、刘家坝居民安置点和玉皇坝居民安置点。

光雾山—诺水河风景名胜区灾后重建规划将居民和游客的安全放在第一位，依据地质专业部门的调查资料对全山的地质灾害隐患点进行了评估，确定了 362 人搬迁避让安置点的选址和项目，对光雾山现有主入口提出了改道河对岸的规划，以避开地质灾害点；从安全性的角度出发，规划重新确定风景名胜区的规划布局和旅游线路、游览分区，在此基础上，将景点、管理、旅游设施和基础设施等作为恢复重建的另一重点，规划上全面提升了风景名胜区的各项配套设施水平，依据规划，国家投入景区灾后重建资金 7000 余万元，重建了景点，安置了居民，修复了景区道路、入口等和市政基础设施，改造了农房建筑风貌，光雾山—诺水河风景名胜区于 2009 年 10 月恢复对外开放（图 4-4-38）。

恢复后的巴山游击队纪念馆

恢复后的米仓蜀道

图 4-4-38　实施照片

第五章　精心实施，涅槃重生

> 科学重建向中央和全国人民交出了一份“四川答卷”。抗震救灾最紧张的是一个星期左右的救人，接下来是三个多月的临时安置群众，称之为百日攻坚。在这些工作之后就是繁重艰巨的灾后重建，实际上四川省在地震之后一个星期就在谋划灾后重建。全面启动实施灾后重建是在2008年9月之后，国务院《汶川地震灾后恢复重建总体规划》下达的时候开始的。三年过去了，曾经山河破碎的地震灾区已经是旧貌换新颜，发生了脱胎换骨的巨大变化，灾区已经出现了一片新的面貌。经济总量大幅提升，发展速度超过震前；工业化水平提高，产业结构优于震前；居民收入增加，人均水平高于震前。
>
> ——刘奇葆

第一节　规划实施的对策措施和运行机制

灾后重建工作是一项综合性强、涉及面广、工作难度大的系统工程。为确保按期完成重建规划任务，四川省各级党委、政府加强组织领导，全力推进。四川省组建了“5·12”地震灾后恢复重建委员会，下设规划组、城镇和住房重建组等7个工作组，为灾后恢复重建规划实施工作的顺利开展提供了坚强的组织保障。各有关部门按照省委、省政府的统一部署，在当地党委、政府的统一组织领导下，各司其职、密切配合、共同做好重建规划实施工作。四川省住房和城乡建设厅由厅级干部带队分为六个工作组分赴成都、阿坝、德阳、绵阳、广元、雅安等重灾地区对城镇恢复重建和城乡住房恢复重建进行现场督导，确保规划的有效实施。

一、灾后城镇体系规划的实施

四川省住房和城乡建设厅具体实施灾后重建城镇体系规划，在省灾后重建委员会领导下，按照规划要求，加强规划间协调，创新区域统筹新机制，统筹跨区域生态环境保护、交通及基础设施、防灾减灾、重点产业项目的建设。规划实施过程加强督查，提高效能。把灾后城镇规划实施纳入行政问责范围，对灾后重建城乡规划实施工作中不作为，或者组织不力，作为不够，或出现违法违纪行为的，给以通报批评，并依据《汶川地震灾后恢复重建效能问责规定》追究有关地方政府和部门负责人的责任。

（一）作为上位规划指导市县域城镇规划

灾后城镇体系规划具有基础性、综合性作用，是城镇灾后恢复重建的规划依据，按照国家灾后恢复重建总体规划的要求，灾后恢复重建住房建设、基础设施、公共服务、生产力布局和产业结构调整、市场服务体系等规划，既要以灾后恢复重建总体规划为依据，也要以城镇体系规划为依据。为切实保障城乡灾后恢复重建工作科学、依法、有序进行，根据《中华人民共和国城乡规划法》和国务院《汶川地震灾后恢复重建条例》等规定，2008年10月，《汶川地震灾后恢复重建城镇体系规划》经国家发改委和住房和城乡建设部批准印发，用于指导灾区市县域城镇规划的编制和实施。

依据灾后恢复重建和远期发展需要，对历史上形成不尽合理的城镇空间布局进行调整，《汶川地震灾后恢复重建城镇体系规划》提出了“一群”（成德绵城镇群）、“一带”（成德绵广城镇密集带）、“多

图 5-1-1　灾区空间结构规划图

线”（旅游发展和生命线通道）的城镇体系空间结构，进行了产业、人口布局调整，形成了灾区区域城镇空间布局（图 5-1-1）。

各地各部门按照《汶川地震灾后恢复重建城镇体系规划》迅速组织落实：一是优化城镇布局，确定了北川、青川、汶川等极重破坏城镇的重建模式，北川新县城坚持“以人为本、安全第一”的选址原则，经多方案比选，确定在安昌东南选址建设，2008 年 11 月国务院正式同意北川新县城选址。二是统筹区域重大基础设施建设和生产力布局，强化成德绵城镇发展主轴的同时，积极构建成德绵城镇发展西轴和东轴，规划建设成德绵第二高速公路，实施了绵竹汉旺的东汽厂搬迁到德阳市区等一系列重大项目，做大做厚成德绵城镇密集带。三是结合灾后重建，开展了重灾区城市（镇）总体规划、近期建设规划、控制性详细规划等相关规划的修编和调整。四川省住房和城乡建设厅下发了《关于进一步做好灾后恢复重建城乡规划实施工作的通知》，要求按照因地制宜、民生优先、分步实施、科学重建的要求，有计划、分步骤地组织实施城乡重建规划，优先安排关系民生的居民住房、基础设施和公共服务设施建设。《汶川地震灾后恢复重建城镇体系规划》作为上位规划，较好地指导了市县域城镇规划实施。

（二）统筹协调区域重大基础设施建设

按照灾后恢复重建城镇总体布局规划，四川省灾后重建委员会组织发改、交通、建设等相关部门，优先安排对优化城镇结构起到引导和支撑作用的区域交通设施建设和加强铁路交通枢纽建设，加快建设成灌快铁、成德绵城际轨道交通，加强什邡、绵竹等沿线城市与成都之间的直接联系，加快成绵高速公路复线建设，减轻成绵高速公路主线的交通压力，促进沿线地区的转型发展（图 5-1-2）。加强联系山区与平原地区的交通设施建设，建设茂县至绵竹的公路，加快建设都江堰－汶川高速公路。成都市域规划实施了都江堰—彭州—崇州—大邑沿龙门山山前道路，提升道路等级，形成山前战略通道，以川西旅游线、省道 107、成仁高速及市域北部的县道为基础，构建成都市域旅游环线，加强龙门山和龙泉山生态旅游发展带之间的联系。

图 5-1-2　区域重大基础设施建设——成灌快铁

（三）统筹灾区生产力布局和生态恢复重建

根据城镇体系规划建设布局安排意见，按照新型工业化和新型城镇化互动发展的要求，四川省住房和城乡建设厅会同省发改、省经信委等部门，充分发挥重点企业对城镇布局的引导作用，鼓励和引导工业向城镇集聚发展。统筹区域发展，引导重建企业从不适宜建设地区向适宜建设地区搬迁和集聚。以创新性政策促进灾后恢复重建，探索建立“飞地工业园区”布局，建设提升一批特色产业集群。打破行政区界限，设立不同城镇共同投资、税源共享的新型产业园区。按照规划，阿坝州和成都市在成都金堂规划建设了成都—阿坝工业区，将岷江都江堰上游的阿坝州水磨、漩口工业区的污染项目搬迁到新的园区，共谋发展。绵竹汉旺的东汽厂因离地震断裂带较近，地震损失大，规划搬迁到德阳市区的工业集中区建设。

在生态恢复重建中，严格按照城镇体系规划的重建分区指引，合理划分不同区域的主导生态功能，明确重点保护区域与重点开发区域。成都、德阳、绵阳通过地质适应性评估和环境资源承载力分析，调整对生态环境保护与旅游发展有影响的产业布局，加强生态恢复，控制龙门山地区过度开发，控制龙门山不适宜发展地区的城镇布局和产业分布，强化旅游产业发展，提高山前地区的城镇规模和等级，承接山区人口转移和产业配套。

（四）统筹灾区城镇布局和城乡居民调控

按照规划，灾后恢复重建将形成 1 个特大城市，2 个大城市，11 个中等城市，45 个小城市，623 个小城镇的城镇体系，城镇重建以就地恢复重建为主，严格控制异地新建（图 5-1-3）。经评估，确属必须搬迁的城镇，要制订合理迁建方案，严格按照国家规定程序报批。“5・12”特大地震对北川县曲

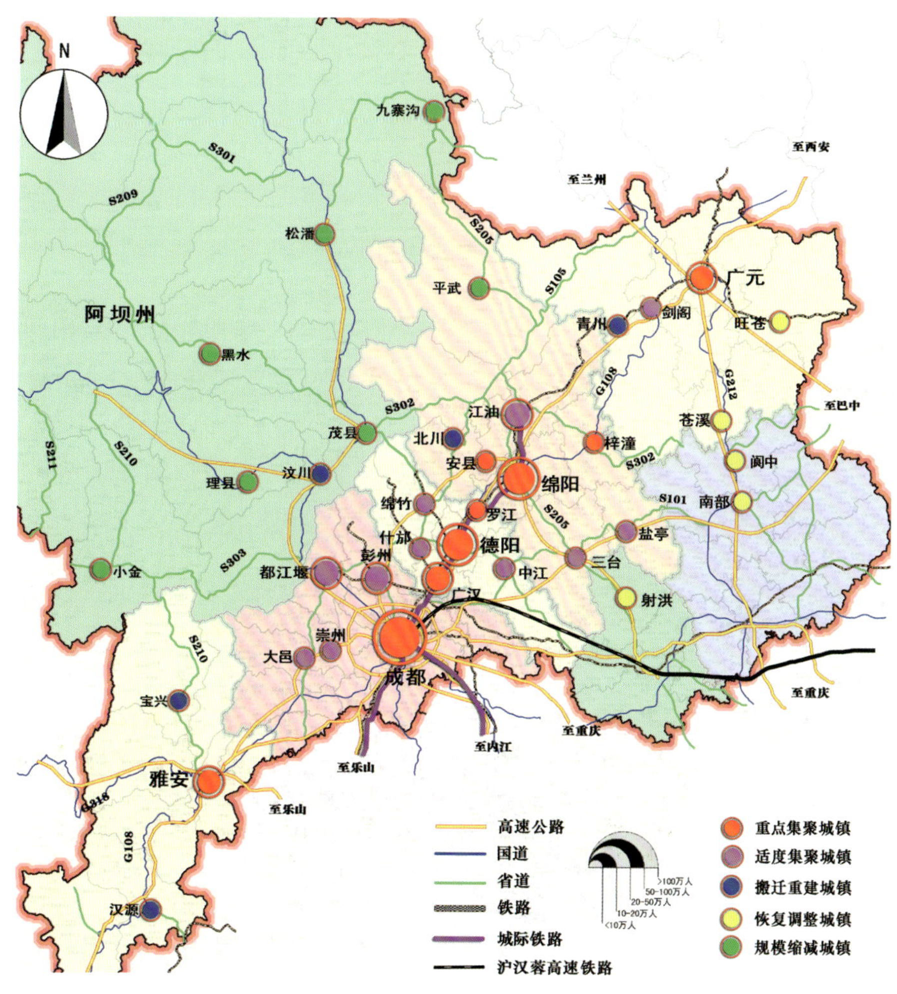

图 5-1-3　灾区城镇等级规模规划图

山镇造成了毁灭性打击。地震形成的堰塞湖严重威胁县城安全。从地质条件、城市安全、灾害损毁与重建难度方面考虑，北川县城不应当在原址重建，为此北川县城只能异地重建。北川新县城选址经过专家反复论证，并广泛征求群众意见，经国务院批准，确定选址安昌镇方案。

规划实施坚持受灾人口原地安置为主，严格控制转移安置规模。对于存在重大安全隐患、生产生活条件恶劣、资源环境承载力低的地区，经过评估确需转移的灾区人口，在充分尊重群众意愿的基础上，采取分阶段、就近、分散转移的多种方式，妥善处理转移人口的安置问题。青川县结合实际，需规划地质灾害避让区域，疏减城镇人口，青川县城人口 3.2 万人，规划缩减规模压缩至 1.6 万人，另有 1.6 万人需要搬迁至县域内的竹园镇安置。

二、灾后城市和县城规划的实施

（一）市、县域城镇体系规划实施

按照灾区城镇体系规划，成都、德阳、绵阳、广元、阿坝、雅安编制了市（州）域城镇体系规划，并由市（州）规划主管部门具体实施。灾区各地结合实际，加强规划管理，突出灾后重建重点，加强全域防灾体系建设，统筹区域城乡发展，积极推进受灾地区生态保育和地质灾害治理。成都市灾后重建结合建设全国统筹城乡综合配套改革试验区的要求，城镇体系规划提出以人为本，优化调整人口和产业空间布局，通过灾后重建，基本形成布局合理、结构完善、功能配套的城镇体系，建设人与自然和谐相处、人居环境良好的美好家园。转变规划实施运行机制，“抓两头、放中间”，市规划管理部门重点抓好规划的编制和监督管理，将符合规划的项目审批权下放，提高工作效率，加快项目推进（图 5-1-4、图 5-1-5）。

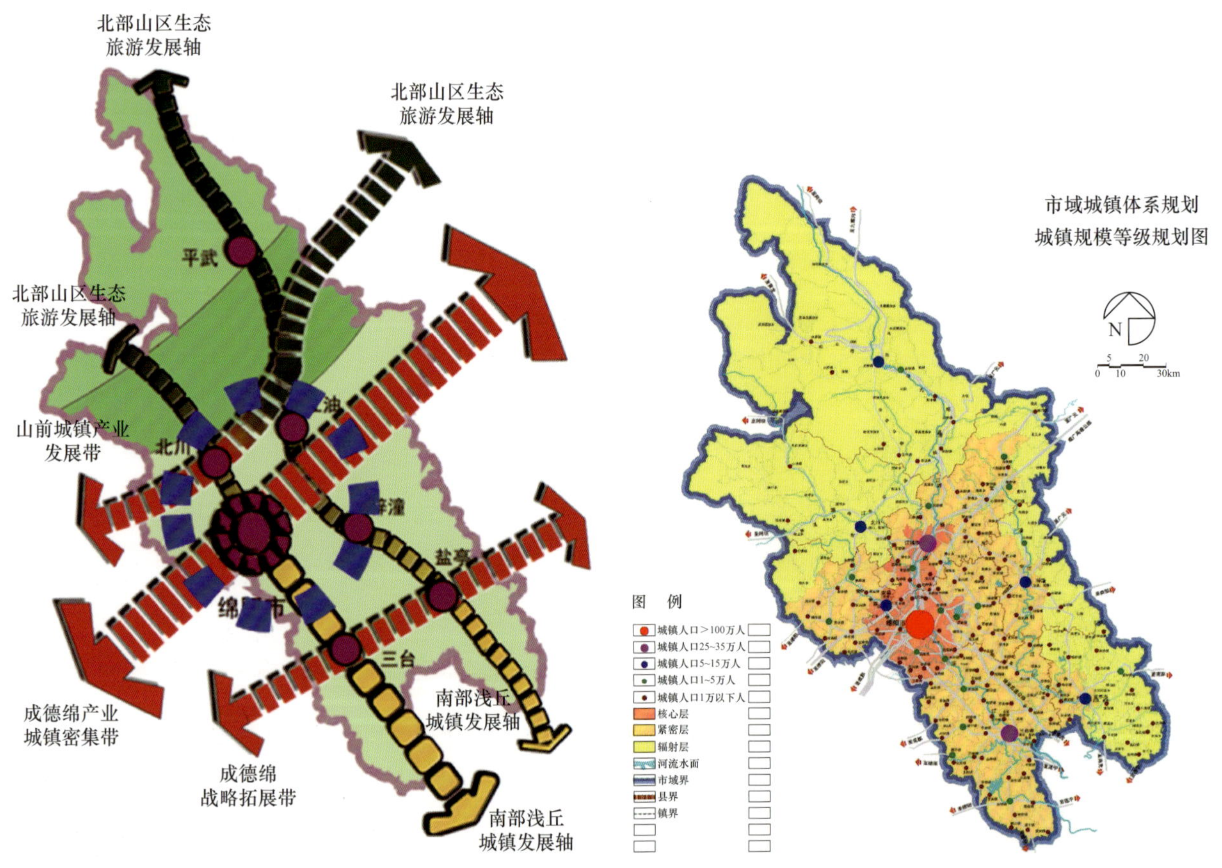

图 5-1-4　绵阳市灾后恢复重建规划空间结构图

图 5-1-5　绵阳市灾后恢复重建城镇规模调整

汶川县城镇体系规划根据资源环境承载力分析，对县域 13 个镇乡人口、建设用地规模进行调整，规划通过恢复生态用地，控制建设用地的供给，调整产业结构，迁移原有劳动密集型企业等方式达到控制总人口规模的目的。 阿坝州水磨镇由震前的汶川县重要工业中心、州重要工业点调整为汶川县的教育、文化中心和旅游城镇。汶川县域城镇体系规划结合民族地区文化特色，提出县域景观风貌规划，重点打造藏羌风貌走廊和北部文化风貌片区、南部自然遗产风貌片区，并确定了威州、映秀、绵▮、漩口、水磨、卧龙六个重点风貌区域。县域各镇乡按照体系规划，通过镇、乡总体规划具体落实，严格按照规划实施，形成了各具特色的民族风情城镇。

（二）“三川两镇”规划实施

遭受地震极重破坏的汶川、青川、北川 3 县城和映秀、汉旺 2 个镇的恢复重建备受关注，从灾后重建规划编制开始就高水平编制规划，省委、省政府多次召开专题会议研究审议“三川两镇”规划，规划经政府批准后严格督促实施，从而使“三川两镇”规划建设成为灾后重建的典范。

1．汶川县县城总体规划

由四川省住房和城乡建设厅和阿坝州政府组织编制，由广州市规划院具体承担编制任务，先后经过专家和部门多次审查，并广泛听取阿坝州、汶川县地方政府、广东省援建指挥部和当地群众的意见，经省、州审定后批准实施。地震造成汶川县城工业、教育等设施受损严重，从全州和全县地域范围内综合考虑，重要的教育设施要从县城分离出去，县城规模要压缩、功能要疏减。为此，省、州、县和对口援建省联动，依据总体规划，编制了控制性详细规划和城市设计，形成了“控规＋城市设计”的规划管理模式，在灾后重建中重点打造了沿岷江城市功能综合拓展提升带等重要节点，严格规划管理，杜绝不符合规划的建设项目，规划建成了“一带三组团”式城市格局，提升了城市整体形象（图 5-1-6 ～图 5-1-8）。

图 5-1-6　汶川县城重建全貌

图 5-1-7　汶川县城街道重建成果

图 5-1-8　汶川县城学校重建成果

2．青川县县城总体规划

由四川省住房和城乡建设厅和青川县政府组织编制，浙江省宁波市规划院具体承担规划编制，在青川恢复重建中，按照国务院的要求，从灾区的实际情况出发，综合考虑地质地理条件、经济社会发展和干部群众意愿等各方面因素，确定青川县城原地重建，为加快推进青川县城重建，省政府多次带领省级有关部门和专家到青川县实地调研、座谈，并就有关问题及时到住房和城乡建设部等国家有关部委汇报，争取国家的支持和帮助。青川县城所在地乔庄镇受地震灾害的影响，乔庄镇周围狮子梁、东山出现山体开裂、滑坡等重大地质灾害隐患，城镇承载能力有限，根据国家发改委、住房和城乡建设部批准印发的《汶川地震灾后恢复重建城镇体系专项规划》，结合青川实际，需规划地质灾害避让区域，疏减城镇人口，青川县城人口3.2万人，规划缩减规模压缩至1.6万人，另有1.6万人需要搬迁至县域内的竹园镇安置。竹园镇建设条件好，远离地震断裂带，地质构造相对稳定，水资源丰富，交通发达，可以发展为功能完善、产业优势明显的重点城镇，规划到2020年发展成为6万～7万人的县域经济中心城镇。

2010年6月，为加强青川老县城恢复重建，按照“高起点规划、高标准建设、安全重建、科学重建”的要求，四川省组织规划设计单位编制“青川县城老城区修建性详细规划”，四川省城乡规划设计研究院具体承担规划编制，对老县城乔庄镇恢复重建合理规划，让青川老城区在确保安全的前提下，实现人与自然、新城与老城、近期与长远的和谐发展（图5-1-9、图5-1-10）。

图5-1-9　青川县城重建全貌

图5-1-10　青川重建实现规划目标

3．北川新县城总体规划

由四川省住房和城乡建设厅和绵阳市政府组织编制，由中国城市规划设计研究院具体承担规划编制，北川新县城选址经过省政府多次组织专家现场踏勘，反复论证，新县城选址于安昌镇南，按照“安全、宜居、繁荣、特色、文明、和谐”的要求，在规划中体现民族文化传承、生态保护、节能减排、新技术应用等。中国城市规划设计研究院 60 多人组成规划专家组常驻现场进行建设指导，2009 年 10 月 27 ～ 28 日，住房和城乡建设部、四川省人民政府在绵阳市召开“北川新县城规划建设推进协调会”。邀请了周干峙、邹德慈、张锦秋、孟兆桢、江亿、张杰等 6 位院士及 31 位建筑界的知名专家，再次对北川新县城规划设计进行把关、优化和提升。

为保障北川新县城总体规划实施，建立了部省市协调机构，加强相互配合，确定专门领导和联络人员，负责新县城建设各方面的事项，部、省、市、县之间及时沟通县城建设中的情况，及时研究解决建设过程中的问题，在规划实施中，以规划为龙头统筹新县城建设各项事宜，使新县城建设创造了可供借鉴的灾后重建的“北川模式”（图 5-1-11、图 5-1-12）。

图 5-1-11　北川县城重建实现规划目标

图 5-1-12　北川新县城

4．映秀镇规划

映秀镇是“5 · 12”汶川大地震的震中，搞好映秀镇的恢复重建意义重大。按照四川省委奇葆书记提出的把映秀镇建设成为具有最佳抗震性能的抗震建筑博物馆和示范点的指示精神，四川省人民政府召开专题会议研究贯彻落实，召集省级有关部门、地方政府和广东对口援建省的同志共同研究工作，明确责任，抓好落实。规划实施按照小而美、精致特色、安全宜居的要求，深化修建性详细规划，抓好重要节点城市设计和建筑物、构筑物的设计，利用召开映秀镇现代抗震技术国际研讨会的平台，推出一批重要公共建筑和住宅建筑项目，邀请和公开征集国内外知名设计单位和设计大师参与项目设计；在映秀镇重建中大力推广应用新技术、新工艺、新设备、新材料。建立城镇重建各方共同推进机制，以地方政府为责任主体，充分发挥对口援建、社会捐建、地方和群众自建等各方力量参与重建的积极性，保证了规划目标的实现（图 5-1-13）。

图 5-1-13　震中映秀镇重建实现规划目标

5．汉旺镇规划

由四川省住房和城乡建设厅和绵竹市政府组织编制，无锡市规划院具体承担规划编制任务。按照省政府批准的原地异址建设方式，规划确定设置遗址保留区，范围大约 1km^2。紧邻原镇区建设新镇区，形成新旧对比、特色鲜明的新汉旺镇。汉旺镇规划经过 7 次技术审查，发放了 1.8 万份民意调查表，并将规划制作成展板，在当地长期展示，规划先后经过专家和部门多次技术审查，并广泛听取绵竹市地方政府、江苏省援建指挥部和当地群众的意见，多次修改完善，形成了最终成果经政府批准实施。在规划实施中，各级政府严格按规划控制好遗址保护区、规划控制区和新镇建设区，突出城镇风貌特色，建立“政府主导、社会动员、市场运作、企业主体”的运行机制，按“统一规划、统一指挥、统一标准、统一政策”进行建设，灾后重建使汉旺焕然一新（图 5-1-14、图 5-1-15）。

（三）其他重灾县城规划实施

四川省住房和城乡建设厅在其他重灾县城规划组织编制或修编、审查、批复过程中，进一步做好专家技术指导力度，协调援建，加强综合防灾规划，民生优先，使各地的灾后重建总体规划具有针对性、时效性强的特点。各地在规划编制中还注重调动公众参与，尊重群众意愿，通过规划协调各方利益诉求，获得了广泛的社会认可度，对规划实施创造了良好的群众基础，有力地促进了各类项目的推进。各地在重建中，不仅严格依据规划实施，贯彻规划“一书两证”制度，还特别注重建筑风貌塑造和整体协调，将建筑设计与周围街区及自然环境相融合。现在在各地灾区“最漂亮的是民居，最安全的是学校，最现代的是医院，最满意的是群众”，灾后重建的效果获得了社会各界的称赞（图 5-1-16 ～图 5-1-19）。

图 5-1-14　绵竹市汉旺新镇重建实现规划目标

图 5-1-15　绵竹市汉旺新镇

图 5-1-16　茂县县城重建实现规划目标

图 5-1-17　汉源新县城

图 5-1-18　都江堰重建实现规划目标

图 5-1-19　安县重建实现规划目标

三、灾后乡镇规划的实施

（一）严格规划实施

四川省住房和城乡建设厅特别加强对 38 个重点城镇规划和城市设计的指导与协调工作，多次深入灾区现场检查规划实施，并协调相关专家和技术人员深入灾区各地为城镇规划设计工作把脉。在监督指导过程中，特别强调所有城镇建设项目，都必须高度重视和强化规划的引领作用，把安全放在第一位，不折不扣地执行好规划的技术标准和要求，严禁随意调整和执行走样。对需补充、完善和优化修建性详规的，必须严格报批审批；在新的建设规划正式审批之前，所有在建项目一律暂停施工，一律不准审批新开工项目。

（二）统筹城乡建设

城镇基础设施建设是事关千家万户群众切身利益的民生工程。在重建过程中，受灾地区按照建设程序的要求，做到先地下、后地上，加快基础设施建设，保证道路、水、电、气配套设施设备同步到位，市政基础设施和公共服务设施建设进展情况较好。到 2010 年 9 月，38 个重点镇的城镇基础设施和服务设施已完工 90%以上，义务教育、基本医疗、文化体育、社会福利等与人民群众生产生活息息相关的民生设施已基本达到并超过灾前水平，城镇功能基本完善，在重点城镇恢复重建过程中，坚持恢复重建与优化提升相结合，创新性地把重点镇重建同新型工业化和新农村建设结合起来，对交通、能源、水利、通信、环保等市政设施和教育、文化、体育等公共服务设施建设进行城乡一体化统筹安排，并以这些重要设施为载体，因地制宜地统筹优化城乡空间，重构产业布局，按照新型工业化、新型城镇化和农业现代化"三化"联动的要求，调整产业结构，促进工业、服务业和现代农业的恢复重建，加快灾区经济发展，使灾区城乡产业互动进程加快，城镇腹地扩大，城乡可持续发展能力增强，城镇对农村的辐射带动作用也显著提高。

（三）塑造特色风貌

加快推进城镇风貌塑造，是提升城镇形象品位的重要抓手和改善人居环境、优化发展环境的有效途径。2010 年 7 月 30 日，省政府在汶川县召开了汶川地震灾区重点城镇恢复重建工作现场会，组织 38 个重点镇相互学习观摩交流经验，有效地提高了受灾城镇风貌建设水平。各地重建队伍特别重视当地城镇的风貌打造和品位提升，切实按照"四注重、四提升"的要求，加强城镇风貌塑造。比如汶川县在县域范围内建设了 13 个特色魅力乡镇，映秀镇定位为旅游温情小镇和防灾减灾示范区，新北川县城风貌则充分展示了羌族文化、大禹文化和地震文化，成都市文井江镇、龙门山镇展现了山水旅游城镇的风采，汉旺镇则以现代化风貌迎接世人。通过特色魅力塑造，提高了城镇品位，真正涌现出一批定位准确、特色突出、文明繁荣、环境优美的新城镇、新风貌；同时，结合风貌塑造，全面开展了城乡环境综合治理工作，整治"脏、乱、差"，加快建设"洁、齐、美"，改善了灾区群众居住和生活环境，提高了人居质量（图 5-1-20 ～图 5-1-23）。

图 5-1-20　完成重建的什邡市红白镇风貌

图 5-1-21　完成重建的汶川县水磨镇风貌

（四）强化监督管理

百年大计，质量第一、安全第一。四川省住房和城乡建设厅于 2009 年 5 月 18 日召开了灾后重建质量安全现场会，及时总结经验，提高质量安全管理水平。各地在加快灾区农房、城镇住房和市政基础设施恢复重建的过程中，把安全质量监管摆在更加突出的位置，严格按照建设程序、抗震设防标准

图 5-1-22　重建的彭州市小鱼洞镇风貌

图 5-1-23　安县晓坝风貌

和技术规范等要求，加强质量安全监管。坚持对所有重建项目严把基本建设程序、技术标准规范、工程质量监管、现场施工安全、竣工验收备案等五关，建立起了工程质量回访、保修等制度，有效地确保了各项工程质量和施工安全。建立并完善了施工质量安全监管体制机制，通过日常监督检查，把各种防范措施落到实处，坚决防止出现豆腐渣工程，坚决防止发生重大质量事故和安全生产事故，使重建工程真正成为了经得起历史和实践检验的优质工程、放心工程。

四、城乡住房重建规划的实施

（一）结合重建，发展提升

农房重建结合我省新农村建设的部署，按照“三打破、三提高”（打破“夹皮沟”，提高村庄布局水平；打破“军营式”，提高村落规划水平；打破“火柴盒”，提高民族设计水平）的要求组织村庄规划和建筑设计，注重与自然和谐、与环境协调、与地域相融，依山就势、错落有致、特色突出，充分体现田园风情；城镇重建结合新型城镇化的推进，按照“四注重、四提升”（注重塑造风貌、提升城镇整体形象；注重个性特色、提升单体建筑设计水平；注重色彩协调、提升建筑立面装饰美感；注重历史传承、提升城镇文化品位）的要求组织住房规划设计，坚持因地制宜、优化布局，使人居环境明显改善。城乡住房在重建和提升中，特别尊重当地的民风民俗和地域文化，充分挖掘传统建筑文化的内涵，结合地域和民族特点编制专项规划和组织专项设计，尽可能地体现原有的地方特色、民族特色和传统风貌（图 5-1-24、图 5-1-25）。

图 5-1-24　北川尔玛居住小区

图 5-1-25　彭州新建的住宅区

在住房重建中，不仅考虑解决受灾群众“安居”的问题，而且关注其就业和长期生活来源；住房重建不仅要提升城乡人居环境，而且要作为产业发展的基础支撑。在重建中，灾区结合当地自然资源、经济发展水平、产业结构调整，统筹住房建设及产业发展布局。在城镇完善区域主体功能分区，结合住房重建抓好产业发展和商业配套建设。在乡村优化土地资源配置，促进现代农业和特色农业的发展，结合历史文化资源和林盘田园风光的保护利用，积极发展乡村旅游，推动农村生产方式转变（图 5-1-26 ～图 5-1-29）。

图 5-1-26　什邡蓥华镇住房重建

图 5-1-27　都江堰磁峰镇住房重建

图 5-1-28　江油市青莲镇新月小区住房重建

图 5-1-29　彭州市白鹿镇住房重建

（二）以群众为主体，尊重群众意愿

高度重视和尊重群众的自身实际、重建意愿和生产生活习惯，在重建政策的制定、重建模式的选择、建设方式的组织等方面不搞一刀切，因地制宜、分类指导，充分发挥人民群众的智慧，调动人民群众的积极性，鼓励广大受灾群众自力更生，艰苦奋斗，重建工作得到人民群众最衷心地拥护和最广泛地支持。灾区按照“尊重群众、科学实施”的原则，结合地方实际和群众意愿，创新实施“统一规划、统一建设”、“统一规划、联合建设”、“统一规划、集中自建”、“原址自建”、“异地安置”等重建模式，采取政府组织建设、房地产开发企业组织建设、受灾职工单位组织建设、受灾群众自行建设等多种方式。受灾群众根据自身需求和资源条件在政府的指导和帮扶下选择适合自己的方式，积极主动投身重建。

（三）加大支持和帮扶，帮助群众解决实际困难

多渠道筹措，采取政府补助、百姓自筹、金融优惠借贷以及针对困难家庭的民政救助相结合的方式，有效破解了灾后住房重建的资金难题。对农房重建，全省平均补助每户 2 万元。对自建过渡安置房的农户，每户给予 2000 元建设过渡期安置房的资金补助。对维修加固住房的农户，根据其住房受损的程度，同时给予每户 1000 ～ 5000 元的维修加固补助资金。当部分农村受灾群众因经济困难无力重建住房时，省政府及时拨款 40 亿元，帮助灾区市县政府建立了贴息和担保基金，为农村困难群众建房贷款提供政府担保，并贴息三年。对城镇住房重建给予户均 2.5 万元的资金补助，减免各项税费，给予优惠的信贷支持。对无力购建住房的困难群众，以低于成本价出售安居住房；仍无力购买的，以成本租金提供租赁性安居住房；缴交成本租金还有困难的，再减免租金或给予补贴。对长期租住公房的困难职工，先落实房改政策，调整住房权益后再落实重建政策，使原住公房的职工充分享受到各项优惠政策措施。

突破物资供应难题，保障农房重建。当受灾农户面临建材供应紧张、价格上涨的情况时，为农房重建开辟绿色通道，简化行政审批事项，保障建设用地，减免农房重建物资运输交通等费用，以优惠的政策措施引导受灾群众自救自建；建立了建材特供机制，保障重建农房所需建材供应。一方面采取措施建立稳定的建材供应来源和价格，另一方面尽最大努力扩大生产能力和供应量，制定优惠政策吸引、鼓励就地新建建材生产企业，加快建材生产供应。一系列支持政策的落实，极大地激励了受灾群众重建住房的积极性，广大受灾群众的主动性、能动性被充分调动和发挥出来，农房重建以惊人的速度推进，并在所有重建工作中率先完成。

加强对农房重建的技术指导和服务。省住房和城乡建设厅组织制定了指导农房建设的 14 项指导性文件和技术规范，编制了《农房重建设计方案图集》和《农村居住建筑抗震构造图集》，提供了 300 多种农房设计方案供灾区农户选择。四川省农房建设第一次有了规范系统的抗震设防要求和标准，改变了千百年来农村住房不设防的历史。为了提高农房建设水平，各级建设部门组织专业技术人员进村入户，指导农房重建，并培训农村建筑工匠近 9 万余人次（图 5-1-30 ～图 5-1-38）。

图 5-1-30 都江堰灾后农房重建

图 5-1-31 都江堰金陵村农房重建

图 5-1-32 青川县青溪镇阴平村农房重建

图 5-1-33 北川县恩达羌寨农房重建

图 5-1-34 北川县擂鼓镇吉娜羌寨农房重建

图 5-1-35 紫坪铺旁新建的茶观新村农房

图 5-1-36 青川县蒿溪回族乡农房重建

图 5-1-37 理县甘堡藏寨农房重建

图 5-1-38 崇州市三官村农房重建

（四）加强创新，解决城镇住房重建制度难题

为了解决灾前原有的商品住房、廉租住房和经济适用住房供应都无法有效满足重建需要的问题，创新设计并实施了“地震灾区安居住房制度”。安居住房参照经济适用住房制度设计，充分吸收了经济适用住房划拨土地、享受税费减免的优惠，按成本定价从而切实减轻受灾群众负担。同时，针对受灾群众实际，调整了对受灾居民户籍和收入的限制性规定，并放宽了面积控制标准，最大可能地满足了各类受灾居民的重建需要。

（五）积极争取援建，发挥各方力量

加强与各对口援建省市建设部门的联系，建立了定期联络机制，落实专人做好对口支援的有关工作，积极争取把建设和修复城乡居民住房作为对口支援的重点，优先安排帮助受援灾区开展房屋安全鉴定及加固工作，将援助资金优先投入住房及相关的公共服务设施和基础配套设施建设，取得了明显成效。汶川、北川等极重灾区正是通过援建省市的大力支持，在短短两年多的时间里，圆满完成了住房重建任务，使广大受灾群众及时得到永久安置。

（六）坚持阳光操作，确保公平公正

为了确保重建的公平公正，灾区各级党委、政府明确了严格的监管要求，制订了严密的实施程序。灾区按照“本人申请、民主评审、张榜公示、严格审批”的原则，采取户报、村（社）评、乡镇（街道）审、县（区）定的方法确定重建对象和落实重建政策。为确保阳光操作，杜绝弄虚作假和以权谋私，基层政府和部门主动宣传重建政策、实施程序，主动公开重建活动，主动接受群众和全社会监督。北川新县城、都江堰等地的重建住房分配，纪检监察机关、公证机关、新闻媒体、群众监督员全过程公证监督，每批次分配房源、分配对象、分配结果全部公示，有效保障了全过程公开透明，结果公平公正。公开、公平、公正的实施重建，消除了群众的疑虑，赢得了群众的信任，提高了党和政府的公信力。

五、灾后市政规划的实施

（一）指导灾区编制市政公用基础设施重建方案，开展项目前期工作

由于灾区范围广，市政公用基础设施建设技术力量不足，四川省住房和城乡建设厅从 2008 年 6 月开始，连续下发了关于城镇供水排水、燃气、道路桥梁、市容环境卫生等恢复重建的 4 个技术指导意见和导则，对重建市政公用基础设施的基本技术措施、规范标准、抗震加固、检查评估等建设标准进行了全面规范，使各地的市政公用基础设施建设能有具体标准作为指导。2008 年 10 月，四川省住房和城乡建设厅又下发了《四川省地震灾区市政公用基础设施灾后重建方案编制和实施指导意见》，指导各地按照“依法规划、科学测算，以人为本、民生为重，立足近期、远近结合，协调一致、突出重点，实事求是、适度超前”的原则，编制灾后市政公用基础设施重建方案，并按照方案迅速着手开展项目前期工作。各地的重建方案力求对接国家灾后重建总体规划和对口支援要求，重点强调城镇供水、供气、道路桥梁等生命线工程，合理调整基础设施的布局，使灾区群众的基本生活与生产条件达到和超过灾前水平，为灾区可持续发展奠定基础。

（二）组织专家现场指导，督促项目按照规划尽快组织实施

市政公用基础设施建设专业性较强，而大部分灾区在这方面技术力量严重缺乏，四川省住房和城乡建设厅组织动员全行业从全省非灾区抽调技术力量支持灾区县，帮助做好灾后重建项目前期准备工作，指导灾区恢复重建项目的具体实施，并重点对 38 个灾后恢复重建重点城镇市政公用基础设施恢复重建进展情况进行督导。

（三）开展专业培训，培养市政公用基础设施建设、维护和管理人员

为了使灾区群众的基本生活生产条件达到和超过灾前水平，重建市政公用基础设施项目中除修复项目外，还有为适应发展提升而新建的 362 个项目，包括自来水厂、污水处理厂、镇区道路和市政设施管网等。因此，四川省住房和城乡建设厅通过专业协会学会，组织开展短期培训，为重建市政公用基础设施的建设、维护和管理培训人员，促进项目建设，衔接建成后的管理和维护。

（四）协调省级有关部门和国家部委解决项目实施的资金问题

市政公用基础设施恢复重建，项目多、投资量大、施工周期较长，当时资金缺口大，直接影响着工程进度。资金筹措是重中之重的任务。为解决市政公用基础设施重建的资金问题，四川省紧紧抓住当时国家和省进一步扩大内需，促进经济增长的契机，将城镇供水、城镇污水处理设施及管网建设等“生命线”工程，以及城市垃圾处理设施建设列为了中央预算内投资重点，通过争取中央预算内投资和对口援建资金、地方自筹及银行贷款、吸纳社会资金和国外优惠紧急贷款等多种渠道筹措市政公用基础设施恢复重建所需资金。

这几条措施，有力地促进了灾后城镇市政公用基础设施的恢复重建。到 2010 年 9 月底，38 个重点城镇市政公用基础设施恢复重建任务基本完成（图 5-1-39 ～图 5-1-46）。

图 5-1-39　剑阁县城连接高速公路的城市路桥

图 5-1-40　汉源县流沙河大桥

图 5-1-41　新建的北川禹王桥

图 5-1-42　青川县城市道路和防洪堤

图 5-1-43　北川新县城滨水带

图 5-1-44　汶川县城音乐广场

图 5-1-45　恢复重建后的供电设施

图 5-1-46　汶川县体育馆和开阔的避灾广场

六、灾后风景名胜区规划的实施

（一）多渠道筹措资金

按照住房和城乡建设部《汶川地震灾区风景名胜区灾后重建规划》，我省灾后重建风景名胜区 34 处，仅青城山—都江堰风景名胜区一处的重建预算总投资就达到了 20 亿元，为了切实落实重建资金，各风景名胜区灾后重建资金纳入国家灾后重建总预算，并采取国际援助、国家拨款、对口省市支援、银行贷款、政府自筹等多种方式进行筹措。九寨沟风景名胜区通过争取国家切块资金 4786 万元作为重建资金，黄龙风景名胜区也争取国家切块资金 3573 万元并全部到位，剑门关景区通过与黑龙江省展开“无障碍合作，无缝隙对接”，争取了大量援建资金对景区重建的投入。

（二）严格项目管理，加快重建进度

本着“程序不减、周期缩短、强化管理”的原则，各风景名胜区严格项目管理，加快工作进度。九寨沟风景名胜区狠抓项目前期管理，每一个项目都严格按照上级部门的规划进行，统一进行了环境影响评价、财政评审、土地规划，并且按程序招标投标、到发改部门备案；青城山—都江堰风景名胜区在项目推进工作中实行“五个一工作法”和“八个到位”要求，项目推进工作成效显著；黄龙风景名胜区加强建设工程监管，落实建设工程质量、安全生产、文明施工管理，全面提升了工程质量水平（图 5-1-47）。

图 5-1-47　恢复重建的九寨—黄龙旅游公路

（三）坚持信息公开，加强项目监督

各风景名胜区一是增强透明度，遵循公开、公平、公正原则，项目公开招标投标、材料公开采购、项目资金拨付公示，群众代表监督，项目建设全过程阳光操作；二是加强企业监督，主管部门与建设单位负责人签订了廉政承诺书，建设方与施工方签订《廉政合同》；三是加大重建工程审计、监察力度，纪检、监察、审计部门公开举报电话，设立重建项目监督组，监察、审计人员参与招标投标、财政评审、材料采购、工程款拨付、项目验收等环节，实行全过程全覆盖监察、审计，对项目建设进行全方位监督。

第二节　城乡恢复重建保障机制

有中国特色的社会主义制度的优越性在灾后恢复重建规划和建设的全过程中得到集中体现，精心制订的各项工作措施在制度的保障下运转顺畅、推进有序、实施有力、成效突出。灾后重建工作是一项极其浩大的系统工程，任何时候、各个环节都需要完善各种机制、统筹各种资源、发动各方力量共同推进，这就必须依靠坚强有力的组织领导，发挥社会主义制度集中力量办大事的独特优势。

灾区重建效果好，关键是规划科学合理、实施保障有力。坚持科学制定重建规划，按照“政府组织、专家领衔、部门合作、公众参与、科学决策”的基本原则，打赢了一场规划编制工作漂亮的攻坚战，着力构建了科学完备的四川灾后城乡重建规划体系。加大规划执行力度，以科学规划指导城乡建设，遵循“安全、经济、适用、节地，突出民居建筑特色、突出民族文化特色和因地制宜、分类指导”的原则，按照“三打破、三提高”的要求，注重把严格实施规划贯穿灾后重建的全过程，确保了科学重建。灾区城乡恢复重建的成功实践，既得益于科学完备的四川灾后城乡重建规划体系，同时也得益于规划实施的保障措施，包括组织保障、政策保障、措施保障、技术保障和创新机制保障。

一、组织保障

为加快推进灾后恢复重建，党中央、国务院和四川省委、省政府坚强领导，全国人民全力支援，国内外社会各界鼎力相助。具体工作中，着眼全局、结合实际，层层部署、层层组织、层层发动、层层落实，迅速建立健全了国家、省、市（州）、县（市、区）、镇（乡）五级重建领导机构和执行机构，具体明确了各项各阶段目标任务，分解落实了各级政府、各部门、各人员的职能责任，组织和动员各方力量、调配各种资源，全力投入灾后重建工作。正是充分发挥了社会主义制度下集中力量办大事的最大优势，整合形成了各级党委、政府强大的领导力、组织力、号召力和执行力，才使得各项重建工作有序展开、有效推进。组织保障主要体现在以下三个方面：

一是强化组织领导。“5·12”地震造成大量城乡房屋损毁，给群众生产生活带来了巨大灾难，加快推进城乡住房恢复重建，是灾区群众最关心、最直接、最渴望早日解决的切身利益问题，是党中央、国务院和省委、省政府高度重视和关注，并要求首先完成的重大民生工程。在灾后城乡恢复重建工作中，坚持政府主导，实施有效的组织领导和管理，较好地解决了过去农村房屋建设无人管理、混乱无序问题，城镇住房灾后恢复重建权属多样、诉求多样等问题，为加快推进城乡恢复重建提供了坚实的组织保障。四川省成立了“5·12”地震灾后重建委员会，下设城镇和住房重建组，重建组办公室设在四川省住房和城乡建设厅。由四川省住房和城乡建设厅牵头负责灾区以城乡居民住房为重点的灾后城乡恢复重建工作，组织实施农村和城镇居民住房重建规划及其他相关规划，落实城镇居民住房重建补助支持政策，以及城乡恢复重建实施过程的监督和检查。灾区各级政府是城乡恢复重建的责任主体和工作主体，各地相应成立了由党委、政府主要领导任组长，相关领导任副组长，有关部门、单位主要负责同志为成员的灾后城乡恢复重建工作领导小组，组建专门工作机构，抽调精干力量，切实加强对城乡恢复重建的组织和协调工作，及时研究解决出现的问题，确保整个灾后城乡恢复重建工作有力推进，有序实施。

二是有序组织实施。城乡恢复重建是一项数量巨大、涉及面广、工作难度大、时间要求紧的系统工程，是一项非常艰巨的紧要任务。为此，四川省住房和城乡建设厅报请四川省人民政府出台了《四川省“5·12”汶川地震灾后城乡房屋重建工作方案》，按照“统一规划、分步实施，政府组织、因地制宜、统筹兼顾，技术指导、强化质量”的要求，细化工作措施，加快推进城乡房屋恢复重建。各级建设、民政、财政、国土等有关部门各司其职、通力协作，形成统筹协调、上下联动、协力推进灾后城乡恢复重建的工作格局。

三是加强服务指导和监督检查。在城乡恢复重建中，各地各部门深入基层、深入灾区，主动搞好指导和服务，进行全程跟踪督察，城乡恢复重建各项目进度和质量都完全处于受控状态。

二、政策保障

（一）坚持政府主导，是推进四川灾后城乡重建的根本保障

维护公共利益、推进发展振兴，是各级政府发挥职能作用的必然要求。在灾后恢复重建中，最需要恢复和重建的是民生，坚持把民生放在最重要的位置来考虑和安排，把受灾群众早日住进永久性住房、过上正常家庭生活作为恢复重建的首要任务，着力加快城乡住房恢复重建，尽快恢复灾区群众的正常生活和生产活动。为加快推进灾区城乡恢复重建工作，健全工作机制，形成一级抓一级、层层抓落实的工作格局，各级充分发挥政府主导的职能作用，科学统筹部署工作，及时制定相关政策，全力抓好实施保障。正是由于坚持政府主导，充分整合凝聚了各级党委、政府强大的领导力、组织力、号召力和执行力，才使得艰巨复杂的灾后城乡恢复重建工作有条不紊、快速推进。

（二）制定政策、创新机制，是保障灾后城乡重建顺利实施的有力举措

灾后重建的要素是政策、资金、物资、技术、施工力量、组织管理等，其中最重要的是政策因素。解决了政策的问题，也就相应地解决了其他要素问题。更重要的是，科学合理的政策能有效激发广大受灾群众和基层组织的内动力和创造性，有效破解许多尖锐矛盾。在城乡住房重建中，资金补助政策的落实极大地加快了重建进度。农村建房也历来是农民自力更生，通常享受不到政府的优惠和扶持。灾后农房重建中，四川省及时明确并迅速落实了户均 2 万元的补助政策，极大地调动了受灾农民的重建积极性，农房重建进度一直排在各项重建工作之首。在城镇住房重建中，各地结合实际，积极完善和落实房改等相关政策。部分城镇受灾居民灾前居住的是公房，灾后不能享受资金补助及土地权益，导致许多危房不能拆除，规划的重建用地不能落实，这给重建推进造成极大障碍。若给这些受灾群众发放补助，需调整全省基本补助政策，还将引发新的矛盾，无法实施。为解决此问题，部分灾区通过创新和落实房改政策，解决产权及土地权益等问题，有效化解了主要矛盾。

从灾后重建的实践看，解决与群众生产生活密切相关的基本问题，完善基础设施和社会服务设施配套建设，科学合理调整村落布局，切实改善村庄人居环境质量，推动城乡恢复重建的一系列工作，都始终离不开政策支持和机制的保障。解决了政策和机制问题，也就相应解决了资金、物资、技术、施工力量、组织管理等要素问题。灾后城乡恢复重建中创新形成的组织领导、资金筹措、科学规划、标准规范、组织实施、质量安全保障、建材特供等政策机制和实施管理机制，对城乡恢复重建工作的顺利开展和推进起到了极为重要的保障作用。

（三）结合环境综合治理，提高生产生活环境质量

四川省住房和城乡建设厅按照省委、省政府的部署，首先在地震灾区灾后恢复重建中启动了城乡环境综合治理工作。报请省“5·12”抗震救灾指挥部下发了《关于灾后重建工作中迅速启动城乡环境综合治理的紧急通知》和《实施方案》。灾区各地结合城乡恢复重建开展城乡环境综合治理，全力抓好废墟垃圾处理和建筑废弃物综合利用，尽管灾区处于城乡恢复重建的高潮中，到处都是一片大工地，但到处仍是干干净净、井然有序，体现了灾区群众良好的精神风貌。各地还根据生产生活的实际需要，在村庄和聚居点中加强公共设施和环境基础设施建设，开展绿化美化工作，营造良好的环境和秩序。通过持续推进城乡环境综合治理，地震灾区人居环境明显改善，城乡居民素质显著提高，发展环境得到了优化。

三、措施保障

（一）注重依靠群众，充分发挥广大人民群众的主体作用

受灾群众是灾后重建的主体，依靠群众和发动群众，充分发挥广大群众的主观能动性，这是四川省住房重建的基本原则。为真正让灾区群众当家做主，各级部门坚持政府主导，采取针对性措施，加强宣传教育引导，充分发挥群众主体作用，弘扬自力更生、艰苦奋斗精神，用自己勤劳的双手重建新的美好家园。

在规划设计环节，城乡房屋重建规划实行规划公示制和村民代表会议审议制。规划编制前，村组召开房屋重建规划编制座谈会，村民就选址、组团规模、设施配套内容、配建标准充分发表意见，编制后公示房屋重建规划，报批后严格按规划实施。农民住房是根据不同农民建房需求，由政府组织设计不同的多种户型方案给建房农户。最后，由农民自己选择决定房屋重建设计方案。

在建设筹备环节，充分发挥村民主体作用，由灾民成立的自治组织来行使主体职责，充分保障受灾农户建房过程享有的知情权、决策权和监督权，在房屋重建建设方式（统规统建、统规自建、统规联建）、施工队伍选择、承包方式（单包或全包）、承包价格、主材标准、交工时间等方面充分议事、反复磋商、认真比选、统一意见、达成共识、民主决定。

在建设施工环节，充分发挥村民监督把关城乡房屋建材质量、工程质量、建设进度的主体作用，与政府派驻的城乡房屋重建技术指导人员共同监督，把好质量关。

灾后重建的大量事实表明，群众的主体作用发挥好了，积极性调动起来了，主要矛盾也就随之解决了。农房重建中，如果受灾农户不主动建房，一味等靠要，政府根本无力在一年半的时间里建设分散的上百万户农房；城镇住房重建情况更复杂，一个受灾居民的个人意愿影响的不仅是自己，而是几十户甚至几百户居民的安置。因此，在住房重建中，四川省始终把群众的意愿放在重要位置，将群众的主体作用作为重建的重要支撑和保证。为了发挥群众的主体作用，调动他们的积极性，各级政府和部门深入基层、深入实际、深入群众，逐户了解情况、宣传和落实政策，帮助解决实际困难。通过逐家逐户深入细致地做工作，灾后重建得到了绝大多数群众的理解支持，他们的积极性、能动性也相应地调动发挥起来，促进了住房重建工作的快速推进。

（二）加强指导帮扶，充分发挥各级政府的服务保障作用

在发挥受灾群众主体作用的同时，政府的支持和帮助必须及时到位，这是推进重建的必然要求。受灾群众的专业技能、经济条件和组织能力决定了他们仅依靠自身能力难以在短期内完成住房重建，实现安居梦想，这就需要政府及时提供足够的支持和帮助。农房重建，安全第一。为了保证质量并满足抗震设防的需要，受灾群众急需建房技术上的支持，同时还需要资金和建材等方面的支持，着眼群众的迫切需要，四川省全力帮助受灾农户解决以上三方面的问题。为解决农房建设技术指导问题，四川省住房和城乡建设厅组织制定了指导农房建设的14项指导性文件和技术规范，编制了《农房重建设计方案图集》和《农村居住建筑抗震构造图集》，提供了300多种农房设计方案供灾区农户选择。为了提高农房建设水平，各级建设部门组织各方专业技术人员进村入户，指导农房重建，并培训农村建筑工匠9万余人次。为解决资金问题，在及时核发补助的同时，积极落实金融支持政策，四川省人民政府专门安排了40亿元专项资金帮助灾区建立担保基金，解决困难农户的贷款问题。为解决建材问题，建立建材特供机制，严格控制建材价格，保障充足供应。另外，在推进城镇住房重建方面，我们感到受灾居民更需要的则是联络沟通、组织和协调等方面的支持。对此，一是帮助受灾居民之间加强联络沟通，消除矛盾，促使各方统一重建意愿；二是搭建受灾居民和开发企业、设计单位、施工单位的联络平台，为受灾居民推荐具备资质、符合条件的重建单位，提供服务；三是为受灾居民争取优惠贷款创造条件，提供方便。从住房重建的实际来看，虽然重建个体千差万别，各有各的实际困难，但只要

根据受灾群众实际有针对性地进行帮扶，重建的困难是能得到有效解决的。

（三）积极争取援建，充分发挥各方力量的支持作用

灾后重建投资巨大、任务艰巨、时间紧迫，仅仅依靠灾区政府和受灾群众的自身能力，很难圆满完成各项重建任务。在重建最困难时期，中央和各省市及时给予灾区最大的支持，使各项重建工作顺利启动，有效实施。在住房和城乡建设部的积极协调和关心支持下，四川省灾区各级建设部门加强与各对口援建省市建设部门的联系，建立了定期联络机制，落实专人做好对口支援的有关工作，将编制地震灾后重建城乡规划设计作为对口支援的首要工作，积极争取把建设和修复城乡居民住房作为对口支援的重点，优先安排帮助受援灾区开展房屋安全鉴定及加固工作，将援助资金优先投入到住房及相关的公共服务设施和基础配套设施建设，取得了明显成效。

（四）坚持信息公开，充分发挥群众和社会的监督作用

在重建工作中，除了加强行政监督监管和监察外，始终坚持公开、公平、公正原则，做好信息公开工作，主动接受群众和全社会的监督。坚持信息公开内容的全面性，从政策的制定和执行、重建的计划和进展、资金的安排与使用，能公开的内容尽量公开，让群众充分了解，取得群众的理解、信任与支持。坚持信息公开范围的广泛性，不仅仅局限于受灾群众家庭，而且对重建涉及的其他群体进行公开，对全社会进行公开，既接受全社会的监督，又争取形成有利的舆论环境。通过有效做好信息公开工作，保证群众的知情权和监督权，有力引导受灾群众真正参与和融入重建。

四、技术保障

（一）科学规划，技术指导

以科学规划引导城乡房屋重建，是抗震救灾精神的具体体现，也是灾后城乡房屋恢复重建极为重要的基础工作。四川省住房和城乡建设厅提出凡是建设户数超过 30 户的行政村都必须进行统一的村庄规划，经统计约有 2043 个村庄，同时还有 39 个县城、631 个镇乡的规划。这是一个非常巨大的数量，所有镇乡和村庄的规划设计必须在 3 个月之内完成，这是一个非常艰巨的任务。坚持开门开放搞规划，坚持高起点搞规划，坚持突出特色搞规划，成功地组织了我国乃至世界规划史上空前的“规划大会战”。在具体规划编制中，按照“三打破、三提高”要求，创新确立起“安全性、生态性、文化性、发展性、功能性、创新性”等规划编制理念，做到以科学规划引领灾后城乡房屋重建。

（1）安全性：充分考虑综合防灾要求，科学选址，确保安全。严格遵循“避开地震断裂带、避开地质灾害隐患点、避开行洪通道”的“三避让”原则，进行场地工程地质条件及其承载能力评估，确认安全空间的实际范围和用地规模，尽可能就近、就地、分散安置受灾群众（形象地说，就是惹不起，就躲开）。针对无法避让的一般性地质灾害隐患点，进行灾害治理。同时，通过用地布局，把人口活动密集的居住和公共服务等一些功能安排到最安全的地方。实践证明，灾后恢复重建的村庄、城乡房屋真正做到了科学避让，经受住了多次余震和特大山洪泥石流的严峻考验。

（2）生态性：就是要尊重自然、顺应自然，立足当地的地形地貌、自然山水及资源环境承载能力，因地制宜，宜聚则聚，宜散则散，对山区、平原、丘陵地区进行不同的规划和城乡房屋设计，构建富有特色、宜居宜业的生态环境，形成具有不同地域特色的村落。

（3）文化性：深入研究地域文化、民族文化，传承和弘扬历史文化传统，彰显不同的文化特性。藏区就是藏族的风格，羌区就是羌族的风格，非民族地区就是地域风格，如川西民居、川北民居风格。同时，注重保护历史文化遗产，保护具有历史价值和文化特色的建筑物、构筑物和乡村传统格局。

（4）发展性：在结合灾后城乡房屋重建现有状况、自然条件和发展前景的基础上，着眼于农村未来发展，突出产业发展规划，在进行城乡房屋重建规划的同时，对传统产业和现代农村不同产业形态与农村居民聚居关系进行深入研究，把城乡房屋重建过程变成农业产业布局及产业形成的过程。同时，加强基础设施配套，完善公共服务，形成综合性很强的农村新型社区，即综合体。在保证农民居有其屋的同时，充分考虑农民的长远生计问题，不但住上好房子，还要过上好日子。

（5）功能性：注重完善新村基本功能，通过配套基础设施、社会服务设施及生产设施，逐步提高农村各项设施水平，建立健全支撑保障体系，让重建的新村具备生产生活的复合功能。深入研究农村群众生产条件和生活方式，城乡房屋设计注重适用、经济、美观，满足农村群众的生产生活需要。

（6）创新性：一是所有灾后城乡房屋重建都在规划指导下重建。在城乡房屋重建中，我们提出了30户以上的实行集中规划，散居的也要进行选址定点，实现规划全覆盖，改变了过去城乡房屋建设很少有规划的局面。二是按“三打破、三提高”的新村建设规划设计理念，进行规划和设计，是对过去规划设计理念的突破。三是创新规划建设管理机制。组织专门的规划管理机构和人员进行服务指导，在建设中充分发挥村民的主体作用，推行村民自治、民主决策。

（二）科学制定规范，精心组织设计施工

遵循“安全、经济、适用、节地，突出民居建筑特色、突出民族文化特色和因地制宜、分类指导”的原则，把城乡房屋重建安全和质量放在首位，四川省住房和城乡建设厅针对农村房屋建设长期无序管理状态，牵头组织工程技术人员制定了一系列规范、导则和图集，为城乡房屋重建提供了科学依据和技术支撑。在抗震设防方面制定了《四川省农村居住建筑抗震设计技术导则》（2008年修订版）、《四川省农村居住建筑抗震构造图集》、《农村抗震节能住宅建设实用指南》。在城乡房屋设计方面制定了《四川省地震灾区城乡房屋重建设计方案图集》（分为平坝丘陵地区、山区和民族地区三册）。在此基础上，各地还组织设计了1000多个具有地方特色和民族特色的城乡房屋设计方案，编印了10万多套民居设计图集免费发放给各地，供重建农户选择。在施工质量安全管理方面制定了《四川省地震灾区农村居住建筑抗震施工质量安全技术指导手册》、《四川省地震灾区农村住宅施工技术导则》、《灾区城乡房屋重建设计方案和施工图集》等。在组织制定技术规范和导则的过程中，注重技术规范的简明适用，将其中复杂深奥的专业术语简化为通俗易懂的语言和图示来表述，切实让灾民群众和非专业施工队都能够一目了然、一看就懂、一学就会。同时，强化技术指导服务。四川省住房和城乡建设厅报请“5·12”抗震救灾指挥部出台了《汶川地震灾后城乡房屋重建技术指导工作的实施意见》（川指[2008]193号），要求各地成立专门的城乡房屋重建技术指导工作组，按照市（州）、县（市、区）、镇（乡）各级的职责，明确负责领导并配备工作人员，采取将技术人员派驻到村、或分片派技术人员等方式，实行包干负责、责任到户，指导农民重建房屋。同时，通过省内外对口援建支持技术人员，积极组织当地建筑设计、施工企业支援技术人员、加快农村建筑工匠培训、鼓励和允许有资格的建造师、建筑师、结构师、监理工程师以个人名义参与城乡房屋重建技术服务指导等多种途径，把城乡房屋重建技术服务指导工作落到了实处。通过科学制定规范、科学设计、科学施工，使重建城乡房屋的质量和安全得到有效保障。四川省城乡房屋建设第一次有了抗震设防标准，从根本上改变了千百年来农村住房不设防的历史。

（三）坚持因地制宜，塑造风貌特色

“5·12”地震我省受灾区域面积大，具有平原、丘陵、山区、高原等复杂多样的地形地貌，各地自然条件、经济发展水平、生活习惯和民风民俗差异较大，在灾后城乡房屋重建中力求体现传统的民族文化内涵，体现地方特色和乡土风貌，充分彰显各地历史文化特色。四川省住房和城乡建设厅报请省政府出台了《关于加强指导地震灾区农村房屋恢复重建中风貌特色塑造有关工作的通知》，按照“三打破、三提高”要求，切实推进风貌特色塑造工作。

第一，打破“夹皮沟”，提高村庄布局水平。所谓“夹皮沟”，是指沿国道、省道等主要交通干道、旅游干道两侧夹道布局，且建筑连续长度超过200m的村镇布局形态。形象地说，“夹皮沟”就是一条线、一层皮、一般高、一堵墙。打破“夹皮沟”的要求和做法是：严格控制在国道、省道等主要交通干道及旅游干道两侧夹道布局村庄（村落），并结合城乡房屋重建对既有的房屋建筑进行风貌塑造，采取拆房破墙、亮山亮水，透气、透绿，同时通过立面改造和栽植树木、建造景观等措施，打破沿道（路）房屋一条线、一层皮、一般高的“夹皮沟”空间布局，提高村庄的整体风貌水平。

第二，打破“军营式”，提高村落规划水平。所谓“军营式”就是指，建筑布局过于整齐划一，横成行竖成列，空间呆板无变化。在城乡重建规划中，要着力打破“军营式”的布局方式，体现山水田园风光和自然生态，注重与周边环境和生产生活方式的相融性。在平坝区城乡房屋建设中，采取组团院落等方式，规划了风貌各异、特色鲜明的村庄和聚居点，实现了村落布局与地形地貌、自然环境的有机融合。山区城乡房屋建设均依山就势，错落有致，体现山水田园风光和生态自然之美。

第三，打破“火柴盒”，提高民居设计水平。所谓“火柴盒”是指，建筑立面、材质统一，建筑缺乏细节，高度无变化，建筑轮廓线单调，整体形态单一的四方体、长方体。

在农村民居设计中，各地注重融合地域和民族文化特色、传统民居特色，按照“外部突出特色、内部优化功能”的要求，用高低错落、平面进退组合的方式，着力打破“火柴盒”式的城乡房屋外观，充分体现地方建筑的符号，尽量使用地方材料，注重民族文化传统，满足现代使用功能，重建的灾区城乡房屋形成了一道靓丽的风景线。

（四）注重发展、完善功能，是提升城乡规划建设水平的重要抓手

灾后村庄重建不是简单的恢复性建设，而是与新村规划建设和改善发展环境、巩固发展基础结合起来，注重发展、完善功能和塑造风貌特色。统筹规划农村产业布局、基础设施及生产设施建设，推进农业产业化和新村建设，逐步提高农村公共服务设施水平，促进城乡协调发展。充分挖掘和传承藏、羌等民族地区和其他地区的民族文化、地域文化特色，注重与地形地貌有机结合，打造了各具特色的村庄和城乡房屋。特别是灾后重建中结合新村规划建设试点，在主导产业连片发展、农民收入持续增长为支撑的基础上，有机地将村落民居、产业发展、基础设施、公共服务、社会建设等生产生活要素集约配置在一起，成功探索了新村综合体的方法、路子。正是如此，重建崛起的灾区新农村才真正得以实现脱胎换骨。

五、机制保障

住房重建中，受灾群众不同的利益诉求，不同的重建意愿相互交织，形成错综复杂的矛盾和问题，因此必须建立起强有力的保障机制，以化解在重建过程中可能出现的矛盾。致力于调动城乡居民的主动性和积极性，发挥城乡居民自力更生、建设美好家园的主体作用，积极探索“政府组织、市场运作、多元投资”的恢复重建机制，针对不同地区、不同住房类型和不同产权形式，制定不同的政府支持、信贷优惠和社会帮扶政策，多渠道筹集重建资金，有计划、分步骤、高质量地推进城乡住房恢复重建工作的顺利进行。保障机制主要包括以下几个方面。

（一）实施机制

实施机制包括建设的组织机制和建设队伍的组织。建设队伍的组织包括组织农村建筑工匠、组织建筑施工企业、组织对口支援的施工力量，供农民自主聘请和选择。建设方式则根据国务院《汶川地震灾后恢复重建条例》等文件精神，各地结合灾后城乡房屋重建群众的意愿和规划、产业恢复要求等，因地制宜地建立了三种主要的城乡房屋重建方式。第一，统规自建，即按照统一规划，提供多样化、满足不同使用功能和面积要求的城乡房屋方案供农民自主选择，农民自行建设城乡房屋。第二，统规联建，即按照统一规划，由农民以多户农户为单元进行联合建房。第三，统规统建，即按照统一规划由农民组建自治组织，委托管理机构或施工单位进行统一建设。这里需要说明的一点是，城乡房屋恢复重建中建设方式统规是共性，各地也还有一些丰富和完善。政府主要负责的是管规划、管配套。所有重建的农村基础设施和公共服务设施，都是由政府组织统一建设的。

（二）质量安全保障机制

加强对农村建筑工匠的组织、培训和管理，动员社会各方面力量参与重建，通过组织建筑设计、施工企业支援技术人员等多种方式充实技术队伍，参与城乡房屋技术服务指导工作。采取将技术人员派驻到村、或分片派驻技术人员等方式，实行包干负责、责任到户。严格执行标准、规范，将城乡房屋重建的全过程纳入建设监管范围，组织专门技术力量，强化全面控制，不定期进行抽查和专项检查，构建了全方位、全覆盖、全过程的质量控制体系。

（三）建材特供机制

灾后城乡房屋重建在短时间内需要大量的建材作保证，据 2008 年 12 月城乡房屋恢复重建进度估算，当时还需重建城乡房屋近 120 万户，每户按 $120m^2$ 计算，每平方米用水泥 150kg、钢材 15kg，每平方米综合用砖量按 300 匹计算，后续城乡房屋重建共需水泥 2160 万 t、钢材 216 万 t、红砖 432 亿匹，由于地震破坏和运输条件的限制，产能远远满足不了需求，在重建开始阶段一度出现了材料供应不足、价格飞涨的状况。为此，省政府办公厅印发了《关于建立灾区城乡房屋重建建材特供机制的意见》的通知，要求各地按照“政府主导、分级负责、保量直供、价格稳定”的总体要求，由政府出面协调钢筋、水泥和建筑材料等生产厂家，要求其扩大生产、统筹调节、加强监管，平抑价格。一是对需求量大、运输半径小的砂石、砖瓦等由县级政府统筹解决，以县为主、以乡为单位尽量就地利用资源生产。二是钢材、水泥等大宗重要建材以市（州）为单位统筹，解决不了的报省统筹负责，省内解决不了的请求国家协调解决。三是以县级政府为主体，建立或明确建材专供机制，通过政府采购，采取点对点的方式减少中间环节，直接从生产企业采购出厂价的建材，平价特供给重建农户。四是实施临时价格干预，加强市场监管，坚决打击囤积居奇、哄抬物价、串通涨价等扰乱市场秩序的行为，维护建材市场价格稳定。

（四）资金筹措机制

四川省政府制定下发的《“5・12”汶川地震灾后城乡房屋重建工作方案》明确了城乡房屋重建资金，实行政府补助、农户自筹和信贷支持的相关政策。对地震造成房屋倒塌或严重损坏（危房）、无家可归的农户重建住房给予补助。在中央户均补助 1 万元的基础上，省级再户均补助 1 万元，共户均补助 2 万元。同时，对恢复重建住房的农户，实行灵活的信贷方式，建立了贷款担保平台。通过政府补助、政府担保贷款和农民自筹三种主要途径解决了城乡房屋重建资金问题。此外，有些地区通过探索土地整理和生态移民等方式，解决了一部分重建资金缺口。

第三节　灾后城乡重建成就辉煌

在执行灾后城乡恢复重建规划，加快推进城镇和农村重建的过程中，特别注重因地制宜、突出特色。对城镇，在强化城市功能现代化的同时，注重塑造地域特色风貌，注重历史文化传承，注重提升城市整体形象；对农村，突出提高村落规划水平、村庄布局水平和建筑设计水平。因此，重建后的城镇和农村不仅基础设施和公共服务设施全面超越震前水平，综合抗震防灾能力大幅提升，还打造出了一大批具有浓郁民族及地域特色的城市、乡镇和村庄，推动了城乡环境综合治理。

一、形成全域覆盖、层次完整的规划体系

坚持开门开放规划、全域全程规划，从整体上保证了城镇和农村的科学重建。成功地组织了中国历史上唯一的千家规划设计单位、万名规划专家和技术人员参加的规划大会战，有效地集中了中国乃

至全世界的智慧。完成了39个重灾县（市、区）以及702个镇乡、2197个村庄的重建规划编制或修编工作，形成了全域覆盖、层次完整的规划体系，尤其是农村建设首次有了规划指导。

二、实现“家家有房住”的重建目标

灾后不到三年的时间里，在党中央、国务院的坚强领导下，在全国人民的大力支持下，灾区克服了种种困难，经过近三年的努力，城乡住房重建任务已经全面完成，“家家有房住”的重建目标得到实现。2008年年底，221.32万户受损农房维修加固全面完成；2009年年底，134.8万套城镇住房维修加固全面完成；2010年年初，145.91万户毁损农房重建全面完成；2010年5月，25.91万套城镇重建住房完成85.15%，提前4个月完成中央“三年任务两年基本完成”的总体要求。截至2011年9月底，367.23万户农村受灾居民和158.9万户城镇受灾居民住进了安全适居的永久性住房，527.94万户受灾群众中已有99.65%的受灾群众实现安居梦想。城乡住房重建的全面完成，为灾区居民恢复正常的生产生活条件、改善灾区社会民生、维护社会稳定、促进灾后经济社会平衡健康发展作出了巨大贡献，创造了人类灾后重建史上的伟大奇迹（图5-3-1）。

图5-3-1 搬进新家园的灾区群众欢庆新中国成立60周年

（一）城乡住房质量明显提高

将保证住房重建质量作为生命线贯穿于重建的全过程。重建住房严格遵守房屋建筑新的抗震设防标准，优化建筑结构，注重安全性能；严格按照规划设计建设，提高施工质量，增强抗震防灾能力，实现房屋结构性能的优化与提升，使房屋质量和水平得到明显提高。虽经历多次余震及特大山洪泥石流等地质灾害，重建住房经受了考验，未受到大的破坏。

（二）城乡居民居住环境明显改善

农房重建结合新农村建设进行部署，按照“三打破、三提高”的要求组织村庄规划和建筑设计。注重与自然和谐、与环境协调、与地域相融，依山就势、错落有致、特色突出，充分体现田园风情；城镇重建结合新型城镇化的推进，在城镇规划的指导下，按照“四注重、四提升”的要求组织住房设计，坚持因地制宜、优化布局，使人居环境明显改善。

（三）城乡住房建设管理得到创新和完善

城镇住房重建创新性地实施安居住房制度。参照经济适用住房政策，结合受灾居民经济承受能力和实际需要，创新设计了“地震灾区安居住房”制度，有效地解决了原有住房制度不能满足灾后重建需要的矛盾。安居住房建设成为城镇住房重建的主要方式，解决了20余万户城镇受灾居民的住房问题。农房建设改变了不设防的历史。全省第一次规范和系统地明确了农房建设的抗震设防要求和标准，并指导帮助农村受灾群众按照设防标准和要求建设住房，改变了千百年来农村住房不设防的历史，从根本上保证了重建农房的安全（图5-3-2）。

图5-3-2 龙池镇新建民居

三、重点重建城镇全面完成重建任务

经过灾区干部群众三年的艰苦努力，在全国人民特别是援建队伍的无私帮助下，城镇重建任务已基本完成。重建后的城镇，布局更加合理，功能更加完善，环境极大改善（图 5-3-3）。38 个重点城镇重建任务全面完成，城镇市政基础设施、公共服务设施已按规划设计实施建成，满足城镇受灾群众的安居功能、生产服务功能和生活配套功能，新城新镇形象显现，特色突出，已形成城镇主体功能。北川、汶川县城重建主要市政基础设施全面完成；青川县城重建正按新的规划加快推进，城镇框架基本成形。汶川县映秀镇正加快建设旅游温情小镇和防灾减灾示范区，绵竹市汉旺镇初步形成布局科学、功能配套、具有现代风貌的新城镇，汶川县水磨镇荣膺“全球灾后重建规划设计最佳范例奖”。截至 2011 年 7 月 31 日，全省纳入国家总体规划、10 个专项规划和省年度计划中的市政设施、风景名胜区、历史文化名城名镇名村保护等恢复重建项目累计开工 899 个，占恢复重建任务的 100%；完成投资 745.4 亿元，占恢复重建规划投资的 79.5%。其中，重点城镇 38 个，已全部完工并形成城镇主体功能；城镇道路 366.21km，已完工 356.03km，占重建任务的 97.2%；城镇水厂（供水站）37 座已全部完工。

图 5-3-3　汶川县城

四、历史文化遗存得到保护和弘扬

汶川地震灾区是汉、藏、羌、回等多民族聚居区，部分城镇具有悠久的历史文化资源和浓郁的民族风情，本次灾后重建在规划中遵循“传承文化，保护生态”的规划原则，灾后恢复重建项目规划设计除了满足基本功能之外，充分尊重当地民族的生产、生活方式，继承民族传统，弘扬民族文化，恢复自然环境，重塑精神家园。通过独具匠心的设计，形成了一大批恢复了传统历史风貌并具有民族传统文化底蕴的城镇和乡村，历史文化保护工作得到世界认可。国家级历史文化名城都江堰市，其重建规划坚持以保护世界遗产和传承历史文化为核心的指导思想，继承“山、水、田、林、堰、城”的自然人文遗产，以山为依衬，水为脉络，田为基底，路为骨架，形成“山城共融、五河十岸、两环三轴、一城三片”的总体城市设计框架，突出“显山、亮水、秀城、融绿”的整体景观风貌效果；汶川县是省级历史文化名城，县城重建规划按照原真性、整体性的原则，将姜维城遗迹、布瓦黄泥碉群两处国家级文物和七盘沟老街作为历史文化保护重点，列入了规划强制性内容。北川新县城、汶川县映秀镇和水磨镇、绵竹年画村等城镇和乡村虽然不是历史文化名城（镇、村），但在灾后重建中同样注重对民族文化和传统文化的弘扬，重建设计中运用了雕塑、广场、塔楼、民居墙画等多种设计手法，融汇了多种文化符号，现已成为新兴的独具民族特色和传统风貌的灾区旅游示范点（图 5-3-4、图 5-3-5）。

图 5-3-4　都江堰市灾后重建田园诗画般的新家园

图 5-3-5　汶川萝卜新寨—老寨

五、灾后风景名胜区基础设施配套更加完善，环境面貌不断提升

在灾后重建规划的指导下，各风景名胜区精心组织、认真实施，切实保障灾后重建工作顺利完成。九寨沟、黄龙风景名胜区在 2008 年 8 月就实现了对外开放，剑门关景区在 2010 年 4 月对外开放，受灾严重的都江堰景区二王庙景点在经过近三年的重建和修复后，也于 2011 年 4 月对外正式开放。截至 2011 年 5 月，除了龙门山风景名胜区等极少数景区由于生态植被处于恢复期，山体不稳，次生灾害较严重，无法对外开放外，绝大多数景区已基本完成灾后重建并实现对外开放（图 5-3-6、图 5-3-7）。

图 5-3-6　小金县官寨村

图 5-3-7　青城山—都江堰风景名胜区

通过灾后重建，各风景名胜区不仅恢复了原有受损的基础设施，同时景区配套更加完善，为景区旅游发展打下了良好基础，景区旅游收入大幅增长。九寨沟风景名胜区灾后重建包括管理与旅游服务设施、道路交通、基础工程设施、居民安置、防灾体系建设和生态环境六大类 49 项，2010 年接待游客 170 万人次，门票收入 3.1 亿元，较上年增加 41%；青城山—都江堰风景名胜区灾后重建涉及公共文化遗产配套设施建设、旅游基础设施建设、古建筑群修复重建等三大类 21 项，2010 年接待游客 300 多万人次，门票收入 1.7 亿元，超过了震前水平；特别是剑门关景区，由于基础设施不完善，震前门票年收入仅 900 万元，由于震后两年时间完成了剑门关索道（图 5-3-8）等 90 多个项目的灾后重建，景区游览面积较震前扩大了几倍，新增景点数十处，基础设施、配套设施更加完备，自 2010 年 4 月重新开放一年时间内，接待国内外游客 112 万人次，实现门票收入 1800 多万元，相当于地震前全县财政一般预算收入的 38%，旅游综合收入 8.32 亿元，带动当地居民经济收入成倍增长。

图 5-3-8　剑门蜀道风景名胜区

结合城乡环境综合治理工作，各风景名胜区在灾后重建中注重环境综合整治，改善卫生条件、清理景区违章建筑物、加快景区标志标牌的设立和完善，环境面貌不断提升。四姑娘山风景名胜区下大力气开展环境综合整治工作，从治理景区脏、乱、差着手，以绿化、净化、亮化、美化环境为原则，利用春植和秋植时节种植紫果云杉 5500 余棵、四川杜鹃 1000 余株，平整绿化带和种植花草 1000 余平方米，不断扩大了景区绿化面积，全面改善景区环境。龙门山风景名胜区虽然由于受灾严重，截止目前景区还没有重新对外开放，但仍按照灾后重建总体规划的要求，对景区内违反规划及国家有关政策规定的违章建设、违法占地、滥伐林木、非法狩猎、开山采石、污染水体、损毁文物古迹等行为进行有力打击和监管，切实保护风景名胜资源，改善景区环境面貌（图 5-3-9 ～图 5-3-11）。

图 5-3-9　什邡市北京路

图 5-3-10　汶川县水磨镇

图 5-3-11　彭州市鹿坪乡

附　　件

附件 1：有关灾后重建规划建设的政策、规范和指导性文件

1．2008 年 5 月 15 日，《关于做好地震灾区城乡房屋建筑及市政基础设施安全性及损失评估有关工作的紧急通知》（厅应指办 [2008]4 号）。

2．2008 年 5 月 16 日，《关于印发地震灾区农村房屋安全评估工作方案的通知》。

3．2008 年 5 月 21 日，《四川省住房和城乡建设厅抗震应急指挥部关于四川地震灾后过渡安置房规划选址的通知》（厅应指办 [2008]22 号）。

4．2008 年 5 月 22 日，《省住房和城乡建设厅转发住房和城乡建设部〈关于印发"地震灾区过渡安置房建设技术导则"（试行）的通知〉的通知》（川建科发 [2008]215 号）。

5．2008 年 5 月 28 日，《〈地震灾区农村居民自建过渡房导则〉试行的通知》（厅应指办 [2008]34 号）。

6．2008 年 6 月 1 日，省住房和城乡民政厅和省住房和城乡建设厅联合转发了民政部、住房和城乡建设部《关于四川汶川大地震灾民临时住所安排工作指导意见》。

7．2008 年 6 月 7 日，四川省"5・12"抗震救灾指挥部发出了《关于灾后正确处理震后危房鉴定和拆除有关问题的通知》（川指 [2008]151 号）。

8．2008 年 6 月 7 日，省住房和城乡建设厅编印下发了《四川省地震灾区农村重建设计方案图集》和《四川省农村居住建筑抗震构造图集》，灾后农房重建设计工作全面启动。

9．2008 年 6 月 12 日，省住房和城乡建设厅出台了《四川省地震重灾区活动板房工程总体验收暂行办法》和《四川省地震重灾区活动板房工程项目验收暂行办法》。

10．2008 年 6 月 13 日，经国务院批准，民政部、财政部、住房和城乡建设部联合发布了《关于做好汶川地震房屋倒损农户住房重建工作的指导意见》。

11．2008 年 6 月 14 日，省住房和城乡建设厅下发《四川省农村居住建筑抗震设计技术导则》（2008 年修订版，川建勘设发 [2008]235 号），对原导则进行了必要的补充和完善；根据该《导则》编制的《四川省农村居住建筑抗震构造图集》也已通过专家评审并配套实施。

12．2008 年 6 月 14 日，省住房和城乡建设厅抗震应急指挥部下发了《关于印发地震灾区过渡性安置点加强生活污水处理技术指导意见的通知》。

13．2008 年 6 月 18 日，为贯彻落实《汶川地震灾后恢复重建条例》，住房和城乡建设部印发《关于地震灾区过渡安置房（活动板房）建设的指导意见》，按照"因地制宜、以需定产、调整结构"的原则，对继续深入做好过渡安置房建设工作提出了明确要求。

14．2008 年 6 月 20 日，省住房和城乡建设厅转发了住房和城乡建设部《汶川地震灾区过渡安置房验收规定》的通知。

15．2008 年 6 月 24 日，省住房和城乡建设厅、省地震局联合下发《关于印发〈四川省农村居住建筑抗震构造图集〉（DBJT20-63）的通知》（川建发 [2009]38 号），分砖块结构、生土墙、石结构、木结构等结构形式规范了农民自建两层（含两层）以下住宅抗震构造措施。

16．2008 年 6 月 28 日，省住房和城乡建设厅下发《四川省农村居住建筑抗震设计技术导则》（2008 年版）（川建勘设发 [2006]208 号）。

17. 2008 年 7 月 19 日，为保证灾后房屋建筑抗震加固工程的顺利进行，合理确定抗震加固工程造价，省住房和城乡建设厅造价总站编制出台了全国第一部抗震加固计价定额，由四川省住房和城乡建设厅、四川省财政厅、四川省物价局《关于印发〈四川省房屋建筑抗震加固工程计价定额〉规费标准的通知》（川建发 [2008]54 号）印发。

18. 2008 年 7 月 26 日，由西南交通大学主编的《四川省建筑抗震鉴定与加固技术规程》（DB51/T 5059—2008）正式发布。

19. 2008 年 7 月 24 日，省住房和城乡建设厅在充分调研的基础上，起草并报省政府同意，以省政府名义下发了《汶川地震灾区城镇受损房屋建筑安全鉴定及修复加固拆除实施意见》（省政府令第 226 号）。

20. 2008 年 7 月 30 日，住房和城乡建设部公告第 70 号发布了《建筑工程抗震设防分类标准》（GB 50223—2008），公告第 71 号发布了《建筑抗震设计规范》（GB 50011—2001）（2008 年版）。上述两项标准总结了汶川地震房屋震害特点，提高了设防标准。

21. 2008 年 8 月 15 日，省住房和城乡建设厅、省财政厅、省物价局联合下发《关于贯彻执行省人民政府令第 226 号〈汶川地震灾区城镇受损房屋建筑安全鉴定及修复加固拆除实施意见〉的通知》（川建发 [2008]52 号）。

22. 2008 年 8 月 18 日，省住房和城乡建设厅、省财政厅、省物价局发布《关于印发〈四川省房屋建筑抗震加固工程计价定额〉规费标准的通知》（川建发 [2008]54 号）。

23. 2008 年 8 月 27 日，四川省人民政府办公厅转发《四川汶川地震灾后农村房屋恢复重建选址技术导则的通知》（川办发 [2008] 36 号）。

24. 2008 年 8 月 29 日，住房和城乡建设部等三部委联合下发《关于汶川地震灾区城镇居民住房重建的指导意见》。

25. 2008 年 9 月 19 日，国务院下发《关于印发汶川地震灾后恢复重建总体规划的通知》（国发 [2008]31 号）。

26. 2008 年 9 月 28 日，省政府出台《四川省汶川地震灾后城镇住房重建工作方案》（川府发 [2008]35 号）。

27. 2008 年 10 月 23 日，省住房和城乡建设厅、省财政厅、中国人民银行成都分行印发了《〈四川省汶川地震灾区重建住房公积金优惠政策实施办法〉的通知》（川建发 [2008]81 号）。

28. 2008 年 10 月 27 日，四川省物价局、四川省住房和城乡建设厅联合下发《关于四川省地震灾区受损房屋建筑安全修复、加固设计收费标准的通知》（川价发 [2008]201 号）。

29. 2008 年 10 月 28 日，五部委联合下发了《关于印发汶川地震灾后恢复重建农村建设专项规划的通知》。

30. 2008 年 11 月 6 日，四川省人民政府办公厅转发《汶川地震灾后恢复重建城乡住房建设专项规划》、《汶川地震灾后恢复重建城镇体系专项规划》、《汶川地震灾后恢复重建农村建设专项规划》。

31. 2008 年 11 月 19 日，四川省人民政府办公厅下发《关于加快地震灾区恢复重建城乡规划编制工作的通知》（川府办发电 [2008]173 号）。

32. 2009 年 2 月 26 日，省政府召开全省地震重灾区城镇住房恢复重建工作会议，印发了《四川省人民政府关于进一步加快汶川地震灾区城镇住房恢复重建的意见》（川府发电 [2009]10 号）。

33.《关于汶川地震灾区城镇灾后恢复重建规划编制工作的指导意见》（建规 [2008]130 号）。

34.《四川省人民政府办公厅“关于进一步加强地震灾后重建城镇规划公众参与工作的通知”》（川办函 [2009]126 号）。

35.《关于“5 • 12”地震灾区职工使用住房公积金特殊规定的紧急通知》（川建发 [2008]27 号）。

36.《关于印发〈抗震救灾和灾后重建市容环境卫生导则〉的紧急通知》(川建城发 [2008]234 号)。

37.《四川省住房和城乡建设厅关于印发〈四川省地震灾后农村居住建筑恢复重建抗震设计技术导则〉的通知》。

38.《关于切实做好地震灾区自建农房施工技术指导工作的紧急通知》。

39.《四川省住房和城乡建设厅关于开展全省地震灾区城镇受损房屋建筑抗震鉴定修复加固工作的通知》(川建发 [2008]36 号)。

40.《四川省住房和城乡建设厅关于印发〈四川省城镇供水排水恢复重建工程技术指导意见〉的通知》(川建城发 [2008]278 号)。

41.《四川省住房和城乡建设厅关于印发〈四川省农村居住建筑地震灾后重建施工技术导则〉的通知》(川建质安发 [2008]306 号)。

42.《关于贯彻执行省人民政府令第 226 号〈汶川地震灾区城镇受损房屋建筑安全鉴定及修复加固拆除实施意见〉的通知》(川建发 [2008]52 号)。

43.《四川省住房和城乡建设厅关于印发〈四川省城镇道路桥梁地震灾后恢复重建工程技术指导意见〉的通知》(川建城发 [2008]371 号)。

44.《四川省住房和城乡建设厅关于做好汶川地震灾后恢复重建对口支援项目监管工作的通知》(川建发 [2008]69 号)。

45.《关于印发〈四川省汶川地震灾后重建住房公积金优惠政策实施办法〉的通知》(川建发 [2008]81 号)。

46.《四川省住房和城乡建设厅关于印发〈四川省地震灾区市政公用基础设施灾后重建方案编制和实施指导意见〉的通知》(川建城发 [2008]416 号)。

47.《四川省住房和城乡建设厅关于汶川地震灾区城镇安居住房建设管埋的指导意见》(川建发 [2009]5 号)。

48.《关于积极扶持我省建筑业企业参与灾后恢复重建工作的通知》(川建发 [2009]129 号)。

49.《四川省住房和城乡建设厅关于认真做好市政公用基础设施灾后恢复重建项目建设工作的紧急通知》(川建电 [2009]16 号)。

50.《四川省住房和城乡建设厅关于贯彻实施〈防震减灾法〉全面加强城乡建设抗震防灾工作的通知》(川建勘设发 [2009]176 号)。

51.《关于印发〈四川汶川地震建筑废弃物资源化实施指南〉的通知》(川建发 [2009]24 号)。

附件 2：四川省灾后重建规划设计优秀项目及参编单位

2009 年度全国优秀城乡规划设计奖获奖项目名单

等级	序号	项目名称	规划设计单位
特等奖	1	汶川地震灾后恢复重建城镇体系规划	中国城市规划设计研究院、四川省城乡规划设计研究院、甘肃省城乡规划设计研究院、陕西省城乡规划设计研究院
一等奖	1	北川国家地震遗址博物馆策划、整体设计与保护规划	上海同济城市规划设计研究院、同济大学建筑设计研究院(集团)有限公司、上海现代建筑设计(集团)有限公司、上海市城市规划设计研究院
	2	北京对口支援什邡市灾后重建规划	北京市城市规划设计研究院
	3	北川县“5·12”特大地震灾后恢复重建县域村镇体系规划	中国城市规划设计研究院、武汉市勘测设计研究院
	4	北川新县城安居工程规划与设计	中国城市规划设计研究院、中国建筑设计研究院
	5	北川新县城道路交通与市政基础设施工程规划设计	中国城市规划设计研究院
	6	都江堰市“壹街区”综合商住区详细规划	上海同济城市规划设计研究院

续表

等级	序号	项目名称	规划设计单位
一等奖	7	都江堰市域城镇体系规划及灾后重建总体规划	上海同济城市规划设计研究院、都江堰市城乡规划院
	8	北川县禹里历史文化名镇保护规划	中国城市规划设计研究院
	9	北川羌族自治县羌族特色商业街详细规划方案	北京清华城市规划设计研究院
	10	汶川县城修建性详细规划	北京清华城市规划设计研究院
	11	汶川地震灾区风景名胜区灾后重建规划	中国城市规划设计研究院、北京林业大学、四川省城乡规划设计研究院
	12	茂县城市总体规划及城区控制性详细规划	北京清华城市规划设计研究院
	13	青川县城老城区灾后重建修建性详细规划	四川省城乡规划设计研究院
二等奖	1	绵竹市城市总体规划	江苏省城市规划设计研究院
	2	青川县城镇体系规划	浙江省城乡规划设计研究院、浙江省支援青川县灾后恢复重建指挥部
	3	北川新县城园林绿地景观规划设计	中国城市规划设计研究院、北京北林地景园林规划设计院有限责任公司、北京中国风景园林规划设计研究中心
	4	汶川县县城（威州镇）灾后恢复重建总体规划	广州市城市规划勘测设计研究院
	5	四姑娘山风景名胜区灾后重建规划	四川省城乡规划设计研究院
	6	四川汶川地震灾后恢复重建规划——雅安灾后重建规划	重庆市规划设计研究院
	7	剑门关景区灾后恢复重建及风貌整治规划设计	四川省城乡规划设计研究院
	8	成都—阿坝工业集中发展区控制性详细规划及核心区城市设计	成都市规划设计研究院
	9	汶川“5·12”特大地震灾后重建德阳市域城镇体系规划	中国城市规划设计研究院
	10	都江堰历史城区修建性详细规划和城市设计编制	上海同济城市规划设计研究院、都江堰市城乡规划院
	11	绵竹市汶川地震灾后恢复重建村镇体系规划	中国城市规划设计研究院
	12	平武县南坝镇灾后重建中心区修建性详细规划	重庆大学城市规划与设计研究院
三等奖	1	汶川县城整体风貌控制研究	北京清华城市规划设计研究院
	2	青城后山景区灾后重建修建性详细规划	四川省城乡规划设计研究院
	3	青城山—都江堰风景名胜区灾后恢复重建规划	中国城市规划设计研究院
	4	德阳市城市总体规划及德阳中心城区灾后恢复重建规划	中国城市规划设计研究院
	5	都江堰市综合交通体系规划	上海市城市综合交通规划研究所、上海市市政规划设计研究院、同济大学建筑与城市规划学院、上海市交通信息中心
	6	青川县城灾后恢复重建总体规划	宁波市规划设计研究院
	7	都江堰旧城压奎光玉带桥片区灾后重建实施规划	成都市规划设计研究院、都江堰市城乡规划院
	8	绵阳市安县县城（花[illegible]）总体规划 2008—2020	辽宁省城乡规划设计研究院
	9	什邡历史文化名城保护规划	北京中联环建文建筑设计有限公司
	10	绵竹市民主巷历史风貌区保护与更新规划	南京市规划设计研究院有限责任公司
	11	汶川县威州镇（县城）重要地段城市设计	广州市城市规划勘测设计研究院
	12	绵竹市城东新区控制性详细规划	江苏省城市规划设计研究院
	13	绵竹市沿山地区发展规划	常州市规划设计院
	14	汉源县白鹤中小学校园规划	荆州市城市规划设计研究院
	15	青川县中小学、幼儿园重建总体布局规划	浙江大学城乡规划设计研究院有限公司
	16	松潘国际旅游胜地规划建设战略思路研究	安徽省住房和城乡建设厅、安徽省城乡规划设计研究院
表扬奖	1	都江堰市城区Ⅲ、Ⅳ大区灾后重建控制性详细规划	四川省城乡规划设计研究院
	2	雅安市汉源县旅游发展规划	湖北省城市规划设计研究院
	3	福建援建彭州市小鱼洞大桥遗址建设修建性详细规划	福州市规划设计研究院
	4	松潘县城总体规划	安徽省城乡规划设计研究院
	5	汉源县第三中学灾后重建规划	黄石市城市规划设计研究院
	6	汶川县第一中学校园修建性详细规划	江门市规划勘察设计研究院
	7	小金县两河集镇修建性详细规划	江西省城乡规划设计研究院
	8	彭州市灾后重建空间发展战略规划	深圳市新城市规划建筑设计有限公司
	9	江油市农业产业园区暨九岭镇区控制性详细规划	重庆大学城市规划与设计研究院
	10	汉源县清溪镇中小学修建性详细规划	襄樊市城市规划设计研究院

2009年度全国优秀城乡规划设计奖灾后重建村镇规划获奖项目名单

等级		项目名称	规划设计单位
一等奖	1	德阳市什邡市红白镇重建规划	北京中联环建文建筑设计有限公司
	2	阿坝州汶川县映秀镇渔子溪村震后重建修建性详细规划及建筑设计	天津大学城市规划设计研究院、天津大学建筑学院、天津大学建筑设计研究院
	3	绵阳市平武县平通镇灾后重建详细规划	邯郸市规划设计院、中煤邯郸设计工程有限责任公司、河北省城乡规划设计研究院
	4	绵阳市平武县响岩镇灾后重建规划（2009—2015）	保定市城乡规划设计研究院
	5	绵阳市北川羌族自治县擂鼓镇灾后重建规划	济南市规划设计研究院
	6	绵阳市北川羌族自治县曲山镇灾后重建总体规划（2008—2015）	青岛市城市规划设计研究院、青岛市建筑设计研究院股份有限公司
	7	德阳市绵竹市孝德镇大乘村七组农房重建集中居住示范点修建性详细规划	苏州市规划设计研究院有限责任公司
	8	德阳市绵竹市汉旺镇灾后重建总体规划（2008—2020）	无锡市规划设计研究院
	9	阿坝州汶川县绵▮镇地震灾后恢复重建规划（2008—2011）	珠海市规划设计研究院
	10	阿坝州汶川县水磨镇地震灾后恢复重建城市设计与总体规划	佛山市城市规划勘测设计研究院、北京大学中国城市设计研究中心、中营都市与建筑设计中心
	11	成都市都江堰市翠月湖镇五桂村13组灾后重建规划	四川三众建筑设计有限公司
	12	成都市彭州龙门山镇灾后重建实施规划	成都市规划设计研究院
	13	阿坝州理县桃坪羌寨抢救维修保护规划及保护工程	中国建筑设计研究院
二等奖	1	成都市都江堰市龙池镇灾后重建规划	重庆市规划设计研究院
	2	绵阳市安县恢复重建总体规划及产业发展专题研究	辽宁省城乡建设规划设计院
	3	阿坝州汶川县银杏乡灾后恢复重建规划（2008—2011）	茂名市规划设计研究院
	4	绵阳市北川羌族自治县香泉乡灾后重建规划	淄博市规划设计研究院
	5	绵阳市北川羌族自治县坝底乡灾后重建规划及场镇详细规划	东营市城市规划设计研究院
	6	绵阳市北川羌族自治县桂溪乡永利村规划	潍坊市规划设计研究院
	7	德阳市绵竹市东北镇镇域规划（2008—2020）和村庄规划	江苏省城市规划设计研究院
	8	德阳市绵竹市孝德镇中心区控制性详细规划及修建性详细规划	苏州市规划设计研究院有限责任公司
	9	德阳市绵竹市遵道镇总体规划及棚花村四组村庄建设规划	常州市规划设计院
	10	广元市青川县竹园镇总体规划（2008—2020）	杭州市城市规划设计研究院
	11	广元市青川县桥楼乡灾后重建规划	温州市城市规划设计研究院
	12	阿坝州小金县两河集镇修建性详细规划	江西省城乡规划设计研究院
	13	阿坝州汶川县三江乡集镇地震灾后恢复重建控制性详细规划	惠州市规划设计研究院
	14	成都都江堰市紫坪铺镇灾后重建规划（2008—2020）	广州市城市规划勘测设计研究院
	15	成都市对口支援德格县亚丁乡吉龙村白尼寺牧民定居点规划	成都市规划设计研究院
	16	成都市大邑县王泗镇黎庵村社区安置点	建筑设计院
	17	阿坝州汶川县漩口镇瓦窑村灾后重建安置规划	城乡规划设计研究院
	18	阿坝州理县甘堡藏寨灾后重建修建性详细规划	城乡规划设计研究院
	19	德阳市绵竹市汉旺镇灾后恢复重建规划	中国城市规划设计研究院
	20	国家汶川地震灾后恢复重建农村建设专项规划	中国建筑设计研究院、城乡规划编制研究中心
三等奖	1	成都市都江堰市大观镇镇区控制性详细规划	上海市城市规划设计研究院、上海市闸北区规划和土地管理局
	2	绵阳市平武县龙安镇灾后重建实施规划	石家庄市规划设计院
	3	绵阳市平武县南坝镇灾后重建中心区景观绿化与环境整治规划	唐山市规划建筑设计研究院
	4	绵阳市北川羌族自治县桂溪乡灾后重建规划	潍坊市规划设计研究院
	5	绵阳市北川羌族自治县青片乡驻地灾后恢复重建规划（2008—2015）	威海市规划设计研究院有限公司
	6	绵阳市北川羌族自治县擂鼓镇配套公建设施——小学综合楼	山东同圆设计集团有限公司
	7	德阳市绵竹市土门镇总体规划	南京市规划设计研究院有限责任公司

续表

等级		项目名称	规划设计单位
三等奖	8	德阳市绵竹市金花镇村庄规划	江苏省建设厅城市规划技术咨询中心
	9	德阳市绵竹市金花镇农业及旅游发展规划	常州市武进规划与测绘院
	10	德阳市绵竹市绵远镇总体规划	宿迁市城市规划设计研究院有限公司、江苏省城市规划设计研究院宿迁分院
	11	广元市青川县关庄镇规划援建项目	绍兴市城市规划设计研究院
	12	广元市青川县前进乡村庄规划	嘉兴市规划设计研究院有限公司
	13	成都市彭州市龙门山镇国坪村二社灾后重建修建性详细规划	厦门市城市规划设计研究院
	14	阿坝州汶川县草坡乡地震灾后恢复重建规划	汕头市城市规划设计研究院
	15	德阳市绵竹市板桥镇镇区控制性详细规划（2009—2020）	镇江市规划设计研究院
	16	阿坝州汶川县漩口镇灾后恢复重建规划	中山市规划设计院
	17	阿坝州汶川县克枯乡地震灾后恢复重建规划（2008—2011）	肇庆市城市规划设计院、佛山市顺德区规划设计院有限公司
	18	成都市彭州市龙门山镇国坪村灾后村庄发展总体规划	成都市规划设计研究院
	19	成都市都江堰市青城山镇泰安村九组灾后重建项目	四川三众建筑设计有限公司
	20	成都市都江堰市虹口乡高原村安置房规划	四川国鼎建筑设计有限公司、成都合什建筑设计咨询有限公司
	21	成都市崇州市文井江镇灾后重建规划	成都市规划设计研究院
	22	绵阳市北川羌族自治县禹里乡修建性详细规划	四川省城乡规划设计研究院
	23	成都市都江堰市大观镇欣和新型社区灾后重建规划	成都市规划设计研究院
	24	成都市崇州市街子镇灾后重建规划（2008—2020）	成都市规划设计研究院
	25	龙门山地震遗址保护及旅游设施建设项目规划与设计	成都远见旅游规划设计有限公司、四川三众建筑设计有限公司、海峡建筑设计院有限公司
	26	德阳市什邡市北部山区村镇灾后重建规划	中国城市规划设计研究院
表扬奖	1	绵阳市平武县坝子乡灾后重建总体规划（2010—2015）	秦皇岛市规划设计研究院
	2	绵阳市平武县豆叩镇灾后重建总体规划	石家庄市规划设计院
	3	绵阳市北川羌族自治县陈家坝乡灾后重建总体规划（2008—2015）	青岛市城市规划设计研究院、青岛市建筑设计研究院股份有限公司
	4	德阳市绵竹市富新镇控制性详细规划	徐州市规划设计院
	5	德阳市绵竹市富新镇中心区改造规划	徐州市规划设计院
	6	阿坝州汶川县萝卜寨新村修建性详细规划	江门市规划勘察设计研究院
	7	厦门对口援建彭州市白鹿镇规划	海南雅克城市规划设计有限公司
	8	成都市都江堰市天马镇向荣新村（老鸹林）灾后重建规划	四川三众建筑设计有限公司
	9	广元市青川竹园新区城市设计招标方案综合	中国城市规划设计研究院、浙江省支援青川县灾后恢复重建指挥部

2009年度四川省灾后重建优秀城乡规划设计项目获奖名单

等级		项目名称	规划设计单位
一等奖	1	彭州龙门山镇灾后重建实施规划	成都市规划设计研究院
	2	成都—阿坝工业集中发展区控制性详细规划及核心区城市设计	成都市规划设计研究院
	3	青川县老县城修建性详细规划	四川省城乡规划设计研究院
	4	理县甘堡乡藏寨灾后重建规划	四川省城乡规划设计研究院
	5	北川羌族自治县擂鼓镇猫儿石村吉娜羌寨修建性详细规划	四川省城乡规划设计研究院
	6	都江堰市大观镇欣和村灾后重建规划	成都市规划设计研究院
	7	彭州市磁峰镇鹿坪村灾后重建规划	四川三众建筑设计有限公司
	8	四姑娘山风景名胜区灾后重建规划	四川省城乡规划设计研究院
	9	青城后山修建性详细规划	四川省城乡规划设计研究院

续表

等级		项目名称	规划设计单位
二等奖	1	都江堰市城区Ⅲ、Ⅳ大区控制性详细规划	四川省城乡规划设计研究院
	2	都江堰旧城压奎光、玉带桥片区灾后重建实施规划	成都市规划设计研究院、都江堰市城乡规划院
	3	剑门关古镇灾后重建风貌整治规划	四川省城乡规划设计研究院
	4	北川羌族自治县禹里乡修建性详细规划	四川省城乡规划设计研究院
	5	崇州市街子镇灾后重建规划（2008—2020）	成都市规划设计研究院
	6	彭州市龙门山镇国坪村灾后村庄发展总体规划	成都市规划设计研究院
	7	都江堰市翠月湖镇五桂村灾后重建规划	四川三众建筑设计有限公司
	8	彭州市丽春镇红旗村灾后重建规划	四川华成辉宇建筑设计有限公司
	9	大邑县王泗镇黎庵村灾后重建规划	四川省建筑设计院
	10	汶川县县城城市设计	四川省建筑设计院
	11	汶川县漩口镇瓦窑村灾后重建规划	四川省城乡规划设计研究院
	12	汶川县龙溪乡阿尔村灾后重建规划	四川省新视野城乡规划研究设计有限公司
	13	遂宁老木垭村四、五组灾后重建产业发展及建设规划	四川省城乡规划设计研究院
	14	剑门关蜀道风景名胜区剑门关景区灾后恢复重建规划	四川省城乡规划设计研究院
三等奖	1	九寨沟风景名胜区灾后重建规划	四川省城乡规划设计研究院
	2	黄龙风景名胜区灾后重建规划	四川省城乡规划设计研究院
	3	光雾山—诺水河风景名胜区灾后重建规划	四川省城乡规划设计研究院
	4	白龙湖风景名胜区灾后重建规划	四川省城乡规划设计研究院
	5	乾元山风景名胜区灾后重建规划	四川省城乡规划设计研究院
	6	汶川漩口镇蔡家杠村规划	四川省城乡规划设计研究院
	7	彭州红岩镇幸福 5 社灾后重建规划	四川省城乡规划设计研究院
	8	青川县新农村建设规划	四川省城乡规划设计研究院
	9	蒲江县西来镇安置点灾后重建规划	四川三众建筑设计有限公司
	10	彭州市葛仙山镇熙玉村灾后重建规划	四川三众建筑设计有限公司
	11	北川县曲山镇沙坝村灾后重建规划	四川城镇规划设计研究院有限公司
	12	崇州街子镇高墩村灾后重建规划	四川凯来工程设计有限责任公司
	13	都江堰市向峨乡农竹村灾后重建规划	成都市建筑设计研究院
	14	崇州市鸡冠山乡琉璃村灾后重建规划	成都市规划设计研究院
	15	都江堰市大观镇大通村杨家院子灾后重建规划	成都市城镇规划设计研究院
	16	都江堰市青城山镇泰安村灾后重建规划	四川三众建筑设计有限公司
	17	新都区军屯镇静平村灾后重建规划	新宇规划设计事务所、四川三众建筑设计有限公司
	18	黑水县才盖村安置点灾后重建规划	四川省城乡规划设计研究院
	19	理县猛古村牧民定居点规划	四川省城乡规划设计研究院
	20	安居区磨溪镇老木桠村安置点灾后重建规划	四川省城乡规划设计研究院
	21	都江堰市虹口乡高原村灾后重建规划	四川国鼎建筑设计有限公司
	22	汶川县绵▮镇羌锋村灾后重建规划	珠海市规划设计研究院
	23	安县花▮镇前进村灾后重建规划	绵阳市城市规划设计院
	24	茂县牛尾村灾后重建规划	四川省林业勘察设计研究院
	25	崇州市三郎镇欢喜安置点灾后重建规划	四川中颐建筑设计院有限责任公司
	26	都江堰市向峨乡大石包安置点灾后重建规划	成都美厦建筑设计有限公司
	27	苍溪县文昌镇灾后重建总体规划修编（2008—2030）	苍溪县慧源建筑工程设计咨询有限公司
	28	苍溪县岳东镇勇士村灾后重建规划	苍溪县慧源建筑工程设计咨询有限公司

附　件

2010年四川省优秀新农村灾后重建规划获奖名单

等级		项目名称	规划设计单位
一等奖	1	北川县擂鼓镇猫儿石村吉娜羌寨灾后重建规划	四川省城乡规划设计研究院
	2	理县甘堡乡藏寨灾后重建规划	四川省城乡规划设计研究院
	3	都江堰市大观镇欣和村灾后重建规划	成都市规划设计研究院
	4	彭州市磁峰镇鹿坪村灾后重建规划	四川三众建筑设计有限公司
二等奖	1	都江堰市翠月湖镇五桂村灾后重建规划	四川三众建筑设计有限公司
	2	彭州市丽春镇红旗村灾后重建规划	四川华成辉宇建筑设计有限公司
	3	汶川县映秀镇渔子溪村灾后重建规划	天津大学建筑设计规划研究总院
	4	大邑县王泗镇黎庵村灾后重建规划	四川省建筑设计院
	5	汶川县漩口镇瓦窑村灾后重建规划	四川省城乡规划设计研究院
	6	汶川县龙溪乡阿尔村灾后重建规划	四川省新视野城乡规划研究设计有限公司
三等奖	1	蒲江县西来镇安置点灾后重建规划	四川三众建筑设计有限公司
	2	彭州市葛仙山镇熙玉村灾后重建规划	四川三众建筑设计有限公司
	3	北川县曲山镇沙坝村灾后重建规划	四川城镇规划设计研究院有限公司
	4	崇州街子镇高墩村灾后重建规划	四川凯来工程设计有限责任公司
	5	彭州市磁峰镇黎家大院灾后重建规划	成都市市政工程设计研究院
	6	都江堰市向峨乡农竹村灾后重建规划	成都市建筑设计研究院
	7	崇州市鸡冠山乡琉璃村灾后重建规划	成都市规划设计研究院
	8	都江堰市大观镇大通村杨家院子灾后重建规划	成都市城镇规划设计研究院
	9	都江堰市青城山镇泰安村灾后重建规划	四川三众建筑设计有限公司
	10	新都区军屯镇静平村灾后重建规划	新宇规划设计事务所、四川三众建筑设计有限公司
	11	黑水县才盖村安置点灾后重建规划	四川省城乡规划设计研究院
	12	安居区磨溪镇老木椏村安置点灾后重建规划	四川省城乡规划设计研究院
	13	都江堰市虹口乡高原村灾后重建规划	四川国鼎建筑设计有限公司
	14	汶川县绵■镇羌锋村灾后重建规划	珠海市规划设计研究院
	15	安县花■镇前进村灾后重建规划	绵阳市城市规划设计院
	16	茂县牛尾村灾后重建规划	四川省林业勘察设计研究院
	17	崇州市三郎镇欢喜安置点灾后重建规划	四川中颐建筑设计院有限责任公司
	18	都江堰市向峨乡大石包安置点灾后重建规划	成都美厦建筑设计有限公司
	19	彭州市桂花镇双林村灾后重建规划	成都市市政工程设计研究院

后　记

5·12 汶川特大地震快速有效的灾后重建工作已得到了社会各界乃至全世界大多数国家的高度赞扬。目前，三年重建工作已接近尾声，重访灾区，更加强烈地感受到，灾区矗立起来的不仅仅是建筑，而是对中国特色社会主义制度的信心和力量。在党和政府的坚强领导下，无数来自全国各地的规划师、建筑师在灾区废寝忘食、昼夜奋战，所做的大量工作都科学地指导了从过渡房安置到重建城镇选址，再到城乡居民住房选型等一系列重建工作，发挥了灾后重建、规划先行的领头军作用。在此感谢参与会战的千余家规划设计单位和数万名工程技术人员，感谢那些为灾区重建作出贡献的人们。

此书中的图片及文字辑自于各级规划大会战组织者、参与者、科研人员以及新闻媒体、报刊及网络，在此对这些单位及作者表示感谢，尤其是感谢不畏艰险冲锋于灾区前线的新闻工作者。由于本书取舍所需，对大部分原稿都进行了文字和图片上的删改或调整，而稿源渠道繁杂，未及全部征询到原刊载单位及作者的意见，特此说明并乞谅解。

因编辑仓促，书中定有不少疏漏及错误，恳望读者批评指正。

编　者

2012 年 7 月